기적의 영어 발음공식

✧ 당신은 언제나 옳습니다. 그대의 삶을 응원합니다. — **라의눈 출판그룹**

기적의 영어 발음공식

초판 1쇄 | 2017년 11월 22일

지은이 | 강철
펴낸이 | 설응도
펴낸곳 | 라의눈

편집주간 | 안은주
편집장 | 최현숙
편집팀장 | 김동훈
편집팀 | 고은희
영업·마케팅 | 나길훈
전자출판 | 설효섭
경영지원 | 설동숙

출판등록 | 2014년 1월 13일(제2014-000011호)
주소 | 서울시 서초중앙로 29길 26(반포동) 낙강빌딩 2층
전화번호 | 02-466-1283
팩스번호 | 02-466-1301
e-mail | 편집 editor@eyeofra.co.kr 마케팅 marketing@eyeofra.co.kr
경영지원 management@eyeofra.co.kr

ISBN 979-11-86039-99-1 03740

기적의 th 영어 발음공식

지은이 강철

라의눈

pneumonoultramicroscopicsilicovolcanoconiosis

강철 쌤의 발음공식을 알면,

세상에서 가장 긴, 이 영어단어도 바로 읽을 수 있습니다!

dependence,

이 단어에 쓰인 e는 무려 4개! 그러나

e의 소리가 모두 다르다는 걸 아시나요?

강철 쌤의 발음공식을 알면,

각각의 e가 왜 다르게 발음되는지 알 수 있습니다!

☺

스펠링만 보고도 정확한 발음으로 읽을 수 있다면?

생각보다 놀라운 일이 연달아 일어납니다!

발음공식을 알면

1 스펠링을 보는 즉시 바로 정확한 발음으로 읽을 수 있고,
(스펠링 외울 필요 없지요?)

2 정확한 발음을 아니까 안 들리던 단어가 들리고,
(듣기 문제도 해결되지요?)

3 소리와 스펠링이 바로 대입되니까, 소리를 듣는 순간
쓸 수 있어요(쓰기도 문제없어요).

스펠링, 발음, 엑센트, 듣기, 쓰기까지 한방에 해결!

왕초보, 다시 **영어를 시작**하려는 사람, **영어전문가**에 이르기까지
영어공부 **시간을 반으로 줄여주는 혁신적인 공부법!**

어떤 영어선생님이 있었습니다

어느 날 오후, 선생님은 아이들을 물끄러미 바라보고 있었습니다.
아이들은 영어단어를 연습장에 시커멓게 써가며 입으로는 스펠링과 뜻을 웅얼웅얼대며 암기하고 있습니다.
새 단어가 나올 때마다 아이들은 '사전에서 찾고 → 발음기호를 확인하고 → 실제발음을 들어보고 → 스펠링을 외우고 → 뜻을 암기'하는 것을 반복합니다.
그런데 듣고 쓰고 읽고, 수없이 반복하고 또 반복해도 영어단어는 잘 안 외워지는 모양입니다.
선생님이 물었습니다.
"영어가 그렇게 어렵니?"
아이들이 말합니다.
"영어단어 외우기가 제일 힘들어요. 외워도 자꾸 까먹어요."
선생님은 '문자' 영어 단계에서 포기하는 학생들이 너무 안타까웠습니다.

영어선생님은 생각했습니다

영어공부는 꼭 그렇게 힘들게 해야 할까?
영어단어만 해결되어도 영어공부 시간이 반으로 줄 텐데.
한글은 24개 글자만 익히면 어떤 글이든 읽을 수 있고 들리는 대로
쓸 수 있는데. 영어도 글자를 보면 바로 읽을 수 있고,
듣는 즉시 쓸 수 있는 방법은 없을까?
영어 스펠링에도 어떤 발음의 규칙이 있지 않을까?
그날부터 선생님은 같은 스펠링이 포함된 단어들을 모으기 시작했습니다.
그리고 그것들의 규칙을 찾기 시작했습니다.
그것이 스펠링만 보고도 원어민 수준으로 읽을 수 있는
이 책의 시작이었습니다.

그로부터 10년의 세월이 흘렀습니다

마침내 선생님은 10년간의 연구를 토대로 한 권의 책을 집필하였습니다.
이 책은 스펠링과 발음의 상관관계를 집대성한 연구결과이자,
수년간 초등학생부터 중고등학생, 대학생, 일반인, 영어교사에 이르기까지
다양한 연령층의 사람들을 대상으로 강의를 해오면서 검증한 '기적의 강의록'
이기도 합니다.
영어책을 읽지 못하던 학생들이 한 달 만에 줄줄 읽게 되고,
6개월 만에 30점에서 98점으로 영어점수가 오르는 모습을 지켜보면서
느꼈던 보람과 기쁨의 결과물이기도 합니다.

영어단어가 100만 개?
그걸 어떻게 다 외워?!
누가 다 외우래?

외우지 않아도 발음공식만 알면, 어떤 영어단어도
보는 즉시 다 읽을 수 있고, 다 들을 수 있고, 듣는 순간 다 쓸 수 있다!

1 발음기호를 거부한다!

gratulation, 지 알 에이 티 유 엘 에이 티아이오엔-[rætulin]-축하……
gratulation, 지 알 에이 티 유 엘 에이 티아이오엔-[rætulin]-축하……
종이에 시꺼멓게 수십 번씩 써가며, 이렇게 영어단어 외우셨죠?
발음기호만으로는 구분되지 않는 소리도 있어서, 전자사전에서 일일이
실제발음까지 확인도 해야 하고요. 이제 단순하게 외우세요.
그뤠츌레이션-축하……이렇게요.

2 에이, 비, 씨, 디가 아니라 애, 브, 크, 드!

a, b, c, d, e, f, g…… 에이, 비, 씨, 디, 이, 에프, 지……가 아니에요. 애, 브, 크, 드, 애, 프', 크…… 강철 쌤의 발음공식 1단계인, 이 기본적 소리값만 알아도 영어발음이 확 달라집니다. 이처럼 각각의 스펠링이 가진 음가는 물론, 2개 이상의 스펠링이 같이 쓰여 일정한 음가를 내는 규칙을 배우면 100만개의 영어단어도 두렵지 않습니다.

3 미국인들도 스펠링을 모른다?

우리의 모음은 ㅏ, ㅑ, ㅓ, ㅛ…… 무려 14개, 영어의 모음은 a, e, I, o, u…… 겨우 5개. 5개의 모음으로 모든 단어들을 표현해야 하니까 원어민들도 스펠링을 헷갈려 합니다. 그러나 걱정하기 마세요. 모음의 일정한 규칙을 알면 원어민 못지 않은 어휘력을 자랑할 수 있습니다.

4 들리는 대로 쓴다!

누구나 자신이 아는 발음만 들려요. 스펠링과 소리의 규칙을 알면 "아버지"라는 소리를 들으면 '아버지'라고 쓸 수 있는 것처럼 "그뤠츌레이션"라는 소리를 들으면 'gratulation'라고 쓸 수 있어요. 거꾸로도 마찬가지예요. 처음 보는 단어도 보는 순간 어떻게 읽어야 되는지가 떠오르고 입에서는 저절로 발음이 터져 나옵니다.

5 단어 속 알파벳들의 특수 관계?

단어를 구성하는 알파벳들은 서로서로 아주 특별한 관계를 맺고 있어요. 같은 모음이라도 어떤 자음 뒤에 있느냐, 어떤 모음과 연결되어 있느냐, 어떤 역할을 하느냐에 따라 발음이 달라진답니다. 단어를 상관관계란 관점에서 바라보는 연습이 충분하면 따로 철자를 외울 필요도, 발음을 익힐 필요도 없겠지요?

6 라임(rhyme)의 시너지 효과!

갈, 날, 달, 랄, 말, 발, 살, 알……

한글 배울 때 이런 방법 썼던 것 기억하세요?

영어도 마찬가지랍니다.

back, jack, lack, pack, quack, snack, stack……

이렇게 단어의 소리 단위 별로 단어를 공부하는 방법은 영어 철자를 쉽게 외우고 오래 기억하는 시너지 효과를 냅니다. 초등학생 뿐만 아니라 영어를 다시 시작하는 어른들에게도 강력히 추천드립니다.

● ● ● 머 리 말

저의 첫째 딸이 5살이 되던 어느 날, 집사람이 딸아이에게 한글을 떼어 주기 위한 방법으로 '한글 낚시'라는 아이디어를 생각해 냈지요. 방학을 이용하여 3일 동안 하얀 도화지에 물고기 약 250마리를 그린 후, 그 물고기마다 한글 자음, 모음과 가나다라…를 적어 놓았지요. 그리고 물고기를 오려 입에 클립을 끼운 후 나무 막대기에 자석을 매단 낚싯대를 만들었습니다. 밤마다 소파에 앉아 낚싯대를 드리우며 잡아 올린 물고기에 적힌 글자를 읽는 재미에 빠진 딸아이가 약 한 달 보름 뒤에 길을 걷다가 간판에 적힌 '돼지'라는 글을 읽는 순간 저와 저희 집사람은 환호성을 질렀지요. 가능할 것 같지 않은 일이 실제로 일어나니까 그 황홀함과 전율은 이루 형언할 수가 없더군요. 그 이후로 저희 부부는 딸아이에게 칭찬을 아끼지 않았고, 저희 딸도 그에 화답하듯 글 읽기에 몰두하더니 어느 순간 동화책 읽기에 도전을 하기 시작했습니다. 글을 처음 접해서 동화책을 읽기까지 4~5개월 정도 걸린 것 같아요.

그런데 그날 저녁 저는 문득 한 가지 의문에 빠졌습니다. '우리말은 글자를 터득한 후에 동화책을 읽기가 가능한 것에 비해 영어는 알파벳을 읽고 쓸 수 있어도 영어책을 읽는 것이 어렵고 불가능한 일로 여겨지는 것은 왜일까? 정말 영어의 철자와 소리는 근본적으로 다른 것일까? 영어단어를 읽으려면 발음기호를 익혀야 하고, 그것이 최상의 방법일까? 정말 다른 방법은 없을까?'

그 이후로 서점을 뒤지고 인터넷을 검색하면서 관련 서적이나 방법론을 찾아다니기 시작했습니다. 그러다가 'Phonics'를 접하게 되었고, 이를 실제 수업에 활용해 보았지만 영어를 막 시작하려는 저학년 학생들에게 극히 기본적인 영어단어만 읽을 수 있게 만드는 한계가 있다는 것을 알게 되었습니다. 이것이 제 자신에게는 만족감보다는 오히려 허전함을 강하게 느끼게 했지요. 그래서 모든 것을 접고 사전을 한 장씩 넘기면서 같은 라임(Rhyme)이나 철자를 담고 있는 단어들을 분류하여 정리하는 작업을 시작했습니다. 수업 중간의 휴식 시간과 퇴근 후 자투리 시간에 내 손에는 어김없이 영어 사전과 작은 백지가 쥐어져 있었고, 이렇게 해서 찾아낸 같은 형태의 영어단어들을 컴퓨터 파일에 차곡차곡 쌓아 놓았습니다. 이렇게 1단계 준비 작업이 끝나고, 정리된 단어들을 열어 그 단어들의 철자와 소리의 상관관계와 소리 법칙을 찾아내는 것이 쉽지 않았습니다. 멍하니 컴퓨터 모니터만 바라보며 밤을 지새우기도 하고, 어떤 날은 생각날 듯 말 듯 한 상황에 비명에 가까운 소리를 질러 대기도 했습니다. 그러다가 마치 'Magic Eye'처럼 그 단어의 소리 원칙이 번쩍하고 떠올랐을 때 '아르키메데스(Archimedes)'가 왕관의 순도를 재는 방법을 발견하고 벌거벗은 것도 잊어버린 채 뛰어나가며 '유레카!' 하고 소리 질렀을 때의 그 환희를 저도 만끽할 수 있었습니다.

이렇게 해서 2003년 9월, 이 책에 정리된 모든 '소리 법칙'을 정리하여, 먼저 지적 재산권을 등록하였습니다. 그리고 이 책의 학습 효과를 입증하고 싶은 욕심으로 초등학생부터 대학생, 그리고 영어 교사뿐만 아니라 성인에 이르기까지 다양한 연령층의 사람들에게 강의를 시작했습니다. 영어책을 읽지 못했던 중3 아이들이 한 달 후에 영어책을 읽게 되었고, 한 학기 뒤에 영어 시험 70점대를 넘기는 기적도 일어났습니다. 또 외고 진학을 꿈꾸는 영어 영재반 학생들이 발음기호에 의존하지 않고 영어단어를 읽고 쓸 수 있게 되었고, 더불어서 이전과 다르게 귀가 많이 뚫려 영어 듣기가 향상되었다는 기쁨과 고마운 마음을 전해 듣기도 했지요. 이렇게 영어 왕초보에서 영어의 전문가인 교사, 그리고 영어를 중도에 포기했지만 다시 배우고 싶다는 사람들에 이르기까지 다양한 영어 수준의 사람들에게 강의를 하면서, 강의 후에 많은 사람들로부터 스스로가 학습을 할 수 있도록 '매뉴얼'이나 '책'으로 엮어 보는 것도 좋겠다는 기대와 격려를 받게 되었지요.

마치 강의를 하듯이 한 장, 한 장 써 내려가면서 항상 머릿속에 이 책을 학습할 다양한 독자들이 쉽게 이해할 수 있도록 설명해야 한다는 강박관념에 시달렸습니다. 그래서 매뉴얼 한 쪽이 완성되면 제가 가르치는 학생 중에서 몇몇이 꼼꼼히 읽어 보고 감수(監修)를 해 주었지요. 저의 관점이 아니라 독자들의 관점에서 저의 설명을 이해할 수 있는지가 가장 중요하기 때문에 중학생의 눈높이에 맞춰 글을 써 나가는 데 최선을 다했습니다. 또한 이 책을 읽으면서 독자 스스로 이해하지 못해 누군가의 도움이 필요하게 된다면 이 책은 영어의 해결서가 아니라 또 다른 고민거리를 안겨 주는 해독서가 될 것이라는 중압감으로 용어 선택에 있어서 매우 신중하였습니다.

사실 이 책을 쓰면서 우리말에 없는 영어 표기를 어떻게 통일하며 쓸 것이냐가 가장 어려웠던 부분이었습니다. 예를 들면, 철자 [f]와 [p]의 소리를 어떻게 차별화된 용어로 표기할 것이며, [r]와 [th]의 표기는 어떻게 할 것인가 등 많은 것들이 무척 고민스러웠습니다. 또 학습 효과를 높이기 위해서 시각적인 면도 중요하기 때문에 예시된 단어들의 철자 하나하나의 글자체 선정과 색깔 선택에 많은 시간과 공을 들여야 했습니다.

자료를 수집하고 380쪽의 초안을 완성하는 데까지 9년의 세월이 흘렀습니다. 영어 사전과 컴퓨터만을 응시하다 보니 시력 2.0에 가까웠던 눈이 노안으로 안경을 쓰게 되었지만, 영어의 발음에 관한 한 '성서'와 같은 최고의 가이드북으로 완성해야 한다는 사명감으로 뼈를 깎는 듯한 세월을 보냈습니다. 아직도 영어 철자와 소리 관계에 대해 해결하지 못한 것도 있어서 앞으로도 계속적으로 수정 • 보완해야 할 부분이 많으리라 생각합니다. 하지만 저의 작은 이 노력이 영어 능력을 키우고자 하는 많은 분들에게 자극과 동기를 주는 계기가 되었으면 하는 바람입니다.

끝으로 이 책이 나오기까지 많은 아이디어를 제공해 주거나 기꺼이 이 책의 피실험자가 되어 준 나의 사랑스러운 많은 제자들, 지치고 포기하고자 하는 마음이 들 때마다 격려와 조언을 아끼지 않은 동료 교사들에게 진심으로 감사를 드립니다. 또한 10년이라는 긴 시간 동안 영어단어와 싸우고 있는 나에게 불평 한마디 없이 늘 따스한 미소로 '당신은 세상에서 가장 필요한 책을 쓰고 있어! 그래서 자랑스러워!'라는 격려와 사랑을 보내 준 사랑하는 아내 이은주, 그리고 나의 예쁜 두 딸 수빈, 수현이, 누님들과 매형들, 그리고 조카들 모두에게 감사의 마음과 더불어 출판의 기쁨을 나누고자 합니다. 그리고 저에게 출판의 기쁨과 기회를 주신 '고려원북스'와 특히 이 책의 가치를 알아주고 컨셉을 잡으려고 오랜 시간 마음 고생을 한 설응도 대표님, 꼼꼼하게 교정을 봐준 양은희님, 그 외 편집에 관련된 모든 분들에게 진심으로 감사의 말씀을 드립니다.

동두천여중에서 저자 강철

이 책이 다른 책과 다른 점은 뭘까?

● 영어단어, 발음기호 보기를 거부하라!

영어를 공부하다가 새로운 단어를 접하게 되면 습관적으로 우리는 사전을 열어 발음기호를 찾아보거나, 아니면 영어를 잘하는 친구나 영어 선생님께 어떻게 발음해야 하는지 물어봅니다. 스스로 그 단어의 철자가 소리와 어떤 상관관계가 있는지 찾아보려는 의식적인 노력은 하지 않습니다. 아니, 기본적으로 '영어의 철자와 소리는 근본적으로 다르다.'는 고정관념은 영어를 배우는 우리에게는 확고한 신념(?)이 되었고, 영어단어를 읽으려면 발음기호를 익혀야 한다는 생각은 절대불변의 철칙이 되었기 때문에 이런 생각은 당연한 것으로 여겨질 수밖에 없습니다.

어렵게 영어 철자 26개, 대문자와 소문자를 합하면 52개의 철자를 외웠고, 이제 혀를 꼬부리면서 영어책을 읽기만 하면 된다는 생각에 신 나 하는 아이들에게 '영어의 철자와 소리는 근본적으로 달라요!'라는 선생님의 말은 일차적으로 외국어를 배울 수 있다는 즐거움과 환상을 빼앗아 가고, '영어단어를 읽으려면 발음기호를 익혀야 해!'라는 두 번째 말은 '영어는 힘겨운 공부구나!'라는 생각을 심어 주게 되었습니다.

외국어를 배움에 있어서 문자언어보다는 듣고 말하는 음성언어가 먼저라는 생각으로 초등영어 학습활동이 주로 듣고, 말하고, 노래하는 것으로 꾸며져 있기 때문에, 교과서에 영어 문자가 등장하는 중학교에 들어오는 순간 영어 배우기를 포기하는 아이들이 발생하기 시작합니다. 사실상 아이들에게 '영어가 왜 어렵니?'라는 질문을 던지면 8~90% 학생들이 영어단어를 암기하는 것이 힘들고 각 단어의 발음을 기억하는 것이 어려운 일이기 때문이라고 답변합니다. 물론 요즘은 다양한 영어단어 암기법과 영어 학습기의 도움, 그리고 본인들의 눈물겨운 노력 끝에 영어를 잘하는 학생들이 많아진 것은 사실입니다. 하지만 영어를 잘하는 학생들조차도 새로운 단어를 접했을 때 발음기호를 이용하거나 전자사전의 음성 기능을 통해 그 단어의 소리를 익히고, 반복된 학습으로 그 발음을 자기 것으로 만들려는 처절하고 안타까운 노력은 지금도 계속되고 있습니다.

그러나 사실 발음기호를 통해 단어의 소리를 익히는 과정에서 부닥칠 수 있는 가장 근본적인 문제는 실제 미국인의 발음이 사전의 발음기호와 많이 다르다는 것입니다. 철자 [d]와 [t]가 대표적인 예인데, 그 차이점을 발음기호로는 도저히 표시할 수 없다는 것입니다. 따라서 발음기호를 통해 어렵게 그 단어의 소리를 찾아냈지만 실제로 그 발음이 미국 사람에게 통하지 않거나, 또는 미국 사람의 발음이 자신의 귀에 들려오지 않을 때 생기는 허탈감은 둘째 치고 다시 그 단어의 실제 발음을 공부해야 하는 추가적 노력을 해야 하니 참으로 가슴 아픈 일이 아닐 수 없습니다. 2009년에 100만 번째 영어단어가 탄생했다는 뉴스를 접하면서 앞으로도 영어를 배우려는 많은 아이들의 노력이 배가되었으면 되었지 줄어들지 않겠구나 하는 안타까운 마음에 가슴이 저려 왔습니다.

영어를 우리말처럼 구사할 수 있어야 한다는 눈물겨운 노력 속에 그동안 이 땅에서는 많은 획기적인 영어 학습 방법론들이 제시되었고, 각종 영어 회화, 문법, 독해에 관한 책들이 쏟아져 나오고 있으며, 온라인상의 영어 프로그램 또한 눈이 휘둥그레질 정도로 진화를 거듭하고 있습니다. 하지만 언어의 가장 원초적이고 기본적인 영어단어와 영어책 읽기가 극복되지 않는 한 많은 아이들에게는 그런 모든 것들이 '그림의 떡'일 뿐이라는 것을 20년간 교단에서 영어를 가르치면서 뼈저리게 느끼게 되면서, '정말 영어단어와 소리는 전혀 상관관계가 없는 것일까? 발음기호에 의지하지 않고 영어단어를 읽을 수 있는 방법은 없을까?' 하는 마음으로 이 책을 쓰기 시작했습니다.

이 책은 지금부터 영어를 배우기 시작한 많은 어린 학생들뿐만 아니라, 영어를 배우면서 영어단어의 발음 때문에 영어를 포기하는 아픔을 갖고 있는 많은 분들에게 희망과 기쁨의 구세주가 될 것입니다. 또한 영어 독해나 각종 시험에는 강하지만 원어민 앞에서는 발음 때문에 자꾸 약해지는 분들과, 영어를 가르치고 있는 이 땅의 모든 영어 교사들에게 영어를 가르치는 동안 이 책이 영어 발음에 관한 한 좋은 교재와 지침서가 될 것이라 확신합니다.

● 1음절부터 단계별로 영어단어의 소리를 정복하라

'cave'와 'independence'라는 두 단어를 보여 주면 영어를 배우는 사람들의 반응이 다릅니다. 'cave'는 마음의 부담 없이 스스로 발음해 보려고 애쓰지만, 'independence'라는 단어 앞에서는 '이거 어떻게 읽지? 어떻게 외워야 할까?'라는 걱정이 앞선다는 점입니다. 지금까지 나와 있는 영어 발음에 관한 모든 책들이 학습자들에게 발생할 이런 심리적 상황을 조금도 고려하지 않고 오직 한국인들이 잘

하지 못하는 '철자의 발음'만 교정하려는 목적으로 구성되어 있지요. 따라서 저자가 의도하는 발성법을 열심히 따라 하지만, 책에 제시된 예시 단어가 적절하지 못하여 학습자 스스로가 자신의 수준에 맞는 적절한 단어를 찾아 사전을 뒤지는 번거로운 일을 하게 됩니다. 물론 최근에는 학습자에게 도움을 주려는 의도로 원어민의 육성을 CD로 담아 제공하는 것이 일반적인 추세이지만, 이것 또한 원어민의 발음을 수동적으로 따라 하게 되는 '소극적 학습' 방법에 불과합니다.

이 책은 이런 학습자들의 심리적 상황을 고려하고, 학습자 스스로가 'Self-study' 할 수 있도록 다음과 같이 7개 단계별로 구성되어 있습니다.

1단계는 알파벳 26개를 중심으로 모음 1개에 철자 3~4개로 구성된 1음절 단어를 학습하도록 되어 있으며, 또한 가급적이면 학습자들의 '적극적 학습활동'을 유도하기 위하여 예로 제시된 단어들은 '**ad**(광고) b**ad**(나쁜) d**ad**(아빠) f**ad**(변덕) g**ad**(쏘다니다) h**ad**(가졌다) l**ad**(젊은이) m**ad**(미친) p**ad**(패드) s**ad**(슬픈) gl**ad**(기쁜)'과 같이 'Rhyme(각운)'을 이용하였습니다.

2단계는 [th-]와 같이 자음 2개가 모여서 각자가 가지고 있던 고유의 음가(音價)대신에 또 다른 소리를 내는 철자군(綴字群)인 복자음과, [wh-]의 [h]와 같이 단어에는 철자로 포함되어 있으나 소리가 나지 않는 묵음(默音)을 중심으로, 1음절 단어들이지만 철자 5~6개 정도의 단어를 학습하도록 구성하였습니다. 물론 이 단계에서도 예로 제시된 단어들은 'Rhyme(각운)'이 같은 것으로 구성하였기 때문에 학습자 스스로가 'Self-study'가 가능하도록 하였습니다.

3단계는 알파벳 26개 중 모음 5개[a, e, i, o, u]가 단어 안에서 어떤 소리가 나는지를 각 모음마다 5가지 공통된 단어 형태의 원칙으로 분류하여 학습하도록 구성하였습니다. 이 단계에서 강세의 위치와 강세의 유무가 모음의 소리에 끼치는 영향을 단어의 형태로 보고, 느끼고, 읽을 수 있도록 정리하였으며, 모음 3개에 철자가 7~10개 정도의 단어를 학습하도록 구성하였습니다.

4단계는 [-ea-], [-oo-]와 같이 모음 2개가 모여서 각자가 가지고 있던 고유의 음가(音價) 대신에 또 다른 소리를 내는 철자군(綴字群)인 이중모음을 포함하고 있는 단어들의 소리를 학습하도록 구성하였습니다. 1음절, 또는 2음절 단어들로, 철자 5~6개 정도의 단어를 학습하도록 구성하였으며, 예로 제시된 단어들은 4가지의 공통된 법칙하에 'Rhyme(각운)'이 같은 것으로 구성하였기 때문에 학습자 스스로가 'Self-study'가 가능하도록 하였습니다.

5단계와 6단계는 접미사와 접두사를 중심으로 3~4음절 이상, 철자 10개 이상의 긴 단어들의 소리를 학습하도록 구성하였습니다. 이 단계에서는 모음과 모음 사이의 자음의 개수에 따라 모음의 소리가 결정되거나, 겹자음의 유무가 모음의 소리를 결정한다는 것을 배우게 되며, 강세는 음의 높낮이가 아니라 모음의 소리에 영향을 준다는 것과, 접두사와 접미사의 종류에 따라 강세의 위치가 바뀌며, 결국 모음의 소리가 바뀌고 단어 전체의 소리가 바뀐다는 것을 학습자들이 직접 눈으로 확인하고 학습하도록 구성되었습니다.

7단계는 그 밖에 한국인들이 발음상 오류를 범하기 쉬운 철자를 중심으로 단어들의 소리를 학습하도록 구성하였으며, 특히 이 단계에서는 겹자음과 자음의 개수가 모음 5개[a, e, i, o, u]의 소리에 어떤 영향을 주는지를 배우게 됩니다.

이렇게 단계별로, 그리고 1음절의 짧은 단어에서 3~4음절 이상, 철자 10개 이상의 긴 단어들로 단계적이고 체계적으로 학습하도록 구성하였기 때문에 학습자들이 마치 소설책 한 권 읽듯이 읽어 간다면 이 책에 수록된 모든 영어단어의 소리를 발음기호 없이 정복하는 데 큰 어려움이 없을 것입니다.

● 영어단어의 발음은 모음의 소리로 결정된다!

국어 선생님이 만약 우리말의 띄어쓰기와 맞춤법을 잘못 쓰면 '저 사람, 진짜 국어 교사 맞아?'라고 능력과 자질을 당연히 의심하겠죠? 마찬가지로 학교에서 원어민들과 수업을 하다 보면 칠판에 가끔 한국 사람인 저조차 알고 있는 어떤 영어단어의 철자를 틀리게 판서할 때, '저 사람 원어민 맞아?' 하고 의심을 품을 때가 있습니다. 그런데 유심히 살펴보면 모음을 유난히 헷갈려하는 것을 보게 됩니다.

처음에는 자기 나라 말인 영어 철자도 제대로 못 쓰나 하고 의아심을 품었지만, 이 책을 쓰면서 그 이유를 알게 되었습니다. 우리 한글은 유난히 모음이 발달해서 '의'와 '으', '에'와 '애'를 제외하고 헷갈릴 이유가 없지만, 영어는 모음 5개[a, e, i, o, u]로 다양한 소리를 표기해야 하며, 특히 강세가 없을 때는 철자에 상관없이 약하게 '어'나 '으'로 발음되기 때문에 그 단어의 '어'가 'a'인지 'e'인지 아리송한 것이 오히려 당연하다고 할 수 있습니다.

예를 들면, 우리말의 '말'은 어떤 문장 내에서 어떤 경우에도 '말'이라는 음가를 유지합니다. 하지만 영어에서는 'ice'가 '아이쓰'로 발음되고 'justice'의 [-ice]는 '-이쓰'로 소리가 바뀌지요. 이 두 단어처럼 자음인 [-ce]는 '-쓰'라는 소리의 변함이 없지만 모음 [i]는 '아이-'가 '-이-'로 음가가 바뀌었음을 알 수 있습니다.
많은 단어들이 이와 같이 동일한 형태의 철자임에도 불구하고 단어에 따라 모음의 소리가 바뀌는데, 왜 그럴까요? 오랫동안 영어를 배운 사람이라면 그 이유를 설명할 수 있을지도 모르겠지만, 대다수의 사람들은 알 듯 모를 듯 머릿속이 복잡해지겠죠? 바로 이런 질문에 대한 답변을 찾아 주려는 것이 이 책의 목적입니다.

따라서 영어단어나 문장을 읽으려면 모음의 소리가 단어 내에서, 혹은 문장 내에서 왜 그렇게 소리가 나는지를 알지 못하면 영원히 철자를 외울 수밖에 없다는 것을 알게 되었습니다. 영어의 발음에 관한 많은 책들이 주로 자음의 발음과 발음기호를 통한 발성법을 가르치고 있는 반면에, 이 책의 목표를 모음 5개[a, e, i, o, u]의 소리를 찾아내는 것에 많은 비중을 두고 있음은 이런 이유입니다.

그래서 각 단어들의 모음에 관심을 갖게 되었고, 왜 형태는 동일하지만 모음의 소리가 다른지 원리를 찾아내고 정리하였습니다. 먼저 첫 번째 화두(話頭)가 '**banana**의 첫 번째, 세 번째 모음 [a]와 두번째 모음 [a] 소리는 왜 다르며, **dependence**에서 4개의 [**e**] 소리는 왜 다를까? 그리고 **ice**와 just**ice**에서 [**i**]의 소리는 왜 다를까?'였고, 이를 통해 '강세는 음의 높낮이가 아니라 모음의 소리에 영향을 준다.'는 것을 확인하게 되었습니다.

두 번째 화두는 's**u**per와 s**u**pper에서 [**u**]는 왜 소리가 다르며, b**e**low와 b**e**llow의 [**e**]는 왜 다르게 소리가 날까? 또 run에서 ru**n**ner로 바뀔 때 왜 [**n**]을 하나 더 첨가하는 것이고, su**mm**er에서 [**m**]과 ha**pp**y에서 [**p**]는 왜 두 개가 되어야 할까?'였고, 이를 통해 '겹자음의 유무가 모음의 소리를 결정한다.'는 것을 알게 되었지요.

세 번째 화두는 'm**aple**과 s**ample**에서 왜 [**a**]의 소리가 다를까?'였고, 이를 통해 '모음과 모음 사이의 자음의 개수에 따라 강모음의 소리가 결정된다.'는 원리를 발견하게 되었습니다.

또, 네 번째 화두도 'p**ar**k와 p**ar**ade의 [**ar**]와, p**er**il과 p**er**ch에서 [er]의 소리는 왜 다를까?'라는 의문에서 비롯되었으며, 이를 통해 '자음과 모음의 배열에 따라 모음의 소리가 결정된다.'는 원칙을 발견하게 되었지요.

마지막 화두는 '**varí**ety와 **vári**ous의 [**vari**-]는 왜 소리가 다르며, **face**와 sur**face**에서 [**a**]는 소리가 왜 다를까?'였고, 이를 통해 '접두사, 접미사의 종류에 따라 강세의 위치가 바뀌며, 모음의 소리도 바뀐다.'는 것을 알게 되었습니다.

이 5가지 원칙을 통해 단어 속의 모음의 소리에 집중하면서 저의 설명에 따라 충실하게 학습하게 되면 발음기호의 의존하지 않고 어떤 영어단어든지 어려움 없이 읽게 될 것입니다. 또한 지금까지 많은 영어 발음에 관한 책을 읽고 공부했음에도 불구하고 우리가 영어책을 읽지 못하는 이유가 '자음'의 발성에 초점을 맞춰 왔기 때문임을 깨닫게 될 것이며, 이 책을 통해 영어단어의 소리는 모음의 소리로 결정된다는 생각의 전환을 가져올 것이라 확신합니다.

1. 강세는 음의 높낮이가 아니라 모음의 소리에 영향을 준다.
2. 겹자음의 유무가 모음의 소리를 결정한다.
3. 모음과 모음 사이의 자음의 개수에 따라 모음의 소리가 결정된다.
4. 자음과 모음의 배열에 따라 모음의 소리가 결정된다.
5. 접두사, 접미사의 종류에 따라 강세의 위치가 바뀌며, 모음의 소리가 바뀐다.

● 영어 알파벳 소리의 미스터리를 벗긴다!

이 책을 끝까지 읽다 보면 여러분들은 제가 여러분들에게 단순히 철자의 발음만을 알려 드리려는 목적이 아님을 아실 것입니다. 25년 동안 영어를 배우고 가르치면서 늘 궁금했던 것들이 많이 있었지요. 예를 들면 강세의 법칙이나, 연음, 그리고 겹자음과 같은 것들 말입니다. 이 책을 쓰면서 모음 다섯 개의 소리의 법칙을 찾아내면서 그동안 저뿐만 아니라 영어를 공부하는 많은 분들이 궁금해하는 것들의 미스터리의 해답을 찾아냈습니다.

첫째, 영어단어에 [**e**]로 끝난 단어들이 많은데, 이 [**e**]의 존재는 다른 모음의 소리를 결정하는 데 중요한 역할을 한다는 사실을 알게 될 것입니다. 또 단어 끝의 [**y**]도 모음의 소리에 영향을 끼치게 된다는 사실을 기억하기 바랍니다. 또한 이를 통해 모음 5개의 '알파벳 이름 소리'라는 생소한 용어와 지겹도록 마주하게 될 것입니다.

둘째, 철자 [**c**]가 어떤 경우에 'ㅋ'와 'ㅆ'로 발음되는지, 철자 [**g**]가 어떤 경우에 'ㄱ'와 'ㅈ'로 발음되는지, 그리고 복자음 [**th**]가 어떤 경우에 'ㄷ'와 'ㅆ'로 발음되고, [**se**]는 어떤 경우에 'ㅈ'와 'ㅆ'로 발음되는지 등을 많은 단어들을 예로 제시하면서 여러분의 궁금증을 해소해 드릴 것입니다.

셋째, 'su**mm**er'와 'ha**pp**y'처럼 영어에는 겹자음이 많습니다. 영어에서 모음은 겹자음이냐, 홑자음이냐에 따라 강세에 영향을 받고, 결국 모음의 소리가 달라진다는 것을 배우게 될 것입니다.

넷째, 항상 영어를 배우면서 여러분들을 괴롭혀 왔고, 또 앞으로도 괴롭힐 강세의 법칙도 체계적으로 배우게 될 것입니다. 또한 지금까지 영어의 강세란 소리의 높낮이로만 인식하고 있었던 여러분들에게 강세가 모음의 소리를 결정하고, 영어 단어의 전체적인 소리를 결정하는 중요한 요소라는 것을 깨닫게 만들 것입니다.

다섯째, [-**ea**-], [-**oo**-], [-**oa**-] 등 많은 이중모음들에는 일정한 법칙이 있다는 것을 배우게 될 것입니다. 따라서 마구잡이식 암기가 아니라 영어의 보이지 않는 발음 법칙을 배우게 됨으로써 여러분들의 영어 발음은 놀라울 정도로 향상될 것입니다.

여섯째, 영어의 성조는 정확한 자음의 발성에 있지 않다는 것입니다. 예를 들면, 'bus'를 '버ㅆ'로 발음했다고 해서 영어식다운 발성법이 아니라는 것입니다. 원어민들은 자음 [b]와 [s]보다는 모음 [u]를 강조해서 발음하기 때문에 사실상 'ㅂ어ㅆ'로 발음한다고 생각하면 됩니다. 강세가 모음에 있는 이유나, 단어와 단어를 연결해서 발음하는 연음 법칙도 원어민들의 모음에 중심을 둔 발성법에 연유가 있습니다. 따라서 영어의 성조(Tone)는 정확한 모음의 발성에 있다는 것을 배우게 될 것입니다.

일곱째, 접미사와 접두사를 통해 많은 파생어를 익히게 될 것입니다. 어원과 의미를 중점으로 다루는 다른 책과는 달리 이 책은 접두사, 접미사의 강세와의 연관관계를 파헤치고 이를 통해 영어단어의 소리 법칙을 터득하게 만들어 줄 것입니다.

여덟째, 음절 수가 강세에 미치는 영향, 단어 안에서의 자음과 모음의 배열과 조합에 따라 모음의 소리가 어떻게 달라지는지도 알게 될 것입니다.

아홉째, '모음 5대 원칙'은 여러분들에게 영어에서 모음이 얼마나 중요한지 깨닫게 해 줄 것이며, 이 5가지의 모음 원칙을 마스터하는 순간 여러분은 영어 발음에 관한 한 달인이 되어 있을 것입니다.

마지막으로 이 책에는 영어단어를 쉽게 암기하는 방법들이 곳곳에 숨어 있습니다. 따라서 이 책을 끝까지 읽고 난 후, 여러분들은 알게 모르게 어휘력이 굉장히 향상되었음을 알게 될 것입니다.

정리하자면 이 책은 단순히 여러분들의 영어 발성법을 향상시켜 주는 책이 아니라, 여러분들이 영어를 공부하면서 항상 궁금해하고 어려워하는 모든 부분들을 해결해 주는 '종합 해결서'가 될 것입니다.

● Rhyme(운)를 통한 풍부한 예제 단어로 '자기 주도 학습'이 가능하다

[**s**]의 발성법을 알려 주고 'corsage', 'essence'와 같은 단어를 제시하고는 무작정 따라 하라고 합니다. 또 [**ex**] 발성법을 설명하고는 'exaggerate', 'exhaust'와 같은 단어를 발음해 보라고 합니다. 그리고는 혹시 독자들이 잘 읽지 못할까 봐 '(이)엑재줘뢰잇', '(이)엑저어숫' 하고 한글로 발음을 써 놓는 친절함도 보여 줍니다. 이런 부류의 책들의 초점은 이미 영어에 대한 풍부한 어휘력을 갖추고 있는 독자들의 발음을 섬세하게 다듬어 주는 데 있음을 알 수 있습니다. 마치 완성된 조각품에 마름질을 하는 것과 같은 일이지만, 영어 초보자들에게는 가감승제(加減乘除)를 가르치고

나서 분수와 함수 문제를 풀라고 하는 것과 같은 무리한 요구임이 분명합니다.

이 책은 이렇게 각 철자의 발음법에 초점을 맞춘 것이 아닙니다. 각 단어 안에서 모음과 자음들이 서로 어떤 상관관계를 맺으며, 어떻게 소리가 나는지에 초점이 맞춰져 있습니다. 따라서 각 장마다 많은 예시 단어들을 제시해 놓고 학습자들이 스스로 각 단어의 소리를 찾도록 구성하였습니다. 아래 예시된 단어들을 자세히 보시면 알겠지만, 읽기 쉽고, 암기하기 용이하도록 단어의 뒷소리가 같은 것들은 같은 것끼리 정리하였습니다. 외국인이 우리말을 배운다고 가정해 봅시다. '갈'의 글자와 소리를 배운 후 자음을 바꿔서 '날, 달, 랄, 말, 발, 살, 알, 잘…' 등을 제시하고 읽어 보게 하면 훨씬 쉽게 한글을 읽고 깨치게 되는 원리와 같다는 것을 상기하면 쉽게 이해할 수 있을 것입니다. 이런 방법을 영어에서는 '운(韻)'을 맞춘다고 하고, 영어로 'rhyme'이라고 하지요. 아래 [1]의 경우를 예로 들며, '-액[**-ack**]' 앞에 1개나 2개의 자음을 첨가하면 많은 단어들이 생성되게 되는데, 이렇게 'rhyme'에 맞춰 발음 연습을 하면 쉽게 영어단어를 읽을 수 있을 뿐만 아니라 나중에 영어 철자를 기억하는 데도 상당한 도움이 됩니다. 또 이런 단어 암기 방법은 초등학교 저학년뿐만 아니라, 영어를 다시 배우려고 하는 5~60대 어른들에게도 매우 효과적인 것으로 입증되었습니다.

• -액(-ack)

b**ack** 뒤	h**ack** 난도질하다	J**ack** 사나이	l**ack** 부족	p**ack** 꾸러미
r**ack** 선반	s**ack** 자루	t**ack** 압정	bl**ack** 검은	cr**ack** 깨지다
kn**ack** 요령	qu**ack** 꽥꽥 울다	tr**ack** 자취	sl**ack** 늘어진	sm**ack** 맛
sn**ack** 간식	st**ack** 더미			

• –앧(–ad)

ad 광고	b**ad** 나쁜	d**ad** 아빠	f**ad** 변덕	g**ad** 쏘다니다
h**ad** 가졌다	l**ad** 젊은이	m**ad** 미친	p**ad** 패드	s**ad** 슬픈
gl**ad** 기쁜				

이 책이 발음에 관련된 다른 어떤 책보다 예시 단어가 많은 이유가 바로 이 'rhyme(운(韻))'을 맞췄기 때문이며, 철자 3~4개의 1음절 단어로 구성된 1단계에서 10개 이상의 긴 단어로 구성된 6단계까지 순차적으로 철자의 개수를 늘려 가면서 학습하도록 구성하였기 때문에 초보자뿐만 아니라 영어의 달인이라고 할 수 있는 독자들에게도 시너지 효과(synergy effect)를 가져다줄 수 있다고 확신합니다.

또한 영어를 막 시작하려는 자녀를 가진 부모들이 가정에서 쉽게 가르칠 수 있도록 자세한 설명과 함께 각 단계마다 '종합 복습' 코너도 마련하였습니다. 따라서 자녀를 가르치면서 부모님 스스로가 잃어버렸던 영어 학습 동기를 되찾는 기회가 되기도 할 것입니다.

이 책을 끝까지 학습한 후에 여러분은 다음과 같은 여섯 가지의 기쁨을 만끽하게 될 것입니다. 첫째, '철자를 보면 소리가 들린다.' 둘째, '단어를 보면 소리가 들린다.' 셋째, '뜻은 모르지만 영어책을 읽을 수 있다.' 넷째, '정확한 발음만 기억하면 단어를 쓸 수 있다.' 다섯째, '쉽고 빠르고 오래도록 영어단어를 기억할 수 있다.' 여섯째, '영어의 귀와 입이 뚫린다.'

이제 여러분들은 이 책 한 권으로 위의 여섯 가지 기적을 경험할 준비가 되셨습니까? 이 책의 마지막 장을 덮는 순간 여러분들은 영어가 들리는 기적을 경험하게 될 것입니다. 자, 그럼 추~울 바~알!

Contents

기본 발음의 소리를 찾아서

Step 2 복자음과 묶음의 소리를 찾아서

Step 3 모음의 소리를 찾아서

Step 4 이중모음의 소리를 찾아서

접미사의 소리를 찾아서

Step 6 접두사의 소리를 찾아서

기타 철자의 소리를 찾아서

기본 발음의 소리를 찾아서

알파벳 26개를 중심으로 모음이 1개에 철자 3~4개로 구성된 1음절 단어를 학습하도록 되어 있으며, 또한 가급적이면 학습자들의 '적극적 학습활동'을 유도하기 위하여 예로 제시된 단어들은 '**ad**(광고) b**ad**(나쁜) d**ad**(아빠) f**ad**(변덕) g**ad**(쏘다니다) h**ad**(가졌다) l**ad**(젊은이) m**ad**(미친) p**ad**(패드) s**ad**(슬픈) gl**ad**(기쁜)'과 같이 'Rhyme(각운)'을 이용하였습니다.

암기할 기본 발음

A (애)	B ((으)브)	C (크)	D (드)	E (에)	F (프f)	G (그)	H (흐)	I (이)	J (쥬)
K (크)	L (을)	M (음)	N (은)	O (아)	P (프)	Qu (크우)	R ((으)루)	S (스, 쓰)	T (트)
U (어)	V (브v)	W (우)	X (크쓰)	Y (아이)	Z (즈)				

발성법 | 소리를 어떻게 낼까요?

01 [**a**]는 입을 좌우로 귀밑까지 힘껏 벌리면서 턱을 아래로 힘을 주고 당겨 준다는 느낌으로 '애' 하고 소리 낸다.

02 [**b**]는 윗입술과 아랫입술을 약간 붙여서 말아 넣고 성대를 울리며 '(으)브' 하고 소리 낸다.

03 [**c**]는 턱을 몸 쪽으로, 즉 아래로 당기면서 입을 크게 벌리고 '크' 하고 소리 낸다.

04 [**d**]는 혀끝을 윗니 바로 뒤쪽 입천장 볼록한 부분(치경)에 살짝 대면서 '드'로 소리 낸다.

05 [**e**]는 아래턱을 아래로 살짝 당겨 주면서 우리 발음처럼 편안하게 '에' 하고 소리 낸다.

06 [**f**]는 윗니로 아랫입술을 지그시 물고 '프f' 하고 바람을 내보내며 소리 낸다.

07 [**g**]는 턱을 몸 쪽으로 약간 잡아당기듯 하면서 목구멍 깊숙한 곳에서 '그' 하고 소리 낸다.

08 [**h**]는 입천장에 혀를 대지 않고 목구멍 깊숙한 곳에서 'ㅎ' 하는 바람만 내보며 소리 낸다.

09 [**i**]는 아래턱을 아래로 살짝 내리면서 '이' 하고 소리 낸다.

10 [**j**]는 혀끝을 입천장 볼록한 부분에 대고 입술을 약간 앞으로 내밀듯이 하며 '쥬' 하고 소리 낸다

11 [**k**]는 턱을 몸 쪽으로, 즉 아래로 당기면서 입을 크게 벌리고 'ㅋ' 하고 소리 낸다.

12 [**l**]은 혀끝을 윗니 바로 뒤에 대고 밀어 내면서 '얼' 하는 소리를 내듯이 하면서 '을' 하고 발음한다.

13 [**m**]은 양 입술을 붙인 다음 약간 안으로 말아 넣고 '음' 한 상태로 발음하여 콧등에 여운이 전달될 정도로 끌어 주면서 소리 낸다.

14 [**n**]은 혀끝을 윗니 바로 뒤쪽 입천장 볼록한 부분(치경)에 댄 채로 '은' 하면서 콧등에 여운이 전달될 정도로 끌어 주며 소리 낸다.

15 [**o**]는 입 모양을 약간 오므리고 턱을 아래로 충분히 당기면서 거의 '아'에 가깝게 소리 낸다.

16 [**p**]는 윗입술과 아랫입술을 약간 말아 넣고 성대를 울리지 않으며 '프' 하고 소리 낸다.

17 [**qu**]는 턱을 아래로 당기면서 'ㅋ' 하고 발음하면서, 동시에 입술을 동그랗게 해서 살짝 앞으로 내밀면서 '우' 하고 소리 낸다. 즉, 전체적으로 'ㅋ우' 하고 소리 낸다.

18 [**r**]는 입술을 다소 오므린 후에 혀를 뒤로 빼어 혀끝을 위로 올리되 입천장에 혀가 닿지 않도록 하면서 '(으)루' 하고 소리 낸다.

19 [**s**]는 윗니와 아랫니를 살짝 대고 그 틈으로 'ㅅ', 'ㅆ' 하고 소리 낸다.

20 [**t**]는 혀끝을 윗니 바로 뒤쪽 입천장 볼록한 부분(치경)에 살짝 대면서 'ㅌ'로 소리 낸다.

21 [**u**]는 우리말의 '어' 하는 입 모양에서 턱을 아래로 힘껏 당기면서 '어' 하고

소리 낸다.

22 [**v**]는 윗니로 아랫입술을 지그시 물고 'ㅂv' 하고 성대를 울리며 소리 낸다.

23 [**w**]는 입술을 앞으로 힘껏 내민 상태에서 순간적으로 힘을 빼면서 살짝 '우' 하고 소리 낸다.

24 [**x**]는 입을 살짝 벌리고, 벌린 이 사이로 가볍게 'ㅋㅆ' 하고 소리 낸다.

25 [**y**]는 우리말의 발음 '아이'와 같이 소리를 내면 된다.

26 [**z**]는 위, 아랫니가 거의 닿을 정도로 한 후, 혀끝이 윗잇몸에 거의 닿도록 한 상태에서 유성음으로 'ㅈ' 하고 소리 낸다.

a
[애]의 소리를 찾아서

우리 한글에는 'ㅏ, ㅑ, ㅓ, ㅕ…' 등 많은 모음 표기가 있지만 영어에는 '[**a**], [**e**], [**i**], [**o**], [**u**]' 5개의 철자가 모든 모음의 소리를 감당해야 한다는 것은 아시죠? 그래서 우리가 영어단어를 외우거나, 혹은 발음을 할 때 가장 애를 먹는 부분이 영어의 모음인 것입니다. 따라서 'Step 3. 모음의 소리'에서 자세히 소개하고 공부하겠지만 다른 모음처럼 [**a**]도 한 가지 소리를 갖고 있는 것이 아니라 여러 가지 소리를 내지요. 여기에서는 가장 많이 쓰이는 [**a**]의 기본 발음을 먼저 익히도록 하겠습니다. 왜냐고요? 기본이 충실해야 인간이 바로 되고 나라가 바로 서듯이, 영어도 기본이 튼튼해야 후에 흔들리지 않는 법이니까요. 그럼 시작할까요?

[**a**]는 우리 한글의 '애'와 소리가 비슷합니다. 다만 영어의 [**a**]는 입을 좌우로 귀밑까지 힘껏 벌리면서 턱을 아래로 힘을 주고 당겨 준다는 느낌으로 '애' 하고 발음해야 하지요. 그럼 거울 앞에 서서 자신의 입 모양을 확인하면서 천천히, 그리고 부드럽고 자신 있게 발음해 봅시다. "애!" 입의 벌린 정도가 손가락 2개 정도 들어갈 수 있는 크기여야 하기 때문에 우리가 익숙해져 있는 '애'보다는 훨씬 힘이 들어가야 합니다. 어설프게 아는 것보다 확실한 기본을 세우는 것이 중요하니까 잔말 말고 큰 소리로 열 번만 발음하세요. "애! 애! 애! 애! 애! 애! 애! 애! 애! 애!"

반드시 명심할 것이 있어요. '애' 소리와 함께 철자 [**a**]를 연상하는 일입니다. 그래야 나중에 어떤 단어 속에 [**a**]가 있을 때 즉각 반응으로 '애' 소리가 나오거든요.

또 한 가지! [**a**]는 앞의 자음과 합쳐서 우리말 'ㅐ'처럼 사용된다는 것입니다. 'tan'이라는 단어를 예로 들면, [**t**]는 나중에 배우겠지만, '트!'로 소리가 나고 'ㅌ'으로 표기되며, [**n**]은 '은!' 하고 소리 나며 'ㄴ'으로 표기되지요. 그러면 't+a+n'은 '트+애+은!' 하고 소리 나지요. 처음에는 천천히, 그리고 '애'에 강하게 소리를 주면서 빠르게 연결시켜 '트애은' 하고 소리 내면 귀에 '탠' 하는 소리로 들릴 거예요. 또한 영어는 자음이 아니라 모음에 강세가 있기 때문에 모음에 힘을 주어 높은 음으로 분명하게 발음해야 합니다. 실제로 'tan'이라는 단어를 원어민에게 천천히 발음해 달라고 하면 '**ㅌ앤**' 하고 소리 내는 것을 알 수 있지요. '탠' 소리를 분해하면 'ㅌ(t)+ㅐ(a)+ㄴ(n)'의 조합인 것이 보이죠? 또 합치면 '탠' 하고 소리가 나지요? 우리말 자음과 모음의 조합과 같은 원리이니까 크게 어렵지 않을 겁니다. 또! 잔소리 같지만 이 'Step 1'에서 충실하지 않으면 다음 단계에서 혼란스러워지니 쉽다고 느낄 때 더 확실하게 해요!

자, 아직 다른 자음을 연습하지 않아서 정확하게 발음하지 못할지도 모르겠지만 "Practice makes perfect.(연습이 완벽하게 만든다.)"라는 속담처럼 밑져야 본전이니까 몇 개만 연습해 봅시다. 준비됐죠?

Practice | [a]

1	**a**nt	→	**애**+은+트	→	**애**은트	→	**앤**(트)
2	c**a**p	→	크+**애**+프	→	크**애**프	→	**캪**
3	m**a**p	→	음+**애**+프	→	음**애**프	→	**맾**
4	t**a**p	→	트+**애**+프	→	트**애**프	→	**탶**
5	b**a**n	→	브+**애**+은	→	브**애**은	→	**밴**
6	c**a**n	→	크+**애**+은	→	크**애**은	→	**캔**
7	**a**nd	→	**애**+은+드	→	**애**은드	→	**앤**(드)
8	b**a**nd	→	브+**애**+은+드	→	브**애**은드	→	**밴**(드)
9	h**a**nd	→	흐+**애**+은+드	→	흐**애**은드	→	**핸**(드)
10	s**a**nd	→	쓰+**애**+은+드	→	쓰**애**은드	→	**쌘**(드)

요점정리

- [a]는 우리 한글의 '애'와 소리가 비슷하다. 다만 [a]는 입을 좌우로 귀밑까지 힘껏 벌리면서 턱을 아래로 힘을 주고 당겨 준다는 느낌으로 '애' 하고 발음하면 된다.
- [a]는 우리말 /ㅐ/로 표기한다.

002

b
[브]의 소리를 찾아서

자음 [**b**]는 우리가 알파벳을 외울 때 '비' 하고 발음하지요? 지금부터는 'ㅂ' 하고 발음한다는 것을 잊지 마세요. 그러면 우리말의 발음 '브'와 같은가요? 아닙니다. 조금 달라요. 윗입술과 아랫입술을 약간 붙여서 말아 넣었다가 떼면서 내는 소리로, '(으)ㅂ'로 소리가 나지요. 즉 입술을 말아 넣는 과정에서 'ㅂ' 소리에 앞서 아주 약하게 '(으)' 소리를 첨가한다는 느낌으로 발음하세요. 또 우리말은 목젖이 울리지 않는 무성음이고, 영어의 [**b**]는 목젖이 울리는 유성음이거든요. 따라서 [**b**]를 연습할 때 턱을 약간 아래로 당긴다는 느낌으로 발음하세요. 그럼, 우리말 표기는 어떻게 할까요? /ㅂ(비읍)/으로 하면 되겠죠? 이해됐습니까? 그럼 "Practices are fruits, words are leaves.(실천(實踐)은 열매요, 말(言)은 잎이다.)"라고 했습니다. 윗입술과 아랫입술을 살짝 말아서 붙이면서, 동시에 목이 약간 접힌다는 느낌이 들도록 턱을 아래로 당기세요. 그 상태에서 입술을 떼면서 '(으)ㅂ' 하고 발음하세요. 이젠 입술 모양과 턱, 그리고 소리가 동시에 이뤄지도록 열 번만 연습하세요. '(으)ㅂ! (으)ㅂ! (으)ㅂ! (으)ㅂ! (으)ㅂ! (으)ㅂ! (으)ㅂ! (으)ㅂ! (으)ㅂ! (으)ㅂ!' 어때요? 생각보다 잘 안 되죠? 지금까지 [**b**]를 아무 생각 없이 편하게 발음해 와서 그것에 익숙한 사람들이 더 어색하고, 잘 안 될 겁니다. 하지만 지금도 늦지 않았어요. 반복된 연습만이 최선의 방법이고, 익숙해질 때까지 백 번이고 천 번이고 하세요! 또 [**b**]를 발음할 때 조심할 것은 'boy'를 '뽀이'로, 'bus'를 '뻐스'와 같이 된소리로 발음하는 것입니다. 영어는 모음에 강세를 두고 읽는 것에 비해 한글은 자음에 힘을 주고 읽기 때문에 일어나는 소리 현상이지요. 따라서 [**b**] 뒤에 오는 모음에 의식적으로 강하게 읽으려는 연습이 필요합니다.

그럼 복습하는 의미에서 앞서 배운 모음 [**a**]와 연결해서 발음해 볼까요? [ba-]는 어떻게 소리가 나지요? 'b(ㅂ)+a(**애**)'니까 'ㅂ애-', 즉 '배' 하고 발음되지요? 입술과 목젖에 주의하면서 다시 발음하세요. 그럼 거꾸로 [-ab]은 어떻게 소리가 나지요? 그렇습니다! '앱' 하고 소리가 나지요. 이제 [**a**]가 우리가 보통 '아'로 생각하는데 그렇지 않다는 것을 알았죠? 우리나라 대표 기업 중 하나인 삼성이 영어 표기로 'Samsung'인데, 미국인은 이 상표를 처음에는 절대로 '삼성'으로 발음하지 않고, '쌤썽' 하고 '애'로 발음한다는 사실을 기억하세요.

자! 이제 정리할 겸 앞서 practice [**a**]에서 얼핏 익힌 방법으로 소리의 조합을 통해 [**b**]의 소리를 익혀 봅시다. 준비됐나요? 그럼 시작하죠.

Practice | [b]

1	**b**ag	→	**브**+애+그	→	브애그	→	**백**
2	**b**at	→	**브**+애+트	→	브애트	→	**뱉**
3	ca**b**	→	크+애+**브**	→	크애브	→	**캡**
4	ga**b**	→	그+애+**브**	→	그애브	→	**갭**
5	**b**an	→	**브**+애+은	→	브애은	→	**밴**
6	**b**ad	→	**브**+애+드	→	브애드	→	**밷**
7	**b**ig	→	**브**+이+그	→	브이그	→	**빅**
8	**b**it	→	**브**+이+트	→	브이트	→	**빝**
9	**b**ack	→	**브**+애+크+크	→	브애크	→	**백**
10	**b**and	→	**브**+애+은+드	→	브애은(드)	→	**밴(드)**

요점정리

- [b]는 우리 한글의 'ㅂ'와 소리가 비슷하다. 다만 영어의 [b]는 윗입술과 아랫입술을 약간 붙여서 말아 넣고 내는 소리로 목젖이 울리는 유성음으로, [b]를 연습할 때 턱을 약간 아래로 당긴다는 느낌으로 '(으)브'로 발음해야 된다.
- [b]는 우리말 /ㅂ(비읍)/으로 표기한다.

C

[ㅋ]의 소리를 찾아서

자음 [**c**]는 우리가 알파벳을 배울 때 '씨' 하고 읽었지요? 따라서 [**s**]와 같이 'ㅆ'로도 발음이 나요. 하지만 기본 발음은 나중에 배울 [**k**]처럼 'ㅋ'로 소리가 납니다. 우리 발음 '크'와 소리가 비슷하게 거친 소리지만, 우리말 '크'보다 턱을 몸 쪽으로, 즉 아래로 당기며 입을 크게 벌리고 발음하는 것이 차이예요. 목을 아래로 당기듯 하며 발음하면 혀의 뒷부분이 입천장과 거의 붙게 되어 약간 탁한 듯한 'ㅋ' 소리와 함께 혀 뒷부분의 미묘한 움직임을 느낄 수 있을 겁니다. 어른들이 소주나 맥주 같은 술을 마시고 난 후에 기분 좋아 내뱉을 때 '크~!' 하고 목구멍 속에서 거친 소리가 나오죠? 바로 그 발성법으로 [**c**]를 발음한다고 생각하면 됩니다. 따라서 [**c**]의 소리가 자연스럽게 발음될 때까지는 목을 아래로 힘껏 당기면서 연습해야 합니다. 그럼 우리말 표기는 어떻게 될까요? 맞습니다. 소리가 'ㅋ'로 나니까 /ㅋ(키읔)/으로 하면 되지요. 벌써 소리와 표기의 연관 관계를 터득했다니 나머지 철자의 소리를 찾는 데 어려움이 없겠는데요. 그럼 이제 목을 살짝 아래로 당기면서 'ㅋ!' 하고 발음하세요. 자연스러워질 때까지 열 번만 반복해요. 'ㅋ! ㅋ! ㅋ! ㅋ! ㅋ! ㅋ! ㅋ! ㅋ! ㅋ! ㅋ!'

[**c**]는 앞에서 언급한 것처럼 'ㅆ'로도 발음이 되거든요. 그럼 'ㅆ'로 나는지 'ㅋ'로 나는지 일일이 발음기호로 확인해야 하느냐고요? 그러면 이 책에 가치가 없게

요. 잘 들어 보세요. [**ce**(-)]와 [**ci**] 그리고 [**cy**]와 같이 [**c**] 뒤에 모음 [**e**]나 [**i**], 또는 [**y**]가 붙은 [**c**]는 '쓰'로 발음됩니다. 예를 들면, '**cell**'은 '쎌' 하고 발음이 나고요, '**city**'는 '씨티(물론 미국인은 '씨리'로 발음하지만)'로, '**fancy**'는 '팬ᶠ씨' 하고 발음이 나지요. 일상생활에서 우리가 흔히 마시는 '사이다'의 영어 철자가 '**cider**'인데, [**c**] 뒤에 [**i**]가 붙어 있는 것이 보이지요? 그래서 [**c**]가 '쓰'로 발음되는 것입니다. 간혹 학교에 불량 써클이 있는데, '**circle**'이라는 단어에 [**c**]가 2개가 있습니다. 앞의 [**c**]는 [**i**] 때문에 '쓰'로 발음되고, 뒤의 [**c**]는 '크'로 소리가 나지요. 이해하기 쉽도록 설명한다고 했는데 이해가 가나요?

간단하게 다시 정리할게요. [**c**]의 기본 소리는 '크'입니다. 단, [**ce**(-)]와 [**ci**] 그리고 [**cy**]와 같이 뒤에 모음 [**e**]나 [**i**], 또는 [**y**]가 붙은 [**c**]는 '쓰'로 발음합니다.

Practice | [c]

1	a**c**t	→	애+**크**+트	→	애**크**트	→	**액**트
2	fa**c**t	→	프ᶠ+애+**크**+트	→	프ᶠ애**크**트	→	**팩**ᶠ트
3	**c**amp	→	**크**+애+음+프	→	**크**애음프	→	**캠**프
4	**c**ap	→	**크**+애+프	→	**크**애프	→	**캪**
5	**c**ash	→	**크**+애+쉬	→	**크**애쉬	→	**캐**쉬
6	**c**ab	→	**크**+애+브	→	**크**애브	→	**캡**
7	**c**an	→	**크**+애+은	→	**크**애은	→	**캔**
8	**c**at	→	**크**+애+트	→	**크**애트	→	**캩**

요점정리

- [c]는 우리 발음 '크'보다는 조금 거친 소리며, 우리말 '크'보다 턱을 몸 쪽으로, 즉 아래로 당기면서 입을 크게 벌리고 발음한다.
- [ce(–)]와 [ci] 그리고 [cy]와 같이 뒤에 모음 [e]나 [i], 또는 [y]가 붙은 [c]는 '쓰'로 발음된다.
- [c]는 우리말 /ㅋ(키읔)/으로 표기한다.

참고자료 [c]는 'ㅆ' 소리도 난다!

'ㅋ' 소리가 나는 영어 철자에는 [**k**]도 있지요. 그럼 [**c**]와 [**k**]의 차이는 무엇일까요?

철자 [**k**]는 'ㅋ' 소리만 나지만 철자 [**c**]는 [**ce**(-)]와 [**ci**] 그리고 [**cy**]와 같이 뒤에 모음 [**e**]나 [**i**], 또는 [**y**]가 붙으면 'ㅆ'로 발음되지요. 아래의 자료를 참고로 해서 보면 되겠지만, 여러분의 이해를 돕기 위해서 몇 가지 예를 들어 보지요. 먼저 '킹'이라고 발음이 나는 단어에는 'king'이 있다는 것은 아시지요? 하지만 '킹'이라는 발음이 나는 단어로는 'cing'은 쓸 수 없다면 이해하겠어요? 맞습니다. 만약 'cing'이라는 단어가 있다면 당연히 철자 [**c**] 뒤에 [**i**]라는 철자 때문에 '씽'으로 소리가 나겠죠? 예를 하나 더 들어 볼까요? '캔'이라는 소리에 맞는 단어는 'can'은 가능하지만 'cen'은 이론상 안 된다는 것이지요. '쎈'으로 발음되니까요. 독일의 유명한 철학자 '칸트'(미국식 발음으로는 '캔트')의 철자가 'Kant'이고 미국의 담배 이름 '켄트'의 철자가 'Kent'이며, 'can not'의 줄임말이 '캔트'(can't)이지만, 미국의 화폐인 'cent'는 '쎈트'로 발음되는 것을 알 수 있습니다.

오른쪽에 [**c**]가 'ㅆ'로 소리가 나는 단어들을 몇 개씩 적어 놓았습니다. 지금은 눈에 익은 단어 외에는 발음기호가 없이 발음하기가 쉽지 않을지도 모릅니다. 하지만 이 책을 전부 숙달한 후에는 불가능한 일이 아님을 알 수 있을 것입니다. 지금은 [**e**]나 [**i**], 또는 [**y**] 앞의 [**c**]가 'ㅆ'로 발음된다는 것을 눈으로 확인하라는 것입니다.

한 가지 더 눈여겨볼 중요한 것은 오른쪽 단어에 보면 모음에 강세가 찍혀 있는 것입니다. 이 강세가 'Step 2. 모음의 소리'에서 배우겠지만 발음기호 없이 단어를 읽는 데 아~주, 아~주 중요한 역할을 할 것이라는 암시를 주고자 한 것입니다. 지금은 이 단어들을 읽지 못한다고 자책하거나, 혹은 소리를 찾기 위해 사전을 뒤지는 어리석은 일을 삼가고, 이 책만 끝장내면 이 어려워 보이는 단어들이 다 내 것이 될 것이라는 부푼 희망을 안고 끝까지 저와 함께하길 바랍니다. Fighting!

● ce

célebràte	**ce**léstial	**ce**ll	**ce**nt	**cé**ntimeter
cértain	**cé**rtify	cán**ce**l	cán**ce**r	de**cé**ive
dé**ce**nt	des**cé**nd	dis**cé**rn	ec**cé**ntric	in**cé**nse
in**cé**ntive	ínno**ce**nt	ìnter**cé**pt	lá**ce**ràte	lí**ce**nse
né**ce**ssàry	ó**ce**an	pár**ce**l	per**cé**ive	per**cé**nt
per**cé**ption	pré**ce**dence	pre**cé**pt	prín**ce**ss	pro**cé**ed
pró**ce**ss	re**cé**de	re**cé**ive	re**cé**ption	s**ce**ne
s**ce**nt	suc**cé**ss	suc**cé**ssion	tráns**ce**nd	

● ci

cíder	**cí**nema	**cí**pher	**cí**rcle	**cí**rcus
círcumstance	**ci**te	**cí**ty	**cí**vil	án**ci**ent
antí**ci**pàte	appré**ci**àte	cál**ci**um	cóun**ci**l	de**cí**de
dó**ci**le	effí**ci**ent	en**cí**rcle	ex**cí**te	éxer**cì**se
fa**cí**lity	ín**ci**dent	judí**ci**al	médi**ci**ne	offí**ci**al
Pa**cí**fic	partí**ci**pàte	pén**ci**l	plá**ci**d	pré**ci**ous
pre**cí**pitàte	prín**ci**pal	prín**ci**ple	re**cí**tal	s**cí**ence
so**cí**ety	solí**ci**t	spé**ci**al	spé**ci**es	súi**cì**de
suspí**ci**on	vác**ci**ne	vá**ci**llàte	veló**ci**ty	vi**cí**nity
ví**ci**ous				

● cy

cýborg	**cý**cle	**cý**clone	**cý**linder	**cý**nical
fán**cy**	póli**cy**	ténden**cy**		

알고 갑시다

[-ce]는 '쓰'로 소리 난다

'Step 1. 기본 발음'에서 [**c**]의 기본 소리는 'ㅋ'라고 익혔습니다. 그러면서 [**c**]가 '쓰'로 소리가 나는 경우도 첨부 자료를 통해 배웠고요. 다시 한 번 기억을 상기하는 의미에서 정리하면, [**ce**(-)]와 [**ci**] 그리고 [**cy**]와 같이 뒤에 모음 [**e**]나 [**i**], 또는 [**y**]가 붙으면 '쓰'로 발음된다고 요약할 수 있습니다. 이 장에서 우리가 배울 [**-ce**]는 단어 끝에 붙어 있는 [**-ce**]의 소리입니다.

'dan**ce**'와 같은 단어를 예로 들면, 단어 끝에 붙어 있는 [**-ce**]는 '쎄'라고 발음하지 않지요. [**s**]의 소리처럼 '쓰' 하고 흘려 버리는 소리입니다. 따라서 'dance'라는 단어는 '댄쓰'라고 소리가 나지요. 그러면 궁금한 것이 하나가 생기지요? [**c**] 뒤에 붙어 있는 [**e**]는 어떤 소리가 날까 하는 것입니다. 맞지요?

'Step 3. 모음의 소리'에서 배우겠지만, 'bak**e**, cak**e**, fak**e**, lak**e**, mak**e**, bik**e**, dik**e**, hik**e**, lik**e**, mik**e**, pik**e**'와 같이 영어단어 중에 [**e**]로 끝난 단어들이 굉장히 많거든요. 이 모음 [**e**]는 자신의 앞에 있는 모음 [**a**, **e**, **i**, **o**, **u**]를 '알파벳 이름 소리' [에이, 이이, 아이, 오우, 유우]로 소리가 나게 합니다. 하지만 자신의 고유한 음가를 가지고 있지 않은 철자입니다. 다시 말하면 'dance'의 [**c**] 뒤에 붙어 있는 [**e**]는 [**c**]를 '쓰'로 소리를 나게 하는 역할만 하는 형태소(形態素)일 뿐이며, 음가(音價)를 가지고 있지 않은 철자라는 뜻입니다. 다음 장에서 배울 [**-se**]나 [**-ze**]의 [**e**]도 같은 경우입니다. 그렇다면 단어 끝에 붙어 있는 [**e**]는 자신의 소리를 죽이고 다른 모음의 소리를 다양하게 만드는 '희생정신'이 강한 철자(?)이지요? 이 형태소 [e]가 붙은 영어단어가 무수히 많거든요. 지금 설명한 이 내용은 이 책이 끝나는 순간까지 여러분을 쫓아다닐 겁니다. 따라서 다시 한 번 천천히 읽어 보세요.

조금 이해하기 힘들면, 단어 끝에 붙어 있는 [**-ce**]는 '쓰' 소리로 난다는 것을 암기하세요. 형태소 [**e**]에 관한 것은 다음 단계에서 다시 한 번 많은 단어들을 직접 읽어 가면서 배울 것이니까요.

정리합시다. 단어 끝에 오는 [-ce]는 [s]의 소리처럼 윗니와 아랫니를 살짝 대고 그 틈으로 '쓰' 하고 소리를 살짝 흘려 버리면 됩니다. 우리말 '쓰'처럼 강하게 하는 소리가 아니라는 것은 아시죠? 영어 발음의 특징은 끝소리를 살짝 흘려 버리는 것이 매력이고, 그렇게 하는 것이 잘하는 발음이라는 것을 알아 두세요. 그래서 이 책에서는 끝소리의 우리말 표기로 '아래 첨자(아래쪽으로 작은 글씨)'로 표기하였으므로, 발음할 때 참고하길 바라요. 자, 그럼 열 번만 반복해서 발음해 볼까요? '쓰! 쓰! 쓰! 쓰! 쓰! 쓰! 쓰! 쓰! 쓰!' 아래 'Practice'의 단어 속에서 [-ce]를 연습해 보세요.

Practice | [ce]

1	chan**ce** (기회)	→	추애은**쓰**	→	챈**쓰**
2	lan**ce** (긴 창)	→	을애은**쓰**	→	랜**쓰**
3	glan**ce** (잠깐 보다)	→	글애은**쓰**	→	글랜**쓰**
4	dan**ce** (춤추다)	→	드애은**쓰**	→	댄**쓰**
5	min**ce** (잘게 썰다)	→	음이은**쓰**	→	민**쓰**
6	sin**ce** (부터)	→	쓰이은**쓰**	→	씬**쓰**
7	win**ce** (주춤하다)	→	우위은**쓰**	→	(우)윈**쓰**
8	prin**ce** (왕자)	→	프루이은**쓰**	→	프륀**쓰**
9	boun**ce** (튀다)	→	브아우은**쓰**	→	바운**쓰**
10	poun**ce** (덤벼들다)	→	프아우은**쓰**	→	파운**쓰**

요점정리

- [-ce]는 윗니와 아랫니를 살짝 대고 그 틈으로 '쓰' 하고 소리를 흘려 버린다.
- [e]는 [c]를 '쓰'로 소리를 나게 하는 형태소일 뿐이며, 음가를 가지고 있지 않은 철자다.
- [-ce]는 우리말 /쓰/로 표기한다.

d
[드]의 소리를 찾아서

이제 [**d**]의 소리를 찾아보죠. [**d**]는 우리가 알파벳을 배울 때 '디' 하고 읽었으니까 /ㄷ(디귿)/으로 표기되고, 소리도 '드' 하고 나는 것을 터득하셨죠? 혀의 끝을 여러분의 윗니 바로 뒤쪽에 있는 볼록한 잇몸 부분에 대보세요. 이곳을 치경(잇몸)이라고 하는데, 이곳에 혀끝을 살짝 대면서 '드' 하고 발음합니다. 이때 목청을 울려서 내는 유성음(有聲音)이라는 것도 잊지 마세요. 뒤에서 배우겠지만 [**t**]와 [**l**], [**n**]도 똑같은 발성법으로 소리를 내지요. 한번 혀끝을 주시하면서 연습해 볼까요? '드!' 자, 몇 번 더 반복해 보지요. '드! 드! 드! 드! 드! 드! 드! 드! 드! 드!' 너무 쉽다고요? 그런데 실제는 쉽지 않아요. 왜냐고요? 다음 장 '알고 갑시다'에서 자세히 설명하겠지만, [**d**]가 문장을 읽거나 미국인과 대화할 때는 실제로 여러 가지 소리가 나거든요. 예를 들면, 'coul**d**'처럼 [**d**]로 끝나거나, [**d**] 뒤에 또 다른 자음이 오면 그 [**d**]는 흘려 버리는 소리가 아니라 받침으로 발음하지요. 또 '**hand**'와 같이 [-**nd**]로 끝난 단어의 [**d**]는 아예 소리를 내지 않습니다. 어렵다고요? 낯설기 때문에 어려운 것이지 반복해서 익히다 보면 익숙해져 어렵지 않을 것이니까, 처음부터 너무 걱정하지 마세요.

자! [**d**]를 발음할 때 혀의 끝을 윗니 바로 뒤쪽 입천장 볼록한 부분에 살짝 대면서 'ㄷ!' 하고 발음한다는 것을 잊지 마세요. 그럼 [**d**]가 들어 있는 단어 몇 개의 소리를 찾아볼까요?

Practice | [d]

1	a**d**	→	애+**드**	→	애ㄷ	→	**앧**
2	**d**a**d**	→	**드**+애+**드**	→	ㄷ애ㄷ	→	**댇**
3	**d**ap	→	**드**+애+프	→	ㄷ애ㅍ	→	**댚**
4	**d**ab	→	**드**+애+브	→	ㄷ애ㅂ	→	**댑**
5	**d**ash	→	**드**+애+쉬	→	ㄷ애쉬	→	**대**쉬
6	ba**d**	→	브+애+**드**	→	ㅂ애ㄷ	→	**밷**
7	**d**amp	→	**드**+애+음+프	→	ㄷ애음ㅍ	→	**댐**프
8	ha**d**	→	흐+애+**드**	→	ㅎ애ㄷ	→	**핻**
9	sa**d**	→	쓰+애+**드**	→	ㅆ애ㄷ	→	**쌛**
10	bi**d**	→	브+이+**드**	→	ㅂ이ㄷ	→	**빋**

요점정리

- [d]는 혀끝을 윗니 바로 뒤쪽 입천장 볼록한 부분에 살짝 대면서 'ㄷ'로 발음한다.
- [d]는 우리말 /ㄷ(디귿)/으로 표기한다.

지금까지 익힌 [**a**]부터 [**d**]까지 복습해 볼까요? 반복 학습이 최고의 효과를 발휘한다는 사실 잘 아시죠? 입과 입술 모양이나, 혀의 위치 등 지금까지 배운 발성법을 상기해서 정확하게 발음하도록 해야 합니다.

Review (a ~ d)

소리를 어떻게 낼까요?

- [**a**]는 턱을 아래로 힘을 주고 당겨 주면서 '**애**' 하고 소리 낸다.
- [**b**]는 윗입술과 아랫입술을 약간 붙여서 말아 넣고 '(**으**)**브**' 하고 발음한다.
- [**c**]는 턱을 몸 쪽으로, 즉 아래로 당기면서 입을 크게 벌리고 '**크**' 하고 발음한다.
- [**d**]는 혀끝을 윗니 바로 뒤쪽 입천장 볼록한 부분(치경)에 살짝 대면서 '**드**'로 발음한다.

우리말 표기로 ( )를 채워 보세요.

a(　　　), b(　　　), c(　　　), d(　　　)

알고 갑시다

[d]의 소리, 여러 가지가 있어요

앞에서 [**d**]가 'ㄷ'로 소리가 난다고 배웠지요? 기본 발음이 그렇다는 것이고 아래와 같은 경우에 'ㄷ' 소리가 생략되거나 다른 소리가 날 수도 있습니다. 그래서 이 책의 원래 의도이지만 사전의 발음기호는 실제 발음에서는 도움이 되지 않습니다. 물론, 전혀 도움이 되지 않는다는 뜻은 아니니 곡해(曲解)하지 마세요. 'Step 3'과 'Step 4'에서 직접 느끼겠지만 강세의 위치, 그리고 자음과 모음의 배열이 발음에 얼마나 중요한지 지금부터 생각해 볼 필요가 있을 것입니다. 거두절미(去頭截尾)하고, [**d**]가 어떤 경우에 어떤 소리가 나는지 살펴볼까요? 만약, 지금 읽어 봐도 이해가 되지 않으면 '아, 이런 것도 있구나.' 하고 다음 장으로 넘어가세요. 지금은 어려울지 모르지만 'Step 7'까지 학습하고 나면 쉽게 이해할 수 있으니까요.

'듀'와 '쥬'의 중간 소리

dream(듀뤼임)과 같이 [**d**] 뒤에 [**r**]가 붙어 [**dr**-]로 시작하는 단어일 때 [**d**]는 '듀'와 '쥬'의 중간 소리를 낸다.

1	**dr**ag	→	듀랙
2	**dr**ink	→	듀륑크
3	**dr**ain	→	듀뤠인
4	**dr**ip	→	듀륍
5	**dr**ill	→	듀륄
6	**dr**ama	→	듀뢔머

받침으로 발음

'sa**d**'나 'ri**de**'의 [-**d**], [-**de**]처럼 [**d**] 소리로 끝난 단어, [**d**] 소리 다음에 자음이 올 때에도 [**d**]는 받침소리로 발음한다.

1	sa**d**	→	쌘
2	hi**de**	→	하읻
3	ri**de**	→	롸읻

4	sli**de**	→	슬라읻
5	pri**de**	→	프롸읻
6	wi**de**	→	(우)와읻

'루'로 발음

[-강모음+**d**+약모음-], 그리고 [강모음+**rd**+약모음]일 때, [**-dle**], [**-ddle**]로 끝나는 단어, 그리고 [**-d**]나 [**-de**]로 끝난 단어가 모음으로 시작하는 단어를 만나면 [**-d**]는 '루'로 소리가 난다.

1	rá**d**ish	→	뢔뤼쉬
2	bó**rd**er	→	보어뤄
3	há**rd**er	→	하아뤄

4	née**dle**	→	니이를
5	sa**ddle**	→	쌔를
6	ri**de a** bike	→	롸이뤄 바잌

생략하기

단어가 [-nd]로 끝나면 [d] 발음은 주로 생략하고 발음한다.

1	ba**nd**	→	밴
2	ha**nd**	→	핸
3	sa**nd**	→	쌘
4	bla**nd**	→	블랜

5	bi**nd**	→	바인
6	hi**nd**	→	하인
7	gra**nd**	→	그랜
8	sta**nd**	→	스땐

조금 어렵고 헷갈리지요? 'Step 2'와 'Step 3'에서 계속 반복 학습할 것이니까 '[**d**]가 이런 경우에는 이런 소리가 나는구나.' 하고 인식만 하고 계셔요. 빠른 포기는 후회만 남는다는 것 잊지 마세요.

e

[에]의 소리를 찾아서

[**e**]는 우리 발음 '에'와 같이 발음하면 됩니다. 따라서 극히 편안하게 발음하면 되지요. 그리고 우리말 표기는 감을 잡았을 것으로 믿지만 /ㅔ/로 표기하면 되지요. 다만 주의할 것은 앞서 배운 [**a**]의 '애'와 비교해서 발음해야 한다는 것이지요. 비교하자면 [**a**]는 입을 좌우로 힘껏 귀밑까지 벌리면서 턱을 아래로 힘을 주고 당겨준다는 느낌으로 '애' 하고 발음해야 하지만, [**e**]의 '에'는 턱을 아래로 살짝 당겨주면서 우리 발음처럼 편안하게 '에' 하고 발음하면 됩니다. 다음 쪽에 두 모음의 소리를 비교하면서 연습하기 위하여 유사한 단어를 준비했으니까 의식적으로 두 철자의 단어 소리를 구분하여 연습하세요.

다만 우리가 우리말을 할 때 '애기'와 '에기'의 소리를 굳이 구분해서 듣거나 말하지 않아도 듣는 사람이나 말하는 사람이 문맥에 맞게 알아서 이해하듯이 영어도 마찬가지입니다. 따라서 너무 과민반응하거나 걱정하지 마세요. 예를 하나 더 들까요? 우리말에 '눈'이라는 단어가 있는데, 사전식 의미로 보면 '눈' 하고 짧은 소리는 신체 기관의 눈으로, '눈:' 하고 긴 소리는 하늘에서 떨어지는 눈으로 구분하라고 되어 있고, 중학교 국어 시간에 저도 그렇게 배웠습니다. 그럼 다음과 같은 글이나 말에서 두 개의 눈을 어떻게 구분할까요? "하늘에서 눈이 내려, 그 눈을 바라보고 있노라니, 그 눈이 내 눈에 떨어져 눈에서 눈물이 나니, 그 눈물은 눈물일까, 눈물일까?" 말하는 사람이 길고 짧게 발음하지 않는 이상, 또 길거나 짧게 표기하지 않는 이상 형태상으로는 구분하기 어렵지만, 우리는 의미상으로나 느낌으로 이해할 수 있지 않습니까? 영어도 마찬가지거든요. 따라서 사서 걱정하지 말고, 다만 기본을 익히는 과정이니까 정확한 발성 구조를 갖추기 위해 최선을 다하자는 뜻입니다. 이해하셨죠?

자, 그럼 [e]의 연습으로 들어갈까요?

Practice | [e]

1	b**e**ll	→	브+**에**+을	→	브**에**을	→	**벨**
2	h**e**ll	→	흐+**에**+을	→	흐**에**을	→	**헬**
3	t**e**ll	→	트+**에**+을	→	트**에**을	→	**텔**
4	sm**e**ll	→	스+음+**에**+을	→	스음**에**을	→	스**멜**
5	**e**gg	→	**에**+그	→		→	**엑**
6	r**e**d	→	루+**에**+드	→	루**에**드	→	**뤠**
7	sh**e**d	→	쉬+**에**+드	→	쉬**에**드	→	**쉐**
8	b**e**n	→	브+**에**+은	→	브**에**은	→	**벤**
9	h**e**n	→	흐+**에**+은	→	흐**에**은	→	**헨**
10	g**e**t	→	그+**에**+트	→	그**에**트	→	**겥**

요점정리

- [e]는 턱을 아래로 살짝 당겨 주면서 우리 발음처럼 편안하게 '에' 하고 발음한다.
- [e]는 우리말 /ㅔ/로 표기한다.

[a]와 [e] 발음 비교

1	b**a**d	↔	b**e**d
2	**a**nd	↔	**e**nd
3	l**a**nd	↔	l**e**nd
4	s**a**nd	↔	s**e**nd
5	b**a**g	↔	b**e**g

6	b**a**n	↔	b**e**n
7	b**a**t	↔	b**e**t
8	f**a**n	↔	f**e**n
9	l**a**ss	↔	l**e**ss
10	b**a**ck	↔	b**e**ck

쉬어가는 코너 Tongue Twister

● [a]의 발음 연습

Oh, the sadness of her sadness when she's sad.

Oh, the gladness of her gladness when she's glad.

But the sadness of her sadness,

and the gladness of her gladness,

are nothing like her madness when she's mad!

● [b]의 발음 연습

- The big black bug bit the big black bear.
- Big black bugs bleed blue black blood, but baby black bugs bleed blue blood.
- As one black bug bled blue, black blood, the other black bug bled blue.
- A turbot's not a burbot, for a turbot's a butt, but a burbot's not.
- Buckets of bug blood, buckets of bug blood, buckets of bug blood,
- A black bloke's back brake-block broke.
- A bloke's bike back brake block broke.

● [c]의 발음 연습

• She brews a proper cup of coffee in a copper coffee pot.

• A cup of proper coffee in a copper coffee cup.

● [d]의 발음 연습

• How much dew does a dewdrop drop if dewdrop do drop dew? They do drop, they do. As do dewdrops drop if dewdrops do drop dew.

● [f]의 발음 연습

• Fran feeds fish fresh fish food.

● [g]의 발음 연습

• The great Greek grape growers grow great Greek grapes.

쉬어가는 코너 Korean Riddle

잠시 쉬어 갈까요? 우리나라 수수께끼를 영어로 만들어 보았습니다. 아래 정답을 보기 전에 답을 한번 생각해 보세요. 조금 썰렁할지는 모르겠지만 나름대로 머리를 식힐 겸 만들었어요. 상품은 없어요.

1. What is the most beautiful dog in the world?
2. What is the biggest dog in the world?
3. What is the name of walking key?
4. What is a gold that we can't buy or sell?
5. When is Shimcheong's birthday?
6. How old is a leaf?
7. What is the flying egg?
8. What's the duck which can't fly?
9. What is the fastest bird in the world?
10. What is the biggest nose in the world?
11. What Chinese letter is higher than the sky?
12. What's 허수아비's son's name? What's a scarecrow's son's name?
13. What is the biggest bean?
14. A woman say goodbye to her lover.

    "I loved you long. So I do not see you. So long?"

    Can you understand what she says?
15. A cow without horn?

16. What is the military police afraid of?

17. A knife which can't cut anything?

18. What car do all the spinsters want to push?

19. What is the biggest eye?

20. How old is a pigeon?

21. What is the biggest gun?

22. A swallow which is running on the ground?

23. What Mt. does a brown seaweed vendor like most?

24. What is the saddest star in the world?

25. What road do men dislike most?

ANSWER

1	Rainbow.	**2**	Fog.
3	Donkey.	**4**	The lines of the palm of the hand.
5	On September 4th. (구사일생)	**6**	It's 16 years old. (이파리 2×8 =16)
7	Bullets.	**8**	A sting ray. (가오리)
9	In the twinkling of an eye. (눈 깜짝할 새.)	**10**	Mexico.
11	Husband. (夫; 지아비 부)	**12**	허수.
13	King Kong or Hongkong.	**14**	"오랫동안 사랑했지롱. 그래서 아이두 낫시유. 썰렁하지?"
15	Smiles. (미소)	**16**	A taffy seller. (엿장수)
17	Hair. (머리칼)	**18**	A baby carriage. (= Stroller)
19	Snow.	**20**	81 years old. (구구 하고 우니까. 9×9 = 81)
21	왕대포/ 왕건	**22**	A weasel. (족제비)
23	Birth. (출산)	**24**	Farewell or separation. (이별)
25	A journey to the other world. (저승길)		

006

f

[프^{f}]의 소리를 찾아서

[**f**]는 우리 소리와 딱 일치하는 표기법이 없습니다. 그래서 간혹 많은 교재나 사전에서 임의로 'ㅍ'으로 표기하거나 'ㅎ'으로 표기하기도 하는데, 둘 다 정확한 표기법이 아니지요. [**f**]는 우리 발음 'ㅍ'과 비슷한 소리는 나지만 발성법은 전혀 다르기 때문입니다. 윗니로 아랫입술을 지그시 물고 '프' 하고 바람을 내보내는 소리가 바로 [**f**]입니다. 뒤에서 학습하겠지만 윗입술과 아랫입술을 붙이고 내는 [**p**]와는 소리가 다르며, [**p**]가 우리말 자음 표기법 'ㅍ'과 거의 유사하다고 할 수 있습니다. 이 교재에서는 [**p**]와 구분하기 위해서 [**f**]를 'ㅍ^{f}'으로 표기하고 있습니다. 우리말에는 이런 발성법이 없어서 처음에는 부자연스럽고 따라 하기가 힘들겠지만 무엇이든지 처음부터 잘할 수 있는 것은 없지요? 익숙해지기 위해서는 많은 연습이 필요하다는 것은 두말하면 잔소리지요. 누차 잔소리하겠지만 영어 발음은 입 모양과 입술, 그리고 혀의 위치를 얼마나 정확하게 해 주느냐에 달려 있다는 것을 명심하십시오.

그럼 연습해 볼까요? 윗니로 아랫입술을 지그시 물었지요? 그 상태에서 '프!' 하고 바람을 내보내는 겁니다. 준비됐지요? 열 번만 해 봅시다. '프^{f}! 프^{f}! 프^{f}! 프^{f}! 프^{f}! 프^{f}! 프^{f}! 프^{f}! 프^{f}! 프^{f}!'

잘되나요? 주의할 것은 너무 강하게 발음하지 말고 가급적이면 부드럽게 소리를 내도록 하세요. 또 [f]가 단어 맨 뒤에 나올 때는 '프f'로 발음하지 말고 윗니로 아랫입술을 지그시 물고 바람 새는 소리만 내면 됩니다.

자, 그럼 단어를 통해서 [f]의 실제 연습으로 들어갈까요?

Practice | [f]

1	**f**ad	→	프f+애+드	→	프f애드	→	팯f
2	**f**ag	→	프f+애+그	→	프f애그	→	팩f
3	**f**an	→	프f+애+은	→	프f애은	→	팬f
4	**f**ell	→	프f+에+을	→	프f에을	→	펠f
5	**f**en	→	프f+에+은	→	프f에은	→	펜f
6	**f**end	→	프f+에+은+드	→	프f에은	→	펜f
7	**f**ig	→	프f+이+그	→	프f이그	→	픽f
8	**f**ill	→	프f+이+을	→	프f이을	→	필f
9	**f**in	→	프f+이+은	→	프f이은	→	핀f
10	**f**at	→	프f+애+트	→	프f애트	→	퍁f

요점정리

- [f]는 윗니로 아랫입술을 지그시 물고 '프' 하고 바람을 내보내는 소리다.
- [f]는 우리말 /프f/으로 표기한다.
- [f]가 단어 맨 뒤에 나올 때는 윗니로 아랫입술을 지그시 물고 바람 새는 소리를 낸다.

[f]와 [p] 발음 비교

1	**f**ad	↔	**p**ad
2	**f**an	↔	**p**an
3	**f**at	↔	**p**at
4	**f**en	↔	**p**en
5	**f**ig	↔	**p**ig

6	**f**ill	↔	**p**ill
7	**f**in	↔	**p**in
8	**f**it	↔	**p**it
9	**f**end	↔	**p**end
10	**f**elt	↔	**p**elt

007

g
[ㄱ]의 소리를 찾아서

[**g**]는 알파벳 소리로 '쥐!' 하고 나니까 'ㅈ'으로 표기할 수 있겠지요? 맞습니다. 하지만 [**g**]의 기본 발음은 'ㄱ'입니다. 따라서 [**g**]가 'ㅈ' 소리로 나는 경우는 다음 페이지에서 배우기로 하고요, 우선 기본 발음부터 익히도록 하지요. [**g**]는 우리 발음 'ㄱ'으로 표시되지만, 우리말은 입 앞쪽에서 소리가 나는 반면에 영어에서는 그보다 더 걸쭉한 소리입니다. 턱을 아래로, 즉 몸 쪽으로 약간 잡아당기듯이 하면서 목구멍 깊숙한 곳에서 끌어올리듯 'ㄱ' 하고 발음합니다.

그럼 연습해 볼까요? 턱을 몸 쪽으로 약간 잡아당기세요. 그 상태에서 'ㄱ!' 하고 소리를 냅니다. 가급적이면 묵직하고 걸쭉한 소리가 나도록 하세요. 준비됐지요? 열 번만 해 봅시다. 'ㄱ! ㄱ! ㄱ! ㄱ! ㄱ! ㄱ! ㄱ! ㄱ! ㄱ! ㄱ!' 어때요? 쉽지 않지요? 멋진 영어발음을 하기 위해서는 이 정도로는 부족합니다. 조금 따분하니까 이런 방법은 어떨까요? 다음 우리말을 영어식 'ㄱ!' 발음으로 천천히, 여러 번 읽어 보는 것입니다. '거꾸로 가는 기차가 기차일까?'

영어에서 'ㄱ' 소리가 나는 철자는 [**g**] 외에는 없으니까 소리를 듣고 철자를 쓸 때 다른 철자와 혼동을 일으키지 않을 것입니다. 또, '**game**'이라는 단어를 '께임'이라고 강하게 발음하는 경향이 있는데, [g]는 'ㄲ'와 같이 쌍기역이 아니라 '게임'으로 발음해야 한다는 것에 주의하십시오. 'bus'를 '뻐쓰'가 아니라 '버ㅆ'로 발음해야 하듯이 말입니다.

자, 그럼 단어를 통해서 [**g**]의 실제 연습으로 들어갈까요?

Practice | [g]

1	**g**a**g**	→	**그**+애+**그**	→	그애그	→	**객**
2	**g**ad	→	**그**+애+드	→	그애드	→	**갣**
3	**g**ap	→	**그**+애+프	→	그애프	→	**갶**
4	**g**et	→	**그**+에+트	→	그에트	→	**겥**
5	**g**ull	→	**그**+어+을	→	그어을	→	**걸**
6	**g**um	→	**그**+어+음	→	그어음	→	**검**
7	bi**g**	→	브+이+**그**	→	브이그	→	**빅**
8	pi**g**	→	프+이+**그**	→	프이그	→	**픽**
9	bu**g**	→	브+어+**그**	→	브어그	→	**벅**
10	**g**un	→	**그**+어+은	→	그어은	→	**건**

요점정리

- [g]는 턱을 몸 쪽으로 약간 잡아당기듯이 하면서 목구멍 깊숙한 곳에서 끌어올리듯 '그' 하고 발음한다.
- [g]는 우리말 /ㄱ/으로 표시한다.
- [g]는 [ge(–)]와 [gi] 그리고 [gy]와 같이 [g] 뒤에 모음 [e]나 [i], 또는 [y]가 붙으면 '쥐'로 발음한다. (다음 쪽 참조)

위의 'practice'를 연습하면서 아직도 영어단어 읽기가 쉽지 않다고 느끼는 분들도 많이 있을 겁니다. 그건 당연한 일입니다. 아직 [**a**]부터 [**g**]까지만 배웠으니까요. 하지만 지금까지 열심히 하면서 교재를 유심히 본 사람은 정확한 발성법은 아니지만 각 철자마다 기본 소리가 무엇인지 '감 잡은' 분들이 많으시죠? '천 리 길도 한 걸음부터'라는 우리 속담도 있지 않습니까?

알고 갑시다

[g]는 '쥐' 소리도 난다!

앞쪽에서 철자 [**c**]가 [**ce**(-)], [**ci**], [**cy**]와 같이 뒤에 모음 [**e**]나 [**i**], 그리고 [**y**]가 붙으면 '쓰'로 소리가 난다는 것을 배웠지요? 철자 [**g**]도 마찬가지입니다. 기본발음은 '그' 소리이지만, [**ge**(-)]와 [**gi**] 그리고 [**gy**]와 같이 [**g**] 뒤에 모음 [**e**]나 [**i**], 그리고 [**y**]가 오면 '쥐'로 발음되지요.

오른쪽에 [**g**]가 '쥐'로 소리가 나는 3가지 경우에 해당하는 단어를 모았습니다. 지금은 눈에 익은 단어 외에는 발음기호가 없어서 발음하기가 쉽지 않을지도 모릅니다. 하지만 이 책을 전부 숙달한 후에는 불가능한 일이 아님을 알 수 있을 것입니다. 지금은 [**e**]나 [**i**], 그리고 [**y**] 앞의 [**g**]가 '쥐'로 발음된다는 것을 눈으로 확인하고 소리로 한번 들어 보라는 것입니다.

앞에서 설명했지만 오른쪽 단어에 보면 모음에 강세가 찍혀 있습니다. 이 강세가 'Step 3. 모음의 소리'에서 배우겠지만 발음기호 없이 단어를 읽는 데 아~주, 아~주 중요한 역할을 할 것이라는 암시를 주고자 한 것입니다. 지금은 이 단어들을 읽지 못한다고 자책하거나, 혹은 소리를 찾기 위해 사전을 뒤지는 어리석은 일을 삼가고, 이 책만 끝장내면 이 어려워 보이는 단어들이 다 내 것이 될 것이라는 부푼 희망을 안고 끝까지 저와 함께하길 바랍니다.

이럴 때 '쥐' 소리가 난다

'[**gel**-], [**gem**-], [**gen**-], [**geo**-], [**germ**-], [**gest**-], [-**age**], [-**gin**], [-**gion**], [-**git**-], [-**gic**(**al**)], [-**gy**]'와 같이 [**g**] 뒤에 모음 [**e**]나 [**i**], 또는 [**y**]가 붙으면 '쥐'로 발음한다.

● ge

gel	**gél**atin	án**gel**	còn**gel**átion	**gem**
génder	**gén**eral	**gèn**erátion	**gén**erous	**gén**ius
géntle	**gén**tleman	á**gen**t	a**gén**da	Ar**gen**tína
con**gén**ial	de**gén**eràte	hýdro**gen**	indúl**gen**ce	in**gen**úity
lé**gen**d	óxy**gen**	ré**gen**t	úr**gen**t	**geó**graphy
geólogy	**geó**metry	**Geo**rge	**ger**m	**Gér**many
gérund	de**gér**m	**gest**	**gést**ure	con**gést**
di**gést**	di**gést**ive	in**gést**	sug**gést**	sug**gést**ion

● gi

gill	dí**git**	dí**git**al	à**git**átion	fú**git**ive
le**gít**imate	lón**git**ude	ló**gic**al	má**gic**	óri**gin**
orí**gin**àte	ré**gion**	relí**gion**	vír**gin**	

● gy

gym	**Gý**psy	súr**gy**	psychólo**gy**	

[gu-]의 비밀을 아세요?

위의 예시대로라면 '**gi**de'는 [**g**] 뒤에 [**i**]가 있기 때문에 [**g**]가 'ㅈ' 소리가 나서 '좌일'이라고 읽어야 되지요. 따라서 '가일'이라는 소리에 맞는 철자를 형성하기 위해서는 [**g**]와 [**i**], 또는 [**g**]와 [**e**] 사이에 다른 모음이 필요한데, 그것이 바로 모음 [**u**]입니다. 다음 예에 있는 것처럼 '기타'라는 악기의 영어 철자도 '**gi**tar'가 아니라 '**gu**itár'인 것도 이런 연유입니다. 이때 [**u**]는 소리가 없는 묵음(默音)이라는 것도 꼭 기억하세요.

guess 추측	**gu**est 손님	**gu**ide 안내하다	**gu**ile 교활	**gu**ise 외관
gúilty 유죄의	**gu**itár 기타			

Review (a ~ g)

지금까지 익힌 [**a**]부터 [**g**]까지 복습해 볼까요? 반복 학습이 최고의 효과를 발휘한다는 사실 잘 아시죠? 입과 입술 모양이나, 혀의 위치 등이 정확하고 멋진 영어 발음을 하는 데 중요하다는 것을 잊지 마십시오. 그리고 각 철자의 음성을 머리로 기억하려고 하지 마시고 가급적 입으로 익혀야 합니다. 그래서 [**f**] 철자만 보면 무의식적으로 윗니로 아랫입술을 살짝 물어야 하고, [**d**]만 보면 혀를 윗니의 치경(잇몸)에 살짝 대는 등, 동물적이고 감각적으로 발성법을 체득(體得)해야 합니다. 아래에 앞서 배운 각 철자의 발성법을 요약했습니다. 다시 한 번 반복 학습을 통해 정확한 발성법을 익히기 바랍니다.

소리를 어떻게 낼까요?

- [**a**]는 입을 좌우로 귀밑까지 힘껏 벌리면서 턱을 아래로 힘을 주고 당겨 준다는 느낌으로 '**애**' 하고 소리 낸다.
- [**b**]는 윗입술과 아랫입술을 약간 붙여서 말아 넣고 성대를 울리며 '**(으)ㅂ**' 하고 소리 낸다.
- [**c**]는 턱을 몸 쪽으로, 즉 아래로 당기면서 입을 크게 벌리고 '**ㅋ**' 하고 소리 낸다.
- [**d**]는 혀끝을 윗니 바로 뒤쪽 입천장 볼록한 부분(치경)에 살짝 대면서 '**ㄷ**'로 소리 낸다.
- [**e**]는 아래턱을 아래로 살짝 당겨 주면서 우리 발음처럼 편안하게 '**에**' 하고 소리 낸다.
- [**f**]는 윗니로 아랫입술을 지그시 물고 '**ㅍ**[f]' 하고 바람을 내보내며 소리 낸다.
- [**g**]는 턱을 몸 쪽으로 약간 잡아당기듯 하면서 목구멍 깊숙한 곳에서 '**ㄱ**' 하고 소리 낸다.

Review **(a ~ g)**

우리말 표기로 ( )를 채워 보세요.

a(　　　), b(　　　), c(　　　), d(　　　), e(　　　), f(　　　), g(　　　)

발성법이 끝났습니까? 매일 10번씩 이상 스님이 염불하듯이 중얼대야 합니다. 영어 속담에 'No pain, no gain.'이라는 말이 있습니다. '고통 없이는 얻는 것이 없다.'는 뜻이지요. 반복과 복습이 최상의 학습법임을 잊지 마십시오. 아래의 단어들을 천천히 발음해 봅시다. 단어를 통째로 보려 하지 말고, 철자 하나하나의 소리를 통해 음가를 생각하면서 읽어 보세요. 남이 해 주는 것을 듣고 이해하는 것은 편한 공부 방법일 수 있지만, 그리 오래 기억에 남지 않는 법입니다.

Practice | [a~g]

1	ant, act, add, cap, nap, sap, tap, ban, can, fan, man, pan, ran, and, hand
2	bag, ban, back, black, band, bat, best, beg, belt, big, bill, bit, bid
3	can, candy, car, card, cart, cat, cask, click, cost, class, cut
4	dad, dam, damp, desk, den, dip, did, dig, dog, dust
5	egg, bell, cell, fell, hell, jell, sell, tell, well, yell, smell, end, send
6	fan, fat, fast, fen, fig, fin, fill, fit, fun, flag
7	gab, gap, gas, gasp, get, glad, go, gun, mug, dog

h

[ㅎ]의 소리를 찾아서

[**h**]를 '에이취'라고 읽지요? 그런데 'hip'라는 단어를 예로 들어 보지요. 이 단어를 영어로 발음해 보면 '힢(히프)'이라고 합니다. 이 단어 어디에도 '에이취' 소리는 찾아볼 수가 없지요? 알파벳을 배우기 위해서 열심히 노래까지 따라 하면서 익혔는데, 막상 단어에서는 다른 소리로 배우기 때문에 영어가 모국어가 아닌 우리에게는 단어를 익히고 발음하는 것이 혼란스럽고 어려운 일이지요.

그럼 [**h**]는 어떤 소리가 날까요? 우리 발음 '**ㅎ**'와 거의 유사합니다. 입천장에 혀를 대지 않고 'ㅎ' 하는 바람만 내보내면 됩니다. 그런데 직접 하다 보면 느끼겠지만 보통 대부분 사람들이 'ㅎ' 소리를 낼 때 혀가 입천장에 닿지 않으니까 크게 염려할 필요는 없습니다. 다만 [**g**]의 발음을 할 때 우리가 턱을 몸 쪽으로 살짝 당기면서 소리를 냈듯이, [**h**]도 똑같은 요령이 필요합니다. 그래야 우리말의 소리와 다소 다른, 목구멍에서 묵직한 'ㅎ' 소리가 나거든요.

그럼 연습해 볼까요? 먼저 턱을 몸 쪽으로 살짝 당기세요. 그런 다음 입천장에 혀가 닿지 않도록 주의하면서 열 번만 발음해 봅시다. 준비됐지요? 'ㅎ! ㅎ! ㅎ! ㅎ! ㅎ! ㅎ! ㅎ! ㅎ! ㅎ! ㅎ!'

[**h**]를 익히는 데는 크게 어려운 점은 없지요? [**i**]로 넘어가기 전에 몇 가지만 더

알고 가지요. [**h**]가 간혹 묵음(소리가 없는 것)인 경우가 있다는 것입니다. '**h**our' 이라는 단어를 예로 들면 '하우어'라 발음하지 않고 [**h**]의 소리를 빼고 '아우어^r'라고 발음합니다. 또, [**wh**-]와 같은 형태로 되어 있는 단어에서 [**h**]를 발음하지 않고 단지 [**w**]의 소리인 '우'만 발음한다는 것입니다. 더 자세한 것은 'Step 2. 묵음' 편에서 많은 단어를 통해 익힐 것입니다. 억지로 이해하려고 하지 마세요. 이런 경우도 있다는 것을 알고 가는 것도 나쁘지 않을 것 같기에 맛보기로 설명한 것뿐이니까요.

또, 'he, him, his, her'와 같은 인칭대명사나 'here'와 같은 부사들은 각각의 단어로 읽을 때는 '히이', '힘', '히즈', '허어^r', '히이어^r'와 같이 [**h**] 소리를 명확하게 읽어야 하지만, 앞에 다른 단어와 음이 연결될 때는 묵음 아닌 묵음 현상이 일어나 'ㅎ' 소리가 들리지 않게 됩니다. 예를 들면 'tell him'을 각각의 단어로 읽을 면 '텔 힘'이지만 연음시켜 읽으면 '텔림' 정도로 들리게 됩니다.

이제 뒷장의 'Practice'로 [**h**]의 소리를 공부하려 합니다. 발음할 때 항상 철자와 소리의 관계를 염두에 두면서 연습하는 것을 잊지 마세요. 이 책의 궁극적인 목적이 철자와 소리와의 관계를 익혀서, 발음기호 없이도 단어와 영어책을 읽는 것이라는 것을 늘 염두에 두고 학습하기를 바랍니다.

자, 그럼 단어를 통해서 [**h**]의 소리를 찾아 실제 연습으로 들어갈까요?

Practice | [h]

1	**h**ad	→	**흐**+애+드	→	흐애드	→	**핻**
2	**h**ap	→	**흐**+애+프	→	흐애프	→	**햎**
3	**h**en	→	**흐**+에+은	→	흐에은	→	**헨**
4	**h**at	→	**흐**+애+트	→	흐애트	→	**햍**
5	**h**ell	→	**흐**+에+을	→	흐에을	→	**헬**
6	**h**op	→	**흐**+아+프	→	흐아프	→	**핲**
7	**h**ill	→	**흐**+이+을	→	흐이을	→	**힐**
8	**h**ot	→	**흐**+아+트	→	흐아트	→	**핱**
9	**h**it	→	**흐**+이+트	→	흐이트	→	**힡**
10	**h**ip	→	**흐**+이+프	→	흐이프	→	**힢**

요점정리

- [h]는 입천장에 혀를 대지 않고 '흐' 하는 바람만 내보내며 발음한다.
- [h]는 우리말 /ㅎ/으로 표기한다.

i

[이]의 소리를 찾아서

'Step 3. 모음의 소리를 찾아서'에서 자세히 소개하고 공부하겠지만 다른 모음처럼 [i]도 한 가지 소리를 갖고 있는 것이 아니라 '아이'나 '어' 등 여러 가지 소리가 나지요. 심지어 소리가 나지 않는 경우도 있습니다. 여기에서는 먼저 [i]의 기본 발음부터 배우기로 하지요. 혹시 알파벳을 익힐 때 [i]를 '아이'로 읽었기 때문에 습관적으로 '아이'로 기억하는 사람들이 많겠지만, [i]의 기본 발음은 '이'라는 것을 명심하십시오. 단 우리말 '이'와 소리가 약간 다릅니다. 우리말 '이'는 입을 약간 옆으로 벌리면서 발음하지만 영어의 '이'는 턱을 아래로 살짝 내리면서 발음합니다. 육식을 주로 하는 서양인들은 턱의 움직임이 크기 때문에 말을 할 때도 턱의 움직임이 크다는 것을 두말하면 잔소리겠죠? 특히 모음을 발음할 때는 턱을 우리말을 할 때보다 의식적으로 아래로 당기고 발음해야 하다는 것을 명심하세요.

그럼 연습해 볼까요? 턱을 아래쪽으로 살짝 내리면서 '이!' 하고 발음하는 겁니다. 준비됐지요? 열 번만 해 봅시다. '이! 이! 이! 이! 이! 이! 이! 이! 이! 이!'

자, 그럼 단어를 통해서 [i]의 실제 연습으로 들어갈까요?

Practice | [i]

1	b**i**g	→	브+**이**+그	→	ㅂ**이**ㄱ	→	**빅**
2	d**i**g	→	드+**이**+그	→	ㄷ**이**ㄱ	→	**딕**
3	d**i**d	→	드+**이**+드	→	ㄷ**이**ㄷ	→	**딛**
4	**i**ll	→	**이**+을	→	**이**을	→	**일**
5	f**i**ll	→	프^{f}+**이**+을	→	프^{f}**이**을	→	**필**^{f}
6	f**i**n	→	프^{f}+**이**+은	→	프^{f}**이**은	→	**핀**^{f}
7	h**i**ll	→	흐+**이**+을	→	ㅎ**이**을	→	**힐**
8	s**i**t	→	쓰+**이**+트	→	ㅆ**이**ㅌ	→	**씉**
9	h**i**t	→	흐+**이**+트	→	ㅎ**이**ㅌ	→	**힡**
10	h**i**p	→	흐+**이**+프	→	ㅎ**이**ㅍ	→	**힢**

요점정리

- [i]는 아래턱을 아래로 살짝 내리면서 '이' 하고 발음한다.
- [i]는 우리말 / I /로 표기한다.

단어를 읽을 수 있다고 영어가 다 해결되는 것은 아니지요? 결국 단어의 발음도 중요하지만 그 단어의 뜻도 알고 있어야 영어를 배울 기본 능력이 됐다고 판단할 수 있습니다. 오른쪽에 단어들을 스스로 읽어 보고 그 뜻을 암기하는 방법으로 다소 썰렁하지만 'story'를 만들었습니다. 단어의 뜻을 생각하며 반복해서 읽어 보세요. 놀라운 변화가 생길 겁니다.

Review 단어 연상법

ill 아픈	bill 계산서	fill 채우다	Gill 처녀	hill 언덕	kill 죽이다
mill 물방앗간	pill 알약	till 까지	will 것이다	chill 냉기	drill 송곳
frill 주름장식	grill 석쇠로 굽다	quill 깃대	shrill 날카로운	skill 솜씨	spill 엎지르다
still 아직	swill 폭음하다	thrill 전율	trill 떨리는 소리	fulfill 달성하다	instill 스며들다

몸이 아파서(ill) 알약(pill)을 사러 약국에 간다. 주름장식(frill)의 옷을 입은 약국 처녀(Gill)가 계산서(bill)를 내밀었는데, 값이 너무 비싸 언쟁 끝에 송곳(drill)으로 죽인다(kill). 날카로운(shrill) 소리에 전율(thrill)을 느끼고, 약국 너머 언덕(hill)에 있는 물방앗간(mill)으로 달려간다. 물을 엎지르며(spill) 꿀꺽꿀꺽 마시자(swill) 냉기(chill)가 온몸에 스며든다(instill). 내일 아침까지(till)는 배를 채울(fill) 만한 것이 없겠지만(will), 석쇠로 구운(grill) 고기 한 점이 생각났다. 솜씨(skill) 좋게 증거를 없애는 데 성공했지만(fulfill) 아직(still) 두려움으로 떨리는 소리(trill)는 어쩔 수 없다.

j
[쥬]의 소리를 찾아서

[j]는 알파벳을 익힐 때 '줴이'라고 읽었지요? 따라서 기본 소리는 '주'라는 것도 사실상 알고 있을 겁니다. 그런데 우리말의 'ㅈ'의 발음과는 다릅니다. [j]의 발성법은 혀끝을 [d]의 발성법처럼 입천장의 볼록한 부분(치경)에 대고 입술을 약간 앞으로 내밀듯이 하며, 입천장의 위쪽 중앙에서 소리가 나도록 '쥬' 하고 발음합니다. 다른 철자보다 다소 쉬운 듯이 느껴지겠지만 소홀히 할 수 없는 것은 뒷부분에서 배우겠지만 'ㅈ'으로 표기되는 철자가 또 있거든요. 바로 [z]입니다. 두 철자의 발성법이 다르기 때문에 당연히 소리도 다르게 나지요. 따라서 [j]와 [z]의 소리를 구분해서 듣거나 발음하기 위해서는 각각의 발성법을 충실히 몸에 익히는 것이 중요합니다. 그러기 위해서는 백 번이고 천 번이고 입으로 연습하는 것이 최상의 방법이라는 것을 강조해 봐야 입만 아프겠지요?

그럼 연습해 볼까요? 입술을 약간 앞으로 내미세요. 그리고 혀끝을 치경에 대고 입천장의 위쪽 중앙에서 '쥬!' 하고 소리가 나도록 하십시오. 준비됐지요? 열 번만 천천히 반복해 봅시다. '쥬! 쥬! 쥬! 쥬! 쥬! 쥬! 쥬! 쥬! 쥬! 쥬!' 자, 그럼 단어를 통해서 [j]의 실제 연습으로 들어갈까요?

Practice | [j]

1	**j**ab	→	**쥬**+애+브	→	**쥬**애브	→	**잽**
2	**j**ag	→	**쥬**+애+그	→	**쥬**애그	→	**잭**
3	**j**ell	→	**쥬**+에+을	→	**쥬**에을	→	**젤**
4	**j**et	→	**쥬**+에+트	→	**쥬**에트	→	**젵**
5	**j**ob	→	**쥬**+아+브	→	**쥬**아브	→	**잡**
6	**j**ot	→	**쥬**+아+트	→	**쥬**아트	→	**잩**
7	**j**ust	→	**쥬**+어+스+트	→	**쥬**어스트	→	**줘**스뜨
8	**j**ail	→	**쥬**+에+이+을	→	**쥬**에이을	→	**줴**일
9	**j**ay	→	**쥬**+에+이	→	**쥬**에이	→	**줴**이
10	**j**est	→	**쥬**+에+스+트	→	**쥬**에스트	→	**줴**스뜨

요점정리

- [j]는 입술을 약간 앞으로 내밀며 입천장의 위쪽 중앙에서 '쥬' 소리가 나도록 발음한다.
- [j]는 우리말 /쥬/로 표기한다.

그럼 [**z**]와는 어떤 차이가 있느냐고요? 앞에서 익혔듯이 [**j**]는 입천장의 위쪽 중앙에서 소리가 나지요? 하지만 [**z**]는 윗니와 아랫니를 가볍게 대고, 그 이의 틈으로 'ㅈ' 하고 발음하는 것입니다. 즉 [**j**]와는 달리 입 앞쪽에서 소리가 나지요. 어쩌면 [**j**]의 발음보다 더 어렵다고 할 수 있지요. 왜냐하면 [**z**]와 유사한 소리가 우리말에는 없거든요. 다음 쪽에서 두 철자를 비교해서 발음해 보세요. 정확한 발성법을 통해 소리의 차이도 스스로 느껴 보고요.

Review [j]와 [z] 발음 비교

다음 우리말의 진한 부분을 [j]와 [z]의 발성법으로 구분하여 읽어 보세요.

- **저 집 자장**면은 이 **집 자장**면보다 맛이 **좋**니?
- **저 잠자**리는 이 **잠자**리보다 더 붉**지**?

다음 단어를 소리를 내어 읽어 보세요.

- **j**ag ↔ **z**ag
- **j**est ↔ **z**est
- **j**ap ↔ **z**ap
- **j**ig ↔ **z**ig

[z]의 발음에 주의하면서 발음해 보세요.

- **z**ing
- **z**oo
- **z**oom
- **z**one
- ga**z**e
- da**z**e

k
[ㅋ]의 소리를 찾아서

자음 [**k**]는 앞에서 익힌 [**c**]의 발음과 같습니다. 즉 'ㅋ'로 발음하면 되지요. 다시 상기하는 의미에서 발성법을 다시 설명할게요. [**k**]와 [**c**]는 우리 발음 '**크**'와 소리가 비슷하게 거친 소리지만, '**크**'보다 턱을 몸 쪽으로, 즉 아래로 당기며 입을 크게 벌리고 발음하는 것이 차이입니다. 목을 아래로 당기듯 하며 발음하면 약간 탁한 듯한 'ㅋ' 소리와 함께 혀 뒷부분의 미묘한 움직임을 느낄 수 있을 겁니다. 그럼 우리말 표기는 어떻게 될까요? 맞습니다. 소리가 'ㅋ'로 나니까 'ㅋ(키읔)'으로 하면 되지요. 그리고 [**c**]와 [**k**]의 차이는 '36쪽 참고자료'를 참고하세요.

그럼 이제 연습에 들어갈까요? 목을 살짝 아래로 당기면서 'ㅋ' 하고 발음하세요. 자연스럽게 나올 때까지 반복하세요. 자, 열 번만 합니다. 준비됐지요? 'ㅋ! ㅋ! ㅋ! ㅋ! ㅋ! ㅋ! ㅋ! ㅋ! ㅋ! ㅋ!'

간단하게 다시 정리할게요. [**c**]와 마찬가지로 [**k**]의 기본 소리도 'ㅋ'이며, 턱을 몸 쪽으로, 즉 아래로 당기면서 입을 크게 벌리고 발음하면 됩니다.

자! 이젠 실전 연습을 할 차례지요? [**k**]와 관련된 다음 단어의 소리를 찾아봅시다.

Practice | [k]

1	**k**ic**k**	→	**ㅋ**+이+**ㅋ**	→	ㅋ이ㅋ	→	**킥**
2	**k**id	→	**ㅋ**+이+ㄷ	→	ㅋ이ㄷ	→	**킫**
3	**k**ill	→	**ㅋ**+이+을	→	ㅋ이을	→	**킬**
4	**k**iss	→	**ㅋ**+이+쓰	→	ㅋ이쓰	→	**키**쓰
5	**k**it	→	**ㅋ**+이+트	→	ㅋ이ㅌ	→	**킽**
6	bac**k**	→	브+애+**ㅋ**	→	브애ㅋ	→	**백**
7	**k**in	→	**ㅋ**+이+은	→	ㅋ이은	→	**킨**
8	sic**k**	→	쓰+이+**ㅋ**	→	쓰이ㅋ	→	**씩**

요점정리

- [k]는 우리 발음 '크'보다는 조금 거친 소리며, 우리말 '크'보다 턱을 몸 쪽으로, 즉 아래로 당기면서 입을 크게 벌리고 'ㅋ' 하고 발음한다.
- [k]는 우리말 /ㅋ(키읔)/으로 표기한다.

두 가지만 더 알고 갑시다. 아래 나열된 단어처럼 [**c**]와 [**k**]가 합쳐져서 [-**ck**]가 된 단어들이 많이 있는데, 이 경우 'ㅋ' 소리를 두 번 하는 것이 아니라 한 번만 받침으로 사용하면 됩니다.

- ba**ck** • ha**ck** • Ja**ck** • la**ck** • pa**ck** • sa**ck**
- be**ck** • de**ck** • ne**ck** • pe**ck**
- di**ck** • ki**ck** • li**ck** • ni**ck** • pi**ck** • si**ck**

다음에 제시할 단어처럼 [**n**] 앞에 있는 [**k**], 즉 [**kn**-]에서 [**k**]는 소리가 나지 않는 묵음이라는 것도 알아 두시기 바랍니다.

• **kn**ow	• **kn**ight	• **kn**ee	• **kn**ack	• **kn**eel
• **kn**ife	• **kn**it	• **kn**ob	• **kn**ock	

[을]의 소리를 찾아서

'우유'라는 영어단어 'milk'를 그냥 편안하게 '밀크' 하고 발음하면 미국인은 잘 알아듣지 못하지요. 미국인의 발음을 잘 들어 보면 '미얼크'와 비슷한 소리가 나는데, 왜 우리가 발음하는 것과 다소 차이가 날까요? 바로 자음 [l]의 발성법에 그 비밀의 열쇠가 있지요. 자음 [l]은 우리 발음 'ㄹ'로 표기하지만 발성법이 다릅니다. 혀 앞부분 전체가 입천장에 닿아 나는 소리인 우리말 'ㄹ'과는 달리 혀끝을 윗니의 바로 뒤(치경)에 대고 밀어 내면서 '얼' 하는 소리를 약하게 내듯이 하면서 '을' 하고 발음하지요. 또 'milk'와 같이 자음 앞이나, 'bell'과 같이 단어의 끝에 오는 [l]은 혀끝을 윗니 뒤에 가볍게 대거나, 또는 닿은 순간에 소리를 내기 때문에 [l]의 소리가 많이 약화되기도 합니다. 끝소리 [l]은 목구멍에서 끌어당기듯 내는 '을' 소리라서 혀끝을 치경에 대고 안 대는 것이 중요한 것이 아닙니다. 이 끝소리 [l]을 'dark [l]'이라고 하지요. 우리가 보통 [l]은 무조건 혀를 입천장에 대면서 소리를 내고, [r]는 입천장에 대지 않고 혀를 구부려서 나는 소리라고 알고 있습니다만, 잘못 익힌 발성법입니다. [l]과 [r]의 발음 비교는 '[r]의 소리를 찾아서'에서 다시 하겠습니다.

그럼 이제 연습에 들어갈까요? 혀의 끝을 윗니의 뒷부분(치경)에 살짝 대었다가 떼면서 '을' 하고 발음하는 겁니다. 자, 열 번만 합니다. 준비됐지요? '을! 을! 을! 을! 을! 을! 을! 을! 을! 을!'

자! 이젠 실전 연습을 할 차례지요?

Practice | [l]

1	**l**ab	→	을+애+브	→	을애브	→	**랩**
2	**l**ack	→	을+애+크	→	을애크	→	**랙**
3	**l**ap	→	을+애+프	→	을애프	→	**랲**
4	**l**et	→	을+에+트	→	을에트	→	**렡**
5	**l**ot	→	을+아+트	→	을아트	→	**랕**
6	**l**uck	→	을+어+크	→	을어크	→	**렄**
7	be**ll**	→	브+에+을	→	브에을	→	**벨**
8	**l**ick	→	을+이+크	→	을이크	→	**맄**

요점정리

- [l]는 혀끝을 윗니 뒷부분(치경)에 대고 다소 '얼' 소리가 나듯 '을'로 발음한다.
- [l]는 우리말 /ㄹ(리을)/로 표기한다.

'Step 2. 복자음' 편에서 배우겠지만 [l]은 다른 자음과 합쳐서 발음을 익히는 것이 좋습니다. 즉 우리가 일상에서 알고 있는 '사과'를 영어로 '애플'이라고 하는데, '-플'이 영어 철자로 [-pl]이 될 것이라는 것쯤은 쉽게 추측할 수 있겠지요? 다음 '참고자료'에 [l]과 합쳐서 사용되는 소리들을 모았습니다. 단, 참고할 사항은 이 소리들이 끝소리일 경우는 'apple'이나 'table'처럼 음가(소리)가 없는 철자 [-e]가 붙는다는 것을 꼬~옥 기억하세요. 그런데 다음 쪽의 참고자료를 보면 홑자음과 겹자음(같은 자음 2개가 나란히 있는 것)의 차이가 궁금하시죠? 겹자음의 3가지 비밑은 뒤에서 상세히 풀어 줄 것입니다. 지금은 무조건 암기하세요. 다만 여기서 알아 둘 것은 겹자음도 소리를 한 번만 낸다는 것입니다. 아셨죠?

참고자료 **복자음의 소리**

앞, 중간 소리

- (블ㄹ–) [**bl–**]
- (들ㄹ–) [**dl–**]
- (글ㄹ–) [**gl–**]
- (틀ㄹ–) [**tl–**], [**ttl–**]
- (클ㄹ–) [**cl–**], [**kl–**]
- (플[f]ㄹ–) [**fl–**]
- (플ㄹ–) [**pl–**]

끝소리

- (–블) [**–ble**] [**–bble**]
- (–들 / –를) [**–dle**], [**–ddle**]
- (–글) [**–gle**], [**–ggle**]
- (–틀 / –를) [**–tle**], [**–ttle**], [**–tel**], [**–tal**]
- (–즐) [**–zzle**]
- (–클) [**–cle**], [**–kle**], [**–ckle**]
- (–플[f]) [**–fle**], [**–ffle**]
- (–플) [**–ple**], [**–pple**]
- (–쓸) [**–stle**]

m
[음]의 소리를 찾아서

[**m**]은 '엠'이라고 읽지요? 따라서 '엠'의 받침 'ㅁ'을 우리말 표기로 하지요. 하지만 소리는 우리말과 다소 다릅니다. 우리말은 양 입술을 붙였다가 떼면서 발음하지만, 영어의 [**m**]은 양 입술을 붙인 다음 약간 안으로 말아 넣고 '음' 한 상태로 발음하여 콧등에 여운이 전달될 정도로 끌어 주면서 발음하지요. 따라서 '어머니'라는 영어단어 '**m**other'도 그냥 '마더'가 아니라, 입술을 말아 넣고 [**m**]을 발음하면 '(으)마더어r'과 같이 약간 '(으)'의 소리가 가미되지요. 그렇다고 의식적으로 '으' 소리를 집어넣으려고 애쓰지 마십시오. 그렇게 하다 보면 '으' 소리가 강하게 날 수가 있거든요. 누차 말하지만 정확한 발성법을 익히는 것이 가장 좋은 방법이고 가장 자연스러운 소리를 구사할 수 있습니다. 다시 말하지만 [**m**] 소리의 핵심은 양 입술을 붙인 다음 안으로 약간 말아 넣었다가 떼면서 '음' 하고 발음하는 것입니다.

더 이상 두말하면 잔소리지요? 그럼 본격적인 연습에 들어갈까요? 양 입술을 약간 말아 넣은 상태에서 붙였지요? 그 상태에서 입술을 떼면서 콧등이 살짝 울리듯 '음' 하고 소리를 내세요. [**m**]은 소리가 날 때 이렇게 콧소리가 살짝 난다고 해서 한자(漢字)의 '코 비(鼻)'를 써서 '비음(鼻音)'이라고 한다는 것도 상식적으로 알아두세요. 영어에서는 [**m**]과 [**n**], [**ng**] 소리만이 불어의 영향을 받은 비음에 해당하는 소리입니다. 프랑스 남자들이 불어로 말하면 우리 정서로는 간지럽죠? 왜 그럴까요? 원래 콧소리는 여성들이 애교 부릴 때 귀여움을 줄 수 있는 소리이기 때문이죠. 안 그런가요?

이제 양 입술을 붙인 다음 안으로 약간 말아 넣었다가 떼면서 '음' 하고 열 번만 발음합시다. 준비됐지요? '음! 음! 음! 음! 음! 음! 음! 음! 음! 음!' 그런데 너무 정확하게 발음한다고 입술을 너무 많이 말지 마세요. 오히려 너무 부자연스러운 발음이 될 수 있거든요. 앞서서 다른 철자를 발음할 때와 같이 처음에는 다소 어색할 수 있지만, 익숙해질 때까지 반복할 수밖에 없다는 것은 잘 알죠?

자! 이젠 실전 연습을 할 차례입니다. 다음 단어들을 가지고 연습할 때, 다시 한 번 강조하지만 철자와 철자 사이의 소리를 분리하지 말고 가급적이면 자~연스럽고 부~드럽게 연결시켜야 합니다.

Practice | [m]

1	**m**an	→	**음**+애+은	→	음애은	→	(으)**맨**
2	**m**at	→	**음**+애+트	→	음애트	→	(으)**맽**
3	**m**ap	→	**음**+애+프	→	음애프	→	(으)**맾**
4	**m**ad	→	**음**+애+드	→	음애드	→	(으)**맫**
5	**m**ill	→	**음**+이+을	→	음이을	→	(으)**밀**
6	**m**iss	→	**음**+이+쓰	→	음이쓰	→	(으)**미**쓰
7	**m**op	→	**음**+아+프	→	음아프	→	(으)**맢**
8	**m**o**m**	→	**음**+아+**음**	→	음아음	→	(으)**맘**
9	**m**ud	→	**음**+어+드	→	음어드	→	(으)**먿**
10	**m**itt	→	**음**+이+트	→	음이트	→	(으)**밑**

요점정리

- [m]은 입술을 말아 넣고 '음' 한 상태로 콧등에 여운이 전달될 정도로 끌어 주며 발음한다.
- [m]은 우리말 /ㅁ(미음)/으로 표기한다.

한 가지만 더 떠들고 다음 장으로 가지요. [**l**]과 [**m**]과 [**n**]은 알파벳을 익힐 때 어떻게 읽었지요? 그렇습니다. '엘, 엠, 엔' 하고 읽었지요? 그러면 우리말 표기로는 공통적으로 소리의 받침을 따서 [ㄹ, ㅁ, ㄴ]이 된다는 것은 쉽게 추측할 수 있을 것입니다. 그리고 영어로 소리를 낼 때는 우리말의 '으' 소리를 첨가해서 '을! 음! 은!' 하고 발음하면 됩니다. 쉽지요? 물론 영어의 발성법을 정확히 하면서 발음해야 한다는 것은 두말하면 잔소리지요.

n
[은]의 소리를 찾아서

앞의 '[**m**]의 소리'에서 잠깐 언급한 것처럼 [**n**]은 알파벳 소리 '엔'에서 받침을 따 우리말 'ㄴ(니은)'으로 표기합니다. 대충 짐작을 했겠지만 [**n**]의 소리도 우리말의 소리와 다소 다릅니다. 영어의 [**n**]의 발성법은 [**d**]의 발성법과 동일하게 혀끝을 윗니 바로 뒤쪽 입천장 볼록한 부분(치경)에 댄 채로 '은' 하면서 콧등에 여운이 전달될 정도로 끌어 주며 소리를 냅니다. 배 속에서 나오던 공기가 입안에서 혀로 인해 막혀서 그 일부가 콧구멍을 통해 빠져나가다 보니 [**m**]과 같이 [**n**]도 콧소리가 약간 나지요. 이런 소리를 '비음(鼻音)'이라고 한다고 했지요?

여기서 잠깐! 사람의 입과 코와 귀는 하나의 터널로 연결되어 있다는 것은 상식적으로 알고 있나요? 다소 더러운 이야기지만, 밥을 먹다가 갑자기 재채기를 해서 본의 아니게 밥알이 입뿐만 아니라 코로 나온 경험을 아마도 한두 번은 했을 겁니다. 밥알이면 조금 낫지요. 김치와 같이 매운 음식을 먹다가 재채기를 하다 보면 코끝이 싸~아할 때도 있으니까요. 또, 여행을 하는 도중에 설악산과 같은 고지대를 올라가다 보면 귀가 멍해지고 소리가 잘 안 들릴 경우에 귀를 뚫는 방법으로 흔히 우리가 사용하는 방법이 있습니다. 한 손으로 콧구멍이 완전히 막히도록 코를 꽈~악 움켜쥐고는 코를 힘차게 불면 귀에 바람 새는 듯한 소리가 들리면서 귀가 뚫리지요. 한 가지 경우의 예를 더 들자면, 애연가(愛煙家)들이 담배 연기를 들여 마신 후 입과 코를 막은 상태에서 코에 힘을 주면 연기가 귀로 나간다는 것이지요. 더 이상 예를 들지 않아도 왜 '비음(鼻音)'이 생기는지 이해하겠죠? 세상의 많은 언어 중에서 이 비음(鼻音), 즉 콧소리가 가장 많은 언어는 '불어(佛語)'라고 말씀드렸습니다.

그럼 서론은 이쯤에서 접고 이제 [**n**]의 발성법을 익혀야겠지요? 혀의 끝을 윗니 바로 뒷쪽 치경에 살짝 대면서 '은!' 하고 발음하는 겁니다. 천천히, 그리고 부드럽고 자연스럽게 열 번만 하지요. 혀가 짧거나 굳어서 잘 안 되는 사람은 백 번도 부족하고요. 어쨌든 준비됐지요? '은! 은! 은! 은! 은! 은! 은! 은! 은! 은!'

자! 이젠 아래의 단어를 통해 실전 연습을 할 차례입니다.

Practice | [n]

1	**n**od	→	**은**+아+드	→	은아드	→	**낟**
2	**n**eck	→	**은**+에+크	→	은에크	→	**넥**
3	**n**ap	→	**은**+애+프	→	은애프	→	**냎**
4	**n**et	→	**은**+에+트	→	은에트	→	**넽**
5	**n**ow	→	**은**+아+우	→	은아우	→	**나**우
6	**n**ip	→	**은**+이+프	→	은이프	→	**닢**
7	**n**ot	→	**은**+아+트	→	은아트	→	**낱**
8	pe**n**	→	프+에+**은**	→	프에은	→	**펜**
9	a**n**d	→	애+**은**+(드)	→	애은(드)	→	**앤**(드)
10	ca**n**	→	크+애+**은**	→	크애은	→	**캔**

요점정리

- [n]은 혀끝을 윗니 바로 뒤쪽 입천장 볼록한 부분(치경)에 댄 채로 '은' 하면서 콧등에 여운이 전달될 정도로 끌어 주며 발음한다.
- [n]은 우리말 /ㄴ(니은)/으로 표기한다.

잔소리 한마디! [**n**]과 [**g**]가 합해져 [-**ng**]가 되면 우리말의 받침 'ㅇ'이 되고, 영어로는 '응' 하고 소리가 난다는 것을 아시죠? 예를 들면, '**king**'은 '킨그'로 읽는 것이 아니라 '킹' 하고 소리가 나지요. 또, [-**nk**]에서 [**n**]도 '은'보다는 '응'으로 발음합니다. 예를 들면, '**ink**'는 '인크'가 아니라 '잉크'로 발음합니다. 더 자세한 것은 'Step 2. 복자음'에서 배우기로 합시다.

Review (h ~ n)

지금까지 익힌 [**h**]부터 [**n**]까지 복습해 볼까요? 반복 학습이 최고의 효과를 발휘한다는 사실 잘 아시죠? 입과 입술 모양이나, 혀의 위치 등이 정확하고 멋진 영어 발음을 하는 데 중요하다는 것을 잊지 마십시오. 그리고 각 철자의 음성을 머리로 기억하려고 하지 마시고 가급적 몸으로 익혀야 합니다. 그래서 [**l**] 철자만 보면 무의식적으로 혀끝을 윗니 뒷부분 잇몸(치경)에 대야 하고, [**m**]만 보면 양 입술을 붙인 다음 살짝 말아 넣으며 발음하는 등, 동물적이고 감각적으로 발성법을 체득해야 합니다. 아래에 앞서 배운 각 철자의 발성법을 요약했습니다. 다시 한 번 반복 학습을 통해 정확한 발성법을 익히기 바랍니다.

소리를 어떻게 낼까요?

- [**h**]는 입천장에 혀를 대지 않고 'ㅎ' 하는 바람만 내보내며 소리 낸다.
- [**i**]는 아래턱을 아래로 살짝 내리면서 '이' 하고 소리 낸다.
- [**j**]는 혀끝을 입천장 볼록한 부분에 대고 입술을 약간 앞으로 내밀듯이 하며 '쥬' 하고 소리 낸다
- [**k**]는 턱을 몸 쪽으로, 즉 아래로 당기면서 입을 크게 벌리고 'ㅋ' 하고 소리 낸다.
- [**l**]은 혀끝을 윗니 바로 뒤에 대고 밀어 내면서 '얼' 하는 소리를 내듯이 하면서 '을' 하고 소리 낸다.
- [**m**]은 양 입술을 붙인 다음 약간 안으로 말아 넣고 '음' 한 상태로 발음하여 콧등에 여운이 전달될 정도로 끌어 주면서 소리 낸다.
- [**n**]은 혀끝을 윗니 바로 뒤쪽 입천장 볼록한 부분(치경)에 댄 채로 '은' 하면서 콧등에 여운이 전달될 정도로 끌어 주며 소리 낸다.

우리말 표기로 ( )를 채워 보세요.

h( ), **i**( ), **j**( ), **k**( ), **l**( ), **m**( ), **n**( )

발성법이 끝났습니까? 매일 10번씩 이상 스님이 염불하듯이 중얼대야 합니다. 영어 속담에 'No pain, no gain.'이라는 말이 있습니다. '고통 없이는 얻는 것이 없다.'는 뜻이지요. 반복과 복습이 최상의 학습법임을 잊지 마십시오.

아래의 단어들을 천천히 발음해 봅시다. 단어를 통째로 보려 하지 말고, 철자 하나하나의 소리를 통해 음가를 생각하면서 읽어 보세요. 남이 해 주는 것을 듣고 이해하는 것은 편한 공부 방법일 수 있지만 오래 남지 않는 법입니다. 먼저 스스로 찾아 문제를 해결하려는 자세가 공부하는 데 가장 기본적인 자세여야 합니다.

Practice | [h~n]

1	hag, had, ham, hand, hang, hank, hap, hat, hel, hen, hob, hop, hot
2	if, ill, ink, bill, fill, gill, hill, mill, pill, till, will, bin, fin, pin, hit
3	jab, jell, jest, jet, jog, job, jig, Jill
4	ken, kin, kid, kill, kick, king, kiss
5	lad, lab, lack, lamp, land, lap, lass, last, led, leg, lest, let, lock, log
6	mad, man, map, mass, mat, mask, mast, men, mend, met, mob, mop
7	nag, nap, neck, nest, net, nick, nip, nod, not, nut, nun

O
[아]의 소리를 찾아서

미국에는 '오소리'가 없어요. 무슨 소리를 하고 있느냐고요? 제가 말하는 '오소리'는 동물을 말하는 것이 아니라, 영어에서 철자 [**o**]는 [**au**, **ou**, **oi**, **or**] 등을 발음할 때를 제외하고 우리말 '오'와 같은 순수한 홑소리는 없다는 뜻입니다. '007' 영화 시리즈의 주인공 이름이 'James Bond'인 것은 알지요? 보통 우리가 '제임스 본드'라고 발음하는데, 왜 'B**o**nd'의 [**o**]를 '오'로 발음할까요? 그 이유는 이 영화가 미국에서 제작한 영화가 아니라 영국 영화이고, 'James Bond'는 바로 영국 첩보원이기 때문입니다. 알고 있을지 모르겠지만 영국식 발음은 [**o**]를 우리말 '오'와 같이 발음합니다. 예를 들면 'hot'라는 단어를 '홑' 하고 발음합니다. 그러면 미국식 발음은 어떻게 되지요? '핫' 하고 소리가 나지요? 즉, [**o**]의 미국식 발성법은 입 모양을 약간 오므리고 턱을 밑으로 당기면서 거의 '아'에 가깝게 발음합니다. 쉽게 말하면 입술을 '오' 하는 모양으로 만드는 순간 턱을 아래로 당기면서 소리를 내면 자연스럽게 '오'와 '아'의 중간 소리가 납니다. 옛날에는 [**o**]를 '오'와 '아'의 중간 소리라고 배웠지만, 현재 미국에서는 '오/ɔ/'와 '아/a/'의 구분이 뚜렷하지 않습니다. 오히려 점점 거의 '아' 소리에 가깝게 발음한다고 보면 됩니다. 또 한 가지 정확하게 알고 넘어가야 할 것은 [**o**]의 알파벳 소리는 '오'가 아니라 '오우'로 발음해야 한다는 것입니다. 즉 '가다'라는 영어단어 'go'는 우리 식 발음으로 '고'가 아니라 '고우'입니다. 다만 빨리 발음하다 보니 우리 귀에 '고'로 들릴 뿐이라는 것을 잊지 마세요. 이제 왜 미국에는 '오소리'가 없다고 했는지 이해하시죠?

다시 한 번 정리하고 실전연습에 들어갑시다. [o]는 입 모양을 약간 오므리고 턱을 밑으로 당기면서 거의 '아'에 가깝게 발음합니다. 열 번만 발음해 볼까요? '아! 아! 아! 아! 아! 아! 아! 아! 아! 아!'

자! 이젠 아래의 단어를 통해 실전 연습을 할 차례입니다.

Practice | [o]

1	n**o**d	⇒	은+**아**+드	⇒	은**아**드	⇨	**낟**
2	n**o**t	⇒	은+**아**+트	⇒	은**아**트	⇨	**낱**
3	m**o**p	⇒	음+**아**+프	⇒	음**아**프	⇨	(으)**맢**
4	m**o**m	⇒	음+**아**+음	⇒	음**아**음	⇨	(으)**맘**
5	n**o**w	⇒	은+**아**+우	⇒	은**아**우	⇨	**나**우
6	h**o**t	⇒	흐+**아**+트	⇒	흐**아**트	⇨	**핱**
7	d**o**t	⇒	드+**아**+트	⇒	드**아**트	⇨	**닽**
8	j**o**b	⇒	주+**아**+브	⇒	쥬**아**브	⇨	**잡**
9	p**o**p	⇒	프+**아**+프	⇒	프**아**프	⇨	**팦**
10	g**o**d	⇒	그+**아**+드	⇒	그**아**드	⇨	**갇**

요점정리

- [o]는 입 모양을 약간 오므리고 턱을 밑으로 당기면서 거의 '아'에 가깝게 발음한다.
- [o]는 우리말 /ㅏ/로 표기한다.

앞에서 잠깐잠깐 언급했지만 영어의 모음은 한 가지 소리만을 가지고 있는 것이 아니라 여러 가지 소리가 난다는 것을 배웠지요? 모음 [**o**]도 예외는 아니라서, '아'로 소리가 나기도 하지만, '오우' 또는 '어' 등, 여러 가지 소리를 가지고 있습니다. 강세의 유무(有無)에 따라 소리가 바뀌고, 자음과 모음의 배열에 따라 소리가 다르며, 또 어떤 경우는 어떤 자음이 오느냐에 따라 소리가 달라지기도 하고, 심지어 소리가 나지 않는 묵음(默音)이 되는 경우도 있습니다. 다음 단계에서 자세히 배울 것이니까 미리 부담을 갖거나 걱정하지 마시고, 지금까지 배운 것을 완벽히 소화부터 하세요. [**o**]의 기본 소리는 '아'라는 것만 잊지 말고, 왼쪽의 'Practice [**o**]'에 나오는 단어의 소리를 확실하게 할 수 있다면 지금 단계로는 충분합니다. 'Steady and slow. (차근차근, 그리고 천천히.)' 토끼와 거북이 경주의 교훈을 잊지 마세요.

p
[ㅍ]의 소리를 찾아서

한국 사람들이 발음하기 어렵고, 구분해서 알아듣기 어려운 소리가 몇 가지가 있지요. 예를 들면, [**b**]와 [**v**], [**s**]와 [**th**], [**l**]과 [**r**], 그리고 [**f**]와 [**p**]입니다. 앞에서 배웠듯이 [**f**]는 아랫입술을 윗니로 살짝 물고 'ㅍ' 하고 발음합니다. 그런데 정확한 우리말 표기가 없어서 영어책마다 달리 표기하는데, 심지어 'ㅎ(히읗)'으로 표기하는 책도 있습니다. 물론 그것도 정확하고 올바른 표기가 아니라서 이 책에는 [**p**]의 소리와 구분하기 위해 [**f**]는 'ㅍf'으로, [**p**]는 우리말 'ㅍ'으로 표기하기로 하였습니다. 다만, 우리말의 소리와는 조금 다른 음입니다. [**p**]는 [**b**]와 같은 요령으로 윗입술과 아랫입술을 약간 말아 넣고 성대를 울리지 않으면서 바람 소리를 내며 'ㅍ' 하고 발음하면 됩니다. 보통 [**p**]는 소리가 '파~악!' 하고 터져 나온다고 해서 '파열음(破裂音)'이라고 합니다. 오른손을 펴서 입 앞에 대고 'ㅍf' 하고 [**f**] 발음을 해 보세요. 손바닥에 미세한 바람이 느껴질 것입니다. 하지만 똑같은 요령으로 손바닥을 입 앞에 대고 [**p**] 발음을 해 보세요. [**f**]와는 달리 강한 바람이 느껴지지요? 저의 경우에는 대학교 때 촛불 앞에서 발음해 보기도 했지요. [**f**]를 발음하면서 촛불이 흔들리면 잘못된 발음이라는 음성학 교수님의 강의를 듣고 실제로 연습해 보았지요. 여러분들도 올바르게 발음을 교정하고 싶다면, 이런 성의와 노력은 꼭 필요하다고 생각합니다. 세상에 공짜는 없거든요.

자, 그럼 [**p**]의 발음 연습으로 들어갑시다. 윗입술과 아랫입술을 약간 말아 넣고 성대를 울리지 않으면서 바람 소리를 내며 'ㅍ' 하고 발음하면 됩니다. 입술만 붙여서 나는 소리가 아니라, 살짝 입안으로 말아 넣어야 한다는 것을 잊지 마세요. 먼저, 열 번만 하겠습니다. 'ㅍ! ㅍ! ㅍ! ㅍ! ㅍ! ㅍ! ㅍ! ㅍ! ㅍ! ㅍ!' [**f**]와 비교하면서 다시 한 번 해 보죠.

이제 아래 단어들을 보면서 실제 발음을 해 보고 들어 봅시다.

Practice | [p]

1	**p**o**p**	→	**ㅍ**+아+**ㅍ**	→	ㅍ아ㅍ	→	**팦**
2	**p**ad	→	**ㅍ**+애+ㄷ	→	ㅍ애ㄷ	→	**팯**
3	**p**an	→	**ㅍ**+애+은	→	ㅍ애은	→	**팬**
4	**p**at	→	**ㅍ**+애+ㅌ	→	ㅍ애ㅌ	→	**퍁**
5	**p**en	→	**ㅍ**+에+은	→	ㅍ에은	→	**펜**
6	**p**et	→	**ㅍ**+에+ㅌ	→	ㅍ에ㅌ	→	**펱**
7	**p**ig	→	**ㅍ**+이+그	→	ㅍ이그	→	**픽**
8	**p**in	→	**ㅍ**+이+은	→	ㅍ이은	→	**핀**
9	**p**i**p**	→	**ㅍ**+이+**ㅍ**	→	ㅍ이ㅍ	→	**핖**
10	**p**it	→	**ㅍ**+이+ㅌ	→	ㅍ이ㅌ	→	**핕**

요점정리

- [p]는 윗입술과 아랫입술을 약간 말아 넣고 성대를 울리지 않으며, 'ㅍ' 하고 소리 낸다.
- [p]는 우리말 /ㅍ(피읖)/으로 표기한다.

다음 쪽으로 넘어가기 전에 또 하나 배우고 가죠. [**f**]와 [**p**]를 연결시켜 발음하게 한 것은 소리를 구분시키려는 목적도 있지만, 쉽게 단어를 암기시키려는 또 하나의 의도가 있었지요. 무슨 뜻인고 하니, '**p**ray'라는 단어가 있으면 '**f**ray'라는 단어도 있고, '**f**ad'가 있으면 '**p**ad'도 있습니다. 아래의 몇 가지 예를 참고하고, 사전을 통해 스스로 많은 예를 찾아 공부하세요.

fan ⟷ **p**an	**f**at ⟷ **p**at	**f**ast ⟷ **p**ast	**f**en ⟷ **p**en	**f**ig ⟷ **p**ig
fill ⟷ **p**ill	**f**in ⟷ **p**in	**f**it ⟷ **p**it	**f**un ⟷ **p**un	**f**lank ⟷ **p**lank

qu
[크우]의 소리를 찾아서

이번에는 [**qu**]의 소리를 찾아야지요? 혹시 알고 있는지 모르겠지만, [**qu**]는 단독으로 사용되는 경우는 단 1%도 없습니다. 영어 사전에서 [**qu**] 단어가 있는 부분을 펼쳐 보세요. [**q**] 뒤에는 항상 [**u**]라는 철자가 따라 붙어 있는 것을 볼 수 있을 겁니다. 혹시 미심쩍다면 시간적 여유를 갖고 [**q**] 뒤에 [**u**]가 없는 단어를 찾아보세요. 그러나 시간만 낭비하는 어리석은 일이라는 것을 곧 깨닫게 될 것입니다.

지금 이 순간부터 [**qu**]를 하나의 독립된 철자로 인식하고 머리에 새겨 두십시오. 단어를 암기하거나, 철자를 쓸 때 [**qu**]는 떨어지려고 해야 떨어질 수 없는 철자라는 것을 명심하면 많은 도움이 될 것입니다. 그럼, [**qu**]의 소리는 어떻게 날까요? 쉽게 말해서 [**kw**]라고 생각하고 발음하면 됩니다. 즉 [**k**]의 'ㅋ'와 [**w**]의 '우'가 합쳐진 소리가 바로 [**qu**]의 소리입니다. 그런데 미국 사람들은 천성적으로 복모음을 한꺼번에 잘 발음하지 못합니다. 대신 단모음에서 복모음으로 순차적으로 발음합니다. 따라서 [**qu**]가 우리 귀에 거의 '쿠'로 들리기도 합니다만, 실제적으로는 미국인들은 '크우'로 발음하지요. 얼핏 들으면 [**k**]와 같은 소리로 보는 경향도 있지만, 우리말 표기로 [**qu**]는 '크우'로, [**k**]는 'ㅋ'로 표기하듯 분명한 차이가 있습니다. [**qu**]는 턱을 몸 쪽으로, 즉 아래로 당기면서 'ㅋ' 하고 발음함과 동시에 입술을 동그렇게 해서 앞으로 내밀면서 '우' 하고 발음하면 자연스럽게 '크우'라고 소리가 납니다. 따라서 '**qu**ick'은 '킥'도 '퀵'도 아니고, '크윅' 하고 발음해야 합니다. 그렇지 않으면 '**qu**ick'을 '**k**ick'으로 알아들을 수도 있거든요. 다른 철자도 마찬가지지만, [**qu**]도 많은 연습이 필요합니다. 잘못 발음하면 [**k**]로 발음하기가 쉽거든요. 따라서 두 철자의 발성법에 유의하여 자연스러워질 때까지 부단히 연습하세요.

자, 더 이상 말할 필요가 없겠지요? 그럼 [**qu**]의 발음 연습으로 들어갑시다. 일단 턱을 아래로 당기면서 '크' 하고 발음하세요. 동시에 입술을 동그랗게 해서 살짝 앞으로 내밀어서 '크우' 하고 소리를 냅니다. 준비됐지요? 그럼, 열 번만 하겠습니다.
'크우! 크우! 크우! 크우! 크우! 크우! 크우! 크우! 크우! 크우!'

이제 아래 단어들을 보면서 여러분들이 직접 발음할 시간입니다.

Practice | [qu]

1	**qu**ack	→	**크우**+애+크	→	크왜크	→	**크왝**
2	**qu**ick	→	**크우**+이+크	→	크위크	→	**크윅**
3	**qu**ill	→	**크우**+이+을	→	크위을	→	**크윌**
4	**qu**it	→	**크우**+이+트	→	크위트	→	**크윝**
5	**qu**iz	→	**크우**+이+즈	→	크위즈	→	**크위**즈
6	**qu**ip	→	**크우**+이+프	→	크위프	→	**크윞**
7	**qu**ilt	→	**크우**+이+을+트	→	크윌트	→	**크윌**트
8	**qu**iff	→	**크우**+이+프^f	→	크위프^f	→	**크윞**^{f}
9	**qu**id	→	**크우**+이+드	→	크위드	→	**크윋**
10	**qu**ell	→	**크우**+에+을	→	크웨을	→	**크웰**

요점정리

- [qu]는 일단 턱을 아래로 당기면서 'ㅋ' 하고 발음하면서, 동시에 입술을 동그랗게 해서 살짝 앞으로 내밀어서 '크우' 하고 소리 낸다.
- [qu]는 우리말 /크우/로 표기한다.

아래의 몇 가지 예를 참고하여 [**k**]와 [**qu**]의 소리를 구분하여 발음해 보세요. 우리말의 '살'과 '쌀'의 의미가 다르듯, 영어에서도 '킨(keen)'과 '크윈(queen)'이라는 소리의 의미는 다릅니다. 따라서 정확한 발음은 상대방에게 정확한 자신의 의사를 전달하는 매개체임을 명심하고 발음에 충실하기를 바랍니다.

keen ⟷ **qu**een	**k**ick ⟷ **qu**ick	**k**id ⟷ **qu**id	**k**it ⟷ **qu**it	**k**ill ⟷ **qu**ill

r
[(으)루]의 소리를 찾아서

이제 영어를 배우면서 제일 어려운 소리를 배웁시다. 보통 우리가 '혀 꼬부라지는 소리'라고 말하는 [**r**]의 소리를 찾아 떠나기로 하지요.

[**r**]는 두 가지 발성법이 있지요. 먼저 '**rag**'나 '**ra**il'처럼 단어 첫소리인 [**r**]와 '**brag**'과 '**crab**'처럼 모음 앞에 오는 [**r**] 소리는 입술을 다소 오므린 후에 혀를 뒤로 빼어 혀끝을 위로 올리되 입천장에 혀가 닿지 않도록 하면서 '(으)루' 하고 소리 내면 됩니다. 영어의 철자 [**r**]는 무조건 혀를 꼬부려 발음한다는 고정관념은 이제 버리십시오.

혀를 입천장에 닿지 않게 목구멍 쪽으로 꼬부린 채 '*어r*' 하고 소리를 내는 발성법은 '**car**', '**sir**', 'ord**er**', '**fur**'와 같이 [**-er**, **-ir**, **-or**, **-ur**] 형태로 단어의 끝소리나 혹은 자음 바로 앞에 나오는 [**r**]에 해당하지요. 가급적이면 혀를 최대한 구부려서 목구멍 안쪽으로 쑤셔 넣는다는 기분으로 발음해야 하며, 아랫입술을 살짝 앞으로 밀면서 양 볼을 약간 안으로 죄어 주면 세련된 발음을 구사할 수 있습니다.

그럼 연습에 들어갈까요? 입천장에 닿지 않게 혀끝을 위로 올리면서 '(으)루' 하고 소리를 내세요. 열 번만 하지요. '(으)루! (으)루! (으)루! (으)루! (으)루! (으)루! (으)루! (으)루! (으)루! (으)루!'

이번에는 혀를 입천장에 닿지 않게 목구멍 쪽으로 구부리며 '$어^r$'로 발음합니다. 열 번만 합시다. '$어^r$! $어^r$! $어^r$! $어^r$! $어^r$! $어^r$! $어^r$! $어^r$! $어^r$! $어^r$!'

'$어^r$' 소리에 해당하는 철자 [**r**]의 단어 연습은 'Step 2'와 'Step 3'에서 다시 하기로 하고, '(으)루'에 해당하는 아래 단어들을 먼저 연습해 봅시다.

Practice | [r]

1	**r**ap	→	루+애+프	→	루애프	→	뤱
2	**r**ag	→	루+애+그	→	루애그	→	뤡
3	**r**at	→	루+애+트	→	루애트	→	뤹
4	**r**an	→	루+애+은	→	루애은	→	뤤
5	**r**ot	→	루+아+트	→	루아트	→	롿
6	**r**ip	→	루+이+프	→	루이프	→	륖
7	**r**ug	→	루+어+그	→	루어그	→	뤅
8	**r**um	→	루+어+음	→	루어음	→	뤔
9	**r**ing	→	루+이+응	→	루이응	→	륑
10	**r**ick	→	루+이+크	→	루이크	→	뤜

요점정리

- [r]는 입술을 다소 오므린 후에 혀를 뒤로 빼어 혀끝을 위로 올리되 입천장에 혀가 닿지 않도록 하면서 '(으)루' 하고 발음한다.
- [r]는 혀를 입천장에 닿지 않게 목구멍 쪽으로 꼬부린 채 '$어^r$' 하고 발음한다.
- [r]는 우리말 /루/로 표기한다.

한 가지만 더 알고 가지요. [**r**]와 [**l**]을 우리말 /ㄹ/로 똑같이 표기하는 경우가 있습니다. 그래서 잠깐 'g**l**ass'와 'g**r**ass'라는 단어를 통해 두 소리를 구분해서 발음하는 방법을 알려 드릴게요. [**l**]은 앞의 [**g**]와 소리를 연결하여 '글' 하고 소리를 낸 후, 다시 뒷모음 [**a**]와 연결하여 '래' 하고 소리를 내지요. 하지만 [**r**]는 앞의 자음 [**g**]와는 소리를 연결하지 않고, 뒷모음 [**a**]와 소리를 연결합니다. 따라서 'g**l**ass'는 '글래쓰'로, 'g**r**ass'는 '그뢔쓰'로 발음하지요. 이런 예의 단어가 많이 있습니다. 'Step 2. 복자음' 편에서 자세히 설명하겠지만, 아래에 예로 몇 개의 단어를 정리하였으니, 두 소리를 구분하여 발음해 보세요.

bland(블랜(드)) ⟷ b**ra**nd(브뢘(드))	**cla**mp(클램프) ⟷ c**ra**mp(크뢤프)
play(플레이) ⟷ p**ra**y(프뤠이)	**plo**p(플랖) ⟷ p**ro**p(프뢒)
clank(클랭크) ⟷ c**ra**nk(크뢩크)	**cla**p(클랩) ⟷ c**ra**p(크뢥)

S

[스, 쓰]의 소리를 찾아서

[**s**]는 보통 우리말의 'ㅅ(시옷)'이나 'ㅆ(쌍시옷)'으로 표기하지요. 소리도 우리말과 거의 비슷하지요. 입을 약간 옆으로 벌린 다음, 윗니와 아랫니를 살짝 대고 그 틈으로 '스' 하고 소리를 내면 되지요. 어렵지 않지요?

그런데 [**s**]는 두 가지 소리를 가지고 있어요. '**sm**all'과 같이 보통 [**s**+자음] 형태일 때나, 'boo**ks**' 'kee**ps**'처럼 [-**ks**], [-**ps**] 형태일 때 [**s**]를 '스'로 발음하고, '**sa**d'처럼 단어의 첫 글자이고 [**s**+모음] 형태일 때나, 또는 'cla**ss**'처럼 단어 끝의 자음(끝자음)으로 '[-**s**], [-**ss**]'의 형태일 때는 '쓰'로 발음하지요. 그리고 'ey**es**'처럼 모음 뒤에 올 때는 거의 'ㅈ'로 발음하기도 합니다. 무슨 수학 공식 외우듯 듣기만 해도 골치가 아프지요? 하지만 컴퓨터에서 자료를 'input(입력)'하지 않으면 'output(출력)'이 없듯이 세상에 거저 먹기는 없습니다. 어떤 과목이든 기본적인 것을 암기하고 난 후에 적용하고 응용력과 창의력이 생기는 것입니다. '무(無)에서 유(有)를 창조한다.'는 말은 철학적인 사고이고 '막무가내 정신'이지 분명 제정신은 아닙니다.

사설은 그만 늘어놓고, 이 장에서는 [**s**]의 기본 발음인 '스'와 '쓰'를 집중적으로 연습하지요. 별로 어렵지 않으니까 열 번만 연습하지요. 윗니와 아랫니를 살짝 대고 그 틈으로 '스' 하고 소리 내는 것 아시지요? '스! 스! 스! 스! 스! 스! 스! 스! 스! 스!' 이

번에는 '쓰! 쓰! 쓰! 쓰! 쓰! 쓰! 쓰! 쓰! 쓰! 쓰!'

Practice | [s]

1	**s**ad	→	**쓰**+애+드	→	쓰애ㄷ	→	**쌛**
2	**s**at	→	**쓰**+애+트	→	쓰애ㅌ	→	**쌭**
3	**s**ell	→	**쓰**+에+을	→	쓰에ㄹ	→	**쎌**
4	**s**et	→	**쓰**+에+트	→	쓰에ㅌ	→	**쎝**
5	**s**in	→	**쓰**+이+은	→	쓰이ㄴ	→	**씬**
6	**s**ing	→	**쓰**+이+응	→	쓰이ㅇ	→	**씽**
7	**s**un	→	**쓰**+어+은	→	쓰어ㄴ	→	**썬**
8	**s**um	→	**쓰**+어+음	→	쓰어ㅁ	→	**썸**
9	**s**ip	→	**쓰**+이+프	→	쓰이ㅍ	→	**앂**
10	**s**it	→	**쓰**+이+트	→	쓰이ㅌ	→	**앁**

요점정리

- [s]는 윗니와 아랫니를 살짝 대고 그 틈으로 'ㅅ' 하고 소리를 낸다.
  [s+자음] 형태와 [–ks], [–ps] 형태에서는 'ㅅ' 하고 소리를 낸다.
  단어의 첫 글자이고 [s+모음] 형태, [–s], [–ss]의 형태에서는 'ㅆ' 하고 소리를 낸다.
  단어 끝 철자이고 모음 뒤에 올 때는 거의 'ㅈ'로 발음한다.
- [s]는 우리말 /ㅅ(시옷)/ 또는 /ㅆ(쌍시옷)/으로 표기한다.

다음으로 넘어가기 전에 또 하나 배우고 갑시다. [**s**] 다음에 [**k**]와 [**p**] 그리고 [**t**]가 오면 [**k**], [**p**], [**t**]는 된소리가 되지요. 된소리가 뭐냐고요? 'Step 2. 복자음' 편에서 많은 단어와 더불어 자세히 배우겠지만, [**sk, sc**]는 'ㅅㄲ', [**sp**]는 'ㅅㅃ', [**st**]는 'ㅅㄸ'로 발음한다는 뜻입니다. 또 'han**ds**'와 같이 [-**ds**]는 'ㅈ'로, 'ca**ts**'처럼 [-**ts**]는 'ㅊ'로 발음하지요. 이 형태도 'Step 2. 복자음' 편에서 배울 것입니다. 오른쪽에 예로 몇 개의 단어를 정리하였으니, 두 소리를 미리 구분하여 발음해 보세요.

sky	→	스까이
skin	→	스낀
skill	→	스낄
skip	→	스낖
skim	→	스낌

speed	→	스삐드
spell	→	스뻴
spend	→	스뻰(드)
spin	→	스삔
spill	→	스삘

stop	→	스땊
stab	→	스땝
stag	→	스땍
stamp	→	스땜프
stand	→	스땐(드)

알고 갑시다

[-se]는 'ㅈ, ㅆ'로 소리 난다

[se] 발성 구조

[**s**]의 기본 음가는 'ㅆ'라는 것을 잊지 않았죠? 이 장에서 배울 소리는 단어의 끝소리의 [-**se**]입니다. 보통 [-**se**]는 2가지 소리가 나지요. [**s**]의 고유 소리인 'ㅆ'와 'ㅈ'입니다. 물론 끝소리니까 들릴 듯 말 듯 흘려 버리는 소리라는 것은 두말하면 잔소리고요. 발성법도 윗니와 아랫니를 살짝 대고 그 틈으로 'ㅆ' 또는 'ㅈ' 하고 소리를 살짝 흘려 버리면 되지요. 그러면 [**s**]와 [**z**]의 발성법과 같다고요? 맞습니다. 단 [**s**]와 다른 것은 [**z**]는 유성음이므로 성대를 울려야 하지요. 흔히 우리말에 'ㅈ' 발음이 있는데 영어의 [**z**]는 우리말의 'ㅈ'과 확연히 다른 발음이며, 발성법이 [**s**]와 같기 때문에 차라리 우리말의 'ㅅ'와 더 유사하다고 볼 수 있지요.

그런데 어떤 경우에 'ㅆ'로 나고, 어떤 경우에 'ㅈ' 소리가 나는지 궁금하죠? 영어는 언어라서 수학 공식처럼 딱 떨어지지 않는 것이 이 책을 만들면서 고민이 되는 일이지만, 그 단어가 동사일 때는 [-**se**]가 'ㅈ'로 소리가 나고, 명사나 간혹 형용사일 때는 'ㅆ'로 소리가 난다는 것을 꼭 기억하세요. 예를 들면 아래 'Practice 1'과 같이 동사일 때는 [-**se**]가 'ㅈ' 소리가 나는 경우가 많습니다. 대부분이 2음절 이상의 단어들이라 철자만으로 발음하기 어렵지만 그렇게 소리가 나는 이유를 차차 알게 될 것이니까 너무 앞서 나가지 말기 바라요.

Practice 1 | [-se]가 'ㅈ'로 소리 나는 경우

우리말에 '~(하)다'라고 동작이나 행동을 나타내는 뜻을 담고 있는 단어를 동사(움직씨)라 하며, 이 단어들의 끝소리 [-se]는 대부분 'ㅈ'로 소리가 난다.

1	mu**se** (명상하다)	→	뮤우즈
2	accú**se** (고발하다)	→	어큐우즈
3	amú**se** (즐겁게 만들다)	→	어뮤우즈
4	deví**se** (고안하다)	→	디바[v]이즈
5	confú**se** (혼동하다)	→	컨퓨[f]우즈
6	infú**se** (붓다)	→	인퓨[f]우즈
7	aróu**se** (깨우다)	→	어롸우즈
8	cléan**se** (깨끗이 하다)	→	클렌즈
9	ri**se** (떠오르다)	→	롸이즈
10	dispó**se** (배열하다)	→	디쓰포우즈
11	plea**se** (기쁘게 하다)	→	플리이즈
12	poi**se** (균형잡히다)	→	포이즈

아래 'Practice 2'에 나오는 단어들은 명사와 형용사들입니다. 이 단어들의 끝소리 [-**se**]는 '쓰'로 소리가 나지요.

Practice 2 | [–se]가 '쓰'로 소리 나는 경우

사물이나 사람의 이름을 나타내는 단어를 명사(이름씨)라 하고, 형상을 묘사하는 단어를 형용사(모양씨)라 하며, 이 단어들의 끝소리 [–se]는 대부분 '쓰'로 소리가 난다.

1	ca**se** (경우)	→	케이쓰
2	va**se** (꽃병)	→	베[v]이쓰
3	hor**se** (말)	→	호어[r]쓰
4	pur**se** (지갑)	→	퍼어[r]쓰
5	coar**se** (조잡한)	→	코어[r]쓰
6	glimp**se** (언뜻 봄)	→	글림쓰

7	corp**se** (시체)	→	코옾[r]쓰
8	goo**se** (거위)	→	구우쓰
9	gee**se** (거위들)	→	기이쓰
10	loo**se** (풀린)	→	루우쓰
11	defén**se** (방어)	→	디펜[f]쓰
12	offén**se** (공격)	→	어펜[f]쓰

물론 아래와 같이 극소수의 단어들이 이와 반대로 소리 나는 경우가 있습니다. 국내판 영어 사전을 검색한 결과 아래의 단어들이 명사임에도 불구하고 [-**se**]가 'ㅈ' 로 소리가 나는 경우입니다.

no**se** (코)	→	노우ㅈ
po**se** (자세)	→	포우ㅈ
ro**se** (장미)	→	로우ㅈ
pha**se** (단계)	→	페ᶠ이ㅈ

tho**se** (그것들)	→	도우ㅈ
pro**se** (산문)	→	프로우ㅈ
chee**se** (치즈)	→	취이ㅈ
ho**se** (긴 양말)	→	호우ㅈ

그런데 아래 'Practice 3'의 단어들은 같은 단어의 [-**se**]가 'ㅆ'로 소리 나기도 하고 'ㅈ'로 소리가 나기도 하거든요. 왜 그럴까요? 이런 단어들이 많지는 않지만 알고는 가야 할 것 같아서 정리를 했습니다. 예를 들면 '**use**'라는 단어가 있습니다. 이 단어는 동사의 의미일 때는 '유우ㅈ'로 발음하고, 명사로 쓰일 때는 '유우ㅆ'로 발음합니다. 한 단어가 두 가지 소리를 가지고 있다는 점에서 앞쪽 'Practice 1'과 'Practice 2'의 단어들과 차이는 있지만, 동사의 경우는 'ㅈ'로 소리가 나고, 명사의 경우에는 'ㅆ'로 소리 난다는 점에서 공통점을 가지고 있음을 알 수 있지요. 대표적인 단어들을 아래에 정리하였습니다. 이 외에 잘 쓰이지 않는 극소수의 단어들이 있으나 크게 신경 쓸 일이 없어요. 그럼, 연습을 해 볼까요?

Practice 3 | [–se]가 'ㅆ'와 'ㅈ'로 소리 나는 경우

동사의 의미일 때는 'ㅈ'로 발음하고, 명사로 쓰일 때 'ㅆ'로 발음된다.

1	u**se** (사용하다)	→	유우ㅈ
3	abú**se** (남용하다)	→	어뷰우ㅈ
5	excú**se** (용서하다)	→	익쓰큐우ㅈ

2	u**se** (사용)	→	유우ㅆ
4	abú**se** (남용)	→	어뷰우ㅆ
6	excú**se** (변명)	→	익쓰큐우ㅆ

7	clo**se** (닫다)	→	클로우즈	8	clo**se** (가까운)	→	클로우쓰
9	hou**se** (수용하다)	→	하우즈	10	hou**se** (집)	→	하우쓰
11	refú**se** (거절하다)	→	뤼퓨^{f}우즈	12	réfu**se** (폐물)	→	뤠퓨^{f}우쓰

또 머리를 헹굴 때 우리는 '린스'를 쓰지요? 이 '린스'라는 용어가 영어라는 것도 아시나요? 영어단어로는 'rinse'라고 쓰는데 이 단어에는 '륀쓰'라는 뜻 외에도 '~을 헹구다.'라는 동사의 뜻도 있어요. 아래 'Practice 4'에 정리한 단어들이 이 경우와 같이 한 단어에 두 가지 품사(品詞)의 뜻이 담겨 있습니다. 이럴 경우 이 단어 끝소리의 [-**se**]는 대부분 '쓰'로 소리가 난다고 보면 틀림없습니다.

Practice 4 | [–se]가 '쓰'로 소리 나는 경우

한 단어에 동사와 명사의 두 의미가 있을 때, [–se]는 '쓰'로 발음된다.

1	do**se** (복용량. 약을 주다)	→	도우쓰
2	ba**se** (기초. 기초를 두다)	→	베이쓰
3	cha**se** (추적. 뒤쫓다)	→	췌이쓰
4	rin**se** (린스. 헹구다)	→	륀쓰
5	cur**se** (저주. 저주하다)	→	커어^{r}쓰
6	lea**se** (임대차. 빌려 주다)	→	리이쓰
7	pul**se** (맥박. 고동치다)	→	펄쓰
8	púrpo**se** (목적. 목적으로 하다)	→	퍼어^{r}퍼쓰

요점정리

- [–se]는 윗니와 아랫니를 살짝 대고 그 틈으로 '쓰' 또는 '즈' 하고 소리 낸다.
- [–se]는 우리말 /ㅆ(쌍시옷)/, /ㅈ(지읒)/으로 표기한다.

t

[ㅌ]의 소리를 찾아서

이제 [**t**]의 소리를 찾아서 여행을 떠나 볼까요? [**t**]는 앞서 배운 [d]와 [l], [n]의 발성법과 동일합니다. 혀끝을 윗니 바로 뒤쪽 입천장 볼록한 부분(치경)에 살짝 대면서 'ㅌ'로 발음합니다. 한번 혀끝을 주시하면서 연습해 볼까요? 'ㅌ!' 자, 몇 번 더 반복해 보지요. 'ㅌ! ㅌ! ㅌ! ㅌ! ㅌ! ㅌ! ㅌ! ㅌ! ㅌ! ㅌ!' 너무 쉽다고요? 그런데 실제는 쉽지 않아요. 왜냐고요? 다음 쪽에서 자세히 설명하겠지만, [**t**]도 [d]와 같이 문장을 읽거나 미국인과 대화할 때는 실제로 여러 가지 소리가 나거든요. 영국식 발음으로 [**t**]는 'ㅌ'로만 소리가 나지만, 미국식 발음에서는 'ㅌ'로 나는 경우보다 다른 소리가 더 많습니다. 예를 들면, 'lé**tt**er(레뤄r)'에서처럼 'ㄹ'로 나기도 하고, 'don**t**(돈)'이나 'lis**t**en(리쓴)'처럼 [**t**]가 묵음(默音)이 되는 경우도 있지요. 또 'ㅊ'나 'ㄸ'로 나는 경우도 있거든요. 또 외워야 하니까 짜증 난다고요? 난 모든 것을 힘들이지 않고 공짜로 먹으려는 사람들 때문에 화가 나요! 자세한 것은 다음 장에서 공부하고, 여기에서는 [**t**]의 기본 발음인 'ㅌ'에 충실합시다. 혀끝을 윗니 바로 뒤쪽 입천장 볼록한 부분(치경)에 살짝 대면서 'ㅌ' 하고 소리 내세요.

자! 이제는 다음 단어들을 보면서 실제 발음을 해 보고 들어 봅시다.

Practice | [t]

1	**t**ag	→	**트**+애+그	→	트애그	→	**택**
2	**t**an	→	**트**+애+은	→	트애은	→	**탠**
3	**t**ap	→	**트**+애+프	→	트애프	→	**탶**
4	**t**en	→	**트**+에+은	→	트에은	→	**텐**
5	**t**ip	→	**트**+이+프	→	트이프	→	**팊**
6	**t**op	→	**트**+아+프	→	트아프	→	**탚**
7	**t**ig	→	**트**+이+그	→	트이그	→	**틱**
8	**t**ill	→	**트**+이+을	→	트이을	→	**틸**
9	**t**in	→	**트**+이+은	→	트이은	→	**틴**
10	**t**ug	→	**트**+어+그	→	트어그	→	**턱**

요점정리

- [t]는 혀끝을 윗니 바로 뒤쪽 입천장 볼록한 부분에 살짝 대면서 'ㅌ'로 발음합니다.
- [t]는 우리말 /ㅌ(티읕)/으로 표기한다.

지금까지 익힌 [**o**]부터 [**t**]까지 복습해 볼까요? 입과 입술 모양이나, 혀의 위치 등 지금까지 배운 발성법을 상기해서 정확하게 발음하도록 해야 합니다.

Review (o ~ t)

소리를 어떻게 낼까요?

- [**o**]는 입 모양을 약간 오므리고 턱을 밑으로 당기면서 거의 '**아**'에 가깝게 소리 낸다.
- [**p**]는 윗입술과 아랫입술을 약간 말아 넣고 성대를 울리지 않으며 '**ㅍ**' 하고 소리 낸다.
- [**qu**]는 일단 턱을 아래로 당기면서 '**ㅋ**' 하고 발음함과 동시에 입술을 동그랗게 해서 살짝 앞으로 내밀어서 '**크우**' 하고 소리 낸다.
- [**r**]는 입술을 다소 오므린 후에 혀를 뒤로 빼어 혀끝을 위로 올리되 입천장에 혀가 닿지 않도록 하면서 '(으)**루**' 하고 소리 낸다.
- [**s**]는 윗니와 아랫니를 살짝 대고 그 틈으로 '**스**', '**쓰**' 하고 소리 낸다.
- [**t**]는 혀끝을 윗니 바로 뒤쪽 입천장 볼록한 부분(치경)에 살짝 대면서 '**트**'로 소리 낸다.

우리말 표기로 ( )를 채워 보세요.

o (   ), p (   ), qu (   ), r (   ), s (   ), t (   )

알고 갑시다

[t]의 소리, 여러 가지가 있어요

앞에서 [**t**]가 'ㅌ'로 소리가 난다고 배웠지요? 기본 발음이 그렇다는 것이고 아래와 같은 경우에 여러 가지 소리가 날 수도 있습니다. 강세의 영향을 받아서 'ㄹ'로 소리가 나는 경우도 있고, 앞 철자와의 동화 작용에 의하여 소리를 생략하거나, 또는 [**st**-]의 형태에서는 'ㄸ'으로 소리가 나는 등, 여러 가지 소리가 나지요. 아직 기본 발음 단계를 끝내지 않아서 2음절 이상의 단어를 발음하기에 어려운 점이 있고, 또 강세가 있을 때와 없을 때의 모음의 소리 변화를 배우지 않아 다소 혼란스러운 점도 있을 겁니다. 따라서 여기에서는 [**t**]가 이런 경우에 이런 소리가 나기도 한다는 것만 이해하고 넘어가면 그것으로 충분합니다. 물론 100% 이해할 수 있다면 금상첨화(錦上添花)겠지만, 과욕은 금물입니다.

그럼, 하나하나 이해하면서 넘어갈까요?

'ㄹ'로 소리 나는 경우

강세가 있는 모음(강모음)과 강세가 없는 모음(약모음) 사이에 있는 [강모음+t+약모음], 그리고 [-**tle**], [-**ttle**]에서 [**t**]는 'ㄹ' 소리를 낸다. (*'Step 7 기타 발음' 참조)

bé**tt**er	→	베뤄r
lé**tt**er	→	레뤄r
wá**t**er	→	워뤄r
bí**tt**er	→	비뤄r
bá**tt**er	→	배뤄r

lí**ttle**	→	리를
bá**ttle**	→	배를
cá**ttle**	→	캐를
sé**ttle**	→	쎄를
ké**ttle**	→	케를

영국식 발음으로는 [**t**]는 거의 'ㅌ'로 소리가 나고, 또 [**r**] 발음도 혀를 꼬부리지 않아 미국식 발음보다 듣거나 발음하기 더 쉽지요. 위의 예에서 보더라도 'water'

라는 단어도 영국인은 '워터^{r}!'라고 발음하지만 미국인은 '워뤄^{r}!'라고 하며, 'little'이라는 단어도 영국인은 '리틀!' 하고 발음하지만 미국인은 '리를!'이라고 발음하지요. 발음의 부드러움에서 본다면 미국식 발음이 듣기에 좋지만, 배우기에는 영국식 발음이 더 편하지요? 하지만, 미국식 발음이 세계적으로 확산되고 있는 추세라서 시대에 순응할 수밖에 없는 것이 우리의 현실이니 어쩌겠어요. 말장난(pun) 하나 할까요? '파리(**Paris**)에서 생일 파뤼(**party**)를 하는데 파리 한 마리가 날아다닌다.' 어때요? 썰렁하다고요? 죄송합니다!

아래에 있는 단어들의 [**t**]도 강세가 있는 모음(강모음)과 강세가 없는 모음(약모음) 사이에 있어 '트'가 아닌 '루(r)'로 발음해야 합니다. 따라서 영어에는 '포테이토'나 '토마토'라는 이름을 가진 야채는 없습니다. '포토샾'이라는 프로그램도 없고요. 또, '**pár**ty', '**fór**ty', 또 'th**ír**ty'와 같이 [**ár**, **ór**, **ír**]는 자음 [**r**]가 붙어 있지만 소리로는 '아어^{r}', '오어^{r}', '어어^{r}'와 같이 모음 소리여서 [**ár**, **ór**, **ír**] 자체를 강모음으로 간주해야 합니다. 또 [**t**] 뒤에 붙어 있는 [**y**]는 뒤에서 배우겠지만 '아이'와 '이'로 소리가 나기 때문에 역시 모음으로 분류된다는 것을 잊지 마세요. 따라서 '**pár**ty', '**fór**ty', 또 'th**ír**ty'와 같은 형태의 단어에서 [**t**]도 '트'가 아닌 '루(r)'로 발음해야 한다는 것을 명심하세요.

'**-ár**ty', '**-ór**ty', 또 '**-ír**ty'와 같은 형태의 단어에서 [**t**]도 '트'가 아닌 '루(r)'로 발음해야 합니다.

1	ph**ó**to	→	프^{f}+오우+**루**+오우	→	프^{f}+오우+**루**+오우	→	포^{f}**로**우
2	tom**á**to	→	트+어+음+에이+**루**+오우	→	트+어+음+에이+**루**+오우	→	터메이**로**우
3	pot**á**to	→	프+어+트+에이+**루**+오우	→	프+어+트+에이+**루**+오우	→	퍼테이**로**우
4	p**ár**ty	→	프+아어^{r}+**루**+이	→	프+아어^{r}+**루**+이	→	파어^{r}**뤼**
5	f**ór**ty	→	프f+오어^{r}+**루**+이	→	프^{f}+오어^{r}+**루**+이	→	포^{f}어^{r}**뤼**
6	th**ír**ty	→	쓰^{θ}+어어^{r}+**루**+이	→	쓰^{θ}+어어^{r}+**루**+이	→	써^{θ}어^{r}**뤼**

알고 갑시다

[t]의 소리를 찾아서

단어 안에서만 이런 [**t**]의 법칙이 적용되는 것은 아니에요. 영어는 분절음(分節音)의 언어가 아니라 단어와 단어의 소리를 연결해서 발음하는 연음(連音)의 단어라는 것쯤은 알지요? 음을 하나하나 분리해서 발음하는 우리 식 발음법에 익숙한 한국인에게 단어와 단어의 소리를 붙여서 연음으로 발음하는 영어가 쉽게 들릴 수 있다고 생각하면 그건 크나큰 착각이죠. 따라서 영어를 쉽게 듣고 말할 수 있는 최상의 방법은 오직 반복된 학습 외에는 없다는 것을 잊어서는 안 되지요.

그러면 연음이 되었을 때 [**t**]의 소리가 어떻게 달라질까요? 예를 들어 설명할게요.

'cut'는 '컽'으로, 'it'는 '잍'으로, 'out'는 '아웉'으로 발음되지요? 각 단어에 [**t**]는 '트'로 발음되기 때문이지요. 그런데 이 세 개의 단어를 붙이면 'Cutitout'이 되는데, 맨 뒤의 [**t**]를 제외하고 중간의 두 개의 [t]는 모음과 모음 사이에 끼어 있는 것을 볼 수 있습니다. 따라서, 미국인은 이 '**Cutitout**'을 '컽잍아웉'으로 발음하지 않고, '커뤄롸웉'으로 발음하지요. 'Cut it out!'은 우리말로 '그만둬!'라는 말이에요.

다음 장에 예시된 바와 같이 이와 같은 형태의 영어 표현이 상당히 많습니다. 따라서 영어를 배우는 과정에서 [t]가 나오는 경우 한 번쯤은 이와 같은 발음 법칙과 연음 법칙을 기억했다가 요긴하게 사용하기를 바라요. 영어를 발성할 때 첫째, 정확한 발성 구조, 둘째, 성조(음의 높낮이), 그리고 셋째, 연음 처리가 중요하다는 것을 인식하고, 끊임없이 소리를 내어 발음하고 또 발음해야 합니다. 마치 소리꾼들이 득음하기 위해 폭포 앞에서 목에서 피가 나도록 소리를 지르며 연습하듯이 우리도 영어의 득음을 위해서 그 정도까지 연습해야 합니다. 슬픈 운명이지요?

1	Beat it! (꺼져.)	→	브+이이+루+이+트	→	브이이루이트	→	비이륕
2	Not at all. (천만에요.)	→	은+아+루+애+르+오+을	→	은아루애르오을	→	나뢔로울
3	Cut it out! (그만 둬!)	→	크+어+루+이+루+아+우+트	→	크어루이루아우트	→	커뤼롸웉
4	Shut up! (조용히 해!)	→	쉬+어+루+어+프	→	쉬어루어프	→	셔렆
5	Forget it! (신경 쓰지 마!)	→	프ᶠ+오어ʳ+그+에+루+이+트	→	프ᶠ오어ʳ그에루이트	→	포ᶠ어ʳ게륕
6	Quit it! (그만둬!)	→	크우+이이+루+이+트	→	크위이루이트	→	퀴이륕

이제 [t]의 다른 소리의 경우를 찾아서 떠나 볼까요?

1. '은'으로 소리 나는 경우

단어 가운데 [-t-]가 있고 끝이 [-n]으로 끝나서 [t-n]일 때 [t]는 콧바람 소리 '은'으로 발음합니다. 혀끝을 윗니 바로 뒤쪽 입천장 볼록한 부분에 살짝 대면서 코를 풀 때처럼 '은' 하고 힘껏 공기를 내보냅니다.

cúrtain	→	커어ʳ은
móuntain	→	마운은
cértain	→	써어어ʳ은
cáptain	→	캪은

cótton	→	카은
mútton	→	머은
fóuntain	→	파ᶠ운은
bútton	→	버은

위의 단어에서 보면 우리가 일상생활에서 자연스럽게 쓰고 있는 영어단어들이 있지요? '커튼'이나 단추라는 '버튼'이요. 자주 사용하다 보니 입에 그 소리가 익숙하고, 입에 익숙하다 보니 아마도 '커어ʳ은'이나 '버은'이라는 소리가 부자연스럽고, 억지스럽게 느껴질 수도 있습니다. 마치 '컴퓨터'라는 소리에 익숙한 우리

가 '컴퓨뤄' 하고 발음하기 쑥스럽게 느껴지고, '생일 파티 하자!'고 하면 자연스럽지만, '파뤄 하자!' 하면 듣는 사람이나 말하는 사람 모두 닭살이 돋는 듯한 느낌이 들지요. 하지만 어쩌겠어요. 한글이 세계 공용어가 되는 날까지 영어를 영어답게 배워야 하겠지요. 그런데 '커ㅇㅓ^{r}튼'이나 '버튼'이라고 발음해도 사실 의사소통에는 지장이 없어요. 미국식 영어가 꼭 표준 영어는 아니잖아요. 영어는 이제 국제어(International Language)를 넘어, Globish(Global English)거든요.

2. 소리를 생략하기(묵음)

[**-nt-**]의 형태에서 [**t**]는 [**n**] 소리에 동화되어 소리를 잃고, [**-nt**]로 끝나는 단어의 끝소리 [**t**]는 발음하지 않아야 자연스럽습니다. 또 [**-stle**]과 [**-sten**]의 형태에서도 [**t**]는 묵음입니다.

pói**nt**	→	포인
ca**n't**	→	캔
do**n't**	→	돈
a**nt**	→	앤
fai**nt**	→	페^{f}인
gli**nt**	→	글린
hi**nt**	→	힌
we**nt**	→	웬

cá**stle**	→	캐쓸
né**stle**	→	네쓸
bú**stle**	→	버쓸
hú**stle**	→	허쓸
rú**stle**	→	뤄쓸
glí**sten**	→	글리쓴
lí**sten**	→	리쓴

í**nt**erviѐw	→	이너뷰
dé**nt**al	→	데널
twé**nt**y	→	트웨니
í**nt**ernѐt	→	이너넷

위의 경우에서 보아도 일상생활에서 우리가 보통 사용하는 '인터넷'이나 '인터뷰'라는 단어도 정확한 영어 발음이 아니라는 것을 알겠죠? 우리가 사용하는 영어 발음을 사용해서 미국인과 대화를 하게 되면 당연히 못 알아듣지요. 그리고 위와 같은 발음법은 사전의 발음기호를 통해서는 알 수 없는 것들이지요. 따라서 발음기호가 만능이 아니라는 것을 알아야 합니다.

3. 'ㄸ'으로 소리 나는 경우

[**st**-]와 같이 복자음일 때 [**t**]는 된소리 'ㄸ'으로 발음합니다.

stop	→	스땊	**st**ep	→	스뗖
stab	→	스땝	**st**ick	→	스띡
stag	→	스땍	**st**ill	→	스띨
stamp	→	스땜프	**st**ub	→	스떱
stand	→	스땐(드)	**st**ud	→	스떠(드)

이미 우리는 '[**s**]의 소리'에서 [**k**]와 [**p**], 그리고 [**t**]는 [**s**] 뒤, 즉 [**sk**]와 [**sp**], [**st**]의 형태에서는 [**s**]의 영향을 받아서 된소리가 난다고 배웠지요? 다시 말하면, '스ㄲ', '스ㅃ', 그리고 '스ㄸ'로 소리가 난다고요. 그래서 야구의 용어 중에 '스트라잌!(strike)'은 '스뜨롸잌'으로 발음해야 하며, 대한민국의 국민 게임인 '고스톱'도 '고우스땊'이 올바른 발음법이지요. 익숙하지 않으면 위의 예를 몇 번이고 발음하면 그리 어렵지 않을 것입니다. 'Step 2. 복자음'에서 자세히 배울 예정입니다.

4. '츄'로 소리 나는 경우

[**tr**-]로 시작하는 단어에서 [**t**]는 '츄'로 발음합니다.

trip	→	츄륖	**tr**ump	→	츄뤔프
track	→	츄뤸	**tr**ot	→	츄뢑
tramp	→	츄뤰프	**tr**y	→	츄롸이
trap	→	츄뤺	**tr**uck	→	츄뤅
trick	→	츄륔	**tr**ust	→	츄뤄스뜨

12월이 되면 종교와는 상관없이 전 세계 사람들을 기대에 차게 만들고 흥분하게 하는 날이 있습니다. 바로 아기 예수의 탄생을 축하하는 '성탄절'이지요. 미국에서는 한 달 전부터 크리스마스카드와 선물을 준비하고 크리스마스츄리를 만드느라고 분주합니다. 왜 뚱딴지같이 크리스마스를 이야기하느냐고요? 앞에서 언급한 크리스마스츄리에서 '츄리'는 우리말의 '나무'라는 영어단어 '**tree**'를 영어식으로 발음한 것이라는 것쯤은 아시지요? 바로 이 '**tree**'를 '트리'라고 발음하지 않고 '츄리이'라고 하는 것이 바로 [**tr**-]로 시작하는 단어이기 때문입니다. TV 속옷 광고에서 한때 유명했던 '츄롸이' 상표도 '입어 보다'라는 영어단어 '**try**'의 소리입니다. 'Step 2. 복자음'에서 자세히 배울 예정입니다.

자, [**t**]의 소리가 이렇게 다양하게 납니다. '아하! 그렇구나!' 하고 이해하고 넘어가면 다음에 또 이와 같은 단어가 나올 때는 잊어버리기가 쉽거든요. 스스로 위의 경우에 해당하는 단어들을 분류하여 모아 두었다가 연습하든지, 아니면 이 책 뒤의 부록을 참고하여 다음 장으로 넘어가기 전에 마스터하길 바랍니다. [**tr**-]의 경우는 사전의 [**tr**-] 쪽을 펼치고 지금 즉시 소리를 내어 발음해 보세요. 알았죠?

u
[어]의 소리를 찾아서

[**u**]가 모음 다섯 개 중 하나라는 것은 아시죠? 다른 모음처럼 [**u**]도 여러 가지 소리가 나지요. [**u**]는 보통 우리가 알파벳 소리 그대로 '유'로 발음하기가 쉽고, 그렇게 기억하는 사람들이 많습니다. 하지만 [**u**]는 '어'로 소리 나는 경우가 많습니다. 특히 'fun'과 같은 1음절 단어에서의 [**u**]는 거의 '어'로 소리가 나지요. 따라서 [**u**]의 기본 발음을 '어'로 익히는 것이 매우 효과적입니다. [**u**]가 다른 소리가 나는 경우는 'Step 3. 모음' 편에서 자세히 공부할 것입니다. 따라서 너무 앞서 가지 마세요.

영어 [**u**]의 발성법은 우리말 '어'와는 다소 차이가 있습니다. 우리말 '어'는 입을 아주 조금 벌리고 발음하지요? 하지만 영어 [**u**]의 '어'는 보통 '아'와 '어'의 중간 소리라고 합니다. 이해는 되지만 어떤 종류의 소리인지 너무 추상적이지요? 그럼, 이렇게 해 보세요. 앞에서 다른 모음을 설명할 때도 말했지만 서양인들은 턱을 많이 움직이며 발음한다고 했습니다. 따라서 우리말의 '어' 하는 입 모양에서 턱을 아래로 힘껏 당기면서 입을 벌려 보세요. 물론 신속하게 움직여야 합니다. 그러면 우리말 '아'도 '어'도 아닌 애매모호한 중간 소리가 날 것입니다. 그 소리가 영어 [**u**]의 '어'지요.

따라서 '아' 하고 발음할 때만큼 입을 벌리고, 그 상태에서 '어' 하고 소리를 내며, 이때 턱을 힘껏, 그리고 빠르게 움직여야 한다는 것을 명심하세요. 그래서 [**u**]의 '어'는 강세가 있는 모음, 즉 강모음(强母音)에 해당됩니다. 영어단어에는 2음절(즉 소리로 모음이 2개 있는 경우) 이상일 때 강세(stress)가 있다는 것 알죠? 강세가 없는 약모음(弱母音) 소리에서의 '어'와 강모음(强母音) [**u**]의 '어'와는 다른 소리입니다. 따라서 단어를 암기할 때, '썬' 또는 '뤈'과 같이 1음절의 단어에서의 '어' 소리는 [**u**]라는 것을 알 수 있지요?

그런데 사람마다 습관적으로 입을 작게 벌리고 말하는 사람과 크게 벌리고 말하는 사람이 있듯이 미국인도 마찬가지라서 실제로는 입 모양으로 구분할 수 없지요. 사실 저도 어려서 'much'가 '머취'로 들리기도 하고 '마취'로 들리기도 했거든요. 심지어 'Thank you very much'를 '땡큐 베리 망취!'로 듣기도 했고요. 앞서 말했듯이 [u]가 우리말의 '어'도 '아'도 아닌 소리라서 이렇게도 들리고 저렇게도 들린다는 것을 제 경험을 통해 알려 드리는 것입니다.

사설은 그만 늘어놓고, 정리하자면 [**u**]는 입을 약간 크게 벌려 동그랗게 하고 '어' 하고 소리 낸다는 것만 명심하세요. 자 그럼 연습해 볼까요? '아' 하고 발음할 때만큼 입을 벌리세요. 그 상태에서 '어' 하고 소리를 내면 됩니다. 준비! 시작! '어! 어! 어! 어! 어! 어! 어! 어! 어! 어!'

자! 이제 다음 단어들을 보면서 실제 발음을 해 보고 들어 봅시다.

Practice | [u]

1	l**u**ck	→	을+**어**+크	→	을**어**크	→	**럭**
2	m**u**d	→	음+**어**+드	→	음**어**드	→	**먼**
3	r**u**g	→	루+**어**+그	→	루**어**그	→	**뤅**
4	t**u**g	→	트+**어**+그	→	트**어**그	→	**턱**
5	b**u**t	→	브+**어**+트	→	브**어**트	→	**벝**
6	c**u**t	→	크+**어**+트	→	크**어**트	→	**컽**
7	s**u**n	→	쓰+**어**+은	→	쓰**어**은	→	**썬**
8	s**u**m	→	쓰+**어**+음	→	쓰**어**음	→	**썸**
9	b**u**g	→	브+**어**+그	→	브**어**그	→	**벅**
10	m**u**g	→	음+**어**+그	→	음**어**그	→	**먹**

요점정리

- [u]는 우리말의 '어' 하는 입 모양에서 턱을 아래로 힘껏 당기면서 '어' 하고 소리 낸다.
- [u]는 우리말 /ㅓ/로 표기한다.

V

[브v]의 소리를 찾아서

[**v**]는 앞서 배운 [**f**]와 발성법이 같습니다. 윗니로 아랫입술을 지그시 물고 'ㅂ' 하고 바람을 내보내는 소리지요. 한번 시험 삼아 해 보세요. 우리말 'ㅂ'와는 전혀 다른 소리가 난다는 것을 알 수 있을 것입니다. 또 윗입술과 아랫입술을 약간 붙여서 말아 넣었다가 떼면서 내는 소리인 [**b**]의 'ㅂ'와도 다르지요. 따라서 '베v리 굳!'이라는 영어를 아무 생각 없이 발음하면 "Very good!"이 "Berry good!"으로 들릴 수 있다는 말이기도 합니다. 이와 같이 미세한 발음 차이가 의미의 차이를 만드는 경우가 많이 있습니다. 옷의 종류인 '조끼'의 영어단어 'vest'를 우리말처럼 편안하게 발음하다 보면 'best'로 들릴 수 있거든요. 따라서 정확한 발성법이 멋진 영어 발음을 탄생시키고, 정확한 의미 전달을 할 수 있다는 것을 늘 잊지 마세요.

그리고 [**v**]의 소리는 정확한 우리말 표기가 없어서 저의 임의로 '브v'로 표기함으로써 [**b**]의 '브'와 음성적, 시각적 차별성을 두고자 했습니다.

사설은 그만 늘어놓고, 정리합시다. [**v**]는 윗니로 아랫입술을 지그시 물고 'ㅂ' 하고 성대를 울리며 내는 소리라는 것을 명심하세요. 자, 그럼 연습해 볼까요? 윗니로 아랫입술을 지그시 물어 보세요. 그리고 그 상태에서 아랫입술을 가볍게 떼면서 '브v' 하고 소리를 내면 됩니다. 준비! 시작! '브v! 브v! 브v! 브v! 브v! 브v! 브v! 브v! 브v! 브v!'

Practice | [v]

1	**v**an	→	**브**ᵛ+애+은	→	브ᵛ애은	→	**밴**ᵛ
2	**v**ast	→	**브**ᵛ+애+쓰+트	→	브ᵛ애스뜨	→	**배**ᵛ스뜨
3	**v**end	→	**브**ᵛ+에+은	→	브ᵛ에은	→	**벤**ᵛ
4	**v**est	→	**브**ᵛ+에+쓰+트	→	브ᵛ에스뜨	→	**베**ᵛ스뜨
5	**v**ent	→	**브**ᵛ+에+은	→	브ᵛ에은	→	**벤**ᵛ
6	**v**ex	→	**브**ᵛ+에+크쓰	→	브ᵛ에크쓰	→	**벡**ᵛ쓰
7	**v**eil	→	**브**ᵛ+에+이+을	→	브ᵛ에이을	→	**베**ᵛ일
8	**v**ein	→	**브**ᵛ+에+이+은	→	브ᵛ에이은	→	**베**ᵛ인

요점정리

- [v]는 윗니로 아랫입술을 지그시 물고 '브ᵛ' 하고 성대를 울리며 소리 낸다.
- [v]는 우리말 /ㅂᵛ/으로 표기한다.

앞에서 언급한 대로 [**b**]와 [**v**]의 소리를 구분해서 발음할 필요가 있습니다. 그래서 오른쪽에 [**b**]와 [**v**]의 첫머리 철자만 다른 단어들을 한 쌍으로 만들어 정리하였습니다. 거울을 통해 자신의 입 모양을 주의 깊게 살펴보면서 자연스럽게 나올 때까지 연습하세요. 우리말을 본능적으로 발음해야 자연스러워지듯 영어도 발성법을 의식하지 않고 발음할 수 있어야 자연스러워집니다. 그렇게 되려면 반복적인 연습만이 최상의 방법임을 잊지 마세요.

ban 밴	⟷	**v**an 밴ᵛ
bale 베일	⟷	**v**ale 베ᵛ일
base 베이쓰	⟷	**v**ase 베ᵛ이쓰

bent 벤(트)	⟷	**v**ent 벤ᵛ(트)
best 베스뜨	⟷	**v**est 베ᵛ스뜨

W
[(우)]의 소리를 찾아서

[**w**]는 알파벳 이름으로 '더블유'라고 합니다. [**u**] 두 개를 붙여 놓은 모양이라서 붙여 놓은 이름인가 봐요. 하지만 이 [**w**]도 단어 안에서는 '더블유'라는 소리를 찾아볼 수 없습니다. 즉 철자의 이름과 소리가 다르다는 것이지요. 예를 들면, 'way'라는 단어는 '(우)웨이'라고 읽지, '더블유에이'라고 읽지 않지요. 그래서 [**w**]의 기본 소리를 알지 못하면 백날 알파벳을 읽어 봐도 영어단어를 읽지 못하는 것입니다.

그러면 [**w**]의 기본 소리는 무엇일까요? 보통 [**w**]를 자음으로 분류합니다. 하지만 음성적인 면으로 보면 모음에 속하지요. 그러나 절름발이 모음입니다. 왜냐하면 모음은 모음이지만, 독자적인 음가(音價)를 발휘하지 못하기 때문입니다. 즉, [**wa**], [**we**], [**wi**] 등, 항상 다른 모음과 동반하여 음가를 만들지요. 예를 들면, [**wa**], [**wo**]는 '우워', [**we**]는 '우웨', [**wi**]는 '우위' 하고 발음합니다. 즉 '우' 소리는 입술을 내미는 과정에서 살짝 사잇소리로 들어가는 소리로, 들릴 듯 말 듯하게 나는 소리입니다. 실제 단어로 예를 들어 보면, '**want**'라는 단어의 소리는 '(우)원트'이고, '**went**'는 '(우)웬트'이지요. 그냥 편하게 '원트', 또는 '웬트' 하는 소리가 아니라는 것을 명심하세요. 정리하면 [**w**]는 입술을 앞으로 쭉 내민 상태에서 작은 소리로 살짝 '우' 하고 소리를 냅니다. 너무 강하게, 그리고 길게 발음하면 안 됩니다. 다음에 나오는 [**a**], [**e**], [**i**], 그리고 [**o**]와 같은 모음과 빠르고 부드럽게 연결하는 것이 중요하지요.

그러면 우리말 표기는 어떻게 할까요? 표기하기가 참 어렵습니다만, 소리가 '우!' 하고 나니까 /ㅜ/로 표기하는 것이 가장 적당할 것입니다. 그래서 [**e**] 소리 '에'와 연결되면 '우+에=(우)웨', 즉 '(우)웨'로 소리가 나고, [**i**]의 소리 '이'와 결합되면, '우+이=(우)위', 즉 '(우)위'로 소리가 나니까요.

그럼 [**w**]의 기본 발음이 정리가 되죠? 그럼 연습해 볼까요? 입술을 앞으로 내미세요. 그 상태에서 작고 가볍게 '우' 하고 소리를 내면 됩니다. 준비됐지요? 시이~작! '우! 우! 우! 우! 우! 우! 우! 우! 우! 우!'

자! 이제 아래 단어들을 보면서 실제 발음을 해 보고 들어 봅시다.

Practice | [w]

1	**w**ag	→	우+애+그	→	우왜그	→	(우)**왝**
2	**w**ay	→	우+에+이	→	우웨이	→	(우)**웨**이
3	**w**eb	→	우+에+브	→	우웨브	→	(우)**웹**
4	**w**ell	→	우+에+을	→	우웨을	→	(우)**웰**
5	**w**et	→	우+에+트	→	우웨트	→	(우)**웻**
6	**w**ed	→	우+에+드	→	우웨드	→	(우)**웬**
7	**w**ill	→	우+이+을	→	우위을	→	(우)**윌**
8	**w**it	→	우+이+트	→	우위트	→	(우)**윝**
9	**w**ing	→	우+이+응	→	우위응	→	(우)**윙**
10	**w**in	→	우+이+은	→	우위은	→	(우)**윈**

요점정리

- [w]는 입술을 앞으로 쭉 내민 상태에서 작은 소리로 살짝 '우' 하고 소리 낸다.
- [w]는 우리말 /ㅜ/로 표기한다.

한 가지만 더 언급하면, [**w**] 뒤에 [**h**]가 붙어서 [**wh**]라는 복자음으로 형성된 단어들이 있습니다. '**wh**en'이라는 단어를 예로 들면, 가끔 [**w**]의 '우'와 [**h**]의 'ㅎ'의 소리를 결합하여 '후'로 소리를 내어, 결국 '**when**'을 '휀' 하고 발음하는 사람들이 있습니다. 하지만 이 경우에도 [**h**]의 소리는 내지 않고, 마치 '**wen**'이라는 단어를 발음하는 것처럼 '(우)웬' 하고 발음하면 됩니다. '**wh**y'라는 단어도 '화이'가 아니라 '(우)와이'라고 발음하면 됩니다. 자세한 것은 'Step 2. 복자음'에서 배웁시다.

[크쓰]의 소리를 찾아서

[**x**]는 알파벳 이름으로 '엑쓰'라고 하지요? 하지만 Christmas의 속된 표기인 '**X**mas(엑쓰머스)'나 '**X**ray(엑쓰레이)'와 같이 극소수의 단어를 제외하고 [**x**]가 '엑쓰'로 발음되는 경우가 거의 없습니다. 그럼 [**x**]의 기본 소리는 어떤 것일까요? 알파벳 이름인 '엑쓰'에서 '에'를 뺀 나머지 소리, 즉, '크쓰'가 기본 소리입니다. 발성법은 앞서 배운 [**c**]와 [**k**]의 '크'와 [**s**]의 '쓰', 즉 [**ks**]를 빠르게 연결하는 소리라고 생각하면 돼요. 하지만 강하고 명확하게 발음하는 철자가 아니라, 'bo**x**'나 'fo**x**'와 같이 보통 끝소리로 사용되는 자음입니다. 따라서 '크'는 앞의 모음과 연결하는 받침으로 사용하고, '쓰'는 끝소리로 살짝 흘려 버려야 합니다. 'bo**x**'라는 단어를 예로 들어 보지요. [**b**]는 'ㅂ'이고, [**o**]는 'ㅏ'니까 '바'가 되고, [**x**]의 'ㅋ'를 합치니 '박'이 되지요? 여기에다 살짝 '쓰'를 흘리면 '박쓰'라는 소리가 탄생합니다.

자, 그럼 [**x**]의 소리를 정리할까요? [**x**]는 [**k**]와 [**s**]의 소리를 연결한 소리와 같습니다. 윗니와 아랫니를 살짝 대고 그 틈으로 '크쓰' 하고 소리를 내는 것입니다. 우리말로는 /ㅋㅆ/로 표기하지요. 연습해 볼까요? 입을 살짝 벌리고, 벌린 이 사이로 가볍게 '크쓰' 하고 소리를 내세요. 빠르고 가볍게 흘리는 소리라는 것을 잊지 마시고요. 준비됐죠? 그럼 시작합니다. '크쓰! 크쓰! 크쓰! 크쓰! 크쓰! 크쓰! 크쓰! 크쓰! 크쓰! 크쓰!'

Practice | [x]

1	a**x**	→	애+**크쓰**	→	애**크쓰**	→	**액쓰**
2	ta**x**	→	트+애+**크쓰**	→	트애**크쓰**	→	**택쓰**
3	wa**x**	→	우+애+**크쓰**	→	우애**크쓰**	→	(우)**왝쓰**
4	se**x**	→	쓰+에+**크쓰**	→	쓰에**크쓰**	→	**쎅쓰**
5	ve**x**	→	브v+에+**크쓰**	→	브v에**크쓰**	→	**벡v쓰**
6	te**x**t	→	트+에+**크쓰**+트	→	트에**크쓰**트	→	**텍쓰뜨**
7	si**x**	→	쓰+이+**크쓰**	→	쓰이**크쓰**	→	**씩쓰**
8	o**x**	→	아+**크쓰**	→	아**크쓰**	→	**악쓰**
9	bo**x**	→	브+아+**크쓰**	→	브아**크쓰**	→	**박쓰**
10	fo**x**	→	프f+아+**크쓰**	→	프f아**크쓰**	→	**팍f쓰**

요점정리

- [x]는 입을 살짝 벌리고, 벌린 이 사이로 가볍게 '크쓰' 하고 소리 낸다.
  ① 단어 앞 첫 철자의 [x–]는 [z]와 같이 '즈'로 소리 난다. (화학(化學), 의학(醫學))
  ② 단어 앞 첫 철자의 [x–]가 가끔 [sh]와 같이 '쉬'로 소리 난다. (중국어의 영어 표현)
- [x]는 우리말 /ㅋㅆ/로 표기한다.

그런데 사전의 [**x**]쪽을 한번 펴 보세요. '**X**anadu(재너두)'나 '**x**eme(지임)'과 같이 단어 앞 첫 철자의 [**x**-]는 [**z**]와 같은 소리인 '즈'로 난다는 것을 알 수 있지요? 보통 화학(化學)이나 의학(醫學), 동식물(動植物)과 같은 전문 용어의 단어들이라서 그 분야의 전문가들이나 사용하거나, 전문 서적에나 나올 법한 것들이지요. 또 [**sh**]와 같이 '쉬'로 소리가 나는 단어들이 있는데, '**X**iang(쉬앙)'과 같이 거의 중국의 지명이나 중국어의 영어식 표현이라 크게 신경 쓸 것은 없습니다. 하지만 간단하게 정리해서 기억하고 있으면 도움은 되겠지요?

025

y
[아이]의 소리를 찾아서

'my'라는 단어를 보세요. 이 단어에는 [**a**, **e**, **i**, **o**, **u**]라는 모음이 보이지 않습니다. 그렇다면 영어에는 모음이 없는 단어가 있을까요? 그럴 리가 없지요. 이 단어에서는 [**y**]가 모음의 역할을 한다는 것을 알 수 있습니다. 그래서 저는 [**y**]를 장난삼아 '츄랜스줸더 모음'이라고 합니다. 왜냐고요? 알파벳으로 분류할 때는 자음(子音)으로 취급하면서 소리로는 '모음'의 역할을 하니까요.

그러면 [**y**]의 기본 소리는 무엇일까요? [**y**]는 보통 세 가지로 소리가 나는데, 기본 발음은 '아이'입니다. 우리말의 발음과 같이 소리를 내면 되니까 어려운 점은 없을 것입니다. 다만, '아이'라고 하니까 습관적으로 [**i**]하고 혼동되지요? 앞서 배웠지만, [**i**]의 기본 발음은 '이'라는 것을 명확히 기억하고 있어야 [**y**]하고 헷갈리지 않습니다.

그러나 모든 [**y**]가 다 '아이'로 소리가 나는 것은 아닙니다. 오른쪽 'Practice' 10개의 단어처럼 어떤 단어에 모음 [**a**, **e**, **i**, **o**, **u**]가 없고 [**y**]만 있으면, 이 [**y**]가 강모음(強母音)의 역할을 하여 '아이'로 발음합니다. ⑧의 '**dye**'와 같이 [**-ye**] 형태의 단어에서도 [**y**]를 '아이'로 발음하면 됩니다.

우리말의 '아이' 소리와 거의 같기 때문에 특별히 연습할 것은 없습니다. 다만 영어에서는 '아이'처럼 끝소리 '이'를 작게 흘려 버려야 합니다. 그럼 연습해 볼까요? 준비됐지요? 그럼 시작합니다. '아이! 아이! 아이! 아이! 아이! 아이! 아이! 아이! 아이! 아이!'

아래 단어들을 보면서 실제 발음을 해 보고 들어 봅시다. 아래 'Practice'는 한 단어에 모음 [**a**, **e**, **i**, **o**, **u**]가 없고 [**y**]만 있는 단어와, [-**ye**] 형태의 단어에서도 [**y**]가 '아이'로 발음되는 경우입니다.

Practice | [y]

1	m**y**	→	음+**아**이	→	음**아**이	→	**마**이
2	b**y**	→	브+**아**이	→	브**아**이	→	**바**이
3	wh**y**	→	우+**아**이	→	우**와**이	→	(우)**와**이
4	sh**y**	→	쉬+**아**이	→	쉬**아**이	→	**샤**이
5	cr**y**	→	크+루+**아**이	→	크루**아**이	→	크**롸**이
6	dr**y**	→	드+루+**아**이	→	드루**아**이	→	듀**롸**이
7	fl**y**	→	프f+을+**아**이	→	프f을**라**이	→	플f**라**이
8	d**ye**	→	드+**아**이	→	드**아**이	→	**다**이
9	r**ye**	→	루+**아**이	→	루**아**이	→	**롸**이
10	b**ye**	→	브+**아**이	→	브**아**이	→	**바**이

요점정리

• [y]는 우리말의 발음 '아이'와 같이 소리를 내면 된다.

① 어떤 단어에 모음 [a, e, i, o, u]가 없고 [y]만 있으면 '아이'로 소리 낸다.
{[–ye] 형태의 단어에서도 [y]는 '아이'로 소리 낸다.}

② 강세가 있는 [–y]는 거의 '아이'로 소리가 난다.

• [y]는 우리말 /ㅏ이/로 표기한다.

앞에서 잠깐 [**y**]가 3가지 소리가 난다고 말했지요? 다음 장에서 예를 들며 자세히 공부합시다. 다만 혼동을 피하기 위해서는 [**y**]의 기본 소리의 경우를 확실히 익히고 가는 것이 좋다는 충고를 드리고 싶군요. 영어단어를 보면 습관적으로 자음과 모음이 어떻게 배열되어 있는지 살펴보고, 또 '이 단어에서는 이 철자나 이 모음이 어떤 소리가 날까?' 하고 생각해 보길 바랍니다.

알고 갑시다

[y]의 소리, 여러 가지가 있어요

앞에서 [**y**]가 세 가지 소리가 난다고 배웠지요? 그중에서 기본 발음 '아이'로 소리가 나는 경우에 대해서 익혔고요. 다시 한 번 복습하자면, 'by'와 같이 어떤 단어에 모음 [**a**, **e**, **i**, **o**, **u**]가 없고 [y]만 있으면 그 [y]는 강세가 있는 모음, 즉 강모음(强母音)으로 '아이'로 소리를 냅니다. 기억하시죠? 물론 많지 않지만 예외인 단어도 있어요. 예를 들면, 'gym(쥠)', 'hymn(힘)', 'myth(미쓰[e])'와 같이 '이'로 소리가 나는 단어가 있지만 극소수의 단어들에 불과하니 크게 걱정할 필요가 없어요.

또 하나 눈여겨볼 것은 보통 [**y**]는 125쪽의 'Practice [**y**]'의 '①~⑦'의 경우와 같이 단어의 맨 끝에 있거나, 혹은 '⑧~⑩'의 경우처럼 [**-ye**]의 형태로 단어 끝에 위치하고 있습니다. 철자 [**i**]와 차별성이 바로 여기에 있지요. [**i**]는 '**hi**'라는 단어를 제외하고 단어의 끝에 붙어 있는 경우가 거의 없습니다. 즉, 소리로 철자를 쓸 때, '-dy', '-cy', '-ey', '-gy', '-py', '-ry' 등의 영어단어는 있어도 '-di', '-ci', '-ei', '-gi', '-pi', '-ri' 등으로 끝나는 단어들은 거의 없다는 말입니다. 이해됐지요? 아래 단어들 연습을 통해 눈과 입으로 확인해 봅시다. 아래와 같이 단어 안에 다른 모음 [**a**, **e**, **i**, **o**, **u**]이 있고 단어의 맨 뒤에 위치한 [**y**]는 무조건 약한 소리로 '이' 하고 흘려 발음하면 됩니다.

1. '이'로 소리 나는 경우

2음절 이상 단어에서 강세가 없는 [y]는 '이'로 발음합니다. (보통 단어 안에 다른 모음이 있으면, 그 단어 끝에 있는 [y]는 약한 '이' 소리를 낸다고 보면 정확합니다.)

háp**py**	→	해**피**	én**vy**	→	엔**비**[v]
bó**dy**	→	바**뤼**	lá**dy**	→	레이**뤼**

húrry	→	허뤼
áshy	→	애쉬
véry	→	베ᵛ뤼
cárry	→	캐뤼

líly	→	릴리
lóbby	→	라비
lúcky	→	럭키
mány	→	메니

[y]는 [w]와 마찬가지로 복모음을 만드는 소리입니다. 그래서 항상 다른 모음들과 함께 있으면 우리말 '이'의 소리를 살짝 살리면서 발음합니다. 이것을 '사잇소리'라고 하는데, '에'를 '예', '오'를 '요', '아'를 '야', '어'를 '여', '우'를 '유'로 만드는 역할을 하는 철자가 바로 [y]이고, 이것을 '사잇소리'라 합니다. 'yes'라는 단어를 예로 들면 [-es]의 소리 '에쓰'에 첫소리 y(이)의 여운을 살짝 살리면서 발음하면 '(이)예쓰'로 소리가 나지요. 보통 편안하게 '예쓰'로 발음하는데 잘못된 발음인 것 아시죠? 눈으로 보아도 아래의 예와 같이 단어 맨 앞에 위치한 [y]는 이 사잇소리 '이'로 발음하면 되고요, 단어 중간에 있을 경우에는 [y] **뒤에 모음이 붙으면 사잇소리**라고 생각하고 발음해 주면 됩니다.

1	yea	→	이+에+이	→	(이)예이	→	(이)예이
2	yell	→	이+에+을	→	(이)예을	→	(이)옐
3	yet	→	이+에+트	→	(이)예트	→	(이)옡
4	yes	→	이+에+쓰	→	(이)예쓰	→	(이)예쓰
5	yen	→	이+에+은	→	(이)예은	→	(이)옌
6	yap	→	이+애+프	→	(이)얘프	→	(이)얲

2. 사잇소리 '이'로 소리 나는 경우

아래에 사잇소리 경우의 단어를 정리했으니, 'Step 3. 복모음'이 끝나면 복습하기 바랍니다.

yacht	**y**ard	**y**awn	**y**ear
yearn	**y**ellow	**y**esterday	**y**ield
yoke	**y**onder	**y**ork	

'행복한'이라는 영어단어 'happy'에 왜 [**p**]가 두 개가 있을까요? 우리는 이 단어를 '핼피'로 발음하지 않고 '해피'로 발음하고, 소리를 들어 보면 분명 [**p**]의 소리인 '프'를 한 번만 하는데 왜 굳이 [**pp**]라는 '겹자음'을 집어넣었을까요? 만약 'hapy'라고 쓴다면 소리도 달라질까요? 결론을 먼저 말하면 바로 앞의 모음 [**a**]의 소리가 '에이'로 달라집니다. 즉 '**happy**'는 '해피'로, '**hapy**'는 '헤이피'로 소리가 나게 된다는 뜻이지요. 왜 그렇게 다르게 소리가 날까요? 그럼 지금부터 차근차근 설명할 테니까 잘 들어 보세요.

먼저, 앞에서 모음 5개의 기본 소리를 확실히 익혔지요? [**a**, **e**, **i**, **o**, **u**]가 각각 [애, 에, 이, 아, 어]로 소리가 난다는 것 말입니다. 이제 'Step 3. 복모음'에서 배우겠지만 이 5개의 모음에는 '**알파벳 이름 소리**'가 있지요. 우리가 a, b, c, d, e, f, g,……를 처음 배울 때 '에이, 비, 씨, 디, 이, 에프f, 쥐…'하고 읽었던 바로 그 소리 말입니다. 즉 [**a**]는 '에이', [**e**]는 '이이', [**i**]는 '아이', [**o**]는 '오우', [**u**]는 '유우'라고 읽지요? 바로 이 소리를 앞으로 '알파벳 이름 소리'라고 부를 것입니다. 정리하면 [**a**, **e**, **i**, **o**, **u**]는 '**알파벳 이름 소리**'로 [에이, 이이, 아이, 오우, 유우]라고 소리가 나기도 하지요. 이때 알파벳 이름 소리의 모음은 길게 소리가 난다고 해서 '장모음(長母音)'이라 하고, 기본 소리는 짧게 소리가 난다고 해서 '단모음(單母音)'이라고도 한다는 것을 꼭 기억하세요.

자, 그럼 [**y**]로 끝난 단어의 비밀을 찾아볼까요? 수학 공식처럼 외우는 것이 좋아요. 먼저 [모음+겹자음+y] 형태의 단어에서 모음 [**a**, **e**, **i**, **o**, **u**]는 기본 소리 [애, 에, 이, 아, 어]로 납니다. 그리고 [모음+단자음+y] 형태의 단어에서 모음 [**a**, **e**, **i**, **o**, **u**]는 '알파벳 이름 소리'로 [에이, 이이, 아이, 오우, 유우]라고 소리가 나지요. 'holly'와 'holy'를 예로 들면, 모음 [**o**]와 [**y**] 사이에 [**l**]이 한 개와 두 개가 있다는 차이뿐이지요? 따라서 위의 원리대로 '**holly**'에서 모음 [**o**]는 '아'로 소리가 나서 '할리'로, '**holy**'에서 모음 [**o**]는 '오우'로 소리가 나서 '호울리'로 발음합니다. 이해되지요? 아래 정리된 단어의 소리를 찾기 전에 모음 다섯 개의 '기본 소리'와 '알파벳 이름소리'가 무엇인지 정확하게 암기하기 바랍니다.

3. [모음+겹자음+y]의 모음 소리

[모음+겹자음+y] 형태의 단어에서 [**a**, **e**, **i**, **o**, **u**]는 기본 소리 [애, 에, 이, 아, 어]로 소리 납니다.

cá**nny**	→	**캐**니
cá**ddy**	→	**캐**디
rá**lly**	→	**랠**뤼
jé**lly**	→	**젤**리
bé**rry**	→	**베**뤼
pé**nny**	→	**페**니

sí**lly**	→	**씰**리
dí**zzy**	→	**디**쥐
dó**lly**	→	**달**리
ló**bby**	→	**라**비
hú**rry**	→	**허**뤼
sú**nny**	→	**써**니

4. [모음+단자음+y]의 모음 소리

[모음+단자음+y] 형태의 단어에서 모음 [**a**, **e**, **i**, **o**, **u**]는 '알파벳 이름 소리' [에이, 이이, 아이, 오우, 유우]로 소리 납니다.

báby	→	베이비
lády	→	레이디
návy	→	네이비^{v}
tíny	→	타이니
ívy	→	아이비^{v}
ícy	→	아이씨

défy	→	디파^{f}이
dény	→	디나이
hómy	→	호우미
rósy	→	로우지
rúby	→	루우비
púny	→	퓨우니

아래에 모음과 [**y**] 사이에 단자음과 복자음의 차이만 있는 단어들을 정리했습니다. 모음의 소리가 어떻게 다른지를 확인하고 이해한 후 위의 원리를 완벽하게 숙지하기를 바라요.

navy 네이비^{v}	⟷	navvy 내비^{v}
fogy 포^{f}우기	⟷	foggy 파^{f}기

fury 퓨^{f}어뤼	⟷	furry 퍼^{f}뤼
holy 호울리	⟷	holly 할리

위의 원칙을 어설프게 알고 가는 것보다는 내친김에 확실하게 익히고 가는 것이 좋겠지요? 선무당이 사람 잡는다는 옛말도 있듯이 어설프게 알고 가다가는 단계가 어려워질수록 더 혼란스러워질 수도 있거든요. 그래서 다음 쪽에 참고 자료로 단어들을 정리했습니다. [모음+겹자음+y] 형태의 단어에서 모음 [**a**, **e**, **i**, **o**, **u**]는 기본 소리 [애, 에, 이, 아, 어]로 나고, [모음+단자음+y] 형태의 단어에서 모음 [**a**, **e**, **i**, **o**, **u**]는 '알파벳 이름 소리'로 [에이, 이이, 아이, 오우, 유우]라고 소리가 난다는 [**y**]의 원칙을 아래의 단어들을 통해 스스로 확인해 보세요.

먼저 [모음+겹자음+y] 형태의 단어들입니다. 이때 모음 [**a**, **e**, **i**, **o**, **u**]는 기본 소리 [애, 에, 이, 아, 어]로 난다는 것을 기억하고 단어들의 소리를 찾아보세요.

[모음+겹자음+y]의 모음 소리

• 애 [-a-]

cá**ddy** 작은 상자	rá**lly** 다시 모으다	sá**lly** 출격	cá**nny** 약삭빠른	há**ppy** 행복한
sá**ppy** 수액이 많은	scrá**ppy** 부스러기의	cá**rry** 나르다	há**rry** 약탈하다	má**rry** 결혼하다
pá**rry** 받아넘기다	quá**rry** 채석장	tá**rry** 늦다	gá**ssy** 가스의	glá**ssy** 유리 같은
grá**ssy** 잔디가 난	fá**tty** 뚱뚱보	ná**vvy** 인부	wá**xy** 초의	

• 에 [-e-]

é**ddy** 소용돌이	bé**lly** 배	jé**lly** 젤리	shé**lly** 조가비의	fé**nny** 늪의
jé**nny** 방적기	pé**nny** 페니	bé**rry** 딸기류	ché**rry** 버찌	fé**rry** 나루터
mé**rry** 즐거운	pé**tty** 작은			

• 이 [-i-]

gí**ddy** 현기증이 나는	kí**ddy** 어린 염소	pí**ggy** 새끼돼지	chí**lly** 차디찬	sí**lly** 어리석은
hí**lly** 작은 산이 많은	dí**tty** 소곡	wí**tty** 기지가 풍부한	dí**zzy** 현기증 나는	

• 아 [-o-]

ló**bby** 현관	bó**ggy** 습지의	fó**ggy** 안개 낀	dó**lly** 인형	fó**lly** 어리석은
jó**lly** 유쾌한	hó**lly** 서양 감탕나무	pó**ppy** 진홍색	sló**ppy** 질퍽질퍽한	só**ppy** 몹시 감상적인
ló**rry** 짐마차	só**rry** 미안한	gló**ssy** 광택 있는	mó**ssy** 이끼가 낀	spó**tty** 얼룩덜룩한
fó**xy** 교활한	pró**xy** 대리			

• 어 [–u–]

chú**bby** 토실토실한	rú**ddy** 빨간	mú**ddy** 진흙의	stú**ffy** 답답한	mú**ggy** 무더운
bú**nny** 토끼	fú**nny** 재미있는	sú**nny** 양지바른	pú**ppy** 강아지	cú**rry** 커리
fú**rry** 모피 같은	hú**rry** 서두르다	scú**rry** 질주하다	fú**ssy** 성가신	hú**ssy** 말괄량이
pú**ssy** 고양이	nú**tty** 미치광이			

다음은 [모음+단자음+y] 형태의 단어들에서 모음 [**a**, **e**, **i**, **o**, **u**]는 '알파벳 이름 소리' [에이, 이이, 아이, 오우, 유우]로 소리가 난다는 것을 기억하고 단어들의 소리를 찾아보세요.

[모음+단자음+y]의 모음 소리

• 에이 [–a–]

bá**by** 갓난애	lá**dy** 귀부인	shá**dy** 그늘의	flá**ky** 얇은 조각의	ná**vy** 해군
wá**vy** 파도치는	crá**zy** 미친	há**zy** 안개가 낀	lá**zy** 게으른	

• 이이 [–e–]

de**fý** 도전하다	de**ný** 부인하다	re**lý** 신뢰하다	rep**lý** 답변하다	ret**rý** 재시도하다

※ [–**ý**]는 강세가 있어서 '**아이**'로 소리가 납니다.

• 아이 [–i–]

í**cy** 냉담한	tí**dy** 정돈된	í**vy** 담쟁이	wí**ly** 교활한	tí**ny** 아주 작은

• 오우 [−o−]

fó**gy** 구식 사람	smó**ky** 연기 나는	hó**ly** 신성한	hó**my** 제집 같은	bó**ny** 뼈가 많은
cró**ny** 친한 동무	pó**ny** 작은 말	stó**ny** 돌이 많은	có**sy** / có**zy** 안락한	pó**sy** 화환
ró**sy** 장미의				

• 유(우)우 [−u−]

rú**by** 루비	dú**ly** 정당하게	Ju**lý** 7월	plú**my** 깃털 있는	pú**ny** 허약한
tú**ny** 선율적인	fú**ry** 격정	jú**ry** 배심원	dú**ty** 의무	

Z
[즈]의 소리를 찾아서

우리나라 자동차 이름 중에서 'Atoz(아토즈)'를 기억하십니까? 'a to z', 즉 'a 부터 z까지'라는 말이라고 합니다. 이제 'Step 1 기본 발음'의 마지막 단추를 끼우러 가겠습니다. [**z**]를 '제트'로 알고 있는 사람이 많지요. 우리에게 낯익은 만화 제목 '마징가 제트' 때문은 아닌가 모르겠어요. 심지어 어떤 사람들은 '제로'로 발음하는 사람도 있습니다. 하지만 두 경우 다 올바른 발음이 아니라는 것을 알고 있지요? [z]의 알파벳 이름은 '**지**'입니다.

그러면 [**z**]의 우리말 표기법은 'ㅈ'이고 소리는 'ㅈ'로 난다는 것쯤은 추측할 수 있겠죠? 하지만 [**z**]의 소리는 우리말의 '**ㅈ**'과는 다른 소리입니다. 앞에서 배웠지만 [**s**]와 발성 구조가 같습니다. 이가 보일 정도로 입 모양을 옆으로 벌리고 위 아랫니가 거의 닿을 정도로 한 후 혀끝이 윗잇몸에 거의 닿도록 하여 강한 바람을 내보내면서 내는 소리입니다. 단 [**s**]와 다른 것은 [**z**]는 유성음이므로 성대를 울려야 하지요. 흔히 우리말에 '**ㅈ**' 발음이 있는데 영어의 [**z**]는 우리말의 '**ㅈ**'과 확연히 다른 발음이며, 발성법이 [**s**]와 같기 때문에 차라리 우리말의 'ㅅ'와 더 유사하다고 볼 수 있지요.

그럼 원어민에 가깝게 발음하려면 어떻게 발음 연습을 하는 것이 효과적일까요?

위 아랫니가 거의 닿을 정도로 한 후, 혀끝이 윗잇몸에 거의 닿도록 한 상태에서 유성음으로 'ㅅ' 하고 발음하면 됩니다. 간단히 말하면 그러니까 'ㅅㅅㅅㅅ'를 발음하다가 손가락들을 성대에 대고 성대를 떨면서 'ㅇ' 소리를 내보거나, 이런 방법도 잘 안 되면 먼저 'ㅇㅇㅇ'하고 성대를 떤 후 'ㅅ' 하고 발음해 보세요. 이때 'ㅇㅅ'에서 'ㅇ'를 약하게 발음하면 쉽게 연습할 수 있습니다. '즈! 즈! 즈! 즈! 즈! 즈! 즈! 즈! 즈! 즈!'

자! 이제 아래 단어들을 보면서 실제 발음을 해 보고 들어 봅시다.

Practice | [z]

1	**z**ag	→	즈+애+그	→	즈애그	→	**잭**
2	**z**ap	→	즈+애+프	→	즈애프	→	**잽**
3	**z**est	→	즈+에+스+트	→	즈에스뜨	→	**제**스뜨
4	**z**ip	→	즈+이+프	→	즈이프	→	**집**
5	**z**ig	→	즈+이+그	→	즈이그	→	**직**
6	**z**inc	→	즈+이+은+크	→	즈이응크	→	**징**크
7	**z**ing	→	즈+이+응	→	즈이응	→	**징**
8	**z**eal	→	즈+이이+을	→	즈이이을	→	**지**일
9	**z**oo	→	즈+우우	→	즈우우	→	**주**우
10	**z**oom	→	즈+우우+음	→	즈우우음	→	**주**움

요점정리

- [z]는 위 아랫니가 거의 닿을 정도로 한 후, 혀끝이 윗잇몸에 거의 닿도록 한 상태에서 유성음으로 'ㅈ' 하고 소리 낸다.
- [z]는 우리말 /ㅈ(지읒)/으로 표기한다.

지금까지 익힌 [**u**]부터 [**z**]까지 복습해 볼까요?

Review [u~z]

소리를 어떻게 낼까요?

- [u]는 우리말의 '어' 하는 입 모양에서 턱을 아래로 힘껏 당기면서 '**어**' 하고 소리 낸다.
- [v]는 윗니로 아랫입술을 지그시 물고 '**브v**' 하고 성대를 울리며 소리 낸다.
- [w]는 입술을 앞으로 힘껏 내민 상태에서 순간적으로 힘을 빼면서 살짝 '**우**' 하고 소리 낸다.
- [x]는 입을 살짝 벌리고, 벌린 이 사이로 가볍게 '**크쓰**' 하고 소리 낸다.
- [y]는 우리말의 발음 '**아이**'와 같이 소리를 내면 된다.
- [z]는 위 아랫니가 거의 닿을 정도로 한 후, 혀끝이 윗잇몸에 거의 닿도록 한 상태에서 유성음으로 '**즈**' 하고 소리 낸다.

우리말 표기로 ( )를 채워 보세요.

u (　　　), v (　　　), w (　　　), x (　　　), y (　　　), z (　　　)

알고 갑시다

[–ze]는 'ㅈ'로 소리 난다

'Step 1. 기본 발음'에서 [**z**]의 소리를 배웠지요? [**s**]처럼 윗니와 아랫니를 살짝 대고 그 틈으로 'ㅈ' 하고 소리를 낸다고 배웠습니다. [**-ze**]도 마찬가지로 똑같이 소리를 내면 됩니다. [**e**]가 붙어 있다고 해서 [**-ze**]의 소리가 '제'로 달라지지 않는다는 뜻입니다. 다만 단어의 끝소리이기 때문에 [**-ce**]나 [**-se**]처럼 작고 가벼운 소리로 'ㅈ!' 하고 흘려 버려야 합니다. 예를 들면 '아지랑이'라는 영어단어 '**haze**'는 '헤이ㅈ'로 소리가 나지요.

그러면 음가도 없는 [**e**]가 왜 [**z**] 뒤에 붙어 있는지 궁금하죠? 앞에서 '[**-ce**]의 소리를 찾아서'에서 약간 설명했지요? 단어 끝에 붙어 있는 이 모음 [**e**]는 앞에 있는 모음 [**a**, **e**, **i**, **o**, **u**]를 '알파벳 이름 소리' [에이, 이이, 아이, 오우, 유우]로 소리가 나게 한다고 말입니다. 하지만 자신의 고유한 음가를 가지고 있지 않은 철자라고 설명했습니다. 오른쪽 'Practice'의 1번에서 12번까지의 단어들의 경우가 이와 같습니다. 예를 들면 '**daze**'의 [**z**] 뒤에 붙어 있는 [**e**]는 음가(音價)를 가지고 있지 않은 철자이지만, 바로 앞의 모음 [**a**]를 '에이'로 소리가 나게 만드는 역할을 합니다. 따라서 'daze'의 전체적인 소리는 '대ㅈ'가 아니라 '데이ㅈ'입니다. 또 12번의 '**size**'도 단어 끝의 [**e**]로 인하여 바로 앞의 모음 [**i**]가 '아이'로 소리가 나서 '**size**'의 전체적인 소리는 '씨ㅈ'가 아니라 '싸이ㅈ'이지요. 이해하셨습니까? 그럼 [**-ze**] 소리를 열 번만 반복해 볼까요? [**s**]처럼 윗니와 아랫니를 살짝 대고 그 틈으로 'ㅈ' 하고 소리를 내면 됩니다. 준비됐지요? 시이~작! 'ㅈ! ㅈ! ㅈ! ㅈ! ㅈ! ㅈ! ㅈ! ㅈ! ㅈ! ㅈ!'

Practice | [–ze]

1	da**ze**	→	드에이즈	→	데이**즈**
2	ga**ze**	→	그에이즈	→	게이**즈**

3	haze	→	흐에이즈	→	헤이즈
4	laze	→	을에이즈	→	레이즈
5	maze	→	음에이즈	→	메이즈
6	raze	→	루에이즈	→	뤠이즈
7	blaze	→	브을에이즈	→	블레이즈
8	glaze	→	그을에이즈	→	글레이즈
9	craze	→	크루에이즈	→	크뤠이즈
10	graze	→	그루에이즈	→	그뤠이즈
11	prize	→	프루아이즈	→	프롸이즈
12	size	→	쓰아이즈	→	싸이즈
13	seize	→	쓰이이즈	→	씨이즈
14	breeze	→	브루이이즈	→	브뤼이즈
15	freeze	→	프f루이이즈	→	프f뤼이즈
16	ooze	→	우우즈	→	우우즈

요점정리

- [–ze]는 윗니와 아랫니를 살짝 대고 그 틈으로 '즈' 하고 소리 낸다.
- [–ze]는 우리말 /ㅈ(지읒)/으로 표기한다.

좀 길긴 하지만 영어단어 중에 [-**ize**]로 끝난 단어들이 있어요. 다음 쪽의 예처럼 '아이즈'로 소리가 나지요. 그리고 그 단어들 거의 모두가 동사로서, '**~화하다**'라는 의미를 담고 있다는 것도 참고로 알아 두세요. 'Step 5. 접미사' 편에서 배울 겁니다.

réal**ize** 깨닫다	→	뤼얼**라이즈**
súmmar**ize** 요약하다	→	써머**롸이즈**

mémor**ize** 기억하다	→	메머**롸이즈**
úrban**ize** 도시화하다	→	어어r버**나이즈**

종합 복습 (Total Review)

● 암기할 기본 발음

A (애)	B ((으)브)	C (크)	D (드)	E (에)	F (프f)	G (그)	H (흐)	I (이)	J (쥬)
K (크)	L (을)	M (음)	N (은)	O (아)	P (프)	Qu (크우)	R ((으)루)	S (스, 쓰)	T (트)
U (어)	V (브v)	W (우)	X (크쓰)	Y (아이)	Z (즈)				

● 소리를 어떻게 낼까요?

01 [**a**]는 입을 좌우로 힘껏 귀밑까지 벌리면서 턱을 아래로 힘을 주고 당겨 준다는 느낌으로 '애' 하고 소리 낸다.

02 [**b**]는 윗입술과 아랫입술을 약간 붙여서 말아 넣고 성대를 울리며 '(으)브' 하고 소리 낸다.

03 [**c**]는 턱을 몸 쪽, 즉 아래로 당기면서 입을 크게 벌리고 '크' 하고 소리 낸다.

04 [**d**]는 혀끝을 윗니 바로 뒤쪽 입천장 볼록한 부분(치경)에 살짝 대면서 '드'로 소리 낸다.

05 [**e**]는 아래턱을 아래로 살짝 당겨 주면서 우리 발음처럼 편안하게 '에' 하고 소리 낸다.

06 [**f**]는 윗니로 아랫입술을 지그시 물고 '프f' 하고 바람을 내보내며 소리 낸다.

07 [**g**]는 턱을 몸 쪽으로 약간 잡아당기듯 하면서 목구멍 깊숙한 곳에서 '그' 하고 소리 낸다.

08 [**h**]는 입천장에 혀를 대지 않고 '흐' 하는 바람만 내보내며 소리 낸다.

09 [**i**]는 아래턱을 아래로 살짝 내리면서 '이' 하고 소리 낸다.

10 [**j**]는 혀끝을 입천장 볼록한 부분에 대고 입술을 약간 앞으로 내밀듯이 하며 '쥬' 하고 소리 낸다

11 [**k**]는 턱을 몸 쪽, 즉 아래로 당기면서 입을 크게 벌리고 'ㅋ' 하고 소리 낸다.

12 [**l**]은 혀끝을 윗니 바로 뒤에 대고 밀어 내면서 '얼' 하는 소리를 내듯이 하면서 '을' 하고 발음한다.

13 [**m**]은 양 입술을 붙인 다음 약간 안으로 말아 넣고 '음' 한 상태로 발음하여 콧등에 여운이 전달될 정도로 끌어 주면서 소리 낸다.

14 [**n**]은 혀끝을 윗니 바로 뒤쪽 입천장 볼록한 부분(치경)에 댄 채로 '은' 하면서 콧등에 여운이 전달될 정도로 끌어 주며 소리 낸다.

15 [**o**]는 입 모양을 약간 오므리고 턱을 아래로 충분히 당기면서 거의 '아'에 가깝게 소리 낸다.

16 [**p**]는 윗입술과 아랫입술을 약간 말아 넣고 성대를 울리지 않으며 'ㅍ' 하고 소리 낸다.

17 [**qu**]는 턱을 아래로 당기면서 'ㅋ' 하고 발음하면서, 동시에 입술을 동그랗게 해서 살짝 앞으로 내밀면서 '우' 하고 소리 낸다. 즉, 전체적으로 '크우' 하고 소리 낸다.

18 [**r**]는 입술을 다소 오므린 후에 혀를 뒤로 빼어 혀끝을 위로 올리되 입천장에 혀가 닿지 않도록 하면서 '(으)루' 하고 소리 낸다.

19 [**s**]는 윗니와 아랫니를 살짝 대고 그 틈으로 'ㅅ, ㅆ' 하고 소리 낸다.

20 [**t**]는 혀끝을 윗니 바로 뒤쪽 입천장 볼록한 부분(치경)에 살짝 대면서 'ㅌ'로 소리 낸다.

21 [**u**]는 우리말의 '어' 하는 입 모양에서 턱을 아래로 힘껏 당기면서 '어' 하고 소리 낸다.

22 [**v**]는 윗니로 아랫입술을 지그시 물고 'ㅂv' 하고 성대를 울리며 소리 낸다.

23 [**w**]는 입술을 앞으로 힘껏 내민 상태에서 순간적으로 힘을 빼면서 살짝 '우' 하고 소리 낸다.

24 [**x**]는 입을 살짝 벌리고, 벌린 이 사이로 가볍게 '크쓰' 하고 소리 낸다.

25 [**y**]는 우리말의 발음 '아이'와 같이 소리를 내면 된다.

26 [**z**]는 위 아랫니가 거의 닿을 정도로 한 후, 혀끝이 윗잇몸에 거의 닿도록 한 상태에서 유성음으로 'ㅈ' 하고 소리 낸다.

다음은 모음 다섯 개의 '기본 소리'를 중심으로 단어를 정리하였습니다. 각 모음의 소리를 서로 비교하면서 각 단어를 정확하게 발음해 보세요. 앞에서 충분히 설명했지만, 우리말의 모음과 영어의 모음은 소리가 같지도 비슷하지도 않다고 했습니다. 그것은 발성법의 차이가 있기 때문이라고 설명했죠? 따라서 다음 다섯 개 모음의 기본 발성법과 발음이 입에 익숙해질 때까지 익힌 후에 '스스로 학습'에 정리된 단어들의 소리를 찾아 읽어 보세요.

● 모음[a, e, i, o, u]의 기본 소리 : 소리를 어떻게 낼까요?

01 [**a**]는 입을 좌우로 힘껏 귀밑까지 벌리면서 턱을 아래로 힘을 주고 당겨 준다는 느낌으로 '애' 하고 소리 낸다.

05 [**e**]는 아래턱을 아래로 살짝 당겨 주면서 우리 발음처럼 편안하게 '에' 하고 발음한다.

09 [**i**]는 아래턱을 아래로 살짝 내리면서 '이' 하고 소리 낸다.

15 [**o**]는 입 모양을 약간 오므리고 턱을 아래로 충분히 당기면서 거의 '아'에 가깝게 소리 낸다.

21 [**u**]는 우리말의 '어' 하는 입 모양에서 턱을 아래로 힘껏 당기면서 '어' 하고 소리 낸다.

● 스스로 학습

	[a]	[e]	[i]	[o]	[u]
01	bad 나쁜	bed 침대	bid 명하다		bud 싹
02	bag 가방	beg 간청하다	big 큰	bog 늪	bug 벌레
03	pan 냄비	pen 펜	pin 핀	pun 말장난	
04	tan 태우다	ten 10	tin 깡통	ton 톤	tun 큰 술통
05	hat 모자	het 화난	hit 치다	hot 뜨거운	hut 오두막집
06	bat 박쥐	bet 내기	bit 작은 조각	bot 등치다	but 그러나
07	last 마지막	lest ~하지 않게	list 목록	lost 잃은	lust 욕망
08	fan 공상	fen 늪	fin 지느러미		fun 장난
09	tap 두드리다		tip 끝, 팁	top 팽이	tup 숫양
10	gat 권총	get 얻다	git 엉터리	got 얻었다	gut 내장
11	sang 노래했다		sing 노래하다	song 노래	sung 노래 부른
12	hap 우연	hep 궁둥이	hip 엉덩이	hop 도약	hup 이랏
13	sap 수액	Sep. 9월	sip 마시다	sop 스며들다	sup 마시다
14	sat 앉았다	set 놓다	sit 앉다	sot 술고래	
15	Nat 남자 이름	net 그물	nit 니트	not 아니다	nut 견과

자, 지금까지 배운 각 철자의 기본 발음의 발성법을 상기하면서 아래 단어들의 소리를 익혀 봅시다. 아래 단어들을 자세히 보시면 읽기 쉽고, 암기하기 용이하도록 단어의 뒷소리가 같은 것들은 같은 것끼리 정리하였습니다. 이것을 영어에서는 '운(韻)'을 맞춘다고 합니다. 영어로 'rhyme'이라고 하지요. [2]의 경우를 예로 들며, [-**ad**] 앞에 1개나 2개의 자음을 첨가하면 많은 단어들이 생성되거든요. 우리말의 '갈' '날' '달' '말' '발' '살' 등의 경우를 상기하면 됩니다. 이해됐지요? 먼저 모음 [**a**]와 관련된 단어를 공부합시다.

● 모음 [a]를 중심으로

• –액(–ack)

b**ack** 뒤	h**ack** 난도질하다	J**ack** 사나이	l**ack** 부족	p**ack** 꾸러미
r**ack** 선반	s**ack** 자루	t**ack** 압정	bl**ack** 검은	cr**ack** 깨지다
kn**ack** 요령	qu**ack** 꽥꽥 울다	tr**ack** 자취	sl**ack** 늘어진	sm**ack** 맛
sn**ack** 간식	st**ack** 더미			

• –앧(–ad)

ad 광고	b**ad** 나쁜	d**ad** 아빠	f**ad** 변덕	g**ad** 쏘다니다
h**ad** 가졌다	l**ad** 젊은이	m**ad** 미친	p**ad** 패드	s**ad** 슬픈
gl**ad** 기쁜				

• −액(−ag)

b**ag** 가방	f**ag** 혹사하다	g**ag** 익살	h**ag** 노파	j**ag** 뾰족한 끝
l**ag** 지연	n**ag** 잔소리	r**ag** 누더기	s**ag** 가라앉다	t**ag** 꼬리표
w**ag** 흔들다	z**ag** 지그재그	br**ag** 자랑하다	dr**ag** 끌다	fl**ag** 깃발
sn**ag** 그루터기	st**ag** 수사슴	sw**ag** 장물		

• −앤(−an)

b**an** 금지	c**an** 할 수 있다	f**an** 부채	m**an** 남자	p**an** 냄비
r**an** 달렸다	t**an** 태우다	v**an** 소형차	cl**an** 씨족	pl**an** 계획
sc**an** 자세히 조사하다	sp**an** 기간			

• −앤ㄷ(−and)

and 그리고	b**and** 밴드	h**and** 손	l**and** 토지	s**and** 모래
bl**and** 부드러운	br**and** 상표	gr**and** 웅장한	st**and** 서다	gl**and** 선

※ 가급적이면 [**−nd**]에서 [**−d**]의 'ㄷ' 소리는 생략하세요.

• −앺(−ap)

c**ap** 모자	cl**ap** 손뼉을 치다	d**ap** 튀다	g**ap** 틈	h**ap** 우연
l**ap** 무릎	m**ap** 지도	n**ap** 선잠	r**ap** 톡톡 두드림	s**ap** 수액
t**ap** 가볍게 두드리다	y**ap** 심하게 짖다	z**ap** 빠르게 움직이다	ch**ap** 튼 자리	cr**ap** 배설물
fl**ap** 날개를 치다				

• –앹(–at)

at –에	b**at** 박쥐	c**at** 고양이	f**at** 지방	h**at** 모자
m**at** 돗자리	p**at** 가볍게 치다	r**at** 쥐	ch**at** 잡담	fl**at** 평평한
pr**at** 엉덩이	th**at** 저것			

• –애쓰(–ass)

l**ass** 젊은 여자	m**ass** 미사	p**ass** 지나가다	br**ass** 놋쇠	cl**ass** 수업
cr**ass** 우둔한	gl**ass** 유리	gr**ass** 풀, 잔디		

• –애스뜨(–ast)

c**ast** 던지다	f**ast** 빠른	l**ast** 마지막의	m**ast** 돛대	p**ast** 지나간
v**ast** 거대한	bl**ast** 폭발			

• –앱(–ab)

c**ab** 택시	g**ab** 쓸데없는 말	j**ab** 쥐어박다	l**ab** 연구실	t**ab** 가볍게 두드리다
cr**ab** 게	gr**ab** 움켜쥐다	sc**ab** 딱지	sl**ab** 석판	st**ab** 찔러 죽이다

● 단어 암기 연상법

뜻에 논리도 없고 어설프지만 이런 방법으로 단어를 암기하세요.

- A bad dad had a mad lad. (어떤 나쁜 아빠에게 미친 젊은이가 있었다.)
- The lad was glad, but his bad dad was sad. (그 젊은이는 기뻐했지만, 나쁜 아빠는 슬펐다.)

● 모음 [e]를 중심으로

다음은 모음 [**e**]를 중심으로 단어를 정리하였습니다. [**e**]가 '에'로 소리가 난다는 것은 기억하고 계시지요? 앞의 [**a**]의 경우처럼 여기에서도 'Rhyme'별로 정리하였고, 또, 1음절 단어(단어에 모음이 하나인 단어)들이라 각 단어들의 소리를 찾는 데는 그렇게 어렵지 않을 것입니다. 노파심에서 하는 말이지만, 사전의 발음기호를 통해 소리를 찾으려 하지 마십시오. 이 책이 끝날 때까지 철자와 소리와의 상관관계를 생각하면서 공부하시길 바랍니다. 만약 잘 안 되면, 차라리 귀찮지만 다시 앞 장에서부터 다시 천천히 시작하는 것이 더 낫다는 것을 명심하길 바랍니다. 읽고 또 읽어서 이 단어들의 발음과 뜻을 여러분들의 것으로 만들길 바랍니다.

• –엘(–ell)

b**ell** 종	c**ell** 세포	f**ell** 떨어졌다	h**ell** 지옥	j**ell** 젤리
s**ell** 팔다	t**ell** 말하다	w**ell** 잘	y**ell** 고함치다	dw**ell** 거주하다
kn**ell** 종소리	qu**ell** 진압하다	sh**ell** 껍질	sm**ell** 냄새나다	sp**ell** 철자를 쓰다
sw**ell** 부풀다				

• –엑(–eck)

b**eck** 끄덕임	d**eck** 갑판	n**eck** 목	p**eck** 쪼다	r**eck** 마음을 쓰다
ch**eck** 대조	wr**eck** 난파			

※ [–**ck**]는 [**c**]와 [**k**]가 같은 'ㅋ' 소리라서 한 번만 하면 됩니다.

• –에드(–ed)

led 이끌었다	r**ed** 빨간	sl**ed** 썰매	w**ed** 결혼하다	sh**ed** 흘리다

• –엔(–en)

B**en** 남자 이름	d**en** 동굴	f**en** 늪	g**en** 정보	h**en** 암탉
k**en** 범위	p**en** 펜	m**en** 사람들	t**en** 열	y**en** 열망
gl**en** 산골짜기				

• –엔ㄷ(–end)

end 끝나다	f**end** 방어하다	l**end** 빌려 주다	m**end** 고치다	r**end** 찢다
s**end** 보내다	t**end** 하는 경향이 있다	bl**end** 섞다	sp**end** 쓰다	tr**end** 경향

※ 가급적이면 [–**nd**]에서 [**d**]의 'ㄷ' 소리는 생략하세요.

• –엔ㅌ(–ent)

b**ent** 굽은	c**ent** 센트	d**ent** 움푹 팬 곳	K**ent** 켄트	l**ent** 빌렸다
s**ent** 보냈다	t**ent** 텐트	v**ent** 구멍	w**ent** 갔다	

※ 가급적이면 [–**nt**]에서 [**t**]의 'ㅌ' 소리는 생략하세요.

• –에스뜨(–est)

b**est** 가장 좋은	j**est** 농담	l**est** ~하지 않게	n**est** 보금자리	p**est** 해충
r**est** 휴식	t**est** 시험	v**est** 조끼	w**est** 서쪽	wr**est** 억지로 빼앗다
ch**est** 가슴	cr**est** 볏			

※ [–**st**]는 '**스트**'가 아니라 '**스뜨**'로 발음해야 됩니다.

• –엩(–et)

g**et** 얻다	j**et** 사출	l**et** 시키다	m**et** 만났다	n**et** 그물
p**et** 애완동물	s**et** 놓다	w**et** 젖은	y**et** 아직	

● 모음 [i]를 중심으로

설마 아직도 [**i**]의 기본 소리를 '아이'로 기억하고 있는 분은 없겠지요? [**i**]는 '이'가 기본 소리라는 것을 잊지 마세요. 또 입이 옆으로 움직이는 우리말의 '이'와는 달리 아래턱을 아래로 살짝 내리면서 '이' 하고 소리 내는 발성법도 명심하고 또 명심하세요. 다음 Practice(연습)를 통해 복습하면서 자연스럽고 본능적으로 반응할 수 있도록 훈련하고, 또 훈련해야 합니다.

• –익(–ig)

b**ig** 큰	d**ig** 파다	f**ig** 무화과	g**ig** 2륜마차	j**ig** 지그 무곡
m**ig** 공기놀이	p**ig** 돼지	r**ig** 장비를 갖추다	w**ig** 가발	t**ig** 술래잡기
spr**ig** 작은 가지	tr**ig** 말쑥한	tw**ig** 작은 가지		

• –읶(–ick)

d**ick** 놈	k**ick** 차다	l**ick** 핥다	p**ick** 따다	r**ick** 건초 더미
s**ick** 아픈	t**ick** 똑딱거리다	br**ick** 벽돌	ch**ick** 병아리	cl**ick** 딸깍 하는 소리
fl**ick** 가볍게 튀기다	pr**ick** 따끔하게 찌르다	qu**ick** 빠른	st**ick** 막대기	tr**ick** 장난

※ [–**ck**]는 [**c**]와 [**k**]가 같은 '**ㅋ**' 소리라서 한 번만 하면 됩니다.

• –일(–ill)

ill 아픈	b**ill** 지폐	f**ill** 채우다	g**ill** 처녀	h**ill** 언덕
k**ill** 죽이다	m**ill** 물방앗간	p**ill** 알약	t**ill** 까지	w**ill** 것이다
ch**ill** 냉기	dr**ill** 송곳	fr**ill** 주름장식	gr**ill** 석쇠	qu**ill** 깃대
shr**ill** 날카로운	sk**ill** 솜씨	sp**ill** 엎지르다	st**ill** 아직, 조용한	sw**ill** 폭음하다
tr**ill** 떨리는 소리				

• –인(–in)

b**in** 상자	d**in** 소음	f**in** 지느러미	k**in** 친척	p**in** 핀
s**in** 죄	t**in** 양철	w**in** 이기다	ch**in** 턱	gr**in** 싱긋 웃다
sk**in** 피부	sp**in** 핑핑 돌다	th**in** 얇은	tw**in** 쌍둥이	

• –잉(–ing)

d**ing** 땡땡	k**ing** 왕	p**ing** 핑	r**ing** 반지	s**ing** 노래하다
w**ing** 날개	z**ing** 쌩쌩	br**ing** 가지고 오다	cl**ing** 달라붙다	fl**ing** 잽싸게 –하다
sl**ing** 고무총	st**ing** 찌르다	spr**ing** 봄	str**ing** 끈	sw**ing** 그네
wr**ing** 비틀다				

• –잉크(–ink)

ink 잉크	k**ink** 경련	l**ink** 고리	m**ink** 밍크	p**ink** 분홍색
s**ink** 가라앉다	w**ink** 눈짓	bl**ink** 깜박거리다	br**ink** 가장자리	ch**ink** 갈라진 틈
cl**ink** 땡그랑	dr**ink** 마시다	shr**ink** 위축되다	st**ink** 악취	

• –잎(–ip)

d**ip** 담그다	h**ip** 엉덩이	l**ip** 입술	n**ip** 꼬집다	p**ip** 씨
r**ip** 째다	s**ip** 홀짝이다	t**ip** 팁	z**ip** 지퍼로 닫다	ch**ip** 조각
cl**ip** 자르다	dr**ip** 물방울	fl**ip** 가볍게 치다	gr**ip** 손잡이	sh**ip** 배

sk**ip** 건너뛰다	sl**ip** 미끄러지다	sn**ip** 자르다	tr**ip** 여행	wh**ip** 채찍질하다
str**ip** 벗기다				

• –잍(–it)

it 그것	b**it** 조금	f**it** 알맞다	h**it** 치다	k**it** 통
p**it** 구멍	s**it** 앉다	w**it** 재치	fl**it** 훨훨 날다	qu**it** 중지하다
kn**it** 뜨다, 짜다	sh**it** 똥	sl**it** 째다	sp**it** 뱉다	tw**it** 비난하다
gr**it** 잔모래				

• –이쓰(–iss)

h**iss** 쉿 하는 소리를 내다	k**iss** 키스	m**iss** 놓치다	p**iss** 오줌

※ [**ss**]와 같이 겹자음에도 '**ㅆ**' 소리를 한 번만 하면 됩니다.

• –인ㅌ(–int)

d**int** 상처	h**int** 암시	m**int** 박하	t**int** 엷은 빛깔	gl**int** 반짝이다
pr**int** 인쇄하다	spr**int** 전력질주	squ**int** 사팔눈의	st**int** 절약하다	

※ 가급적이면 [**–nt**]에서 [**t**]의 '**ㅌ**' 소리는 생략하세요.

● 모음 [o]를 중심으로

모음 [**o**]는 영어식 발음으로 '아'로 소리가 난다는 것을 배웠지요? 물론 우리말의 '**아**'와는 소리가 다르다는 것은 아시지요? 하지만 우리말의 '**아**'도 아니고 그렇다고 정확한 '오' 소리도 아니라 참 구분해서 발음하기란 쉽지 않을 것입니다. 앞에서 배운 대로 [**o**]는 입 모양을 약간 오므리고 턱을 아래로 충분히 당기면서 거의 '아'에 가깝게 소리를 내야 합니다. 처음에는 어색하고 힘들겠지만 많이 듣고 많이 따라 하면서 자신의 발음을 교정하는 방법밖에는 뾰족한 수가 없다는 것을 명심하세요.

아래 단어들도 모음 [**o**]를 중심으로 'Rhyme'별로 정리하였으나 발음기호나 또는 발음을 우리말로 적지 않았습니다. 먼저 스스로 소리를 찾아 읽어 보라는 뜻입니다. 만약 잘 모르거나 잊어버린 철자의 소리가 있다면, 다시 앞으로 돌아가 해당하는 철자의 소리를 다시 연습하는 수고스러움을 아끼지 마세요. 반드시 철자와 소리를 일치시키려는 노력을 늘 병행하길 바랍니다.

• –안드(–ond)

b**ond** 속박	f**ond** 좋아하는	p**ond** 연못		

※ 가급적이면 [**–nd**]에서 [**d**]의 '**ㄷ**' 소리는 생략하세요.

• –앙(–ong)

d**ong** 뎅 하고 울리다	p**ong** 악취	l**ong** 긴	s**ong** 노래	thr**ong** 군중
wr**ong** 나쁜				

※ [**–ng**]는 '**응**' 하고 받침 'ㅇ'인 것 아시죠?

• –압(–ob)

b**ob** 갑자기 움직이다	g**ob** 덩어리	h**ob** 장난꾸러기	j**ob** 직업	l**ob** 느릿느릿 걷다
m**ob** 폭도	n**ob** 머리	r**ob** 강탈하다	s**ob** 흐느껴 울다	y**ob** 건달
thr**ob** 고동치다	kn**ob** 마디	sn**ob** 속물적 지식인		

• –앜(–ock)

c**ock** 수탉	l**ock** 자물쇠	m**ock** 조롱하다	p**ock** 천연두	r**ock** 바위
ch**ock** 굄목	cl**ock** 시계	fl**ock** 무리	fr**ock** 성직자복	kn**ock** 두드리다
sh**ock** 충격	sm**ock** 작업복			

※ [–**ck**]는 [**c**]와 [**k**]가 같은 '**ㅋ**' 소리라서 한 번만 하면 됩니다.

• –악(–og)

b**og** 습지	c**og** 속임수	d**og** 개	f**og** 안개	h**og** 돼지
j**og** 천천히 걷다	l**og** 통나무	cl**og** 통나무	fl**og** 채찍질하다	fr**og** 개구리

• –앞(–op)

h**op** 깡충 뛰다	l**op** 가지를 치다	m**op** 자루걸레	p**op** 뻥 소리 나다	s**op** 적시다
t**op** 꼭대기	ch**op** 자르다	cr**op** 농작물	dr**op** 떨어지다	fl**op** 퍼덕퍼덕 움직이다
pr**op** 버팀목	pl**op** 풍덩	sh**op** 가게	sl**op** 엎지르다	st**op** 멈추다

• –앝(–ot)

c**ot** 간이침대	d**ot** 점	g**ot** 얻었다	h**ot** 더운	j**ot** 조금
l**ot** 많은	n**ot** 아니다	p**ot** 단지	r**ot** 썩다	bl**ot** 얼룩
kn**ot** 매듭	pl**ot** 음모	sh**ot** 발포	sl**ot** 구멍	sp**ot** 장소
sw**ot** 기를 쓰고 공부하다	tr**ot** 속보하다			

※ '**kn**ock'이나 '**kn**ot'처럼 [**kn**–]에서 [**k**]는 소리를 내지 않는 묵음(默音)이지요.

● 모음 [u]를 중심으로

아래 모음 [**u**]는 '유'나 '우'의 소리가 아니라 강모음(强母音) '어'의 소리입니다. 보통 1음절 단어에 있는 [**u**]는 거의 '아'와 우리말의 소리 '어'의 중간 정도에 해당하는 '어'의 소리가 난다고 배웠지요? 아래 정리된 단어들은 '자음+u+자음'의 형태로 되어 있지요. 이때 [**u**]는 무조건 '어'로 소리가 난다고 생각하고 발음하면 됩니다. 그럼 [**u**]의 소리를 찾아 여행을 떠나 보죠.

• –엌(–uck)

b**uck** 수사슴	d**uck** 오리	l**uck** 행운	m**uck** 거름	s**uck** 빨다
t**uck** 걷어 올리다	ch**uck** 가볍게 치다	cl**uck** 꼬꼬 울다	pl**uck** 잡아 뜯다	tr**uck** 트럭

• –억(–ug)

b**ug** 벌레	h**ug** 껴안다	l**ug** 힘껏 끌다	m**ug** 찻잔	r**ug** 깔개
t**ug** 세게 당기다	dr**ug** 약	pl**ug** 마개	shr**ug** 으쓱하다	sl**ug** 게으름 피우다
sn**ug** 아늑한				

• –얼(–ull)

c**ull** 따다	d**ull** 무딘	g**ull** 갈매기	h**ull** 외피	l**ull** 달래다
m**ull** 실수	n**ull** 무효의	sc**ull** 보트의 노	sk**ull** 두개골	

• –엄(–um)

b**um** 부랑자	g**um** 고무질	h**um** 윙윙거리다	r**um** 럼주	ch**um** 동무
dr**um** 북	pl**um** 서양자두	thr**um** 현악기를 퉁기다		

• –엄프(–ump)

b**ump** 쾅	d**ump** 내버리다	h**ump** 혹	j**ump** 뛰어오르다	l**ump** 덩어리
p**ump** 펌프	r**ump** 궁둥이	ch**ump** 굵은 나무토막	cl**ump** 수풀	pl**ump** 포동포동한
sl**ump** 폭락하다	st**ump** 그루터기	th**ump** 딱 치다	tr**ump** 으뜸패	

• –언(–un)

g**un** 총	f**un** 장난	p**un** 말장난	r**un** 달리다	s**un** 태양
sh**un** 피하다	st**un** 기절시키다	d**un** 빚 독촉을 하다		

• –어스뜨(–ust)

bust 상반신	**dust** 먼지	**gust** 돌풍	**just** 바로	**lust** 육망
must 해야 한다	**rust** 녹	**crust** 빵 껍질	**trust** 신뢰하다	**thrust** 세게 밀다

• –얼(–ut)

but 그러나	**cut** 자르다	**gut** 창자	**hut** 오두막	**nut** 견과
rut 상례	**tut** 쳇	**glut** 포식	**shut** 닫다	**slut** 난잡한 여자
strut 거들먹거리며 걷다				

• –어쉬(–ush)

gush 분출하다	**hush** 쉿	**lush** 무성한	**rush** 돌진하다	**blush** 얼굴을 붉히다
brush 솔	**crush** 눌러 부수다	**flush** 확 붉어지다	**plush** 호화로운	**slush** 진창

• –어스끄(–usk)

dusk 어스름	**husk** 껍질	**musk** 노루	**rusk** 러스크빵	**tusk** 코끼리 엄니

자, 대단히 수고하셨습니다. 이제 1단계가 끝났습니다. 앞서 잔소리처럼 말했듯이 다음 단계를 수월하게 배우고자 한다면, 지금까지 배운 각 철자의 기본 소리를 철저하게 익혀야 하며, 자연스럽게 입술과 이, 혀에 묻어 나와야 합니다. 빨리 배우고 싶은 욕심에 마구 뛰어 넘어가는 과욕을 부리지 말기 바랍니다. 그럼 'Step 2. 복자음과 묵음의 소리' 편에서 다시 뵙지요. 'See you, again!'

복자음과 묵음의 소리를 찾아서

자음 2개가 모여서 각자가 가지고 있던 고유의 음가 대신 또 다른 소리를 내는 철자군인 복자음과 [wh-]의 [h]와 같이 단어에는 철자로 포함되어 있으나 소리가 나지 않는 묵음을 중심으로 철자 5~6개 정도의 1음절 단어를 학습하도록 구성되어 있습니다.

암기할 기본 발음

● 복자음

-ch (취)	**sh** (쉬)	**ph** (프f=**f**)	**-gh** (프f=**f**)	**-ng** (응)	**-nk** (응크)
-ts (츠)	**-ds** (즈)	**th** (쓰θ)	**th** (드ð)	**sc-/ sk-** (스끄-)	**sp-** (스쁘-)
st- (스뜨-)	**dr-** (듀루)	**tr-** (츄루)	**bl-** (블ㄹ-)	**cl-** (클ㄹ-)	**fl-** (플fㄹ-)
gl- (글ㄹ-)	**pl-** (플ㄹ-)	**sl-** (슬ㄹ-)	**br-** (브루-)	**cr-** (크루-)	**fr-** (프f루-)
gr- (그루-)	**pr-** (프루-)				

● 묵음(r음)

-ght **[gh]**	**kn-** **[k]**	**wh-** **[h]**	**wr-** **[w]**	**psy-** **[p]**	**-mb** **[b]**
-mn **[n]**	**gn** **[g]**	**-lk** **[l]**	**-lf** **[l]**	**-lm** **[l]**	

발성법 | 소리를 어떻게 낼까요?

01 [**ch**]는 입을 동그랗게 앞으로 살짝 내민 입술을 옆으로 당기면서 '취' 하고 소리 낸다.

02 [**sh**]는 입을 동그랗게 앞으로 살짝 내민 입술을 옆으로 당기면서 '쉬' 하고 소리 낸다.

03 [**ph**]와 [**-gh**]는 윗니로 아랫입술을 지그시 물고 '프f' 하고 바람을 내보내며 소리 낸다.

04 [**-ng**]는 혀의 뒷부분을 입천장에 붙여 공기를 차단하면서 '응' 하고 소리 낸다.

05 [**-nk**]는 [**ng**] + [**k**] 소리로, 혀의 뒷부분을 입천장에 붙여 공기를 차단하며 '응크'로 소리 낸다.

06 [**-ts**]는 윗니와 아랫니를 살짝 대고 그 틈으로 'ㅊ' 하고 소리 낸다.

07 [-**ds**]는 윗니와 아랫니를 살짝 대고 그 틈으로 'ㅈ' 하고 소리 낸다.

08 [**th**^{θ}]는 혀를 윗니와 아랫니 사이에 살짝 내밀어 가볍게 물다가 입안으로 집어넣으면서 'ㅆ' 하고 바람을 내보내며 소리 낸다.

09 [**th**^{ð}]는 혀를 윗니와 아랫니 사이에 살짝 내밀어 가볍게 물다가 입안으로 집어넣으면서 'ㄷ' 하고 바람을 내보내며 소리 낸다.

10 [**sc**-]와 [**sk**-]는 '스끄-', [**sp**-]는 '스쁘-', [**st**-]는 '스뜨-'로 들릴 듯 말 듯 흘려서 발음한다.

11 [**dr**-]는 '듀루-'로, [**tr**-]는 '츄루-'로 들릴 듯 말 듯 흘려서 발음한다.

12 [**bl**-]은 '블ㄹ-', [**cl**-]은 '클ㄹ-', [**fl**-]은 '플(f)ㄹ-', [**gl**-]은 '글ㄹ-', [**pl**-]은 '플ㄹ-', [**sl**-]은 '슬ㄹ-'로 발음한다.

13 [**br**-]는 '브루-', [**cr**-]는 '크루-', [**fr**-]는 '프(f)루-', [**gr**-]는 '그루-', [**pr**-]는 '프루-'로 발음한다.

14 [-**ght**]는 [**gh**]가 소리 나지 않는 묵음이며, 따라서 혀끝을 윗니 바로 뒤쪽 입천장 볼록한 부분(치경)에 살짝 대면서 'ㅌ'로 발음한다.

15 [**kn**-]은 [**k**]가 소리가 나지 않는 묵음이며, 따라서 [**n**]처럼 입천장에 혀끝을 댄 채로 '은-' 하면서 콧등에 여운이 전달될 정도로 끌어 주며 소리를 낸다.

16 [**wh**-]는 [**h**]가 소리가 나지 않는 묵음이며, 따라서 [**w**]처럼 입술을 앞으로 쭉 내민 상태에서 작은 소리로 살짝 '우' 하고 소리를 낸다.

17 [**wr**-]는 [**w**]가 소리가 나지 않는 묵음이며, 따라서 [**n**]처럼 혀를 입천장에 닿지 않게 목구멍 쪽으로 구부리며 '(으)루' 하고 발음한다.

18 [**psy**-]는 [**p**]가 소리가 나지 않는 묵음이며, 따라서 [**s**]의 '쓰'와 [**y**]의 '아이'의 소리를 합쳐 '싸이' 하고 발음한다.

19 [-**mb**]는 [**b**]가, [-**mn**]은 [**n**]이, [**gn**]은 [**g**]가 묵음이며, 따라서 [-**mb**]와 [-**mn**]은 '음', [**gn**]은 '은' 하고 소리를 낸다.

20 [-**lk**], [-**lm**], [-**lf**]는 [**l**]이 묵음이며, 따라서 [-**lk**]는 'ㅋ', [-**lm**]은 '음', [-**lf**]는 '프(f)' 하고 소리를 낸다.

-ch
[취]의 소리를 찾아서

'Step 1'에서는 철자 하나하나의 음가(音價)가 어떤 것인지 익혔습니다. 'Step 2'에서는 복자음에 대해서 배우겠습니다. 복자음(複子音)이란 무엇일까요? 자음 2개가 모여서 각자가 가지고 있던 고유의 음가 대신에 또 다른 소리를 내는 철자군(綴字群)을 복자음이라고 하지요.

먼저, [-**ch**]부터 배워 보기로 하죠. [**ch**]는 '크흐'라고 소리 내는 것이 아니라 '취'라고 발음합니다. 하지만 우리말처럼 하나의 음절로서 분명하게 발음하는 것이 아니라 작게 흘려 버리는 소리라는 것을 명심하세요. 특히 'pit**ch**(핕취)'와 같이 단어의 끝소리인 경우에는 [-**ch**]를 흘려 발음해야 영어다운 영어 발음이 됩니다. 만약 '핕취' 하고 분명하게 발음하게 되면 'pit**chy**'라는 단어가 되어 '새까만'이라는 뜻으로 달라지게 되지요. 물론 '**ch**at(**쵀**ㅌ)'라는 단어처럼 뒤에 모음이 붙으면 [**ch**]를 명확하게 발음해 줍니다.

그럼 연습을 할까요? 입을 동그랗게 앞으로 살짝 내미세요. 그 상태에서 입술을 옆으로 부드럽게 살짝 당기면서 '취' 하고 작게 흘려 버리는 소리를 냅니다. 준비, 시이~작! '취! 취! 취! 취! 취! 취! 취! 취! 취! 취!' 오른쪽 단어들을 통해 실전 연습을 충분히, 그리고 성실히 하길 바라요.

Practice | [–ch]

1	bat**ch**	: 다발	→	브애트**취**	→	뱉**취**
2	cat**ch**	: 잡다	→	크애트**취**	→	캩**취**
3	mat**ch**	: 성냥	→	음애트**취**	→	맽**취**
4	pat**ch**	: 헝겊 조각	→	프애트**취**	→	퍁**취**
5	ben**ch**	: 벤치	→	브에은**취**	→	벤**취**
6	quen**ch**	: 끄다	→	쿠에은**취**	→	크웬**취**
7	ri**ch**	: 부유한	→	루이**취**	→	뤼**취**
8	pin**ch**	: 따다	→	프이은**취**	→	핀**취**
9	lun**ch**	: 점심	→	을어은**취**	→	런**취**
10	pun**ch**	: 타격	→	프어은**취**	→	펀**취**

요점정리

1. [–ch]는 입을 동그랗게 앞으로 살짝 내민 입술을 옆으로 당기면서 '취' 하고 소리 낸다.
2. [–ch]는 우리말 /취/로 표기된다.

아래에 발음기호도, 우리말 발음 표기도 없이 단어를 정리하였습니다. 눈으로 주의 깊게 살펴보고 스스로 각 단어의 소리를 찾아 발음해 보십시오.

bat**ch** 다발	cat**ch** 잡다	hat**ch** 알 까다	mat**ch** 성냥	pat**ch** 헝겊 조각
wat**ch** 보다	that**ch** 초가지붕	snat**ch** 낚아채다		

blan**ch** 희게 하다	bran**ch** 가지			

ben**ch** 벤치	quen**ch** 끄다	clen**ch** 꼭 쥐다	dren**ch** 흠뻑 젖다	tren**ch** 도랑

bit**ch** 암캐	hit**ch** 매다	pit**ch** 던지다	ri**ch** 부유한	wit**ch** 마녀
snit**ch** 훔치다	stit**ch** 한 바늘	swit**ch** 스위치	whi**ch** 어느 것	pin**ch** 따다
win**ch** 굽은 손잡이	clin**ch** 두드려 구부리다			

bun**ch** 다발	hun**ch** 혹	lun**ch** 점심	mun**ch** 우적우적 먹다	pun**ch** 구멍 뚫는 기구
brun**ch** 점심 겸 늦은 아침	crun**ch** 오독오독 씹다			

002

sh

[쉬]의 소리를 찾아서

[**sh**]는 '쉬'로 발음하는 복자음입니다. 앞서 배운 [**ch**]처럼 이 복자음도 단어 끝에 올 때는 작게 흘려 버리는 소리라는 것을 명심하세요. 예를 들면 물고기라는 단어 '**fish**'를 '피[쉬]' 하고 분명한 어절로 발음하면 '**fishy**'라는 단어로 인식하게 되어 '수상쩍은'이라는 의미로 받아들이게 됩니다. 물론 '**sha**ll(쉘)'과 같이 뒤의 모음과 연결하면 분명한 소리로 발음해야 하고요. 발성법은 우리말과 거의 다를 것이 없어서 어렵지 않습니다. [**ch**]의 발성법처럼 입을 동그랗게 앞으로 살짝 내민 입술을 옆으로 당기면서 '쉬' 하고 소리 내면 되지요. 자! 그럼 열 번만 연습해 볼까요? '쉬! 쉬! 쉬! 쉬! 쉬! 쉬! 쉬! 쉬! 쉬! 쉬!'

다음 단어들을 통해 실전 연습을 충분히, 그리고 성실히 하길 바라요.

Practice | [sh]

1	ca**sh**	: 현금	→	크애쉬	→	캐쉬
2	da**sh**	: 던지다	→	드애쉬	→	대쉬
3	ra**sh**	: 무분별한	→	루애쉬	→	뢔쉬
4	wa**sh**	: 씻다	→	우어쉬	→	(우)워쉬
5	di**sh**	: 접시	→	드이쉬	→	디쉬
6	fi**sh**	: 물고기	→	프f이쉬	→	피f쉬
7	hu**sh**	: 쉿	→	흐어쉬	→	허쉬
8	ru**sh**	: 돌진하다	→	루어쉬	→	뤄쉬
9	cru**sh**	: 눌러 부수다	→	크루어쉬	→	크뤄쉬
10	fre**sh**	: 신선한	→	프f루에쉬	→	프f뤠쉬
11	**sh**ed	: 흘리다	→	쉬에드	→	**쉐드**
12	**sh**ip	: 배	→	쉬이프	→	**쉬프**
13	**sh**ock	: 충격	→	쉬아크	→	**샤크**
14	**sh**op	: 가게	→	쉬아프	→	**샤프**

요점정리

1. [sh]는 입을 동그랗게 앞으로 살짝 내민 입술을 옆으로 당기면서 '쉬' 하고 소리 낸다.
2. [sh]는 우리말 /쉬/로 표기한다.

오른쪽에 정리된 단어들을 보면, **[sh]**를 뺀 나머지 부분은 앞서 배운 기본 발음으로 충분히 소리를 찾아낼 수 있는 것들입니다. 따라서 사전의 발음기호를 의지하는 버릇을 버리길 바랍니다.

la**sh** 채찍	ma**sh** 짓이긴 것	sa**sh** 창틀	sma**sh** 박살 내다	bra**sh** 성급한
cra**sh** 충돌	fla**sh** 섬광	tra**sh** 쓰레기	thra**sh** 노예 신분	sla**sh** 베다
spla**sh** 물을 튀기다	fle**sh** 살	fre**sh** 신선한		

di**sh** 접시	fi**sh** 물고기	swi**sh** 휙 휘두르다		

bu**sh** 관목	gu**sh** 분출하다	lu**sh** 술잔치	mu**sh** 옥수수 죽	pu**sh** 밀다
blu**sh** 부끄러움	bru**sh** 붓	slu**sh** 진창	thru**sh** 지빠귀	

다음 장으로 넘어가기 전에 한 가지만 더 알고 넘어갈까요? '**sch**ool(스꾸울)'과 같이 [**sch**-]로 된 복자음에서는 [**h**]가 묵음입니다. 따라서 [**sch**-]는 '스끄'로 발음하면 되고, '**sch**midt(슈밑)'처럼 독일어에서 차용된 단어들은 '슈'로 발음된다는 것을 알면 도움이 될 것입니다.

003

ph, -gh

[프f]의 소리를 찾아서

'Step 1. 기본 발음의 소리' 편에서 [**f**]의 소리를 배웠지요? [**ph**]와 [-**gh**]는 바로 [**f**]의 소리와 똑같이 발음을 하면 됩니다. 즉 윗니로 아랫입술을 지그시 물고 '프' 하고 바람을 내보내며 내는 소리가 바로 [**f**]의 소리가 맞지요? [**ph**]와 [-**gh**]도 그렇게 소리를 내면 됩니다. 예를 들면 '**ph**ase'라는 단어는 '**f**ase'라는 단어를 발음한다고 생각하면 이해하기 쉬울 것입니다. 물론 사전을 뒤져 보면 알겠지만 'fase'라는 단어는 없어요. '웃다'라는 영어 단어 'lau**gh**'도 'lau**f**'라는 단어를 발음한다고 생각하면 됩니다. 초등학교 영어에 보면 '코끼리'라는 단어 'ele**ph**ant'에도 [**ph**] 철자가 나오지요? 물론 '엘러펀f트'로 발음하라고 가르치고요.

그러면 아예 처음부터 'phase'가 아니라 'fase'라는 단어를 만들었으면 이렇게 복잡하게 외우지 않아도 되지 않을까 하는 의문이 생기죠? 맞아요. 아마도 미국인들도 '페f이즈' 하고 발음하고는 막상 철자를 쓸 때는 우리처럼 '페f'가 [**f**]일까, 아니면 [**ph**]일까, 혹은 [-**gh**]일까 고민하겠죠? 참 어리석고 바보 같지 않습니까? 다만 한 가지 차별성이 있다면 [-**gh**]는 단어 끝에 위치한다는 사실이지요. 또 아주 특별한 경우이지만 'thou**gh**'와 'throu**gh**'라는 단어처럼 [-**gh**]가 아예 소리가 나지 않는 묵음(默音)인 경우도 있어요. 그렇다면 [-**gh**]가 '프f' 하고 소리가 난다는 법칙은 맞지 않다고 주장하는 사람들이 있을지도 모릅니다. 앞서도 말했지만 영어의 철자가 많은 음가를 상실한 것은 사실입니다. 하지만 '예외 없는 법칙이 없다.'는 말처럼 이 책은 예외를 최소화하면서 영어 철자의 소리를 가급적이면 실용적으로 체계화하자는 것이 목적입니다. 만약 이런 예외를 인정하지 못하겠다면 시중에 나도는 모든 영어 문법책들의 문법도 인정하지 말아야 합니다. 따라서 저는 'thou**gh**'와 'throu**gh**'라는 예외적인 단어 때문에 나머지 법칙을 포기할 수 없습니다.

그럼 [**f**]와 [**ph**], 그리고 [**-gh**]의 소리를 연습해 볼까요? 윗니로 아랫입술을 지그시 물고 'ㅍ' 하고 바람을 내보내면 됩니다. 준비됐지요? 시이~작! 'ㅍ**f**! ㅍ**f**! ㅍ**f**! ㅍ**f**! ㅍ**f**! ㅍ**f**! ㅍ**f**! ㅍ**f**! ㅍ**f**! ㅍ**f**!'

Practice | [ph], [–gh]

1	**ph**ase	→	ㅍ[f]에이즈	→	**페**[f]이즈
2	**ph**one	→	ㅍ[f]오우은	→	**포**[f]운
3	**ph**rase	→	ㅍ[f]루에이즈	→	**프**[f]뤠이즈
4	**ph**óny	→	ㅍ[f]오우은이	→	**포**[f]우니
5	**ph**óto	→	ㅍ[f]오우트오우	→	**포**[f]우로우
6	gra**ph**	→	그루애ㅍ[f]	→	그뢔**프**[f]
7	s**ph**inx	→	스ㅍ[f]이응크쓰	→	스**핑**[f]크쓰
8	**ph**ántom	→	ㅍ[f]애은트어음	→	**팬**[f]텀
9	lau**gh**	→	을애ㅍ[f]	→	**랲**[f]
10	rou**gh**	→	루어ㅍ[f]	→	뤄**프**[f]
11	tou**gh**	→	트어ㅍ[f]	→	터**프**[f]
12	enóu**gh**	→	이은어ㅍ[f]	→	이너**프**[f]

요점정리

1. [ph]와 [gh]는 윗니로 아랫입술을 지그시 물고 'ㅍf' 하고 바람을 내보내는 소리다.
2. [ph]와 [gh]는 우리말 /ㅍf/으로 표기한다.

다음 장으로 넘어가기 전에 한 가지만 더 알고 가지요. **[gh]**는 **[f]**와 같이 'ㅍf!'로 소리가 난다고 했지만, [-**gh**t]의 경우에는 **[gh]**가 소리가 없는 묵음(默音)입니다. 예를 들면 'ni**gh**t'와 같은 단어에서는 **[gh]**가 묵음이어서 마치 'nit'와 같은 단어라고 생각하면 됩니다. 다만 이 단어의 모음 **[i]**는 '아이'로 발음됩니다. ([-i**gh**t]로 형성된 단어는 모두 '아잍'으로 소리가 납니다.) 따라서 'ni**gh**t'의 소리는 '나잍'으로 나지요. 다음에서 더 자세히 배울 것입니다.

-ng
[ㅇ]의 소리를 찾아서

'Step 1. 기본 발음의 소리' 편에서도 [**-ng**]의 소리를 잠깐 언급한 적이 있지요? 이 [**-ng**]는 단어의 끝소리로, 우리말의 받침 'ㅇ(**이응**)'에 해당하지요. 그래서 'ㅇ' 하고 소리가 납니다. 혀의 뒷부분이 올라가면서 입천장에 붙어 공기의 흐름을 차단합니다. 따라서 막힌 공기가 콧구멍, 즉 비공(鼻孔)으로 나가면서 콧등에 여운이 전달되면서 소리가 형성되지요. 이를 비음(鼻音), 즉 우리말로 콧소리라고 합니다. 우리말 발성법과 비슷해서 발음하기 어렵지 않지만, 소리가 목젖에서 형성된다는 것을 의식하면서 발음해야 원어민의 소리와 비슷해지지요. 한 가지만 덧붙여서 말하면, 문장이나 말로 빨리 발음할 때에는 [**-ing**]에서 [**g**]가 탈락되어 [**-in**] 정도로 발음하면 됩니다. 예를 들면 '**sing**'이라는 단어의 소리는 '씽'이지만, 빨리 말을 할 때는 '씬' 정도로 들린다는 말입니다. 공식으로 만들어 보면, '[**-ng**] = ㅇ'입니다. 철자와 소리를 분리해서 기억하지 말자는 뜻입니다.

그럼 [**-ng**]의 소리를 연습해 봅시다. 혀의 뒷부분을 입천장에 붙여 공기를 차단하면서 'ㅇ' 하고 소리를 내면 됩니다. 준비됐지요? 시이~작! 'ㅇ! ㅇ! ㅇ! ㅇ! ㅇ! ㅇ! ㅇ! ㅇ! ㅇ!' 어렵지 않지요? 자, 단어 속에서의 [**-ng**]의 소리를 찾아 떠납시다.

Practice | [–ng]

1	ba**ng**	: 꽝	→	브애응	→	**뱅**
2	ga**ng**	: 한 떼	→	그애응	→	**갱**
3	ha**ng**	: 매달다	→	흐애응	→	**행**
4	sa**ng**	: 노래했다	→	쓰애응	→	**쌩**
5	ki**ng**	: 왕	→	크이응	→	**킹**
6	ri**ng**	: 반지	→	루이응	→	**륑**
7	si**ng**	: 노래하다	→	쓰이응	→	**씽**
8	wi**ng**	: 날개	→	우이응	→	**윙**
9	swi**ng**	: 그네	→	스이응	→	스**윙**
10	spri**ng**	: 봄	→	스프루이응	→	스쁘**륑**
11	du**ng**	: 똥	→	드어응	→	**덩**
12	hu**ng**	: 매달았다	→	흐어응	→	**헝**
13	su**ng**	: 노래했다	→	쓰어응	→	**썽**
14	lu**ng**	: 폐	→	을어응	→	**렁**

요점정리

1. [–ng]는 혀의 뒷부분을 입천장에 붙여 공기를 차단하면서 'ㅇ' 하고 소리 낸다.
2. [–ng]는 단어의 끝소리로, 우리말의 받침 /o(이응)/으로 표기한다.

아래의 단어들의 소리를 스스로 찾아 발음해 보세요.

fa**ng** 엄니	ta**ng** 톡 쏘는 맛	cla**ng** 뗑그렁 울리다	sla**ng** 속어	spra**ng** 뛰어올랐다
di**ng** 땡땡	pi**ng** 핑	zi**ng** 쌩쌩 하는 소리	bri**ng** 가지고 오다	cli**ng** 달라붙다
fli**ng** 돌진하다	sli**ng** 고무총	sti**ng** 찌르다	stri**ng** 끈	ru**ng** 울렸다

-nk

[응크]의 소리를 찾아서

지금 우리가 쓰고 있는 볼펜에서 나오는 액체를 '잉크'라고 하지요? 그 '잉크'를 지금까지 배운 발음 그대로 쓴다면 'ingk'가 되겠지만, 이 단어는 틀린 철자입니다. 앞 장에서 받침 'ㅇ'에 해당하는 철자를 [-**ng**]라고 배웠지만, 그렇다고 해서 '잉크'가 'ingk'는 아닙니다. [-**nk**]가 '응크'의 소리를 내지요. 수학 공식으로 표현하면, '[-**nk**]=[-**ng**] + [**k**]'입니다. 즉, [-**nk**]에서 [**n**]이 뒷철자 [**k**]의 영향을 받아서 '은'이 아닌 '응' 소리가 나게 하지요. 따라서 'si**nk**'를 '씬크'로 발음해서는 안 되고, '씽크'로 발음해야 하며 [-**ng**]와 [**k**]의 소리가 똑같이 목구멍에서 형성된다는 것을 알 수 있습니다. 즉 혀의 뒷부분이 올라가면서 입천장에 붙어 공기의 흐름을 차단하면서 '응크' 하고 소리를 내면 됩니다. '크'의 소리는 끝소리니까 '크' 하고 흘려 버린다는 것은 아시죠? 공식으로 만들어 보면, '[-**nk**] = 응크'입니다. 기억하시지요? 그럼 [-**nk**]의 소리를 연습해 봅시다. 혀의 뒷부분을 입천장에 붙여 공기를 차단하면서 '응크' 하고 소리 내면 됩니다. 준비됐지요? 시이~작! '응크! 응크! 응크! 응크! 응크! 응크! 응크! 응크! 응크! 응크!' 어렵지 않지요?

자, 단어 속에서 [-**nk**]의 소리를 찾아 여행을 떠납시다. Let's go!

Practice | [-nk]

1	ba**nk**	→	브애응크	→	**뱅크**
2	ra**nk**	→	루애응크	→	**뢩크**
3	ha**nk**	→	흐애응크	→	**행크**
4	sa**nk**	→	쓰애응크	→	**쌩크**
5	ta**nk**	→	트애응크	→	**탱크**
6	bla**nk**	→	브을애응크	→	블**랭크**
7	li**nk**	→	을이응크	→	**링크**
8	mi**nk**	→	음이응크	→	**밍크**
9	pi**nk**	→	프이응크	→	**핑크**
10	si**nk**	→	쓰이응크	→	**씽크**
11	wi**nk**	→	우이응크	→	(우)**윙크**
12	bli**nk**	→	브을이응크	→	블**링크**
13	ki**nk**	→	크이응크	→	**킹크**
14	bri**nk**	→	브루이응크	→	브**륑크**

요점정리

1. [-nk]는 혀의 뒷부분을 입천장에 붙여 공기를 차단하면서 '응크' 하고 소리 낸다.
2. [-nk]는 단어의 끝소리로, 우리말의 받침 /ㅇ크/로 표기한다.

아래의 단어들의 소리를 스스로 찾아 발음해 보세요.

cla**nk** 절커덕 소리 나다	cra**nk** 크랭크	dra**nk** 마셨다	fla**nk** 옆구리	pla**nk** 널빤지
pra**nk** 농담	sha**nk** 정강이	spa**nk** 찰싹 때리다	tha**nk** 감사하다	thi**nk** 생각하다
chi**nk** 갈라진 틈	cli**nk** 땡그랑	dri**nk** 마시다	shri**nk** 오그라들다	sti**nk** 악취

–ds

[즈]의 소리를 찾아서

우리말에서 사람이나 사물(事物)이 복수(複數), 즉 2 이상일 때 '들'이라는 조사를 붙이지요? 영어에서는 같은 용도로 단어 뒤에 [**-s**] 또는 [**-es**]를 붙이지요. 예를 들면, 손 1개를 'hand'라고 하지만 손 2개를 말할 때에는 '손들'이라 해서 'hand**s**'라고 씁니다.

또 영어에서는 'I(나)'는 1인칭, 'You(너)'는 2인칭이라 하며, 그 밖의 것으로 'He(그 남자)', 'She(그녀)', 그리고 'It(그것)'은 3인칭이라고 하는데, 3인칭의 인칭대명사가 주어가 되면, 또 현재의 이야기를 할 때, 동사 뒤에 마찬가지로 [**-s**] 또는 [**-es**]를 붙이지요. 예를 들면, '나는 찾고 있다.'는 영어로 'I find.' 하고 표현하지만, '그가 찾고 있다.'는 영어로 'He find**s**.'로 표현하지요. 영문법에는 이를 '주어가 3인칭 단수이고, 현재일 때 동사에 [**-s**], 또는 [**-es**]를 붙인다.'고 규정하고 있지요. 무슨 소리인지 잘 모르겠다고요? 너무 심각하게 받아들이지 마세요. 영문법을 가르치려고 이렇게 설명한 것이 아니에요. 다만 사전에 나와 있는 기존의 단어 뒤에 여러 가지 문법적 이유로 [**-s**] 또는 [**-es**]가 붙으면 기존의 음가를 상실하고 또 다른 소리를 내는 경우를 설명하려고 한 것뿐이니까요.

이렇게 해서 형성된 단어 중에 [**-ds**]를 예로 먼저 들어 공부합시다. [**-ds**]는 [**d**]

와 [**s**]라는 날개의 소리를 가지고 기본 발음대로 '드쓰'로 발음하는 것이 아니라 하나의 음가로 받아들여 'ㅈ'로 소리를 내야 합니다. 발성법은 [**z**]와 같이 윗니와 아랫니를 살짝 대고 그 틈으로 'ㅈ' 하고 작게 흘려 버리는 소리지요. 즉 '**hands**'는 '핸드쓰'가 아니라 '핸ㅈ'로 발음해야 한다는 말입니다. 이해됐지요?

그럼 [-**ds**]의 소리를 연습해 봅시다. 앞쪽에서 이와 같은 비슷한 소리를 많이 연습했기 때문에 별 무리는 없을 것이라 믿어요. 다만 [-**ds**] = [**z**] = 'ㅈ'라는 공식 아닌 공식을 꼭 기억하면서 연습하기를 부탁합니다. 준비됐지요? 윗니와 아랫니를 살짝 대고 그 틈으로 'ㅈ' 하고 작게 흘려 버리는 소리입니다. 그럼, 시이~작! 'ㅈ! ㅈ! ㅈ! ㅈ! ㅈ! ㅈ! ㅈ! ㅈ! ㅈ! ㅈ!' 어렵지 않지요? 이제 단어 속에서의 [-**ds**]의 소리를 찾아 떠납시다.

Practice | [-ds]

1	ban**ds**	: 악단들	→	브애은**즈**	→	밴**즈**
2	lan**ds**	: 땅들	→	을애은**즈**	→	랜**즈**
3	han**ds**	: 손들	→	흐애은**즈**	→	핸**즈**
4	sen**ds**	: 보내다	→	쓰에은**즈**	→	센**즈**
5	stan**ds**	: 서다	→	스뜨애은**즈**	→	스땐**즈**
6	bon**ds**	: 채권들	→	브안은**즈**	→	반**즈**
7	pon**ds**	: 연못들	→	프안은**즈**	→	판**즈**
8	bin**ds**	: 묶다	→	브아이은**즈**	→	바인**즈**
9	fin**ds**	: 찾다	→	프^{f}아이은**즈**	→	파^{f}인**즈**
10	grin**ds**	: 갈다	→	그루아이은**즈**	→	그롸인**즈**
11	win**ds**	: 감다	→	우아이은**즈**	→	와인**즈**
12	en**ds**	: 끝나다	→	에은**즈**	→	엔**즈**
13	ren**ds**	: 쪼개다	→	루에은**즈**	→	렌**즈**
14	fen**ds**	: 막다	→	프^{f}에은**즈**	→	펜^{f}**즈**

요점정리

1. [-ds]는 윗니와 아랫니를 살짝 대고 그 틈으로 '즈' 하고 작게 흘려 버리는 소리다.
2. [-ds]는 단어의 끝소리로, 우리말의 /ㅈ(지읒)/으로 표기한다.

–ts
[ㅊ]의 소리를 찾아서

[-**ts**]도 [-**ds**]의 경우와 같은 이유로 형성된 복자음이지요. 즉 '천막들'이라는 영어 단어 'ten**ts**'와 같이 복수의 명사나, '앉다'의 'si**ts**'와 같이 주어가 3인칭 단수 현재인 경우에 동사에 붙이는 [**s**]로 인해 [-**ts**]가 만들어집니다. 이때 [-**ts**]도 [**t**]와 [**s**]라는 낱개의 소리를 가지고 '트쓰'로 발음하는 것이 아니라 [-**ts**]를 하나의 음가로 보아 'ㅊ'로 소리를 내야 합니다. 예를 들면 'si**ts**'의 발음은 '씨트쓰'가 아니라 '씨ㅊ'가 되어야 올바른 발음이라는 뜻이지요. 발성법은 [**s**]와 같이 윗니와 아랫니를 살짝 대고 그 틈으로 'ㅊ' 하고 작게 흘려 버리는 소리라서 익히기에는 크게 어려울 것이 없습니다. 즉, [-**ts**] = 'ㅊ'라는 공식을 잊지 말고 기억하세요.

그럼 [-**ts**]의 소리를 연습해 봅시다. 다시 한 번 말하지만 윗니와 아랫니를 살짝 대고 그 틈으로 'ㅊ' 하고 작게 흘려 버리는 소리를 내면 됩니다. 준비됐지요? 시이~작! 'ㅊ! ㅊ! ㅊ! ㅊ! ㅊ! ㅊ! ㅊ! ㅊ! ㅊ! ㅊ!' 어렵지 않지요?

자, 그럼 단어 속에서의 [-**ts**]의 소리를 찾아 여행을 떠납시다. 'Good luck! It's up to you!'

Practice | [–ts]

1	ten**ts**	: 천막들	→	트엔츠	→	텐**츠**
2	nes**ts**	: 둥지들	→	은에스츠	→	네스**츠**
3	tes**ts**	: 시험들	→	트에스츠	→	테스**츠**
4	ches**ts**	: 상자들	→	추에스츠	→	췌스**츠**
5	ca**ts**	: 고양이들	→	크애츠	→	캐**츠**
6	ba**ts**	: 박쥐들	→	브애츠	→	배**츠**
7	ha**ts**	: 모자들	→	흐애츠	→	해**츠**
8	ra**ts**	: 쥐들	→	루애츠	→	뢔**츠**
9	si**ts**	: 앉다	→	쓰이츠	→	씨**츠**
10	hi**ts**	: 때리다	→	흐이츠	→	히**츠**
11	fi**ts**	: 적합하다	→	프ᶠ이츠	→	피ᶠ**츠**
12	qui**ts**	: 그만두다	→	크우이츠	→	크위**츠**
13	cu**ts**	: 자르다	→	크어츠	→	커**츠**
14	cha**ts**	: 잡담하다	→	추애츠	→	쵀**츠**

요점정리 [–ts]

1. [–ts]는 윗니와 아랫니를 살짝 대고 그 틈으로 '츠' 하고 소리 낸다.
2. [–ts]는 우리말의 받침 /ㅊ(치읓)/으로 표기한다.

다음 단어들의 소리를 여러분들 스스로가 찾아 발음해 보세요.

Don't worry. You can make it!

co**ts** 간이침대들	po**ts** 단지들	slo**ts** 구멍들	spo**ts** 장소들	hin**ts** 암시들
poin**ts** 점들	wi**ts** 재치들	hu**ts** 오두막들	nu**ts** 견과들	pain**ts** 칠하다
prin**ts** 인쇄하다	spi**ts** 침을 뱉다	shu**ts** 닫다	pa**ts** 가볍게 치다	kni**ts** 뜨다

아래의 줄임말 [-t's]의 경우에도 어퍼스트로피(')에 상관없이 위와 같은 요령으로 발음하면 됩니다.

It is	→	I**t's**	→	**이츠**
That is	→	Tha**t's**	→	**대**[ə]**츠**
What is	→	Wha**t's**	→	**(우)와츠**

008

thɼ

[쓰ɼ]의 소리를 찾아서

자, 이제 가장 어려운 발음을 배우도록 하지요. **[th]**도 '트흐'로 발음되지 않는다는 것은 눈치챘지요? 이 **[th]** 발음은 우리말과 일치하는 소리가 없습니다. 그래서 참 어려운 발성법이고, 습관화하기가 매우 어려운 소리입니다. 이 **[th]**는 두 가지 소리가 있지만 발성법은 같지요. 먼저 이 장에서는 '쓰ɼ'의 소리를 배우려 합니다.

혀를 윗니와 아랫니 사이에 살짝 내밀어 가볍게 물다가 입안으로 집어넣으면서 '쓰' 하고 바람을 내보내며 소리 내는 것입니다. 어렵지요? 혀를 너무 많이 내밀면 다시 입안으로 들어가는 동작이 부자연스럽기 때문에 살짝 내밀어서 가볍게 무는 것이 중요합니다. 그리고 우리말에 적당한 표기가 없어서 '쓰ɼ'로 표기하려고 합니다. 이제 **[thɼ]** = '쓰ɼ'라는 소리공식을 잊지 않고 기억하는 일만 남았지요?

그럼 **[th]**의 소리를 연습해 봅시다. 혀를 윗니와 아랫니 사이에 살짝 내밀어 가볍게 물다가 입안으로 집어넣으면서 '쓰' 하고 바람을 내보내며 소리 내면 됩니다. 준비됐지요?

시이~작! '쓰ɼ! 쓰ɼ! 쓰ɼ! 쓰ɼ! 쓰ɼ! 쓰ɼ! 쓰ɼ! 쓰ɼ! 쓰ɼ! 쓰ɼ!' 이 정도로는 부족합니다. 자연스러운 소리를 내기 위해서는 몇 번이고 연습하세요.

자, 그럼 단어 속에서의 [thᒥ]의 소리를 찾아 여행을 떠납시다.

'Good luck! It's up to you!'

Practice | [th$^{\theta}$]

1	**th**ank	: 감사하다	→	쓰ᒥ애은크	→	**쌩**ᒥ크
2	**th**in	: 얇은	→	쓰ᒥ이은	→	**씬**ᒥ
3	**th**ing	: 물건	→	쓰ᒥ이응	→	**씽**ᒥ
4	**th**ink	: 생각하다	→	쓰ᒥ이응크	→	**씽**ᒥ크
5	**th**ick	: 두꺼운	→	쓰ᒥ이크	→	**씩**ᒥ
6	**th**rill	: 오싹하다	→	쓰ᒥ루이을	→	**쓰**ᒥ릴
7	**th**rob	: 맥박	→	쓰ᒥ루아브	→	**쓰**ᒥ랍
8	ba**th**	: 목욕	→	브애쓰ᒥ	→	배**쓰**ᒥ
9	ma**th**	: 수학	→	음애쓰ᒥ	→	매**쓰**ᒥ
10	pa**th**	: 통로	→	프애쓰ᒥ	→	패**쓰**ᒥ
11	mo**th**	: 나방	→	음아쓰ᒥ	→	마**쓰**ᒥ
12	**th**atch	: 초가	→	쓰ᒥ애트취	→	**쌜**ᒥ취

요점정리

1. [thᒥ]는 혀를 윗니와 아랫니 사이에 살짝 내밀어 가볍게 물다가 입안으로 집어넣으면서 '쓰ᒥ' 하고 바람을 내보내며 소리 낸다.
2. [thᒥ]는 우리말에 적당한 표기가 없어 /쓰ᒥ/으로 표기한다.

[**th**]를 정확한 발성법에 따라 소리 내지 않으면 [**s**]의 소리와 같게 되어 다른 단어로 발음하거나 들을 가능성이 많습니다. 즉, '이 책은 두껍다.'라는 'This book is **thick**.'이 '이 책은 아프다.'라는 'This book is **sick**.'으로 들릴 수도 있다는 뜻이지요. 따라서 오른쪽에 정리한 [**th**]와 [**s**]의 단어를 비교하면서 익숙해질 때까지 몇 번이

고 발음하세요. 그래서 스스로 두 소리의 차별성을 인식하고 습관화하세요.

1	**s**in	씬	⇔	**th**in	씬ㄱ
2	**s**ing	씽	⇔	**th**ing	씽ㄱ
3	**s**ink	씽크	⇔	**th**ink	씽ㄱ크
4	**s**ick	씩	⇔	**th**ick	씩ㄱ
5	ma**ss**	매쓰	⇔	ma**th**	매쓰ㄱ
6	pa**ss**	패쓰	⇔	pa**th**	패쓰ㄱ

009

th^{ð}

[드^{ð}]의 소리를 찾아서

앞에서 [**th**]는 두 가지 소리가 있다고 했지요? 앞 장에서는 '쓰^{θ}'의 소리를 배웠고, 이번에는 '드^{ð}'의 소리를 익혀 보기로 하죠. 별로 어려울 것이 없어요. 앞의 '쓰^{θ}'의 발성법과 같아요. 다만 '드^{ð}'로 소리만 내면 되지요. 즉, 혀를 윗니와 아랫니 사이에 살짝 내밀어 가볍게 물다가 입안으로 집어넣으면서 '드' 하고 바람을 내보내며 소리 내는 것입니다. 앞 장에서 '쓰^{θ}'의 [**th**] 소리를 열심히, 그리고 정확히 발음하려고 노력했다면 그다지 어렵지는 않을 것입니다. 그리고 우리말에 적당한 표기가 없어서 '드^{ð}'로 표기하려고 합니다. 우리말과 발음법과 소리가 달라서 글로 표기하기가 이 책을 쓰면서 제일 어려운 부분이에요.

그럼 '드^{ð}'의 [**th**]의 소리를 연습해 봅시다. 혀를 윗니와 아랫니 사이에 살짝 내밀어 가볍게 물다가 입안으로 집어넣으면서 '드' 하고 바람을 내보내며 소리 내면 됩니다. 준비됐지요? 시작! '드^{ð}! 드^{ð}! 드^{ð}! 드^{ð}! 드^{ð}! 드^{ð}! 드^{ð}! 드^{ð}! 드^{ð}! 드^{ð}!' 열 번의 연습으로 자연스러워질 것이라고 생각하면 오산인 것 잘 아시죠? 그럼 단어 속에서의 [**th**]의 소리를 찾아 여행을 떠납시다. 'Good luck! It's up to you!'

Practice | [thð]

1	**th**ey	: 그들은	→	드ð에이	→	**데**ð이
2	**th**em	: 그들을	→	드ð에음	→	**뎀**ð
3	**th**at	: 그것	→	드ð애트	→	**댙**ð
4	**th**is	: 이것	→	드ð이쓰	→	**디**ð쓰
5	**th**ose	: 그것들	→	드ð오우즈	→	**도**ð우즈
6	**th**ese	: 이것들	→	드ð이이즈	→	**디**ð이즈
7	**th**an	: -보다	→	드ð애은	→	**댄**ð
8	**th**en	: 그 때	→	드ð에은	→	**덴**ð
9	**th**ere	: 그곳	→	드ð에*어ʳ*	→	**데**ð*어ʳ*
10	**th**e	: 그	→	드ð어	→	**더**ð
11	**th**us	: 이렇게	→	드ð어쓰	→	**더**ð쓰
12	**th**y	: 그대의	→	드ð아이	→	**다**ð이

요점정리 [thð]

1. [thð]는 혀를 윗니와 아랫니 사이에 살짝 내밀어 가볍게 물다가 입안으로 집어넣으면서 '드' 하고 바람을 내보내며 소리 낸다
2. [thð]는 우리말에 적당한 표기가 없어 /ㄷð/으로 표기한다.

질문 하나 할까요? 그럼 이 [**th**]는 어떤 경우에 '쓰θ'로 발음하고, 어떤 경우에 '드ð'로 발음하나요? 가장 간단한 것은 사전의 발음기호로 일일이 확인하는 것이지요. 그렇다면 철자만 보고 소리를 찾는다는 이 책의 본래의 목적과 의미가 없지요? 일단 [**th**]로 시작하는 단어들의 거의 대부분이 '쓰θ'로 발음됩니다. 그리고 이렇게 소리가 나는 단어들은 184쪽 'Practice [**th**θ]'처럼 '동사, 명사, 형용사' 들로 뜻을 위주로 하는 '의미어'들이지요. 예외로 [**th**]로 시작하는 단어이면서 위의 'Practice [thᶞ]'처럼 'ㄷᶞ'로 소리가 나는 단어들은 '기능어'라 해서 대명사, 부사, 접속사로 손가락 안에 들 정도로 그 수가 많지 않습니다. 또, 아래의 단어처럼 [-ther]나 [-the]로 끝나는 몇 개 안 되는 단어들이 품사에 관계없이 'ㄷᶞ'로 발음되지요. 따라서 [th]는 'ㄷᶞ'보다 'ㅆᶿ'로 소리가 나는 경우가 거의 90% 이상인 것을 알 수 있습니다.

ó**ther** 다른	bó**ther** 괴롭히다	bró**ther** 형, 오빠	fá**ther** 아버지	mó**ther** 어머니
anó**ther** 또 다른	wéa**ther** 날씨	whé**ther** -인지, 아닌지	bá**the** 목욕시키다	cló**the** 옷을 입히다
blí**the** 즐거운	bréa**the** 숨을 쉬다			

쉬어가는 코너 English Riddles

잠시 쉬어 갈까요? 미국 수수께끼입니다. 질문에 맞는 답을 알아맞혀 보세요. Nonsense Quiz라 생각을 많이 해야 합니다. 그리고 영어식 사고방식이라 우리 정서와 다소 맞지 않아 썰렁할지는 모르겠지만 나름대로 머리를 식힐 겸 만들었어요. 상품은 없어요.

1	**Q:** Where do vampires keep their money? **A:** In ______________________.
2	**Q:** Why does the giraffe have a long neck? **A:** Because his head is ______________________.
3	**Q:** Why do you go to bed? **A:** Because the bed will ______________________.

4	**Q:** What two things can't you have for breakfast? **A:** ________________ and ________________.
5	**Q:** What did Napoleon become after his 39th year? **A:** __________________________.
6	**Q:** What is the difference between lightning and electricity? **A:** We __________________________.
7	**Q:** Why do firemen wear red suspenders? **A:** To keep ________________ ________________ up.
8	**Q:** What did the big chimney say to the little chimney? **A:** "You are too young to __________________________."
9	**Q:** What is the best way to find a pin in a rug? **A:** Walk around in __________ __________ __________.
10	**Q:** What is the best thing to put into a pie? **A:** Your __________________________.
11	**Q:** How many letters are there in the alphabet? **A:** __________________________.
12	**Q:** Why did the invisible man look in the mirror? **A:** To see if __________ __________ __________ __________.
13	**Q:** What question can you never answer "yes" to? **A:** "Are you __________________________?"
14	**Q:** How many months have 28 days? **A:** __________________________.

ANSWER

01 the blood bank

02 far away from his body

03 not go to you

04 Launch, dinner

05 40 years old

06 pay for the electricity

07 their pants

08 smoke

09 your bare foot

10 teeth

11 Eight

12 he can be seen

13 sleeping

14 12 months

sc-, sk-, sp-, st-

[스끄-], [스쁘-], [스뜨-]의 소리를 찾아서

기본 발음 [**s**]는 '스'로, [**c**]와 [**k**]는 'ㅋ'로 발음하라고 배웠습니다. 그럼 겨울철에 즐기는 '스케이트'나, 미술 시간에 밑그림을 그리는 것을 일컫는 '스케치'라는 외래어도 틀림없는 영어식 발음일 것 같지만 실상은 그렇지 않지요. [**c**]와 [**k**]가 [**s**]를 만나면 약간의 소리 변화가 생기거든요. [**sc**-]와 [**sk**-]가 '스크-'가 아닌 '스끄-'라는 된소리가 나게 됩니다. 따라서 '**sk**ate'는 '스케잍'이 아니라 '스께잍'으로, '**sk**etch'는 '스켙취'가 아니라 '스껱취'로 발음해야 합니다.

이렇게 [**sc**-]와 [**sk**-]로 되어 있는 단어 중에서 우리가 일상생활에서 사용하는 단어들이 의외로 많습니다. 한번 정리해 볼까요?

English word → 한국식 발음 → 영어식 발음

1	**sc**ándal	: 치욕	→	스캔들	→	**스깬**들
2	**sc**arf	: 스카프	→	스카프	→	**스까**어ʳ프ᶠ
3	**sc**ore	: 점수	→	스코어	→	**스꼬**어ʳ
4	**sc**ream	: 비명 지르다	→	스크림	→	**스끄**뤼임
5	**sk**ate	: 스케이트화	→	스케이트	→	**스께**잍
6	**sk**etch	: 스케치	→	스케치	→	**스껱**취

7	**sk**i	: 스키	→	스키	→	**스끼**이
8	**sk**in	: 피부	→	스킨	→	**스낀**

이렇게 영어 단어에는 한국인이 예상치도 못했던 '소리의 함정'들이 곳곳에서 도사리고 있어서 주의해야 합니다. [**sc**-]와 [**sk**-]뿐만 아니라 [**s**]로 인해 된소리가 나는 자음이 또 있습니다. 철자 [**p**]와 [**t**]입니다. [**s**] 다음에 오는 [**p**]와 [**t**]도 'ㅍ'와 'ㅌ'가 아니라 'ㅃ'와 'ㄸ'로 발음해야 합니다. 즉, [**sp**-]와 [**st**-]는 '스ㅃ-'와 '스ㄸ-'로 각각 발음해야 한다는 말이지요. 예를 들면, 영화로 유명한 '**Sp**iderman'은 '스빠이더ʳ먼'으로 읽어야 하고, 다른 사람이나 다른 나라의 정보를 캐내는 '**sp**y'는 더 이상 '스파이'가 아니라 '스빠이'로 발음해야 합니다. '**st**rong'이나 '**st**unt'도 '스트롱'이나 '스턴트'가 아니라 '스뜨롱'이나 '스떤트'로 발음해야 하고요.

이제 여러분들이 [**sc**-]와 [**sk**-], [**sp**-], [**st**-]의 3소리인 '스ㄲ-/ 스ㅃ-/ 스ㄸ-'를 직접 발음해 보세요.

Practice | 스ㄲ-/ 스ㅃ-/ 스ㄸ- [sc-], [sk-], [sp-], [st-]

1	**sc**out	: 정찰병	→	**스ㄲ**아우트	→	**스까**웉
2	**sc**reen	: 칸막이	→	**스ㄲ루**이이은	→	**스끄**뤼인
3	**sk**irt	: 정찰병	→	**스ㄲ**어어rㅌ	→	**스꺼**어ʳㅌ
4	**sk**ill	: 노련	→	**스ㄲ**이을	→	**스낄**
5	**sp**eak	: 말하다	→	**스ㅃ**이이크	→	**스삐**잌
6	**sp**íder	: 거미	→	**스ㅃ**아이드어ʳ	→	**스빠**이더ʳ
7	**st**op	: 멈추다	→	**스ㄸ**아프	→	**스땊**
8	**st**údy	: 공부하다	→	**스ㄸ**어드이	→	**스떠**디

요점정리

1. [sc–]와 [sk–]는 's(스)+c,k(ㄲ) = '스ㄲ–'로 들릴 듯 말 듯 흘려서 발음한다.
2. [sp–]는 's(스)+p(ㅃ) = '스ㅃ–'로 들릴 듯 말 듯 흘려서 발음한다.
3. [st–]는 's(스)+t(ㄸ) = '스ㄸ–'로 들릴 듯 말 듯 흘려서 발음한다.

알고 갑시다

[sc–], [sk–], [sp–], [st–] 소리를 찾아서

아래의 'Practice 1'에는 [**sc**–]와 [**sk**–]로 시작하는 외래어를 중심으로 각 철자의 소리 관계를 통해 소리 형성 단계를 정리했습니다. 그리고 'Practice 2, 3'에는 [**sc**–]와 [**sk**–]로 시작하는 1, 2음절 단어들이 정리되어 있습니다. 여러분 스스로가 이 단어들을 읽어 보는 시간이죠. 하지만 한 가지 주의할 것이 있습니다. 너무 [**sc**–]와 [**sk**–]의 '스ㄲ–' 소리에만 정신을 집중하다 보면 정작 각 단어에 있는 모음들의 소리를 간과할 수 있거든요. 따라서 각 모음들이 '왜, 그렇게 소리가 나는지' 항상 생각의 끈을 놓치지 마세요. 여러분들의 눈과 입, 귀에 익숙해질 때까지 말입니다. 그럼 소리를 내어 연습하세요.

Practice 1 | 스ㄲ- [sc–], [sk–]

1	**sc**ándal : 치욕	→	스ㄲ애은드어을	→	스깬들
2	**sc**arf : 스카프	→	스ㄲ아어[r]프[f]	→	스까어[r]프[f]
3	**sc**ore : 점수	→	스ㄲ오어[r]	→	스꼬어[r]
4	**sc**ream : 비명 지르다	→	스ㄲ루이이음	→	스ㄲ뤼임
5	**sk**ate : 스케이트화	→	스ㄲ에이트	→	스께잍
6	**sk**etch : 스케치	→	스ㄲ에트취	→	스껱취
7	**sk**i : 스키	→	스ㄲ이이	→	스끼이

8	**sk**y : 하늘	→	**스끄**아이	→	**스까**이

Practice 2 | 스끄– [sc–]

scab 딱지	**sc**ale 눈금	**sc**alp 머리 가죽	**sc**amp 건달	**sc**ámper 질겁하여 달아나다
scan 조사하다	**sc**ándal 치욕	**sc**ant 부족한	**sc**ar 흉터	**sc**arce 부족하여
scare 위협하다	**sc**arf 스카프	**sc**átter 흩뿌리다	**sc**heme 설계	**sc**hólar 학자
school 학교	**sc**old 꾸짖다	**sc**oop 국자	**sc**ope 범위	**sc**orch 그을다
score 점수	**sc**orn 비웃다	**sc**our 닦다	**sc**out 정찰병	**sc**ram 도망하다
scrámble 다투다	**sc**rap 파편	**sc**rape 문지르다	**sc**ratch 긁다	**sc**rawl 낙서하다
scream 비명 지르다	**sc**reen 칸막이	**sc**rew 나사	**sc**ríbble 갈겨쓰기	**sc**ript 원고
scroll 두루마리	**sc**rub 북북 문지르다	**sc**rúple 의심	**sc**ud 질주하다	**sc**um 거품
scúrry 서두르다	**sc**úttle 서둘러 가다			

Practice 3 | 스끄– [sk–]

skate 스케이트화	**sk**etch 스케치	**sk**i 스키	**sk**id 미끄러지기	**sk**ill 노련
skim 떠내다	**sk**in 가죽	**sk**ip 대충 읽다	**sk**irt 치마	**sk**it 촌극
skulk 살금살금 걷다	**sk**ull 두개골	**sk**y 하늘		

그런데 [**c**]가 'ㅋ'로 소리가 나려면 어떤 모음이 붙어야 한다고 했죠? [**ce**(-)]와 [**ci**] 그리고 [**cy**]와 같이 뒤에 모음 [**e**]나 [**i**], 또는 [**y**]가 붙으면 '쓰'로 발음해야 한다고

했지요? 반대로 생각하면 [ca]와 [co] 그리고 [cu] 형태에서는 'ㅋ'로 소리가 나겠죠? 'Practice 2'의 단어들을 자세히 보면 이런 [c]와 모음 관계가 한눈에 보일 것입니다. 따라서 모음 [e]나 [i]에는 자음 철자 [k]가 붙어서 'ㅋ' 소리가 난다는 것을 알 수 있습니다. 또, '스끄루-'도 [skr-] 형태의 단어는 없고, [scr-] 형태만 있다는 것을 알면 단어의 철자를 쓰는 데 도움이 되겠지요. 또, 'Practice 2, 3'의 단어들을 비교해 보면 사전에서 '스끄-'로 된 단어의 형태가 [sk-] 형태보다 [sc-] 형태가 더 많다는 것이 의외이지요.

이번에는 [sp-]와 [st-]로 되어 있는 단어 중에서 우리가 일상생활에서 사용하는 단어들이 의외로 많습니다. 한번 정리해 볼까요?

English word → 한국식 발음 → 영어식 발음

1	**sp**eed	: 속도	→	스피드	→	스**삐**이드
2	**sp**ike	: 큰 못	→	스파이크	→	스**빠**잌
3	**sp**onge	: 스펀지	→	스펀지	→	스**빤**쥐
4	**sp**oon	: 숟가락	→	스푼	→	스**뿌**운
5	**st**eak	: 스테이크	→	스테이크	→	스**떼**잌
6	**st**ress	: 압박	→	스트레스	→	스**뜨**뤠쓰
7	**st**ep	: 걸음	→	스텝	→	스**뗖**
8	**st**yle	: 문체	→	스타일	→	스**따**일

더 이상 설명이 필요한가요? 필요 없죠? 'Practice 4, 5'에 정리된 단어들을 읽으면서 [sp-]와 [st-]를 '스쁘-'와 '스뜨-'로 발음해야 한다는 것과, 각 단어에 있는 각 모음들이 '왜, 그렇게 소리가 나는지' 항상 생각의 끈을 놓치지 마세요.

Practice 4 | 스쁘- [sp-]

space 공간	**sp**ade 가래	**sp**an 기간	**sp**ar 말다툼하다	**sp**are 절약하다
spark 불꽃	**sp**árkle 광채	**sp**árrow 참새	**sp**at 조개 알	**sp**awn 알
speak 말하다	**sp**ear 창	**sp**eck 작은 얼룩	**sp**eech 연설	**sp**eed 속도
spell 철자하다	**sp**end 소비하다	**sp**erm 정액	**sp**ice 양념	**sp**ider 거미
spike 큰 못	**sp**ill 엎지르다	**sp**in 돌리다	**sp**ine 척추	**sp**ínster 노처녀
spire 첨탑	**sp**írit 정신	**sp**it 내뱉다	**sp**ite 악의	**sp**lash 튀기다
spleen 울화	**sp**línter 조각	**sp**lit 찢다	**sp**oil 해치다	**sp**onge 스펀지
spónsor 후원자	**sp**oof 놀림	**sp**ook 유령	**sp**oon 숟가락	**sp**ort 운동
spot 장소	**sp**out 내뿜다	**sp**rawl 쭉 뻗다	**sp**ray 물보라	**sp**read 펴다
sprig 잔가지	**sp**ring 봄	**sp**rínkle 뿌리다	**sp**rint 단거리경주	**sp**rout 싹
spur 박차	**sp**urn 걷어차다	**sp**urt 내뿜다	**sp**y 염탐하다	

Practice 5 | 스뜨- [st-]

stab 찌르다	**st**able 확고한	**st**ack 볏가리	**st**aff 참모	**st**ag 수사슴
stage 무대	**st**ágger 비틀거리다	**st**ain 얼룩	**st**air 계단	**st**ake 말뚝
stale 상한	**st**alk 줄기	**st**all 마굿간	**st**ámmer 말을 더듬다	**st**amp 짓밟다
stand 서다	**st**áple 주요 산물	**st**ar 별	**st**arch 전분	**st**are 응시하다
stark 굳어 버린	**st**art 시작하다	**st**ártle 깜짝 놀라게 하다	**st**arve 굶주리다	**st**ate 상태

státion 역	**st**ay 머무르다	**st**ead 대신	**st**éady 확고한	**st**eak 스테이크
steal 훔치다	**st**eam 수증기	**st**eel 강철	**st**eep 험한	**st**eer 조종하다
stem 줄기	**st**ench 악취	**st**ep 걸음	**st**ern 선미	**st**ew 찌다
stick 막대기	**st**iff 굳은	**st**íffen 굳어지다	**st**ífle 질식시키다	**st**ill 아직
sting 찌르다	**st**ink 악취	**st**int 줄여 쓰다	**st**ir 움직이다	**st**itch 바늘땀
stock 저장	**st**ócking 긴 양말	**st**ómach 위	**st**one 돌	**st**oop 구부리다
stop 그만두다	**st**ool 의자	**st**ore 가게	**st**orm 폭풍우	**st**óry 이야기
stout 튼튼한	**st**raight 똑바로	**st**rain 잡아당기다	**st**rait 해협	**st**ránge 이상한
stránger 이방인	**st**rap 가죽끈	**st**raw 짚	**st**ray 빗나가다	**st**reak 줄
stream 시내	**st**reet 거리	**st**rength 힘	**st**ress 압박	**st**retch 잡아 늘이다
strict 엄격한	**st**ride 걷다	**st**rife 싸움	**st**rike 치다	**st**ring 줄
strip 벗기다	**st**ripe 줄무늬	**st**rive 노력하다	**st**roke 쓰다듬다	**st**roll 산책하다
strong 강한	**st**rúcture 구조	**st**ub 토막	**st**ud 장식용 못	**st**údent 학생
stúdy 공부하다	**st**uff 재료	**st**úmble 넘어지다	**st**ump 그루터기	**st**un 기절시키다
stunt 묘기	**st**úpid 어리석은	**st**úrdy 억센	**st**yle 문체	

dr-, tr-

[듀루-], [츄루-]의 소리를 찾아서

2002년 대한민국 열도가 월드컵으로 후끈 달아올랐죠. '붉은 악마'와 '히딩크 감독', 그리고 광장에 모여 '대~한민국!'을 외쳤던 수백만 명의 붉은 옷의 물결과 함성을 지금도 잊을 수가 없습니다. 또한 월드컵 4강의 신화를 이룬 국가 대표 축구 선수의 투혼은 영원히 우리나라 스포츠 역사에 길이 남을 기념비적인 사건이었지요. 오랜 시간이 지났지만 저뿐만 아니라 많은 사람들이 지금도 상암 월드컵 운동장 위에 쓰여 있던 '꿈은 이뤄진다!'는 영어 슬로건 'Dream Come true!'를 기억하고 있더라고요.

그런데 'day'의 [**d**]처럼 '**d**ream'의 [**d**]를 'ㄷ'로 소리 내어 '드림'으로 발음하는 것에 문제가 있습니다. 철자 [**d**]는 혀를 윗니의 잇몸에 붙였다 떼면서 소리를 내야 하고, [**r**]는 입술을 다소 오므린 후에 혀를 뒤로 빼어 혀끝을 위로 올리되 입천장에 혀가 닿지 않도록 하면서 발음이 되기 때문에 [**dr**]는 사실상 혀의 움직임이 상당히 분주한 발성법이지요. 이렇게 '**dr**eam'처럼 [**r**] 앞의 [**d**]는 'ㄷ'가 아니라 '듀'로 발음하는 것이 영어식 발성법입니다. 따라서 '**dr**eam'은 '듀뤼임'으로 발음해야 하지요. 이때 [**d**]와 [**r**] 사이에는 모음이 없기 때문에 우리말의 '듀'보다는 작은 목소리고 빠르게 '듀' 하고 발음해야 합니다.

'true'의 [**t**] 소리도 마찬가지입니다. 'top'처럼 'ㅌ'로 발음하는 것이 아니라 [**r**] 앞의 [**t**]는 'ㅌ'가 아니라 'ㅊ'로 발음하는 것이 영어식 발성법입니다. 따라서 '**true**'는 '트루'가 아니라 '츄루우'로 발음해야 합니다. '**tree**'를 '트리'로 소리 내는 한국식 발음으로는 미국인이 절대로 나무를 연상하지 않으며, '**truck**'은 '트럭'이 아니라 '츄뤜'이라 발음해야 하지요.

정리하자면 [**dr**-]와 [**tr**-]는 '듀루-'와 '츄루-'로 각각 발음해야 합니다. 이렇게 [**dr**-]와 [**tr**-]로 되어 있는 단어 중에서 우리가 일상생활에서 사용하는 단어들이 의외로 많습니다. 한번 정리해 볼까요?

English word → 한국식 발음 → 영어식 발음

1	**dr**ag	: 끌다	→	드래그	→	듀뢕
2	**dr**áma	: 희곡	→	드라마	→	듀뢔머
3	**dr**ess	: 복장	→	드레스	→	듀뤠쓰
4	**dr**ink	: 마시다	→	드링크	→	듀륑크
5	**dr**y	: 마른	→	드라이	→	듀롸이
6	**tr**ick	: 계략	→	트릭	→	츄뤽
7	**tr**uck	: 트럭	→	트럭	→	츄뤜
8	**tr**unk	: 줄기	→	트렁크	→	츄뤙크

이제 여러분들이 [**dr**-]와 [**tr**-]의 소리인 '듀루-'와 '츄루-'를 직접 발음해 보세요.

Practice | 듀루-/ 츄루- [dr-], [tr-]

1	**dr**ab	: 다갈색	→	듀루애브	→	듀뢥
2	**dr**ágon	: 용	→	듀루애그어은	→	듀뢔건
3	**dr**ift	: 표류하다	→	듀루이프ᶠ트	→	듀뤼ᶠ트
4	**dr**op	: 물방울	→	듀루아프	→	듀뢉
5	**tr**ade	: 무역	→	츄루에이드	→	츄뤠읻
6	**tr**awl	: 저인망	→	츄루오오을	→	츄로올
7	**tr**udge	: 뚜벅뚜벅 걷다	→	츄루어쥐	→	츄뤄쥐

요점정리

1. [dr-]는 'd(듀)+r(루) = 듀루-'로 들릴 듯 말 듯 흘려서 발음한다.
2. [tr-]는 't(츄)+r(루) = 츄루-'로 들릴 듯 말 듯 흘려서 발음한다.

알고 갑시다

[dr-], [tr-] 소리를 찾아서

축구 선수들이 공을 몰고 가는 것을 영어로 '드리블'이라고 하지요? 영어로 쓰면 '**dr**ibble'인데, 철자에 [**dr**-]가 보이나요? 그런 이 단어는 어떻게 발음해야 할까요? '듀뤼블'이어야 합니다. 축구 중계를 하는 아나운서들이 이 축구 용어를 많이 사용하다 보니까 '듀뤼블' 하면 어색하게 들리겠죠? 그렇다고 일상생활에서 한국 사람끼리 말할 때 '박지성 듀뤼블이 최고였어.' 하고 말하라는 것은 절대로 아닙니다. 아마 욕을 먹거나 잘난 척한다고 야유 받을지도 몰라요. 영어로 의사소통을 할 경우에만 영어식 발성으로, 한국인과 의사소통을 할 때는 외래어 발성으로 하는 것이 현명하겠죠.

오른쪽 'Practice 1'에는 [**dr**-], [**tr**-]로 시작하는 외래어를 중심으로 각 철자의 소리 관계를 통해 소리 형성 단계를 정리했습니다. 그리고 'Practice 2, 3'에는 [**dr**-], [**tr**-]로 시작하는 단어들이 정리되어 있습니다. 여러분 스스로가 이 단어들을 읽어 보는 시간이죠. 그럼 소리를 내어 연습하세요.

Practice 1 | 듀루-/ 츄루- [dr-], [tr-]

1	**dr**aw	: 당기다	→	**듀루**오오	→	**듀로**오
2	**dr**edge	: 준설기	→	**듀루**에쥐	→	**듀뤠**쥐
3	**dr**ível	: 침을 흘리다	→	**듀루**이브ᵛ어을	→	**듀뤼**벌ᵛ
4	**dr**own	: 익사하다	→	**듀루**아우은	→	**듀롸**운
5	**tr**ail	: 흔적	→	**츄루**에이을	→	**츄뤠**일
6	**tr**ánsfer	: 옮기다	→	**츄루**애은스프ᶠ어ʳ	→	**츄뢘**스퍼ᶠ어ʳ
7	**tr**eat	: 대우하다	→	**츄루**이이트	→	**츄뤼**잍
8	**tr**oll	: 태평하게 노래하다	→	**츄루**오우을	→	**츄로**울

Practice 2 | 듀루- [dr-]

drab 다갈색	**dr**aft 초안	**dr**ag 끌다	**dr**ágon 용	**dr**ain 배수하다
dráma 희곡	**dr**ape 덮는 천	**dr**aw 당기다	**dr**ay 큰 짐마차	**dr**ead 두려워하다
dream 꿈꾸다	**dr**edge 준설기	**dr**eg 찌꺼기	**dr**ench 흠뻑 젖게 하다	**dr**ess 복장
drib 방울져 떨어지다	**dr**íbble 똑똑 떨어지다	**dr**ift 표류하다	**dr**ill 송곳	**dr**ink 마시다
drip 방울지다	**dr**ive 몰다	**dr**ível 침을 흘리다	**dr**ízzle 이슬비	**dr**one 수벌
droop 수그러지다	**dr**op 물방울	**dr**own 익사하다	**dr**ug 약	**dr**um 북
drunk 취한	**dr**y 마른			

Practice 3 | 츄루– [tr–]

track 자국	**tr**ace 자국	**tr**act 지역	**tr**ade 무역	**tr**áffic 교통
trail 흔적	**tr**ain 기차	**tr**ait 특성	**tr**am 전차	**tr**amp 짓밟다
trámple 짓밟다	**tr**ance 무아지경	**tr**ánsfer 옮기다	**tr**ap 덫	**tr**ash 쓰레기
trável 여행하다	**tr**awl 저인망	**tr**ay 쟁반	**tr**ead 걷다	**tr**eat 대우하다
tree 나무	**tr**ek 소달구지	**tr**émble 떨리다	**tr**ench 참호	**tr**end 방향
trial 재판	**tr**ibe 종족	**tr**ick 계략	**tr**íckle 똑똑 떨어지다	**tr**ígger 방아쇠
trill 떨리는 목소리	**tr**im 다듬다	**tr**ip 여행	**tr**íple 세 배의	**tr**oll 태평하게 노래하다
troop 집단	**tr**ot 속보	**tr**óuble 근심	**tr**out 송어	**tr**uck 트럭
trudge 뚜벅뚜벅 걷다	**tr**ue 정말의	**tr**ump 으뜸패	**tr**unk 줄기	**tr**ust 신뢰
truth 진리	**tr**y 시도하다			

012

bl–, cl–, fl–, gl–, pl–, sl–

[을ㄹ–]의 소리를 찾아서

중학교에서 영어를 배울 때 'glass'와 'grass'가 항상 혼동되어서 열심히 외웠음에도 불구하고 결정적인 순간에 어떤 것이 '풀'이고 어떤 것이 '유리'인지 모르겠더군요. '기도하다'라는 영어 단어 'pray'를 멋있게 발음했는데 영어 선생님은 '기도'한 것이 아니라 '노는 것'이 됐다고 말씀하셨어요. 도대체 나보고 어떻게 발음하라고 하는 것인지 구체적인 방법도 제시하지 않고 무조건 발음이 틀렸다는 말씀만 되풀이하곤 했던 기억이 납니다.

지금부터 우리가 배울 복자음은 [**bl**–], [**cl**–], [**fl**–], [**gl**–], [**pl**–], [**sl**–]과 같이 자음 [**l**]을 중심으로 [**l**] 앞에 또 다른 자음이 붙어 있는 형태의 단어들로서, 이들을 어떻게 발음해야 하는지를 공부하려고 합니다. 사실 [**l**]은 혀끝을 윗니의 잇몸에 붙이고 유성음으로 '을' 하고 발음하며, [**r**]는 입술을 다소 오므린 후에 혀를 뒤로 빼어 혀끝을 위로 올리되 입천장에 혀가 닿지 않도록 하면서 '루' 하고 소리 내는 것이라고 배워도 따라 하기 쉽지 않고, 두 소리를 구분하기도 쉽지 않습니다. 따라서 [**l**]과 [**r**]의 소리를 구분하여 발음하기 쉽도록 하기 위해서는 부단한 연습이 필요하겠죠?

'**bl**and'를 예로 들면, 먼저 윗입술과 아랫입술을 약간 붙여서 말아 넣고 '(으)브' 하고 [**b**] 소리를 내면서 동시에 혀끝을 윗니의 잇몸에 붙이고 유성음으로 '을' 하고 발음하면 '블' 하는 소리가 나지요. 이렇게 혀끝이 붙은 상태에서 [**a**]의 '애' 소리를 붙이면 자연스럽게 '애'가 아닌 '래'가 될 것입니다. 따라서 '**bl**a-'가 '블애-'가 아니라 '블래-'로 발음되지요. 따라서 '**bl**and'는 '블랜(드)'로 발음됩니다. 그러면 '**bl**and'에는 [**l**]이 하나밖에 없는데 우리말 표기에서는 '블'과 '**랜**'에 'ㄹ'이 2개가 붙어 있지요. 혀끝을 윗니의 잇몸에 붙였다가 떼는 과정에서 앞의 자음 [**b**]와 뒤의 모음 [**a**]에 [**l**] 소리가 자연스럽게 연결되면서 생기는 발음 현상입니다. 따라서 혀끝을 윗니의 잇몸에 붙이고 유성음으로 '을' 하고 발음하는 발성법을 유지하면 '**bl**and'를 '브**랜**(드)'나 '블**앤**(드)'로 발음하기란 불가능합니다.

나머지 [**bl**-], [**cl**-], [**fl**-], [**gl**-], [**pl**-], [**sl**-] 형태도 똑같은 발성법으로 발음 연습을 하세요. 정리하면 [**cl**-]을 '클ㄹ-', [**fl**-]은 '플ᶠㄹ-', [**gl**-]은 '글ㄹ-', [**pl**-]은 '플ㄹ-', [**sl**-]은 '슬ㄹ-'로 발음하고 표기하면 됩니다. 각 형태를 우리가 익히 잘 알고 있는 단어로 예를 들어 봅시다. '**cl**ass'는 '클래쓰', '**fl**ash'는 '플ᶠ래쉬', '**gl**amor'는 '글래머어ʳ', '**pl**an'은 '플랜', '**sl**ang'은 '슬랭'으로 발음이 되는 것입니다.

다음 장에서 배우겠지만 [**l**]과는 다르게 [**r**]는 앞의 자음과 연결되지 않고 'ㄹ' 소리를 뒷 모음과 연결하며 발음한다고 생각하면 그리 어렵지 않습니다. '**br**and'를 예로 들면, 먼저 '(으)브' 하고 [**b**] 소리를 내면서 동시에 입술을 다소 오므린 후에 혀를 뒤로 빼어 혀끝을 위로 올리되 입천장에 혀가 닿지 않도록 하면서 '루' 하고 소리 내면 '브루-' 하고 소리가 나지요. 여기에 '-and'를 붙여 발음하면 '브뢘드'로 발음이 되는 것입니다. 이제, '**bl**and'의 '블랜드' 소리와 '**br**and'의 '브뢘드'의 소리 차이를 느낄 수 있지요?

이제 다음 'Practice'에 정리된 단어들의 발음을 간단하게 익혀 볼까요?

Practice | [bl–], [cl–], [fl–], [gl–], [pl–], [sl–]

1	**bl**ind	: 눈먼	→	브을아이은드	→	블라인
2	**cl**one	: 복제 생물	→	크을오우은	→	클로운
3	**fl**ake	: 박편	→	프ᶠ을에이크	→	플ᶠ레익
4	**gl**óry	: 영광	→	그을오어루이	→	글로어뤼
5	**pl**ant	: 식물	→	프을애은트	→	플랜(트)
6	**sl**ánder	: 비방	→	스을애은드어ʳ	→	슬랜더ʳ

요점정리

[bl–]은 '블ㄹ–', [cl–]은 '클ㄹ–', [fl–]은 '플ᶠㄹ–', [gl–]은 '글ㄹ–', [pl–]은 '플ㄹ–', [sl–]은 '슬ㄹ–'로 발음한다.

알고 갑시다

[bl–], [cl–], [fl–], [gl–], [pl–], [sl–] 소리

'**cl**own(광대)'와 '**cr**own(왕관)'처럼 [**l**]과 [**r**]의 차이 하나로 신분이 왕관을 쓴 왕에서 서커스 어릿광대로 바뀔 수 있지요. 따라서 영어를 시작할 때 처음부터 어설프게 흉내 내는 식으로 배우지 말고 기본과 원칙의 범주에서 익혀 나가야 합니다. 다음 장에 5가지 유형 10개의 단어를 예로 정리했습니다. 몇 번이고 반복해서 발음하면서 [**l**]과 [**r**] 소리가 자연스럽게 묻어날 수 있도록 연습하세요.

[l]과 [r]의 소리 구분

1	**bl**and	: 온화한	**블랜**(ㄷ)	↔	**br**and	: 낙인	**브뢘**(ㄷ)
2	**cl**own	: 광대	**클라**운	↔	**cr**own	: 왕관	**크롸**운
3	**fl**esh	: 살	**플**ᶠ**레**쉬	↔	**fr**esh	: 신선한	**프**ᶠ**뤠**쉬
4	**gl**ass	: 유리	**글래**스	↔	**gr**ass	: 풀	**그뢔**스
5	**pl**ank	: 널빤지	**플랭**크	↔	**pr**ank	: 농담	**프뢩**크

이제 [**l**] 소리의 감을 잡았나요? 이제부터 각 'Practice'를 통해 각각의 소리를 익혀 보려 합니다. 제가 위의 표처럼 각 단어의 소리를 제시하면 좋겠지요? 하지만 제 생각은 달라요. 만약 모든 단어의 소리를 단어 옆에 꼼꼼히 써 놓으면 사람은 편한 것을 선호하는 묘한 심리가 있어서 스스로 영어 단어를 보고 그 단어의 발음을 찾아 읽어 보려고 하기보다는 한글로 써 놓은 발음만 읽고 지나갈 가능성이 더 크거든요. 각 단어에 있는 철자가 각각 어떻게 소리가 나며, 그 단어 안에서 모음이 왜 그렇게 발음되는지를 여러분 스스로가 깨달아야 합니다. 그렇지 않으면 '**fl**ake'의 [**a**]와 '**pl**ant'의 [**a**]의 소리가 왜 다른지 매번 설명해야 하고, 백만 개에 육박하는 많은 단어들의 소리를 제가 일일이 열거해야 하잖아요? 원칙을 이해하고 그것을 통해 스스로 소리를 찾아내서 발음하려고 노력하지 않으면 여러분들은 또다시 발음기호나 다른 사람의 도움을 필요로 하게 되겠지요.

따라서 제가 'Practice 2'에 있는 많은 단어 중에서 5개만 골라 'Practice 1'에 '발음 예시'를 제공했습니다. 나머지 형태에도 이런 학습의 틀로 구성했습니다.

이제 여러분들이 [**bl**-]의 소리인 '블ㄹ-'를 직접 발음해 보세요.

Practice 1 | 블ㄹ– [bl–]

1	**bl**ade	: 칼날	→	브을에이드	→	**블레**잇
2	**bl**anch	: 표백하다	→	브을애은취	→	**블랜**취
3	**bl**are	: 울려 퍼지다	→	브을에어r	→	**블레**어r
4	**bl**eed	: 출혈하다	→	브을이이드	→	**블리**잇
5	**bl**ow	: 불다	→	브을오우	→	**블로**우

Practice 2 | 블ㄹ– [bl–]

blab 지껄여 대다	**bl**ack 검은	**bl**ade 칼날	**bl**ame 비난	**bl**anch 바래다
bland 온화한	**bl**ank 백지의	**bl**are 울려 퍼지다	**bl**ast 돌풍	**bl**aze 불길
bleak 황량한	**bl**ear 흐린	**bl**eat 매애 울다	**bl**eed 출혈하다	**bl**eep 삐 하는 신호음
blend 혼합하다	**bl**ess 축복하다	**bl**ight 마름병	**bl**ind 눈먼	**bl**ink 깜박거리다
bliss 지복	**bl**ock 덩어리	**bl**ood 피	**bl**oom 꽃	**bl**ot 오점
blow 불다	**bl**ue 푸른	**bl**uff 절벽의	**bl**únder 큰 실수	**bl**unt 우둔한
blur 몽롱한	**bl**ush 불그레함			

미국 사람은 발성 구조상 턱을 아래로 많이 내리고 발음한다고 했지요. 그러다 보니 입 앞쪽에서 소리가 나는 우리말과는 다르게 입안 깊숙한 곳에서 소리가 납니다. 다시 말해서 자음 [c]를 제대로 발음하려면 턱을 아래로 당기고 목젖 부분에서 공기가 마찰되면서 바람이 새는 듯이 'ㅋ' 하고 소리를 내야 합니다. 쉽게 말하면 우리가 소주나 사이다를 마시고 트림하듯이 내뱉는 "크~"나 "캬~" 하는 소리이지요. 이렇게 [cl-]은 'ㅋ' 하고 [c] 소리를 내면서 동시에 혀끝을 윗니의 잇몸에 붙이고 유성음으로 '을' 하고 발음하면 '클' 하는 소리가 납니다. 'Practice 3, 4'에 정리된

[cl-]의 소리인 '클ㄹ-'를 직접 발음해 보세요.

Practice 3 | 클ㄹ- [cl-]

1	**cl**ause : 절	→	크을오오즈	→	클로오즈
2	**cl**érgy : 성직자	→	크을어r즈이	→	클러어r 쥐
3	**cl**ew : 실꾸리	→	크을우우	→	클루우
4	**cl**oth : 옷감	→	크을아쓰r	→	클라쓰r
5	**cl**out : 협곡	→	크을아우트	→	클라웉

그런데 'Practice 4'에 정리된 단어의 뜻을 살펴보면 의성어들이 눈에 많이 보이지요? 예를 들면, 사진 찍는 소리(**cl**ack), 떠드는 소리(**cl**amor), 종 울리는 소리(**cl**ang), 손바닥 부닥치는 소리(**cl**ap), 물건 부딪치는 소리(**cl**ash), 컴퓨터 마우스 소리(**cl**ick), 중금속이 부딪치는 소리(**cl**unk)와 같이 의성어에 해당하는 단어들이 [**cl**-]의 형태입니다. 우리의 박수 소리 '짝짝짝!'이 영어 소리로는 '클랩! 클랩!' 하고, '뎅그렁! 뎅그렁!' 하는 종소리가 영어로는 '클랭! 클랭!'으로 표현되니, 물체의 소리는 분명 하나인데 나라마다 들리는 방식은 정말 다르네요.

Practice 4 | 클ㄹ- [cl-]

clack 찰깍	**cl**aim 요구하다	**cl**ámor 와글와글	**cl**ang 뎅그렁	**cl**ap 찰싹
clash 쨍그랑	**cl**ass 종류	**cl**ause 절	**cl**aw 발톱	**cl**ay 점토
clean 청결한	**cl**eanse 정화하다	**cl**ear 맑은	**cl**eave 쪼개다	**cl**ench 악물다
clergy 성직자	**cl**erk 서기	**cl**éver 영리한	**cl**ew 실꾸리	**cl**ick 짤가닥
climb 오르다	**cl**inch 꼬부리다	**cl**ing 매달리다	**cl**ip 자르다	**cl**oak 외투
clock 시계	**cl**od 덩어리	**cl**og 방해하다	**cl**one 복제 생물	**cl**ose 닫다

cloth 옷감	**cl**oud 구름	**cl**out 협곡	**cl**oy 물리다	**cl**own 광대
club 곤봉	**cl**ue 실마리	**cl**ump 숲	**cl**unk 쾅 소리	**cl**úster 송이
clutch 꽉 쥐기				

윗니를 살짝 감은 아랫입술에 살며시 얹으세요. 그리고 'ㅍ' 하는 소리와 함께 바람을 내뿜으면서 아랫입술을 풀면 [**f**] 소리가 자연스럽게 만들어집니다. 이와 동시에 혀끝을 윗니의 잇몸에 붙이고 유성음으로 '을' 하고 발음하면 '플^f' 하는 [**fl**-] 소리가 납니다. 귀에 못이 박히도록 들었겠지만 [**f**] 발음을 할 때 아랫입술을 지나치게 말아 넣지 말아야 하며, 'ㅍ' 하고 너무 세게 발음하지 마세요.

Practice 5 | 플^{f}ㄹ– [fl–]

1	**fl**átten	: 평평하게 하다	→	프^{f}을애트어은	→	플^f**래**른
2	**fl**átter	: 아첨하다	→	프^{f}을애트어*어^r*	→	플^f**래***뤄^r*
3	**fl**oat	: 뜨다	→	프^{f}을오우트	→	플^f**로**웉
4	**fl**úrry	: 질풍	→	프^{f}을어어루이	→	플^f**러**어뤼
5	**fl**ux	: 흐름	→	프^{f}을어크쓰	→	플^f**럭**쓰

그런데 'Practice 6'에 정리된 [**fl**-] 형태의 단어에도 어떤 의미의 유사성이 보이지 않나요? 뜻을 살펴보면 '불'과 관련되거나(**fl**ame, **fl**are, **fl**ash, **fl**icker, **fl**int), 혹은 '날개', '나는 모양', '움직임'과 관련된(**fl**ag, **fl**ap, **fl**aunt, **fl**edge, **fl**eece, **fl**ee, **fl**ick, **fl**ight, **fl**ing, **fl**ip, **fl**it, **fl**oat, **fl**op, **fl**ounder, **fl**ow, **fl**ue, **fl**uff, **fl**urry, **fl**ush, **fl**utter, **fl**ux, **fl**y) 단어들이 집중되어 있음을 알 수 있지요. 우리말에도 '푸드득'과 '훨훨'의 소리가 주는 느낌이 다르듯 영어도 소리가 듣는 사람의 느낌을 좌우할 때가 많습니다. 따라서

단어를 읽을 때 그 단어의 의미 또한 무시할 수 없다는 것을 염두에 둬야 합니다.

Practice 6 | 플ㄹ– [fl–]

flag 기	**fl**ake 박편	**fl**ame 불꽃	**fl**ank 옆구리	**fl**ap 퍼덕거리다
flare 확 불붙다	**fl**ash 번쩍이기	**fl**at 납작한	**fl**átten 펴다	**fl**átter 아첨하다
flaunt 휘날리다	**fl**avor 맛	**fl**eck 반점	**fl**edge 깃을 달다	**fl**eece 양털
flee 도피하다	**fl**eet 전함	**fl**esh 살	**fl**ick 튀겨 날리다	**fl**ícker 깜박이다
flight 비행	**fl**ing 돌진하다	**fl**int 부싯돌	**fl**ip 튀기다	**fl**irt 새롱거리다
flit 훨훨 날다	**fl**oat 뜨다	**fl**ock 짐승의 떼	**fl**og 매질하다	**fl**ood 홍수
flop 퍼덕거리다	**fl**óunder 버둥거리다	**fl**our 밀가루	**fl**ow 흐르다	**fl**ówer 꽃
flue 연통	**fl**uff 보풀	**fl**uke 요행	**fl**ump 쿵	**fl**unk 실패하다
flurry 질풍	**fl**ush 붉어지다	**fl**ute 플루트	**fl**útter 펄럭이다	**fl**ux 흐름
fly 날다				

[**g**]의 소리도 턱을 목 쪽 아래로 떨어뜨리고 목구멍 깊숙한 곳에서 끌어올리듯 발음하며 내는 'ㄱ' 소리로, 우리말의 '그'보다는 목 안 깊숙한 곳에서 성대를 울리며 그윽하게 나는 소리임을 잊지 마세요. 이 'ㄱ' 소리의 발성과 동시에 혀끝을 윗니의 잇몸에 붙이고 유성음으로 '을' 하고 발음하면 '글' 하는 [**gl**-] 소리가 탄생하게 됩니다. 이때 [**g**]와 [**l**] 사이에는 모음이 없기 때문에 작은 목소리로 빠르게 '글' 하고 발음해야 합니다. 이제 목 안 깊숙한 곳에서 성대를 울리며 그윽하게 '글-' 하고 발음해 보세요.

Practice 7 | 글ㄹ– [gl–]

1	**gl**eam	: 빛	→	**그을이**이음	→	**글리**임
2	**gl**impse	: 흘끗 보다	→	**그을이**음쓰	→	**글림**쓰
3	**gl**ísten	: 반짝반짝 빛나다	→	**그을이**쓰어은	→	**글리**쓴
4	**gl**ítter	: 반짝거리다	→	**그을이**트어*어r*	→	**글리**뤄r
5	**gl**oss	: 광택	→	**그을아**쓰	→	**글라**쓰

'Practice 8'에 정리된 [**gl**–] 형태의 단어는 어떤 의미의 유사성이 있나요? '빛'과 관련되거나(**gl**are, **gl**eam, **gl**immer, **gl**int, **gl**isten, **gl**itter, **gl**ory, **gl**oss, **gl**ow), 혹은 '기쁨'과 '웃음'에 관련된(**gl**ad, **gl**ee, **gl**oat) 단어들이 집중되어 있음을 알 수 있지요. 또 유리와 관련된 단어들(**gl**ass, **gl**aze, **gl**ide)도 보이고요. 제 생각이지만 아마도 영어에서 '글'이라는 소리가 '밝고 환한' 느낌을 주는 것은 아닐까요?

Practice 8 | 글ㄹ– [gl–]

glad 기쁜	**gl**ade 숲 속의 빈터	**gl**air 흰자위	**gl**amor 마법	**gl**ance 힐끗 봄
gland 샘	**gl**are 섬광	**gl**ass 유리	**gl**aze 윤내기	**gl**eam 빛
glean 줍다	**gl**ee 환희	**gl**ib 입심 좋은	**gl**ide 미끄러지다	**gl**ímmer 깜박이다
glimpse 흘끗 보다	**gl**int 반짝이다	**gl**ísten 반짝반짝 빛나다	**gl**ítter 반짝거리다	**gl**oat 빙그레 웃다
glob 작은 방울	**gl**obe 구체	**gl**om 훔치다	**gl**oom 어둠	**gl**óry 영광
gloss 광택	**gl**ove 장갑	**gl**ow 백열	**gl**oze 얼버무리다	**gl**ue 풀
glug 꿀꺽꿀꺽	**gl**um 무뚝뚝한	**gl**ut 포식		

[**p**]의 소리는 '양순음'이라 하여 윗입술과 아랫입술을 약간 말아 넣고 성대를 울

리지 않으면서 터트리듯 'ㅍ' 하고 소리를 냅니다. 이런 발성법은 [m]과 [b]도 같지요. 이 'ㅍ' 소리의 발성과 동시에 혀끝을 윗니의 잇몸에 붙이고 유성음으로 '을' 하고 발음하면 '플-' 하는 [pl-] 소리가 탄생하게 됩니다.

Practice 9 | 플ㄹ- [pl-]

1	**pl**ain	: 솔직한	→	**프을**에이은	→	**플레**인
2	**pl**ease	: 기쁘게 하다	→	**프을**이이즈	→	**플리**이즈
3	**pl**ight	: 곤경	→	**프을**아이트	→	**플라**잍
4	**pl**únder	: 약탈하다	→	**프을**어은드어ʳ	→	**플런**더ʳ
5	**pl**unge	: 던져 넣다	→	**프을**어은쥐	→	**플런**쥐

Practice 10 | 플ㄹ- [pl-]

place 장소	**pl**ácid 평온한	**pl**aid 격자무늬	**pl**ain 솔직한	**pl**aint 비탄
plait 변발	**pl**an 계획하다	**pl**ane 비행기	**pl**ank 널빤지	**pl**ant 식물
plat 토지	**pl**ate 판금	**pl**ay 놀다	**pl**ea 탄원	**pl**ease 제발
plead 변론하다	**pl**edge 저당	**pl**ight 곤경	**pl**od 터벅터벅 걷다	**pl**op 풍덩
plot 음모	**pl**ow 쟁기	**pl**uck 따다	**pl**ug 마개	**pl**umb 추
plume 깃털	**pl**ump 부푼	**pl**únder 약탈하다	**pl**unge 던져 넣다	**pl**unk 퉁기다
plus 을 더하여	**pl**y 왕복하다			

[s] 소리는 이가 보일 정도로 입 모양을 옆으로 벌리고 위 아랫니가 거의 닿을 정도로 한 후, 혀끝이 윗잇몸에 거의 닿도록 하여 강한 바람을 내보내면서 내는 'ㅅ' 소리인데, 주의할 것은 [s] 뒤에 자음 [l]이 오는 복자음 형태이기 때문에 [s]는 'ㅆ'

가 아니라 'ㅅ'가 된다는 것입니다. 이 'ㅅ' 소리의 발성과 동시에 혀끝을 윗니의 잇몸에 붙이고 유성음으로 '을' 하고 연음하면 '슬-' 하고 [sl-] 소리가 나게 됩니다.

Practice 11 | 슬ㄹ- [sl-]

1	**sl**ácken	: 늦추다	→	**스을**애크어은	→	**슬래**큰
2	**sl**eigh	: 썰매	→	**스을**에이	→	**슬레**이
3	**sl**ew	: 습지	→	**스을**우우	→	**슬루**우
4	**sl**ough	: 진창길	→	**스을**아우	→	**슬라**우
5	**sl**uice	: 수문	→	**스을**우우쓰	→	**슬루**우쓰

Practice 12 | 슬ㄹ- [sl-]

slab 평판	**sl**ack 느슨한	**sl**ag 용재	**sl**ake 만족시키다	**sl**am 쾅 닫다
slang 속어	**sl**ánder 비방	**sl**ant 경사	**sl**ap 찰싹 때림	**sl**ash 깊이 베다
slat 오리목	**sl**ate 석판	**sl**ave 노예	**sl**ay 살해하다	**sl**eave 보풀
sled 썰매	**sl**edge 썰매	**sl**eek 윤이 나는	**sl**eep 잠자다	**sl**eet 진눈깨비
sleeve 소매	**sl**eigh 썰매	**sl**eight 교활	**sl**énder 날씬한	**sl**ew 습지
slice 얇은 조각	**sl**ick 매끄러운	**sl**ide 미끄러지다	**sl**ight 약간의	**sl**im 호리호리한
slime 차진 흙	**sl**ing 투석기	**sl**ink 살금살금 걷다	**sl**ip 미끄러지다	**sl**it 길게 자르다
slog 강타하다	**sl**op 엎지르다	**sl**ope 경사면	**sl**osh 진창	**sl**ot 구멍
sloth 나태	**sl**ouch 앞으로 수그림	**sl**ough 진창길	**sl**ow 느린	**sl**ue 비틀다
sludge 진창	**sl**ug 강타	**sl**uice 수문	**sl**um 빈민가	**sl**úmber 선잠
slump 폭락하다	**sl**ur 비방	**sl**ush 진창	**sl**y 교활한	

013

br-, cr-, fr-, gr-, pr-

[(으)루-]의 소리를 찾아서

지금부터 우리가 배울 복자음은 [**br**-], [**cr**-], [**fr**-], [**gr**-], [**pr**-]와 같이 자음 [**r**]를 중심으로 [**r**] 앞에 또 다른 자음이 붙어 있는 형태의 단어들로서, 이들을 어떻게 발음해야 하는지를 공부하려고 합니다. 우리는 이미 'Step 1. 기본 발음' 편에서 [**r**]의 두 가지 발성법에 대해 배웠습니다. 이미 아니까 대충 넘어갈까요? 아니죠? 반복 학습이 최상의 방법임은 두말하면 잔소리입니다. 그럼 앵무새처럼 되새겨 볼까요?

먼저 '**rag**'나 '**rail**'처럼 단어 첫소리인 [**r**]와 '**brag**'와 '**crab**'처럼 모음 앞에 오는 [**r**] 소리는 입술을 다소 오므린 후에 혀를 뒤로 빼어 혀끝을 위로 올리되 입천장에 혀가 닿지 않도록 하면서 '(으)루' 하고 소리 내면 됩니다. 혀를 입천장에 닿지 않게 목구멍 쪽으로 꼬부린 채 '*어r*' 하고 소리를 내는 발성법은 '**car**', '**sir**', 'or**der**', '**fur**'와 같이 단어의 끝소리나 혹은 자음 바로 앞에 나오는 [**r**]에 해당하지요. 따라서 영어의 철자 [**r**]는 무조건 혀를 꼬부려 발음한다는 고정관념은 버리라고 충고했습니다.

자 그럼 [**r**] 앞에 자음이 붙은 [**br**-], [**cr**-], [**fr**-], [**gr**-], [**pr**-] 형태의 소리를 공부해 볼까요? '**brag**'를 예로 들면, 먼저 입술과 아랫입술을 약간 붙여서 말아 넣고 '(으)브' 하고 [**b**] 소리를 내면서 순차적으로 입술을 다소 오므린 후에 혀를 뒤로 빼어 혀끝을 위로 올리되 입천장에 혀가 닿지 않도록 하면서 '(으)루' 하고 소리 내면 '브루' 하는 소리가 나지요. 이 상태에서 [-ag]의 '-액' 소리를 붙이면 자연스럽게 '브랙' 하는 소리가 나게 될 것입니다. 앞서서 설명했지만 발성 구조상 [b]와 [r]는 '**bl**-'처럼 음이 연결되어 '블-'로 발음되지 않는다는 것에 유의하며 발음해야 합니다.

나머지 [**cr**-], [**fr**-], [**gr**-], [**pr**-] 형태도 똑같은 발성법으로 발음연습을 하세요. 간단하게 정리하면 [**cr**-]는 '크루-', [**fr**-]는 '프f루-', [**gr**-]는 '그루-', [**pr**-]는 '프루-'로 발음하고 표기하면 됩니다. 각 형태를 우리가 익히 잘 알고 있는 단어로 예를 들어 봅시다. '**br**ass'는 '브뢔쓰', '**fr**ank'는 '프f뢩크', '**gr**am'는 '그뢤', '**pr**ess'은 '프뤠쓰'로 발음이 되는 것이지요.

그럼 [r] 발음의 이해를 돕기 위해 [**br**-], [**cr**-], [**fr**-], [**gr**-], [**pr**-] 형태의 단어 중에서 우리가 일상생활에서 사용하는 단어들을 한번 정리해 볼까요?

English word → 한국식 발음 → 영어식 발음

1	**br**and	낙인	→	브랜드	→	**브뢘**(드)
2	**cr**eam	유지	→	크림	→	**크뤼**임
3	**fr**y	기름에 튀기다	→	프라이	→	**프f롸**이
4	**gr**and	웅대한	→	그랜드	→	**그뢘**(드)
5	**pr**ism	분광	→	프리즘	→	**프뤼**즘

이제 아래 'Practice'에 정리된 단어들의 발음을 간단하게 익혀 볼까요?

Practice | [br-], [cr-], [fr-], [gr-], [pr-]

1	**br**awl	: 언쟁	→	**브루**오오을	→	**브로**올
2	**cr**áckle	: 탁탁 소리	→	**크루**애크을	→	**크뢔**클

3	**fr**eight	: 화물 운송	→	프f루에이트	→	프f뤠잍
4	**gr**ease	: 기름	→	그루이이쓰	→	그뤼이쓰
5	**pr**iest	: 성직자	→	프루이이스뜨	→	프뤼이스뜨

요점정리

[br–]는 '브루–', [cr–]는 '크루–', [fr–]는 '프f루–', [gr–]는 '그루–', [pr–]는 '프루–'로 발음한다.

알고 갑시다

[br–], [cr–], [fr–], [gr–], [pr–] 소리

[**l**]과 [**r**]의 발음 차이는 한국 사람이 극복해야 할 가장 어려운 과제임이 분명합니다. 따라서 영어를 시작할 때 처음부터 어설프게 흉내 내는 식으로 배우지 말고 기본과 원칙의 범주에서 익혀 나가야 합니다. 다시 한 번 더 아래에 5가지 유형 10개의 단어를 예로 정리했습니다. 몇 번이고 반복해서 발음하면서 [**l**]과 [**r**] 소리가 자연스럽게 묻어날 수 있도록 연습하세요.

[l]과 [r]의 소리 구분

1	**bl**anch	: 표백하다	블랜취	→	**br**anch	: 나뭇가지	브뤤취
2	**cl**ank	: 쨍그랑	클랭크	→	**cr**ank	: 크랭크	크뤵크
3	**fl**og	: 매질하다	플f락	→	**fr**og	: 개구리	프f롹
4	**gl**ad	: 기쁜	글래드	→	**gr**ad	: 대학원생	그뢔드
5	**pl**ay	: 놀다	플레이	→	**pr**ay	: 기도하다	프뤠이

[**br**-]의 발성법은 이미 앞에서 배웠으니까 이제부터 각 'Practice'를 통해 각각의 소리를 연습해 보죠. 앞 장의 [l]에서 마찬가지로 'Practice 2'에 정리된 많은 단어 중에서 5개만 골라 'Practice 1'에 '발음 예시'를 제공했습니다. 나머지 형태에도 이런 학습의 틀로 구성하였습니다. 여러분들이 [**br**-]의 소리인 '브루-'를 직접 발음해 보세요.

Practice 1 | 브루- [br-]

1	**br**ew	: 양조하다	→	**브루**우우	→	**브루**우
2	**br**ídle	: 말굴레	→	**브루**아이드을	→	**브롸**이를
3	**br**ief	: 짧은	→	**브루**이이프[f]	→	**브뤼**이프[f]
4	**br**ístle	: 강모	→	**브루**이쓰을	→	**브뤼**쓸
5	**br**uise	: 타박상	→	**브루**우우즈	→	**브루**우즈

Practice 2 | 브루- [br-]

brace 버팀목	**br**ag 자랑하다	**br**aid 노끈	**br**ain 뇌	**br**ake 제동기
branch 나뭇가지	**br**and 낙인	**br**ass 놋쇠	**br**ave 용감한	**br**awl 언쟁
breach 위반	**br**ead 빵	**br**eak 깨뜨리다	**br**east 가슴	**br**eath 호흡
breed 낳다	**br**eeze 미풍	**br**ew 양조하다	**br**ibe 매수하다	**br**ick 벽돌
bridge 다리	**br**ídle 말굴레	**br**ief 짧은	**br**ight 밝은	**br**im 양태
bring 가지고 오다	**br**ink 가장자리	**br**isk 활발한	**br**ístle 강모	**br**oad 넓은
broil 굽다	**br**onze 청동	**br**ood 알을 품다	**br**ook 시내	**br**oom 비
bróther 형제	**br**ow 이마	**br**own 갈색	**br**owse 뜯어 먹다	**br**uise 타박상
bruit 풍문	**br**unch 늦은 아침	**br**unt 주력	**br**ush 솔	**br**ute 짐승

자음 [c]는 입 앞쪽에서 소리가 나는 우리말과는 다르게 입안 깊숙한 곳에서 소리가 난다고 했습니다. 따라서 자음 [c]를 제대로 발음하려면 턱을 아래로 당기고 목젖 부분에서 공기가 마찰되면서 바람이 새는 듯이 'ㅋ' 하고 소리를 내야 합니다. 이렇게 'ㅋ' 하고 [c] 소리를 내면서 순차적으로 입술을 다소 오므린 후에 혀를 뒤로 빼어 혀끝을 위로 올리되 입천장에 혀가 닿지 않도록 하면서 '(으)루' 하고 소리 내면 '크루' 하는 소리가 나지요. 'Practice 3, 4'에 정리된 [cr-]의 소리인 '크루-'를 직접 발음해 보세요.

Practice 3 | 크루- [cr-]

1	**cr**ípple	: 절름발이	→	**크루**이프을	→	**크뤼**플
2	**cr**ádle	: 요람	→	**크루**에이드을	→	**크뤠**이들
3	**cr**inge	: 위축되다	→	**크루**이은쥐	→	**크륀**쥐
4	**cr**uel	: 잔혹한	→	**크루**우우어을	→	**크루**우얼
5	**cr**uise	: 순항	→	**크루**우우즈	→	**크루**우즈

Practice 4 | 크루- [cr-]

crab 게	**cr**ack 째진 틈	**cr**áckle 탁탁 소리	**cr**ádle 요람	**cr**aft 기능
cram 쑤셔 넣다	**cr**amp 경련	**cr**ane 학	**cr**ank 크랭크	**cr**ap 오물
crape 축면사	**cr**ash 요란한 소리	**cr**atch 여물통	**cr**ate 상자	**cr**ave 간청하다
crawl 포복하다	**cr**aze 미치게 하다	**cr**ázy 미친	**cr**ease 주름살	**cr**eam 유지
creed 신념	**cr**eek 지류	**cr**eel 바구니	**cr**eep 기다	**cr**est 볏
crew 승무원	**cr**ib 구유	**cr**ime 죄	**cr**imp 주름을 잡다	**cr**inge 위축되다
crínkle 주름지다	**cr**ípple 절름발이	**cr**isp 상쾌한	**cr**ock 단지	**cr**ook 구부리다

croon 읊조리다	**cr**op 수확량	**cr**oss 십자가	**cr**ouch 쭈그리다	**cr**ow 까마귀
crowd 군중	**cr**own 왕관	**cr**ude 날것의	**cr**uel 잔혹한	**cr**uise 순항
crumb 부스러기	**cr**úmble 빻다	**cr**úmple 구기다	**cr**unch 아삭아삭 씹다	**cr**ush 눌러 부수다
crust 빵 껍질	**cr**ústy 퉁명스러운	**cr**utch 목발	**cr**ux 핵심	**cr**y 울다

철자 [f]의 발성법은 윗니를 살짝 감은 아랫입술에 살며시 얹는 것에서 시작합니다. 그리고 살짝 '프^{f}' 하는 소리와 함께 바람을 내뿜으면서 아랫입술을 풀면 [f] 소리가 자연스럽게 만들어집니다. 순차적으로 입술을 다소 오므린 후에 혀를 뒤로 살짝 빼어 혀끝을 위로 올리되 입천장에 혀가 닿지 않도록 하면서 '(으)루' 하고 소리 내면 '프^{f}루' 하는 소리가 나지요. 귀에 못이 박히도록 들었겠지만 [f] 발음을 할 때 아랫입술을 지나치게 말아 넣지 말아야 하며, '프' 하고 너무 세게 발음하지 말아야 합니다.

Practice 5 | 프^{f}루– [fr–]

1	**fr**ail	: 무른	→	**프^{f}루**에이을	→	**프^{f}뤠**일
2	**fr**aud	: 기만	→	**프^{f}루오**오드	→	**프^{f}로**오드
3	**fr**inge	: 술 장식	→	**프^{f}루**이은쥐	→	**프^{f}륀**쥐
4	**fr**own	: 눈살을 찌푸리다	→	**프^{f}루**아우은	→	**프^{f}롸**운
5	**fr**uit	: 과일	→	**프^{f}루우**우트	→	**프^{f}루**울

Practice 6 | 프^{f}루– [fr–]

frail 무른	**fr**ame 뼈대	**fr**ank 솔직한	**fr**aud 기만	**fr**ay 닳아 해지다
free 자유로운	**fr**éedom 자유	**fr**eeze 얼다	**fr**eight 화물 운송	**fr**énzy 광란
fresh 신선한	**fr**et 초조하다	**fr**iend 친구	**fr**ig 냉장고	**fr**ight 공포

frill 주름 장식	**fr**inge 술 장식	**fr**isk 뛰놀다	**fr**ock 성직자복	**fr**og 개구리
from 부터	**fr**ont 앞부분	**fr**ost 서리	**fr**oth 거품	**fr**own 눈살을 찌푸리다
fruit 과일	**fr**y 기름에 튀기다			

[**g**]의 'ㄱ'는 우리말의 'ㄱ'보다는 목 안 깊숙한 곳에서 성대를 울리며 그윽하게 나는 소리라 턱을 몸 쪽 아래로 떨어뜨리고 목구멍 깊숙한 곳에서 끌어올리듯 발음해야 합니다. 이 'ㄱ' 소리를 발성한 후 순차적으로 입술을 다소 오므린 후에 혀를 뒤로 빼어 혀끝을 위로 올리되 입천장에 혀가 닿지 않도록 하면서 '(으)루' 하고 소리 내면 '그루' 하는 소리가 나지요. 이제 목 안 깊숙한 곳에서 성대를 울리며 그윽하게 '그루-' 하고 [**gr**-]를 발음해 보세요.

Practice 7 | 그루- [gr-]

1	**gr**ável	: 자갈	→	**그루**애브ᵛ어을	→	**그뢔**벌ᵛ
2	**gr**ipe	: 쥐다	→	**그루**아이프	→	**그롸**잎
3	**gr**oan	: 신음하다	→	**그루**오우은	→	**그로**운
4	**gr**out	: 시멘트 반죽	→	**그루**아우트	→	**그롸**웉
5	**gr**óvel	: 굴복하다	→	**그루**아브ᵛ어을	→	**그롸**벌ᵛ

Practice 8 | 그루- [gr-]

grab 움켜쥐다	**gr**ace 우아	**gr**ad 대학원생	**gr**ade 등급	**gr**aft 접목하다
grain 곡물	**gr**am 그램	**gr**and 웅대한	**gr**ant 허가하다	**gr**ape 포도
grápple 잡다	**gr**asp 파악하다	**gr**ass 풀	**gr**ate 갈다	**gr**ave 무덤
grável 자갈	**gr**ay 회색의	**gr**aze 스치다	**gr**ease 기름	**gr**eat 위대한
greed 욕심	**gr**een 녹색	**gr**eet 인사하다	**gr**id 격자	**gr**ief 비탄
grill 석쇠	**gr**im 엄한	**gr**in 씩 웃다	**gr**ind 빻다	**gr**ip 쥐기
gripe 쥐다	**gr**ist 빻은 곡식	**gr**it 자갈	**gr**oan 신음하다	**gr**ócer 잡화점
groom 마부	**gr**ope 더듬어 찾다	**gr**oss 거친	**gr**ound 지면	**gr**oup 집단
grout 시멘트 반죽	**gr**óvel 굴복하다	**gr**ow 성장하다	**gr**owl 투덜거리다	**gr**owth 성장
grub 애벌레	**gr**úbby 더러운	**gr**udge 원한	**gr**ue 몸서리치다	**gr**uel 죽
gruff 난폭한	**gr**um 엄한	**gr**úmble 불평하다	**gr**ump 불평가	**gr**unt 투덜거리다

[**p**]의 소리는 '양순음'으로 윗입술과 아랫입술을 약간 말아 넣고 성대를 울리지 않으면서 터트리듯 'ㅍ' 하고 소리를 냅니다. 'ㅍ' 소리를 발성한 후 순차적으로 입술을 다소 오므린 후에 혀를 뒤로 빼어 혀끝을 위로 올리되 입천장에 혀가 닿지 않도록 하면서 '(으)루' 하고 소리 내면 '프루' 하는 소리가 나지요.

Practice 9 | 프루- [pr-]

1	**pr**aise	: 칭찬하다	→	**프루**에이즈	→	**프뤠**이즈
2	**pr**each	: 설교하다	→	**프루**이이취	→	**프뤼**이취
3	**pr**íson	: 교도소	→	**프루**이즈어은	→	**프뤼**즌
4	**pr**ompt	: 신속한	→	**프루**아음프트	→	**프뢈**트
5	**pr**owl	: 배회하다	→	**프루**아우을	→	**프롸**울

Practice 10 | 프루- [pr-]

praise 칭찬하다	**pr**ank 농담	**pr**ay 빌다	**pr**áyer 기도	**pr**each 설교하다
press 누르다	**pr**étty 예쁜	**pr**ey 먹이	**pr**ice 가격	**pr**ick 찌르다
pride 자존심	**pr**iest 성직자	**pr**im 꼼꼼한	**pr**ime 최초의	**pr**ince 왕자
print 인쇄하다	**pr**ism 분광	**pr**íson 교도소	**pr**ívy 당사자	**pr**ize 상품
probe 탐침	**pr**od 찌르기	**pr**ompt 신속한	**pr**one 수그린	**pr**oof 증거
prop 버팀목	**pr**óper 적당한	**pr**ose 산문	**pr**ósper 번영하다	**pr**oud 자랑하는
prowl 배회하다	**pr**ude 얌전한 체하는 여자	**pr**une 잘라 내다	**pr**ut 쓰레기	**pr**y 지레

014

-ght

[트]의 소리를 찾아서

이번 장부터는 복자음이라기보다는 묵음(默音)에 대해서 배우려고 합니다. 묵음(默音)이란 단어에 철자로 포함되어 있으나 소리를 내지 않는 것을 말합니다. 우리말에도 '(물건을) 옮기다.'에서 받침 'ㄹ'이 소리가 나지 않아 마치 '옴기다'로 소리가 나는 것과 같은 경우이지요.

앞 장에서 [**gh**]는 [**f**]처럼 '프f'로 소리가 난다고 배웠지요? 그러나 [**gh**] 뒤에 [**t**]가 붙어 [-**ght**]가 되는 경우 [**gh**]는 소리가 나지 않는 묵음입니다. 즉, [-**ght**]는 'ㅌ' 하고 소리를 내면 된다는 것이지요. [**t**]의 발성법을 이제 잘 알고 익숙하지요? 다시 한 번 말하면, 혀끝을 윗니 바로 뒤쪽 입천장 볼록한 부분(치경)에 살짝 대면서 'ㅌ'로 발음하면 됩니다. 이때 [-**ght**] 앞의 모음 [**i**]는 '아이'로 100% 소리 나지요. 그러면 종합선물세트(?)로, 즉 포괄적인 소리로 공부하는 것이 어때요? 그래야 철자를 암기하는 데에도 도움이 될 테니까요. 결론적으로 말하면 [-**ight**]는 '아이ㅌ' 또는 '아잍' 하고 발음하면 됩니다.

그럼 철자를 보고 암기하면서 발음해 볼까요? 준비됐지요? 시이~작! '아잍! 아잍! 아잍! 아잍! 아잍! 아잍! 아잍! 아잍! 아잍! 아잍!' 발음하기에 크게 어려운 것은 없지요? 다만 이제 영어를 공부하다가 'night'나 'sight'와 같이 [-**ight**]가 붙은 단어를 보면 즉각적으로 '나잍', 그리고 '싸잍' 하고 읽어 낼 수 있어야 한다는 것이지요. 많은 연습이 필요하겠지요? 이제 [-**ight**t] = [-**it**] = '아잍'이라는 소리 공식을 잊지 않고 기억하는 일만 남았지요?

자, 그럼 단어 속에서의 [-**ght**]의 소리를 찾아 여행을 떠납시다. 'Good luck! It's up to you!'

Practice | [-ght]

1	fi**ght**	→	프f아이트	→	**파f잍**
2	li**ght**	→	을아이트	→	**라잍**
3	mi**ght**	→	음아이트	→	**마잍**
4	ni**ght**	→	은아이트	→	**나잍**
5	ri**ght**	→	루아이트	→	**롸잍**
6	si**ght**	→	쓰아이트	→	**싸잍**
7	ti**ght**	→	트아이트	→	**타잍**
8	bri**ght**	→	브루아이트	→	브**롸잍**
9	fli**ght**	→	프f을아이트	→	플f**라잍**
10	pli**ght**	→	프을아이트	→	플**라잍**
11	fri**ght**	→	프f루아이트	→	프f**롸잍**
12	kni**ght**	→	은아이트	→	**나잍**

요점정리

1. [-ght]에서 [gh]는 소리가 나지 않는 묵음이며, 따라서 혀끝을 윗니 바로 뒤쪽 입천장 볼록한 부분(치경)에 살짝 대면서 'ㅌ'로 발음한다.
2. [-ght]는 우리말 /ㅌ(티읕)/으로 표기한다.

아래의 단어들도 [**gh**]가 묵음이지요. 다만 'eight'과 같이 [**i**] 앞에 또 다른 모음이 오는 경우 위의 경우와는 달리 [**i**]가 '이'로 소리가 나지요. 즉, 'eight'은 '에잍'으로 소리가 나지요. 또 [**-aight**]도 '에잍'으로 발음합니다. 아래 4개의 단어들의 소리를 스스로 찾아 읽어 보세요.

ei**ght**	overwei**ght**	wei**ght**	frei**ght**	strai**gh**t
8	초과중량	무게	화물	곧장

* height의 경우는 예외로 '하잍'으로 발음합니다.

kn-

[은]의 소리를 찾아서

[**kn**-]은 주로 '**kn**ow'라는 단어에서 보듯이 단어 앞에 위치하고 있지요. 이 [**kn**-]도 '크은', 또는 두 소리를 합쳐서 '큰' 하고 소리를 내지 않습니다. [**kn**-]에서는 [**k**]가 묵음입니다. 즉, [**n**]의 소리만 발음하면 된다는 뜻이지요. 그러면 [**n**]은 어떻게 소리가 나지요? 앞 장 'Step 1. 기본 발음' [**n**]이 '은'으로 소리가 난다고 배웠지요? 또, 우리말로는 'ㄴ(니은)'으로 표기된다고 배웠고요. 기억을 상기하고, 복습하는 의미에서 [**n**]의 발성법을 다시 한 번 설명하겠습니다. [**n**]은 입천장에 혀끝을 댄 채로 '은-' 하면서 콧등에 여운이 전달될 정도로 끌어 주며 소리를 내는 것입니다. 따라서 [**kn**-] = [**n**-] = '은'이라는 소리 공식을 잊지 말고 기억하세요.

그러면 '매듭'이라는 단어 '**kn**ot'을 발음하면 '아니다'라는 부정사 'not'과 소리가 같게 되어서 '낱'으로 소리가 나게 된다는 것을 이해하겠죠? 또, 중세의 기사들을 나타내는 단어 '**kn**ight'와 깜깜한 '밤'을 의미하는 '**n**ight'의 소리가 같다는 것을 알 수 있을 것입니다.

그럼 철자를 보고 암기하면서 발음해 볼까요? 준비됐지요? 시이~작! '은! 은! 은! 은! 은! 은! 은! 은! 은! 은!' 크게 어려운 것은 없지요? 아래에 정리된 단어를 통해 충분히 연습해 본 후에 사전을 펼쳐 보세요. [**kn**-]으로 된 단어들이 상당히 많이 있으니까, 눈으로 직접 확인해 보는 것도 좋은 공부입니다. 또 [**kn**-]은 단어 맨 앞에 위치하며, 단어의 중간이나 뒷부분에 위치하는 경우는 없다는 것도 기억하면 단어 암기에 도움이 될 것입니다.

자, 그럼 단어 속에서의 [**kn**-]의 소리를 찾아 여행을 떠납시다. 'Good luck! It's up to you!'

Practice | [kn–]

1	**kn**ow	: 알다	→	은오우	→	**노**우
2	**kn**ee	: 무릎	→	은이이	→	**니**이
3	**kn**eel	: 무릎 꿇다	→	은이이을	→	**니**일
4	**kn**elt	: 무릎 꿇었다	→	은에을트	→	**넬**트
5	**kn**ack	: 요령	→	은애크	→	**낵**
6	**kn**it	: 뜨개질하다	→	은이트	→	**닡**
7	**kn**ot	: 매듭	→	은아트	→	**낱**
8	**kn**ife	: 칼	→	은아이프[f]	→	**나**이프[f]
9	**kn**ob	: 마디	→	은아브	→	**납**
10	**kn**ock	: 요령	→	은아크	→	**낙**
11	**kn**ell	: 조종	→	은에을	→	**넬**
12	**kn**ight	: 기사	→	은아이트	→	**나**잍

요점정리

1. [kn–]은 [k]가 소리가 나지 않는 묵음이며, 따라서 [n]처럼 입천장에 혀끝을 댄 채로 '은' 하면서 콧등에 여운이 전달될 정도로 끌어 주며 소리를 낸다.
2. [kn–]은 우리말 /ㄴ(니은)/으로 표기한다.

아래 6개의 단어들의 소리를 스스로 찾아 읽어 보세요. 사전을 보면 아시겠지만 [**kn**-]으로 된 단어들은 합성어가 많아서 지금까지 나온 단어만 습득하면 차후에 별로 어려움이 없을 것입니다.

knap 둔덕	**kn**out 태형	**kn**uck 소매치기	**kn**úckle 손가락 관절	**kn**own 알려진
knów–hòw 전문 지식				

wh-

[우]의 소리를 찾아서

우리나라 대통령이 사는 곳을 청와대라 하고, 미국 대통령이 사는 곳은 백악관, 영어로 말하면 'White House'라고 합니다. 보통 우리는 '백색'이라는 '**wh**ite'를 '화이트'라고 발음하지만 실제로 미국인들은 '(우)와잍'이라 발음하며 [**h**] 철자 소리를 생략합니다. 간혹 'who(후)'나 'whole(호울)'과 같이 반대로 [**w**] 소리를 생략하는 경우도 있지만, [**wh**-]로 되어 있는 거의 모든 단어들은 [**h**]를 생략하고 발음합니다. 따라서 [**wh**-] =[**w**]= '우'라는 소리 공식으로 기억하고 발음하는 것이 좋습니다.

그러면 [**w**]의 기본 소리를 상기해 볼까요? [**w**]는 모음은 모음이지만, 독자적인 음가(音價)를 발휘하지 못하는 모음이라고 했어요. 즉, [**wa**-], [**wo**-], [**we**-], [**wi**-] 등, 항상 다른 모음과 동반하여 음가를 만든다고 말입니다. [**wh**-]도 마찬가지로, [**wha**-]는 '(우)왜-' 또는 '(우)와-', [**whe**-]는 '(우)웨-', [**whi**-]는 '(우)위-' 하고 발음합니다. 즉 '(우)' 소리는 입술을 내미는 과정에서 살짝 사잇소리로 들어가는 소리로, 들릴 듯 말 듯 하게 나는 소리입니다. 위에 언급한 [**wha**-]는 '(우)왜-' 또는 '(우)와-', [**whe**-]는 '(우)웨-', [**whi**-]는 '(우)위-'와 같이 소리가 나기 때문에 가급적이면 암기하고, 다음 Practice에 정리된 단어들을 보면서 충분한 연습을 하기 바랍니다.

그럼 [**wh**-]의 기본 발음이 정리가 되죠? 자, 그럼 연습해 볼까요?

입술을 앞으로 내미세요. 그 상태에서 작고 가볍게 '우' 하고 소리를 내면 됩니다. 너무 강하게, 그리고 길게 발음하면 안 됩니다. 다음에 나오는 모음과 빠르고 부드럽게 연결하는 것이 중요하지요. 준비됐지요? 그럼, 시이~작! '우! 우! 우! 우! 우! 우! 우! 우! 우! 우!'

이제 **[wh-]** = **[w]** = '우'라는 소리 공식과 **[wha-]**는 '(우)왜-' 또는 '(우)와-', **[whe-]**는 '(우)웨-', **[whi-]**는 '(우)위-'로 소리가 난다는 것을 상기하면서 아래 단어들을 보면서 실제 발음을 해 봅시다.

Practice | [wh-]

1	**wh**en	: 언제	→	우에은	→	(우)**웬**
2	**wh**ack	: 강타	→	우애크	→	(우)**왝**
3	**wh**ale	: 고래	→	우에이을	→	(우)**웨**일
4	**wh**at	: 무엇	→	우와트	→	(우)**왙**
5	**wh**eel	: 바퀴	→	우이이을	→	(우)**위**일
6	**wh**et	: 갈다	→	우에트	→	(우)**웰**
7	**wh**iff	: 불기	→	우이프f	→	(우)**위**프f
8	**wh**ip	: 채찍	→	우이프	→	(우)**위**프
9	**wh**im	: 변덕	→	우이음	→	(우)**윔**
10	**wh**isk	: 작은 비	→	우이스크	→	(우)**위**스끄
11	**wh**ite	: 하얀	→	우아이트	→	(우)**와**잍
12	**wh**am	: 꽝	→	우애음	→	(우)**왬**

요점정리

1. [wh-]는 [h]가 소리가 나지 않는 묵음이며, 따라서 [w]처럼 입술을 앞으로 쭉 내민 상태에서 작은 소리로 살짝 '우' 하고 소리를 낸다.
2. [wh-]는 우리말 /우/로 표기한다.

아래 10개의 단어들의 소리를 스스로 찾아 읽어 보세요. 그리고 사전에 [**wh**-]로 되어 있는 단어가 많이 있어요. 여러분들이 사전을 뒤적이면 찾고, 스스로 연습하세요.

while 동안	**wh**oop 환성	**wh**ísper 속삭이다	**wh**y 왜	**wh**ich 어느 것
where 어디	**wh**eat 밀	**wh**ísker 수염	**wh**ite 하얀	**wh**en ~할 때

wr-
[(으)루]의 소리를 찾아서

[**wr**-]도 주로 '**wr**ap'이라는 단어처럼 단어 앞에 위치하고 있는 복자음입니다. 이 [**wr**-]도 '우루'라고 소리가 나지 않지요. [**wr**-]에서는 [**w**]가 묵음이라서 [**r**]의 소리만 발음하면 됩니다.

그러면 [**r**]는 어떻게 소리가 나지요? 앞 장 'Step 1. 기본 발음' 편에서 [**r**]가 '(으)루'로 소리가 난다고 배웠지요? 또, 우리말로는 주로 'ㄹ(**리을**)'로 표기된다고 배웠고요. 우리말에는 혀를 꼬부리는 소리가 없기 때문에 매우 어려운 발음이라 입에 익숙하고 자연스러워지기가 쉽지 않습니다. 그럼, 기왕에 [**wr**-]를 통해 [**r**]의 소리를 배워야 하니까 기억을 상기하고, 복습하는 의미에서 [**r**]의 발성법을 다시 한 번 설명하고 복습해 봅시다.

[**wr**-]는 [**w**]가 소리가 나지 않는 묵음이라서, 입천장에 닿지 않게 혀를 구부리고 펴면서 '(으)루' 하고 [**r**]의 음가만 소리를 내면 됩니다. 따라서 [**wr**-] = '(으)루'라는 소리 공식을 잊지 말고 기억하세요.

그러면 '포장하다'는 단어 '**wr**ap'이나 '툭 치다'라는 '**r**ap'과 소리가 같게 되어서 '뢥'으로 소리가 나고, 또, '비틀어 짜다'라는 단어 '**wr**ing'과 '반지'를 의미하는 '**r**ing'가 '륑' 하고 소리가 같다는 것을 알 수 있을 것입니다.

그럼 철자를 보고 암기하면서 발음해 볼까요? 준비됐지요? 시이~작! '(으)루! (으)루! (으)루! (으)루! (으)루! (으)루! (으)루! (으)루! (으)루! (으)루!'

크게 어려운 것은 없지요? 아래에 정리된 단어를 통해 충분히 연습해 본 후에 사전을 펼쳐 보세요. [**wr**-]로 되어 있는 단어가 그리 많지 않아서 많이 부담은 되지 않을 것입니다.

자, 그럼 단어 속에서의 [**wr**-]의 소리를 찾아 여행을 떠납시다. 'Good luck! It's up to you!'

Practice | [wr-]

1	**wr**ap	: 포장하다	→	루애프	→	**뢥**
2	**wr**ack	: 난파	→	루애크	→	**뢕**
3	**wr**ángle	: 논쟁하다	→	루애응글	→	**뢩**글
4	**wr**ath	: 분노	→	루애쓰ᄃ	→	**뢔**쓰ᄃ
5	**wr**eck	: 파손	→	루에크	→	**뤡**
6	**wr**ench	: 비틀다	→	루에은취	→	**뤤**취
7	**wr**est	: 꼬다	→	루에스뜨	→	**뤠**스뜨
8	**wr**ing	: 짜다	→	루이응	→	**륑**
9	**wr**ist	: 손목	→	루이스뜨	→	**뤼**스뜨
10	**wr**it	: 영장	→	루이트	→	**뤹**
11	**wr**ite	: 쓰다	→	루아이트	→	**롸**잍
12	**wr**y	: 찡그린	→	루아이	→	**롸**이

요점정리

1. [wr–]는 [w]가 소리가 나지 않는 묵음이며, 따라서 [r]처럼 혀를 입천장에 닿지 않게 목구멍 쪽으로 구부리며 '(으)루' 하고 발음한다.
2. [wr–]는 우리말 /(으)루/로 표기한다.

아래의 단어들도 [w-]가 묵음이지요. 아래 10개의 단어들의 소리를 스스로 찾아 읽어 보세요.

wreak (벌)을 가하다	**wr**eath 화환	**wr**en 굴뚝새	**wr**éstle 씨름하다	**wr**etch 비열한
wrick 접질리다	**wr**íggle 꿈틀거리다	**wr**ínkle 주름살	**wr**ithe 몸부림치다	**wr**ong 나쁜

psy-
[싸이]의 소리를 찾아서

[**psy**-]는 거의 [**psy**ch-]의 형태로 단어가 형성되어 있으며, 의미도 '영혼(靈魂)', '정신(精神)', 그리고 '심리(心理)'와 관련된 단어들로 이루어져 있습니다. 우리나라 가수 중에 '싸이'라고 있지요. 아마 '완전히 새됐어.'라는 노래와 다소 특이한 춤, 돌출 행동으로 데뷔하자마자 인기를 한 몸에 받았었지요. 이 가수 덕분에 많은 사람들이 '싸이'라는 의미가 다소 비정상적인 사람을 일컫는 말이라는 것으로 인식하게 되었고, 아마도 쉽게 잊히지 않는 이유도 여기에 있을 것입니다. 어쨌든 [**psy**-]의 소리가 '싸이'이며, 정신과 심리에 관련된 매우 어려운 전문 용어라는 것은 사실입니다. 사전에서 [**psy**-]로 시작하는 단어들을 보면, '정신병원', '정신병자', '정신요법', '심리학자', '심리학', '심리전' 등등 모든 단어들이 우리가 우리말에서조차 평소에 잘 쓰지 않는 용어로 되어 있다는 것을 알면 됩니다.

이 단어의 뿌리를 보면, 그리스 로마 신화에 '프시케'라는 신(神)이 있는데, 아주 아름다운 미소녀의 모습으로 사랑의 신인 Eros(에로스)에게 사랑받는 '영혼의 화신'으로 등장하지요. 그래서 이 신의 이름 '**Psyche**'(한국식 발음으로 '프시케')를 따서 정신과 관련된 많은 용어들이 등장하게 된 것이지요.

서론은 이쯤으로 하고 본론으로 들어가지요. 거의 모든 단어가 [**psych**-]의 형태로 되어 있는데, 이때 [**psy**-] 뒤에 붙어 있는 [**ch**]는 '취'의 소리가 아니라 [**h**]가 묵음이라 [**c**]의 'ㅋ' 소리만 납니다. 따라서 [**psych**-]의 전체적인 소리는 '싸이크' 또는 '싸잌'으로 발음됩니다. [**psych**-]=[**syc**-]라는 뜻이지요. 따라서 [**psych**-] = '싸잌'이라는 소리 공식을 잊지 말고 기억하세요.

그럼 철자를 보고 [**psych**-] 암기하면서 발음해 볼까요? '싸잌! 싸잌! 싸잌! 싸잌! 싸잌! 싸잌! 싸잌! 싸잌! 싸잌! 싸잌!' 조금 어렵지요? 걱정하지 마세요. 앞서도 말했지만, 전문 용어라서 여러분들이 접할 가능성이 매우 적은 단어입니다. 하지만 알고는 가자는 의미로 공부한 것이니까 크게 부담은 가지지 마세요. 자, 그럼 단어 속에서의 [**psych**-]을 통해 '프시케(psyche)'신을 만나러 여행을 떠나 볼까요?

Practice | [psy-]

1	**psy**ch	→	싸이크	→	**싸잌**
2	**Psý**che	→	싸이크이	→	**싸이**키
3	**psý**cho	→	싸이크오우	→	**싸잌**코우
4	**psý**chic	→	싸이크이크	→	**싸이**킥
5	**psý**chon	→	싸이크어은	→	**싸이**컨
6	**psy**chólogy	→	싸이크아을어주이	→	**싸이**칼러쥐

요점정리 [psy-]

1. [psy-]는 [p]가 소리가 나지 않는 묵음이며, 따라서 [s]의 '쓰'와 [y]의 '아이'의 소리를 합쳐 '싸이' 하고 발음한다.
2. [psy-]는 우리말 /싸이/로 표기한다.

많은 단어들이 있지만 [**psych**-]으로 된 단어들은 긴 단어들이어서 지금 단계에서는 단어만 보고 읽어 내기가 쉽지 않을 듯해 많은 단어들을 예시하지 않았습니다.

-mb, -mn, gn

[음]의 소리를 찾아서

오른쪽 5개의 단어들도 일상생활에서 사용 빈도가 높은 단어들입니다. 그래서 비록 단어의 개수는 많지 않지만 단어의 중요성 때문에 배우고 갈 수밖에 없는 단어들이지요.

'Step 1. 기본 발음' 편에서 배웠듯이 [**m**]과 [**b**]는 둘 다 똑같이 양 입술을 붙여서 약간 말아 넣은 후에 살짝 떼면서 소리를 내는 공통점을 갖고 있지요. 따라서 [**m**]과 [**b**]가 [**mb**]처럼 붙어 있으면 빨리, 그리고 부드럽게 발음할 수가 없지요. 그래서 [**b**]의 소리를 생략하고 [**-mb**]를 '음' 하고 발음하면 됩니다. 이처럼 영어에서는 발성 구조상 같은 곳에서 소리가 나는 철자가 연달아 오는 경우 한 소리를 생략하는 경우가 많습니다. 예를 들면, [**d**]과 [**t**]는 똑같이 혀가 윗니 치경에 붙었다가 떨어지면서 나는 소리라는 것을 배웠지요? 따라서 '**need to**'라는 숙어를 연음해서 발음하려면, 'need'의 [**d**]를 생략하고 '니이투' 하고 발음하지요. 거두절미(去頭截尾)하고 [**-mb**] = [**m**] = '음'이라는 소리 공식을 기억하면서 다음 단어들을 몇 번이고 소리를 내어 읽어 봅시다.

Practice | [–mb]

1	bo**mb**	→	브아음	→	**밤**
2	co**mb**	→	크오음	→	**코움**
3	du**mb**	→	드어음	→	**덤**
4	li**mb**	→	을이음	→	**림**
5	cli**mb**	→	크을아이음	→	**클라임**

'Step 1. 기본 발음' 편에서 배웠듯이 [**m**]은 양 입술을 붙여서 약간 말아 넣은 후에 살짝 떼면서 내는 '음' 하는 소리이며, [**n**]은 반대로 입술을 약간 뗀 상태에서 혀를 윗니 뒤쪽의 잇몸(치경)에 붙였다 떼면서 '은' 하고 소리를 내야 합니다. 그런데 현실적으로 위와 같은 발성법으로 [**m**]의 소리에서 [**n**]의 소리로 정확하면서 빠르고, 그리고 부드럽게 발음한다는 것은 거의 불가능하지요. 예를 들면 'da**mn**'이라는 단어를 철자 그대로 발음하면 '**댐은**'이지요? 그런데 이렇게 읽는 것은 음절 하나하나를 또박또박 읽어야 하는 우리 식 발성법에는 가능한 소리입니다. 하지만 영어식 발성 구조로 읽게 되면 '은'의 소리는 강세가 없어서 약하게 흘려야 하는데, 혀를 치경에 붙이게 되면 길고 강하게 소리가 나고, 붙이지 않으면 정확한 영어 발음이 되지 않습니다. 따라서 [**-n**]의 소리를 생략하고 [**-mn**]을 '음' 하고 발음하게 됩니다.

[**gn**]의 경우도 이와 유사한 이유입니다. 목구멍소리인 [**g**]와 혀끝소리인 [**n**]이 나란히 붙어 있어서 혀를 빠르고 정확하게 움직이지 않으면 [**g**]와 [**n**]의 소리를 붙여서 낸다는 것은 거의 불가능한 일입니다. 따라서 [**g**]의 소리를 탈락시키고 [**n**]의 소리 '은'만 붙여서 발음해야 합니다. 예를 들어, '**sign**'이라는 단어는 '씩은'이 아니라 '싸인' 하고 발음해야 합니다.

다만 [**-mn**], [**gn**]으로 된 단어들은 그 수가 많지 않아 다음에 예시된 단어들만 확실하게 익혀 주세요.

Practice | [-mn], [gn]

[-mn]에서는 [-n]이 묵음이고, [gn]은 [g]가 묵음이 된다.

1	da**mn**	→	드애음	→	**댐**
2	hy**mn**	→	흐이음	→	**힘**
3	**gn**arl	→	은아아r을	→	**나알r**
4	**gn**at	→	은애트	→	**냍**
5	**gn**aw	→	은오오	→	**노오**
6	si**gn**	→	쓰아이은	→	**싸인**
7	rei**gn**	→	루에이은	→	**뤠인**
8	assí**gn**	→	어쓰아이은	→	어**싸인**
9	desí**gn**	→	디즈아이은	→	디**자인**

020

−lk, −lm, −lf

[크], [음], [프^f]의 소리를 찾아서

TV의 각종 좌담(座談)을 누구누구의 '토크 쇼'라고 하지요? 'talk'가 바로 그 단어입니다. 또 당구장에서 당구봉 끝에 바르는 '초크'와 교실에서 판서할 때 사용하는 '초크'는 바로 'chalk'라는 영어 단어이고요. 그리고 야구를 좋아하는 매니아라면 잘 아는 야구 용어 중에서 투수의 투구 동작이 애매할 때 주심이 '보크'를 선언하는 데, 그때 이 '보크'가 바로 'balk'라는 단어입니다. 이 단어에는 공통적인 묵음이 있지요? 예, 맞습니다. 바로 철자 [**l**]이 소리가 나지 않아요. 다음 쪽 'Practice [**−lk**]'에 보듯이 단어가 그렇게 많지 않지만, 사용 빈도수가 많은 단어들이라 특별히 강조하는 것입니다. 또, 한 가지만 더 언급하자면, 아래의 단어들의 공통적인 모음이 [**a**]인 것을 알 수 있을 것입니다. 이 [**a**]는 독특하게도 발음기호로 [ɔː], 즉, '아'에 가까운 '오오'로 소리가 나지요. 따라서 [**−alk**]는 '오오크'로 소리를 내면 됩니다. [**k**]의 소리는 '기본 발음'에서 익혔으니까 다시 언급하지 않아도 되겠지요?

그럼 [**−alk**] = '오오크'라는 소리 공식을 기억하면서 몇 번만 연습해 볼까요? '오오크! 오오크! 오오크! 오오크! 오오크! 오오크! 오오크! 오오크! 오오크! 오오크!'

Practice | [-lk]

1	ba**lk**	→	ㅂ오오크	→	보오크
2	ta**lk**	→	ㅌ오오크	→	토오크
3	wa**lk**	→	우오오크	→	(우)워오크
4	cha**lk**	→	추오오크	→	초오크
5	sta**lk**	→	스ㅌ오오크	→	스또오크

크리스마스 때면 울려 퍼지는 많은 캐럴(carol) 중에서 이런 노래 기억하시죠? 'Silent night, holy night, All is calm, All is bright......' 이 가사 중에서 우리가 착각할 수 있는 단어가 있어요. 바로 'calm(평온한)'이라는 단어인데, 이 단어를 영어를 배우면서 가장 흔하게 접하는 'come'이라는 단어로 알아듣고 그렇게 생각할 수 있습니다. 또, 흥분한 사람에게 진정하라는 말로, 'Calm down!' 하고 말하는 데, 이것도 'Come down!'으로 오해할 수 있습니다. 'calm'과 'come'이 우리 귀에는 비슷한 소리로 들리기 때문에 그렇습니다.

또 하나의 예를 들어 보면, 컴퓨터에는 여러 가지 종류가 있지요? 책상 위에 올려놓는 '데스크탑(Desktop)'과, 노트북과 같이 무릎에 올려놓는 '랩탑(Laptop)', 그리고 손바닥에 올려놓을 정도의 작은 컴퓨터를 '팜탑(Palmtop)'이라고 합니다. 이 'calm'과 'palm'에 공통적으로 묵음인 철자가 있다는 것이 느껴지지요? 예, 바로 [**l**] 철자입니다. 그리고 오른쪽 4개 단어의 공통된 모음이 [**a**]인 것도 알 수 있을 것입니다. 이 [**a**]는 특이하게도 '아' 소리가 나지요. 따라서 [**-alm**] '아암' 하고 소리를 내면 됩니다. 그럼 [**-alm**] = '아암'이라는 소리 공식을 기억하면서 우리 몇 번만 연습해 볼까요? '아암! 아암! 아암! 아암! 아암! 아암! 아암! 아암! 아암! 아암!'

Practice | [-lm]

1	ba**lm**	→	브아아음	→	**바암**
2	ca**lm**	→	크아아음	→	**카암**
3	pa**lm**	→	프아아음	→	**파암**
4	psa**lm**	→	쓰아아음	→	**싸암**

여기서 여러분들의 눈과 지적 능력을 시험해 봐도 될까요? 위의 두 경우에 해당되는 단어들을 한 군데로 아래와 같이 모아 볼게요.

1	ba**lk**	→	브오오크	→	**보오크**
2	ta**lk**	→	트오오크	→	**토오크**
3	wa**lk**	→	우오오크	→	**(우)워오크**
4	cha**lk**	→	추오오크	→	**초오크**
5	sta**lk**	→	스트오오크	→	**스또오크**
6	ba**lm**	→	브아아음	→	**바암**
7	ca**lm**	→	크아아음	→	**카암**
8	pa**lm**	→	프아아음	→	**파암**
9	psa**lm**	→	쓰아아음	→	**싸암**

어떤 공통점을 발견하셨나요? 예, 맞아요. [-**lk**]와 [-**lm**] 앞에 공통적으로 모음 [**a**]가 붙어 있지요? 다음 'Practice'에 나열된 단어에도 [-**lf**] 앞에 모음 [**a**]가 붙어 있지요? 그리고 똑같이 [**l**]의 소리가 묵음이고요.

Practice | [-lf]

[-lf]는 [l]이 묵음이며, 특히 [-alf]에서 [a]는 '애'로 소리가 난다. 따라서 [-alf]는 '애프'로 소리를 내면 된다.

1	ha**lf**	→	흐애프f	→	**해프f**
2	ca**lf**	→	크애프f	→	**캐프f**

이제 철자 [l]의 공통된 소리 법칙의 공식을 완성해 볼까요?

'강모음 + l + 자음'인 경우 [l]은 소리가 탈락되는 '묵음 현상'이 일어난다.

지금은 'Digital Camera' 때문에 자취를 감출 위기에 처해 있는 물건이 하나 있지요? 예, 'film'입니다. 혹시 이 단어를 우리 식 발음대로 '필름'이라고 소리 내면 미국인들이 알아들을 수 있을까요? 대답은 'Never!'입니다. 이 단어 역시 'f + i(모음) + l + m(자음)'의 형태로 되어 있는 단어입니다. 따라서 [l]이 묵음이 돼야 하고, '피f음'이라고 발음해야 옳습니다. 조금 어색하게 들리고 정말 이렇게 발음해야 할까 의구심도 들지요? 만약 영어를 사용하는 나라에서 '필름'이라고 발음을 하면 안타까운 일이지만 '필름'을 구입하기가 쉽지 않아요. 다만 요즘은 '디지털 카메라' 덕분에 '필름'을 구입할 경우가 드물어서 다행이지요?

또 하나 예를 들면, 축구 경기 중계방송 아나운서들이 전반전이 끝나고 난 후 휴식 시간을 '하프타임'이라는 영어 용어를 사용합니다. 'halftime'을 영국식으로 발음한 것이죠. '절반의'라는 뜻의 'half'도 [l] 앞에 강모음 [a]와 뒤에 자음 [f]가 붙은 형태여서 [l]이 묵음 현상이 일어나지요. 따라서 'half'를 '해프f'로 발음해야 합니다. 이왕 이 책을 구입해서 반납할 수 없는 이상 저를 믿고 끝까지 따라오세요.

위의 [l]의 소리 법칙은 거의 모든 단어에 적용되기 때문에, 영어를 계속 공부하다가 처음 보는 단어에 철자 [l]이 있으면, 앞에 '모음'과 뒤에 '자음'이 붙어 있나 확인해 보는 습관, 꼭 잊지 마세요!

요점정리

1. '강모음+l+자음'인 경우 [l]은 소리가 탈락되는 묵음 현상이 일어난다.
2. [−lk], [−lm], [−lf]는 [l]이 공통적으로 묵음이며, 따라서 [−lk]는 'ㅋ', [−lm]는 '음', [−lf]는 'ㅍ' 하고 소리 낸다.

종합 복습 (Total Review)

암기할 기본 발음

● 복자음

–ch (취)	sh (쉬)	ph (프f=f)	–gh (프f=f)	–ng (응)	–nk (응크)
–ts (츠)	–ds (즈)	th (쓰Γ)	th (드ð)	sc–/ sk– (스끄–)	sp– (스뻐–)
st– (스뜨–)	dr– (듀루)	tr– (츄루)	bl– (블ㄹ–)	cl– (클ㄹ–)	fl– (플fㄹ–)
gl– (글ㄹ–)	pl– (플ㄹ–)	sl– (슬ㄹ–)	br– (브루–)	cr– (크루–)	fr– (프f루–)
gr– (그루–)	pr– (프루–)				

● 묵음(r音)

–ght [gh]	kn– [k]	wh– [h]	wr– [w]	psy– [p]	–mb [b]
–mn [n]	gn [g]	–lk [l]	–lf [l]	–lm [l]	

소리를 어떻게 낼까요?

01 [ch]는 입을 동그랗게 앞으로 살짝 내민 입술을 옆으로 당기면서 '취' 하고 소리 낸다.

02 [sh]는 입을 동그랗게 앞으로 살짝 내민 입술을 옆으로 당기면서 '쉬' 하고 소리 낸다.

03 [ph]와 [-gh]는 윗니로 아랫입술을 지그시 물고 '프f' 하고 바람을 내보내며 소리 낸다.

04 [-ng]는 혀의 뒷부분을 입천장에 붙여 공기를 차단하면서 '응' 하고 소리 낸다.

05 [**-nk**]는 [**ng**] + [**k**] 소리로, 혀의 뒷부분을 입천장에 붙여 공기를 차단하며 '응크'로 소리 낸다.

06 [**-ts**]는 윗니와 아랫니를 살짝 대고 그 틈으로 'ㅊ' 하고 소리 낸다.

07 [**-ds**]는 윗니와 아랫니를 살짝 대고 그 틈으로 'ㅈ' 하고 소리 낸다.

08 [**th**ᶿ]는 혀를 윗니와 아랫니 사이에 살짝 내밀어 가볍게 물다가 입안으로 집어넣으면서 'ㅆ' 하고 바람을 내보내며 소리 낸다.

09 [**th**ᶞ]는 혀를 윗니와 아랫니 사이에 살짝 내밀어 가볍게 물다가 입안으로 집어넣으면서 'ㄷ' 하고 바람을 내보내며 소리 낸다.

10 [**sc-**]와 [**sk-**]는 '-스끄', [**sp-**]는 '-스쁘', [**st-**]는 '-스뜨'로 들릴 듯 말 듯 흘려서 발음한다.

11 [**dr-**]는 '듀루-'로, [**tr-**]은 '츄루-'로 들릴 듯 말 듯 흘려서 발음한다.

12 [**bl-**]은 '블ㄹ-', [**cl-**]은 '클ㄹ-', [**fl-**]은 '플ᶠㄹ-', [**gl-**]은 '글ㄹ-', [**pl-**]은 '플ㄹ-', [**sl-**]은 '슬ㄹ-'로 발음한다.

13 [**br-**]는 '브루-', [**cr-**]는 '크루-', [**fr-**]는 '프ᶠ루-', [**gr-**]는 '그루-', [**pr-**]는 '프루-'로 발음한다.

14 [**-ght**]는 [**gh**]가 소리 나지 않는 묵음이며, 따라서 혀끝을 윗니 바로 뒤쪽 입천장 볼록한 부분(치경)에 살짝 대면서 'ㅌ'로 발음한다.

15 [**kn-**]은 [**k**]가 소리가 나지 않는 묵음이며, 따라서 [**n**]처럼 입천장에 혀끝을 댄 채로 '은-' 하면서 콧등에 여운이 전달될 정도로 끌어 주며 소리를 낸다.

16 [**wh-**]는 [**h**]가 소리가 나지 않는 묵음이며, 따라서 [**w**]처럼 입술을 앞으로 쭉 내민 상태에서 작은 소리로 살짝 '우' 하고 소리를 낸다.

17 [**wr-**]는 [**w**]가 소리가 나지 않는 묵음이며, 따라서 [**n**]처럼 혀를 입천장에 닿지 않고 목구멍 쪽으로 구부리며 '(의)루' 하고 발음한다.

18 [**psy-**]는 [**p**]가 소리가 나지 않는 묵음이며, 따라서 [**s**]의 'ㅆ'와 [**y**]의 '아이'의 소리를 합쳐 '싸이' 하고 발음한다.

19 [**-mb**]는 [**b**]가, [**-mn**]은 [**n**]이, [**gn**]은 [**g**]가 묵음이며, 따라서 [**-mb**]와

[-mn]은 '음', [gn]은 '은' 하고 소리를 낸다.

20 [-lk], [-lm], [-lf]는 [l]이 묵음이며, 따라서 [-lk]는 'ㅋ', [-lm]은 '음', [-lf]는 'ㅍf' 하고 소리를 낸다.

자, 지금까지 배운 복자음을 상기하면서 아래 단어들의 소리를 익혀 봅시다. 아래 단어들도 'Step 1'의 경우와 같이 가급적이면 라임(Rhyme)이 같도록 정리하였습니다. 정리된 단어들이 주로 모음이 한 개밖에 없는 1음절 단어들로 구성되어 있죠? 따라서 알파벳 26개의 기본 발음만 정확히 기억하고 있으면 각 단어의 소리를 찾아 읽는 데 어려움이 없을 것이라 확신합니다. 복자음의 철자와 소리 관계를 이 기회에 확실히 다져야 다음 단계에서 수월할 수 있으니 열심히 익히기 바랍니다.

1. 복자음 [–ch] ~ [–nk]를 중심으로

● –취(–ch)

bat**ch** 다발	cat**ch** 잡다	hat**ch** 부화하다	mat**ch** 성냥	pat**ch** 천조각
wat**ch** 보다	that**ch** 초가지붕	snat**ch** 낚아채다	blan**ch** 희게하다	bran**ch** 가지
ben**ch** 벤치	quen**ch** 끄다	clen**ch** 꽉 쥐다	dren**ch** 흠뻑 젖다	tren**ch** 도랑
bit**ch** 암캐	hit**ch** 홱 움직이다	pit**ch** 던지다	ri**ch** 부유한	wit**ch** 마녀
snit**ch** 훔치다	stit**ch** 한 바늘	swit**ch** 스위치	twit**ch** 잡아채다	whi**ch** 어느 것
pin**ch** 따다	win**ch** 굽은 손잡이	clin**ch** 두드려 구부리다	bun**ch** 다발	hun**ch** 혹
lun**ch** 점심	mun**ch** 우적우적 먹다	pun**ch** 펀치	crun**ch** 오독오독 씹다	brun**ch** 늦은 아침

● 쉬(sh)

ca**sh** 현금	da**sh** 던지다	la**sh** 채찍	ma**sh** 짓이긴 감자	ra**sh** 무분별한
sa**sh** 창틀	wa**sh** 씻다	sma**sh** 박살 내다	bra**sh** 성급한	cra**sh** 충동하다
tra**sh** 쓰레기	thra**sh** 노예 신분	fla**sh** 번쩍임	sla**sh** 싹 베다	spla**sh** 튀기다
fle**sh** 살	fre**sh** 신선한	di**sh** 접시	fi**sh** 물고기	swi**sh** 휙 휘두르다
bu**sh** 관목	gu**sh** 세차게 솟아 나오다	hu**sh** 조용하게 하다	lu**sh** 즙이 많은	mu**sh** 옥수수 죽
pu**sh** 밀다	ru**sh** 돌진하다	blu**sh** 부끄러움	bru**sh** 붓	cru**sh** 눌러 부수다
slu**sh** 진창	fre**sh** 신선한	**sh**ed 흘리다	**sh**ip 배	**sh**ock 충격
shop 가게	**sh**ack 판잣집	**sh**áckle 수갑	**sh**aft 자루	**sh**ake 흔들다

● 프(ph, -gh)

phase 단계	**ph**one 전화	**ph**rase 문구	**ph**óny 가짜의	**ph**óto 사진
gra**ph** 도표	s**ph**ínx 스핑크스	**ph**ántom 환영	lau**gh** 웃다	rou**gh** 거친
tou**gh** 질긴	enóu**gh** 충분한			

● -응(-ng)

ba**ng** 강타	fa**ng** 엄니	ga**ng** 무리	ha**ng** 매달다	sa**ng** 노래했다
ta**ng** 싸한 맛	cla**ng** 뗑그렁	sla**ng** 속어	ki**ng** 왕	pi**ng** 핑
ri**ng** 반지	si**ng** 노래하다	wi**ng** 날개	zi**ng** 쌩쌩	thi**ng** 물건

bri**ng** 가지고 오다	cli**ng** 달라붙다	fli**ng** 돌진하다	sli**ng** 고무총	sti**ng** 찌르다
spri**ng** 봄	stri**ng** 끈	swi**ng** 그네	wri**ng** 짜다	po**ng** 악취
lo**ng** 긴	so**ng** 노래	thro**ng** 군중	wro**ng** 나쁜	di**ng** 땡땡
du**ng** 거름	su**ng** sing의 과거분사	lu**ng** 폐	hu**ng** hang의 과거	ru**ng** ring의 과거분사
spru**ng** spri**ng**의 과거분사				

● –응크(–nk)

ba**nk** 은행	ha**nk** 다발	sa**nk** 가라앉았다	ta**nk** 탱크	bla**nk** 백지
cla**nk** 절커덩	cra**nk** 괴짜	dra**nk** 마셨다	fla**nk** 옆구리	pla**nk** 널빤지
pra**nk** 농담	sha**nk** 정강이	spa**nk** 찰싹 때리다	tha**nk** 감사하다	li**nk** 고리
mi**nk** 족제비	pi**nk** 분홍색	si**nk** 가라앉았다	wi**nk** 눈짓	bli**nk** 깜작거리다
ki**nk** 비틀림	bri**nk** 가장자리	thi**nk** 생각하다	chi**nk** 갈라진 틈	cli**nk** 땡그랑
dri**nk** 마시다	shri**nk** 오그라들다	sti**nk** 악취		

이 장에는 발음기호도 없어요. 또 단어의 소리를 우리말 표기로 써 놓지도 않았습니다. 앞에서 이미 배운 철자와 소리, 복자음과 소리, 그리고 묵음을 상기하면서 스스로 단어를 읽어 보라는 뜻이지요. 중간 중간에 읽기 어려운 단어는 사전을 통해 발음기호를 찾지 말고, 앞에서 배운 원리를 다시 복습하는 노력을 되풀이하세요. 무엇이든 처음부터 쉬운 것은 없습니다. 자꾸 하다 보면 언어적 문리(文理)가 트이게 되지요. 혹시 몇 개의 단어들은 'Step 3. 모음'의 원리와 'Step 4. 이중모음'의 원

리를 배우지 않아서 모음의 소리가 이것인지 저것인지 헷갈리는 경우가 있을 것입니다. 따라서 모음 부분에 대해 명확한 소리를 찾지 못하겠다고 자학하지 말고, 자음의 소리만 확실하게 파악하길 바라요. 모음은 아직 시작도 하지 않았거든요.

2. 복자음 [–ds] ~ [th^{ð}]를 중심으로

● –즈(–ds)

ban**ds** 악단들	lan**ds** 땅들	han**ds** 손들	en**ds** 끝나다	fen**ds** 막다
len**ds** 빌려 주다	men**ds** 고치다	ren**ds** 쪼개다	sen**ds** 보내다	stan**ds** 서다
bon**ds** 채권들	pon**ds** 연못들	bin**ds** 묶다	fin**ds** 찾다	grin**ds** 갈다
win**ds** 감다				

● –츠(–ts)

ca**ts** 고양이들	ba**ts** 박쥐들	ha**ts** 모자들	pa**ts** 가볍게 치다	ra**ts** 쥐들
cha**ts** 잡담하다	ten**ts** 천막들	nes**ts** 둥지들	tes**ts** 시험들	ches**ts** 상자들
fi**ts** 적합하다	hi**ts** 때리다	qui**ts** 그만두다	si**ts** 앉다	wi**ts** 재치들
spi**ts** 침을 뱉다	hin**ts** 암시들	kni**ts** 뜨다, 짜다	co**ts** 간이침대들	po**ts** 단지들
slo**ts** 구멍들	spo**ts** 장소들	poin**ts** 점들	cu**ts** 자르다	hu**ts** 오두막들
nu**ts** 견과들	shu**ts** 닫다	pain**ts** 칠하다	prin**ts** 인쇄하다	

[※ 단어 암기법: A cat on a mat pats a rat. (돗자리에 앉은 고양이가 생쥐를 툭툭 치고 있다.)]

● 쓰Γ(thΓ)

ba**th** 목욕	ma**th** 수학	pa**th** 통로	**th**ank 감사하다	**th**atch 초가 지붕
thin 얇은	**th**ing 물건	**th**ink 생각하다	**th**ick 두꺼운	**th**rill 오싹하다
throb 맥박	mo**th** 나방			

● 드ð̌(thð̌)

than –보다	**th**at 그것	**th**e 그	**th**en 그때	**th**em 그들을
these 이것들	**th**ere 그곳	**th**ey 그들은	**th**is 이것	**th**ose 그것들
thus 이렇게	ó**ther** 다른	bó**ther** 괴롭히다	bró**ther** 형	fá**ther** 아버지
mó**ther** 어머니	anó**ther** 또 다른	wéa**ther** 날씨	whé**ther** 인지 아닌지	ba**the** 목욕시키다
clo**the** 옷 입히다	bli**the** 즐거운	brea**the** 숨을 쉬다		

3. 복자음 [sc–] ~ [dr–]를 중심으로

아래에 정리된 단어들 중에 '**spear**'의 [ea]와 같이 모음이 2개가 연달아 붙어 있는 단어들이 많이 있습니다. 또, '**spoon**'의 [oo]와 같이 똑같은 모음이 연달아 붙어 있기도 하고요. 이런 모음을 이중모음이라고 합니다. 그리고 'Step 4. 이중모음'에서 자세히 배울 예정입니다. 따라서 잘 모르겠다고 짜증 내지 마시고 인내를 갖고 읽을 수 있는 만큼만 읽어 보세요.

● 스끄-(sc-)

scab 딱지	**sc**ale 눈금	**sc**alp 머리 가죽	**sc**amp 건달	**sc**ámper 질겁하여 달아나다
scan 조사하다	**sc**ándal 치욕	**sc**ant 부족한	**sc**ar 흉터	**sc**arce 부족하여
scare 위협하다	**sc**arf 스카프	**sc**átter 흩뿌리다	**sc**heme 설계	**sc**hólar 학자
school 학교	**sc**old 꾸짖다	**sc**oop 국자	**sc**ope 범위	**sc**orch 그을다
score 점수	**sc**orn 비웃다	**sc**our 닦다	**sc**out 정찰병	**sc**ram 떠나다
scrámble 다투다	**sc**rap 파편	**sc**rape 문지르다	**sc**ratch 긁다	**sc**rawl 낙서하다
scream 비명	**sc**reen 칸막이	**sc**rew 나사	**sc**ríbble 갈겨쓰기	**sc**ript 원고
scroll 두루마리	**sc**rub 북북 문지르다	**sc**rúple 의심	**sc**um 거품	**sc**úrry 서두르다
scúttle 서둘러 가다				

● 스끄(-sk-)

skate 스케이트	**sk**etch 스케치	**sk**i 스키	**sk**id 미끄러지기	**sk**ill 노련
skim 떠내다	**sk**in 가죽	**sk**ip 대충 읽다	**sk**irt 치마	**sk**it 촌극
skulk 살금살금 걷다	**sk**ull 두개골	**sk**y 하늘		

● 스쁘-(sp-)

space 공간	**sp**ade 가래	**sp**an 기간	**sp**ar 서로 차다	**sp**are 절약하다
spark 불꽃	**sp**árkle 광채	**sp**árrow 참새	**sp**at 조개 알	**sp**awn 알
speak 말하다	**sp**ear 창	**sp**eck 얼룩	**sp**eech 연설	**sp**eed 속도
spell 철자를 쓰다	**sp**end 소비하다	**sp**erm 정액	**sp**ice 양념	**sp**íder 거미
spike 큰 못	**sp**ill 엎지르다	**sp**in 돌리다	**sp**ine 척추	**sp**ínster 노처녀
spire 첨탑	**sp**írit 정신	**sp**it 내뱉다	**sp**ite 악의	**sp**lash 튀기다
spleen 울화	**sp**línter 조각	**sp**lit 찢다	**sp**oil 해치다	**sp**onge 스펀지
spónsor 후원자	**sp**oof 놀림	**sp**ook 유령	**sp**oon 숟가락	**sp**ort 운동
spot 장소	**sp**out 내뿜다	**sp**rawl 쭉 뻗다	**sp**ray 물보라	**sp**read 펴다
sprig 잔가지	**sp**ring 봄	**sp**rínkle 뿌리다	**sp**rint 단거리경주	**sp**rout 싹
spur 박차	**sp**urn 걷어차다	**sp**urt 내뿜다	**sp**y 염탐하다	

● 스뜨-(st-)

stab 찌르다	**st**áble 확고한	**st**ack 볏가리	**st**aff 참모	**st**ag 수사슴
stage 무대	**st**ágger 비틀거리다	**st**ain 얼룩	**st**air 계단	**st**ake 말뚝
stale 상한	**st**alk 줄기	**st**all 마굿간	**st**ámmer 말을 더듬다	**st**amp 짓밟다
stand 서다	**st**áple 주산물	**st**ar 별	**st**arch 전분	**st**are 응시하다
stark 굳어 버린	**st**art 시작하다	**st**ártle 깜짝 놀라게 하다	**st**arve 굶주리다	**st**ate 상태

státion 역	**st**ay 머무르다	**st**ead 대신	**st**éady 확고한	**st**eak 스테이크
steal 훔치다	**st**eam 수증기	**st**eel 강철	**st**eep 험한	**st**eer 조종하다
stem 줄기	**st**ench 악취	**st**ep 걸음	**st**ern 선미	**st**ew 찌다
stick 막대기	**st**iff 굳은	**st**iffen 굳어지다	**st**ífle 질식시키다	**st**ill 아직
sting 찌르다	**st**ink 악취	**st**int 줄여 쓰다	**st**ir 움직이다	**st**itch 바늘땀
stock 저장	**st**ócking 긴 양말	**st**ómach 위	**st**one 돌	**st**oop 구부리다
stop 그만두다	**st**ool 의자	**st**ore 가게	**st**orm 폭풍우	**st**óry 이야기
stout 튼튼한	**st**raight 똑바로	**st**rain 잡아당기다	**st**rait 해협	**st**ránge 이상한
stranger 이방인	**st**rap 가죽끈	**st**raw 짚	**st**ray 빗나가다	**st**reak 줄
stream 시내	**st**reet 거리	**st**rength 힘	**st**ress 압박	**st**retch 늘이다
strict 엄격한	**st**ride 걷다	**st**rife 싸움	**st**rike 치다	**st**ring 줄
strip 벗기다	**st**ripe 줄무늬	**st**rive 노력하다	**st**roke 쓰다듬다	**st**roll 산책하다
strong 강한	**st**rúcture 구조	**st**ub 토막	**st**ud 장식용 못	**st**údent 학생
stúdy 공부하다	**st**uff 재료	**st**úmble 넘어지다	**st**ump 그루터기	**st**un 기절시키다
stunt 묘기	**st**úpid 어리석은	**st**úrdy 억센	**st**yle 문체	

● 듀루-(dr-)

drab 다갈색	**dr**aft 초안	**dr**ag 끌다	**dr**ágon 용	**dr**ain 배수하다
dráma 희곡	**dr**ape 덮는 천	**dr**aw 당기다	**dr**ay 큰 짐마차	**dr**ead 두려워하다
dream 꿈꾸다	**dr**edge 준설기	**dr**eg 찌꺼기	**dr**ench 흠뻑 젖게 하다	**dr**ess 복장
drib 방울져 떨어지다	**dr**íbble 똑똑 떨어지다	**dr**ift 표류하다	**dr**ill 송곳	**dr**ink 마시다
drip 방울지다	**dr**ive 몰다	**dr**ível 침을 흘리다	**dr**ízzle 이슬비	**dr**one 수벌
droop 수그러지다	**dr**op 물방울	**dr**own 익사하다	**dr**ug 약	**dr**um 북
drunk 취한	**dr**y 마른			

4. 복자음 [tr-] ~ [fl-]을 중심으로

각 단어들을 읽으면서 [ea], [ai]와 같이 이중모음이나, '**tr**ade'의 [-a-e]와 같이 끝에 [e]가 붙은 단어의 모음 소리는 밑줄을 그어 체크를 해 놓으세요. 나중에 이 책을 완독한 후에 다시 복습할 때 그 단어의 모음이 왜 그렇게 소리가 나는지 이해할 수 있게 될 것입니다. 따라서 이 책은 한 번 읽고 버리는 책이 아니며, 또 단계별 발음법을 익히지 않으면 아무 소용이 없다는 전제하에 끝까지 버티고 학습해야 합니다. 나중에 그만한 가치가 있음을 확신할 때가 반드시 올 것입니다.

● 츄루–(tr–)

track 자국	**tr**ace 자국	**tr**act 지역	**tr**ade 무역	**tr**áffic 교통
trail 흔적	**tr**ain 기차	**tr**ait 특성	**tr**am 전차	**tr**amp 짓밟다
trámple 짓밟다	**tr**ance 무아지경	**tr**ánsfer 옮기다	**tr**ap 덫	**tr**ash 쓰레기
trável 여행하다	**tr**awl 저인망	**tr**ay 쟁반	**tr**ead 걷다	**tr**eat 대우하다
tree 나무	**tr**ek 소달구지	**tr**émble 떨리다	**tr**ench 참호	**tr**end 방향
trial 재판	**tr**ibe 종족	**tr**ick 계략	**tr**íckle 똑똑 떨어지다	**tr**ígger 방아쇠
trill 떨리는 목소리	**tr**im 다듬다	**tr**ip 여행	**tr**íple 세 배의	**tr**oll 태평하게 노래하다
troop 집단	**tr**ot 속보	**tr**óuble 근심	**tr**out 송어	**tr**uck 트럭
trudge 뚜벅뚜벅 걷다	**tr**ue 정말의	**tr**ump 으뜸패	**tr**unk 줄기	**tr**ust 신뢰
truth 진리	**tr**y 시도하다			

● 블ㄹ–(bl–)

blab 지껄여 대다	**bl**ack 검은	**bl**ade 칼날	**bl**ame 비난	**bl**anch 바래다
bland 온화한	**bl**ank 백지의	**bl**are 울리다	**bl**ast 돌풍	**bl**aze 불길
bleak 황량한	**bl**ear 흐린	**bl**eat 매애 울다	**bl**eed 출혈하다	**bl**eep 삐하는 신호음
blend 혼합하다	**bl**ess 축복하다	**bl**ight 마름병	**bl**ind 눈먼	**bl**ink 깜박거리다
bliss 지복	**bl**ock 덩어리	**bl**ood 피	**bl**oom 꽃	**bl**ot 오점
blow 불다	**bl**ue 푸른	**bl**uff 절벽의	**bl**únder 큰 실수	**bl**unt 우둔한

blur 몽롱한	**bl**ush 불그레함			

● 클ㄹ–(cl–)

clack 찰깍	**cl**aim 요구하다	**cl**ámor 와글와글	**cl**ang 뗑그렁	**cl**ap 찰싹
clash 쨍그랑	**cl**ass 종류	**cl**ause 절	**cl**aw 발톱	**cl**ay 점토
clean 청결한	**cl**eanse 정화하다	**cl**ear 맑은	**cl**eave 쪼개다	**cl**ench 악물다
clérgy 성직자	**cl**erk 서기	**cl**éver 영리한	**cl**ew 실꾸리	**cl**ick 짤가닥
climb 오르다	**cl**inch 꼬부리다	**cl**ing 매달리다	**cl**ip 자르다	**cl**oak 외투
clock 시계	**cl**od 덩어리	**cl**og 방해하다	**cl**one 복제 생물	**cl**ose 닫다
cloth 옷감	**cl**oud 구름	**cl**out 협곡	**cl**oy 물리다	**cl**own 광대
club 곤봉	**cl**ue 실마리	**cl**ump 숲	**cl**unk 쾅 소리	**cl**úster 송이
clutch 꽉 쥐기				

● 플ㄹ–(fl–)

flag 기	**fl**ake 박편	**fl**ame 불꽃	**fl**ank 옆구리	**fl**ap 퍼덕거리다
flare 확 불붙다	**fl**ash 번쩍이기	**fl**at 납작한	**fl**átten 펴다	**fl**átter 아첨하다
flaunt 휘날리다	**fl**ávor 맛	**fl**eck 반점	**fl**edge 깃을 달다	**fl**eece 양털
flee 도피하다	**fl**eet 전함	**fl**esh 살	**fl**ick 튀겨 날리다	**fl**ícker 깜박이다
flight 비행	**fl**ing 돌진하다	**fl**int 부싯돌	**fl**ip 튀기다	**fl**irt 새롱거리다

flit 훨훨 날다	**fl**oat 뜨다	**fl**ock 짐승의 떼	**fl**og 매질하다	**fl**ood 홍수
flop 퍼덕거리다	**fl**óunder 버둥거리다	**fl**our 밀가루	**fl**ow 흐르다	**fl**ówer 꽃
flue 연통	**fl**uff 보풀	**fl**uke 요행	**fl**ump 쿵	**fl**unk 실패하다
flúrry 질풍	**fl**ush 붉어지다	**fl**ute 플루트	**fl**útter 펄럭이다	**fl**ux 흐름
fly 날다				

단어를 읽는 능력이 향상되고 나면 한 가지 문제점이 발생하게 되죠. 읽는 능력도 중요하지만 이 많은 단어들을 어떻게 기억할까요? 여러 가지 방법 중에 하나가 'Keyword'를 이용하는 방법이지요. 각 복자음에 정리된 단어 중에서 여러분들의 귀에 익은 단어 몇 개를 선정해서 다른 단어들을 끌어내는 고리로 삼는 것이지요. 예를 들면, [**gl**-]에 해당하는 단어 중에서 우리가 일상생활에서 외래어로 많이 사용하는 단어로 '글래스(**gl**ass)'와 '글러브(**gl**ove)'가 적당할 것입니다. 나머지 복자음은 다음 단어들을 공부하면서 각자 적당한 'Keyword'를 찾아보세요.

5. 복자음 [gl–] ~ [br–]를 중심으로

● 글ㄹ–(gl–)

glad 기쁜	**gl**ade 숲 속의 빈터	**gl**air 흰자위	**gl**ámor 마법	**gl**ance 힐긋 봄
gland 샘	**gl**are 섬광	**gl**ass 유리	**gl**aze 윤내기	**gl**eam 빛
glean 줍다	**gl**ee 환희	**gl**ib 입심 좋은	**gl**ide 미끄러지다	**gl**ímmer 깜박이다
glimpse 흘끗 보다	**gl**int 반짝이다	**gl**ísten 반짝이다	**gl**ítter 반짝거리다	**gl**oat 빙그레 웃다
glob 덩어리	**gl**obe 구체	**gl**om 훔치다	**gl**oom 어둠	**gl**óry 영광
gloss 광택	**gl**ove 장갑	**gl**ow 백열	**gl**oze 얼버무리다	**gl**ue 풀
glug 꿀꺽꿀꺽	**gl**um 무뚝뚝한	**gl**ut 포식		

● 플ㄹ–(pl–)

place 장소	**pl**ácid 평온한	**pl**aid 격자무늬	**pl**ain 솔직한	**pl**aint 비탄
plait 변발	**pl**an 계획하다	**pl**ane 비행기	**pl**ank 널빤지	**pl**ant 식물
plat 토지	**pl**ate 판금	**pl**ay 놀다	**pl**ea 탄원	**pl**ease 제발
plead 변론하다	**pl**edge 저당	**pl**ight 곤경	**pl**od 터벅터벅 걷다	**pl**op 풍덩
plot 음모	**pl**ow 쟁기	**pl**uck 따다	**pl**ug 마개	**pl**umb 추
plume 깃털	**pl**ump 부푼	**pl**únder 약탈하다	**pl**unge 던져 넣다	**pl**unk 퉁기다
plus 을 더하여	**pl**y 공부하다			

● 슬ㄹ-(sl-)

slab 평판	**sl**ack 느슨한	**sl**ag 용재	**sl**ake 만족시키다	**sl**am 꽝 닫다
slang 속어	**sl**ánder 비방	**sl**ant 경사	**sl**ap 찰싹 때림	**sl**ash 깊이 베다
slat 오리목	**sl**ate 석판	**sl**ave 노예	**sl**ay 살해하다	**sl**eave 보풀
sled 썰매	**sl**edge 썰매	**sl**eek 윤이 나는	**sl**eep 잠자다	**sl**eet 진눈깨비
sleeve 소매	**sl**eigh 썰매	**sl**eight 교활	**sl**énder 날씬한	**sl**ew 습지
slice 얇은 조각	**sl**ick 매끄러운	**sl**ide 미끄러지다	**sl**ight 약간의	**sl**im 호리호리한
slime 차진 흙	**sl**ing 투석기	**sl**ink 살금살금 걷다	**sl**ip 미끄러지다	**sl**it 길게 자르다
slog 강타하다	**sl**op 엎지르다	**sl**ope 경사면	**sl**osh 진창	**sl**ot 구멍
sloth 나태	**sl**ouch 앞으로 수그림	**sl**ough 진창길	**sl**ow 느린	**sl**ue 비틀다
sludge 진창	**sl**ug 강타	**sl**uice 수문	**sl**um 빈민가	**sl**úmber 선잠
slump 폭락하다	**sl**ur 비방	**sl**ush 진창	**sl**y 교활한	

● 브ㄹ-(br-)

brace 버팀목	**br**ag 자랑하다	**br**aid 노끈	**br**ain 뇌	**br**ake 제동기
branch 나뭇가지	**br**and 낙인	**br**ass 놋쇠	**br**ave 용감한	**br**awl 언쟁
breach 위반	**br**ead 빵	**br**eak 깨뜨리다	**br**east 가슴	**br**eath 호흡
breed 낳다	**br**eeze 미풍	**br**ew 양조하다	**br**ibe 매수하다	**br**ick 벽돌
bridge 다리	**br**ídle 말굴레	**br**ief 짧은	**br**ight 밝은	**br**im 양태

bring 가지고 오다	**br**ink 가장자리	**br**isk 활발한	**br**ístle 강모	**br**oad 넓은
bronze 청동	**br**ood 알을 품다	**br**ook 시내	**br**oom 비	**br**óther 형제
brow 이마	**br**own 갈색	**br**owse 뜯어 먹다	**br**uise 타박상	**br**unt 주력
brush 솔	**br**ute 짐승			

6. 복자음 [cr–] ~ [pr–]를 중심으로

영어의 철자 [**r**]의 소리는 우리가 영어를 배우는 동안 늘 고민거리이지요. 안 된다고 외면하거나 그때그때 적당히 넘겨 버릴 수도 없고, 영어를 배우는 한 반드시 극복해야 할 과제임은 분명합니다. 그런데 많은 사람들이 [**r**]의 발음을 극복해야 한다고 하니까 그저 혀만 구부리고 '어! 어!' 하고 소리만 내는 식으로 공부하더군요. 과연 효과가 있을까요? 아래의 [**cr**–], [**fr**–], [**gr**–], [**pr**–]에 정리된 단어들을 읽으면서 [**r**]의 발음을 교정하는 것이 더 효과적이고, 더 빠르다는 것이 아이들을 교단에서 직접 가르쳐 본 저의 경험이 입증한 바입니다. 따라서 아래의 단어들을 눈으로 읽지 말고 입을 통해 발음하세요.

● 크ㄹ–(cr–)

crab 게	**cr**ack 금가다	**cr**áckle 탁탁 소리	**cr**ádle 요람	**cr**aft 기능
cram 쑤셔넣다	**cr**amp 경련	**cr**ane 학	**cr**ank 크랭크	**cr**ap 오물
crape 축면사	**cr**ash 충돌	**cr**ate 상자	**cr**ave 간청하다	**cr**awl 포복하다

craze 미치게 하다	**cr**ázy 미친	**cr**ease 주름살	**cr**eam 유지	**cr**eel 바구니
creed 신념	**cr**eek 지류	**cr**eep 기다	**cr**est 볏	**cr**ew 승무원
crib 구유	**cr**ime 죄	**cr**imp 주름을 잡다	**cr**inge 위축되다	**cr**ínkle 주름
crípple 절름발이	**cr**isp 상쾌한	**cr**ock 단지	**cr**ook 구부리다	**cr**oon 읊조리다
crop 수확량	**cr**oss 십자가	**cr**ouch 쭈그리다	**cr**ow 까마귀	**cr**owd 군중
crown 왕관	**cr**ude 날것	**cr**uel 잔혹한	**cr**uise 순항	**cr**umb 빵가루
crúmble 빻다	**cr**úmple 구기다	**cr**unch 아삭아삭 씹다	**cr**ush 눌러 부수다	**cr**ust 빵 껍질
crutch 목발	**cr**y 울다			

● 프ㄹ–(fr–)

frail 무른	**fr**ame 뼈대	**fr**ank 솔직한	**fr**aud 기만	**fr**ay 닳아 해지다
free 자유로운	**fr**éedom 자유	**fr**eeze 얼다	**fr**eight 화물	**fr**énzy 광란
fresh 신선한	**fr**et 초조하다	**fr**iend 친구	**fr**ig 냉장고	**fr**ight 공포
frill 주름장식	**fr**inge 술장식	**fr**isk 뛰놀다	**fr**ock 성직자복	**fr**og 개구리
from 부터	**fr**ont 앞부분	**fr**ost 서리	**fr**oth 거품	**fr**own 우거지상
fruit 과일	**fr**y 기름에 튀기다			

● 그ㄹ-(gr-)

grab 움켜쥐다	**gr**ace 우아	**gr**ad 대학원생	**gr**ade 등급	**gr**aft 접목하다
grain 곡물	**gr**am 그램	**gr**and 웅대한	**gr**ant 허가하다	**gr**ape 포도
grápple 잡다	**gr**asp 파악하다	**gr**ass 풀	**gr**ate 갈다	**gr**ave 무덤
grável 자갈	**gr**ay 회색의	**gr**aze 스치다	**gr**ease 기름	**gr**eat 위대한
greed 욕심	**gr**een 녹색	**gr**eet 인사하다	**gr**id 격자	**gr**ief 비탄
grill 석쇠	**gr**im 엄한	**gr**in 씩 웃다	**gr**ind 빻다	**gr**ip 쥐기
gripe 쥐다	**gr**ist 빻은 곡식	**gr**it 자갈	**gr**oan 신음하다	**gr**ócer 잡화점
groom 마부	**gr**ope 더듬어 찾다	**gr**oss 거친	**gr**ound 지면	**gr**oup 집단
grout 시멘트 반죽	**gr**óvel 굴복하다	**gr**ow 성장하다	**gr**owl 투덜거리다	**gr**owth 성장
grub 애벌레	**gr**udge 원한	**gr**uel 죽	**gr**uff 난폭한	**gr**úmble 불평하다
grump 불평가	**gr**unt 투덜거리다	**gr**úbby 더러운	**gr**ue 몸서리치다	**gr**um 엄한

● 프ㄹ-(pr-)

praise 칭찬	**pr**ank 농담	**pr**ay 빌다	**pr**áyer 기도	**pr**each 설교하다
press 누르다	**pr**étty 예쁜	**pr**ey 먹이	**pr**ice 가격	**pr**ick 찌르다
pride 자존심	**pr**iest 성직자	**pr**im 꼼꼼한	**pr**ime 최초의	**pr**ince 왕자
print 인쇄하다	**pr**ism 분광	**pr**ison 교도소	**pr**ivy 당사자	**pr**ize 상품
probe 탐침	**pr**od 찌르기	**pr**ompt 신속한	**pr**one 수그린	**pr**oof 증거

prop 버팀목	**pr**óper 적당한	**pr**ose 산문	**pr**ósper 번영하다	**pr**oud 자랑하는
prowl 배회하다	**pr**une 잘라 내다	**pr**y 지레	**pr**ude 얌전한 체하는 여자	**pr**ut 쓰레기

7. 묵음 [–ight] ~ [–lf]를 중심으로

아래에 정리된 단어들은 묵음으로 이뤄져 있습니다. 각 단어에 어떤 철자가 묵음이고 어떤 철자가 음가(音價)를 갖고 있는지 암기하세요. 지금 적당히 넘어가게 되면 나중에 접두사나 접미사가 붙은 4음절의 단어들을 배울 때 긴 단어 사이에 숨어 있는 묵음들을 인식하지 못하고 엉뚱한 발음을 하기 십상이거든요. 따라서 이렇게 짧고 기본적인 단어들의 소리를 공부할 때 기초와 기본을 확실히 다지면 어려운 원리를 공부할 때 낭패를 보지 않게 됩니다. 마치 수학에서 가감승제(加減乘除)를 못하는 사람이 순열(順列)과 함수(函數)에 도전하는 것과 비유될 수 있습니다. 아래의 단어를 읽다가 발음기호를 보거나 다른 사람에게 물어보고 싶은 충동을 느끼는 것이 있으며, 반드시 표시를 해 두었다가 이 책을 통달한 후에 다시 표시된 단어를 읽어 보면 '그 단어의 소리가 들린다'는 것을 알게 될 것입니다. 이 책은 영어 단어를 읽으려는 모든 사람들에게 'Magic Book'이 될 것임을 자부합니다. 믿으세요.

● –아잍(–ight)

fi**ght** 싸움	li**ght** 빛	mi**ght** 힘	ni**ght** 밤	ri**ght** 오른쪽
si**ght** 시각	ti**ght** 꽉 낀	bri**ght** 빛나는	fli**ght** 비행	fri**ght** 공포

pl**ight** 곤경	kni**ght** 기사	ei**ght** 8	wei**ght** 무게	frei**ght** 화물
strai**ght** 곧장	óverwei**ght** 초과중량			

● ─은(kn─)

knack 요령	**kn**ap 둔덕	**kn**ell 조종	**kn**elt 무릎 꿇었다	**kn**ee 무릎
kneel 무릎 꿇다	**kn**ight 기사	**kn**it 뜨다	**kn**ife 칼	**kn**ob 마디
knot 매듭	**kn**ock 요령	**kn**out 태형	**kn**ow 알다	**kn**own 알려진
knów─hòw 전문 지식	**kn**uck 소매치기	**kn**úckle 손가락 관절	**kn**ur 마디	**kn**ut 멋쟁이

● 우(wh─)

when 언제	**wh**ack 강타	**wh**ale 고래	**wh**at 무엇	**wh**eel 바퀴
whet 갈다	**wh**iff 불기	**wh**ip 채찍	**wh**im 변덕	**wh**isk 작은 비
white 하얀	**wh**am 쾅	**wh**ile 동안	**wh**oop 환성	**wh**ísper 속삭이다
why 왜	**wh**ich 어느 것	**wh**ere 어디	**wh**eat 밀	**wh**ísker 수염

● (으)루(wr─)

wrap 포장하다	**wr**ack 난파물	**wr**ángle 논쟁하다	**wr**ath 분노	**wr**eck 파손
wrench 비틀다	**wr**est 꼬다	**wr**ing 짜다	**wr**ist 손목	**wr**it 영장
write 쓰다	**wr**y 찡그린	**wr**eath 화환	**wr**éstle 씨름하다	**wr**íggle 꿈틀거리다
wrínkle 주름살	**wr**ong 나쁜	**wr**etch 비열한	**wr**en 굴뚝새	**wr**ick 접질리다

● 싸이(psy-)

psych 자극하다	**Psý**che 사이키, 프시케	**psý**cho 정신병자	**psý**chic 정신의	**psý**chon 신경 임펄스
psychólogy 심리학				

● -음(-mb)

bo**mb** 폭탄	co**mb** 빗	du**mb** 벙어리의	li**mb** 수족	cli**mb** 오르다

● -음, -은(-mn) / (gn)

da**mn** 저주하다	hy**mn** 찬송가	**gn**arl 마디	**gn**at 각다귀	**gn**aw 물어뜯다
si**gn** 표시	rei**gn** 통치	assí**gn** 할당하다	desí**gn** 디자인	resí**gn** 물러나다

● -오크(-alk)

ba**lk** 방해하다	ta**lk** 말하다	wa**lk** 걷다	cha**lk** 분필	sta**lk** 줄기

● -아암(-alm)

b**alm** 방향제	c**alm** 평온한	p**alm** 손바닥	ps**alm** 찬송가	

● -애프(-alf)

ha**lf** 절반	ca**lf** 송아지			

이제 'Step 2. 복자음과 묶음' 편이 끝났습니다. 소리와 철자를 분리하지 마시고 스스로 단어의 소리를 찾아보세요. 그리고 그 뜻도 생각해 보고요. 이 책은 한 번 읽고 버리는 책이 아니라 영어를 배우는 동안 여러분들에게 영어책을 읽는 데 가장 소중한 동반자가 될 것입니다.

쉬어가는 코너 Tongue Twister

● /-ing/의 발음 연습

- The k**ing** would s**ing**, about a r**ing** that would go d**ing**.

● /w/의 발음 연습

- How much wood could a woodchuck chuck if a woodchuck could chuck wood? A woodchuck could chuck as much wood as a woodchuck would chuck if a woodchuck could chuck wood?

● /p/의 발음 연습

- Peter Piper picked a peck of pickled peppers. A peck of pickled peppers Peter Piper pickled. If Peter Piper picked a peck of pickled peppers, where's the peck of pickled peppers Peter Piper pickled?

● /s/의 발음 연습

- Sally sells sea shells by the sea shore. But if Sally sells sea shells by the sea shore, then where are the sea shells Sally sells?

● /th/의 발음 연습

- I thought a thought. But the thought I thought wasn't the thought I thought I thought. If the thought I thought I thought had been the thought I thought, I wouldn't have thought so much.

● /w/와 /wh-/ 발음 연습

- While we were walking, we were watching window washers wash Washington's windows with warm washing water.
- Whether the weather be fine or whether be not. Whether the weather be cold or whether the weather be hot. We'll weather the weather whether we like it or not.

쉬어가는 코너 Korean Riddle

잠시 쉬어 갈까요? 우리나라 수수께끼를 영어로 만들어 보았습니다. 아직은 잘 읽지 못하고 해석이 안 되는 문장도 있겠지만 주위의 도움이나 사전의 도움을 받으며 해결해 보세요. Good luck to you!

01 Why do swallows fly to the south whenever autumn comes?

02 What is the cheapest hunting tool?

03 It is full when it goes, and it is empty when it comes. What is it?

04 This has a steel mouth, but it can't chew. What is it?

05 Both dogs and turtles have these, but snakes don't. What is it?

06 Why do the dogs bark 'bow-wow'?

07 It grows upside down.

08 In the middle of the street, it opens and closes its eyes. What is it?

09 What do we leave behind us when we walk?

10 Which is bigger fish, shark or whale?

11 It can fly, but we don't call it a bird. It is a mouse that is afraid of cats.

12 Which is heavier, battleship or stone?

13 Whenever it goes to the shade, it runs away. What's it?

14 A house that is made of one pillar?

15 A monster that has a long tail, one mouth and only one ear?

16 The more we cut it, the longer it grows. What's it?

17 We broke this, but people praise us. Why?

18 The more it rolls, the larger it becomes. What's it?

19 This goes out empty, but comes in full. What's this?

20 The older this grows, the shorter this becomes. What's this?

21 The older this grows, The fatter this becomes. What's this?

22 This doesn't have wings but this can fly. Whats' this?

23 Everyday this dances with his green hands waving. What's this?

24 What's the tail which can fly?

25 At night, this comes down, and this goes up in daytime. What's this?

ANSWER

01 Because it can't walk.

02 파리채.

03 Lunch box.

04 Saw.

05 Foot.

06 Because they can't sound 'mew'.

07 Icicle.

08 Traffic lights.

09 Footprints.

10 Shark. (Because whale is a kind of mammal.)

11 Bat.

12 Stone. Because it sinks in the water.

13 Shadow.

14 Mushroom.

15 Telephone.

16 The lead of pencil.

17 Because we broke the record.

18 Snowball.

19 Water basket.

20 Candle lights.

21 Fruits.

22 Smoke or kite

23 Tree.

24 An oriole. (꾀꼬리)

25 A coverlet.

모음의 소리를 찾아서

알파벳 26개 중 모음 5개 [**a**, **e**, **i**, **o**, **u**]가 단어 안에서 어떤 소리가 나는지를 각 모음마다 5가지 공통된 단어 형태의 원칙으로 분류하여 학습하도록 구성하였습니다. 이 단계에서 강세의 위치와 강세의 유무가 모음의 소리에 끼치는 영향을 단어의 형태로 보고, 느끼고, 읽을 수 있도록 정리하였으며, 모음 3개에 철자가 7~10개 정도의 단어를 학습하도록 구성하였습니다.

모음의 소리 대원칙표

구분	a	e	i	o	u	
강모음 (기본 발음)	[á] (애)	[é] (에)	[í] (이 / 아이)	[ó] (아)	u + 자음 + 자음 (어)	u + 자음 + 모음 (유우, 우우)
약모음 ('어', '이')	[a] (어)	[e] (이 / 어)	[I] (이, 으)	[o] (어)		
강모음-e (알파벳 이름)	[-á-e] (에이)	[-é-e] (이이)	[-í-e] (아이)	[-ó-e] (오우)	[-ú-e] (유우)	
-모음+r	[-ar] (어r)	[-er], [-re] (어r)	[-ir] (어r)	[-or] (어r)	[-ur] (어r)	
	[ár+모음] (애루)	[ér+모음] (에루)	[ír+모음] (이루)	[or-], [or] (오어r)	[ur+모음] (유어r)	
고유 경우	[-all] [-aw] [-au] (오오)	[자음+e] (이이)	[-ind] [-ild] [-ight] [자음+i] (아이)	[-old] [-olt] [자음+o] (오우)	접두어 [un-] (언, 언)	

● [a]의 소리를 찾아서

01 강세가 있는 [**á**]는 '애' 소리가 난다. {강모음 [**á**]}

1음절 [자음 + **a** + 자음]의 [**á**]는 강세가 있는 강모음으로 '애' 소리가 난다.

02 강세가 없는 약모음 [**a**]는 '어' 소리로 약하게 흘려서 발음한다.

03 단어 맨 뒤에 [e]가 붙으면 바로 앞에 나오는 강세가 있는 [**á**]는 '에이' 소리가 난다. {[-**á**-**e**] 형태}

04 [**a**]에 [**r**]가 붙은 [**ar**]는 '어r'로 약하게 소리 낸다. 단, 1음절이나 강세가 있을 경우 '아아r'로 강하게 발음한다.

{[**ár** + 약 모 음]의 형태에서는 [**ár**]는 '애루'로, [**ar** + 강모음]의 형태에서는

[**ar**]는 '어루'로 소리가 난다.}

05 [-**all**], [**aw**], [**au**]의 형태에서 1음절이거나 강세가 있는 [**á**]는 '오오' 소리가 나는 경우가 많다.

● [e]의 소리를 찾아서

01 강세가 있는 [**é**]는 '에' 소리가 난다. {강모음 [**é**]}

음절 [자음 + **e** + 자음]의 [**é**]도 강세가 있는 약모음으로 '에' 소리가 난다.

02 강세가 없는 약모음 [**e**]는 '이', '으'에 가까운 '어' 소리로 약하게 흘려서 발음한다.

{강모음 앞쪽의 [**e**]는 '으'에 가까운 '이' 소리, 강모음 뒤쪽의 [**e**]는 '으'에 가까운 '어'로 나는 경우가 많다. 즉, **e** + 강모음 + **e** ('이' / '어')}

03 단어 맨 뒤에 [**e**]가 붙으면 바로 앞에 나오는 강세가 있는 [**é**]는 '이이' 소리가 난다. {[**-é-e**] 형태}

04 [**e**]에 [**r**]가 붙은 [**-er**], [**-re**]는 '*어r*'로 약하게 소리 낸다. 단, 1음절이나 강세가 있을 경우 '*어r*'로 강하게 발음한다.

{[**ér** + 약모음]의 형태에서는 [**ér**]는 '에루'로, [**er** + 강모음]의 형태에서는 [**er**]는 '이루'로 약하게 흘려서 발음한다.]

05 [자음 + **e**] 형태의 1음절 단어에서 [**e**]는 알파벳 이름 '이이' 소리가 난다.

● [i]의 소리를 찾아서

01 강세가 있는 [**í**]는 거의 '이' 소리가 난다. {강모음 [**í**]}

1음절 [자음 + **i** + 자음]의 [**í**]도 강세가 있는 강모음으로 '이' 소리가 난다.

02 강세가 없는 약모음 [**i**]는 '으'에 가까운 '이'나 '어' 소리로 약하게 흘려서 발음한다.

03 단어 맨 뒤에 [**e**]가 붙으면 바로 앞에 나오는 강세가 있는 [**í**]는 '아이' 소리가 난다. {[-**í**-**e**] 형태}

04 [**i**]에 [**r**]가 붙은 [**ir**]는 '어r'로 약하게 소리 낸다. 단, 1음절이나 강세가 있을 경우 '어r'로 강하게 발음한다.

[-**ir** + 약모음]의 형태에서 [**ír**]는 '아이어r'로 발음하고,

[-**ir** + 강모음]의 형태에서 약모음 [**í**]는 '이'로, 그리고 [**r**]는 뒤의 강모음과 연결하여 발음한다.

05 [-**i**nd], [-**i**ld], [-**i**ght]의 형태나, [자음 + **i**] 형태의 1음절 단어의 [**í**]는 알파벳 이름 '아이' 소리가 난다.

● [o]의 소리를 찾아서

01 강세가 있는 [**ó**]는 거의 '아'에 가까운 소리가 난다. {강모음 [**ó**]}

1음절 [자음 + **o** + 자음]의 [**ó**]도 강세가 있는 강모음으로 '아'에 가까운 소리가 난다.

02 강세가 없는 약모음 [**o**]는 '어' 소리로 약하게 흘려서 발음한다.

03 단어 맨 뒤에 [**e**]가 붙으면 바로 앞에 나오는 강세가 있는 [**ó**]는 '오우' 소리가 난다. {[-**ó**-e] 형태}

04 [**o**]에 [**r**]가 붙은 단어 끝의 [-**or**]는 '어r'로 약하게 소리 난다.

{[**ór**+약모음]의 형태에서 [**ór**]는 '오어r'로, [**or**+강모음]의 형태에서 [**or**]는 '어r'로 발음한다.}

05 [-**o**ll], [-**o**ld], [-**o**lt]의 형태, [자음 + **o**] 형태의 1음절 단어의 [**o**]는 알파벳 이

름 '오우' 소리가 난다.

● [u]의 소리를 찾아서

01 [**u**]는 강세와 상관없이 [-**u** + 자음 + 자음]의 경우 '어'로 소리가 난다.
1음절 [자음 + **u** + 자음]의 [**u**]도 '어' 소리가 난다.

02 [**u**]는 강세와 상관없이 [-**u** + 자음 + 모음]의 경우 '유우' 또는 '우우'로 소리가 난다.

03 단어 맨 뒤에 [**e**]가 붙으면 바로 앞에 나오는 [**u**]는 '유우' 소리가 난다.
{[-**u**-**e**] 형태}

04 [**u**]에 [**r**]가 붙은 [-**ur**]는 '*어*^{r}'로 약하게 소리 낸다. 단, 1음절이나 강세가 있을 경우 '*어*^{r}'로 강하게 발음한다.
{[-**ur** + 모음]의 형태에서는 [**ur**]는 '유*어*^{r}'로 소리가 난다.]

05 **not**의 의미를 담고 있는 접두어 [**un**-]은 일괄적으로 '언언'으로 소리가 난다.

모음의 소리 대원칙

01 'banana'에서 가운데 [a]는 왜 소리가 다를까?

02 'face'와 'surface'에서 [a]는 소리가 왜 다를까?

03 'dependence'에서 [e] 4개의 소리는 왜 다를까?

04 'ice'와 'justice'에서 [i]의 소리는 왜 다를까?

05 'super'와 'supper'에서 [u]는 왜 소리가 다를까?

06 'run'에서 'runner'로 바뀔 때 왜 [n]을 하나 더 첨가하는 것일까?

07 왜 'summer'에서 [m]은 두 개가 되어야 할까?

08 'park'와 'parade'의 [ar]는 왜 소리가 다를까?

09 'below'와 'bellow'의 [e]는 왜 다르게 소리가 날까?

10 'peril'과 'perch'에서 [er]의 소리는 왜 다를까?

여러분은 제가 위에 던져 놓은 10가지 화두(話頭)를 명쾌하게 설명할 수 있습니까? 만약 다른 사람에게 이 10가지 중에서 8개 이상을 설명할 수 있다면 당신은 더 이상 이 책을 공부할 필요가 없습니다. 이미 당신은 영어 철자와 소리와의 보이지 않는 원리를 통달한 사람이니까요. 반대로 이 10가지 중에서 한 가지도 설명할 수 없다면, 여러분들은 그 많은 단어들의 소리를 사전의 발음기호를 통해 해결해야만 하는 사람이지요. 하지만 지금까지 그랬듯이 인내와 끈기, 그리고 '할 수 있다.'는 신념으로 저와 함께한다면, 위의 어려운 화두(話頭)를 깔끔하게 해결할 수 있습니다.

이제 우리는 이 책의 백미(白眉)이면서 영어에서 가장 어렵다는 모음의 소리를 찾아 여행을 떠나려고 합니다. 비록 어렵고 이해하기 힘든 부분도 있겠지만, 모든 여행과 마찬가지로 이 모음의 여행 끝에서도 여러분들은 훨씬 더 커진 당신 자신을 발견하게 될 것입니다. 물론 영어에서만큼은 말입니다.

먼저 서론으로 말하면, 'Step 1. 기본 발음' 편에서 우리는 모음 5개, 즉 '[**a**], [**e**], [**i**], [**o**], [**u**]'의 기본 발음의 소리 한 가지를 익혔습니다. 그리고 그 모음에 대한 많은 단어들의 소리를 찾아 열심히 배웠습니다. 그때 얼핏 영어의 모음은 우리의 '한글'과는 달리 많은 소리를 담고 있다고 했습니다. 기억나죠? 예를 들면 [**a**]는 단어에 따라 '에이'는 물론 '어', '오', '애' 등 많은 모음의 소리를 담고 있습니다. 물론 우리 한글처럼 1개의 모음이 1개의 소리를 담고 있다면 얼마나 좋겠습니까. 그러면 영어단어와 책을 읽을 때, 혹은 철자를 기억하는 데 어려움이 없겠지요. 하지만 영어는 모음 5개가 수많은 소리를 커버해야 하기 때문에 우리가 아무리 열심히 알파벳을 익혀도 단어를 외우고, 발음기호를 통해 철자의 소리를 찾는 지겨운 작업을 반복할 수밖에 없어요.

그렇다면 정말 영어 모음의 소리에는 일정한 법칙이나 원리는 없는 걸까요? 무작정 외워야 하는 것인가요? 왜 우리는 [**a**]의 기본 음가를 '애'라고 해 놓고 'banana'라는 단어를 '배내내'라고 읽지 않고 '버내너'라고 발음하는 것일까요? 영어 단어의 소리에 대한 많은 의문과 질문의 대부분이 모음과 관련된 것이라는 결론을 얻고 수많은 날들을 사전을 뒤적거리고, 단어와 씨름하며 앞의 '모음의 소리 대원칙표'와 같은 모음의 원칙을 정리할 수 있게 되었습니다. 그냥 보기에는 굉장히 복잡하게 보이지만, 나름대로 학습자들이 단계적이고 체계적으로 학습할 수 있도록 단순화시키려고 애를 썼지요. 따라서 다음 장의 세세한 설명을 익히기 전에 모음의 소리 체계가 어떻게 되어 있는지, 즉 나뭇잎을 그리기 전에 전체적인 숲을 먼저 그리는 것이 나을 것 같아서 먼저 지금부터 앞 장의 '모음의 소리 대원칙표'를 세분화해서 아래와 같이 간단하게 설명하겠습니다. 간혹 이해가 되지 않는 부분도 있을 것입니다. 그런 부분은 너무 오래 시간을 두고 고민하지 말고, 각 모음으로 세분화하여 배울 때 익히도록 하세요. 무조건 편안하게 읽어 보길 바라요.

구분	a	e	i	o
1. 강모음 (기본 발음)	[á] (애)	[é] (에)	[í] (이 / 아이)	[ó] (아)

먼저 1번은 강세가 있었을 때, 즉 강모음(强母音)일 때, 모음 다섯 개의 소리는 'Step 1'에서 배운 '기본 발음'의 소리가 난다는 뜻입니다. 즉, [a]는 '애', [e]는 '에', [i]는 '이', [o]는 '아' 소리가 나지요. 또, '자음 + 모음 + 자음' 구조의 1음절 단어에의 모음들도 '기본 발음'의 소리가 난다는 뜻입니다. 다만 [**u**]의 경우는 강세의 유무(有無)와는 상관없이 뒤에 오는 자음과 모음의 배열, 자음의 개수, 그리고 겹자음과 관련된 특별하면서도 가장 단순한 체계를 가지고 있습니다. 따라서 별도로 공부하겠습니다.

구분	a	e	i	o
2. 약모음 ('어', '이')	[a] (어)	[e] (이 / 어)	[I] (이, 으)	[o] (어)

2번은 강세가 없을 경우입니다. 각 모음마다 소리가 각각 다르지만, 공통적인 소리로는 '으'에 가까운 '어'나 '이' 소리로 가볍게 흘려 버리면 자연스러운 발음이 됩니다. 발음기호로 보면 [ə] schwa라 해서 '어'나 '이'의 중간 소리로, 혀의 움직임이 비교적 적은 가장 편한 혀의 자세에서 나오는 소리입니다.

구분	a	e	i	o	u
3. 강모음-e (알파벳 이름)	[-á-e] (에이)	[-é-e] (이이)	[-í-e] (아이)	[-ó-e] (오우)	[-ú-e] (유우)

3번은 단어 끝에 [e]가 붙어 있는 단어들의 공통된 소리입니다. [-á-e], [-é-e], [-í-e], [-ó-e], [-ú-e]의 구조로 되어 있는 단어에서 [e]의 앞에 있는 모음들은 알파벳 이름으로 소리를 내면 됩니다. 즉, [-á-e]는 '에이', [-é-e]는 '이이', [-í-e]는 '아이', [-ó-e]는 '오우', [-ú-e]는 '유우'로 소리가 나지요. 그러나 이 경우 반드시 강모음(强母音)이어야 하고, [-á-e]를 예로 들면 [á]와 [e] 사이에 자음이 2개 미만이 되어야 한다는 원칙이 있습니다. 자세한 것은 각 모음에서 예시 단어를 통해 배웁시다.

구분	a	e	i	o	u
4. –모음+r	[-ar] (아r)	[-er], [-re] (어r)	[-ir] (어r)	[-or] (어r)	[-ur] (어r)
	[-ár+모음] (애루)	[-ér+모음] (에루)	[-ír+모음] (이루)	[-or-], [or-] (오어)	[-ur+모음] (유어)

4번은 모음 다섯 개의 뒤에 [r]가 붙었을 경우입니다. 즉 [-ar], [-er], [-ir], [-or], [-ur]의 구조일 때 모음은 어떻게 소리가 날까 하는 것이지요. 보통 두 가지의 경우로 나눌 수 있는 데, 단어 뒤에 붙어 강모음(强母音)인 경우 [-ar]가 '아r'로 소리나는 경우를 제외하고 나머지 네 개의 모음은 공통적으로 '어r'로 소리가 나지요. 그러나 [-are], [-ere], [-ire], [-ore], [-ure] 경우와 같이 [r] 뒤에 또 다른 모음이 붙으면 강모음(强母音)이냐 약모음(弱母音)이냐에 따라 소리가 달라집니다. 조금 복잡한 것 같지만 예시 단어들을 통해 공부하다 보면 어렵지 않다는 것을 알게 될 것입니다.

구분	a	e	i	o	u
5. 고유 경우	[-all] [-aw-] [-au-] (오오)	[자음+e] (이이)	[-ind] [-ild] [-igh] [자음+i] (아이)	[-old] [-olt] [자음+o] (오우)	접두어 [un-] (언언)

5번은 1번부터 4번까지의 공통된 경우를 제외하고 각 모음들이 예외적으로 가지고 있는 소리의 원칙을 정리하였습니다. 이것들은 각 모음의 고유의 경우로, 가장 실용적이고 활용도가 많은 단어들의 공통된 모음 소리의 원리만을 정리하였기 때문에 자질구레한 경우는 가급적 생략하였습니다. 하여 학습자들의 심적 부담을 덜어 주려는 것이 주된 의도입니다. 조금은 복잡한 것처럼 보이지만 위의 '모음의 소리 대원칙표'를 이해하고 암기하면 여러분들은 영어의 장인(匠人), 즉 'Master'가 될 것입니다.

001

[a]의 소리를 찾아서

1 강모음 [á] : '애'

- 강세가 있는 [á]는 '애' 소리가 난다. {강모음 [á]}
- 1음절 [자음+a+자음]의 [á]는 강세가 있는 강모음으로 '애' 소리가 난다.

먼저 영어에서는 한국어처럼 모든 음절이 거의 '같은 세기, 높이, 길이로 소리가 나는 게 아니다.'라는 점을 기억해야 합니다. 한국어는 소위 음절의 언어이기 때문에 모든 음절을 같은 길이, 같은 높이로 발음하지만, 영어에서는 강세 받는 음절은 강세를 받지 않는 음절에 비해서 더 강하고 길게 발음합니다. 그래서 영어는 강세의 언어라고 합니다. 이러한 박자가 규칙적으로 반복되어 리듬을 이루는데, 이것이 바로 한국어 발음과 큰 차이를 보이는 현상 중의 하나이지요.

그런데 강세(stress)가 무엇인지 잘 모르겠다고요? 'banana'라는 단어를 통해 설명해 볼까요? 이 단어를 우리는 '바나나'라고 읽고 사용합니다. 그리고 발음할 때도 앞서 말한 대로 같은 세기, 높이, 길이로 발음하지요. 하지만 영어에서는 'banana'를 'ba-na-na'라는 3개의 음절(音節)로 나누고, 3개의 음절 중에 한 곳을 강하게 발음하고 나머지 두 음절은 낮으면서 약하고 빠르게 흘려 버리듯 발음합니다. 구체적으로 말하면 'banana'는 두 번째 모음 [**a**]에 강세(stress)가 있어서 'ban**á**na'가 되고, 이 강세가 있는 [**á**]는 '애'로 발음하며, 1음절과 3음절에 있는 [**a**]는 다음 장에서 배우겠지만 'ㅡ'에 가까운 '어'로 약하고 빠르게 흘려 버리듯 발음하면 됩니다. 따라서 '버내너'라고 소리가 나게 되지요. 원어민들이 빠르게 발음할 경우 '브내느'라고 우리 귀에 들릴 수 있습니다. 몇 개만 더 예를 들어 보지요. 북미(北美)에 위치하고 있는 나라 '**Canada**'를 우리는 '캐나다'라고 발음하지요? 하지만 영어 발음은 다르지요. 먼저 강세의 위치를 살펴보면 첫 번째 [**á**]에 강세가 있는 단어여서 'C**á**-na-da'로 음절 표기가 되며, 각 음절의 소리는 '캐 + 너 + 더'로 나고, 따라서 '캐너더'로 발음해야 한다는 것을 알 수 있지요. 우리말에 '수리수리 마수리'라는 주문(呪文)이 있지요? 영어에도 이와 같은 용도로 '**abracadabra**'라는 말이 있어요. 5음절의 단어인데, 강세를 찾아 표시하며 '**á**b-ra-ca-d**á**b-ra'로 되어 있습니다. 그렇다면 각 음절의 소리는 '앱 + 뤄 + 커 + 댑 + 뤄'가 되겠지요? 이제 소리의 높낮이와 세기 같은 리듬을 타서 멋지게 발음해 볼까요? '앱뤄커댑뤄!'

이제 강세가 있느냐 없느냐가 모음의 소리를 다르게 만든다는 것을 아셨죠? 그럼 강세는 어떻게 찍는지 궁금하죠? 단어가 나올 때마다 일일이 사전을 찾을 수도 없는 노릇이고요. 맞습니다. 그래서 이 책의 마지막 장 'Step 6. 접미사'와 'Step 6. 접두사' 편에서 '강세의 법칙'을 나름대로 정리하였습니다. 물론 100%는 아닙니다만, 분명 많은 도움이 될 것입니다. 또 명심할 것은 강세는 '모음'에 찍는다는 것이고, 강세가 있는 모음을 '강모음(强母音)'이라 하고, 강세가 없는 모음을 '약모음(弱母音)'이라고 한다는 것도 꼭 기억하세요. 그럼, 모음 [**á**]의 1원칙을 정리할까요? 강세가 있는 강모음 [**á**]는 기본 소리 '애'로 소리가 납니다. 그리고 다음 2원칙에서 배우겠지만 강세가 없는 약모음 [**a**]는 'ㅡ'에 가까운 '어'로 약하고 빠르게 흘려 버리듯 발음하면 됩니다. 그럼 아래 정리된 단어들을 통해 직접 익혀 볼까요?

Practice | 강모음 [á]

1	al**á**s	→	얼+래+스	→	얼**래**스
2	Al**á**ska	→	얼+래+스+커	→	얼**래**스꺼
3	**á**lpha	→	앨+퍼^{f}	→	**앨**퍼^{f}
4	am**á**ss	→	어+매+쓰	→	어**매**쓰
5	**Á**nkara	→	앵+커+뤄	→	**앵**커뤄
6	c**á**nvas	→	캔+버^{v}+스	→	**캔**버^{v}스
7	Hav**á**na	→	허+배^{v}+너	→	허**배**^{v}너
8	Jap**á**n	→	줘+팬	→	줘**팬**
9	m**á**dam	→	매+덤	→	**매**덤
10	Sah**á**ra	→	써+해+뤄	→	써**해**뤄
11	s**á**lad	→	쌜+러+드	→	**쌜**럳
12	st**á**nza	→	스+땐+저	→	스**땐**저

다음 쪽에 정리된 단어들을 한번 보세요. 3개에서 5개의 철자로 되어 있는 단어들이지요? 그런데 그것보다 더 중요한 것은 이 단어들에는 위의 단어와는 다르게 모음이 하나밖에 없다는 것이지요. 즉, 1음절의 단어들로서 [자음 + **a** + 자음]의 형태로 되어 있습니다. 이 단어들을 사전에서 찾아 확인해 보면 모음 [**a**]에 강세가 찍혀 있지 않아요. 왜 그럴까요? 강세는 2음절 이상의 단어들에만 있어요. 예를 들면 'salad'와 같이 [sa-]와 [-lad] 두 음절 중에서 어느 음절을 강하게 소리를 내느냐를 표시하는 기호이지요. 하지만 'bad'와 같은 1음절의 단어는 비교할 음절이 없지요? 따라서 1음절의 단어에 있는 모음에는 강세를 굳이 찍을 필요 없고, 그 자체가 강모음(强母音)입니다. 따라서 다음 쪽 [자음 + **a** + 자음]의 형태로 되어 있는 단어에서 [**a**]는 '애'로 발음하면 됩니다.

다음 단어의 소리를 찾아 발음하면서 한 가지 주의할 것은 '모두 1음절의 단어이기 때문에 철자의 개수에 상관없이 발음의 길이와 박자가 같아야 한다는 것'입니다. 즉 'bad'의 '밷'과 'cramp'의 '크램프'의 발음의 길이와 박자를 같게 소리를 내야 한다는 것이지요. 따라서 'bad'보다 'cramp'는 철자의 수가 많으니까 더 빠르게 발음해야 하겠지요?

[자음+a+자음]의 1음절 단어 : '애'

● –액ㅌ(–act)

act 행동하다	f**act** 사실	p**act** 계약	t**act** 재치	tr**act** 지역

● –앧(–ad)

ad 광고	b**ad** 나쁜	c**ad** 상스러운 남자	d**ad** 아빠	f**ad** 변덕
g**ad** 쏘다니다	h**ad** 가졌다	l**ad** 젊은이	m**ad** 미친	p**ad** 패드
s**ad** 슬픈	t**ad** 어린아이	gl**ad** 기쁜	gr**ad** 대학원생	br**ad** ㄱ자 못

● –액(–ag)

b**ag** 가방	f**ag** 열심히 일하다	g**ag** 익살	h**ag** 노파	j**ag** 뾰족한 끝
l**ag** 지연	n**ag** 잔소리	r**ag** 누더기	s**ag** 가라앉다	t**ag** 꼬리표
w**ag** 흔들다	z**ag** 지그재그	br**ag** 자랑하다	cr**ag** 낭떠러지	dr**ag** 끌다
fl**ag** 깃발	fr**ag** 살상하다	sn**ag** 그루터기	st**ag** 수사슴	sw**ag** 장물

※ [dr–]는 '듀루'와 비슷하게 발음.

● –앰(–am)

d**am** 댐	cl**am** 대합류	cr**am** 벼락공부	c**am**p 야영	d**am**p 축축한
r**am**p 진입로	cl**am**p 꺾쇠	cr**am**p 꺾쇠	s**am**p 거칠게 빻은 옥수수	st**am**p 우표

● –앤(–an)

b**an** 금지	c**an** 할 수 있다	d**an** 작은 부표	f**an** 부채	m**an** 남자
p**an** 냄비	r**an** 달렸다	t**an** 태우다	v**an** 유개트럭	cl**an** 씨족
pl**an** 계획	gr**an** 할머니	sc**an** 자세히 조사하다	sp**an** 기간	th**an** ~보다

● –앤(드)(–and)

and 그리고	b**and** 밴드, 떼	h**and** 손	l**and** 땅	r**and** 뒤축 안창
s**and** 모래	bl**and** 부드러운	br**and** 상표	gr**and** 웅장한	gl**and** 선
st**and** 서다	str**and** 좌초시키다			

● –앵(–ang)

b**ang** 강타	d**ang** 매력적인	f**ang** 엄니	g**ang** 무리	h**ang** 매달다
s**ang** 노래했다	t**ang** 싸한 맛	cl**ang** 뗑그렁 울리다	sl**ang** 속어	spr**ang** 뛰어오르다

● –앵크(–ank)

b**ank** 은행/둑	h**ank** 다발	r**ank** 계급	s**ank** 가라앉다	t**ank** 탱크
bl**ank** 여백	cl**ank** 절커덕 소리가 나다	cr**ank** 괴짜	dr**ank** 마셨다	fl**ank** 옆구리

plank 널빤지	prank 농담	shank 정강이	spank 찰싹 때리다	thank 감사하다

● –애스끄(–ask)

cask 통	bask 불을 쬐다	mask 복면	task 노역	

2 약모음 [a] : '어'

• 강세가 없는 약모음(弱母音) [**a**]는 '으'와 '어'의 중간 소리에 가까운 '어' 소리로 약하게 흘려 버린다.

앞에서 강모음(强母音) [**á**]를 설명하면서 강세가 없는 약모음(弱母音) [**a**]를 설명했지요? 다시 자세히 설명할게요. 강세가 없는 약모음 [**a**]는 발음기호로 보면 [ə]로 표시하여 우리말의 '어'로 발음하지만, 실제로는 우리말의 소리 '어'와는 다릅니다. 우리말 '어'는 입이 다소 벌어지면서 소리 내지만, 영어에서는 **schwa**라 해서 '으'와 '어'의 중간 소리에 가까운 소리로, 혀의 움직임이 비교적 적은 가장 편한 혀의 자세에서 나오는 '어'의 소리입니다. 사실 'ban**á**na'라는 단어의 소리도'버내너'보다는 우리 귀에 '브내느'에 가깝게 들리지요. '**a**lás'라는 단어를 예로 들어 보면, 단어의 첫소리에 위치한 약모음 [**a**]는 거의 소리가 들리지 않을 정도로 발음합니다. 그래서 '얼래스'도 '을래스'도 아닌 '래스'로 들릴 정도로 약하게 발음합니다. 물론, 천천히 발음하면 모든 철자의 소리를 다 듣게 되지만 말입니다.

Practice | 약모음 [a]

1	**a**bóve	: 위에	→	a • bóve	→	**어**+보우브ᵛ	→	**어**보우브ᵛ
2	ínf**a**nt	: 유아	→	ín • fant	→	인+**펀**ᶠ트	→	인**펀**ᶠ(트)
3	cárc**a**ss	: 시체	→	cár • cass	→	카아ʳ+**커**스	→	카아ʳ**커**스
4	**a**dúlt	: 어른	→	a • dúlt	→	**어**+덜트	→	**어**덜트
5	**a**héad	: 앞에	→	a • héad	→	**어**+헤드	→	**어**헫
6	**a**ddréss	: 주소	→	add • réss	→	**어**듀+뤠스	→	**어**듀뤠스
7	**a**lárm	: 놀라게 하다	→	a • lárm	→	**얼**+라암ʳ	→	**얼**라암ʳ
8	pízz**a**	: 피자	→	pí • zza	→	피+**쩌**	→	피**쩌**
9	**A**méric**a**	: 미국	→	A • mé • ri • ca	→	**어**+메+뤼+**커**	→	**어**메뤼**커**
10	**a**wáy	: 떨어져	→	a • wáy	→	**어**+웨이	→	**어**웨이

이제 우리가 즐겨 먹는 서양식 빈대떡 'pizza'가 '피자'로 소리가 나지 않는다는 것을 알았죠? 사진을 찍는 'camera'도 '카메라'가 아니라 'cám · er · **a**', 즉 '캐머뤄'로 발음해야 미국인이 알아듣고, TV의 일일 연속극의 'drama'도 '드라마'가 아니라 'drá · ma', 즉 '듀뢔머'로 발음해야 하는 것도 바로 강모음 [**á**]이냐, 약모음 [**a**]이냐에 달려 있다는 것을 아셨죠? 강모음 [**á**]와 약모음 [**a**]의 소리를 정확히 구분하면서 아래 정리된 단어들을 멋있게 발음해 보세요.

Practice | 강모음 [á]와 약모음 [a]의 소리 비교

1	Cán**a**d**a**	→	캐+너+더	→	캐**너더**
2	**b**anán**a**	→	버+내+너	→	**버**내**너**
3	**a**lás	→	얼+래+스	→	**얼**래스
4	**a**lásk**a**	→	얼+래+스+꺼	→	**얼**래스**꺼**
5	álph**a**	→	앨+퍼ᶠ	→	앨**퍼**ᶠ
6	**a**máss	→	어+매+쓰	→	**어**매쓰
7	ánk**a**r**a**	→	앵+커+뤄	→	앵**커뤄**

8	cánv**a**s	→	캔+버ᵛ+스	→	캔**버**ᵛ스
9	H**a**ván**a**	→	허+배ᵛ+너	→	**허**배ᵛ**너**
10	J**a**pán	→	줘+팬	→	**줘**팬
11	mád**a**m	→	매+덤	→	매**덤**
12	S**a**hár**a**	→	써+해+뤄	→	**써**해**뤄**
13	sál**a**d	→	쌜+러+드	→	쌜**럳**
14	stánz**a**	→	스+땐+저	→	스땐**저**

3 [-á-e]의 강모음 [á] : '에이'

• 단어 맨 뒤에 [e]가 붙은 '[-**á**-**e**] 형태의 단어'에서 바로 앞에 나오는 강세가 있는 [**á**]는 '에이' 소리가 난다.

'bake, cake, fake, lake, make, rake, sake, take, wake, brake, flake, quake, shake, slake, snake, stake!' 이 단어들을 자세히 보세요. 눈에 보이는 형태상의 공통점이 있지요? 단어 끝에 [e]가 붙어 있고, '자음 + **a** + 자음 + **e**', 즉 [-**á**-**e**] 의 구조로 되어 있지요? 이런 형태의 단어에서 [e]의 앞에 있는 모음 [**á**]는 알파벳 이름의 소리, 즉 '에이'로 내면 됩니다. 그리고 단어 뒤에 붙어 있는 [e]는 음가(音價)가 없어서 소리가 없는 묵음이지요. 그러면 단어 끝에 붙어 있는 알파벳 [e]는 참 희생정신이 강한 철자네요, 맞지요? 자신의 앞에 있는 모음에게는 알파벳 이름 소리가 나게 하고 자신의 소리를 내지 않는 형태소(形態素)에 불과하니까요.

그러면 몇 개의 단어를 예로 들어 볼게요. 'bake'는 각 철자의 기본 소리가 'b(브) + a(에이) + k(크) + e(묵음)'로, 즉 '베잌' 하고 소리가 난다는 것이지요. 잘 이해가 가지 않으면 단어 뒤에 [e]가 없는 단어와 있는 단어에서 모음의 소리가 어떻게 다른지 비교해 볼게요. '깡통'이라는 단어 'can'은 각 철자의 기본 소리가 'c(ㅋ) + a(애) + n(은)'으로, 이 각자의 소리를 합치면 '캔' 하고 소리가 나지요? 주의해서 볼 것은 이 단어의 모음 [**a**]가 기본 소리 '애'로 소리가 난다는 것입니다. 그러면 '지팡이'라는 의미의 단어 'cane'의 소리를 볼까요? 'can'이라는 단어와 다른 점은 'can' 뒤에 [**e**]가 붙어 있다는 것이지요. 바로 이 [**e**] 때문에 모음 [**a**]가 '애'라는 기본 소리가 아닌 알파벳 이름 '에이'로 소리가 난다는 것입니다. 따라서 'cane'은 철자의 기본 소리가 'c(ㅋ) + a(에이) + n(은) + e(묵음)'로, 각자의 소리를 합치면 '케인' 하고 소리가 나겠지요?

그럼 정리해 볼까요? '자음 + **a** + 자음', 형태의 1음절 단어에서 [**a**]는 기본 소리 '애'로, '자음 + **a** + (자음) + **e**' 형태의 1음절 단어에서 [**a**]는 알파벳 이름 소리 '에이'로 소리가 납니다. 이제 개념이 정리됐지요? 그럼 먼저 두 경우의 단어들의 소리를 비교하여 원리를 명확하게 익혀 보세요.

Practice | [자음+a+자음+e]과 [자음+a+자음]의 [a] 소리 비교

1	cane	→	케인	↔	can	→	캔
2	cape	→	케잎	↔	cap	→	캪
3	fade	→	페ᶠ읻	↔	fad	→	팯ᶠ
4	fate	→	페ᶠ잍	↔	fat	→	퍁ᶠ
5	hate	→	헤잍	↔	hat	→	핻
6	mate	→	메잍	↔	mat	→	맽
7	mane	→	메인	↔	man	→	맨
8	made	→	메읻	↔	mad	→	맫
9	plane	→	플레인	↔	plan	→	플랜
10	rate	→	뤠잍	↔	rat	→	뢭
11	scrape	→	스끄뤠잎	↔	scrap	→	스끄뢮
12	tape	→	테잎		tap	→	탶

이제 단어 뒤에 붙어 있는 **[e]**의 역할과, 이 철자가 소리(앞의 모음의 소리)에 어떤 영향을 주는지 알겠죠? 이제 아래에 있는 10개의 단어들의 소리를 익혀 봅시다. Are you ready? Let's start!

Practice | [자음+a+자음+e]

1	**ace**	: 최고의 것	→	**에이스**
2	p**ace**	: 보폭	→	**페이스**
3	m**ade**	: 만들었다	→	**메읻**
4	c**ake**	: 케이크	→	**케잌**
5	t**ake**	: 잡다	→	**테잌**
6	m**ake**	: 만들다	→	**메잌**
7	m**ale**	: 남자	→	**메일**
8	s**ale**	: 판매	→	**쎄일**
9	g**ame**	: 놀이	→	**게임**
10	n**ame**	: 이름	→	**네임**

오른쪽에 [(자음) + **a** + 자음 + **e**] 형태의 1음절 단어들을 운을 맞춰 정리하였어요. 단어 맨 뒤에 [**e**]가 붙은 '[-**á**-**e**] 형태의 단어'에서는 강세가 있는 강모음 [**á**]가 '에이' 소리가 난다는 개념을 명확하게 기억하면서 다음 단어들을 몇 번이고 반복해서 읽어 보길 바랍니다.

[–á–e] 형태의 1음절 단어 : '에이'

● –에이스(–ace)

ace 최고	f**ace** 얼굴	l**ace** 끈	m**ace** 철퇴	p**ace** 보폭
r**ace** 경주	gr**ace** 우아	pl**ace** 장소	sp**ace** 우주	tr**ace** 자취

● –에읻(–ade)

b**ade** 명령했다	f**ade** 바래다	j**ade** 비취	l**ade** 짐을 싣다	m**ade** 만들었다
bl**ade** 칼날	gr**ade** 성적	sh**ade** 그늘	tr**ade** 무역	w**ade** 걸어서 건너다

● –에잌(–ake)

b**ake** 굽다	c**ake** 케이크	f**ake** 위조하다	j**ake** 괜찮은	l**ake** 호수
m**ake** 만들다	r**ake** 갈퀴	s**ake** 목적	t**ake** 잡다	w**ake** 눈을 뜨다
bl**ake** 블레이크(사람이름)	br**ake** 제동기	fl**ake** 얇은 조각	qu**ake** 흔들리다	sh**ake** 흔들다
sl**ake** 만족시키다	sn**ake** 뱀	st**ake** 말뚝	str**ake** 배밑판	

● –에일(–ale)

ale 맥주	b**ale** 짐짝	d**ale** 골짜기	g**ale** 질풍	h**ale** 건강한
m**ale** 남자	p**ale** 창백한	s**ale** 판매	t**ale** 이야기	v**ale** 골짜기
Y**ale** 예일 대학	sc**ale** 비늘	wh**ale** 고래	qu**ale** 특질	st**ale** 진부한

● −에임(−ame)

c**a**m**e** 왔다	d**a**m**e** 귀부인	f**a**m**e** 명성	g**a**m**e** 경기	l**a**m**e** 절뚝거리는
n**a**m**e** 이름	s**a**m**e** 똑같은	t**a**m**e** 길들이다	bl**a**m**e** 비난하다	fl**a**m**e** 불꽃
fr**a**m**e** 틀	sh**a**m**e** 부끄러움			

● −에인(−ane)

c**a**n**e** 지팡이	D**a**n**e** 덴마크인	j**a**n**e** 제인(여자 이름)	l**a**n**e** 좁은 길	m**a**n**e** 갈기
s**a**n**e** 제정신의	v**a**n**e** 바람개비	w**a**n**e** 기울다	cr**a**n**e** 기중기	pl**a**n**e** 비행기

● −에잎(−ape)

c**a**p**e** 망토	g**a**p**e** 입을 벌리다	j**a**p**e** 농담하다	n**a**p**e** 목덜미	r**a**p**e** 강간
t**a**p**e** 테이프	dr**a**p**e** 천	sh**a**p**e** 모양	cr**a**p**e** 상장	scr**a**p**e** 문지르다

● −에이스(−ase)

b**a**s**e** 기초	c**a**s**e** 경우	v**a**s**e** 꽃병	ch**a**s**e** 뒤쫓다	

● −에잍(−ate)

at**e** 먹었다	b**a**t**e** 줄이다	d**a**t**e** 날짜	f**a**t**e** 운명	g**a**t**e** 출입문
h**a**t**e** 미워하다	l**a**t**e** 늦은	m**a**t**e** 짝	r**a**t**e** 비율	ab**a**t**e** 감소시키다
gr**a**t**e** 비비다	pl**a**t**e** 판	sk**a**t**e** 스케이트	sl**a**t**e** 석판	st**a**t**e** 상태

● –에입v(–ave)

c**ave** 동굴	g**ave** 줬다	l**ave** ~을 씻다	p**ave** 포장하다	r**ave** 헛소리하다
s**ave** 절약하다	w**ave** 파도	br**ave** 용감한	cr**ave** 간청하다	kn**ave** 악한
gr**ave** 무덤	sh**ave** 깎다	sl**ave** 노예	st**ave** 통널	

● –에이즈(–aze)

d**aze** 멍하게 하다	g**aze** 응시하다	h**aze** 아지랑이	m**aze** 미로	r**aze** 철저히 파괴하다
cr**aze** 미치게 하다	gl**aze** 유리를 끼우다	gr**aze** 방목하다		

알고 갑시다

그런데 단어 맨 끝에 [**e**]가 붙어 있으면 무조건 바로 앞의 모음 [**a**]가 '에이' 소리로 나는 것은 아니에요. 또 예외인 경우를 말하는 것 아니냐고 잔뜩 긴장이 되죠? 미안하지만 여러분의 예상이 빗나가지 않았어요. 아무리 단어 맨 끝에 [**e**]가 붙어 있다고 하더라도 [**a**]가 '에이'로 소리가 나려면 아래 두 가지 조건이 맞아야 합니다. 그러면 자세히 살펴볼까요?

첫째, 1음절 단어의 [**a**]이거나, [**á**]에 강세가 있는 강모음이어야 한다.

앞 장에 예로 나온 단어들은 거의 다 1음절의 단어들이었죠? 하지만 '(잠을) 깨우다'라는 단어 'awáke'와 'pálace'라는 단어를 비교해 보면 '**awáke**'는 [**e**] 앞의 모음 [**a**]가 강세가 있는 강모음 [**á**]이고, 'pálace'는 [**e**] 앞의 모음 [**a**]가 강세가 없는 약모음 [**a**]이지요. 따라서 'aw**á**k**e**'의 강모음 [**á**]는 끝 철자 [**e**]의 영향을 받아서 '에이'로 소리가 나고, 'pálace'의 약모음 [**a**]는 거의 약한 '이', 혹은 약한 '어' 소리로 발음합니다. 따라서 'aw**á**k**e**'는 '어웨잌'으로 발음하고, 'pálace'는 '팰리쓰'로 발음합니다.

조금 더 보충 설명할게요. '나이'라는 뜻의 단어 '**age**'가 있습니다. 첫 번째 철자 모음 [**a**]는 당연히 단어가 [**e**]로 끝났으니까 '에이'로 소리가 나고, [-ge]는 앞서 배웠듯이 '쥐'로 나지요. 그럼 이런 소리 공식이 성립되겠죠? 'a(에이) + ge(쥐) = age(에이쥐)' 그러면 'dám**age**(손해)'와 'mán**age**(잘 다루다)'라는 단어의 끝에 붙어 있는 [-age]도 똑같이 '에이쥐'라고 소리가 날까요? 아니지요? 'dám**age**'와 'mán**age**'에 나오는 [-age]의 [**a**]는 강세가 없는 약모음이라 [**e**]라는 형태소의 영향을 받지 않아 '-이쥐'로 소리를 내고, [dá-]와 [má-]의 [**á**]에 강세가 있으니까 [dá-]는 '대'로, [má-]는 '매'로 소리가 나지요. 그럼 이런 소리 공식이 성립되겠죠? 'dá(대) + ma(미) + ge(쥐)=dámage(대미쥐)', 'má(매) + na(니) + ge(쥐)=mánage(매니쥐)'.

다시 개념을 정리할게요. 아래 예로 든 단어처럼 아무리 단어 끝에 [**e**]가 있다고 해도 바로 앞의 모음 [**a**]가 강세가 없는 약모음이면 거의 약한 '이', 혹은 약한 '어' 소리로 발음합니다.

1	súrf**ace**	: 표면	→	써어ʳ피ᶠ스
2	cómr**ade**	: 동료	→	캄뤄드
3	mén**ace**	: 위협	→	메너스
4	ím**age**	: 인상	→	이미쥐

결론적으로 말하면, 다음 쪽에 정리된 단어들은 2음절 이상의 [-자음 + **á** + 자음 + **e**] 형태의 단어로서 바로 위의 예와는 달리 [**a**]가 강세가 있는 강모음이라 단어 끝의 형태소 [**e**]의 영향을 받아 장모음(長母音) '에이'로 소리가 난다는 것입니다.

Practice | [-자음+ㅓ+자음+e]

1	inv**á**d**e**	: 침략하다	→	인**베**ᵛ**읻**
2	inh**á**l**e**	: 빨아들이다	→	인**헤일**
3	ins**á**n**e**	: 미친	→	인**쎄인**
4	mist**á**k**e**	: 실수하다	→	미스**떼잌**
5	disgr**á**c**e**	: 불명예	→	디스그**뤠이**스
6	beh**á**v**e**	: 행동하다	→	비**헤이**브ᵛ

1	**a**c**e**	: 최고의 것	→	**에이**스
2	p**a**c**e**	: 보폭	→	**페이**스
3	m**a**d**e**	: 만들었다	→	**메읻**
4	c**a**k**e**	: 케이크	→	**케잌**
5	t**a**k**e**	: 잡다	→	**테잌**
6	m**a**k**e**	: 만들다	→	**메잌**
7	m**a**l**e**	: 남자	→	**메일**
8	s**a**l**e**	: 판매	→	**쎄일**
9	g**a**m**e**	: 놀이	→	**게임**
10	n**a**m**e**	: 이름	→	**네임**
11	c**a**n**e**	: 지팡이	→	**케인**
12	pl**a**n**e**	: 비행기	→	플**레인**

둘째, [**á**]와 [**e**] 사이에 자음이 2개 이하여야 '알파벳 이름 소리'가 난다.

'박공'이라는 단어 'gáble'과 '빨리 지껄이다'라는 단어 'gábble'의 소리를 비교해 볼까요? 먼저 두 단어의 강세의 위치가 똑같은 [**á**]에 있지요? 그리고 뒤에 [**e**]로 끝난 [**-á-e**] 형태의 단어이고요. 그러면 두 단어 모두 단어 끝소리 [**e**]의 영향을 받아서 [**á**]가 알파벳 이름의 '에이'로 나니까 'gá**b**le'도 '게이블', 'gá**bb**le'도 '게이블'로 똑같이 소리가 나겠지요? 결론적으로 말하면 'No!' 아닙니다.

[**able**]은 [**á**]와 [**e**] 사이에 자음이 몇 개가 있나요? 예, 맞아요. [bl] 2개가 있지요? 그런데 'gá**bb**le'이라는 단어에는 자음이 [bbl], 즉 3개가 있지요? 왜 제가 [**á**]와 [**e**] 사이의 자음의 개수에 관심을 갖는지 감 잡으셨나요? '**áble**', '**cáble**', '**fáble**'처럼 [**á**]와 [**e**] 사이에 자음이 1개나 2개, 즉 자음이 2개 이하면 강모음 [**á**]는 끝 철자 [**e**]의 영향을 받아서 '에이'로 소리가 나고, '**bábble**', '**dábble**', '**gábble**'처럼 [**á**]와 [**e**] 사이에 자음이 3개 이상이면 강모음 [**á**]는 끝 철자 [**e**]의 영향을 받지 않고 기본 소리 '애'로 소리가 나지요. 그럼 'gable'과 'gabble'은 각각 어떤 소리가 날까요? 이런 소리 공식이 성립되겠죠? 'gá(게이) + ble(블) = gáble(게이블)', 'gá(개) + bble(블) = gábble(개블)'.

그럼 우리가 많이 알고 있는 '사과'라는 영어 단어인 'apple'에 왜 자음 [**p**]가 2개가 있어야 하는지 알겠어요? 만약 [**p**]가 1개라면 'aple'이라는 형태의 단어가 되겠지요? 여기까지 설명했는데도 '사과'가 'apple'로 쓰든 'aple'로 쓰든 별 차이를 못 느끼겠나요? 자음의 개수가 모음의 소리에 영향을 준다고 했으니까, 만약 'aple'로 단어를 쓰면 '사과'라는 과일의 영어 소리는 더 이상 '애플'이 아니라 '에이플'이 되어야 하고요. 따라서 이 세상에는 '애플파이'는 없고 '에이플파이'가 있으며, '애플주스'를 마시는 대신에 우리는 '에이플주스'를 마시게 되겠죠? 이와 관련된 자세한 것은 마지막 'Step 7. 기타 철자의 소리를 찾아서'에서 자세히, 그리고 상세히 공부할 예정입니다. 기대하세요.

자, 그럼 간단하게 요약해서 정리할까요?

> [-**á** + 자음 2개 이하 + **e**]의 형태의 단어에서 강모음 [**á**]는 '에이'로 소리가 나고,
> [-**á** + 자음 3개 이상 + **e**]의 형태의 단어에서 강모음 [**á**]는 '애'로 소리가 난다.

아래의 'Practice 1' 'Practice 2'에 예시된 단어들을 통해서 2가지 경우의 [**á**]의 소리를 익혀 보세요.

Practice 1 | [-ㅓ+자음 2개 이하+e]의 형태

[-**á**+자음 2개 이하+**e**]의 형태의 단어에서 강모음 [**á**]는 장모음(알파벳 이름) '에이'로 소리가 난다.

1	**á**ble	: 유능한	→	에이+블	→	에이블
2	c**á**ble	: 전선	→	케이+블	→	케이블
3	f**á**ble	: 우화	→	페ᶠ이+블	→	페ᶠ이블
4	g**á**ble	: 박공	→	게이+블	→	게이블
5	s**á**ble	: 담비	→	쎄이+블	→	쎄이블
6	t**á**ble	: 탁자	→	테이+블	→	테이블
7	st**á**ble	: 안정된	→	스떼이+블	→	스떼이블
8	m**á**ple	: 단풍나무	→	메이+플	→	메이플

Practice 2 | [-ㅓ+자음 3개 이상+e]의 형태

[-**á**+자음 3개 이상+**e**]의 형태의 단어에서 강모음 [**á**]는 '애'로 소리가 난다.

1	b**á**bbl**e**	: 종알거리다	→	배+블	배블
2	d**á**bbl**e**	: 물을 튀기다	→	대+블	대블
3	g**á**bbl**e**	: 지껄이다	→	개+블	개블
4	r**á**bbl**e**	: 오합지졸	→	뢔+블	뢔블
5	p**á**ddl**e**	: 노	→	패+를	패를
6	s**á**ddl**e**	: 안장	→	쌔+를	쌔를
7	**á**ppl**e**	: 사과	→	애+플	애플
8	d**á**ppl**e**	: 얼룩무늬	→	대+플	대플
9	b**á**ttl**e**	: 전투	→	배+를	배를

10	cáttle	: 가축	→	캐+를	캐를
11	ráttle	: 덜컹덜컹	→	뢔+를	뢔를
12	táttle	: 수다 떨다	→	태+를	태를

4 [ar] : '아아r'

- [**a**]에 [**r**]가 붙은 [**ar**]는 '어r'로 약하게 소리 낸다. 단, 1음절이나 강세가 있을 경우 '아아r'로 강하게 발음한다.
- {[**ár** + 약모음]의 형태에서는 [**ár**]는 '애루'로, [**ar** + 강모음]의 형태에서는 [**ar**]는 '어루'로 소리가 난다.}

미국 메이저 리그에서 투수로 활약하고 있는 우리나라 선수 중에 '박찬호'라는 유명한 선수가 있지요. 그 선수의 등번호 위에는 영어로 'Park'라고 써 있고, 물론 그 단어는 '공원'이라는 영어 단어가 아니라 그 선수의 성(姓)인 '박'을 영어로 표기 한 것입니다. 그런데 왜 'Pak'라고 표기하지 않는지 궁금하지요? 그 이유는 앞에서 배웠듯이 [**a**]는 '아'로 소리 나지 않고 '애'로 소리가 나기 때문에 'Pak'을 미국인들이 '박' 대신에 '팩'으로 발음할 가능성이 많기 때문이지요. 그런데 영어에서는 우리나라 '아'와 동일한 소리를 갖고 있는 독립된 철자가 없어요. 그래서 거의 유사한 철자 표기로 [**ar**]를 사용한 것이지요. 하지만 똑같은 소리는 아닙니다. 우리말의 '아'와는 달리, 영어 [**ar**]의 '아'는 혀를 입천장에 닿지 않게 목구멍 쪽으로 구부린 상태에서 나오는 '아아r' 소리지요. 우리가 보통 '혀 꼬부린 소리'라고 하는 발음이 바로 이 소리이지요. 우리말에는 혀를 꼬부려서 나오는 소리가 없어서 발음하기가 어색하고 힘들기 때문에 자연스럽게 나오려면 많은 연습이 필요하다는 것은 두말하면 잔소리입니다. 자, 그럼 정리할까요? [ar]는 혀를 입천장에 닿지 않게 목구멍 쪽으로 구부린 상태에서 나오는 '아아r' 소리입니다.

Practice | 1음절 [ar]

1	b**ar**	: 막대기	→	ㅂ+아아r	→	바아r
2	c**ar**	: 차	→	ㅋ+아아r	→	카아r
3	st**ar**	: 별	→	ㅅ+ㄸ+아아r	→	ㅅ따아r
4	b**ar**k	: 짖다	→	ㅂ+아아r+ㅋ	→	바아rㅋ
5	d**ar**k	: 어두운	→	ㄷ+아아r+ㅋ	→	다아rㅋ
6	p**ar**k	: 공원	→	ㅍ+아아r+ㅋ	→	파아rㅋ
7	c**ar**t	: 손수레	→	ㅋ+아아r+ㅌ	→	카아rㅌ
8	m**ar**t	: 시장	→	음+아아r+ㅌ	→	마아rㅌ
9	st**ar**t	: 출발하다	→	ㅅ+ㄸ+아아r+ㅌ	→	ㅅ따아rㅌ
10	sm**ar**t	: 영리한	→	ㅅ음+아아r+ㅌ	→	ㅅ마아rㅌ
11	**ar**m	: 팔	→	아아r+음	→	아암r
12	f**ar**m	: 농장	→	ㅍf+아아r+음	→	파f암r
13	h**ar**p	: 하프	→	ㅎ+아아r+ㅍ	→	하압r
14	sh**ar**p	: 날카로운	→	쉬+아아r+ㅍ	→	샤압r

[ar] 형태의 1음절 단어 : '아아r'

● –아아r(–ar)

b**ar** 막대기	c**ar** 자동차	f**ar** 먼	j**ar** 단지	m**ar** 망가지다
p**ar** 동등	t**ar** 타르	ch**ar** 태우다	sc**ar** 흉터	sp**ar** 서로 차다
st**ar** 별				

● –아앜^r (–ark)

ark 방주	b**ark** 짖다	c**ark** 괴로움	d**ark** 어두운	h**ark** 듣다
l**ark** 종다리	m**ark** 점수	n**ark** 앞잡이	p**ark** 공원	ch**ark** 숯
sh**ark** 상어	sp**ark** 불꽃	st**ark** 뻣뻣한		

● –아앝^r (–art)

c**art** 손수레	d**art** 던지다	m**art** 시장	p**art** 부분	t**art** 시큼한
ch**art** 도표	sm**art** 영리한	ap**árt** 떨어져서	st**art** 출발하다	

● –아암^r (–arm)

arm 팔	f**arm** 농장	h**arm** 손해	al**arm** 놀람	ch**arm** 매력

● –아앞^r (–arp)

c**arp** 잉어	h**arp** 하프	sh**arp** 날카로운		

알고 갑시다

'[ar]'의 또 다른 소리

그런데 알고 넘어가야 할 원칙이 하나 더 있습니다. 무조건 [**ar**]가 '아아r'로 소리가 나는 것은 아니라는 것입니다. 결론부터 말하자면 [**-ár** + 약모음]의 형태에서는 [**ár**]는 '애루'로 소리가 나며, [**-ar** + 강모음]의 형태에서는 [**ar**]가 '어r'로 소리가 나기도 합니다. 무슨 소리인지 이해가 안 된다고요? 예를 들어 볼까요?

앞 페이지에 예로 나온 단어들을 자세히 보면 공통점이 있어요. 'c**ar**t'와 'c**ar**' 처럼 [**ar**] 뒤에 자음이 있거나 [**ar**]로 끝나는 단어들이지요. 이럴 경우에는 무조건 '아ㅇㅓr'로 소리가 나지요. 하지만 '찬송가'라는 뜻의 단어 'c**ár**ol'과 '걱정'이라는 'c**ár**e'를 보면 [**ar**] 뒤에 모음이 붙어 있는 것을 볼 수 있지요. 이럴 경우에는 'cárol'은 'cá · rol'로 음이 나눠집니다. 다시 이야기하면 모음 [**a**]와 자음 [**r**]와는 '연결음'이 아니라 따로 떨어진 '분절음'이 된다는 뜻이지요. 따라서 'cárol'은 '카뤌'이라고 발음되지 않고 '캐뤌'이라고 발음하지요. 'cáre'도 'cá · re'로 분절되며, 따라서 소리도 'ca(캐) + re(어r) = 캐어r'로 나지요. 몇 가지 예를 더 들어 볼까요? '행렬'이라는 뜻의 단어인 'parade'의 소리를 살펴보지요. 'paráde'는 앞의 'cárol'과 'cáre'와 같이 [**ar**] 뒤에 모음이 붙어 있다는 공통점이 있지요? 따라서 'pa · rá · de'로 소리가 분절된다는 것을 알 수 있습니다. 그런데 'cárol'과 'cáre'는 [**ár**]에 강세가 있는 반면에 'paráde'는 [**ar**] 뒤에 있는 [**á**]에 강세가 있다는 것을 알 수 있습니다. 그러면 'pa**rá**de'는 'pa(퍼) · rá(뤠이) · de(드) = 퍼뤠읻'으로 소리가 나지요. 여러분들의 이해를 돕기 위해 '부모'라는 단어인 'párent'를 예로 더 들어 보지요. 이 단어도 [**ar**] 뒤에 모음 [**e**]가 붙어 있으니까 [**ar**]를 '아ㅇㅓr'로 발음해서는 안 되지요? 그럼 분절하면 'pá · rent'가 되고요. 차례로 소리를 찾으면 [pá-]는 [**á**]가 강모음이니까 '패'로, [-rent]의 [**e**]가 약모음이니까 '-뤈(트)'로 소리가 나지요. 따라서 'pá · rent'는 '패뤈(트)'로 소리가 나지요.

학교에서 영어 시간에 "[**ar**]는 무조건 혀를 구부려 '아'로 소리 내면 됩니다. 알았죠?" 하고 가르치는 영어 선생님이 계시다면 한 가지만 알고, 두 가지는 모르는 경우라는 것을 아셨지요?

자, 그럼 **[ar]**를 정리해 볼까요? 가장 기본적인 원칙은,

> **[a]**에 **[r]**가 붙은 **[ar]**는 '*어r*'로 약하게 소리 낸다. 단, 1음절이나 강세가 있을 경우 '아*아r*'로 강하게 발음한다.

입니다. 이해됐지요? 암기는 했나요?

그러나 **[ar]** 뒤에 모음이 오는 경우에는,

> - [**-ár** + 약모음]의 형태에서 [**á**]는 '애'로 소리가 나며,
> - [**-ar** + 강모음]의 형태에서 [**ar**]는 '*어r*'로 소리가 난다

와 같이 두 가지 경우가 있지요? 그럼 조금 더 연습하고 다음 장으로 넘어가죠.

Practice | [−ár+자음]

g**ár**land 화환	sn**ar**l 으르렁거리다	**lar**ge 큰	ch**ar**ge 요금	M**ar**ch 3월
p**ár**ty 파티	h**ar**d 열심히	imp**ár**t 나누어 주다		

Practice | [−ar+모음]

d**ar**e 감히 ~하다	b**ár**on 남작	m**ar**e 암말	p**ar**e 껍질을 벗기다	sc**ar**e 겁주다
sn**ar**e 덫	st**ar**e 노려보다	w**ar**e 제품		

위의 단어에 공통적인 끝소리가 [**-re**]이죠? '[**e**]의 소리를 찾아서'에서 배우겠지만

[-**re**]는 [-**er**]처럼 '*어r*'하고 혀를 구부려 흘려 버리는 소리를 내면 됩니다.

5 [–all], [au], [aw] : '오오'

- [-**all**], [**au**], [**aw**]의 형태에서 강세가 있는 [**á**] 는 '오오' 소리가 난다.

이제 모음 [a]의 마지막 소리를 찾아 떠납니다. 모음 [**a**]가 다른 모음이나 자음과 합해져서 '오오' 소리가 나는 경우입니다. 이 경우에는 길게 설명이 필요하거나, 이해가 필요하지 않아요. 그저 수학 공식 외우듯이 외우면 됩니다. 다만 이때 '오오' 소리는 우리말의 '오'를 소리 낼 때보다 입을 약간 더 벌리면서 발음한다는 것에 주의하기 바랍니다.

먼저 [-**all**]부터 공부할까요? 아래의 예를 참고로 철자를 눈여겨보면서 몇 번이고 소리 내어 반복연습하세요.

Practice 1 | [–áll]

1	**all**	: 모든	→	**오오**+을	→	**오올**
2	b**all**	: 공	→	브+**오오**+을	→	**보올**
3	c**all**	: 부르다	→	크+**오오**+을	→	**코올**
4	f**all**	: 가을	→	프f+**오오**+을	→	**포f올**
5	h**all**	: 넓은 방	→	흐+**오오**+을	→	**호올**
6	m**all**	: 상점가	→	음+**오오**+을	→	**모올**
7	t**all**	: 키 큰	→	트+**오오**+을	→	**토올**
8	sm**all**	: 작은	→	스+음+**오오**+을	→	스**모올**
9	p**all**	: 관덮개	→	프+**오오**+을	→	**포올**
10	st**all**	: 마구간	→	스+뜨+**오오**+을	→	스**또올**

다음 단어들에서도 [**a**]가 '오ₒ' 소리가 나지만, 뒤의 [**l**]이 묵음, 즉 소리가 나지 않습니다.

1	b**al**k	: 방해하다	→	브+**오오**+크	→	**보옥**
2	t**al**k	: 말하다	→	트+**오오**+크	→	**토옥**
3	ch**al**k	: 분필	→	추+**오오**+크	→	**초옥**
4	st**al**k	: 줄기	→	스뜨+**오오**+크	→	스**또옥**

[**aw**]와 [**au**]도 '오ₒ'로 소리를 내면 됩니다. 발성법도 위의 경우와 같지요. 특별히 설명할 것도, 이해할 것도 없이 무조건 외우고, 반복해서 소리 내어 입과 눈에 익숙해지도록 하면 됩니다. 굳이 여러분들의 암기를 쉽게 하고자 한마디만 덧붙이면, [**w**]는 '더블유', 즉 [**u**]가 2개 붙어 있는 경우이니까 [**aw**]와 [**au**]는 소리도 같다고 생각하시면 암기하기가 쉬울 것입니다.

자, 그럼 연습해 볼까요?

Practice 2 | [áu]

1	c**au**se	: 원인	→	크+**오**오+즈	→	**코**오즈
2	p**au**se	: 중지	→	프+**오**오+즈	→	**포**오즈
3	f**au**lt	: 결점	→	프^{f}+**오**오+을+트	→	**포**^{f}올트
4	d**au**nt	: 기 꺾다	→	드+**오**오+은+트	→	**도**온(트)
5	g**au**nt	: 수척해진	→	그+**오**오+은+트	→	**고**온(트)
6	h**au**nt	: 괴롭히다	→	흐+**오**오+은+트	→	**호**온(트)
7	fr**au**d	: 사기	→	프^{f}+르+**오**오+드	→	프^{f}**로**온
8	l**au**nch	: 날리다	→	을+**오**오+은+취	→	**로**온취
9	c**au**ght	: 잡았다	⇒	크+**오**오+트	⇒	**코**올
10	s**au**ce	: 소스	⇒	쓰+**오**오+쓰	⇒	**쏘**오쓰

Practice 3 | [áw]

1	c**aw**	: 까악까악	→	크+**오**오	→	코오
2	j**aw**	: 동물의 턱	→	주+**오**오	→	죠오
3	l**aw**	: 법	→	을+**오**오	→	(을)로오
4	p**aw**	: 동물의 발	→	프+**오**오	→	포오
5	r**aw**	: 날것의	→	르+**오**오	→	로오
6	s**aw**	: 보았다	→	쓰+**오**오	→	쏘오
7	d**aw**n	: 여명	→	드+**오**오+은	→	도온
8	f**aw**n	: 새끼 낳다	→	프^{f}+**오**오+은	→	포^{f}온
9	l**aw**n	: 잔디밭	→	을+**오**오+은	→	(을)로온
10	p**aw**n	: 전당	→	프+**오**오+은	→	포온

종합 복습 (Total Review)

이제 모음 다섯 개의 소리 중에서 '[a]의 소리 찾기' 여행을 마쳤습니다. 조금 혼란스럽고 이해하기 힘든 부분도 있겠지만, 저의 설명을 차근차근 읽고, 충실히 반복 연습하면 나름대로 언어적 논리가 생길 것입니다. '[a]의 소리를 찾아서'의 5가지 법칙이 이해되고 몸에 체득(體得)되면 나머지 모음 4개의 법칙은 더욱 쉬워집니다. 따라서 아래의 종합 복습 부분을 충실히 연습하시길 바랍니다.

● [a]의 소리를 찾아서

01 강세가 있는 [**á**]는 '애' 소리가 난다. {강모음 [**á**]}

1음절 [자음 + **a** + 자음]의 [**á**]는 강세가 있는 강모음으로 '애' 소리가 난다.

02 강세가 없는 약모음 [**a**]는 '어' 소리로 약하게 흘려서 발음한다.

03 단어 맨 뒤에 [**e**]가 붙으면 바로 앞에 나오는 강세가 있는 [**á**]는 '에이' 소리가 난다. {[-**á**-e] 형태}

04 [**a**]에 [**r**]가 붙은 [-**ar**]는 '아ㅇr'로 강하게 소리 낸다. (* 단 1음절이나 강세가 있을 경우)

{[-**ár** + 모음]의 형태에서는 [**á**]는 '애'로, [-**ar** + 강모음]의 형태에서는 [-**ar**]는 '어r'로 소리가 난다.}

05 [-**all**], [**aw**], [**au**]의 형태에서 1음절이거나 강세가 있는 [**á**] 는 '오오' 소리가 나는 경우가 많다.

01 강세가 있는 [á]는 '애' 소리가 난다. {강모음 [á]}

● -액(-ag)

b**ag** 가방	f**ag** 열심히 일하다	g**ag** 익살	h**ag** 노파	j**ag** 뾰족한 끝
l**ag** 지연	n**ag** 잔소리	r**ag** 누더기	s**ag** 가라앉다	t**ag** 꼬리표
w**ag** 흔들다	z**ag** 지그재그	br**ag** 자랑하다	cr**ag** 낭떠러지	dr**ag** 끌다
fl**ag** 깃발	fr**ag** 살상하다	sn**ag** 그루터기	st**ag** 수사슴	sw**ag** 장물

● -앰(-am)

d**am** 댐	cl**am** 대합류	cr**am** 억지로 넣다	c**am**p 야영	d**am**p 축축한
r**am**p 진입로	cl**am**p 꺾쇠	cr**am**p 꺾쇠	st**am**p 우표	

● -앤(-an)

b**an** 금지	c**an** 깡통	f**an** 부채	m**an** 남자	p**an** 냄비
r**an** 달렸다	t**an** 태우다	v**an** 유개트럭	cl**an** 씨족	pl**an** 계획
sc**an** 자세히 조사하다	sp**an** 기간	th**an** 보다	d**an** 작은 부표	

● -앤(드)(-and)

and 그리고	b**and** 밴드	h**and** 손	l**and** 토지	s**and** 모래
bl**and** 부드러운	br**and** 상표	gr**and** 웅장한	st**and** 서다	gl**and** 선
str**and** 좌초시키다				

02 강세가 없는 약모음 [a]는 '어' 소리로 약하게 흘려 버린다.

1	**a**bóve : 위에	→	**a** • bóve	→	**어**+보우브v	→	**어**보우브v
2	ínf**a**nt : 유아	→	ín • f**a**nt	→	인+**펀**f트	→	인**펀**f(트)
3	cárc**a**ss : 시체	→	cár • c**a**ss	→	카아r+**커**스	→	카아r**커**스
4	**a**dúlt : 어른	→	**a** • dúlt	→	**어**+덜트	→	**어**덜트
5	**a**héad : 앞에	→	**a** • héad	→	**어**+헤드	→	**어**헫
6	**a**ddréss : 주소	→	**a**dd • réss	→	**어**듀+뤠쓰	→	**어**듀뤠쓰
7	**a**lárm : 놀라게 하다	→	**a** • lárm	→	**얼**+라암	→	**얼**라암r
8	pízz**a** : 피자	→	pí • zz**a**	→	피+**쩌**	→	피**쩌**
9	**a**méric**a** : 미국	→	**a** • mér • i • c**a**	→	**어**+메+뤼+**커**	→	**어**메뤼**커**
10	**a**wáy : 떨어져	→	**a** • wáy	→	**어**+웨이	→	**어**웨이

03 단어 맨 뒤에 [e]가 붙으면 바로 앞에 나오는 강세가 있는 [á]는 '에이' 소리가 난다. {[–á–e] 형태}

● –에이스(–ace)

ace 최고	f**ace** 얼굴	l**ace** 끈	m**ace** 철퇴	p**ace** 보폭
r**ace** 경주	gr**ace** 고상	pl**ace** 장소	sp**ace** 공간	tr**ace** 추적하다

● –에읻(–ade)

f**a**d**e** 바래다	j**a**d**e** 비취	l**a**d**e** 짐을 싣다	m**a**d**e** 만들었다	bl**a**d**e** 칼날
gr**a**d**e** 성적	sh**a**d**e** 그늘	tr**a**d**e** 무역		

- –에잌(-ake)

b**a**k**e** 굽다	c**a**k**e** 케이크	f**a**k**e** 위조하다	l**a**k**e** 호수	m**a**k**e** 만들다
r**a**k**e** 갈퀴	s**a**k**e** 목적	t**a**k**e** 잡다	w**a**k**e** 눈을 뜨다	br**a**k**e** 제동기
fl**a**k**e** 얇은 조각	qu**a**k**e** 흔들리다	sh**a**k**e** 흔들다	sl**a**k**e** 만족시키다	sn**a**k**e** 뱀
st**a**k**e** 말뚝				

- –에일(-ale)

al**e** 에일 맥주	b**a**l**e** 짐짝	g**a**l**e** 질풍	h**a**l**e** 건강한	m**a**l**e** 남자
p**a**l**e** 창백한	s**a**l**e** 판매	t**a**l**e** 이야기	v**a**l**e** 골짜기	Y**a**l**e** 예일대학
sc**a**l**e** 비늘	wh**a**l**e** 고래			

- –에인(-ane)

c**a**n**e** 지팡이	D**a**n**e** 덴마크인	l**a**n**e** 좁은 길	m**a**n**e** 갈기	s**a**n**e** 제정신의
v**a**n**e** 바람개비	w**a**n**e** 기울다	cr**a**n**e** 기중기	pl**a**n**e** 비행기	

- –에잎(-ape)

c**a**p**e** 망토	g**a**p**e** 틈	r**a**p**e** 강간	t**a**p**e** 테이프	sh**a**p**e** 모양
scr**a**p**e** 문지르다				

- –에잍(-ate)

at**e** 먹었다	b**a**t**e** 줄이다	d**a**t**e** 날짜	f**a**t**e** 운명	g**a**t**e** 출입문

hate 미워하다	late 늦은	mate 짝	rate 비율	abate 감소시키다
grate 비비다	plate 판	skate 스케이트	slate 석판	state 상태

[-**á** + 자음 2개 이하 + **e**]의 형태의 단어에서 강모음 [**á**]는 '에이'로 소리가 나고,

[-**á** + 자음 3개 이상 + **e**]의 형태의 단어에서 강모음 [**á**]는 '애'로 소리가 난다.

1	áble	: 유능한	→	에이+블	→	에이블
2	cáble	: 전선	→	케이+블	→	케이블
3	fáble	: 우화	→	페[f]이+블	→	페[f]이블
4	gáble	: 박공	→	게이+블	→	게이블
5	sáble	: 담비	→	쎄이+블	→	쎄이블
6	táble	: 탁자	→	테이+블	→	테이블
7	stáble	: 안정된	→	스떼이+블	→	스떼이블
8	máple	: 단풍나무	→	메이+플	→	메이플

[-**á** + 자음 3개 이상 + **e**]의 형태의 단어에서 강모음 [**á**]는 '애'로 소리가 난다.

1	bábble	: 종알거리다	→	배+블	→	배블
2	dábble	: 물을 튀기다	→	대+블	→	대블
3	gábble	: 지껄이다	→	개+블	→	개블
4	rábble	: 오합지졸	→	뢔+블	→	뢔블
5	páddle	: 노	→	패+를	→	패를
6	sáddle	: 안장	→	쌔+를	→	쌔를
7	ápple	: 사과	→	애+플	→	애플
8	dápple	: 얼룩무늬	→	대+플	→	대플
9	báttle	: 전투	→	배+를	→	배를

10	cáttle	: 가축	→	캐+를	→	캐를
11	ráttle	: 덜컹덜컹	→	뤠+를	→	뤠를
12	táttle	: 수다 떨다	→	태+를	→	태를

04 [a]에 [r]가 붙은 [ar]는 '아아r'로 소리 난다. (*단 1음절이나 강세가 있을 경우)

● –아아r(–ar)

bar 막대기	car 자동차	far 먼	jar 단지	mar 망가지다
par 동등	tar 타르	char 태우다	scar 흉터	spar 서로 차다
star 별				

● –아아r크(–ark)

ark 방주	bark 짖다	dark 어두운	hark 듣다	lark 종다리
mark 점수	nark 앞잡이	park 공원	shark 상어	spark 불꽃
stark 뻣뻣한				

● –아암r(–arm)

arm 팔	farm 농장	harm 손해	alarm 놀람	charm 매력

● –아압r(–arp)

carp 잉어	harp 하프	sharp 날카로운		

● -아알r(-art)

c**ar**t 손수레	d**ar**t 던지다	m**ar**t 시장	p**ar**t 부분	t**ar**t 시큼한
ch**ar**t 도표	sm**ar**t 영리한	ap**ár**t 떨어져서	st**ar**t 출발하다	

05 [-all], [au], [aw]의 형태에서 강세가 있는 [á] 는 '오오' 소리가 난다.

Practice 1 | [-áll]

1	**all**	: 모든	→	**오**오+을	→	**오**올
2	b**all**	: 공	→	브+**오**오+을	→	**보**올
3	c**all**	: 부르다	→	크+**오**오+을	→	**코**올
4	f**all**	: 가을	→	프f+**오**오+을	→	**포f**올
5	h**all**	: 넓은 방	→	흐+**오**오+을	→	**호**올
6	m**all**	: 상점가	→	음+**오**오+을	→	**모**올
7	t**all**	: 키 큰	→	트+**오**오+을	→	**토**올
8	sm**all**	: 작은	→	스+음+**오**오+을	→	스**모**올
9	p**all**	: 관덮개	→	프+**오**오+을	→	**포**올
10	st**all**	: 마구간	→	스+뜨+**오**오+을	→	스**또**올

Practice 2 | [áu]

1	c**au**se	: 원인	→	크+**오**오+즈	→	**코**오즈
2	p**au**se	: 중지	→	프+**오**오+즈	→	**포**오즈
3	f**au**lt	: 결점	→	프f+**오**오+을+트	→	**포f**올트
4	d**au**nt	: 기 꺾다	→	드+**오**오+은+트	→	**도**온트
5	g**au**nt	: 수척해진	→	그+**오**오+은+트	→	**고**온트
6	h**au**nt	: 괴롭히다	→	흐+**오**오+은+트	→	**호**온트
7	fr**au**d	: 사기	→	프f+르+**오**오+드	→	프f**로**온

8	**lau**nch	: 날리다	→	을+**오**오+은+취	→	**로**온취
9	c**au**ght	: 잡았다	→	크+**오**오+트	→	**코**읕
10	s**au**ce	: 소스	→	쓰+**오**오+쓰	→	**쏘**오쓰

Practice 3 | [áw]

1	c**aw**	: 까악까악	→	크+**오**오	→	**코**오
2	j**aw**	: 동물의 턱	→	주+**오**오	→	**죠**오
3	l**aw**	: 법	→	을+**오**오	→	(을)**로**오
4	p**aw**	: 동물의 발	→	프+**오**오	→	**포**오
5	r**aw**	: 날것의	→	르+**오**오	→	**로**오
6	s**aw**	: 보았다	→	쓰+**오**오	→	**쏘**오
7	d**aw**n	: 여명	→	드+**오**오+은	→	**도**온
8	f**aw**n	: 새끼 낳다	→	프f+**오**오+은	→	**포**f온
9	l**aw**n	: 잔디밭	→	을+**오**오+은	→	(을)**로**온
10	p**aw**n	: 전당	→	프+**오**오+은	→	**포**온

002

[e]의 소리를 찾아서

1 강모음 [é] : '에'

- 강세가 있는 [é]는 '에' 소리가 난다. {강모음 [é]}
- 1음절 [자음+e+자음]의 [é]도 강세가 있는 강모음으로 '에' 소리가 난다.

이제 알파벳 순서로 두 번째 모음인 [e]의 소리를 찾아서 여행을 떠나 보죠. 1음절 단어에 있는 철자 [e]의 기본 발음이 '에'라는 것은 기억하시죠? 다른 모음이 없으니까 1음절의 [e]는 당연히 강세가 있는 '강모음(强母音)'이기 때문이지요. 따라서 모든 철자 [e]가 '에'로 소리가 나는 것이 아니라, 1음절 단어일 때와 강세가 있는 경우에만 '에'로 소리가 난다는 것을 명심, 또 명심하세요! 그러면 강세가 없는 '약모음(弱母音)' [e]는 어떻게 소리가 나는지 궁금하지요? 다음 장에서 배우겠지만 '이'로 발음하거나, '으'에 가까운 '어'로 약하고 빠르게 흘려 버리듯 발음하면 되거든요. 강세가 없는 '약모음(弱母音)' [e]는 다음 장에서 자세히 배우고 복습하는 의미에서 간단하게 오른쪽 Practice를 연습하고 넘어갑시다.

그럼 오른쪽 정리된 단어들을 통해 직접 익혀 볼까요?

Practice | 강모음 [é]

1	bell	→	브+에+을	→	브에을	→	벨
2	hell	→	흐+에+을	→	흐에을	→	헬
3	tell	→	트+에+을	→	트에을	→	텔
4	smell	→	스+음+에+을	→	스음에을	→	스멜
5	egg	→	에+그	→	에그	→	엑
6	red	→	루+에+드	→	루에드	→	뤠드
7	shed	→	쉬+에+드	→	쉬에드	→	쉐드
8	ben	→	브+에+은	→	브에은	→	벤
9	hen	→	흐+에+은	→	흐에은	→	헨
10	get	→	그+에+트	→	그에트	→	겥

어렵지 않지요? 아래에 쉽게 학습할 수 있도록 rhyme(운율)에 맞추어 단어를 정리하였습니다. 몇 번이고 반복하여 연습하길 바라요. Step 1에서 연습한 1음절 단어들이니까 그리 어렵지 않을 거예요.

Practice | 강모음 [é]

● –엘(–ell)

b**ell** 종	c**ell** 세포	h**ell** 지옥	s**ell** 팔다	t**ell** 말하다
w**ell** 잘	y**ell** 지르다	dw**ell** 거주하다	kn**ell** 종소리	qu**ell** 진압하다
sh**ell** 껍질	sm**ell** 냄새나다	sp**ell** 철자하다	sw**ell** 부풀다	

● –엑(–eck)

b**eck** 끄덕임	d**eck** 갑판	n**eck** 목	p**eck** 쪼다	r**eck** 마음을 쓰다
ch**eck** 대조	wr**eck** 난파			

● −엘트(−elt)

b**elt** 벨트	m**elt** 용해	p**elt** 내던지다	sp**elt** spell의 과거	sm**elt** smell의 과거형

● −엔(−en)

B**en** 남자 이름	d**en** 동굴	f**en** 늪	g**en** 정보	h**en** 암탉
k**en** 시야	p**en** 펜	m**en** 사람들	t**en** 열	y**en** 동경
gl**en** 산골짜기	w**en** 피지선 낭종	wr**en** 굴뚝새		

● −엔(드)(−end)

end 끝나다	f**end** 방어하다	l**end** 빌려 주다	m**end** 고치다	r**end** 찢다
s**end** 보내다	t**end** 하는 경향이 있다	bl**end** 섞다	sp**end** 쓰다	tr**end** 경향

2 약모음 [e] : '이, 어'

- 강세가 없는 약모음 [e]는 '이'와 '으'에 가까운 '어' 소리로 약하게 흘려 버린다.
- 강모음 앞쪽의 [e]는 '으'에 가까운 '이' 소리, 강모음 뒤쪽의 [e]는 '으'에 가까운 '어'로 나는 경우가 많다. 즉, [e+강모음+e] ('이' / '어')

보통 약모음은 두루뭉술하게 흘려 버리기 때문에 정확한 우리말로 표기하기가 어렵습니다. 그러나 보통 '으'에 가까운 '어'로 소리를 내며, 이것을 전문 용어로 'schwa(슈와)' 현상이라고 하지요. 다만 주의할 것은 입을 크게 벌리면서 강하고 의식적으로 발음하는 우리 '어' 소리와는 달리 영어의 '어'는 거의 입을 벌리지 않은 상태에서 소리가 나기 때문에 우리말 소리 '으'에 가깝게 들립니다. 거의 모든 약모음이 이와 같은 'Schwa' 법칙이 적용된다는 것을 기본적으로 잊지 마세요.

그럼 본론으로 들어가서 강세가 없는 약모음 [**e**]는 어떻게 소리가 날까요? 조금 복잡하게 보일 수도 있어서 예로써 설명할까 해요. '의존'이라는 뜻의 '**dependence**'라는 영어 단어가 있어요. 모음이 4개가 있는데 모두 철자 [**e**]로 되어 있고, 모두 다른 소리를 갖고 있는 보기 드문 단어로 모음 [**e**]의 소리 법칙을 이해하는 데 아주 적합한 단어입니다. 이 단어를 음절로 나눠 보면 'de • pén • dence'로 나눌 수 있거든요. 'Step 5, 6단계 접두사, 접미사의 소리를 찾아서'에서 다루겠지만 [**de**-]는 접두사이고, [-**ence**]는 명사형 접미사로 영어에서는 강세를 두고 발음하지 않지요. 따라서 당연히 강세는 2음절 [-**pén**-]에 오지요. 이럴 경우 2음절 [-**pén**-]에 있는 [**é**]는 '에'로 소리가 나니까 [-**pén**-]은 '펜'으로 읽어야 하지요. 그리고 강모음이 있는 [-**pén**-]의 앞쪽의 [**e**]는 '으'에 가까운 '이'로 소리를 내어 [**de**-]는 '디'로 발음합니다. 그리고 [-**pén**-]의 뒤쪽에 오는 [• **den**]의 [**e**]는 schwa 법칙으로 '으'에 가까운 '어'로 소리 내어 '던', 또는 '든'으로 발음하면 됩니다. 그리고 끝소리 [-**ce**]는 Step 1 의 기본 발음 편에서 배웠듯이 '쓰'로 흘려 버리면 됩니다. 따라서 'dep**é**ndence'는 '디 + 펜 + 던쓰', 즉, '디**펜**던쓰'로 발음하게 됩니다.

결론적으로 '강모음 앞쪽의 [**e**]는 '으'에 가까운 '이', 강모음 뒤쪽의 [**e**]는 '으'에 가까운 '어'로 나는 경우가 많다.'는 법칙이 성립되고 약식으로 [**e** + 강모음 + **e** ('이' / '어')]가 됩니다. 덧붙이면 [**be**-, **de**-, **re**-, **pre**-]와 같이 접두사에 붙어 있는 [**e**]는 강모음이 아닌 경우 '이'로 발음하여 [비-, 디-, 뤼-, 프뤼-]로 소리를 내어 읽으면 된다는 것 이해가 되나요? 먼저 강모음 뒤에 오는 [**e**]의 소리, '어'를 익혀 볼까요?

Practice 1 | [강모음+e]

1	cám**e**l	: 낙타	→	크+애+음+**어**+을	캐**멀**
2	cánc**e**l	: 취소하다	→	크+애+쓰+**어**+을	캔**썰**
3	cóuns**e**l	: 상담	→	크+아+우+은+쓰+**어**+을	카운**썰**
4	fu**e**l	: 연료	→	프ᶠ+유+**어**+을	퓨ᶠ**얼**
5	mód**e**l	: 모형	→	음+아+드+**어**+을	마**를**
6	níck**e**l	: 니켈	→	은+이+크+**어**+을	니**컬**
7	pán**e**l	: 틀	→	프+애+은+**어**+을	패**널**
8	cháp**e**l	: 예배당	→	추+애+프+**어**+을	채**펄**
9	nóv**e**l	: 소설	→	은+아+브ᵛ+**어**+을	나**벌**ᵛ
10	pár**e**nt	: 부모	→	프+애+루+**어**+은	패**뤈**

위의 'Practice 1'을 연습하면서 느낀 점이 없나요? 'mód**e**l, pán**e**l, níck**e**l'과 같이 몇 개의 단어들은 우리가 일상적으로 듣고 말하는 단어들이에요. 어떻게요? TV에서 매년 키 크고 늘씬한 여자들을 선발하는 대회가 열리지요. '슈퍼 모델 선발 대회'라는 명칭으로요. 그래서 이 '모델'이라는 소리가 상당히 우리 귀에 친숙하고, 우리 입에 익숙하지만 Konglish라는 것을 알 수 있지요? '모델'이라고 소리 나는 것이 아니라, '마덜' 심지어는 '마를'에 가깝게 발음해야 영어다운 발음이 됩니다. 'pán**e**l'이라는 단어도 학교에서 일상적으로 '판넬'이라는 소리로 사용되고요, 'níck**e**l'은 과학 시간에 '니켈'이라는 원소 기호로 통용되지요. 하지만 둘 다 영어다운 소리가 아니라는 것을 아셨죠? 물론 처음에는 사용하기 어색하고, 듣기에도 거북할 거예요. 마치 '컴퓨터'라는 소리에 익숙한 사람이 '컴퓨럮'라고 발음을 섞어서 사용하는 사람과 대화할 때 괜히 거북살스럽고, 한 대 때려 주고 싶다는 생각이 드는 것처럼 말입니다.

이제 강모음 앞에 있는 [**e**]의 소리 '이'를 공부해 볼까요?

Practice 2 | [-e+강모음]

1	b**e**gín	: 시작하다	→	**be** • gín	→	비+그+이+은	→	비긴
2	b**e**háve	: 행동하다	→	**be** •háve	→	비+흐+에이+브ᵛ	→	비헤이브ᵛ
3	b**e**hínd	: 뒤에	→	**be** •hínd	→	비+흐+아이+은+드	→	비하인(드)
4	b**e**síde	: 옆에	→	**be** •síde	→	비+쓰+아이+드	→	비싸이읻
5	d**e**cáy	: 부식하다	→	**de** •cáy	→	디+크+에이	→	디케이
6	d**e**fý	: 도전하다	→	**de** •fý	→	디+프ᶠ+아이	→	디파ᶠ이
7	d**e**crý	: 비난하다	→	**de** •crý	→	디+크+루+아이	→	디크롸이
8	d**e**mánd	: 요구하다	→	**de** •mánd	→	디+음+애+은+드	→	디맨(드)
9	r**e**bóund	: 되튀다	→	**re** •bóund	→	뤼+브+아우+은+드	→	뤼바운(드)
10	r**e**cáll	: 되부르다	→	**re** •cáll	→	뤼+크+오+을	→	뤼코올
11	r**e**páy	: 돌려주다	→	**re** •páy	→	뤼+프+에이	→	뤼페이
12	r**e**prínt	: 다시 인쇄하다	→	**re** •prínt	→	뤼+프+루+이+은+트	→	뤼프륀(트)

긴 단어를 분절시켜 보면 'Step 1'의 기본 발음만 알아도 읽을 수 있는 단어라는 것을 알 수 있지요? 아래의 단어들도 접두사 [**be**-, **de**-, **re**-]를 분절시키면 여러분들이 이미 발음했고, 배웠던 단어들이 보이게 된다는 것을 알게 됩니다. 예를 들면 '**be**long'이라는 단어에서 [be-]를 빼면 'long(긴)'이라는 단어가 보이지요? 그리고 읽을 수 있지요? 통째로 보이는 단어가 길고 낯설다고 겁내거나 어렵다고 속단하지 마세요. 알고 보면 별거 아니거든요!

Self-study 1 | [강모음+e]

cám**e**l 낙타	cánc**e**l 취소하다	cháp**e**l 예배당	cóuns**e**l 조언	fu**e**l 연료
márv**e**l 놀라운 일	mód**e**l 모형, 모델	níck**e**l 니켈	nóv**e**l 소설	pán**e**l 틀

Self-study 2 | [e+강모음]

bedáze 현혹시키다	**be**cóme 되다	**be**gín 시작하다	**be**háve 행동하다	**be**hínd 뒤에
belóng 속하다	**be**lóved 사랑받는	**be**lów 아래에	**be**síde 옆에	**be**tráy 배반하다
bewáre 조심하다	**be**wílder 당황하게 하다	**be**yónd 건너편에		

debáte 논쟁하다	**de**cáy 부식하다	**de**líver 배달하다	**de**sígn 계획하다	**de**cláre 선포하다
declíne 거절하다	**de**crý 비난하다	**de**féct 결점	**de**fý 도전하다	**de**grá**de** 낮추다
deláy 미루다	**de**líght 기쁨	**de**lú**de** 속이다	**de**mánd 요구하다	**de**ný 부인하다
depénd 의지하다	**de**préss 우울하게하다	**de**síre 갈망하다	**de**stróy 파괴하다	**de**táil 세부
devélop 발달시키다	**de**vóte 헌신하다			

reáct 반작용하다	**re**túrn 돌아오다	**re**bóund 되튀다	**re**cáll 되부르다	**re**córd 기록하다
recýcle 재생하다	**re**fíll 다시 채우다	**re**fíne 정제하다	**re**fórm 개혁하다	**re**frésh 상쾌하게 하다
remáin 남다	**re**mémber 기억하다	**re**mínd 상기시키다	**re**móve 옮기다	**re**néw 새롭게 하다
repáy 돌려주다	**re**pláce 되돌리다	**re**prínt 다시 인쇄하다	**re**sóund 메아리치다	**re**spónd 답하다
restó**re** 되돌리다	**re**tórt 보복하다	**re**tréat 물러가다		

3 [–é–e]의 강모음 [é] : '이이'(알파벳 이름)

• 단어 맨 뒤에 [e]가 붙으면 바로 앞에 나오는 강세가 있는 [é]는 '이이' 소리가 난다. {[-é-e] 형태의 단어}

앞쪽의 [a]의 소리에서 단어 끝에 [e]가 붙어 있고, [자음 + **a** + 자음 + **e**], 즉 [-**a**-**e**]의 구조로 되어 있으면 [**e**]의 앞에 있는 강모음 [**a**]는 알파벳 이름의 소리, 즉 '에이'로 소리가 난다고 배웠지요? 그리고 단어 뒤에 붙어 있는 [**e**]는 음가(音價)가 없는 묵음으로 소리가 없다는 것도 잊지 않았죠?

[자음 + **e** + 자음 + **e**], 즉 [-**e**-**e**]의 구조도 똑같은 법칙이 적용됩니다. [**e**]의 알파벳 이름이 뭐죠? 예, 맞습니다. '이이'라고 부릅니다. 단모음이 아니라 장모음입니다. 즉 짧게 '이'라고 소리가 나는 것이 아니라 길게 발음한다는 뜻입니다. 따라서 단어 맨 뒤에 [**e**]가 붙으면 바로 앞에 나오는 강세가 있는 강모음 [**é**]는 알파벳 이름 소리 '이이' 소리로 발음하면 됩니다. 그런데 다른 모음과는 달리 [-**e**-**e**] 구조로 되어 있는 단어들이 아주 극소수에 불과합니다. 아주 반가운 일이죠? 아래 'Practice'에 예로 든 단어를 제외하고는 별로 찾아보기 힘드니까 가벼운 마음으로 아래 단어의 소리를 공부해 봅시다.

Practice | [é–e]

1	**eve**	: 전야	→	**이이**+브ᵛ	→	**이이**브ᵛ
2	St**eve**	: 스티브	→	스+트+**이이**+브ᵛ	→	스**띠이**브ᵛ
3	sc**ene**	: 장면	→	스+(묵음)+**이이**+은	→	**씨인**
4	d**eme**	: 지방 자치제	→	드+**이이**+음	→	**디임**
5	d**ene**	: 모래언덕	→	드+**이이**+은	→	**디인**
6	P**ete**	: 남자 이름	→	프+**이이**+트	→	**피잍**

별로 어렵지 않죠? 'Steve'나 'Pete'는 남자의 이름으로 별로 중요하지 않은 단어이고요, 또 'eve'는 '크리스마스이브'라는 말로, 'scene'은 영화에서 '베드 씬' '키쓰 씬' 하면서 우리가 보통 쓰고 있어서 귀에 익숙한 용어이기도 합니다. 따라서 [-é-e] 형태의 단어는 익히는 데 크게 어려움이 없을 거라 믿어요. 저만의 생각인가요? 아니죠?

자, 그럼 위의 단어들과 반복되지만 여러분 스스로 단어를 보고 소리를 익혀 보세요. 반복만이 최선의 방책임을 늘 잊지 마세요.

eve 전야	br**eve** 단음 기호	St**eve** 스티브	d**e**m**e** 지방 자치제	th**e**m**e** 주제
sch**e**m**e** 계획	d**e**n**e** 모래언덕	sc**e**n**e** 장면	B**e**d**e** 영국의 수도사	c**e**d**e** 양보하다
P**e**t**e** 남자 이름				

모음 [e]의 네 번째 Rule로 가기 전에 단어 뒤에 [e]가 붙느냐 안 붙느냐에 따라 강모음 [é]의 소리가 어떻게 달라지는지 아래 단어들의 비교를 통해 다시 한 번 볼까요? [자음 + e + 자음] 형태의 1음절 단어에서 [e]는 기본 소리 '에'로, [자음 + e + 자음 + e] 형태의 1음절 단어에서 [e]는 알파벳 이름 소리 '이이'로 소리가 난다. 이제 개념이 정리됐지요? Let's get started!

[자음+é+자음+e]와 [자음+é+자음]의 [e] 소리 비교

1	d**e**m**e**	→	**디**임	↔	d**e**m	→	**뎀**
2	d**e**n**e**	→	**디**인	↔	d**e**n	→	**덴**
3	P**e**t**e**	→	**피**잍	↔	p**e**t	→	**펱**
4	th**e**m**e**	→	**씨**ʳ임	↔	th**e**m	→	**뎀**ð

4 [–er] : '*어r*'

- [**e**]에 [**r**]가 붙은 끝소리 [-**er**]와 [-**re**]는 '*어r*'로 소리 나며, 이때 [**e**]는 약모음이다.
- [-**er** + 자음] 형태에서는 [**er**]는 '*어r*'로 약하게 소리를 흘려서 발음한다. 단, 1음절이나 강세가 있을 경우 '*어r*'로 강하게 소리 낸다.
- 단어 앞의 [**ér** + 약모음] 형태에서는 [**é**]는 '에'로 소리 나며, [**er** + 강모음]의 형태에서는 [**er**-]의 [**e**]는 '이'로 소리가 난다.

[-**er**]는 '어'로 소리가 나지만, 우리말의 소리와는 달리 혀를 입천장에 닿지 않게 목구멍 쪽으로 구부린 상태에서 나오는 '*어r*'소리지요. 우리가 보통 '혀 꼬부린 소리'라고 하는 발음이 바로 이 소리입니다. 우리말에는 혀를 꼬부려서 나오는 소리가 없어서 발음하기가 어색하고 힘들기 때문에 자연스럽게 나오려면 많은 연습이 필요하다는 것은 앞 장의 [**ar**]를 설명할 때 말씀드렸습니다. 또 적당한 표기법이 없어서 이 책에서는 혀를 구부려야 하는 [**r**] 발음의 표기는 '*어r*'와 같이 *기울임체*로 표기함을 이해해 주시길 바랍니다.

또 이때 [-**er**]는 사람을 뜻하는 접미사이거나, 혹은 거의 약모음이어서 또박또박 발음하기보다는 약하고 빠르고 부드럽게 흘려서 발음해야 하는 것도 명심하시길 바라요. 자, 그럼 정리할까요? [-**er**]는 혀를 입천장에 닿지 않게 목구멍 쪽으로 구부린 상태에서 나오는 '*어r*' 소리입니다.

Practice | 2음절 [-er]

1	bátt**er**	: 반죽	→	브+애+트+*어ʳ*	→	배*터ʳ*	→	배*뤄ʳ*
2	mátt**er**	: 문제	→	음+애+트+*어ʳ*	→	매*터ʳ*	→	매*뤄ʳ*
3	chátt**er**	: 재잘거리다	→	추+애+트+*어ʳ*	→	채*터ʳ*	→	채*뤄ʳ*
4	scátt**er**	: 흩뿌리다	→	스+끄+애+트+*어ʳ*	→	스깨*터ʳ*	→	스깨*뤄ʳ*
5	bétt**er**	: 더 좋은	→	브+에+트+*어ʳ*	→	베*터ʳ*	→	베*뤄ʳ*
6	bítt**er**	: 쓰라린	→	브+이+트+*어ʳ*	→	비*터ʳ*	→	비*뤄ʳ*
7	lítt**er**	: 깃	→	을+이+트+*어ʳ*	→	리*터ʳ*	→	리*뤄ʳ*
8	bútt**er**	: 버터	→	브+어+트+*어ʳ*	→	버*터ʳ*	→	버*뤄ʳ*
9	shútt**er**	: 셔터	→	슈+어+트+*어ʳ*	→	셔*터ʳ*	→	셔*뤄ʳ*
10	mútt**er**	: 중얼거리다	→	음+어+트+*어ʳ*	→	머*터ʳ*	→	머*뤄ʳ*
11	lív**er**	: 간장	→	을+이+브ᵛ+*어ʳ*	→	리*버ᵛʳ*		
12	név**er**	: 결코 아니다	→	은+에+브ᵛ+*어ʳ*	→	네*버ᵛʳ*		

여기서 우리 한 가지 복습하고 가지요. 'Step 1'의 '[**t**]의 소리를 찾아서'에서 '강세가 있는 모음(강모음)과 강세가 없는 모음(약모음) 사이에 있는 [**t**]는 'ㄹ' 소리를 낸다.'고 배운 것 기억나나요? '**bátter**'와 같이 위의 단어들 대부분이 [**tt**]가 강모음과 약모음 사이에 있는 것을 볼 수 있습니다. 이때 [**t**]는 [**r**] 소리, 즉 'ㄹ'로 소리가 나지요. 따라서 '**bátter**'가 '배*터ʳ*'가 아니라 '배*뤄ʳ*'로 발음되고 있습니다. 또 [**-tter**] 앞에 있는 강모음들은 뒤에 겹자음(똑같은 자음 2개) [**tt**]가 오므로 'Step 1'에서 배운 기본 발음 소리 '애, 에, 이, 아, 어'로 발음해야 합니다.

잔소리 같지만 앞 단계에서 배운 것들이 뒤 단계에서 배울 단어들의 소리를 찾는 데 관련이 깊습니다. 따라서 하나를 배울 때 얼렁뚱땅 넘어가려 하지 마시고 반복하고 반복하여 몸에 체득하고 심화시키지 않으면, 새로운 단계를 배울 때마다 앞 장을 다시 넘겨 보는 악순환을 반복하게 되므로 하나를 배우더라도 확실하게 알고 넘어가길 바라요.

따라서 [**t**]의 소리 법칙 5개를 잊어버렸다면 'Step 1'으로 다시 넘어가서 다시 한 번 공부하세요.

• [-**er** + 자음]의 형태에서는 [**er**]는 '*어*^{r}'로 발음하되, 'percént' 처럼 약모음일 때는 '*어*^{r}'로 약하게 흘려 발음하고, 'perk'처럼 1음절이거나, 'pérson'처럼 강세가 있을 경우 '*어*^{r}'로 강하게 발음해야 한다.

[-**re**]도 [-**er**]와 같이 '*어*^{r}'로 소리 내면 되지요. 물론 [**r**] 소리가 있으니 혀를 구부려 발음하는 것을 잊지 마시고요. 이때 [-**re**] 앞에 있는 모음 중에 아래의 ①, ②, ⑤, ⑥, ⑦과 같이 [**i**]와 [**e**], [**u**]는 자신의 알파벳 이름 소리, 즉, '아이', '이이', '유우'로 소리가 나지만 ③과 ④처럼 [**a**]는 기본 소리 '애'로, [**o**]는 '오'로 발음하면 됩니다.

Practice | [-re]

1	hi**re**	: 고용하다	→	흐+아이+*어*^{r}	→	하이*어*^{r}
2	he**re**	: 여기	→	흐+이이+*어*^{r}	→	히이*어*^{r}
3	sha**re**	: 나누다	→	슈+애+*어*^{r}	→	슈애*어*^{r}
4	sto**re**	: 가게	→	스+뜨+오+*어*^{r}	→	스또*어*^{r}
5	cu**re**	: 고치다	→	크+유+*어*^{r}	→	큐*어*^{r}
6	pu**re**	: 순수한	→	프+유+*어*^{r}	→	퓨*어*^{r}
7	su**re**	: 확실한	→	스+유+*어*^{r}	→	슈*어*^{r}

단어 끝의 [-**er**]와 [-**re**]는 '*어*^{r}'로 소리가 나고, 일반적으로 '**per**cént'처럼 [-**er**] 뒤에 자음이 오면 단어의 앞이나 중간에 상관없이 '*어*^{r}'로 소리가 납니다만, [**er**-]가 단어 맨 앞에 오면 뒤에 오는 모음이 강모음이냐 약모음이냐에 따라 소리가 달라집니다. 예를 들면, '**érr**and(심부름)'와 같은 단어는 [**ér**]의 [**é**]가 강모음이고, 뒤에 약모음 [**a**]가 오는 형태입니다. 이와 같이 [**ér** + 약모음]의 형태에서는 [**é**]는 기본

발음 '에'로 소리를 내고 뒤의 [-rand]는 schwa 현상으로 '뤈'으로 발음합니다. 따라서 'érrand'는 '에뤈'으로 소리 납니다. 하지만 반대로 [er + 강모음]의 형태에서는 [e]는 '이'로 소리가 나고 [r]는 뒤의 강모음과 연결하여 발음해야 합니다. 예를 들어 볼까요? '지우다'라는 단어 'eráse'에서 [e]는 약모음이고 강세가 [á]에 붙어 있지요. 이럴 경우, [e]는 약하게 '이' 하고 발음하고 [rá]는 '뤠이', [se]는 '즈' 하고 발음합니다. 따라서 'eráse'라는 단어는 '이뤠이즈' 하고 소리가 나지요. 따라서 [er]가 무조건 '어^r'로 소리가 난다고 생각하면 오산입니다.

정리하면 단어 끝의 [-er]와 [-re], 그리고 [er + 자음]인 경우는 무조건 '어^r'로 발음하되, [er] 뒤에 약모음이 오면 [é]는 '에'로, [er] 뒤에 강모음이 오면 [e]는 '이'로 소리가 나기 때문에 '어^r'의 소리와 전혀 상관없다는 것입니다.

- [er + 자음]의 형태에서는 [er]는 약모음일 때는 '어^r'로 약하게 흘려 발음하며, 1음절이거나 강모음일 때는 '어^r' 하고 강하게 발음한다.
- 단어 앞의 [ér + 약모음]의 형태에서는 [é]는 '에'로 소리 나며, [er + 강모음]의 형태에서는 [e]는 '이'로 소리 난다.

Practice | [er+모음]

1	Éric	: 남자 이름	→	에+루+이+크	에뤽
2	érror	: 실수	→	에+루+어^r	에뤄^r
3	erúct	: 분출하다	→	이+루+어+크+트	이뤅트
4	eróse	: 들쑥날쑥	→	이+루+오우+즈	이로우즈
5	eréct	: 직립의	→	이+루+에+크+트	이뤡트
6	erúpt	: 내뿜다	→	이+루+어+프+트	이뤞트

조금 복잡하고 어려운 것 같으면 다시 반복해서 학습하세요. 세상에는 쉬운 것과

어려운 것이 있는 것이 아니라 낯이 선 것과 낯이 익은 것이 있을 뿐입니다. 반복 학습하다 보면 낯이 익을 것이고, 그렇다 보면 쉽다고 느껴질 때가 있을 것입니다. 세상 이치가 다 이와 같음을 명심하세요.

5 [자음+e]의 강모음 [é] : '이이'(알파벳 이름)

- [자음 + **e**] 형태의 1음절 단어에서 [**e**]는 알파벳 이름 '이이' 소리가 난다.

자, 이제 마지막으로 모음 [**e**]의 다섯 번째 법칙을 정리해야겠지요? 모음 다섯 개는 몇 가지 공통적인 법칙이 적용되는데 그중 하나가 1음절의 단어가 'we'와 같이 '자음 + **e**'로 되어 있으면, 그 모음은 '알파벳 이름 소리'가 난다는 것입니다. 따라서 'w**e**'에서 [**e**]는 '이이'로 소리가 나며, 다음 장에서 배우겠지만 'h**i**'에서 [**i**]는 '아이'라는 자신의 고유한 알파벳 이름 소리를 찾게 되고, 'g**o**'에서 [**o**]도 '알파벳 이름 소리'인 '오우'로 소리가 나게 됩니다. 물론, 정관사 'th**e**'의 경우 '더ə'로 발음하지만, 'There is no rule without exception.(예외 없는 법칙은 없다.)'는 속담처럼 이 법칙에 유일한 예외적인 경우이니까 잊지 마십시오. 물론 정관사 'the'도 'the **a**pple'과 같이 뒤에 모음으로 시작하는 명사가 오는 경우 '디ə이'로 발음되는 것은 잘 알고 계시겠죠?

발성법은 입의 좌우 가장자리가 뒤로 젖혀질 정도로 양쪽으로 더 넓게 당겨져 긴장되고 위와 아랫니는 앞에서 보면 서로 닿은 것처럼 보이지만, 실제로는 거의 닫히다시피 좁은 간격을 유지합니다. 혀끝은 아랫니 뒤쪽 뿌리에 붙고 혀의 좌우편은 중앙 부위만 남겨 놓고 입천장과 붙입니다. 이 상태에서 혀의 중앙부로 나 있는 좁은 틈을 통해 공기가 새어 나오도록 하며 발음되는 소리가 바로 장모음 '이이'

입니다. 입의 근육에 힘을 주고 발음해야 하기 때문에 우리 한국 사람이 발음하기에는 다소 편하지 않은 발성법이라 '긴장음(緊張音)'이라고 합니다. 이에 반해서 단모음 '이'는 장모음 '이이'보다 입술이 덜 평평하고 혀의 좌우편을 강하게 윗 어금니 내지 입천장에 대지 않으며, 혀의 근육도 덜 긴장되어 '이완음(弛緩音)'이라고 하지요. '이이'보다 긴장이 많이 풀리므로 혀의 위치도 '이이'보다 낮게 되며 혀와 입천장과의 사이도 더 벌어집니다.

그럼 아래 'Practice'에 예를 든 단어들의 소리를 공부해 볼까요?

Practice | [자음+e]

1	be	: –이다	→	브+이이	→	비이
2	he	: 그는	→	흐+이이	→	히이
3	me	: 나를	→	음+이이	→	미이
4	te	: 7음	→	트+이이	→	티이
5	we	: 우리는	→	우+이이	→	위이
6	she	: 그녀는	→	쉬+이이	→	쉬이

이 경우에 해당하는 단어들이 많지 않아요. 또 영어의 가장 기본적인 단어들이어서 영어를 공부한 사람들이라면 이 법칙을 몰라도 다 읽고 쓸 수 있는 단어들이랍니다. 하지만 이런 법칙에 근거하여 발음한다는 사실을 알게 되면 나쁠 것도 없고 나름대로 소리의 법칙을 습득하게 되니까, 앞으로도 이 책을 공부하는 과정에서 자신이 아는 것이 나온다고 방심하거나 오만하지 마세요.

be –이다	he 그는	me 나를	te 온음계의 제7음	we 우리는
she 그녀는				

종합 복습 (Total Review)

이제 모음 다섯 개의 소리 중에서 두 번째인 '[e]의 소리 찾기' 여행을 마쳤습니다. 조금 혼란스럽고 이해하기 힘든 부분도 있겠지만, 저의 설명을 차근차근 읽고, 충실히 반복 연습하면 나름대로 언어적 논리가 생길 것입니다. '[a]와 [e]의 소리를 찾아서'의 각각 5가지 법칙이 이해되고 몸에 체득(體得)되면 나머지 모음 3개의 법칙은 더욱 쉬워집니다. 따라서 아래의 종합 복습 부분을 충실히 연습하시길 바랍니다.

● [e]의 소리를 찾아서

01 강세가 있는 [**é**]는 '에' 소리가 난다. {강모음 [**é**]}

1음절 [자음 + **e** + 자음]의 [**é**]도 강세가 있는 강모음으로 '에' 소리가 난다.

02 강세가 없는 약모음 [**e**]는 '이', '으'에 가까운 '어' 소리로 약하게 흘려서 발음한다.

{강모음 앞쪽의 [**e**]는 '으'에 가까운 '이' 소리, 강모음 뒤쪽의 [**e**]는 '으'에 가까운 '어'로 나는 경우가 많다. 즉, **e** + 강모음 + **e** ('이' / '어')}

03 단어 맨 뒤에 [**e**]가 붙으면 바로 앞에 나오는 강세가 있는 [**é**]는 '이이' 소리가 난다. {[**-é-e**] 형태}

04 [**e**]에 [**r**]가 붙은 [**-er**], [**-re**]는 '어r'로 약하게 소리 낸다. (* 단 1음절이나 강세가 있을 경우는 '어r'로 강하게 발음한다.)

{단어 앞의 [**ér** + 약모음]의 형태에서는 [**é**]는 '에'로, [**er** + 강모음]의 형태에서는 [**er**]의 [**e**]는 '이'로 약하게 흘려서 발음한다.]

05 [자음 + **e**] 형태의 1음절 단어에서 [**e**]는 알파벳 이름 '이이' 소리가 난다.

01 강세가 있는 [é]는 '에' 소리가 난다. {강모음 [é]}

1음절 [자음 + e + 자음]의 [é]도 강세가 있는 강모음으로 '에' 소리가 난다.

● –엘(–ell)

b**ell** 종	c**ell** 세포	h**ell** 지옥	p**ell** 생가죽	s**ell** 팔다
t**ell** 말하다	w**ell** 잘	y**ell** 지르다	dw**ell** 거주하다	kn**ell** 종소리
qu**ell** 진압하다	sh**ell** 껍질	sm**ell** 냄새나다	sp**ell** 철자하다	sw**ell** 부풀다

● –엑(–eck)

b**eck** 끄덕임	d**eck** 갑판	f**eck** 훔치다	h**eck** 도대체	n**eck** 목
p**eck** 쪼다	r**eck** 마음을 쓰다	ch**eck** 대조	wr**eck** 난파	

● –엘트(–elt)

b**elt** 벨트	m**elt** 용해	p**elt** 내던지다	sp**elt** spell의 과거	sm**elt** smell의 과거형

● –엔(–en)

B**en** 남자 이름	d**en** 동굴	f**en** 늪	g**en** 정보	h**en** 암닭
k**en** 시야	m**en** 사람들	p**en** 펜	t**en** 열	y**en** 동경
gl**en** 산골짜기	w**en** 피지선 낭종	wr**en** 굴뚝새		

● –엔(드)(–end)

end 끝나다	f**end** 방어하다	l**end** 빌려 주다	m**end** 고치다	r**end** 찢다

s**end**	t**end**	bl**end**	sp**end**	tr**end**
보내다	하는 경향이 있다	섞다	쓰다	경향

● –에스뜨(–est)

b**est** 가장 좋은	j**est** 농담	l**est** 하지 않게	n**est** 새둥지	p**est** 해충
r**est** 휴식	t**est** 시험	v**est** 조끼	w**est** 서쪽	wr**est** 억지로 빼앗다
ch**est** 가슴	cr**est** 볏	gu**est** 손님	qu**est** 탐색	

02 강세 없는 약모음 [e]는 '이' 또는 '으'에 가까운 '어' 소리로 약하게 흘려 버린다.

{강모음 앞쪽의 [e]는 '으'에 가까운 '이'로, 강모음 뒤쪽의 [e]는 '으'에 가까운 '어'로 나는 경우가 많다. 즉, **e** + 강모음 + **e** ('이' / '어')}

cám**e**l 낙타	cánc**e**l 취소하다	cháp**e**l 예배당	cóuns**e**l 조언	fú**e**l 연료
márv**e**l 놀라운 일	mód**e**l 모형, 모델	níck**e**l 니켈	nóv**e**l 소설	pán**e**l 틀

bedáze 현혹시키다	**be**cóme 되다	**be**gín 시작하다	**be**háve 행동하다	**be**hínd 뒤에
belóng 속하다	**be**lóved 사랑받는	**be**lów 아래에	**be**síde 옆에	**be**tráy 배반하다
bewáre 조심하다	**be**wílder 당황하게 하다	**be**yónd 건너편에		

debáte	**de**cáy	**de**cláre	**de**clíne	**de**crý
논쟁하다	부식하다	선포하다	거절하다	비난하다

deféct 결점	**de**fý 도전하다	**de**grá**de** 낮추다	**de**láy 미루다	**de**líver 배달하다
delíght 기쁨	**de**lú**de** 속이다	**de**mánd 요구하다	**de**ný 부인하다	**de**pénd 의지하다
depréss 우울하게하다	**de**sígn 계획하다	**de**síre 갈망하다	**de**stróy 파괴하다	**de**táil 세부
devélop 발달시키다	**de**vóte 헌신하다			

reáct 반작용하다	**re**bóund 되튀다	**re**cáll 되부르다	**re**córd 기록하다	**re**cýcle 재생하다
refíll 다시 채우다	**re**fíne 정제하다	**re**fórm 개혁하다	**re**frésh 상쾌하게 하다	**re**máin 남다
remémber 기억하다	**re**mínd 상기시키다	**re**móve 옮기다	**re**néw 새롭게 하다	**re**páy 돌려주다
repláce 되돌리다	**re**prínt 다시 인쇄하다	**re**sóund 메아리치다	**re**spónd 답하다	**re**stó**re** 되돌리다
retúrn 돌아오다	**re**tórt 보복하다	**re**tréat 물러가다		

03 단어 맨 뒤에 [e]가 붙으면 바로 앞에 나오는 강세가 있는 [e]는 '이이' 소리가 난다. {[-é-e] 형태}

ev**e** 전야	br**e**v**e** 단음 기호	St**e**v**e** 스티브	d**e**m**e** 지방 자치제	th**e**m**e** 주제
sch**e**m**e** 계획	d**e**n**e** 모래언덕	sc**e**n**e** 장면	B**e**d**e** 영국의 수도사	c**e**d**e** 양보하다
P**e**t**e** 남자 이름				

04 [e]에 [r]가 붙은 [–er], [–re]는 '어r'로 약하게 소리 낸다. '단, 1음절이나 강세가 있을 경우는 '어r'로 강하게 발음한다.'를 넣어야 할 듯합니다.

● [–er]의 경우

bátt**er** 난타하다	látt**er** 나중의	mátt**er** 문제	tátt**er** 넝마	chátt**er** 재잘거리다
flátt**er** 아첨하다	scátt**er** 흩뿌리다	shátt**er** 산산이 부수다	spátt**er** 튀기다	

bétt**er** 더 좋은	bítt**er** 쓴	lítt**er** 깃	bútt**er** 버터	cútt**er** 재단사
mútt**er** 중얼거리다	clútt**er** 혼란	shútt**er** 셔터	flútt**er** 날개치다	stútt**er** 말을 더듬다

lív**er** 간장	rív**er** 강	delív**er** 배달하다	cléν**er** 영리한	név**er** 결코 아니다
gáth**er** 모으다	togéth**er** 함께	mémb**er** 회원	mín**er** 광부	sílv**er** 은
súpp**er** 저녁	díff**er** 다르다	dínn**er** 저녁	dípp**er** 국자	páp**er** 종이
pówd**er** 가루	fíng**er** 손가락	óff**er** 제공하다	órd**er** 명령	

● [–re]의 경우

[e]에 [r]가 붙은 끝소리 [-re]도 '어r'로 소리 난다.

1	hi**re**	: 고용하다	→	흐+아이+어r	→	하이어r
2	he**re**	: 여기	→	흐+이이+어r	→	히이어r
3	sha**re**	: 나누다	→	슈+애+어r	→	슈애어r
4	sto**re**	: 가게	→	스+또+오+어r	→	스또어r
5	cu**re**	: 고치다	→	크+유+어r	→	큐어r
6	pu**re**	: 순수한	→	프+유+어r	→	퓨어r
7	su**re**	: 확실한	→	쓰+유+어r	→	쓔어r

[-**ér**+자음]의 형태에서 1음절이거나 강세가 있을 경우 '*어r*'로 강하게 소리 낸다.

p**ér**son 사람	m**ér**ge 합병하다	m**ér**maid 인어	c**ér**tainly 갑자기	des**ér**t 버리다
av**ér**t 피하다	div**ér**t 방향을 바꾸다	cl**er**k 점원	co**ér**ce 억압하다	m**er**cy 자비
n**er**ve 신경	p**ér**fect 완벽한	p**ér**fume 향수	p**er**háps 아마	p**er**síst 고집하다
p**er**vért 타락시키다	h**ér**mit 은둔자	g**er**m 병균		

● 단어의 맨 앞에 [er–]이 오는 경우

단어 앞의 [**ér** + 약모음]의 형태에서는 [**é**]는 '에'로 소리 나며, [**er** + 강모음]의 형태에서는 [**e**]는 '이'로 소리 난다.

1	**É**ric	: 남자 이름	→	**에**+루+이+크	→	**에**릭
2	**é**rror	: 실수	→	**에**+루+*어r*	→	**에**뤄r
3	**e**rúct	: 분출하다	→	이+루+어+크+트	→	이뤅트
4	**e**r**ó**se	: 들쑥날쑥	→	이+루+오우+즈	→	이로우즈
5.	**e**réct	: 직립의	→	이+루+에+크+트	→	이렉트
6	**e**r**ú**pt	: 내뿜다	→	이+루+어+프+트	→	이뤞트

05 [자음+e] 형태의 1음절 단어에서 [e]는 알파벳 이름 '이이' 소리가 난다.

b**e** –이다	h**e** 그는	m**e** 나를	t**e** 온음계의 제7음	w**e** 우리는
sh**e** 그녀는				

003

[i]의 소리를 찾아서

1 강모음 [í] : '이'

- 강세가 있는 [í]는 거의 '이' 소리가 난다. {강모음 [í]}
- 1음절 [자음 + i + 자음]의 [í]도 강세가 있는 강모음으로 '이' 소리가 난다.

이제 알파벳 순서로 세 번째 모음인 [i]의 소리를 찾아서 여행을 떠나 보죠. 1음절 단어에 있는 철자 [i]의 기본 발음이 '이'라는 것은 기억하나요? 'dint'를 예로 들면 다른 모음이 없으니까 1음절의 [i]는 당연히 강세가 있는 '강모음(强母音)'이지요. 따라서 모든 철자 [i]가 '이'로 소리가 나는 것이 아니라, 1음절 단어일 때와 강세가 있는 경우에만 '이'로 소리가 난다는 것을 명심, 또 명심하세요! 그러면 강세가 없는 '약모음(弱母音)' [i]는 어떻게 소리가 나는지 궁금하지요? 다음 장에서 배우겠지만 '이'로 발음하거나, '으'에 가까운 '어'로 약하고 빠르게 흘려 버리듯 발음하면 되거든요. 강세가 없는 '약모음(弱母音)' [i]는 다음 장에서 자세히 배우고 복습하는 의미에서 간단하게 다음 쪽의 'Practice'를 연습하고 넘어갑시다.

그럼 다음에 정리된 단어들을 통해 직접 익혀 볼까요?

Practice | 강모음 [i]

1	d**i**nt	: 드+**이**+은+트	→	드**이**은트	→	**딘**(트)
2	h**i**nt	: 흐+**이**+은+트	→	흐**이**은트	→	**힌**(트)
3	h**i**p	: 흐+**이**+프	→	흐**이**프	→	**힢**
4	s**i**p	: 쓰+**이**+프	→	쓰**이**프	→	**앂**
5	ch**i**p	: 추+**이**+프	→	추**이**프	→	**칲**
6	l**i**st	: 을+**이**+스+뜨	→	루**이**스뜨	→	**리**스뜨
7	m**i**st	: 음+**이**+스+뜨	→	음**이**스뜨	→	**미**스뜨
8	h**i**t	: 흐+**이**+트	→	흐**이**트	→	**힡**
9	w**i**t	: 우+**이**+트	→	우**이**트	→	**윝**
10	s**i**t	: 쓰+**이**+트	→	쓰**이**트	→	**앁**

어렵지 않지요? 단, 주의할 것은 영어 소리 '이'는 입의 좌우 가장자리가 뒤로 젖혀질 정도로 양쪽으로 더 넓게 당겨서 긴장되고 위, 아랫니는 거의 닫히다시피 좁은 간격을 유지하며, 혀끝은 아랫니 뒤쪽 뿌리에 붙고 혀의 좌우편은 중앙 부위만 남겨 놓고 입천장과 붙입니다. 이 상태에서 혀의 중앙부로 나 있는 좁은 틈을 통해 공기가 새어 나오도록 하며 발음되는 소리예요. 따라서 한국 사람들에게는 익숙하지 않은 발성법이니까 몇 번이고 반복하여 연습하길 바랍니다.

● –인(트)(–int)

b**int** 소녀	d**int** 힘	h**int** 암시	m**int** 박하	t**int** 색조
qu**int** 5도 음정	fa**int** 희미한	gl**int** 반짝이다	jo**int** 관절	pa**int** 페인트
pr**int** 인쇄하다	po**int** 뾰족한 끝	sa**int** 성인	spr**int** 전력질주	

● –잎(–ip)

d**ip** 담그다	h**ip** 엉덩이	l**ip** 입술	n**ip** 꼬집다	p**ip** 씨
r**ip** 째다	s**ip** 찔끔 마시다	t**ip** 팁	z**ip** 잠그다	ch**ip** 조각
cl**ip** 자르다	dr**ip** 물방울이 떨어지다	fl**ip** 가볍게 치다	sh**ip** 배	sk**ip** 건너뛰다
sl**ip** 미끄러지다	tr**ip** 여행	wh**ip** 채찍질하다	str**ip** 벗기다	

● –이스뜨(–ist)

f**ist** 주먹	g**ist** 요점	l**ist** 목록	m**ist** 안개	tw**ist** 꼬다
wr**íst** 손목	ex**íst** 존재하다	hó**ist** 끌어올리다	mó**ist** 습한	ass**íst** 원조하다
cons**íst** 되어 있다	ins**íst** 주장하다	res**íst** 저항하다	subs**íst** 생존하다	

● –잍(–it)

b**it** 조금	f**it** 알맞다	g**it** 얼간이	ch**it** 계산서	h**it** 치다
k**it** 통	p**it** 구멍	s**it** 앉다	t**it** 유두	w**it** 재치
kn**it** 뜨다	fl**it** 훨훨 날다	qu**it** 중지하다	em**ít** 내뿜다	sh**it** 똥
sl**it** 찢다	sp**it** 뱉다	tw**it** 비난하다	gr**it** 잔모래	

2 약모음 [i] : '이'

- 강세가 없는 약모음 [i]는 '으'에 가까운 '이'나 '어' 소리로 약하게 흘려 버린다.

보통 약모음은 애매모호하게 흘려 버리기 때문에 정확한 우리말로 표기하기가 어렵습니다. 그러나 보통 '으'에 가까운 '이'로 소리를 내며, 이것을 전문 용어로 'schwa(슈와)' 현상이라고 하지요. 다만 주의할 것은 입을 크게 벌리면서 강하고 의식적으로 발음하는 우리말의 '이' 소리와는 달리 강세 없는 약모음 [i]의 '이'는 거의 입을 벌리지 않은 상태에서 소리가 나기 때문에 우리말 소리 '으'에 가깝게 들립니다. 이미 [a]와 [e]의 2번째 법칙에서 배웠듯이 거의 모든 약모음에 이와 같은 'schwa'법칙이 적용된다는 것을 기본적으로 잊지 마세요.

Practice | 약모음 [i]

1	túrn**i**p	: 순무	→	túr • n**i**p	→	트+어어ʳ+은이프	→	터어ʳ닢
2	góss**i**p	: 잡담	→	gó • ss**i**p	→	그+아+쓰이프	→	가앂
3	fín**i**sh	: 끝내다	→	fí • n**i**sh	→	프ᶠ+이+은이쉬	→	피ᶠ니쉬
4	láv**i**sh	: 아낌없이 주다	→	lá • v**i**sh	→	을+애+브ᵛ이쉬	→	래비ᵛ쉬
5	pún**i**sh	: 벌하다	→	pú • n**i**sh	→	프+어+은이쉬	→	퍼니쉬
6	pól**i**sh	: 닦다	→	pó • l**i**sh	→	프+아+을이쉬	→	팔리쉬
7	fám**i**sh	: 굶주리게 하다	→	fá • m**i**sh	→	프ᶠ+애+음이쉬	→	패ᶠ미쉬
8	rél**i**sh	: 흥미	→	ré • l**i**sh	→	루+에+을이쉬	→	뤨리쉬
9	chér**i**sh	: 소중히 하다	→	ché • r**i**sh	→	추+에+루이쉬	→	췌뤼쉬

철자 [i]가 제일 쉽다고 생각하시죠? 왜냐하면 강세가 있건 없건 '이' 소리가 나니까요. 그래서 혹시 철자 [i]는 강하게 소리를 내뱉느냐, 아니면 약하고 빠르게 흘려

버리느냐 그것만 신경 쓰면 된다고 생각하는 것은 아니죠?

그렇지 않아요. 먼저 장모음 '이이'를 발음하기 위해서는 입의 좌우 가장자리가 뒤로 젖혀질 정도로 양쪽으로 더 넓게 당겨서 긴장되고 위, 아랫니는 앞에서 보아 닿은 것처럼 보이지만 실제로는 거의 닫히다시피 좁은 간격을 유지합니다. 혀끝은 아랫니 뒤쪽 뿌리에 붙고 혀의 좌우편은 중앙 부위만 남겨 놓고 입천장과 붙입니다. 이 상태에서 혀의 중앙부로 나 있는 좁은 틈을 통해 공기가 새어 나오도록 하며 발음되는 소리가 장모음 '이이'입니다. 이렇게 입을 옆으로 벌려 발음하는 장모음 '이이'와는 달리 단모음 [i]의 소리 '이'는 턱을 아래로 당기면서 발음해야 한다는 것을 잊지 마세요. 또, 약모음 [i]의 '이'는 거의 입을 벌리지 않은 상태에서 소리가 나기 때문에 우리말 소리 '으'에 가깝게 들릴 수도 있습니다. 이 3가지 '이'소리를 구분해서 발음할 수 있어야 진짜 멋진 발음을 구사할 수 있는 것입니다.

아래에 약모음 [i]가 있는 단어들을 모았어요. 좀 단어가 길어 보이죠? 매일 짧은 단어만으로 만족해서는 발전이 없다는 것을 명심하세요. 약모음 [i]는 거의 입을 벌리지 않은 상태에서 '이' 하고 약하게 흘려 발음하는 만큼 강모음 [i]와 구분하여 아래의 단어들을 반복해서 읽어 보세요.

Practice | 약모음 [i]

túrn**i**p 순무	góss**i**p 잡담	hárdsh**i**p 곤란		

láv**i**sh 아낌없이 주다	demól**i**sh 파괴하다	d**i**stíngu**i**sh 구별하다	fúrn**i**sh 공급하다	pól**i**sh 닦다
públ**i**sh 발표하다	pún**i**sh 벌하다	ángu**i**sh 고민	astón**i**sh 놀라게 하다	chér**i**sh 소중히 하다

3 [-í-e]의 강모음 [í] : '아이'(알파벳 이름)

- 단어 맨 뒤에 [e]가 붙으면 바로 앞에 나오는 강세가 있는 [í]는 '아이' 소리가 난다. {[-í-e] 형태}

세 번째 반복하는 거지요? 단어 끝에 [-e]가 붙어 있고 [자음 + [a, e, i, o, u] + 자음 + e]의 구조로 되어 있으면 [-e]의 앞에 있는 강모음 [a, e, i, o, u]는 알파벳 이름의 소리, 즉, [-a-e]는 '에이', [-e-e]는 '이이', [-i-e]는 '아이', [-o-e]는 '오우', [-u-e]는 '유우'로 소리가 난다고 배웠지요? 그리고 단어 뒤에 붙어 있는 [e]는 음가(音價)가 없는 묵음으로 소리가 없다는 것도 잊지 않았죠?

따라서 [자음 + i + 자음 + e], 즉, 'bike'란 단어처럼 [-i-e]의 구조에서 [i]의 알파벳 이름이 뭐죠? 예, 맞습니다. '아이'라고 부릅니다. 따라서 단어 맨 뒤에 [e]가 붙으면 바로 앞에 나오는 강세가 있는 강모음 [i]는 알파벳 이름 소리 '아이' 소리로 발음하면 됩니다. 그 아래 단어의 소리를 공부해 봅시다.

'아'를 소리 낼 때는 입을 반쯤 열고 입술은 둥글게 하지 않습니다. 또 끝소리 '이'를 발성할 때는 혀가 중앙에 낮게 위치해 있다가 위로 올라와서 아랫니 뒤쪽 뿌리에 닿게 하며 발음해야 합니다. 단, 발음할 때 주의할 것은 우리말의 '아이'처럼 두 개의 음을 독립적으로 발음하지 않고 둘을 이어서 발성하되, 끝의 '이' 소리를 빨리 흘리면서 '아이'라고 발음해야 한다는 것입니다.

Practice | [자음+i+자음+e]

1	b**i**k**e**	: 자전거	→	ㅂ+**아이**+ㅋ	→	**바잌**
2	l**i**k**e**	: 좋아하다	→	을+**아이**+ㅋ	→	**라잌**
3	m**i**l**e**	: 마일	→	음+**아이**+을	→	**마일**
4	t**i**l**e**	: 기와	→	ㅌ+**아이**+을	→	**타일**
5	d**i**m**e**	: 10센트	→	ㄷ+**아이**+음	→	**다임**
6	t**i**m**e**	: 시간	→	ㅌ+**아이**+음	→	**타임**
7	l**i**n**e**	: 선	→	을+**아이**+은	→	**라인**
8	n**i**n**e**	: 9	→	은+**아이**+은	→	**나인**
9	p**i**p**e**	: 관	→	ㅍ+**아이**+ㅍ	→	**파잎**
10	w**i**p**e**	: 훔치다	→	우+**아이**+ㅍ	→	(우)**와잎**
11	s**i**t**e**	: 집터	→	ㅆ+**아이**+ㅌ	→	**싸잍**
12	k**i**t**e**	: 연	→	ㅋ+**아이**+ㅌ	→	**카잍**

아래의 몇 개 안 되는 [자음 + **i** + **e**] 형태의 단어에서 [**i**]도 '아이'라고 소리가 납니다.

d**ie** 죽다	h**ie** 서두르다	l**ie** 거짓말하다	p**ie** 파이	t**ie** 매다
v**ie** 다투다				

모음 [**i**]의 네 번째 Rule로 가기 전에 단어 뒤에 [**e**]가 붙느냐 안 붙느냐에 따라 강모음 [**í**]의 소리가 어떻게 달라지는지 다음 단어들의 비교를 통해 다시 한 번 볼까요? [자음 + **i** + 자음] 형태의 1음절 단어에서 [**í**]는 기본 소리 '이'로, [자음 + **i** + **e**] 형태의 1음절 단어에서 [**í**]는 알파벳 이름 소리 '아이'로 소리가 난다. 이제 개념이 정리됐지요? 그럼 다음 쪽에서 두 경우를 연습해서 익혀 보세요.

[자음+ i +자음+e]와 [자음+ i +자음]의 [i] 소리 비교

1	d**i**n**e**	→	다인	↔	d**i**n	→ 딘
2	s**i**t**e**	→	싸잍	↔	s**i**t	→ 앁
3	p**i**p**e**	→	파잎	↔	p**i**p	→ 핖
4	d**i**m**e**	→	다임	↔	d**i**m	→ 딤
5	str**i**p**e**	→	스뜨롸잎	↔	str**i**p	→ 스뜨륖

4 [-ir] : '어어r'

- [**i**]에 [**r**]가 붙은 [**ir**]는 '어r'로 약하게 소리 낸다. 단, 1음절이나 강세가 있을 경우 '어r'로 강하게 발음한다.
- [-**ir** + 모음] 형태의 경우
  ① [-**ír** + 모음] 형태에서 [**í**]가 강모음일 때, [**ír**]는 '아이어r'로,
  ② [-**ir** + 강모음] 형태에서 약모음 [**í**]는 '이'로, 그리고 [**r**]는 뒤의 강모음과 연결하여 발음한다.

영어에는 경어(敬語)가 없다고 말하는 사람도 있지만 사실은 그렇지 않다는 것은 아시죠? 대표적인 말로, 'Please!'라는 단어가 있고, 'Will you~ ?' 혹은 'Would you ~?'와 같은 표현들이 있어요. 또 'Sir'라는 단어가 있어요. 다른 모음의 경우와 마찬가지로 [**i**]도 [**r**]가 붙으면 혀를 구부린 상태로 '어어r'로 길게 소리를 내면 됩니다. 그런데 모든 [-**ir**]가 이렇게 소리가 나는 것이 아니라 '**Sir**'와 같이 1음절 단어의 끝소리인 경우와 '**girl**'과 같이 [-**ir** + 자음]인 경우에 해당된다는 것을 잊지 마세요.

만약 [-**ir** + 모음]인 경우에는 [**i**]가 다른 소리를 내게 됩니다. 이 경우는 다소 복

잡하기 때문에 다음 쪽에서 예시 단어들과 함께 설명할게요. 우선, 아래 'Practice 1'에 제시된 단어를 통해 기본적인 [-ir + 자음]의 소리를 익혀 봅시다. 아직도 혀가 잘 구부러지지 않아 [r] 소리가 부자연스러운 사람은 속된 말로 '혀 꼬부라지는 소리'부터 연습해야겠지요?

열 번만 부드럽고 자연스럽게 따라 하세요! '어어^r! 어어^r! 어어^r! 어어^r! 어어^r! 어어^r! 어어^r! 어어^r! 어어^r! 어어^r!'

Practice 1 | 1음절 [–ir]

1	s**ir**	: 씨	→	쓰+**어**어^r	→	**써**어^r
2	b**ir**d	: 새	→	브+**어**어^r+드	→	**버**어^{r}드
3	g**ir**l	: 여자	→	그+**어**어^r+을	→	**거**얼^r
4	f**ir**st	: 처음	→	프^f+**어**어^r+스뜨	→	**퍼**^{f}어^{r}스뜨
5	d**ir**t	: 먼지	→	드+**어**어^r+트	→	**더**어^{r}트
6	sk**ir**t	: 치마	→	스+끄+**어**어^r+트	→	스**꺼**어^{r}트
7	ch**ir**p	: 짹짹	→	추+**어**어^r+프	→	**춰**엎^r
8	b**ir**ch	: 자작나무	→	브+**어**어^r+취	→	**버**어^{r}취
9	a**ir**	: 공기	→	에+어^r	→	에어^r
10	ha**ir**	: 머리카락	→	흐+에+어^r	→	헤어^r
11	pa**ir**	: 한 벌	→	프+에+어^r	→	페어^r
12	cha**ir**	: 의자	→	추+에+어^r	→	췌어^r

이제 조금 익숙해졌나요? 다음 쪽 'Practice 2'에 짧은 단어들을 모아 봤어요. 지금까지 배운 모든 발성법의 지식을 총동원해서 소리를 찾아 읽어 보세요. 단, 절대 발음기호를 찾아보지 말 것! 전자사전에 의지하지 말 것! 다른 사람에게 물어보지 말 것! 마지막 한순간까지 오로지 여러분의 힘으로!

Practice 2 | 강모음 [-ir]

● -어어″(-ir)

s**ir** 님	st**ir** 움직이다	b**ir**d 새	th**ir**d 3번째	b**ir**ch 자작나무
b**ir**th 탄생	c**í**rcle 원	g**ir**l 여자	g**í**rdle 띠	f**ir**st 처음
th**í**rsty 목마름				

● -어얼″(-irt)

d**ir**t 먼지	fl**ir**t 농락하다	sh**ir**t 셔츠	sk**ir**t 치마	d**í**rty 더러운

● -에어″(-air)

air 공기	f**air** 공정한	h**air** 머리카락	l**air** 굴	p**air** 한 벌
ch**air** 의자	st**air** 계단	aff**áir** 사건	imp**áir** 감하다	rep**áir** 고치다
desp**áir** 절망	**á**rmch**àir** 안락의자			

알고 갑시다

[ir]의 또 다른 소리

이전 페이지에서는 모든 단어들이 '**sir**'처럼 [**ir**]로 끝나거나, 혹은 '**dirt**'처럼 [-**ir** + (자음)]의 형태로 되어 있었죠? 다음의 두 경우에는 모든 단어들이 '**mire**'처럼 [-**ir** + 모음]의 형태로 되어 있어요. 즉, [**ir**] 뒤에 모음이 붙어 있는 경우에 [**i**]가 강세가 있는 강모음이냐, 아니면 뒤에 오는 모음이 강모음이어서 상대적으로

[**i**]가 약모음이 되느냐에 따라 [**i**]의 소리가 달라지죠.

먼저, 'Practice 1'에 예시된 [-**ír** + 모음] 형태에서 [**í**]가 강모음일 때는 공통적으로 '아이어^r'로 발음을 하면 됩니다. 특히 '**ire**'와 같이 [-**ir** + **e**]의 단어에서 끝 철자 [**e**]는 앞에서 배웠듯이 소리가 없는 철자라는 것을 잊지 않았지요? 그럼 아래의 각 단어들의 발성법을 익혀 볼까요?

① [-ir+약모음] 형태에서 [i]가 강모음일 때, [-ir]는 '아이어^r'로 소리가 난다.

Practice 1 | 강모음 [-ir+모음]

1	i**re**	: 분노	→	아이+어^r	→	아이어^r
2	di**re**	: 무서운	→	드+아이+어^r	→	다이어^r
3	mi**re**	: 습지	→	음+아이+어^r	→	마이어^r
4	fi**re**	: 불	→	프^f+아이+어^r	→	파^{f}이어^r
5	si**re**	: 폐하	→	쓰+아이+어^r	→	싸이어^r
6	ti**re**	: 피로하다	→	트+아이+어^r	→	타이어^r
7	wi**re**	: 철사	→	우+아이+어^r	→	와이어^r
8	**ír**on	: 철	→	아이+어^r+은	→	아이언^r
9	**ír**ony	: 풍자	→	아이+루+어+은+이	→	아이뤄^{r}니
10	m**ír**y	: 습지의	→	음+아이+어^r+루+이	→	마이어^{r}뤼
11	s**íre**n	: 사이렌	→	쓰+아이+어^r+루+어+은	→	싸이어^{r}뤈
12	t**íre**d	: 피로한	→	트+아이+어^{r}드	→	타이얻^r

여러분의 더 쉬운 이해를 위해 [**ir**]의 두 가지 형태의 단어를 비교해 놓았어요. 소리의 차이점이 어떤지 더 쉽고 명확해지지요?

[–ir+(자음)]과 [–ir+모음] 발음 비교

1	f**í****r**	**퍼**ᶠ*어*ʳ	↔	f**í****r**e	**파**ᶠ이*어*ʳ
2	s**í****r**	**써***어*ʳ	↔	s**í****r**e	**싸**이*어*ʳ
3	d**í****r**t	**더***어*ʳ트	↔	d**í****r**e	**다**이*어*ʳ
4	sh**ir**t	**셔***어*ʳ트	↔	sh**ir**e	**샤**이*어*ʳ

이번에는 [**ir**] 뒤에 강모음이 붙는 경우예요. 뒤에 강세가 있는 모음이 오니까 [**ir**]의 [**i**]가 약한 소리 '이'로 발음되고, [**r**]는 뒤의 강모음과 연결하여 발음해야 하지요. 중동에 있는 나라 'Iran(이란)'의 경우를 예로 들어 설명할게요. 이 단어는 '**I**•**r**án'이라는 2음절로 분절(分節)이 되고 [**I**]는 약하게 '이'로 발음하고, [**r**]는 강모음 [**á**]와 연결하여 '뢔'로 발음하며, [n]의 '은'과 소리를 연결하면 'Iran'은 '이란'이 아니라 '이뢘'으로 소리가 나지요. 이런 형태의 단어가 많지 않아 '알고 가자'는 의미에서 설명한 것이니 너무 고민하지 마세요.

② [–ir+강모음] 형태에서 약모음 [i]는 '이'로, 그리고 [–r]는 뒤의 강모음과 연결하여 발음한다.

Practice | 약모음 [–ir+강모음]

1	I•rán	: 이란	→	이+루+**애**+은	→	이•**뢔**은	이**뢘**
2	di•réct	: 지도하다	→	드+이+루+**에**+크+트	→	디•**뤠**크트	디**뤡**트
3	mi•rág̃e	: 신기루	→	음+이+루+**아**+쥐	→	미•**롸**쥐	미**롸**쥐 {불어의 차용어라 [**a**]가 '아' 소리 남}

5 [–ight], [–ild], [–ind] : '아이'(알파벳 이름)

- [-**ight**], [-**ild**], [-**ind**]의 형태의 단어에서 [**i**]는 알파벳 이름 '아이' 소리가 난다.
- [자음 + **i**] 형태의 1음절 단어의 [**i**]는 알파벳 이름 '아이' 소리가 난다.

이제 [**i**]의 마지막 다섯 번째 소리를 찾아 떠나 볼까요? [-**ight**], [-**ild**], [-**ind**]의 형태의 단어에서 [**i**]는 알파벳 이름 '아이' 소리로 발음해야 합니다. 'Step 2. 묵음' 편에서 이미 배웠듯이 [-**ight**] 형태의 단어에서 [**gh**]는 소리가 나지 않는 묵음(黙音)인 것은 잊지 않았죠? 그리고 'Step 1. 기본 발음' 편의 [**d**]의 소리에서 [-**nd**] 형태의 단어에서 [**d**]도 묵음(黙音)이라는 것도 기억하시죠? 그럼 [-**ight**], [-**ild**], [-**ind**]의 형태의 단어에서 [**i**]가 '아이' 소리로 발음된다는 것만 명심하면 이런 형태의 단어를 발음하는 것은 어렵지 않겠네요.

그럼, 'Practice 1'에 나온 단어들의 소리를 공부해 볼까요?

Practice 1 | [–ight], [–ild], [–ind]

1	f**ight**	: 싸움	→	프f**아**이트	→	**파f일**
2	l**ight**	: 빛	→	을**아**이트	→	**라일**
3	m**ight**	: 힘	→	음**아**이트	→	**마일**
4	n**ight**	: 밤	→	은**아**이트	→	**나일**
5	r**ight**	: 오른쪽	→	루**아**이트	→	**롸일**
6	s**ight**	: 시각	→	쓰**아**이트	→	**싸일**
7	m**ild**	: 온화한	→	음**아**이을드	→	**마일**드
8	w**ild**	: 야생의	→	우**아**이을드	→	(우)**와일**드
9	b**ind**	: 묶다	→	브**아**이은드	→	**바인**(드)
10	h**ind**	: 뒤쪽의	→	흐**아**이은드	→	**하인**(드)
11	k**ind**	: 친절한	→	크**아**이은드	→	**카인**(드)
12	m**ind**	: 마음	→	음**아**이은드	→	**마인**(드)

앞서 '[**e**]의 소리를 찾아서'에서 '**be**'와 '**me**'처럼 [자음 + **e**] 형태의 1음절 단어에서 [**e**]는 알파벳 이름 '이이' 소리가 난다고 배웠죠? [**i**]도 똑같은 법칙이 적용되어 '**bi**'와 같이 [자음 + **i**] 형태의 1음절 단어의 [**i**]는 알파벳 이름 '아이' 소리가 나지요. 처음 영어를 접할 때 가장 먼저 배우는 영어 표현이 'Hello!' 또는 'Hi!'이지요? 이 'Hi!'의 발음이 '하이!'라는 것은 누구나 다 아는 것이라 더욱 이해하기 쉬울 것이라고 생각됩니다. 더욱이 '[자음 + **i**] 형태'로 되어 있는 단어는 사전을 찾고 찾았지만 거의 없어요. 아래 'Practice 2'의 나머지 단어 'bi'와 'tri'도 독자적인 단어가 아니라 접두사예요. '자전거'는 바퀴가 '2개'여서 '**bi**cycle'이라 하고, '삼각형'은 각(angle)이 '3개'라서 '**tr**iangle'이라고 하지요? 이렇게 어떤 단어 앞에 붙여서 뜻을 바꿔 주는 것을 영어에서 '접두어' 혹은 '접두사'라고 해요. 그런데 단어도 아닌 것을 왜 예로 들었느냐고요? 비교할 단어가 필요한데 이와 같은 형태의 단어가 너무 없어 잠시 차용했을 뿐입니다.

그럼 아래 'Practice 2'에 예를 든 단어들의 소리를 공부해 볼까요?

Practice 2 | [자음+i]

1	b**i**	: 둘	→	브+**아이**	→	**바이**
2	h**i**	: 안녕	→	흐+**아이**	→	**하이**
3	tr**i**	: 3, 셋	→	츄+루**아이**	→	츄**롸이**

'마이'와 '라이'와 같이 단어 끝소리가 '아이' 소리나 '이' 소리가 나는 경우, 100% 이 단어의 끝 철자는 '**my**'와 '**lie**'와 같이 [**i**]보다는 [**y**]로 끝나거나 [**-ie**]의 형태인 것을 명심하시면 단어 암기에 도움이 되실 것입니다.

이제 3번째 모음인 [**i**]의 소리 찾기 여행을 마쳤습니다. 다음 모음 [**o**]의 학습 단계로 넘어가기 전에 전체적으로 [**i**]의 소리 법칙을 복습하기로 해요. 준비되었죠?

종합 복습 (Total Review)

이제 모음 다섯 개의 소리 중에서 세 번째인 '[i]의 소리 찾기' 여행을 마쳤습니다. 조금 혼란스럽고 이해하기 힘든 부분도 있겠지만, 저의 설명을 차근차근 읽고, 충실히 반복 연습하면 나름대로 언어적 논리가 생길 것입니다. '[a]와 [e]와 [i] 소리를 찾아서'의 각각 5가지 법칙이 이해되고 몸에 체득(體得)되면 나머지 모음 2개의 법칙은 더욱 쉬워집니다. 따라서 아래의 종합 복습 부분을 충실히 연습하시길 바랍니다.

● [i]의 소리를 찾아서

01 강세가 있는 [í]는 거의 '이' 소리가 난다. {강모음 [í]}

1음절 [자음 + **i** + 자음]의 [í]도 강세가 있는 강모음으로 '이' 소리가 난다.

02 강세가 없는 약모음 [i]는 '으'에 가까운 '이', '어' 소리로 약하게 흘려서 발음한다.

03 단어 맨 뒤에 [**e**]가 붙으면 바로 앞에 나오는 강세가 있는 [í]는 '아이' 소리가 난다. {[**-í-e**] 형태}

04 [**i**]에 [**r**]가 붙은 [**-ir**]는 '어ʳ'로 강하게 소리 낸다. (* 단, 1음절이나 강세가 있을 경우)

[**-ir** + 강모음] 형태에서 약모음 [**i**]는 '이'로, 그리고 [**r**]는 뒤의 강모음과 연결하여 발음한다.

05 [**-ight**], [**-ild**], [**-ind**]의 형태나, [자음 + **i**] 형태의 1음절 단어의 [**i**]는 알파벳 이름 '아이' 소리가 난다.

01 강세가 있는 [í]는 거의 '이' 소리가 난다. {강모음 [í]}

● –인(트)(–int)

b**int** 소녀	d**int** 힘	h**int** 암시	m**int** 박하	t**int** 색조
qu**int** 5도 음정	fa**int** 희미한	gl**int** 반짝이다	jo**int** 관절	pa**int** 페인트
pr**int** 인쇄하다	po**int** 뾰족한 끝	sa**int** 성인	spr**int** 전력질주	

● –잎(–ip)

d**ip** 담그다	h**ip** 엉덩이	l**ip** 입술	n**ip** 꼬집다	p**ip** 씨
r**ip** 째다	s**ip** 찔끔 마시다	t**ip** 팁	z**ip** 잠그다	ch**ip** 조각
cl**ip** 자르다	dr**ip** 물방울이 떨어지다	fl**ip** 가볍게 치다	sh**ip** 배	sk**ip** 건너뛰다
sl**ip** 미끄러지다	tr**ip** 여행	wh**ip** 채찍질하다	str**ip** 벗기다	

● –이스뜨(–ist)

l**ist** 목록	m**ist** 안개	tw**ist** 꼬다	ex**íst** 존재하다	ho**ist** 끌어올리다
mo**ist** 습한	ass**íst** 원조하다	cons**íst** 되어 있다	ins**íst** 주장하다	res**íst** 저항하다
subs**íst** 생존하다				

● –잍(–it)

b**it** 조금	f**it** 알맞다	g**it** 얼간이	ch**it** 계산서	h**it** 치다
k**it** 통	p**it** 구멍	s**it** 앉다	t**it** 유두	w**it** 재치

kn**it** 뜨다	fl**it** 훨훨 날다	qu**it** 중지하다	em**it** 내뿜다	sh**it** 똥
sl**it** 찢다	sp**it** 뱉다	tw**it** 비난하다	gr**it** 잔모래	

02 강세가 없는 약모음 [i]는 '으'에 가까운 '이', '어' 소리로 약하게 흘려서 발음한다.

túrn**i**p 순무	góss**i**p 잡담	hárdsh**i**p 곤란		

láv**i**sh 아낌없이 주다	demól**i**sh 파괴하다	d**i**stíngu**i**sh 구별하다	fúrn**i**sh 공급하다	pól**i**sh 닦다
públ**i**sh 발표하다	pún**i**sh 벌하다	ángu**i**sh 고민	astón**i**sh 놀라게 하다	chér**i**sh 소중히 하다

03 단어 맨 뒤에 [e]가 붙으면 바로 앞에 나오는 강세가 있는 [í]는 '아이' 소리가 난다. {[–í–e] 형태}

● –아잌(–ike)

b**i**k**e** 자전거	d**i**k**e** 도랑	h**i**k**e** 도보여행	l**i**k**e** 좋아하다	m**i**k**e** 마이크
p**i**k**e** 창	al**i**k**e** 똑같이	sp**i**k**e** 대못	str**i**k**e** 때리다	

● –아일(–ile)

f**i**l**e** 서류철	m**i**l**e** 마일	p**i**l**e** 더미	t**i**l**e** 기와	v**i**l**e** 비열한
sm**i**l**e** 미소	wh**i**l**e** 동안			

● –아임(–ime)

d**i**m**e** 다임	l**i**m**e** 석회	m**i**m**e** 무언극	t**i**m**e** 시간	ch**i**m**e** 종
cr**i**m**e** 범죄	pr**i**m**e** 주요한			

● –아인(–ine)

b**i**n**e** 덩굴	d**i**n**e** 정찬을 먹다	f**i**n**e** 훌륭한	l**i**n**e** 선	m**i**n**e** 나의 것
n**i**n**e** 아홉	p**i**n**e** 소나무	v**i**n**e** 포도나무	w**i**n**e** 포도주	ch**i**n**e** 작은 골짜기
sh**i**n**e** 빛나다	conf**i**n**e** 가두다			

● –아잎(–ipe)

p**i**p**e** 피리	r**i**p**e** 익은	w**i**p**e** 훔치다	str**i**p**e** 줄무늬	sn**i**p**e** 저격하다

● –아잍(–ite)

b**i**t**e** 물다	c**i**t**e** 인용하다	k**i**t**e** 연	m**i**t**e** 잔돈	r**i**t**e** 의식
s**i**t**e** 집터	wh**i**t**e** 하얀			

04 [i]에 [r]가 붙은 [ir]는 '어r'로 강하게 소리 낸다. (* 단, 1음절이나 강세가 있을 경우)

● –어어r(–ir)

s**ir** 님	st**ir** 움직이다	b**ir**d 새	th**ir**d 3번째	b**ir**ch 자작나무
b**ir**th 탄생	c**í**rcle 원	g**ir**l 여자	g**í**rdle 띠	f**ir**st 처음

th**ir**sty 목마름				

● –어얼r(–irt)

d**ir**t 먼지	fl**ir**t 농락하다	sh**ir**t 셔츠	sk**ir**t 치마	d**ír**ty 더러운
f**ir**m 굳은				

● –에어r(–air)

air 공기	f**air** 공정한	h**aáir** 머리카락	l**air** 굴	p**air** 한 벌
ch**air** 의자	st**air** 계단	aff**áir** 사건	imp**áir** 감하다	rep**áir** 고치다
desp**áir** 절망	**á**rmch**àir** 안락의자			

[-**ir**+모음] 형태의 경우

① [-**ír**+약모음] 형태에서 [**í**]가 강모음일 때, [**ír**]는 '아이어r'로,

② [-**ir**+강모음] 형태에서 약모음 [**i**]는 '이'로, 그리고 [**r**]는 뒤의 강모음과 연결하여 발음한다.

● [–ír+약모음]

d**ir**e 무서운	f**ir**e 불	m**ir**e 습지	s**ir**e 폐하	t**ir**e 타이어
w**ir**e 철사	**ir**e 분노	**ír**on 철	**ír**ony 풍자	m**ír**y 진창 깊은
s**ír**en 사이렌	t**ír**ed 피로한	p**ír**acy 해적 행위	p**ír**ate 해적	

● [-ir+강모음]

d**ir**éct 지도하다	**Ir**án 이란	m**ir**áge 신기루		

05 [-ight], [-ild], [-ind]의 형태나, [자음+i] 형태의 1음절 단어의 [i]는 알파벳 이름 '아이' 소리가 난다.

● -아잍(-ight)

f**ight** 싸움	l**ight** 빛	m**ight** -해도 좋다	n**ight** 밤	r**ight** 오른쪽
s**ight** 시각	t**ight** 꽉 낀	br**ight** 빛나는	fl**ight** 비행	fr**ight** 공포
pl**ight** 궁지	he**ight** 높이	kn**ight** 기사		

● -아일드(-ild)

m**ild** 온화한	w**ild** 야생의			

● -아인(드)(-ind)

b**ind** 묶다	f**ind** 발견하다	h**ind** 뒤쪽의	k**ind** 친절한	m**ind** 마음
r**ind** 껍질	w**ind** 감다	gr**ind** 갈다	rem**índ** 생각나게 하다	unk**índ** 불친절한
beh**índ** 뒤에	bl**ind** 눈 먼			

● [자음+i]

b**i** 둘	h**i** 안녕	tr**i** 셋		

004

[o]의 소리를 찾아서

1 강모음 [ó] : '아'

- 강세가 있는 [ó]는 거의 '아'에 가까운 소리가 난다. {강모음 [ó]}
- 1음절 [자음 + o + 자음]의 [ó]도 강세가 있는 강모음으로 '아'에 가까운 소리가 난다.

1음절 단어에 있는 철자 [ó]의 기본 발음이 '아'라는 것은 기억하시죠? 다른 모음이 없으니까 1음절의 [ó]는 당연히 강세가 있는 '강모음(强母音)'이기 때문이지요. 따라서 모든 철자 [ó]가 '아'로 소리가 나는 것이 아니라, '1음절 단어일 때와 강세가 있는 경우'에만 '아'로 소리가 난다는 것을 명심, 또 명심하세요! 또 영어의 [ó]는 입을 하품할 때처럼 아래턱을 움직여 크게 벌리며, 입술을 둥글게 하지 않고 혀는 중앙에서 낮추어 발음됩니다. 우리말의 '아'보다 입을 상당히 크게 벌리고 발음해야 한다는 것을 염두에 두고 발음해야 합니다.

그러면 강세가 없는 '약모음(弱母音)' [o]는 어떻게 소리가 나는지 궁금하지요? 다음 장에서 배우겠지만 모든 모음의 경우와 같이 역시 'ㅡ'에 가까운 '어'로 약하고 빠르게 흘려 버리듯 발음하면 됩니다.

그럼 아래 정리된 단어들을 통해 강모음 [ó]의 단어를 직접 익혀 볼까요?

Practice | 강모음 [ó]

1	resp**ó**nd	: 응답하다	→	re • sp**ó**nd	→	루+이+스+쁘+**아**+은+드	→	뤼+스+빠+은+드	→	뤼스**빤**(드)
2	bel**ó**ng	: –에 속하다	→	be • l**ó**ng	→	브+이+을+**아**+응	→	빌+라+응	→	빌**랑**
3	all**ó**t	: 할당하다	→	a • ll**ó**t	→	어+을+**아**+트	→	얼+라+트	→	얼**랕**
4	**ó**bject	: 사물	→	**ó**b • ject	→	**아**+브+주+이+크+트	→	압+쥌+트	→	**압**쥌트
5	c**ó**lumn	: 기둥	→	c**ó** • lumn	→	크+**아**+을+어+음	→	칼+러+음	→	**칼**럼
6	c**ó**llar	: 깃	→	c**ó** • llar	→	크+**아**+을+*어ʳ*	→	칼+*러ʳ*	→	**칼***러ʳ*
7	c**ó**nduct	: 행위	→	c**ó**n • duct	→	크+**아**+은+드+어+크+트	→	칸+덕+트	→	**칸**덕트
8	c**ó**medy	: 희극	→	c**ó** • me • dy	→	크+**아**+음+어+드+이	→	카+머+디	→	**카**머디

[ó]의 소리는 이미 'Step 1'에서 충분히 연습해 왔기 때문에 익히는 데는 크게 어려움이 없지요? 다만 발성법이 달라서 자연스럽게 발음하려면 부단히 소리를 내어 연습하는 방법밖에 없으니 아래의 단어들을 통해 반복 연습하기를 부~탁해요!

● –압(–ob)

b**ob** 갑자기 움직이다	g**ob** 덩어리	h**ob** 장난꾸러기	j**ob** 직업	l**ob** 느릿느릿 걷다
m**ob** 폭도	n**ob** 혹	r**ob** 강탈하다	s**ob** 흐느껴 울다	y**ob** 건달
thr**ob** 고동치다	kn**ob** 혹	sn**ob** 속물적 지식인		

● –앜(–ock)

c**ock** 수탉	l**ock** 자물쇠	m**ock** 조롱하다	p**ock** 천연두	r**ock** 바위
ch**ock** 굄목	cl**ock** 시계	fl**ock** 무리, 모이다	fr**ock** 성직자복	kn**ock** 두드리다
sh**ock** 충격	sm**ock** 작업복			

● –악(–og)

b**og** 습지	c**og** 속임수	d**og** 개	f**og** 안개	h**og** 돼지
j**og** 조깅하다	l**og** 통나무	cl**og** 통나무	fl**og** 채찍질하다	fr**og** 개구리

● –앝(–ot)

c**ot** 간이침대	d**ot** 점	g**ot** get의 과거	h**ot** 더운	l**ot** 많은
n**ot** 아니다	p**ot** 항아리	r**ot** 썩다	bl**ot** 얼룩	kn**ot** 매듭
pl**ot** 음모	sh**ot** 발포	sl**ot** 구멍	sp**ot** 장소	tr**ot** 속보하다

● 카–(có–)

cóllege 대학	**có**lumn 기둥	**có**llar 깃	**có**lony 식민지	**có**mbat 전투
cómedy 희극	**có**nduct 행위	**có**mment 해설	**có**mmon 공통의	**có**mmunìsm 공산주의
cóncentràte 집중하다	**có**ngress 의회	**có**nquest 정복	**có**nscience 양심	**có**ntact 접촉
cóntent 목차	**có**ntinent 대륙			

2 약모음 [o] : '어'

• 강세가 없는 약모음 [o]는 '어'로 발음된다.

앞의 다른 약모음의 경우에서 배운 'Schwa'법칙 기억나지요? 아리송하고, 애매모호하다고요? 그럼 다시 설명할게요.

보통 영어의 약모음은 두루뭉술하게 흘려 버리기 때문에 정확한 우리말로 표기하기가 어렵습니다. 그러나 미국 사람들은 보통 강세가 없는 모음은 '으'에 가까운 '어'로 소리를 내며, 이것을 전문 용어로 'schwa(슈와)' 현상이라고 하지요. 다만 주의할 것은 입을 크게 벌리면서 강하고 의식적으로 발음하는 우리말의 소리 '어' 소리와는 달리 강세 없는 약모음 [o]의 '어'는 거의 입을 벌리지 않은 상태에서 소리가 나기 때문에 우리말 소리 '으'에 가까운 '어' 소리로 들립니다. 따라서 약모음 [o]는 입을 가급적 작고 편안하게 하고, 그리고 빠르고 약하게 흘리면서 '으'에 가까운 '어' 소리로 발음해야 합니다.

그럼 아래 정리된 단어들을 통해 약모음 [o]의 단어를 직접 익혀 볼까요?

Practice | 약모음 [o]

1	cól**o**ny	: 식민지	→	có •**lo** •ny	→	크+아+을+**어**+은+니	→	칼+러+니	→	칼**러**니
2	cómm**o**n	: 공통의	→	có •mm**o**n	→	크+아+음+**어**+은	→	카+먼	→	카**먼**
3	**o**'clóck	: 시계	→	**o**'c •lóck	→	**어**+크+을+아+크	→	어+크을+락	→	**어**클락
4	**o**btáin	: 획득하다	→	**o**b •táin	→	**어**+브+트+에+이+은	→	업+테+인	→	**업**테인
5	séc**o**nd	: 둘째	→	sé •c**o**nd	→	쓰+에+크+**어**+은+드	→	쎄+컨+드	→	쎄**컨**(드)

6	co**l**léct : 모으다	→	co •lléct	→	크+어+을+에+크+트	→	컬+렉+트	→	**컬**렉트
7	co**n**sént : 승낙하다	→	con •sént	→	크+어+은+쓰+에+은+트	→	컨+쎈+트	→	**컨**쎈(트)
8	co**r**rúpt : 더러워진	→	co •rrúpt	→	크+어+루+어+프+트	→	커+뤕+트	→	**커**뤕트

'Step 6. 접두사' 편에서 학습하겠지만, [**col**-, **com**-, **con**-, **cor**-]는 'together, with(함께)'라는 접두사입니다. 접두사는 접미사와 마찬가지로 특별한 경우를 제외하고 모음을 강하게 발음하지 않는 것이 원칙이지요. 따라서 [**col**-, **com**-, **con**-, **cor**-]의 모음 [**o**]는 강세가 없는 약모음으로 '어'로 발음해야 합니다. 참고로 설명하자면, 라틴어의 동화작용으로 [l] 앞에서는 [**col**-], [r] 앞에서는 [**cor**-], [c, d, g, j, n, q, s, t, v] 앞에서는 [**con**-], [h, w] 앞에서는 [**co**-], [b, m, p] 앞에서는 [**com**-]으로 바뀐다는 것도 알아 두면 단어를 쉽게 암기하는 데 도움이 될 것입니다.

사전에 이와 관련된 많은 단어들이 있습니다. 그중에서 많이 사용되는 단어들을 아래에 모았으니 발음하기 다소 어렵겠지만 지금까지의 모든 법칙을 총동원해서 한번 읽어 보세요.

Practice 1 | 컬-(col-)

colláborate 공동 작업을 하다	**col**léct 모으다	**col**lúsion 공모		

Practice 2 | 컴-(com-)

combíne 결합시키다	**com**binátion 결합	**com**múnity 공동체	**com**múte 교환하다	**com**múnicáte 교신하다
commúnion 공감	**com**pánion 동료	**com**páre 비교하다	**com**píle 자료를 편집하다	**com**pláint 불평

compúte 계산하다				

Practice 3 | 컨-(con-)

conclúde 끝내다	**con**dítion 몸 상태	**con**grátulate 축하하다	**con**júnction 결합	**con**néct 연결하다
consíder 숙고하다	**con**síst -되다	**con**táin 포함하다	**con**ténd 싸우다	**con**tést 경쟁하다
contínue 계속되다	**con**vénient 편리한	**con**vínce 설득하다		

Practice 4 | 커r-(cor-)

corréct 정확한	**cor**rúpt 더러워진			

3 [-ó-e]의 강모음 [ó] : 오우(알파벳 이름)

- 단어 맨 뒤에 [-**e**]가 붙으면 바로 앞에 나오는 강세가 있는 [**ó**]는 '오우' 소리가 난다. {[-**ó**-**e**] 형태}

네 번째 반복하는 거지요? 단어 끝에 [**e**]가 붙어 있고 [자음 + [**a**, **e**, **i**, **o**, **u**] + 자음 + **e**]의 구조로 되어 있으면 [**e**]의 앞에 있는 강모음 5개 [**a**, **e**, **i**, **o**, **u**]는 알파벳 이름의 소리, 즉, [-**á**-**e**]는 '에이', [-**é**-**e**]는 '이이', [-**í**-**e**]는 '아이', [-**ó**-**e**]는 '오우', [-**ú**-**e**]는 '유우'로 소리가 난다고 배웠지요? 그리고 단어 뒤에 붙어 있는 [**e**]는 음가(音價)가 없는 묵음으로 소리가 없다는 것도 잊지 않았죠? 이제 너무 들어서 지겹습니까? 다섯 번째 모음 [**u**]에서 다시 마지막으로 반복할 예정이에요. 기대하세요.

하여튼 [자음 + **o** + 자음 + **e**], 즉 [**-ó-e**]의 구조에서 [**ó**]의 알파벳 이름이 뭐죠? 예, 맞습니다. '오우'라고 부릅니다. 단, 발음할 때 주의할 것은 우리말의 '오우'처럼 두 개의 음을 독립적으로 발음하지 않고 둘을 이어서 발성하되, 끝의 '우' 소리를 빨리 흘리면서 '오우'라고 발음해야 한다는 것입니다. 다음의 'Practice' 단어를 통해 연습해 볼까요? 이제 새로운 단어를 공부할 때 단어 끝에 [**e**]가 붙어 있는지 확인해 보는 습관이 필요한 것 아셨죠? 영어 단어에 의외로 [**e**]가 붙어 있는 단어가 많다는 것을 잊지 마세요.

Practice | [자음+o+자음+e]

1	c**o**k**e**	: 콜라	→	ㅋ+**오우**+ㅋ	**코욱**
2	j**o**k**e**	: 농담	→	주+**오우**+ㅋ	**쪼욱**
3	h**o**l**e**	: 구멍	→	ㅎ+**오우**+을	**호울**
4	p**o**l**e**	: 막대기	→	ㅍ+**오우**+을	**포울**
5	b**o**n**e**	: 뼈	→	ㅂ+**오우**+은	**보운**
6	t**o**n**e**	: 음조	→	ㅌ+**오우**+은	**토운**
7	st**o**n**e**	: 돌	→	ㅅ+ㄸ+**오우**+은	ㅅ**또운**
8	al**ó**n**e**	: 홀로	→	어+을+**오우**+은	얼**로운**
9	h**o**p**e**	: 희망	→	ㅎ+**오우**+ㅍ	**호웊**
10	gr**o**p**e**	: 더듬다	→	ㄱ+ㄹ+**오우**+ㅍ	ㄱ**로웊**
11	n**o**s**e**	: 코	→	은+**오우**+ㅈ	**노우**ㅈ
12	cl**o**s**e**	: 닫다	→	ㅋ+을+**오우**+ㅈ	클**로우**ㅈ

모음 [**ó**]의 네 번째 Rule로 가기 전에 단어 뒤에 [**e**]가 붙느냐 안 붙느냐에 따라 강모음 [**ó**]의 소리가 어떻게 달라지는지 아래 단어들의 비교를 통해 다시 한 번 볼까요? '자음 + **o** + 자음' 형태의 1음절 단어에서 [**o**]는 기본 소리 '아'로, '자음 + **o** + 자음 + **e**' 형태의 1음절 단어에서 [**o**]는 알파벳 이름 소리 '오우'로 소리가 납니다.

이제 개념이 정리됐지요? 그럼 아래의 두 경우를 연습해서 익혀 보세요.

[자음+o+자음+e]와 [자음+o+자음]의 [o] 소리 비교

cote	→	코울	⟷	cot	→	캍
note	→	노울	⟷	not	→	낱
pope	→	포울	⟷	pop	→	팦
dote	→	도울	⟷	dot	→	닽
hope	→	호울	⟷	hop	→	핲

두 경우의 [ó]의 소리 차이가 구분되나요? 뒷장의 '종합 복습 4'에 많은 단어들을 정리했어요. 계속 반복 연습하길 바라요.

4 [or] : '어r', '오어r'

- [**o**]에 [**r**]가 붙은 단어 끝의 [**or**]나 약모음 [**or**]는 '어r'로 소리 난다.
- [-**or**-]의 형태에서 [**o**]가 강모음이면 '오어r'로, 약모음이면 '어r'로 소리난다.

[**o**]도 철자 [**r**]와 합치면 다른 음가(音價)를 갖게 되지요. 대체로 두 가지 소리가 나는데, 단어 끝에 붙은 [-**or**]나 약모음은 '어r'로 발음해야 합니다. 물론 [**r**]가 있으니 혀를 구부려 발음해야 하는 것은 상식 중에 상식인 것은 알지요? 혀를 구부릴 때 혀가 입천장에 닿지 않도록 주의하는 것도 잊지 않았겠죠? 대개 뜻은 명사로서 사람이나 물건을 나타낸다는 것도 알아 두면 좋습니다. 'Practice 1'의 단어들의 소리를 익혀 봅시다.

Practice 1 | 어ʳ [-or]

1	dóct**or**	: 의사	→	드+아+크+트+**어ʳ**	→	닥**터ʳ**
2	hórr**or**	: 공포	→	흐+아+루+**어ʳ**	→	하**뤄ʳ**
3	hón**or**	: 명예	→	(흐)+아+은+**어ʳ**	→	아**너ʳ**
4	ráz**or**	: 면도기	→	루+에이+즈+**어ʳ**	→	뤠이**저ʳ**
5	cól**or**	: 색깔	→	크+아+을+**어ʳ**	→	칼**러ʳ**
6	párl**or**	: 응접실	→	프+*아ʳ*+을+**어ʳ**	→	*파ʳ*을**러ʳ**
7	máy**or**	: 시장	→	음+어+이+**어ʳ**	→	머이**어ʳ**
8	mírr**or**	: 거울	→	음+이+루+**어ʳ**	→	미**뤄ʳ**

아래 'Practice 2'의 단어처럼 [-**oor**]의 형태에서도 [-**or**]는 '어ʳ'로 소리가 나지만 ①, ②, ③의 단어처럼 [-**oor**]가 '우어ʳ', 또는 ④, ⑤의 단어처럼 '오어ʳ'로 소리가 나기도 한다는 것도 알아 두세요.

Practice 2 | 우어ʳ 또는 오어ʳ [-oor]

1	b**oor**	: 촌뜨기	→	브+우+**어ʳ**	→	**부어ʳ**
2	p**oor**	: 가난한	→	프+우+**어ʳ**	→	**푸어ʳ**
3	m**oor**	: 황무지	→	음+우+**어ʳ**	→	**무어ʳ**
4	d**oor**	: 문	→	드+오오+**어ʳ**	→	**도오어ʳ**
5	fl**oor**	: 마루	→	프ᶠ+을+오오+**어ʳ**	→	플ᶠ**로오어ʳ**

위의 두 경우와는 달리 단어 앞이나 중간에 위치한 강모음의 [**ór**]는 '오어ʳ'로 발음해야 하지요. '영원히'라는 뜻을 지닌 '**for**éver'라는 단어와 같이 아무리 단어의 끝에 위치하지 않았더라도 강세가 없는 약모음이면 그냥 '어ʳ'로 발음하는 것이 바람직합니다. 따라서 '포**ᶠ**어ʳ에버ʳ'가 아닌 '퍼**ᶠ**어ʳ에버ʳ'로 발음해야 하지요. 이 단어를 멋있게 발음하기 위해서는 [**f**]와 [**v**] 소리를 위해 아랫입술을 감아야 하고 혀도 두

번이나 구부려야 하고.... 참 발음하기 쉽지 않은 단어입니다.

아래의 'Practice 3'에 예를 들어 놓은 단어들도 자연스럽게 발음하기 만만치 않은 단어들입니다. 누차 강조하지만 연습만이 최상의 방책임을 잊지 마세요. 또 눈으로 공부하는 습관은 좋지 않고 효과도 적습니다. 항상 눈으로 철자 하나하나 보면서 입으로 소리를 내고, 귀로 들으면서 발음하는 습관을 들여야 합니다.

Practice 3 | 오어ʳ [-ór-]

1	**fór**ce	: 힘	→	프ᶠ+**오어ʳ**+쓰	→	**포ᶠ어ʳ쓰**
2	**for**k	: 포크	→	프ᶠ+**오어ʳ**+크	→	**포ᶠ어ʳ크**
3	**for**m	: 모양	→	프ᶠ+**오어ʳ**+음	→	**포ᶠ어ʳ음**
4	p**or**t	: 항구	→	프+**오어ʳ**+트	→	**포어ʳ트**
5	sh**or**t	: 짧은	→	슈+**오어ʳ**+트	→	**쑈어ʳ트**
6	b**ór**der	: 국경	→	브+**오어ʳ**+드+어ʳ	→	**보어ʳ더ʳ**
7	h**or**se	: 말	→	흐+**오어ʳ**+쓰	→	**호어ʳ쓰**
8	**ór**bit	: 궤도	→	**오어ʳ**+브+이+트	→	**오어ʳ빝**

5 [-oll], [-old], [-olt] : '오우'

- [**-oll**], [**-old**], [**-olt**]의 형태나, [자음 + **o**] 형태의 1음절 단어의 [**o**]는 알파벳 이름 '오우' 소리가 난다.

모음 [**o**]의 마지막 소리 법칙을 공부합시다. 'roll'처럼 [**-oll**] 형태, 'old'처럼 [**-old**] 형태, 그리고 'colt'처럼 [**-olt**] 형태의 단어의 [**o**]는 알파벳 이름 소리 '오우'로 소리가 나지요. 앞에서 배웠듯이 [**d**]와 [**t**], 그리고 [**l**]은 윗니의 바로 뒤의 치경(잇몸)에 혀의 끝을 붙였다가 떼면서 소리 내어야 하는 공통된 발성법을 가지고 있습니다. 이런 영향 때문에 [**o**]가 알파벳 이름 소리 '오우'로 소리가 나는 걸까요? 글쎄, 사실 저도 진위 여부를 확인할 방법이 없네요. 다만, [**-oll**] 형태의 단어에서 '인형'이라는 'doll'만 '달' 하고 [**o**]가 '아'로 소리 나는 예외를 제외하고 위와 같은 공통점을 가지고 있다는 것을 발견했을 뿐입니다. 예외 있는 법칙이 없다면 깔끔하고 명확하게 공부할 수 있을 텐데, 항상 이런 예외가 있어서 골치가 아프지요? 하늘을 원망하지 말고 우린 우리 할 일만 열심히 해 봅시다.

우리말의 '오우'처럼 두 개의 음을 독립적으로 발음하지 않고 둘을 이어서 발성하되, 끝의 '우' 소리를 빨리 흘리면서 '오우'라고 발음해야 한다는 것을 앞에서 누차 강조한 사항인 만큼 꼭 명심해서 발음하기 바라요.

그럼, 아래 단어들의 소리를 익혀 볼까요? 준비됐나요?

Practice | [–oll], [–old], [–olt]

1	t**oll**	: 사용세	→	트+**오우**+을	→	**토울**
2	p**oll**	: 투표	→	프+**오우**+을	→	**포울**
3	scr**oll**	: 두루마리	→	스+크+루+**오우**+을	→	스끄**로울**
4	b**old**	: 대담한	→	브+**오우**+을+드	→	**보울드**
5	c**old**	: 차가운	→	크+**오우**+을+드	→	**코울드**
6	g**old**	: 금	→	그+**오우**+을+드	→	**고울드**
7	b**olt**	: 볼트	→	브+**오우**+을+트	→	**보울트**
8	c**olt**	: 망아지	→	크+**오우**+을+트	→	**코울트**

모음 [**o**]가 '오우'로 소리가 나는 또 한 경우가 있지요? [자음 + **o**]의 형태로 'g**o**'와 같이 단어의 끝에 붙어 있는 [**o**]의 소리는 '오우'로 소리가 나지요. 또, 'hell**ó**(안녕)'과 같이 2음절 이상의 단어 끝에 있는 [**o**]도 '오우'로 발음하면 됩니다. 앞에 다른 모음의 경우와 같이 이런 형태의 단어가 많지 않기 때문에 가벼운 마음으로 공부

하세요! 단, 조동사 do, 전치사 to는 예외로 [o]가 '우우' 또는 '우'로 발음됩니다. 영어에서 약방의 감초처럼 많이 쓰이는 단어인 만큼 그냥 소리를 외워 두세요. 'do'는 '두우', 'to'는 '투우'로 발음되는 것 잊지 마세요!

Practice | [자음+o]

1	g**o**	: 가다	→	그+**오우**	→	**고우**
2	s**o**	: 그래서	→	쓰+**오우**	→	**쏘우**
3	l**o**	: 보라	→	을+**오우**	→	**로우**
4	hell**ó**	: 안녕	→	흐+어+을+**오우**	→	헐**로우**
5	hál**o**	: 후광	→	흐+에이+을+**오우**	→	헤일**로우**
6	bíng**o**	: 빙고	→	브+이+응+그+**오우**	→	빙**고우**

이제 어렵고 복잡한 모음의 네 번째 소리 법칙이 끝났어요. 마지막으로 모음 [**u**]의 소리 법칙만 공부하면 모음의 소리 공부는 끝이 나거든요. 지금까지 어려운 고비를 넘기고 여기까지 왔는데 포기할 수는 없지 않겠어요? '가다가 아니 가면 아니 감만 못하리라.'라는 옛말이 생각나네요. 또 'Better late than nothing.(아무것도 하지 않는 것보다 늦더라도 하는 것이 더 낫다.)'는 미국 속담도 생각나고요.

종합 복습 (Total Review)

이제 우리는 또 하나의 어려운 고비를 넘겼어요. 외국어를 익힌다는 것이 참으로 어렵다는 생각이 들지요? 하지만 어렵고 힘들기 때문에 그 노력의 결과가 값진 것이고, 성취감도 더 큰 법이지 않습니까? 누구나 할 수 있는 일을 한 것은 자부심과 타인의 부러움을 받지 못하지만, 누구나 다 할 수 없는 일을 해냈을 때 그 성취감을 느껴 보지 않은 사람은 모릅니다. 여러분은 저와 함께 이 책의 학습을 끝내는 날, 바로 이런 기쁨과 환희를 느낄 수 있을 것입니다. 우리 모음 [**o**]의 소리 법칙을 다시 한 번 복습하고 끝까지 살아남아 봅시다.

● [o]의 소리를 찾아서

01 강세가 있는 [**ó**]는 거의 '아'에 가까운 소리가 난다. {강모음 [**ó**]}
1음절 [자음 + **o** + 자음]의 [**ó**]도 강세가 있는 강모음으로 '아'에 가까운 소리가 난다.

02 강세가 없는 약모음 [**o**]는 '어' 소리로 약하게 흘려서 발음한다.

03 단어 맨 뒤에 [**e**]가 붙으면 바로 앞에 나오는 강세가 있는 [**ó**]는 '오우' 소리가 난다. {[**-ó-e**] 형태}

04 [**o**]에 [**r**]가 붙은 단어 끝의 [**or**]나 약모음 [**or**]는 '어r'로 소리 난다.
[**-or-**]의 형태에서 [**o**]가 강모음이면 '오어r'로, 약모음이면 '어r'로 소리난다.

05 [**-old**], [**-oll**], [**-olt**]의 형태, [자음 + **o**] 형태의 1음절 단어의 [**o**]는 알파벳 이름 '오우' 소리가 난다.

01 강세가 있는 [ó]는 거의 '아'에 가까운 소리가 난다. {강모음 [ó]}

● –압(–ob)

b**ob** 짧게 자르다	g**ob** 덩어리	h**ob** 장난	j**ob** 직업	l**ob** 느릿느릿 걷다
m**ob** 폭도	n**ob** 혹	r**ob** 강탈하다	s**ob** 흐느껴 울다	y**ob** 건달
thr**ob** 고동치다	kn**ob** 혹	sn**ob** 속물		

● –악(–ock)

c**ock** 수탉	l**ock** 자물쇠	m**ock** 조롱하다	p**ock** 천연두	r**ock** 바위
ch**ock** 굄목	cl**ock** 시계	fl**ock** 무리	fr**ock** 성직자복	kn**ock** 두드리다
sh**ock** 충격	sm**ock** 작업복			

● –악(–og)

b**og** 습지	c**og** 속임수	d**og** 개	f**og** 안개	h**og** 돼지
j**og** 조깅하다	l**og** 통나무	cl**og** 통나무	fl**og** 채찍질하다	fr**og** 개구리

● –앞(–op)

h**op** 깡충 뛰다	l**op** 가지를 치다	m**op** 자루걸레	p**op** 뻥	s**op** 적시다
t**op** 꼭대기	ch**op** 자르다	cr**op** 농작물	dr**op** 떨어지다	fl**op** 퍼덕퍼덕 움직이다
pr**op** 버팀목	pl**op** 풍덩	sh**op** 가게	sl**op** 엎지르다	st**op** 멈추다

● –알(–ot)

c**ot** 간이침대	d**ot** 점	g**ot** get의 과거	h**ot** 더운	l**ot** 많은
n**ot** 아니다	p**ot** 항아리	r**ot** 썩다	bl**ot** 얼룩	kn**ot** 매듭
pl**ot** 음모	sh**ot** 발포	sl**ot** 구멍	sp**ot** 장소	tr**ot** 속보하다

● –앙(–ong)

d**ong** 뎅 하고 울리다	p**ong** 악취	l**ong** 긴	s**ong** 노래	thr**ong** 군중
wr**ong** 나쁜	al**óng** 을 따라서	bel**óng** –에 속하다		

● 카–(có–)

cóllege 대학	**có**lumn 기둥	**có**llar 깃	**có**lony 식민지	**có**mbat 전투
cómedy 희극	**có**nduct 행위	**có**mment 해설	**có**mmon 공통의	**có**mmunísm 공산주의
cóncentràte 집중하다	**có**ngress 의회	**có**nquest 정복	**có**nscience 양심	**có**ntact 접촉
cóntent 목차	**có**ntinent 대륙			

02 강세가 없는 약모음 [o]는 '어' 소리로 약하게 흘려서 발음한다.

● 업–(ob–)

oblíge 강요하다	**ob**scúre 애매한	**ob**sérve 관찰하다	**ob**táin 획득하다	

● -엍(-ot)

párr**ot** 앵무새	cárr**ot** 당근	píl**ot** 조종사	rí**ot** 폭동	báll**ot** 투표

● -언(드)(-ond)

díam**ond** 다이아몬드	álm**ond** 아몬드	séc**ond** 둘째		

● 컬-(col-)

colláboráte 공동 작업을 하다	**col**léct 모으다	**col**lúsion 공모	**col**líde 충돌하다	

● 컴-(com-)

combíne 결합시키다	**com**binátion 결합	**com**múnity 공동체	**com**múte 교환하다	**com**múnicáte 교신하다
commúnion 공감	**com**pánion 동료	**com**páre 비교하다	**com**píle 자료를 편집하다	**com**pláint 불평
compúte 계산하다				

● 컨-(con-)

conclúde 끝내다	**con**dítion 몸 상태	**con**grátuláte 축하하다	**con**júnction 결합	**con**néct 연결하다
consíder 숙고하다	**con**síst -되다	**con**táin 포함하다	**con**ténd 싸우다	**con**tést 경쟁하다
contínue 계속되다	**con**vénient 편리한	**con**vínce 설득하다		

● 커r-(cor-)

corréct 정확한	**cor**rúpt 더러워진			

03 단어 맨 뒤에 [e]가 붙으면 바로 앞에 나오는 강세가 있는 [ó]는 '오우' 소리가 난다. {[–ó–e] 형태}

● –오욱(–oke)

c**o**k**e** 콜라	h**o**k**e** 속이다	j**o**k**e** 농담	t**o**k**e** 팁	p**o**k**e** 찌르다
y**o**k**e** 멍에	sp**o**k**e** 말했다	str**o**k**e** 타격	br**o**k**e** 깨트렸다	ch**o**k**e** 질식시키다

● –오울(–ole)

d**o**l**e** 시주	b**o**l**e** 나무 줄기	h**o**l**e** 구멍	m**o**l**e** 두더지	p**o**l**e** 막대기
r**o**l**e** 역할	s**o**l**e** 발바닥	st**o**l**e** 훔쳤다	wh**o**l**e** 전체의	cons**ó**l**e** 위로하다

● –오운(–one)

b**o**n**e** 뼈	c**o**n**e** 원뿔	g**o**n**e** 가 버렸다	l**o**n**e** 외로운	t**o**n**e** 어조
z**o**n**e** 지대	al**ó**n**e** 홀로	dr**o**n**e** 수벌	st**o**n**e** 돌	ph**o**n**e** 전화
thr**o**n**e** 왕위	míllst**ó**n**e** 맷돌	sh**o**n**e** 빛났다		

● –오웁(–ope)

c**o**p**e** 맞서다	d**o**p**e** 마약	h**o**p**e** 희망	P**o**p**e** 로마교황	r**o**p**e** 밧줄
gr**o**p**e** 더듬다	sc**o**p**e** 범위	sl**o**p**e** 경사지다	asl**ó**p**e** 경사진	mícr**o**sc**ò**p**e** 현미경
tél**e**sc**ò**p**e** 망원경				

● –오우스(즈)(–ose)

d**o**s**e** 복용량	h**o**s**e** 긴 양말	n**o**s**e** 코	p**o**s**e** 자세	r**o**s**e** 장미

those 저것들	close 닫다	depóse 물러나게 하다	compóse 작곡하다	disclóse 드러내다
dispóse 배치하다				

● -오울(-ote)

dote 망령들다	tote 나르다	cote 양우리	note 기록	vote 투표
devóte 바치다	quóte 인용하다	remóte 먼		

[-ove] 형태의 경우 '어'나 '우우-'로 발음되기도 한다.

● -어브ᵛ(-ove)

dove 비둘기	love 사랑하다	glove 장갑	shove 밀다	

● -언(-one)

done do의 과거분사	none 아무도 없다			

● -우우브ᵛ(-ove)

move 움직이다	prove 증명하다	repróve 꾸짖다	remóve 옮기다	appróve 찬성하다
impróve 개선하다	lose 잃다			

04 [o]에 [r]가 붙은 단어 끝의 [or]는 '*어r*'로 약하게 소리 낸다.

● -*어r*(–or)

dóct**or** 의사	hórr**or** 공포	mín**or** 미성년자	hón**or** 명예	dishón**or** 불명예
ráz**or** 면도기	cól**or** 색깔	párl**or** 응접실	áuth**or** 저자	máy**or** 시장
mírr**or** 거울				

● –우*어r*(–oor)

b**oor** 촌뜨기	p**oor** 가난한	m**oor** 황무지		

● –오*오어r*(–oor)

d**oor** 문	fl**oor** 마루			

● 오*오어r*(or)

f**or**k 포크	f**or**m 모양	f**or**ce 힘	p**or**k 돼지고기	th**or**n 가시
m**ór**al 도덕적인	m**ór**tal 죽을 운명인	b**ór**der 국경	h**or**se 말	n**or**th 북쪽
n**ór**mal 보통의	f**ór**mal 격식을 차린	f**ór**bid 금하다	f**ór**tune 재산	f**ór**eign 외국의
f**ór**eigner 외국인	f**ór**est 숲	inf**ór**mal 비공식의	inf**ór**m 알리다	m**ór**ning 아침

● -*어r*(–or–)

inf**or**mátion 정보	f**or**sáke 버리고 가다	f**or**éver 영원히		

[o]에 [r]가 붙은 단어 끝의 [or]나 약모음 [or]는 '*어r*'로 소리 난다. [ór]의 형태에

서 [ór]는 강모음인 경우 '오어r'로 소리가 난다. [ór]의 형태에서 [o]가 강모음이면 '오어r'로, 약모음이면 '어r'로 소리난다.

● –오오어r트(–ort)

f**ort** 요새	m**ort** 다량	p**ort** 항구	s**ort** 종류	sh**ort** 짧은
t**ort** 불법 행위				

● –오오어r드(–ord)

c**ord** 끈	l**ord** 군주	f**ord** 걸어서 건너다	ch**ord** 심금	

● 오오어r–(or–)

órbit 궤도	**ór**deal 시련	**ór**der 명령	**or**e 광석	**ór**gan 오르간
órphan 고아				

05 [–old], [–oll], [–olt] 형태의 1음절 단어의 [o]는 알파벳 이름 '오우' 소리가 난다.

● –오울(–oll)

t**oll** 사용세	p**oll** 투표	r**oll** 구르다	tr**oll** 명랑하게 노래하다	scr**oll** 두루마리

● –오울드(–old)

old 늙은	b**old** 용감한	c**old** 차가운	f**old** 접다	g**old** 금

h**old** 들다	m**old** 틀	s**old** 팔았다	t**old** 말했다	sc**old** 꾸짖다
beh**óld** 보다	with**óld** 억누르다	hóuseh**òld** 식솔		

● -오울트(-olt)

b**olt** 볼트	c**olt** 망아지	d**olt** 얼간이	h**olt** 잡목산	j**olt** 덜컹거리다
m**olt** 털갈이	v**olt** 도약			

[자음 + o] 형태의 1음절 단어의 [o]는 알파벳 이름 '오우' 소리가 난다.

● 오우(자음+o)

g**o** 가다	h**o** 고함 소리	l**o** 저런	n**o** 아니요	s**o** 그래서
y**o** 의성어	pr**o** 찬성	hell**ó** 안녕	hál**o** 후광	bíng**o** 빙고

어려워서 어려운 것이 아니라 처음 보기 때문에 어려운 것이고, 반복 학습을 통해 이 낯섦이 낯익음으로 변할 때 우리는 쉽다고 느껴지게 됩니다. 따라서 모든 것은 반복 학습, 즉 예습보다 복습을 통해 숙달되고 완성되는 것이지요. 이 책을 끝까지 학습하는 것도 중요하지만 여러 번 반복하는 것이 더 중요하다는 것을 다시 한 번 강조합니다.

[u]의 소리를 찾아서

1 [자음+u+자음], [-u+자음+자음] : '어'

- 1음절 [자음 + **u** + 자음]의 [**u**]는 '어' 소리가 난다.
- [**u**]는 강세와 상관없이 [-**u** + 자음 + 자음]의 경우 '어'로 소리가 난다.

자, 이제 우리는 모음의 마지막 단계인 [**u**]의 소리를 찾아 떠납시다. 모음 [**u**]는 다른 4개의 모음과는 다르게 강세가 있고 없고가 소리에 영향을 주지 않습니다. 다만, [**u**] 뒤에 오는 철자가 자음이냐 모음이냐, 또 자음이 몇 개가 오느냐에 따라 소리가 결정됩니다.

먼저 '곤충'이라는 단어 'bug'나, '행운'이라는 단어 'luck'과 같이 [**u**] 뒤에 모음이 없이 자음만 있는 1음절 단어인 경우 'Step 1. 기본 발음'에서 이미 익혔듯이 [**u**]는 거의 '어'로 소리가 나지요. 만약 'music'처럼 [**u**] 뒤에 자음이 하나 오고 그 뒤에 [**i**]와 같이 모음이 있으면 [**u**]는 '유우'로 소리가 달라집니다. 따라서 철자 [**u**]는 뒤에 오는 철자가 자음이냐 모음이냐에 따라 달라진다는 것을 늘 명심해야 합니다.

일단 이 장에서는 'Step 1. 기본 발음'에서 이미 익힌 [자음 + **u** + 자음]의 형태에서 [**u**]가 '어'로 소리가 나는 경우를 다시 복습하겠습니다.

[**u**]의 발성법은 우리말 '어'와는 다소 차이가 있다는 것은 아시죠? 우리말 '어'는 입을 아주 조금 벌리고 발음하지만, 영어 철자 [**u**]의 '어'는 보통 우리말의 소리 '아'와 '어'의 중간 소리라는 것이지요. 구체적으로 말하자면 '아' 하고 발음할 때만큼 입을 벌리고, 그 상태에서 '어' 하고 소리를 내면 됩니다. 이 방법도 애매하다고 느끼면, 반대로 이렇게 연습해 보죠. '아' 하고 발음할 때만큼 입을 벌리고, 그 상태에서 아래턱을 밀어 입을 벌리면서 '어' 하고 소리를 내면 됩니다. 다른 모음도 마찬가지 방법으로 아래턱을 이용하세요. 즉, 영어는 입을 옆으로 벌려서 발음하기보다는 아래턱을 밀면서 발음한다고 생각하고 연습하면 됩니다. 따라서 모음 다섯 개를 연습할 때는 아래턱에 손가락이나 볼펜을 대고, 그것을 아래턱으로 밀면서 반복 연습하는 것이 무척 효과적이지요. 지금 당장 손가락을 아래턱에 대고 연습해 볼까요? 준비되었나요! 그럼, 시~작! '어! 어! 어! 어! 어! 어! 어! 어! 어! 어!'

자! 이제 아래 단어들을 보면서 실제 발음을 연습해 보지요.

Practice | [자음+u+자음]

1	l**u**ck	→	을+**어**+크	→	을**어**크	→	**럭**
2	m**u**d	→	음+**어**+드	→	음**어**드	→	**먿**
3	r**u**g	→	루+**어**+그	→	루**어**그	→	**뤅**
4	t**u**g	→	트+**어**+그	→	트**어**그	→	**턱**
5	b**u**t	→	브+**어**+트	→	브**어**트	→	**벝**
6	c**u**t	→	크+**어**+트	→	크**어**트	→	**컽**
7	s**u**n	→	쓰+**어**+은	→	쓰**어**은	→	**썬**
8	s**u**m	→	쓰+**어**+음	→	쓰**어**음	→	**썸**
9	b**u**g	→	브+**어**+그	→	브**어**그	→	**벅**
10	m**u**g	→	음+**어**+그	→	음**어**그	→	**먹**

Practice | [자음+u+자음]

● –억(–uck)

b**uck** 수사슴	d**uck** 오리	l**uck** 행운	m**uck** 거름	s**uck** 빨다
tr**uck** 트럭				

● –억(–ug)

b**ug** 벌레	h**ug** 껴안다	m**ug** 찻잔	r**ug** 깔개	t**ug** 세게 당기다
dr**ug** 약	pl**ug** 마개			

● –얼(–ull)

c**ull** 따다	d**ull** 둔한	g**ull** 갈매기	h**ull** 외피	l**ull** 달래다
n**ull** 무효의	sk**ull** 두개골			

이제 강세와 상관없이 [-**u** + 자음 + 자음]의 경우 '어'로 소리나는 단어를 공부해 보겠습니다.

'**s**u**per**'의 [**u**]와 '**supper**'의 [**u**]가 소리가 같을까요? 다르다면 그 이유는 무엇일까요? 그리고 왜 '**summer**'나 '**summit**'에 [**m**] 소리는 한 번 하면서 [**m**]이 두개, 즉 겹자음이 붙어 있을까요? 또 왜 '달리다'의 영어 단어 'run'에 '사람'이라는 접미사 [-er]를 붙일 때 '**runer**'가 아니라 [n]을 첨부하여 '**runner**'로 만들어 쓸까요? 이 영어 철자의 미스터리를 이제 풀어 드리죠.

'**hue**(빛깔)'라는 단어의 경우처럼 [**u**] 뒤에 바로 모음이 오는 경우나, '**huge**(거대한)'처럼 [-**u** + 자음 + 모음]의 형태로 [**u**]와 모음 사이에 자음이 1개 있을 경우는 [**u**]는 '유우'나 가끔 '우우'로 발음해야 합니다. 반면에 '**suffer**'처럼 아무리 뒤에 모음 [**e**]가 있더라도 겹자음 [**ff**]가 붙거나, 'h**ú**nter'의 [**nt**]처럼 자음이 두 개 이상이 있으면, 강세가 있고 없고와는 상관없이 [**u**]는 '어'로 소리가 나지요.

이런 법칙에 따라 's**u**per'는 [**u**] 뒤에 자음이 [p] 하나이므로 '슈퍼^r'로, 's**u**pper'는 자음이 [pp] 2개이므로 '써퍼^r'로 소리 나게 됩니다. 만약 '여름'이라는 단어의 철자가 's**u**mer'라면 '써머^r'가 아니라 '슈머^r'로 소리 났겠지요?

'run'의 경우도 마찬가지이지요. 'run'의 발음이 '뤈'이지만 '달리는 사람'이라는 단어를 만들려고 [-er]를 뒤에 붙이면, 'r**u**ner'는 '뤄너^r'가 아니라 '루너^r'로 소리가 바뀌겠지요. 따라서 '뤈'이라는 본래의 소리를 유지하기 위해서는 자음 하나가 필요하게 됩니다. 그런데 다른 모음을 덧붙이면 소리가 바뀌기 때문에 또 다른 고민거리가 되고, 따라서 '겹자음은 한 번만 소리 낸다.'는 법칙을 이용하여 'r**u**n'의 끝자음 [**n**]을 첨가하고 [-er]를 붙이게 되어 'runner'라는 단어를 탄생시키게 되고, 발음도 '뤄너^r'를 유지하게 되지요. 'sun(태양)'이 형용사로 바뀔 때 [**y**]를 붙이는데, 이때 [**y**]는 실질적으로는 발음상 '아이'나 '이'로 소리 나기 때문에 자음이 아닌 모음으로 취급되지요. 따라서 그냥 [**y**]만 붙인 's**u**ny'는 '슈니'로 소리가 나기 때문에 '써니'로 소리가 나려면 [**n**]을 덧붙여 겹자음을 만들어 's**unn**y'로 표기해야 합니다. 이해되었나요? 확인 한번 할까요?

'vac**uu**m'과 'c**u**c**u**mber'의 소리를 찾을 수 있겠어요? '진공'이라는 뜻의 'vác**uu**m'은 vá •**cu** •**um**이라는 3개의 음절로 나눠지고요. [vá-]는 '배^v'로 소리 나고, [-**cu**-]는 뒤에 모음 [**u**]가 있으니 '큐'로 소리가 나며, [-um]은 [**u**] 뒤에 자음 [**m**]만 있으니 '엄'으로 소리가 납니다. 따라서 'vác**uu**m'은 '배^v +큐+엄', 즉, '배^{v}큐엄'으로 발음됩니다. 'c**u**c**u**mber'도 'c**ú** •**cum** •**b**er' 3개의 음절로 나눠 보면, [c**ú**-]는 뒤에 자음이 [c] 하나이므로 '큐'로 소리가 나고, [-**cum**-]은 [**u**]뒤에 자음 [**mb**] 2개가 있기 때문에 '컴'으로, [-ber]는 '버어^r'로 소리가 나지요. 따라서 'c**ú**c**u**mber'는 '큐+컴+버^r', 즉 '큐컴버^r'로 소리가 납니다.

이제 아래 단어들을 보면서 실제 발음을 연습해 보지요.

Practice | [–u+자음+자음–]

1	h**ú**ddle	: 쌓아올리다	→	ㅎ+**어**+ㄷ+을	→	ㅎ**어**드을	→	**허**들
2	h**ú**ngry	: 배고픈	→	ㅎ+**어**+응+그+루+이	→	ㅎ**어**응그루이	→	**헝**그뤼
3	h**ú**rry	: 서두르다	→	ㅎ+어+루+이	→	ㅎ**어**루이	→	**허**뤼
4	sugg**é**st	: 제안하다	→	ㅆ+어+주+에+스+트	→	ㅆ어주에스뜨	→	써**줴**스뜨
5	s**ú**mmary	: 요약	→	ㅆ+**어**+음+어+루+이	→	ㅆ**어**음어루이	→	**써**머뤼
6	h**ú**sky	: 쉰 목소리의	→	ㅎ+**어**+스+크+이	→	ㅎ**어**스끄이	→	**허**스끼
7	**ú**sher	: 안내하다	→	**어**+쉬+*어r*	→	**어**쉬*어r*	→	**어**쉬*어r*
8	**ú**tter	: 입 밖에 내다	→	**어**+트+*어r*	→	**어**트*어r*	→	**어**뤄*r*

2 [–u+(자음)+모음] : '유우,' '우우'

- [**u**]는 강세와 상관없이 [–**u** + 모음–], [–**u** + 자음 + 모음]의 경우 '우우'나 '유우'로 소리 난다.

모음 [**u**]는 다른 어떤 모음보다 법칙이 간단해요. 물론 다른 모음과 보조를 맞추기 위해서 5단계로 나눴지만, 앞 장에서 길게 설명한 것처럼 모음 [**u**] 뒤에 자음과 모음의 배열 관계와 자음의 개수에 따라 '어'로 소리가 나는지 '유우' 또는 '우우'로 소리가 나는지 결정됩니다. 따라서 [**u**] 뒤에 자음이 2개 이상 있으면 '어'로, 그렇지 않고 바로 모음이 붙거나 [–**u** + 자음 + 모음–]과 같은 형태인 경우는 '유우' 또는 '우우'로 소리가 난다는 것만 명심하면 [**u**]는 만사 Okay!입니다.

이제부터 어떤 단어에 [**u**]가 있으면 습관적으로 그 뒤에 철자의 자음, 모음을 파악하는 것이 필요하다는 것을 아시겠죠? 물론 이렇게 반론을 제기하는 사람도 있을 거예요. "새로운 단어가 나올 때마다 매번 이런 수고를 반복하고 생각해야 하나?"라고요. 처음에는 생각하고 따지고 하는 과정이 필요하지만 어느 정도 반복하고 학습하면 어느 순간에 한눈에 확 들어올 때가 있을 겁니다. 이것을 '몸에 익힌다'는 뜻으로 유식한 말로 '체득화(體得化)'라고 하지요. 구구단도 이런 과정을 거쳤다고 보시면 이해가 충분히 될 겁니다. 저는 지금도 누군가에게 '최고의 학습 방법이 뭐냐!'라는 질문을 받으면 자신 있게 이야기합니다. '반복된 복습'이라고 말입니다.

자! 이제 영어를 조금이라도 배운 사람이라면 누구나 잘 알고 있는 단어들에 들어 있는 [**u**]의 소리가 정말 이 법칙에 어긋남이 없는지 살펴볼까요? 먼저 [-**u** + 자음 + 모음-]의 형태로 되어 있는 단어부터 시작합시다.

Practice 1 | [-u+자음+모음-]

1	m**ú**sic	: 음악	→	음+**유우**+즈+이+크	→	음**유우**즈이크	→	**뮤우**직
2	m**u**séum	: 박물관	→	음+**유우**+즈+이+어+음	→	음**유우**즈이어음	→	**뮤우지**엄
3	s**ú**gar	: 설탕	→	쓰+**유우**+그+*어ʳ*	→	쓰**유우**그*어ʳ*	→	**슈우***거ʳ*
4	st**ú**dent	: 학생	→	스뜨+**유우**+드+어+은+트	→	스뜨**유우**드어은트	→	스**뜌우**던(트)
5	h**ú**mor	: 유머	→	(묵음)+**유우**+음+*어ʳ*	→	(묵음)**유우**음*어ʳ*	→	**유우***머ʳ*
6	t**ú**na	: 참치	→	트+**유우**+은+어	→	트**유우**은어	→	**튜우**너

Practice 2 | [-u+모음+(자음)]

1	d**ú**el	: 결투	→	드+**유우**+어+을	→	**듀우**얼
2	h**u**e	: 색조	→	흐+**유우**	→	휴우
3	s**u**it	: 소송	→	스+**우우**+트	→	**수우**트
4	s**u**e	: 고소하다	→	스+**우우**	→	**수우**
5	r**u**e	: 동정	→	루+**우우**	→	**루우**
6	d**u**ét	: 이중주	→	드+**유우**+**에**+트	→	듀우엘

당혹스러운 것은 우리가 많이 사용하는 영어 단어 중에 이 법칙에 예외인 것이 있어요. 모음 [**u**]의 소리가 아무런 원칙도 없이 '우, 아, 이, 에' 등 갖가지 소리로 나는 것을 알 수 있지요. [p]와 [b]로 시작하는 단어들인데 극소수지만 쓰임이 높은 단어들이니만큼 반드시 소리와 뜻을 외워 두세요.

1	p**u**ll	: 당기다	→	프+**우**+을	→	**풀**
2	b**u**ll	: 황소	→	브+**우**+을	→	**불**
3	b**u**y	: 사다	→	브+**아**+이	→	**바**이
4	b**u**ry	: 묻다	→	브+**에**+루+이	→	**베**뤼
5	b**u**sy	: 바쁜	→	브+**이**+즈+이	→	**비**지
6	b**u**ild	: 세우다	→	브+**이**+을+드	→	**빌**드

3 [−u−e]의 [u] : '유우'(알파벳 이름)

- 단어 맨 뒤에 [**e**]가 붙으면 바로 앞에 나오는 [**u**]는 '유우' 소리가 난다. {[-**u**-**e**] 형태}

이미 앞서 배운 4개의 모음 법칙에서 단어 맨 뒤에 [**e**]가 붙으면 바로 앞에 있는 강모음이 알파벳 이름 소리로 발음된다고 배웠습니다. [**u**]도 '**cube**'처럼 [-**u**-**e**] 형태일 때는 [**u**]가 '유우'로 소리가 나지요. 그런데 앞 장에서 [**u**]는 [-**u** + 자음 + 모음]의 형태이면 뒤의 모음이 [**e**]가 아니더라도 '유우'로 소리가 난다고 배웠습니다. 따라서 둘 중에 어떤 법칙을 적용하여 [**u**]의 소리를 익힐지는 전혀 상관이 없고, 이해하고 적용하기 쉬운 것이 어떤 것일까 결정하는 것은 여러분의 몫일 뿐입니다. 하지만 이 3번째 [**u**]의 법칙도 중요하니까 연습 없이 그냥 넘어갈 수는 없지요?

다음 쪽 'practice'의 단어를 연습하면서 정확한 '유우'의 소리를 익혀 볼까요? 우리 입에서 식도로 갈 때 목구멍이 있죠? 그 목구멍 조금 위의 연한 입천장을 연구개(軟口蓋)라고 말해요. 다시 말하면, 혀로 입천장을 따라가다보면 어느 부분은 딱딱하고 어느 부분부터는 물렁물렁할 겁니다. 그 딱딱한 부분을 경구개(硬口蓋), 물렁물렁한 부분을 연구개(軟口蓋)라 해요. '유우'의 소리를 낼 때 혀의 안쪽 뒷부분을 연구개 쪽으로 올리면서 입술은 둥근 모양으로 앞쪽으로 약간 삐죽하게 내밀면서 길게 발음하세요. 입은 앞에서 보아 거의 닫힌 상태로 보입니다. 영어의 모음 가운데서 입술이 가장 작은 둥근 모양을 하는 발음이라는 것을 생각하면서, 혹시 주변에 작은 손거울이 있다면 그 거울을 통해 여러분의 입 모양을 주시하면서 발음해 보면 더욱 효과적입니다.

그럼, 연습해 볼까요?

Practice | [-u+자음+e]

1	cube	: 입방체	→	크+유우+브	→	큐우브
2	tube	: 관	→	트+유우+브	→	튜우브
3	duce	: 수령	→	드+유우+쓰	→	듀우쓰
4	fume	: 연기	→	프f+유우+음	→	퓨f움
5	assúme	: 추정하다	→	어+스+유우+음	→	어슈움
6	use	: 사용하다	→	유우+즈	→	유우즈
7	muse	: 명상하다	→	음+유우+즈	→	뮤우즈
8	abúse	: 욕하다	→	어+브+유우+즈	→	어뷰우즈
9	cute	: 귀여운	→	크+유우+트	→	큐우트
10	mute	: 무언의	→	음+유우+트	→	뮤우트

여러분이 시각적인 차이점을 통해 두 형태의 단어 속에 포함되어 있는 [u]의 소리를 구분하도록 아래에 비교해 놓았어요. 복습한다는 의미에서 두 단어의 소리를 찾아 큰 소리로 발음해 보세요. 뜻은 영어 사전을 직접 이용하세요. 손발이 고생해야 득이 되고 효과적입니다.

[자음+u+자음]과 [-u+자음+e] 발음 비교

1	cub	↔	cube
2	tub	↔	tube
3	cut	↔	cute
4	us	↔	use
5	hug	↔	huge

6	plum	↔	plume
7	dun	↔	dune
8	run	↔	rune
9	hum	↔	Hume
10	jut	↔	Jute

4 [–ur] : '어어r'

- [**u**]에 [**r**]가 붙은 [-**ur**]는 '어어r'로 소리 난다.
- [-**ur** + 모음]의 형태에서는 [-**ur**-]는 '유어r'로 소리 난다.

모음 [**u**]도 뒤에 자음 [**r**]가 붙어 [**ur**]의 형태로 소리를 만들어 내지요. 이때 'f**ur**(모피)'와 같이 단어 끝의 [-**ur**]나, 'sp**ur**t(내뿜다)'와 같이 [-**ur** + 자음]의 형태이면 [**u**]에 강세가 있고 없고는 상관없이 '어어r'로 소리가 나지요. 반면에 's**ur**e(틀림없는)'와 같이 [-**ur** + 모음]의 형태이면 '유어r'로 발음해야 합니다.

어렵게 생각할 필요 없어요. 앞서 배운 [**u**]의 법칙과 일치합니다. 즉, [**ur**]는 철자 [**r**]가 있어서 혀를 구부려 발음한다는 차이점 외에는 뒤에 자음이 붙으면 '어어r'로, 모음이 오면 '유어r'나 '우어r'로 소리가 난다는 원칙은 같습니다. 따라서 [**u**] 뒤에 자음이 2개 이상 있으면 '어'로, 바로 모음이 붙거나 '[-**u** + 자음 + 모음-]'의 형태인 경우는 '유우' 또는 '우우'로 소리가 난다는 [**u**]의 법칙은 거의 불변임을 명심하세요.

먼저 'Practice 1'에 있는 단어의 형태를 잘 보면서 '어어r'의 소리를 연습해 볼까요?

Practice 1 | '어어r' [–ur+(자음)]

1	b**ur**	: 가시	→	브+어어r	→	버어r
2	b**ur**n	: 불타다	→	브+어어r+은	→	번r
3	b**ur**st	: 폭발	→	브+어어r+스뜨	→	버어r스뜨
4	c**ur**l	: 곱슬머리	→	크+어어r+을	→	커을r
5	c**úr**ry	: 카레	→	크+어어r+루+이	→	커어r뤼
6	c**úr**ve	: 곡선	→	크+어어r+브f	→	커어r브v
7	f**ur**	: 모피	→	프f+어어r	→	퍼f어r

8	hurt	: 아프다	→	흐+어어r+트	→	허어r트
9	nurse	: 간호원	→	은+어어r+쓰	→	너어r쓰
10	turn	: 돌다	→	트+어어r+은	→	터언r

아래 'Practice 2'에 있는 'jury(배심원)'처럼 [-ur + 모음] 형태의 단어의 소리를 익힐 때 주의할 사항이 있어요. 간혹 'jury'를 '쥬뤼'로 발음하는 학생들이 있는데, 혀를 꼬부리는 소리 '어r'를 삽입해서 발음해야 한다는 것을 잊지 마세요. 따라서 'during'은 '듀륑'이 아니라 '듀어r륑'으로 한다는 것을 참고로 알고 철자의 소리를 익히세요. 또 반복해서 말하지만 철자 [y]는 발음상 '아이'나 '이'로 발음되기 때문에 모음으로 생각하고 단어를 바라보아야 한다는 것도 잊지 마세요.

그럼 [-ur + 모음] 형태의 단어에서 [-ur-]의 소리 '유어r'를 연습해 봅시다.

Practice 2 | '유어r' [-ur+모음]

1	cure	: 고치다	→	크+유어r	→	큐어r
2	lure	: 매혹	→	을+우어r	→	루어r
3	pure	: 순수한	→	프+유어r	→	퓨어r
4	sure	: 틀림없는	→	스+유어r	→	슈어r
5	mure	: 가두다	→	음+유어r	→	뮤어r
6	fúry	: 격노	→	프f+유어r+루+이	→	퓨f어r뤼
7	júry	: 배심원	→	주+유어r+루+이	→	쥬어r뤼
8	rúral	: 시골의	→	루+우어r+루+어+을	→	루어r뤌
9	dúring	: 동안	→	드+유어r+루+이+응	→	듀어r륑
10	plúral	: 복수	→	프+을+우어r+루+어+을	→	플루어r뤌

지금까지 철자 [u]의 4가지 소리 법칙을 익혔지만, 다른 모음과는 달리 [u] 뒤에 자음이 2개 이상 있으면 '어'로, 바로 모음이 붙거나 '[-u + 자음 + 모음--]'의 형태

인 경우는 '유우' 또는 '우우'로 소리가 난다는 원칙만 꼭 기억하면 되지요? 그럼, 마지막 모음의 소리를 찾아 떠나 볼까요?

5 접두사 [un-] : '언', '언'

• not의 의미를 담고 있는 접두사 [**un**-]은 강모음일 때는 '언', 약모음일 때는 '언'으로 소리가 난다.

영어에는 '접두사'와 '접미사'라는 것이 있어요. 예를 들어 설명할게요. '행복한'이라는 영어 단어가 'happy'인 것은 알지요? 이 단어 앞에 [**un**-]을 붙여 '**un**happy'로 만들면 '행복한'의 반대말인 '불행한'이라는 의미로 바뀝니다. 이때 '-happy'를 'root(어근)'라고 부르고, 앞에 붙어 있는 [**un**-]은 '접두사(接頭辭)'라 부릅니다. 기본 단어의 머리(頭), 즉 앞에 붙인다고 이런 명칭을 사용해요.

'접두사'와 '접미사'의 종류에 대해서는 'Step 5'에서 자세히 배우도록 하지요.

하여튼 [**un**]은 강모음일 때는 '언', 약모음일 때는 '언'으로 소리가 납니다. 단, 주의할 것은 [**un**-]이 영어의 'not', 우리말의 '아니다'(不, 非)라는 의미의 접두사일 경우만 해당된다는 것을 명심하세요. 예를 들면, '결합'이라는 뜻의 단어 '**un**ion'에서 [**un**-]은 접두사가 아니라서 '언'으로 소리가 나지 않고 [**un**-] 뒤의 모음 [**i**]로 인해 철자 [**u**]는 '유우'로 발음해야 합니다. 따라서 '**un**ion'은 '유우년'으로 소리가 나지요.

그래서 [**un**-]이 붙은 영어 단어를 발음할 때는 그것이 '접두사'인지 아닌지를 구분할 필요가 있지요. 그럼, 아래 'Practice'에서 접두사 [**un**-]이 붙은 단어의 형태를 잘 보면서 '언'의 소리를 연습해 볼까요?

Practice | 접두사 [un-]

1	**un**áble	: 할 수 없는	→	언+에이+브+을	→	언에이브을	→	어네이블
2	**un**awáre	: 모르는	→	언+어+우+에+어r	→	언어우에어r	→	어너웨어r
3	**un**fáir	: 불공평한	→	언+프f+에+어r	→	언프f에어r	→	언페어r
4	**un**dréss	: 옷을 벗기다	→	언+듀+루에+쓰	→	언듀루에쓰	→	언듀뤠쓰
5	**un**kínd	: 불친절한	→	언+크+아이+은+드	→	언크아이은드	→	언카인(드)
6	**un**júst	: 옳지 않은	→	언+주+어+스+뜨	→	언주어스뜨	→	언줘스뜨
7	**un**líke	: 닮지 않은	→	언+을+아이+크	→	언을아이크	→	언라잌
8	**un**lúcky	: 불운한	→	언+을+어+크+이	→	언을어크이	→	언러키

단 '**un**able'과 '**un**aware'와 같이 [**un**-] 뒤에 모음이 붙는 경우 [**un**-]은 '언'으로 발음하기보다는 [n]을 뒤의 모음과 연결해서 발음하는 것이 더욱 자연스럽다는 것도 알아 두세요. 그럼 오른쪽의 [**un**-]이 붙어 있는 단어들을 차례차례 익혀 볼까요?

unáble 무력한	**un**awáre 모르는	**un**cértain 불확실한	**un**béar**able** 참을 수 없는	**un**cléan 더러운
uncómmon 보기 드문	**un**belíev**able** 믿을 수 없는	**un**cómfort**able** 불쾌한	**un**cónsc**ious** 모르는	**un**cóver 폭로하다
undréss 옷을 벗기다	**un**éasy 불쾌한	**un**éasi**ness** 불안	**un**fáir 불공평한	**un**fínish**ed** 미완성의
unfórtunate 불행한	**un**friend**ly** 불친절한	**un**háppi**ness** 불행	**un**héalthy 아픈	**un**impórt**ant** 중요하지 않은
unkínd 불친절한	**un**júst 옳지 않은	**un**líke 닮지 않은	**un**lúcky 불운한	**un**knówn 알려지지 않은

종합 복습 (Total Review)

이제 우리는 이 책의 가장 어렵고 복잡한 부분인 '모음의 소리'를 마쳤습니다. 자부심을 가지세요. 이제 [**u**]를 마무리 짓는 복습 단계만 남았습니다. 마지막까지 최선을 다하세요.

● [u]의 소리를 찾아서

01 [**u**]는 강세와 상관없이 [-**u** + 자음 + 자음]의 경우 '어'로 소리가 난다.
1음절 [자음 + **u** + 자음]의 [**u**]도 '어' 소리가 난다.

02 [**u**]는 강세와 상관없이 [-**u** + 자음 + 모음]의 경우 '유우' 또는 '우우'로 소리가 난다.

03 단어 맨 뒤에 [**e**]가 붙으면 바로 앞에 나오는 [**u**]는 '유우' 소리가 난다. {[-**u**-**e**] 형태}

04 [**u**]에 [**r**]가 붙은 [**ur**]는 '어r'로 강하게 소리 낸다. (* 단 1음절이나 강세가 있을 경우)
{[-**ur** + 모음]의 형태에서는 [-**ur**-]는 '유어r'로 소리가 난다.]

05 **not**의 의미를 담고 있는 접두어 [**un**-]은 일괄적으로 '언언'으로 소리가 난다.

01 [u]는 강세와 상관없이 [–u + 자음 + 자음]의 경우 '어'로 소리가 난다.

b**ulk** 부피	h**ulk** 노후선	h**úddl**e 쌓아올리다	h**úmbl**e 겸손한	h**úndr**ed 100
h**úngr**y 배고픈	h**únt**er 사냥꾼	h**úrr**y 서두르다	h**úsb**and 남편	h**úsk**y 쉰 목소리의
h**ústl**e 재촉하다				

s**úddè**n 별안간	s**úff**er 고통을 받다	s**ugg**ést 제안하다	s**úmm**ary 요약	s**úmm**it 정상

úgly 못생긴	**últ**imate 최후의	**uph**óld 지지하다	**upl**ift 들어올리다	**upr**ight 직립한
upsét 전복	**úsh**er 을 안내하다	**útm**ost 최대의	**útt**er 입밖에 내다	m**útt**er 중얼거리다

1음절 [자음 + **u** + 자음]의 [**u**]도 '어' 소리가 난다.

● –억(–ug)

b**ug** 벌레	d**ug** 팠다	f**ug** 후끈한 공기	h**ug** 껴안다	l**ug** 힘껏 끌다
m**ug** 찻잔	p**ug** 발자국	r**ug** 깔개	t**ug** 세게 당기다	dr**ug** 약
pl**ug** 마개	shr**ug** 으쓱하다	sl**ug** 게으름 피우다	sm**ug** 자부심이 강한	sn**ug** 아늑한

● –엄(–um)

b**um** 부랑자	g**um** 고무질	h**um** 윙윙거리다	r**um** 럼주	ch**um** 동무
dr**um** 북	pl**um** 서양자두	thr**um** 현악기를 퉁기다	sl**um** 빈민굴	gl**um** 침울한

● –엄프(–ump)

b**ump** 꽝	d**ump** 내버리다	g**ump** 얼간이	h**ump** 혹	j**ump** 뛰어오르다
l**ump** 덩어리	p**ump** 펌프	r**ump** 궁둥이	ch**ump** 굵은 나무토막	cl**ump** 수풀
pl**ump** 포동포동한	sl**ump** 폭락하다	st**ump** 그루터기	th**ump** 딱 치다	tr**ump** 카드

● –언(–un)

b**un** 롤빵	d**un** 빚 독촉을 하다	f**un** 재미	g**un** 대포	p**un** 말장난
r**un** 달리다	s**un** 태양	sh**un** 피하다	sp**un** 잡아늘인	st**un** 기절시키다

● –어스뜨(–ust)

b**ust** 상반신	d**ust** 먼지	g**ust** 돌풍	j**ust** 바로	l**ust** 육체적 욕구
m**ust** 해야 한다	r**ust** 녹	cr**ust** 빵 껍질	tr**ust** 신뢰하다	thr**ust** 세게 밀다

● –얼(–ut)

b**ut** 그러나	c**ut** 자르다	g**ut** 창자	h**ut** 오두막	n**ut** 견과
r**ut** 상례	t**ut** 쳇	gl**ut** 포식	gr**ut** 시시한 것	sh**ut** 닫다
sl**ut** 난잡한 여자	str**ut** 거들먹거리며 걷다	pr**ut** 쓰레기		

● –어쉬(–ush)

g**ush** 분출하다	h**ush** 쉿	l**ush** 무성한	r**ush** 돌진하다	bl**ush** 얼굴을 붉히다
br**ush** 솔	cr**ush** 눌러 부수다	fl**ush** 확 붉어지다	pl**ush** 호화로운	sl**ush** 진창

02 [u]는 강세와 상관없이 [–u + 자음 + 모음]의 경우 '유우' 또는 '우우'로 소리가 난다.

music 음악	museum 박물관	actual 실제의	future 미래	human 인간
húmor 유머	húmid 습기찬	únion 결합	únite 결합하다	únique 유일한
univérse 우주	univérsity 대학	use 사용하다	usual 보통의	utílity 쓸모가 있음
student 학생	sugar 설탕	duty 의무		

03 단어 맨 뒤에 [e]가 붙으면 바로 앞에 나오는 [u]는 '유우' 소리가 난다.
{[–u–e] 형태}

cube 입방체	tube 통	duce 수령	addúce 인용하다	indúce 권유하다
ìntrodúce 소개하다	prodúce 생산하다	redúce 줄이다	sedúce 꾀다, 유혹하다	

fume 연기, 김	grume 응혈	plume 깃털	assúme 사실이라고 생각하다	consúme 다 써 버리다
cóstume 복장	perfúme 향수	presúme 가정하다	resúme 다시 시작하다	flúme 협곡

use 쓰다	fuse 신관	muse 명상하다	abúse 욕하다	accúse 고발하다
excúse 용서하다	refúse 거절하다	confúse 혼동하다	infúse 붓다	

cute 귀여운	jute 황마	mute 무언의	flute 피리	repúte 평판

04 [u]에 [r]가 붙은 [−ur]는 '어ʳ'로 강하게 소리 낸다. (단 1음절이나 강세가 있을 경우)

b**ur** 가시	b**úrd**en 짐	b**úrg**lar 강도	B**úrm**a 버마	b**urn** 불타다
b**úrn**er 버너	b**urs**t 폭발하다	b**úrn**ish –을 갈다	b**ur**p 트림	

c**urb** 고삐	c**urd** 응유	c**url** 곱슬머리	c**úrr**ency 통화	c**úrr**y 카레
c**urs**e 저주	c**úrt**ain 커튼	c**urv**e 곡선		

f**ur** 모피	f**úrn**iture 가구	f**úrn**ish –을 공급하다	f**úrt**her 더 멀리	f**úrr**ow 고랑

ch**urn** 휘젓다	b**úrr**y 가시가 있는	h**úrr**y 서두르다	h**urt** 상처를 내다	l**urk** 숨다
m**úrd**er 살인	m**úrm**ur 투덜거리다	**nurs**e 간호원	ret**úrn** 돌아오다	sp**ur** 자극
sp**urn** 쫓아내다	sp**urt** 내뿜다	s**úrn**ame 성	s**úrp**rise 깜짝 놀라게 하다	t**urn** 돌다
t**úrn**ip 순무	t**úrt**le 거북이			

{[-ur + 모음]의 형태에서는 [-ur-]는 '유어ʳ'로 소리가 난다.}

c**ure** 치료	l**ure** 유혹	m**ure** 가두다	p**ure** 순수한	s**ure** 틀림없는
c**uri**osity 호기심	d**uri**ng 동안	f**ury** 격노	j**ury** 배심	r**ura**l 시골의
pl**ura**l 복수				

05 not의 의미를 담고 있는 접두어 [un-]은 일괄적으로 '언'으로 소리가 난다.

unáble 무력한	**un**awáre 모르는	**un**cértain 불확실한	**un**béar**able** 참을 수 없는	**un**cléan 더러운
uncómmon 보기 드문	**un**belíev**able** 믿을 수 없는	**un**cómfort**able** 불쾌한	**un**cónsc**ious** 모르는	**un**cóver 폭로하다
undréss 옷을 벗기다	**un**éasy 불쾌한	**un**éasi**ness** 불안	**un**fáir 불공평한	**un**fínish**ed** 미완성의
unfórt**un**ate 불행한	**un**fríend**ly** 불친절한	**un**háppi**ness** 불행	**un**héalthy 아픈	**un**impórt**ant** 중요하지 않은
unkínd 불친절한	**un**júst 옳지 않은	**un**líke 닮지 않은	**un**lúcky 불운한	

참고자료 Anagram

주어진 단어를 이용하여, 그 단어에 있는 철자를 더하지도 빼지도 말고 다른 단어로 바꿔 보세요. 예를 들면, '**dog**'의 철자 [**d**], [**o**], [**g**]를 이용하여 '**god**'을 만들 수 있지요. 사전을 절대로 이용하지 마세요!

[EXAMPLE]

1	dog → god	2	act → cat
3	pea → ape	4	bare → bear

[Let's do it by yourself!]

1	arm		2	flow		3	are	
4	keen		5	inch		6	cafe	
7	earth		8	sink		9	waits	
10	lamp		11	below		12	nap	
13	pat		14	beak		15	fast	
16	diary		17	tan		18	calm	
19	nails		20	present		21	crap	
22	ape		23	coal		24	last	
25	west		26	lump		27	diary	
28	cause		29	deal		30	reap	
31	keel		32	team		33	soil	
34	tea		35	tip		36	risen	
37	pills		38	trains		39	break	
40	idea		41	peach		42	mug	
43	teach		44	tub		45	pear	

46	nude		47	yap		48	add	
49	aft		50	are		51	has	
52	how		53	its		54	mad	
55	nap		56	net		57	nip	
58	now		59	pal		60	pot	
61	saw		62	two		63	use	
64	war		65	won		66	aide	
67	blow		68	bowl		69	brag	
70	verse		71	cans		72	care	
73	cars		74	cask		75	resist	
76	porter		77	cork		78	deaf	
79	dear		80	diet		81	doom	
82	evil		83	fear		84	feel	
85	peek		86	hate		87	heir	
88	host		89	loot		90	item	
91	keen		92	lake		93	mean	
94	meat		95	ours		96	pale	
97	ring		98	room		99	rose	
100	ruby							

ANSWER

1	arm	→ ram	2	flow	→ wolf	3	are	→ ear
4	keen	→ knee	5	inch	→ chin	6	cafe	→ face
7	earth	→ heart	8	sink	→ skin	9	waits	→ waist
10	lamp	→ palm	11	below	→ elbow	12	nap	→ pan
13	pat	→ tap	14	beak	→ bake	15	fast	→ fats
16	diary	→ dairy	17	tan	→ ant	18	calm	→ clam
19	nails	→ snail	20	present	→ serpent	21	crap	→ carp

22	ape	→ pea	23	coal	→ cola	24	last	→ slat
25	west	→ stew	26	lump	→ plum	27	diary	→ dairy
28	cause	→ sauce	29	deal	→ lead	30	reap	→ pear
31	keel	→ leek	32	team	→ tame	33	soil	→ silo
34	tea	→ ate	35	tip	→ pit	36	risen	→ siren
37	pills	→ spill	38	trains	→ strain	39	break	→ brake
40	idea	→ aide	41	peach	→ cheap	42	mug	→ gum
43	teach	→ cheat	44	tub	→ but	45	pear	→ reap
46	nude	→ dune	47	yap	→ pay	48	add	→ dad
49	aft	→ fat	50	are	→ ear	51	has	→ ash
52	how	→ who	53	its	→ sit	54	mad	→ dam
55	nap	→ pan	56	net	→ ten	57	nip	→ pin
58	now	→ won	59	pal	→ lap	60	pot	→ top
61	saw	→ was	62	two	→ tow	63	use	→ sue
64	war	→ raw	65	won	→ now	66	aide	→ idea
67	blow	→ bowl	68	bowl	→ blow	69	brag	→ grab
70	verse	→ serve	71	cans	→ scan	72	care	→ acre
73	cars	→ scar	74	cask	→ sack	75	resist	→ sister
76	porter	→ report	77	cork	→ rock	78	deaf	→ fade
79	dear	→ read	80	diet	→ tide	81	doom	→ mood
82	evil	→ live	83	fear	→ fare	84	feel	→ flee
85	peek	→ keep	86	hate	→ heat	87	heir	→ hire
88	host	→ shot	89	loot	→ tool	90	item	→ time
91	keen	→ knee	92	lake	→ leak	93	mean	→ mane
94	meat	→ mate	95	ours	→ sour	96	pale	→ leap
97	ring	→ grin	98	room	→ moor	99	rose	→ sore
100	ruby	→ bury						

정말 수고했습니다. 이제 'Step 4. 이중모음의 소리'를 공부하러 떠나 봅시다!

이중모음의 소리를 찾아서

[-**ea**-], [-**oo**-]와 같이 모음 2개가 모여서 각자가 가지고 있던 고유의 음가(音價) 대신에 또 다른 소리를 내는 철자군(綴字群)인 이중모음을 포함하고 있는 단어들의 소리를 학습하도록 구성하였습니다. 1음절, 또는 2음절 단어들로, 철자 5~6개 정도의 단어를 학습하도록 구성하였으며, 예로 제시된 단어들은 4가지의 공통된 법칙하에 'Rhyme(각운)'이 같은 것으로 구성하였기 때문에 학습자 스스로가 'Self-study'가 가능하도록 하였습니다.

앞 단계에서 우리는 모음 다섯 개 [a, e, i, o, u] 의 각자의 소리를 배웠어요. 이번 단계에서는 [-ee-], [-ea-], [-ei-]와 같이 모음 5개가 붙어서 본래의 소리가 아닌 다른 소리를 내게 되는 것을 배우겠습니다. 앞에서 언급했듯이 철자 [w]와 [y]는 구강의 어딘가가 완전히 차단되거나 마찰음이 날 정도로 붙는 것도 아닌 데다가 성대가 진동되면서 나는 소리라서 다분히 모음의 성질을 띠고 있기 때문에 반모음이라고 부릅니다. 따라서 이 책에서는 철자 [w]와 [y]를 소리상으로 모음으로 분류하고 있다는 것을 잊지 마세요.

또한 '이중모음은 장모음(長母音)이라 길게 발음해야 하며, 따라서 강세가 있어 강하게 발음해야 한다.'는 원칙을 꼭 기억해 둬야 합니다.

따라서 어떤 긴 단어를 접했을 때 그 단어가 다음에 공부할 이중모음을 포함하고 있다면 강하게 발음해야 하며, 그 앞뒤에 있는 모음은 약모음으로 생각하고 앞에서 배운 대로 약하게 흘려서 발음하면 됩니다.

자세한 학습 활동 전에 먼저 오른쪽의 이중모음의 4가지 법칙을 가볍게 읽어 보고, 그에 해당되는 이중모음을 머리에 기억해 두세요.

제1법칙

첫 번째 모음을 알파벳 이름 소리로 길게 발음하고 두 번째 모음은 발음하지 않는다.

- 이이 : [-ee-], [-ea-], [-ei-], [-eo-]
- 에이 : [-ai-], [-ay]
- 오우 : [-oa-], [-ow]
- 이어^r : [-ear], [-eer]

제2법칙

첫 번째 모음은 발음하지 않고, 두 번째 모음을 알파벳 이름 소리로 길게 발음한다.

- 에이 : [-ea-]
- 이이 : [-ie-]

제3법칙

이중모음이 아닌 각각의 어절로 나눠 발음한다.

- 에어^r : [-ear]
- 에이 : [-ey]
- 오어^r : [-oar]
- 아우 : [-ou-], [-ow-]

제4법칙

고유의 기본 소리와 알파벳 이름 소리와는 전혀 다른 소리가 난다.

- 우우 : [-oo-]
- 우 : [-oo-]
- 유우 : [-ew], [-eu]

무슨 법칙이 또 이렇게 복잡하지? 이게 무슨 소리야? 갑자기 머리가 아프지요? 앞에서도 그랬듯이 이렇게 압축된 법칙은 처음부터 이해하기 힘이 들지요. 하지만 양파 껍질을 벗기듯이 하나하나 풀어 나가다 보면 또 우리가 원하는 핵심(核心)에 도달하겠죠? 우리 설레는 마음으로 또 다른 소리를 찾아서 떠나 봅시다. 자, 추~울바~알!

-ee-, -ea-, -ei-, -eo-
[이이]의 소리를 찾아서

◈ 이중모음 제1법칙

첫 번째 모음을 알파벳 이름 소리로 길게 발음하고 두 번째 모음은 발음하지 않는다.

- 이이 : [-**ee**-], [-**ea**-], [-**ei**-], [-**eo**-]
- 에이 : [-**ai**-], [-**ay**]
- 오우 : [-**oa**-], [-**ow**]
- 이어^r : [-**ear**], [-**eer**]

미국 사람들은 만나면(meet) 고기(meat)를 먹지요? 이 두 단어의 소리가 같다는 것은 알지요? 그런데 왜 같은 소리가 날까요? 이중모음은 '첫 번째 모음을 알파벳 이름 소리로 길게(장모음) 발음하고 두 번째 모음은 발음하지 않는다.'는 기본 원칙을 갖고 있어요. 이중모음 [-**ee**-], [-**ea**-], [-**ei**-], [-**eo**-]를 먼저 예를 들어 보면, 이 4개의 이중모음은 모음 [**e**] 뒤에 다른 모음이 붙어 있는 공통점을 가지고 있지요? 그런데 모음 [**e**] 뒤에 붙은 [**e**], [**a**], [**i**], [**o**]는 아무 음가(音價)가 없는 묵음입니다. 다만 앞에 붙어 있는 모음 [e]를 알파벳 이름 '이이'로 소리가 나게 하는 역할을 합니다. 따라서 이중모음 [-ee-], [-ea-], [-ei-], [-eo-]는 모두 '이이'로 발음해야 하지요. 따라서 'meet'와 'meat'는 공통적으로 '미잍'으로 소리가 난다는 것을 아시겠지요? 'see'와 'sea', 'pee'와 'pea'가 소리가 같게 나는 것도 이런 이유입니다. 영어에 이와 같이 동음이의어(同音異義語)의 단어가 많은 이유가 바로 이중모음의 '첫 번째 모음을 알파벳 이름 소리로 길게(장모음) 발음하고 두 번째 모음은 발음하지 않는다.'는 기본 원칙 때문인 것을 명심하십시오.

그런데 '히읻'으로 소리가 나는 'heed'와 '헤드'로 소리가 나는 'head'의 경우와 같이 절대적인 법칙은 아니라는 것이 참 안타까운 현실입니다. 늘 영어를 배우면서 저조차 배우면 배울수록 어렵다고 느끼는 것은 영어에는 예외가 없는 법칙이 없다는 것 때문이지요. 따라서 영어를 효과적으로 배우려면 '기본 원칙에 충실하되, 예외는 이유 불문하고 외워라!'라는 저의 조언을 명심하십시오.

Practice | 이이- [−ee−], [−ea−], [−ei−], [−eo−]

1	b**ee**	: 꿀벌	→	브+**이**이	→	**비**이
2	d**ee**d	: 행위	→	드+**이**이+드	→	**디**
3	d**ee**p	: 깊은	→	드+**이**이+프	→	**디잎**
4	gr**ee**t	: 인사하다	→	그+루+**이**이+트	→	그**뤼잍**
5	b**ea**d	: 구슬	→	브+**이**이+드	→	**비읻**
6	b**ea**ch	: 물가	→	브+**이**이+취	→	**비**이취
7	m**ea**n	: 의미하다	→	음+**이**이+은	→	**미인**
8	ch**ea**t	: 속이다	→	취+**이**이+트	→	**취잍**
9	**éi**ther	: 어느 쪽	→	**이**이+드^{ð}+어^{r}	→	**이**이더^{ðr}
10	dec**éi**t	: 속이기	→	디+쓰+**이**이+트	→	디**씨잍**

이해됐으면 아래의 단어들을 통해서 자연스럽게 연습해 봅시다.

● –이이(–ee)

b**ee** 꿀벌	f**ee** 사례금	p**ee** 쉬하다	s**ee** 보다	t**ee** T자
w**ee** 작은	fr**ee** 자유로운	kn**ee** 무릎	th**ee** 너에게	tr**ee** 나무

● –이이(–ea)

b**ea**d 구슬	b**ea**ch 물가	m**ea**n 의미하다	n**ea**p 조금	ch**ea**t 속이다

● –이이(–ei)

n**éi**ther 어느 쪽도 아니다	conc**éi**ve 상상하다	dec**éi**ve 속이다	conc**éi**t 자만	

● –이이(–eo)

p**eo**ple 국민				

위의 경우에서 보듯이 [-eo-]의 형태로 되어 있는 단어들은 'people' 외에는 극히 찾아보기 힘드니까 억지로 찾아보는 우를 범하지 말기를!

-ai-, -ay
[에이]의 소리를 찾아서

[**-ai**-], [**-ay**]도 마찬가지 원칙을 적용하면 됩니다. 즉, 모음 [**a**] 뒤에 붙은 [**i**]와 [**y**]는 음가(音價)가 없는 묵음이며, 첫 번째 모음 [**a**]를 '알파벳 이름 소리'인 '에이'로 길게(장모음) 발음하면 됩니다.

그런데 왜 미국 사람들은 '에이'라는 똑같은 소리에 철자를 2개 이상을 만들어서 사람을 헷갈리게 만들까요? 아래에 정리된 단어들을 유심히 보면 해답이 보일 것도 같은데요. 앞에서 철자 [y]를 공부할 때 한 번 언급했듯이 영어 단어에서 [**i**]로 끝나는 단어가 거의 없어요. 사실상 단어에서 끝소리가 '이'인 경우 그 소리에 해당되는 철자는 [**y**]라고 생각하면 틀림이 없습니다. 따라서 '**gain**'처럼 [**-ai**-]는 단어 안에, '**pay**'처럼 [**-ay**]는 단어 맨 뒤에 붙여 '에이' 소리를 낸다는 것을 명심해야 한다.

또 [**-ai**-], [**-ay**]는 장모음으로 길게 발음해야 하기 때문에 소리가 강하지요. 따라서 반드시 강세를 두고 발음해야 합니다. 하지만 주의할 것은 우리말의 '에이'와 비슷하나, '에'와 '이'처럼 따로 발음하지 않고 두 음을 이어서 빨리 발음해야 하며, '에'에 강세를 두고 '이'의 위치로 살짝 굴려 내리며 '에이' 하고 소리를 내면 됩니다.

자 이제 다음 쪽에 정리된 단어들의 소리를 익혀 볼까요? 자연스럽게, 영어답게 소리가 날 때까지 반복해서 소리를 내는 것, 잊지 마세요!

Practice | –에이 [–ai–], [–ay]

1	g**ai**n	: 얻다	→	그+**에이**+은	→	**게인**
2	p**ai**n	: 고통	→	프+**에이**+은	→	**페인**
3	p**ai**nt	: 칠하다	→	프+**에이**+은+트	→	**페인**(트)
4	s**ai**nt	: 성인	→	쓰+**에이**+은+트	→	**쎄인**(트)
5	h**ai**l	: 우박	→	흐+**에이**+을	→	**헤일**
6	m**ai**l	: 우편	→	음+**에이**+을	→	**메일**
7	b**ay**	: 만	→	브+**에이**	→	**베이**
8	w**ay**	: 방법	→	우+**에이**	→	**웨이**
9	gr**ay**	: 회색	→	그+루+**에이**	→	그**뤠이**
10	spr**ay**	: 물보라	→	스+쁘+루+**에이**	→	스쁘**뤠이**

다음 단어들은 이중모음 [-ai-]로 되어 있는 단어들입니다. 이 정도는 발음기호나 다른 사람의 도움 없이도 충분히 읽을 수 있겠죠?

● –에잍(–aid)

aid 돕다	p**aid** 유급의	r**aid** 습격	br**aid** 끈 끈	afr**áid** 두려운

● –에인(–ain)

f**ain** 기꺼이	g**ain** 얻다	l**ain** 누웠다	m**ain** 주요한	p**ain** 고통
r**ain** 비	v**ain** 헛된	ag**áin** 다시	br**ain** 뇌	ch**ain** 쇠사슬
dr**ain** 배수하다	gr**ain** 곡물	pl**ain** 평범한	st**ain** 얼룩	tr**ain** 기차

● –에인(트)(–aint)

f**aint** 희미한	p**aint** 칠하다	s**aint** 성인	t**aint** 얼룩	

● –에일(–ail)

ail 고민	b**ail** 보석금	f**ail** 실패하다	h**ail** 우박	j**ail** 감옥
m**ail** 우편	n**ail** 손톱	qu**ail** 메추리	r**ail** 레일	s**ail** 항해하다
t**ail** 꼬리	w**ail** 울부짖다	fr**ail** 무른	tr**ail** 흔적	

● –에일(–ait)

b**ait** 유혹	g**ait** 걷는 모양	w**ait** 기다리다	aw**áit** 기다리다	

다음 단어들은 [-ay]로 되어 있는 단어들입니다. 단어의 끝에 붙어 있는 '에이'이지요?

● –에이(–ay)

b**ay** 만	d**ay** 날	f**ay** 요정	g**ay** 명랑한	h**ay** 건초
j**ay** 어치	l**ay** 놓다	M**ay** 5월	n**ay** 아니	p**ay** 월급
r**ay** 광선	s**ay** 말하다	w**ay** 방법	aw**áy** 떨어져서	br**ay** 나귀의 울음
fr**ay** 닳게 하다	gr**ay** 회색	pl**ay** 놀다	pr**ay** 기도하다	sl**ay** 학살하다
st**ay** 머무르다	sw**ay** 흔들리다	spr**ay** 물보라	str**ay** 길을 잃다	

-oa-, -ow

[오우]의 소리를 찾아서

[**-oa**-], [**-ow**]도 마찬가지 원칙을 적용하면 됩니다. 즉, 모음 [**o**] 뒤에 붙은 [**a**]와 [**w**]는 음가(音價)가 없는 묵음이며, 첫 번째 모음 [**o**]를 '알파벳 이름 소리'인 '오우'로 길게(장모음) 발음하면 됩니다.

영어의 '오우'는 우리말의 '오우'처럼 두 개의 음을 독립적으로 발음하지 않고 둘을 이어서 빨리 발음하며, '오'에 강세를 두고 '우'의 위치로 살짝 굴려 내리며 '오우' 하고 소리를 내야 합니다. 영어 발음의 기본 원칙은 강음과 약음을 자연스럽고 부드럽게 연결하는 것이지요. 그래서 영어는 마치 음악의 선율을 느끼듯 리드미컬(rhythmical)하고, 파도의 물결에 몸을 맡기는 듯한 느낌으로 발음해야 제맛을 느낄 수 있습니다.

자, 이제 아래에 정리된 단어들의 소리를 익혀 볼까요?

Practice 1 | 오우 [-oa-]

1	g**oa**d	: 막대기	→	ㄱ+**오우**+ㄷ	→	**고웃**
2	cl**oa**k	: 외투	→	ㅋ+을+**오우**+ㅋ	→	**클로욱**
3	c**oa**l	: 석탄	→	ㅋ+**오우**+을	→	**코울**
4	l**oa**n	: 대출	→	을+**오우**+은	→	**로운**

5	coast	: 해안	→	ㅋ+오우+스뜨	→	코우스뜨
6	boat	: 배	→	ㅂ+오우+ㅌ	→	보울
7	broach	: 브로치	→	ㅂ+루+오우+취	→	브로우취
8	poach	: 밀렵하다	→	ㅍ+오우+취	→	포우취
9	loaf	: 덩어리	→	을+오우+프^f	→	로우프^f
10	hoax	: 속이다	→	ㅎ+오우+크쓰	→	호욱쓰

우리가 평소에 많이 듣는 Konglish가 있어요. 축구 경기를 보면 많이 듣는 소리가 있지요? "슈~웃! 꼴~인!" 그런데 영어의 'goal'은 '꼴'이 아니라 '고울'이라고 발음해야 하겠지요? 추운 겨울에 입는 '코트(coat)'도 '코울' 또는 '코우트'로 발음해야 영어답습니다. 이 밖에도 '보트(boat)'도 '보울'이나 '보우트'로, 아침 식사로 간단하게 즐겨 먹는 '토스트(toast)'도 '토우스뜨'로 발음해야 영어로서의 제맛을 느낄 수 있지요.

이제, 여러분의 연습 시간입니다. 즐거운 마음으로 열 번만 읽어 보세요. 많다고요? 사실은 백 번도 부족하다는 것이 저의 소견인데요? 이왕 어렵게 시작한 것 수박 겉 핥기 식으로 넘어가지 말고 오기를 가지고 입과 눈에 익을 때까지 공부하세요!

Practice 2 | 오우 [–oa–]

● –오울(–oad)

goad 막대기	load 짐을 싣다	road 길	broad 넓은	abróad 외국으로

● –오욱(–oak)

cloak 외투	croak 개굴개굴 울다	soak 담그다		

● –오울(–oal)

c**oal** 석탄	g**oal** 목표	sh**oal** 얕은 곳		

● –오운(–oan)

gr**oan** 신음하다	l**oan** 대출	m**oan** 신음 소리		

● –오우스뜨(–oast)

b**oast** 자랑	c**oast** 해안	r**oast** 굽다	t**oast** 누렇게 굽다	

● –오울(–oat)

oat 귀리	b**oat** 배	c**oat** 웃옷	g**oat** 염소	m**oat** 해자
bl**oat** 부풀게 하다	fl**oat** 뜨다	thr**oat** 목구멍	gl**oat** 만족해함	sh**oat** 젖 뗀 새끼돼지

● –오우취(–oach)

r**oach** 잉엇과 물고기	br**oach** 브로치	l**oach** 미꾸라지	p**oach** 밀렵하다	

● –오우–(–oa–)

l**oa**f 덩어리	f**oa**m 거품	r**oa**m 방랑하다	**oa**th 맹세	l**oa**th 싫은
l**oa**the 싫어하다	c**oa**x 달래다	h**oa**x 속이다		

아직 끝나지 않은 것 아시지요?

Practice 3 | 오우 [-ow]

1	l**ow**	: 낮은	→	을+**오우**	→	**로우**
2	bl**ow**	: 불다	→	브+을+**오우**	→	블**로우**
3	sl**ow**	: 천천히	→	스+을+**오우**	→	슬**로우**
4	sn**ow**	: 눈	→	스+은+**오우**	→	스**노우**
5	táll**ow**	: 동물 기름	→	트+애+을+**오우**	→	탤**로우**
6	méll**ow**	: 익은	→	음+에+을+**오우**	→	멜**로우**
7	nárr**ow**	: 좁은	→	은+에+루+**오우**	→	내**로우**
8	píll**ow**	: 베개	→	프+이+을+**오우**	→	필**로우**
9	wíd**ow**	: 과부	→	우+이+드+**오우**	→	위**도우**
10	wínd**ow**	: 창문	→	우+이+은+드+**오우**	→	윈**도우**

겹자음의 비밀 하나를 더 알고 갈까요? 예를 들어 설명할게요. '**belów**'와 '**béllow**'는 겹자음의 차이, 즉 [l]이 1개인가 2개인가의 차이인데 강세의 위치가 달라지면서 모음의 소리가 바뀐다는 차이점이 있지요. 즉 '**béllow**'처럼 겹자음(같은 자음 2개가 나란히 붙은 것)인 경우 겹자음 앞의 모음 [**é**]에 강세가 옵니다. 이것이 강세의 법칙 중의 하나입니다. 따라서 '**béllow**'는 '벨로우' 하고 발음되며, '**belów**'처럼 홑자음인 경우는 뒤의 모음 [**ó**]에 강세가 붙어 '빌로우' 하고 소리가 나지요. 오른쪽에 정리한 2음절 단어들의 공통점은 [-ow] 앞에 [ll], [rr]와 같이 겹자음이 붙어 있어요. 따라서 그 겹자음 앞에 붙어 있는 모음들은 [**á**, **é**, **í**, **ó**, **ú**] 강세가 오면서 각각 '애' '에' '이' '아' '어'로 소리가 납니다.

앞에서도 여러 번 반복해서 설명했지만, 영어 철자에 똑같은 자음이 붙어 있는 것은 무의미한 것이 아니라 강세의 위치, 모음의 소리와 관련이 있다는 것을 잊지 마세요.

그럼 다음 단어들의 소리를 찾아서 읽어 보세요. 다시 한 번 우리말의 '오우'처럼 두 개의 음을 독립적으로 발음하지 말고 둘을 이어서 빨리 발음하며, '오'에 강세를 두고 '우'의 위치로 살짝 굴려 내리며 '오우' 하고 소리를 내야 한다는 것을 강조할 게요.

Practice 4 | 오우 [–ow]

● –오우(–ow)

l**ow** 낮은	m**ow** 갈다	r**ow** 열	s**ow** 뿌리다	t**ow** 잡아당기다
sh**ow** 보이다	élb**ow** 팔꿈치	bl**ow** 불다	fl**ow** 흐르다	gl**ow** 달아오르다
sl**ow** 천천히	bel**ów** 아래	kn**ow** 알다	sn**ow** 눈	cr**ow** 까마귀
gr**ow** 자라다	thr**ow** 던지다	st**ow** 싣다	best**ów** 증여하다	búngal**òw** 방갈로
óverfl**òw** 넘치다	óverthr**òw** 뒤엎다			

● –앨로우(–állow)

f**állow** 경작하지 않은	g**állow**s 교수대	h**állow** 신성하게 하다	s**állow** 누르스름한	t**állow** 동물 기름
w**állow** 뒹굴다	sw**állow** 제비	sh**állow** 얕은		

● –엘로우(–éllow)

b**éllow** 큰 소리로 울다	f**éllow** 사람	m**éllow** 익은	y**éllow** 노란색	

● –일로우(–íllow)

b**íllow** 큰 물결	p**íllow** 베개	w**íllow** 버드나무		

● –알로우(–óllow)

f**óllow** 따라가다	h**óllow** 속이 빈			

● –애로우(–árrow)

árrow 화살	b**árrow** 일륜차	h**árrow** 써레	m**árrow** 골수	n**árrow** 좁은
sp**árrow** 참새				

● –아로우(–órrow)

b**órrow** 빌리다	m**órrow** 그다음 날	s**órrow** 슬픔	tom**órrow** 내일	

● –어로우(–urrow)

b**úrrow** 피신처	f**úrrow** 밭고랑			

● –도우(–dow)

méa**dow** 초원	shá**dow** 그림자	wí**dow** 과부	wín**dow** 창문	

-ear, -eer

[이$어^r$]의 소리를 찾아서

[**-ear**]과 [**-eer**]도 끝의 [**r**] 소리만 빼면 [**-ea-**], [**-ee-**]의 이중모음으로 되어 있지요? 따라서 첫 번째 모음인 [**e**]는 알파벳 이름 소리 '이이'로 길게(장모음) 발음해야 하지만 뒤에 [**r**]가 붙으면 단모음으로 '이'로 발음합니다. 그런 다음 이미 '모음의 소리를 찾아서'에서 배웠듯이 강세가 없을 때의 [**-ar**]와 [**-er**]의 소리 '$어^r$'와 합쳐서 [**-ear**], [**-eer**]를 '이$어^r$'로 발음하면 되지요. 이렇게 발음하면 사실상 [**-ear**]와 [**-eer**]는 단모음(短母音)이 아니라 장모음(長母音)으로 길게 소리 나는 것 맞지요?

그런데 '사랑하는'이라는 단어 '**dear**'와 '사슴'이라는 단어 '**deer**'가 뜻은 달라도 발음은 동일하네요. 맞지요? 이렇게 소리는 같지만 뜻이 다른 단어를 동음이의어(同音異義語)라고 합니다. 이런 단어들은 어떻게 구분하지요? 외워야지요. 작은 수고조차 하지 않고 그저 편한 길로만 가려는 습관은 공부에 가장 큰 적인 것을 명심하세요. 좋은 교재나 훌륭한 교사는 여러분을 가장 깨끗하고 좋은 물로 인도할 수는 있지만 마지막으로 그 물을 삼키는 것은 여러분의 작은 수고입니다. 아셨죠?

Practice | 이어r [–ear], [–eer]

1	**ear**	: 귀	→	이어r	→	이어r
2	h**ear**	: 듣다	→	흐+이어r	→	히어r
3	cl**ear**	: 맑은	→	크+을+이어r	→	클리어r
4	sp**ear**	: 창	→	스+쁘+이어r	→	스삐어r
5	b**eer**	: 맥주	→	브+이어r	→	비어r
6	d**eer**	: 사슴	→	드+이어r	→	디어r
7	ch**eer**	: 격려	→	추+이어r	→	취어r
8	st**eer**	: 조종하다	→	스+뜨+이어r	→	스띠어r

아직 끝나지 않은 것 아시지요? 참고로 '이어r'로 발음되는 철자의 형태가 3개가 있는 것 아세요? [-**ear**]와 [-**eer**]의 형태 말고 [-**ere**]의 형태의 단어도 '이어r'로 발음한다고 'Step 3. 모음 [**e**]의 소리' 편에서 배웠어요. 따라서 '듣다'라는 뜻의 단어 '**hear**'과 '여기'라는 뜻의 단어 '**here**'의 소리가 같다는 것을 알 수 있지요? 그래서 이 책을 공부할 때 건성건성 공부해서는 안 되는 이유가 바로 여기에 있어요. 어떤 영어 단어를 보면 어떤 법칙에 해당하는지 머리에 떠올려서 적용시키는 정도로는 이 책을 다 익혔다고 말할 수 없어요. '단어를 보면 소리가 들린다.'는 정도로 눈과 입, 귀에 녹아들어 있어야 합니다. 그래야 이 책에 언급되지 않은 많은 단어들도 쉽게 발음할 수 있어요.

자, '스스로 학습' 시간입니다. 다음 단어들을 몇 번이고 반복해서 익혀 보세요.

Practice 1 | 이어r [–ear]

ear 귀	d**ear** 사랑하는	f**ear** 공포	g**ear** 기어	h**ear** 듣다
L**ear** 리어 왕	n**ear** 가까운	r**ear** 뒤	s**ear** 태우다	t**ear** 눈물
y**ear** 1년간	cl**ear** 맑은	sh**ear** 큰 가위	sm**ear** 바르다	sp**ear** 창
app**éar** 나타나다	end**éar** 사랑받게 하다	b**ear**d 수염		

어떤 단어가 [-ear]의 형태이고 [-eer]의 형태인지 잘 구분해서 공부하세요.

Practice 2 | 이어r [–eer]

b**eer** 맥주	d**eer** 사슴	j**eer** 조롱	l**eer** 추파를 던지다	p**eer** 동배
v**eer** 방향을 바꾸다	ch**eer** 격려	qu**eer** 기묘한	sh**eer** 얇은	sn**eer** 비웃다
st**eer** 조종하다				

알고 갑시다

이중모음 제1법칙의 예외

'첫 번째 모음을 알파벳 이름 소리로 길게(장모음) 발음하고 두 번째 모음은 발음하지 않는다.'는 이중모음의 첫 번째 법칙에 따르면 '머리'라는 단어 '**head**'는 '히이드'로 발음해야 합니다만 아시다시피 '헤드'로 발음되지요? 왜 그럴까요?

'There is no rule but has some exceptions.'이라는 영어 표현이 있어요. 우리말로 '예외 없는 법칙은 없다.'는 말입니다. 영어를 배우다 보면 많은 예외 때문에 어려워지고 심지어 짜증 날 때가 많을 거예요. 그래서 항간에 이런 말이 있죠. '영어는 웃으면서 들어갔다가 울면서 나온다.'고요. 그만큼 영어가 어렵다는 의미지요. 영어를 공부할 때 명심해야 할 것은 기본 법칙에 최선을 다하되 '예외'인 어구나 문법 등을 소홀히 해서는 안 된다는 것입니다. 여기서도 이중모음 제1법칙에 예외인 것을 공부하려고 합니다. 그런데, 다음 쪽 'Practice 1'에 정리된 단어들을 보면 또 하나의 공통점이 있지요? [**-ea-**]가 '에'로 발음되는 경우는 [**-ea-**]에 [**d**]가 붙어 있는 [**-ead**] 형태라는 것이지요. 또 원칙의 발견이지요?

다음 쪽 'Practice 1'에 정리된 단어들은 두 번째 모음 [**a**]는 소리가 없는 묵음(默音)이며, 대신 첫 번째 모음 [**e**]를 기본 발음 '에'로 발음합니다. 예를 들면 '죽은'이라는 영어 단어 '**dead**'가 '디이드'로 발음되지 않고 [**a**]가 묵음(默音)이 되면서 마치 '**ded**'라는 단어처럼 '데드'로 발음해야 한다는 것입니다. 그럼 '디이드'로 소리가 나는 단어가 따로 있지 않을까요? 예, 있어요. '행위'라는 단어로 '**deed**'가 있어요.

이제 무슨 시간이지요? '스스로 학습' 시간이지요? 다음 단어들을 몇 번이고 반복해서 익혀 보세요.

Practice 1 | 에 [–ea–]

1	d**ea**d	: 죽은	→	드+**에**드	→	**데**드
2	h**ea**d	: 머리	→	흐+**에**드	→	**헤**드
3	ah**éa**d	: 앞쪽	→	어+흐+**에**드	→	어**헤**드
4	tr**ea**d	: 걷다	→	츄+루+**에**드	→	츄**뤠**드
5	spr**ea**d	: 펴다	→	스+쁘+루+**에**드	→	스쁘**뤠**드
6	br**ea**d	: 빵	→	브+루+**에**드	→	브**뤠**드
7	dr**ea**d	: 공포	→	듀+루+**에**드	→	듀**뤠**드
8	st**ea**d	: 대신	→	스+뜨+**에**드	→	스**떼**드

이중모음 [-**ai**-]도 '첫 번째 모음 [a]를 알파벳 이름 소리로 길게(장모음) '에이'로 발음하고 두 번째 모음은 발음하지 않는다.'고 했지요. 그리고 이중모음은 길게 발음해야 하는 장모음이기 때문에 강세가 있다고 배웠고요. 예를 들면, '달성하다'라는 영어 단어 'attain'은 강세가 '**attáin**' 하고 두 번째 어절 이중모음에 오고, 따라서 '어테인' 하고 발음해야 합니다. 그런데 오른쪽 몇 단어들은 이중모음 [-**ai**-]에 강세가 없고, 앞의 1음절의 모음에 강세를 두고 읽는 경우의 단어들입니다. 우리가 영어를 배우면서 가~장 흔히 접하는 단어들인데, 공통적으로 [-**tain**]의 형태로 되어 있어요. 이 단어들은 [-**tain**]에 강세를 두고 읽지 않기 때문에 약하게 소리를 내어야 합니다. 따라서 철자와는 별개로 흔히 미국인 원어민(原語民)들은 [-**tain**]을 '틴'이나 '튼'이 아닌 콧소리(비음)가 살짝 들어간 '은' 하는 소리로 발음합니다. 그래서 창가에 친 막을 우리가 흔히 사용하는 '커튼'으로 발음하는 것이 아니라 '커어r은'이라고 말하지요. 조금 어색하지요? 귀에 자주 들으면 그것에 익숙해지는 것 아닌가요? '커어r은'도 여러분들의 귀와 입에 자주 오르내리면 이 소리가 자연스러울 때가 있을 거예요. 그러면 '커어r튼'으로 발음하면 전혀 의사소통이 안 될까요? 그렇지 않아요. 원어민들을 통해 확인한 결과 '커어r은'과 '커어r튼' 둘 다 자연스러운 발음

이라고 합니다. 따라서 여러분들 편한 발음으로 익혀 두세요. 꼭 미국식 영어만 영어는 아니잖아요. 그렇죠?

자, '스스로 학습' 시간입니다. 아래의 단어들을 몇 번이고 반복해서 익혀 보세요.

Practice | 흔(튼) [–tain]

1	cé**r**tain	: 확실한	→	쓰+어*어*^{r}+은	→	써*어*^{r}은
2	cú**r**tain	: 커튼	→	크+어*어*^{r}+은	→	커*어*^{r}은
3	m**ó**un**tain**	: 산	→	음+아+우+은+은	→	마운은
4	f**ó**un**tain**	: 분수	→	프^f+아+우+은+은	→	파^{f}운은

-ea-, -ie-

[에이], [이이]의 소리를 찾아서

◈ 이중모음 제2법칙

첫 번째 모음은 발음하지 않고, 두 번째 모음을 알파벳 이름 소리로 길게 발음한다.

- 에이 : [-**ea**-]
- 이이 : [-**ie**-]

이중모음의 두 번째 법칙은 '제1법칙'과 반대로 소리를 내는 것입니다. 즉, 제1법칙에서는 두 번째 모음이 묵음이지만, 제2법칙은 첫 번째 모음이 묵음이고, 두 번째 모음을 알파벳 이름 소리로 발음한다는 것이지요. 예를 들면, '부수다'라는 단어 'break'에서 첫 번째 모음 [**e**]는 소리가 없으며, 대신 두 번째 모음 [**a**]의 알파벳 이름 '에이'로 발음합니다. 따라서 'break'는 'ㅂ뤼잌'이 아니라 'ㅂ뤠잌'으로 발음해야 한다는 뜻입니다.

그러면 이중모음 중에서 [-**ea**-] 형태의 단어들이 가장 소리 찾기가 힘들지요? 어떤 단어들은 '이이'로, 어떤 단어들은 '에'로, 아래의 단어들은 '에이'로 발음되기도 하니 말입니다. 하지만 'dead'와 같이 [-**ead**] 형태일 때는 '에'로, 'break'처럼 [-**eak**] 형태일 때는 '에이'로 발음되는 경우를 제외하고, [-**ea**-] 형태의 거의 모든 단어들이 '이이'로 소리가 난다고 생각하면 외우기 어렵지 않죠?

이제 무슨 시간이지요? '스스로 학습' 시간이지요? 다음의 단어들을 몇 번이고 반복해서 익혀 보세요.

Practice 1 | 에읰 [–eak]

1	br**ea**k : 부수다	→	브+루+**에이**+크	→	브루**에이**크	→	브**뤠읶**
2	st**ea**k : 스테이크	→	스+뜨+**에이**+크	→	스뜨**에이**크	→	스**떼읶**
3	gr**ea**t : 위대한	→	그+루+**에이**+트	→	그루**에이**트	→	그**뤠잍**
4	óutbr**eà**k : 폭동	→	아+우+트+브+루+**에이**+크	→	아우트브루**에이**크	→	아웉브**뤠읶**

이중모음 [-**ie**-]도 '첫 번째 모음이 묵음이고, 두 번째 모음을 알파벳 이름 소리로 발음한다.'는 원칙이 적용됩니다. 예를 들면 '추장'이라는 단어 '**chief**'는 첫 번째 모음 [**i**]가 묵음(默音)이고, 대신 두 번째 모음 [**e**]를 알파벳 이름 소리 '이이'로 발음합니다. 따라서 '**chief**'은 '좌이프f'가 아니라 '취이프f'로 읽어야 하지요. 마치 수학 공식처럼 외우세요. 이중모음 [-**ie**-]='이이'로 머리에 각인시키세요.

단, 앞의 Step **3** 모음의 소리에서 배웠지만, '**die**'처럼 단어 끝의 [-**ie**]는 끝모음 [**e**]의 영향을 받아 '아이'로 소리가 나지요. 따라서 끝모음 [**e**]은 묵음이고, 모음 [**i**]는 알파벳 이름 소리 '아이'로 발음되어 '**die**'는 다이'로 발음해야 합니다. 그럼 단어 중간의 이중모음 [-**ie**-]와 끝의 [-**ie**] 소리가 구분되지요.

이제 무슨 시간이지요? '스스로 학습' 시간이지요? 다음 단어들을 몇 번이고 반복해서 익혀 보세요.

Practice 2 | 이이 [–ie–]

1	ch**ie**f	: 추장	→	추+**이**이+프^f	→	**취**이프^f
2	br**ie**f	: 간결한	→	브+루+**이**이+프^f	→	브**뤼**이프^f
3	f**ie**nd	: 마귀	→	프^f+**이**이+은+드	→	**피**^{f}인(드)
4	bel**ie**f	: 믿음	→	브+이+을+**이**이+프^f	→	빌**리**이프^f
5	f**ie**ld	: 들판	→	프^f+**이**이+을+드	→	**피**^{f}일(드)
6	sh**ie**ld	: 방패	→	슈+**이**이+을+드	→	**쉬**일드
7	n**ie**ce	: 조카딸	→	은+**이**이+쓰	→	**니**이쓰
8	shr**ie**k	: 비명	→	슈+루+**이**이+크	→	슈**뤼**잌

이중모음 제2법칙

첫 번째 모음이 묵음이고, 두 번째 모음을 알파벳 이름 소리로 발음한다.

1. [–ea–]는 첫 번째 모음 [e]가 묵음(黙音)이고, 대신 두 번째 모음 [a]를 알파벳 이름 소리 '에이'로 발음한다.
2. [–ie–]는 첫 번째 모음 [i]가 묵음(黙音)이고, 대신 두 번째 모음 [e]를 알파벳 이름 소리 '이이'로 발음한다.

-ear

[에$_{어}^{r}$]의 소리를 찾아서

◈ 이중모음 제3법칙

이중모음이 아닌 각각의 어절로 나눠 발음한다.

- 에어^{r} : [**-ear**]
- 에이 : [**-ey**]
- 오어^{r} : [**-oar**]
- 아우 : [**-ou-**], [**-ow-**]

이중모음 제1법칙에서 [**-ear**]는 '이어^{r}'로 발음된다고 배웠지요? 하지만 아래의 단어들에서는 [**-ear**]를 이중모음으로 보는 것이 아니라 [**e**]에 강세를 주어 '에'로 발음하고, [**ar**]는 강세가 없어 '어^{r}'로 소리를 내야 하지요. 예를 들면 '듣다'라는 단어 '**hear**'에서 [**-ea-**]는 이중모음입니다. 따라서 '**hear**'는 1음절 단어로 간주하여 '히어^{r}'로 발음합니다. 하지만 '곰'이라는 단어 '**bear**'는 '**bé·ar**'라는 2음절의 단어로 간주하여 [**be**]는 '베'로, [**ar**]는 '어^{r}'로 발음해야 하며, 그래서 '**bear**'는 '비어^{r}'가 아닌 '베어^{r}'로 발음합니다. 물론 '비어^{r}'라고 발음되는 단어가 있어요. 무더운 여름날 시원하게 한잔 마시는 '맥주' '**beer**'가 바로 그 단어이지요.

그런데 [-ear]가 '에어r'로 소리가 나는 단어가 그렇게 많지 않다는 것은 얼마나 다행스러운 일인지 이 마음 짐작하겠지요? 'Practice'에 있는 단어들만 '에어r'로 소리를 익히면 이런 형태의 나머지 단어들은 거의 '이어r'로 소리가 난다고 확신하면 됩니다.

이제 무슨 시간이지요? '스스로 학습' 시간이지요? 아래의 단어들을 몇 번이고 반복해서 익혀 보세요.

Practice | 에어r [-ear]

1	b**ear**	: 곰	→	브+**에어r**	→	**베어r**
2	p**ear**	: 배	→	프+**에어r**	→	**페어r**
3	t**ear**	: 찢다	→	트+**에어r**	→	**테어r**
4	w**ear**	: 입다	→	우+**에어r**	→	**웨어r**
5	sw**ear**	: 선서하다	→	스+우+**에어r**	→	스**웨어r**
6	forb**éar**	: 참다	→	프f+오어r+브+**에어r**	→	포f어r**베어r**

그런데 '에어r'로 소리가 나는 단어의 형태가 [-ear] 외에 또 있어요. 이미 앞에서 배웠지만 [-are] 형태의 단어들이지요. 즉, 'bear'와 'bare'가 똑같이 '베어r'로 소리가 나지요. 아래에 몇 개의 단어들을 정리했어요. 참고로 공부하세요.

[-ear]와 [-are]의 소리 비교

1	b**ear**	: 곰	↔	b**are**	: 벌거벗은
2	p**ear**	: 배	↔	p**are**	: 껍질을 벗기다
3	t**ear**	: 찢다	↔	t**are**	: 살갈퀴
4	w**ear**	: 입다	↔	w**are**	: 상품
5	sw**ear**	: 선서하다	↔	sw**are**	: 입었다

아래에는 여러분들의 혼란을 방지하고 효과적으로 공부시키기 위해서 '이어^r'와 '에어^r'로 소리가 나는 [**-ear**] 형태의 단어들을 함께 정리했습니다. 다시 확실하게 소리를 익혀 보세요.

Practice | '이어^r'와 '에어^r'의 비교

● –이어^r(–ear)

ear 귀	d**ear** 사랑하는	f**ear** 공포	g**ear** 기어	h**ear** 듣다
L**ear** 리어 왕	n**ear** 가까운	r**ear** 뒤	s**ear** 태우다	t**ear** 눈물
y**ear** 1년간	cl**ear** 맑은	sh**ear** 큰 가위	sm**ear** 바르다	sp**ear** 창
app**éar** 나타나다	end**éar** 사랑받게 하다	b**ear**d 수염		

● –에어^r(–ear)

b**ear** 곰	p**ear** 배	t**ear** 찢다	w**ear** 입다	sw**ear** 맹세하다
forb**éar** 억제하다				

-ey
[에이]의 소리를 찾아서

이중모음 제1법칙에서 모음 [a] 뒤에 붙은 [i]와 [y]는 음가(音價)가 없는 묵음이며, 첫 번째 모음 [a]를 '알파벳 이름 소리인 '에이'로 길게(장모음) 발음하면 된다고 배웠지요. 따라서 '기도하다'는 영어 단어 'pray'는 '프뤠이'로 소리가 나지요. '먹이'라는 뜻의 영어 단어 'prey'는 [-ey]를 이중모음으로 보는 것이 아니라 [e]에 강세를 주어 '에'로 발음하고, [y]는 약한 소리로 '이' 하고 발음합니다. 즉, 각각의 음으로 소리를 내야 한다는 뜻이지요. 따라서 'prey'도 'pray'와 같이 '프뤠이'로 소리가 나지요. '건초'라는 뜻의 단어 'hay'와 '어이!'라는 우리말 호칭의 단어 'hey'도 이런 연유로 똑같은 소리로 읽습니다. 어떻게 발음해야 할까요? 예, 맞아요. '헤이'라고 소리를 내야 합니다. 그러면 [-ay], [-ey]='에이'라는 소리 공식이 성립되겠지요?

Practice | 에이 [-ey]

1	h**ey**	: 어이!	→	흐+**에이**	**헤이**
2	ob**éy**	: 복종하다	→	어+브+**에이**	어**베이**
3	pr**ey**	: 먹이	→	프+루+**에이**	프**뤠이**
4	conv**éy**	: 나르다	→	크+어+은+브ᵛ+**에이**	컨**베ᵛ이**

-oar

[오어r]의 소리를 찾아서

'**boat**'와 같이 '오우'로 발음했던 [-**oa**-]와는 달리 [-**oar**] 형태의 단어들은 [-**oa**-] 뒤에 붙는 [**r**]의 영향을 받습니다. 예를 들어 설명하면 '판자'라는 의미의 단어 '**board**'는 '**bo**·**ard**'라는 2음절의 단어로 간주하여 [**o**]는 '아'에 가까운 '오'로, [-**ar**]는 강세가 없을 때는 약모음으로 '어r'로 발음합니다. 따라서 [-**oar**]는 '오어r'로 발음하며, '**board**'는 '보우드'가 아니라 '보어r드'로 읽습니다. 앞에서 이미 배웠지만 잊어버렸을 것 같아서 다시 반복해서 말하지만 [-**ar**]는 강모음일 때는 '아아r'로 소리를 내지만 [-**oar**]와 같이 약모음일 때는 '어r'로 소리가 난다는 것 잊지 마세요.

이제 무슨 시간이지요? '스스로 학습' 시간이지요? 아래의 단어들을 몇 번이고 반복해서 익혀 보세요.

Practice | 오어ʳ [–oar]

1	b**oar**d	: 판자	→	ㅂ+**오**어ʳ ㄷ	→	**보**어ʳ ㄷ
2	h**oar**d	: 저장	→	ㅎ+**오**어ʳ ㄷ	→	**호**어ʳ ㄷ
3	c**oar**se	: 열등한	→	ㅋ+**오**어ʳ 쓰	→	**코**어ʳ 쓰
4	h**oar**se	: 목이 쉰	→	ㅎ+**오**어ʳ ㄷ	→	**호**어ʳ 쓰
5	r**oar**	: 고함 소리	→	루+**오**어ʳ	→	**로**어ʳ

정리하자면 이중모음은 '첫 번째 모음을 알파벳 이름 소리로 길게(장모음) 발음하고 두 번째 모음은 발음하지 않는 묵음(默音)이다.'라는 것이 기본 원리이며, 제2, 3 법칙은 예외적인 소리 법칙이라는 것을 명심하세요.

-ou-, -ow-

[아우]의 소리를 찾아서

'Step 1'에서 [**o**]의 기본 발음은 '아'로 배웠지요. 여기에 [**u**]의 소리 '우' 소리를 합쳐서 [-**ou**-]는 '아우'로 발음합니다. 아주 우리 귀와 입에 익은 영어 단어를 예를 들어 설명할게요. '밖으로'라는 뜻의 영어 단어가 '**out**'이지요? 이 단어는 '아+우+트'라고 각각의 철자의 소리를 내게 됩니다. 물론 그렇다고 우리말처럼 '아우트'라고 또박또박 어절로 발음하지 않는다는 것은 아시죠?

다시 설명하면, '이중모음이란 하나의 모음이 재빨리 다른 한 모음으로 미끄러져 가면서 발음되는 복합모음'입니다. 따라서 '**out**'의 [-**ou**-]는 그 소리가 [아-o]와 [우--u]로 끊어지는 '아우' 두 소리의 결합이 아니라 [**o**]에서 출발하여 [**u**]로 향해 미끄러져 가듯 발음 기관이 움직여 가면서 발음되는 '아우'라는 한 덩어리의 소리입니다. 그러면 '**out**'의 소리는? 예, '아웉'입니다.

이제 무슨 시간이지요? '스스로 학습' 시간이지요? 위의 설명과 같은 요령으로 다음 단어들을 몇 번이고 반복해서 익혀 보세요.

Practice | 아우 [-ou-]

1	**ou**t	: 밖으로	→	**아우**+트	→	아웉
2	sc**ou**t	: 척후	→	스+ㄲ+**아우**+트	→	스까웉
3	**ou**ch	: 아얏!	→	**아우**+취	→	아우취
4	c**ou**ch	: 긴 의자	→	크+**아우**+취	→	카우취
5	h**ou**se	: 집	→	흐+**아우**+쓰	→	하우쓰
6	m**ou**se	: 생쥐	→	음+**아우**+쓰	→	마우쓰
7	b**ou**nd	: 묶인	→	브+**아우**+은+드	→	바운(드)
8	s**ou**nd	: 소리	→	쓰+**아우**+은+드	→	싸운(드)

아래의 단어들은 영어에서 흔히 보는 조동사 'can, will, shall'의 과거형입니다. 이 단어들의 공통된 모음이 [-ou-]이지요? 그런데 이 단어들은 '아우'라는 소리가 나지 않으니까 주의해서 발음해야 합니다. 이 단어들은 [o]는 묵음이고, [u]만 '우' 하고 강하게 소리가 납니다. 따라서 'could'는 '쿠드'로, 'would'는 '우드'로, 'should'는 '슈드'로 소리를 내야 한다는 것을 꼭 잊지 마세요!

c**ou**ld	w**ou**ld	sh**ou**ld

[-ow-]도 [o]의 기본 소리 '아'와 [w]의 기본 소리 '우' 소리를 합쳐서 '아우'로 발음하세요. 그런데 앞에서 [-ow-]는 '오우'로 발음해야 한다고 배운 것을 기억하시죠? 예, 맞아요. 거의 모든 [-ow-]는 '오우'로 발음합니다. '아우'로 소리가 나는 단어들은 다음과 같이 극히 드물어요. 그렇다고 슬쩍 묻어서 넘어갈 수는 없지 않겠어요? 더구나 다음의 단어들은 사용 빈도수가 굉장히 높은 단어들이어서, 그 숫자는 적지만 중요성은 타의 추종을 불허하는 '소수 정예'의 단어들이니까 확실하게 배우고 가야 합니다. 따라서 다음 여섯 개의 단어들은 본능적인 반응이 나올 수 있도록 익혀야 한다는 것을 명심하고 반복 연습하세요.

이제 무슨 시간이지요? '스스로 학습' 시간이지요? 아래의 단어들을 몇 번이고 반복해서 익혀 보세요.

Practice | 아우 [–ow–]

1	b**ow**	: 절하다	→	ㅂ+**아우**	→	**바우**
2	c**ow**	: 암소	→	ㅋ+**아우**	→	**카우**
3	h**ow**	: 어떻게	→	ㅎ+**아우**	→	**하우**
4	n**ow**	: 지금	→	은+**아우**	→	**나우**
5	p**ow**er	: 힘	→	ㅍ+**아우**+*어r*	→	**파우워r**
6	t**ow**er	: 탑	→	ㅌ+**아우**+*어r*	→	**타우워r**

이중모음 제3법칙

이중모음이 아닌 각각의 어절로 나눠 발음한다.

1. [–ear]는 [–e–]에 강세를 주어 '에'로 발음하고, [–ar]는 강세가 없어 '*어r*'로 발음한다. 따라서 [–ear]는 '에*어r*'로 소리가 난다.
2. [–ey]는 [–e–]에 강세를 주어 '에'로 발음하고, [–y]는 약한 소리로 '이' 하고 발음한다. 따라서 [–ey]는 '에이'로 소리가 난다.
3. [–oar]는 [–o–]는 '아'에 가까운 '오'로, [–ar]는 강세가 없을 때는 '*어r*'로 발음한다. 따라서 [–oar–]는 '오*어r*'로 발음한다.
4. [–ou–]는 [o]의 기본 발음 '아'와 [u]의 소리 '우'를 합쳐서 [–ou–]는 '아우'로 발음한다.
5. [–ow]는 [o]의 기본 발음 '아'와 [w]의 소리 '우'를 합쳐서 [–ow–]는 '아우'로 발음한다.

-oo-

[우우, 우]의 소리를 찾아서

◈ 이중모음 **제4법칙**

고유의 기본 소리와 알파벳 이름 소리와는 전혀 다른 소리가 난다.

- 우우, 우 : [-**oo**-]
- 유우 : [-**ew**], [**eu**-]

모음 [**o**]와 [**o**]가 합쳐 만들어진 [-**oo**-]의 윗부분 절반을 지우면 [**u**] 두 개를 붙여 놓은 모습 [**uu**]가 되지요? 마치 [**w**]와 비슷한 모습이라는 것을 알면 이해하기 쉽습니다. 따라서 [-**oo**-]는 [**w**]의 기본 소리인 '우' 소리를 길게 '우우' 하며 내는 소리라고 생각하면 암기하는 데 도움이 될 거예요.

여권이나 비자(visa)에 우리나라 성(性)을 영어로 표기할 때 '윤' 씨나 '문' 씨와 같이 '우' 소리가 나는 성은 철자 [**u**]보다 [-**oo**-]를 사용하는 것이 발음상의 착오를 피할 수 있지요. 왜냐하면, 철자 [**u**]는 '어'나 '유'라는 소리로 사용되기 쉽거든요. 따라서 '윤' 씨는 'Yun'보다 '**Yoon**'을, '문' 씨는 'Mun'보다 '**Moon**'으로 표기해서 사용하는 것이 바람직합니다. 원어민들의 경우 'Yun'을 '연'으로, 'Mun'을 '먼'으로 발음하는 경우가 많거든요. 따라서 영어가 외국어이니까 외국인의 눈에 맞춰 어떻게 읽힐까에 초점을 맞춰 표기하는 것이 올바른 표기법이 아닐까요?

이제 무슨 시간이지요? '스스로 학습' 시간이지요? 아래의 단어들을 몇 번이고 반복해서 익혀 보세요.

Practice 1 | 우우 [-oo-]

1	f**oo**d	: 음식	→	프f+**우우**+드	→	**푸f욷**
2	g**oo**d	: 좋은	→	그+**우우**+드	→	**구욷**
3	c**oo**l	: 시원한	→	크+**우우**+을	→	**쿠울**
4	p**oo**l	: 수영장	→	프+**우우**+을	→	**푸울**
5	b**oo**m	: 벼락경기	→	브+**우우**+음	→	**부움**
6	d**oo**m	: 운명	→	드+**우우**+음	→	**두움**
7	m**oo**n	: 달	→	음+**우우**+은	→	**무운**
8	s**oo**n	: 곧	→	쓰+**우우**+은	→	**쑤운**

그런데 한 가지 주의할 것은 [-**oo**k]로 된 단어에서 [-**oo**-]가 장모음 '우우'가 아니라 짧은 '우' 소리로 난다는 것입니다. 따라서 아래의 단어를 통해 [-**oo**k]로 된 단어의 짧은 '우' 소리를 익혀 보세요.

Practice 2 | 우 [-oo-]

1	b**oo**k	: 책	→	브+**우**+크	→	**북**
2	c**oo**k	: 요리사	→	크+**우**+크	→	**쿡**
3	h**oo**k	: 갈고리	→	흐+**우**+크	→	**훅**
4	l**oo**k	: 보다	→	을+**우**+크	→	**룩**
5	t**oo**k	: 받았다	→	트+**우**+크	→	**툭**
6	br**oo**k	: 시내	→	브+루+**우**+크	→	브**룩**
7	cr**oo**k	: 갈고리	→	크+루+**우**+크	→	크**룩**

아래의 단어들은 [-**oo**-] 형태의 단어에서 '우우' 소리가 나지 않는 극히 드문 단어입니다. 아니 [-**oo**-]가 [**u**]의 '어'와 같은 소리로 발음되는 단어는 이 단어 2개 외에는 없다고 해도 과언이 아닙니다. 따라서 '**bl**oo**d**'는 '블러드'로, '**fl**oo**d**'는 '플f러드'로 소리를 내야 한다는 것만 꼭 잊지 마세요!

bl**oo**d 피	fl**oo**d 홍수

-ew, eu-

[유우]의 소리를 찾아서

[**y**]의 기본 발음 소리를 배우면서 '사잇소리'에 대해 공부한 적이 있지요? 다시 설명할까요? '사잇소리'는 '에'를 '예', '오'를 '요', '아'를 '야', '어'를 '여', '우'를 '유'로 만드는 역할을 하는 철자를 말하지요. '**yes**'처럼 단어 맨 앞에 위치한 [**y**]가 [-**es**]의 소리 '에쓰'를 '(이)예쓰'로 소리가 나게 만듭니다. 철자 [**e**]도 [u]와 [w] 앞에서 사잇소리 [j] 역할을 합니다. 즉 [**e**]는 [w]의 기본 소리 '우'와 합쳐 [-ew]를 '유우'로 소리 나게 하고, [u]와 합쳐서 [**eu**-]를 역시 '유우'로 소리 나게 하지요.

이제 무슨 시간이지요? '스스로 학습' 시간이지요? 위의 설명과 같은 요령으로 아래의 단어들을 몇 번이고 반복해서 익혀 보세요.

Practice 1 | 유우 [-ew]

1	d**ew**	: 이슬	→	드+**유우**	→	**듀우**
2	f**ew**	: 적은	→	프f+**유우**	→	**퓨f우**
3	h**ew**	: 자르다	→	흐+**유우**	→	**휴우**
4	n**ew**	: 새로운	→	은+**유우**	→	**뉴우**
5	ch**ew**	: 씹다	→	추+**유우**	→	**츄우**
6	st**ew**	: 끓이다	→	스뜨+**유우**	→	스**뜌우**

그런데 [**-ew**] 앞에 자음 [**l**]이나 [**r**]가 붙으면 '유우'가 아니라 '우우'로 소리가 납니다. 또 여기에도 예외가 있느냐고요? 영어가 그렇게 생겨 먹었어요. 그래서 요즘 영국과 미국에서도 단어를 익히는 데 철자와 소리가 다른 것에서 오는 어려움을 해결하고자 '소리 나는 대로 철자를 쓰자는 운동'이 벌어지고 있답니다. 예를 들어 '**happy**'를 'happee'로, '**laugh**'을 'laf'로, '**school**'을 'skool'로 사용하자고요. 글쎄요, 실현이 될지는 두고 봐야겠지요? 이제 [**-lew**]와 [**-rew**] 형태의 단어들을 연습해 볼까요?

Practice 2 | 우우 [-lew], [-rew]

1	fl**ew**	: 날았다	→	프^f+을+**우우**	→	플^f**루우**
2	br**ew**	: 양조하다	→	브+루+**우우**	→	브**루우**
3	cr**ew**	: 승무원	→	크+루+**우우**	→	크**루우**
4	dr**ew**	: 당겼다	→	듀+루+**우우**	→	듀**루우**
5	scr**ew**	: 나사	→	스+크+루+**우우**	→	스끄**루우**
6	str**ew**	: 뿌리다	→	스+뜨+루+**우우**	→	스뜨**루우**

[**-ew**]는 주로 끝소리이지만 [**eu-**]는 단어의 앞에 붙어 있어요. [**euro-**]가 붙어 있는 단어는 '유럽'과 관련된 의미를 담고 있는 단어라는 것만 기억하세요. 그 밖에 [**eu-**]가 붙어 있는 단어들은 일상적인 뜻을 담고 있는 용어가 아니라 '전기, 화학, 식물, 의학' 등 전문 지식의 용어들로서 우리와 같이 외국어로서 영어를 공부하는 사람들이 접하기 힘든 단어라 몇 개의 단어를 읽어 보고, [**eu-**]가 '유우'로 소리가 난다는 정도로만 기억하면 족합니다.

혹시, 아르키메데스가 왕관의 순도를 재는 방법을 발견했을 때에 지른 소리 기억하나요? '알았다!'는 뜻의 '유레카!'였죠? 바로 이 말의 단어가 '**eu**reka'이고요, 발음은 '유우어뤼커'입니다. [**eu-**]가 '유우' 소리가 나지요?

이제 무슨 시간이지요? '스스로 학습' 시간이지요? 아래의 단어들을 몇 번이고 반복해서 익혀 보세요.

Practice 3 | 유우- [eu-]

1	**éu**logy	: 찬사	→	**유우**+을+어+쥐	→	**유**울러쥐
2	**éu**phony	: 쾌음조	→	**유우**+프ᶠ+어+니	→	**유우**퍼ᶠ니
3	**Éu**rope	: 유럽	→	**유우**+루+어+프	→	**유우**뤞
4	**Éu**clid	: 유클리드	→	**유우**+크+을+이+드	→	**유우**클릳

이중모음 제4법칙

고유의 기본 소리와 알파벳 이름 소리와는 전혀 다른 소리가 난다.

1. [-oo-]는 [w]의 기본 소리인 '우' 소리를 길게 '우우' 하며 발음한다.
2. [-ook] 형태의 단어에서 [-oo-]는 '우'로 짧게 발음한다.
3. [-ew]에서 [e]는 사잇소리 [j]로, [w]의 기본 소리 '우'와 합쳐 [-ew]는 '유우'로 발음한다.
4. [-lew-], [-rew-] 형태의 [-ew-]는 '우우'로 소리 난다.
5. [eu-]에서 [e]는 사잇소리 [j]로, [u]의 '우'와 합쳐 [eu-]는 '유우'로 발음한다.

종합 복습 (Total Review)

이제 우리는 이중모음의 소리 법칙을 배웠습니다. 이제 'Step 5'로 넘어가기 전에 이중모음의 4가지 법칙과 그에 관련된 단어들을 가급적이면 많이 정리했습니다. 앞에서 익힌 방법들을 상기하면서 마지막으로 입과 귀에 익숙하게 만드는 여러분의 '스스로 학습' 시간입니다. 'Don't give up! Don't give up! Never give up!' '포기하지 마라! 포기하지 마라! 절대로 포기하지 마라!'라는 말을 남기고 싶네요.
그리고 'Practice is the best master.(연습은 최고의 교사.)'라는 말도 꼭 암기하세요.

이중모음 제1법칙

첫 번째 모음을 알파벳 이름 소리로 길게 발음하고 두 번째 모음은 발음하지 않는다.

- 이이 : [**-ee-**], [**-ea-**], [**-ei-**], [**-eo-**]
- 에이 : [**-ai-**], [**-ay**]
- 오우 : [**-oa-**], [**-ow**]
- 이어r : [**-ear**], [**-eer**]

1 -ee-, -ea-, -ei-, -eo- [이이]의 소리를 찾아서

[-ee-]

두 번째 모음 [e]는 묵음(默音)이며, 첫 번째 모음 [e]의 알파벳 이름 소리 '이이'로 발음한다.

● −이이(−ee)

b**ee** 꿀벌	f**ee** 사례금	p**ee** 쉬하다	s**ee** 보다	t**ee** T자
w**ee** 작은	fr**ee** 자유로운	kn**ee** 무릎	th**ee** 너에게	tr**ee** 나무
agr**ée** 동의하다	degr**ée** 등급	fores**ée** 예견하다	trust**ée** 피신탁인	cárefr**èe** 근심이 없는
disagr**ée** 의견이 다르다	employ**ée** 종업원			

● −이이드(−eed)

d**eed** 행위	f**eed** 먹이다	h**eed** 주의하다	n**ee**d**d** 필요하다	r**eed** 갈대
s**eed** 씨	w**eed** 잡초	bl**eed** 출혈하다	br**eed** 양육하다	cr**eed** 신조
sp**eed** 속력	st**eed** 말	ind**éed** 정말	exc**éed** 넘다	séaw**èed** 해초
succ**éed** 성공하다				

● −이잌(−eek)

p**eek** 살짝 들여다보다	r**eek** 김	s**eek** 찾다	w**eek** 주	ch**eek** 뺨
cr**eek** 작은 내	Gr**eek** 그리스 사람	sl**eek** 매끄러운		

● −이일(−eel)

f**eel** 느끼다	h**eel** 발뒤꿈치	k**eel** 용골	p**eel** 껍질	r**eel** 얼레
kn**eel** 무릎을 꿇다	st**eel** 강철	wh**eel** 바퀴		

● –이임(–eem)

d**eem** 생각하다	s**eem** –같다	t**eem** 충만하다	est**éem** 존중하다	

● –이인(–een)

b**een** be의 과거분사	k**een** 날카로운	s**een** see의 과거분사	t**een** 10대	gr**een** 녹색의
qu**een** 여왕	pr**een** 몸치장하다	sh**een** 광채	scr**een** 칸막이	betw**éen** –사이에
évergr**èen** 상록의				

● –이잎(–eep)

b**eep** 삑 소리	d**eep** 깊은	j**eep** 지프차	k**eep** 유지하다	p**eep** 엿보다
w**eep** 울다	ch**eep** 삐악삐악	cr**eep** 기다	sl**eep** 잠자다	st**eep** 가파른
sw**eep** 청소하다				

● –이잍(–eet)

b**eet** 사탕무	f**eet** 발들	m**eet** 만나다	fl**eet** 함대	gr**eet** 인사하다
sh**eet** 시트	str**eet** 거리	sw**eet** 달콤한	tw**eet** 지저귀다	

[–ea–]

두 번째 모음 [a]는 묵음(ᵣ音)이며, 첫 번째 모음 [e]의 알파벳 이름 소리 '이ᵢ'로 발음한다.

● –이읻(–ead)

b**ead** 구슬	l**ead** 이끌다	r**ead** 읽다	kn**ead** 반죽하다	pl**ead** 변호하다

● –이이취(–each)

each 각자	b**each** 바닷가	p**each** 복숭아	r**each** 도착하다	t**each** 가르치다

● –이잌(–eak)

b**eak** 부리	l**eak** 새다	p**eak** 산꼭대기	w**eak** 약한	bl**eak** 황량한
cr**eak** 삐걱소리	sp**eak** 말하다	sn**eak** 살금살금 들어오다	tw**eak** 비틀다	wr**eak** 벌을 주다
squ**eak** 찍찍 울다	str**eak** 경향			

● –이일(–eal)

d**eal** 분배하다	h**eal** 고치다	m**eal** 식사	p**eal** 울림	s**eal** 도장
v**eal** 송아지 고기	z**eal** 열성	st**eal** 훔치다	app**éal** 애원하다	conc**éal** 숨기다
rev**éal** 드러내다				

● –이임(–eam)

b**eam** 광선	s**eam** 솔기	t**eam** 그룹	cr**eam** 크림	dr**eam** 꿈
gl**eam** 어스름한 빛	scr**eam** 소리치다			

● –이인(–ean)

b**ean** 콩	d**ean** 학장	j**ean** 진바지	l**ean** 기대다	m**ean** 의미하다
cl**ean** 청결한				

● –이잎(–eap)

h**eap** 더미	l**eap** 껑충 뛰다	n**eap** 소조	r**eap** 수확하다	ch**eap** 값이 싼

● –이일(–eat)

eat 먹다	b**eat** 치다	f**eat** 업적	h**eat** 더위	m**eat** 고기
n**eat** 산뜻한	s**eat** 좌석	ch**eat** 속이다	cl**eat** 미끄럼막이	tr**eat** 취급하다
rep**éat** 되풀이하다	entr**éat** 간청하다	retr**éat** 퇴각		

● –이이스뜨(–east)

east 동쪽	b**east** 짐승	f**east** 축연	l**east** 가장 작은	

[–ei–]

두 번째 모음 [i]는 묵음(默音)이며, 첫 번째 모음 [e]의 알파벳 이름 소리 '이이'로 발음한다.

éither 어느 쪽	n**éi**ther 어느 쪽도 아니다	conc**éi**ve 상상하다	dec**éi**ve 속이다	perc**éi**ve 감지하다
rec**éi**ve 받다	conc**éi**t 자만	dec**éi**t 속이기		

[-eo-]

두 번째 모음 [o]는 묵음(默音)이며, 첫 번째 모음 [e]의 알파벳 이름 소리 '이이'로 발음한다.

péople 국민				

2 -ai-, -ay [에이]의 소리를 찾아서

[-ai-]

두 번째 모음 [i]는 묵음(默音)이며, 첫 번째 모음 [a]의 알파벳 이름 소리 '에이'로 발음한다.

● -에이드(-aid)

aid 돕다	p**aid** 유급의	r**aid** 습격	br**aid** 꼰 끈	afr**aid** 두려운

● -에인(-ain)

f**ain** 기꺼이	g**ain** 얻다	l**ain** lie의 과거분사	m**ain** 주요한	p**ain** 고통
r**ain** 비	v**ain** 헛된	ag**ain** 다시	br**ain** 뇌	ch**ain** 쇠사슬
dr**ain** 배수하다	gr**ain** 곡물	pl**ain** 평범한	st**ain** 얼룩	tr**ain** 기차
spr**ain** 삐다	str**ain** 잡아당기다	att**áin** 달성하다	det**áin** 보류하다	dom**áin** 영토
obt**áin** 얻다	ord**áin** 규정하다	refr**áin** 그만두다	reg**áin** 되찾다	rem**áin** 남다

ret**áin** 보류하다	abst**áin** 절제하다	cont**áin** 포함하다	disd**áin** 경멸하다	expl**áin** 설명하다
pert**áin** 속하다	sust**áin** 견디다	compl**áin** 불평하다	maint**áin** 유지하다	restr**áin** 제지하다
constr**áin** 억지로 시키다	èntert**áin** 즐겁게 하다			

● –에인트(–aint)

f**aint** 희미한	p**aint** 칠하다	s**aint** 성인	t**aint** 얼룩	

● –에일(–ail)

ail 고민	b**ail** 보석금	f**ail** 실패하다	h**ail** 우박	j**ail** 감옥
m**ail** 우편	n**ail** 손톱	qu**ail** 메추리	r**ail** 레일	s**ail** 돛
t**ail** 꼬리	w**ail** 울부짖다	fr**ail** 무른	tr**ail** 흔적	av**áil** 유용하다
tr**ail** 흔적	ass**áil** 맹렬히 공격하다	bew**áil** 애통하다	det**áil** 세부	ent**áil** 수반하다
rèt**ail** 소매	curt**áil** 줄이다	prev**áil** 이기다	trav**áil** 산고	cóckt**àil** 칵테일

● –에잍(–ait)

b**ait** 유혹	g**ait** 걷는 모양	w**ait** 기다리다	aw**áit** 기다리다	

[–ay]

두 번째 모음 [y]는 묵음(黙音)이며, 첫 번째 모음 [a]의 알파벳 이름 소리 '에이'로 발음한다.

b**ay** 만	d**ay** 날	f**ay** 요정	g**ay** 명랑한	h**ay** 건초
j**ay** 어치	l**ay** 놓다	M**ay** 5월	n**ay** 아니	p**ay** 지불하다
r**ay** 광선	s**ay** 말하다	w**ay** 길	br**ay** 나귀의 울음	fr**ay** 닳게 하다
gr**ay** 회색	pl**ay** 놀다	pr**ay** 기도하다	sl**ay** 학살하다	st**ay** 머무르다
sw**ay** 흔들리다	spr**ay** 물보라	str**ay** 길을 잃다	aw**áy** 떨어져서	arr**áy** 정렬시키다
éss**ay** 수필	dec**áy** 부패하다	del**áy** 미루다	rel**áy** 교대하다	rep**áy** 갚다
astr**áy** 길을 잃은	betr**áy** 배반하다	displ**áy** 진열하다	dism**áy** 당황	mídd**ày** 정오
portr**áy** 초상화를 그리다				

유의해서 볼 것은 [**-ai-**]는 단어 안에, [**-ay**]는 단어 맨 뒤에 붙여 '에이' 소리를 낸다는 것입니다. 영어 단어에서 [**i**]로 끝나는 단어가 없다는 것을 명심해야 합니다.

3 -oa-, -ow [오우]의 소리를 찾아서

[-oa-]

두 번째 모음 [a]는 묵음(黙音)이며, 첫 번째 모음 [o]의 알파벳 이름 소리 '오우'로 발음한다.

● -오욷(-oad)

g**oad** 막대기	l**oad** 짐을 싣다	r**oad** 길	br**oad** 넓은	br**óad**càst 방송하다

● −오욱(−oak)

cl**oak** 외투	cr**oak** 개굴개굴 울다	s**oak** 젖다		

● −오울(−oal), −오움(−oam), −오운(−oan)

c**oal** 석탄	g**oal** 목표	sh**oal** 얕은 곳	r**oam** 방랑하다	gr**oan** 신음하다
l**oan** 대출	m**oan** 신음 소리			

● −오우스뜨(−oast)

b**oast** 자랑	c**oast** 해안	r**oast** 굽다	t**oast** 토스트	

● −오웉(−oat)

oat 귀리	b**oat** 배	c**oat** 웃옷	g**oat** 염소	m**oat** 해자
bl**oat** 부풀다	fl**oat** 뜨다	gl**oat** 만족해함	thr**oat** 목구멍	

● −오우취(−oach)

br**oach** 브로치	l**oach** 미꾸라지	p**oach** 밀렵하다		

● −오우(−oa−)

oath 맹세	l**oa**th 싫은	l**oa**the 싫어하다	c**oa**x 달래다	h**oa**x 속이다
l**oa**f 덩어리				

[–ow]

두 번째 모음 [w]는 묵음(默音)이며, 첫 번째 모음 [o]의 알파벳 이름 소리 '오우'로 발음한다.

● –오우(–ow)

l**ow** 낮은	m**ow** 갈다	r**ow** 열	s**ow** 뿌리다	t**ow** 잡아당기다
sh**ow** 보이다	élb**ow** 팔꿈치	bl**ow** 불다	fl**ow** 흐르다	gl**ow** 타오르다
sl**ow** 천천히	bel**ów** 아래	kn**ow** 알다	sn**ow** 눈	cr**ow** 까마귀
gr**ow** 자라다	thr**ow** 던지다	st**ow** 싣다	best**ów** 증여하다	búngal**òw** 방갈로
óverfl**òw** 넘치다	óverthr**òw** 뒤엎다			

● –앨로우(–állow)

f**állow** 경작하지 않은	g**állow**s 교수대	h**állow** 신성하게 하다	s**állow** 누르스름한	t**állow** 동물 기름
w**állow** 뒹굴다	sw**állow** 제비	sh**állow** 얕은		

● –엘로우(–éllow)

b**éllow** 큰 소리로 울다	f**éllow** 사람	m**éllow** 익은	y**éllow** 노란색	

● –일로우(–íllow)

b**íllow** 큰 물결	p**íllow** 베개	w**íllow** 버드나무		

● –알로우(–óllow)

f**óllow** 따라가다	h**óllow** 속이 빈			

● –애로우(–árrow)

árrow 화살	bárrow 일륜차	hárrow 써레	márrow 골수	nárrow 좁은	spárrow 참새

● –아로우(–órrow)

bórrow 빌리다	mórrow 그다음 날	sórrow 슬픔	tomórrow 내일	

● –어로우(–urrow)

búrrow 피신처	fúrrow 밭고랑			

● –도우(–dow)

méadow 초원	shádow 그림자	wídow 과부	wíndow 창문	

4 –ear, –eer [이어r]의 소리를 찾아서

[–ear]

[e]를 알파벳 이름 소리 '이'로 발음하고, [ar]는 '어r'로 발음한다.

ear 귀	dear 사랑하는	fear 공포	gear 기어	hear 듣다
Lear 리어왕	near 가까운	rear 뒤	sear 태우다	tear 눈물
year 년	clear 맑은	shear 베다	smear 바르다	spear 창
appéar 나타나다	endéar 사랑받게 하다	beard 수염		

[-eer]

[e]를 알파벳 이름 소리 '이'로 발음하고, [er]는 '어r'로 발음한다.

beer 맥주	deer 사슴	jeer 조롱하다	leer 추파를 던지다	peer 자세히 보다
veer 방향을 바꾸다	cheer 격려	queer 기묘한	sheer 얇은	sneer 비웃다
steer 조종하다				

이렇게도 소리가 나요!

[-ea-]

두 번째 모음 [a]는 소리가 없는 묵음(默音)이며, 첫 번째 모음 [e]를 기본 발음 '에'로 발음한다. {※ [-ea-]가 '에'로 발음되는 경우는 [-ead] 형태의 단어들임.}

dead 죽은	head 머리	ahéad 앞쪽	tread 걷다	spread 펴다
thread 실	bread 빵	dread 공포	stead 대신	instéad 그 대신에
méadow 목초지	héavy 무거운			

[-tain]

약모음 [-tain]을 '턴'이나 '튼'이 아닌 콧소리(비음)가 살짝 들어간 '은' 하는 소리로 발음한다.

cértain 확실한	cúrtain 커튼	móuntain 산	fóuntain 분수	

이중모음 제1법칙

첫 번째 모음은 알파벳 이름 소리로 발음하고, 두 번째 모음은 묵음이다.

1. [−ee−], [−ea−], [−ei−], [−eo−]는 두 번째 모음 [e, a, i, o]가 묵음(┌音)이고, 대신 첫 번째 모음 [e]를 알파벳 이름 소리 '이이'로 발음한다.
2. [−ai−], [−ay]는 두 번째 모음 [i, y]가 묵음(┌音)이고, 대신 첫 번째 모음 [a]를 알파벳 이름 소리 '에이'로 발음한다.
3. [−oa−], [−ow]는 두 번째 모음 [a, w]가 묵음(┌音)이고, 대신 첫 번째 모음 [o]를 알파벳 이름 소리 '오우'로 발음한다.
4. [−ear], [−eer]는 [e]를 알파벳 이름 소리 '이'로, [ar]과 [er]은 '어'로 발음하여, '이어'로 발음한다.

이중모음 제2법칙

첫 번째 모음은 발음하지 않고, 두 번째 모음을 알파벳 이름 소리로 길게 발음한다.

- 에이 : [**-ea-**]
- 이이 : [**-ie-**]

5 −ea− [에이]의 소리를 찾아서

[−ea−]

첫 번째 모음 [e]는 묵음(┌音)이며, 두 번째 모음 [a]를 알파벳 이름 소리 '에이'로 발음한다.

great 위대한	break 깨트리다	steak 스테이크	óutbreàk 폭동	

{※ [-ea-]가 '에이'로 발음되는 경우는 [-eak]와 [-eat] 형태의 단어들임.}

6 -ie- [이이]의 소리를 찾아서

[-ie-]

첫 번째 모음 [i]는 묵음(г音)이며, 두 번째 모음 [e]를 알파벳 이름 소리 '이이'로 발음한다.

chief 추장	thief 도둑	brief 간결한	belief 믿음	grief 슬픔
relief 구제	mischief 장난	field 들판	shield 방패	wield 휘두르다
yield 양보하다	belíeve 믿다	gríeve 슬프게 하다	relíeve 덜다	achíeve 달성하다
fiend 마귀	siege 포위공격	besíege 포위하다	cóokie 쿠키	niece 조카딸
piece 조각	shriek 비명			

이렇게도 소리가 나요!

단어 끝소리 [-ie] : 두 번째 모음 [e]가 묵음(г音)이고, 대신 첫 번째 모음 [i]를 알파벳 이름 소리 '아이'로 발음한다. {※ 이중모음 제1법칙에 적용됨.}

die 죽다	hie 서두르다	lie 거짓말하다	pie 파이	tie 매다	vie 경합하다

이중모음 제2법칙

첫 번째 모음이 묵음이고, 두 번째 모음을 알파벳 이름 소리로 발음한다.

1. [–ea–]는 첫 번째 모음 [e]가 묵음(r음)이고, 대신 두 번째 모음 [a]를 알파벳 이름 소리 '에이'로 발음한다.
2. [–ie–]는 첫 번째 모음 [i]가 묵음(r음)이고, 대신 두 번째 모음 [e]를 알파벳 이름 소리 '이이'로 발음한다.

이중모음 제3법칙

이중모음이 아닌 각각의 어절로 나눠 발음한다.

- 에어r : [-**ear**]
- 에이 : [-**ey**]
- 오어r : [-**oar**]
- 아우 : [-**ou**-], [-**ow**-]

7 –ear [에어r]의 소리를 찾아서

[–ear]

[-**ea**-]를 이중모음으로 보는 것이 아니라 [**e**]에 강세를 주어 '에'로 발음하고, [**ar**]는 강세가 없어 '어r'로 발음한다. 따라서 [-**ear**]는 '에어r'로 소리가 난다.

bear 곰	pear 배	tear 찢다	wear 입다	swear 맹세하다
fórbèar 억제하다	únderwèar 속옷			

'이어r'와 '에어r'소리 단어의 비교

● -이어r(-ear)

ear 귀	dear 사랑하는	fear 공포	gear 기어	hear 듣다
Lear 리어 왕	near 가까운	rear 뒤	sear 태우다	tear 눈물
year 년	clear 맑은	shear 큰 가위	smear 바르다	spear 창
appéar 나타나다	endéar 사랑받게 하다	beard 수염		

● -에어r(-ear)

bear 곰	pear 배	tear 찢다	wear 입다	swear 맹세하다
fórbèar 억제하다				

8 -ey [에이]의 소리를 찾아서

[-ey]

[-ey]를 이중모음으로 보는 것이 아니라 [e]에 강세를 주어 '에'로 발음하고, [y]는 약한 소리로 '이' 하고 발음한다. 따라서 [-ey]는 '에이'로 소리가 난다.

hey 어이!	ob**éy** 복종하다	pr**ey** 먹이	conv**éy** 나르다	

9 −oar [오어r]의 소리를 찾아서

[−oar]

이중모음 [**-oa-**]와 달리 [**-oar**]에서 [**o**]는 '아'에 가까운 '오'로, [**-ar**]는 강세가 없을 때는 약모음으로 '어r'로 발음한다. 따라서 [**-oar-**]는 '오어r'로 발음한다.

r**oar** 으르렁거리다	b**oar**d 판자	c**oar**se 열등한	h**oar**d 저장	h**oar**se 목이 쉰

10 −ou−, −ow− [아우]의 소리를 찾아서

[−ou−]

[**o**]의 기본 발음 '아'와 [**u**]의 소리 '우'를 합쳐서 [**-ou-**]는 '아우'로 발음한다.

● −아우(−ou)

ouch 아얏	c**ou**ch 긴 의자	v**ou**ch −을 보증하다	av**óu**ch 단언하다	

● −아우스(즈)(−ouse)

h**ouse** 집	m**ouse** 생쥐	r**ouse** 깨우다	ar**óuse** 깨우다	

● –아울(–oud)

l**oud** 시끄러운	al**oud** 큰 소리로	cl**oud** 구름	shr**oud** 수의	

● –아울(–out)

out 밖으로	b**out** 시합	p**out** 입을 삐죽 내밀다	r**out** 폭도	t**out** 손님을 끌다
cl**out** 세게 때리다	sc**out** 척후	sh**out** 외치다	sn**out** 동물의 코	sp**out** 뿜다
spr**out** 싹이 트다	st**out** 튼튼한	tr**out** 송어	ab**óut** 관하여	dev**óut** 믿음이 깊은
with**óut** 없이				

● –아운(드)(–ound)

b**ound** 묶인	f**ound** 발견했다	h**ound** 사냥개	m**ound** 흙무덤	p**ound** 파운드
r**ound** 둥근	s**ound** 소리	w**ound** 감았다	gr**ound** 땅	ar**óund** 주위에
conf**óu**n**nd** 혼동하다	reb**óund** 되튀다	surr**óund** 에워싸다	báckgr**òund** 배경	

● –아운(트)(–ount)

c**ount** 세다	disc**óunt** 할인하다	acc**óunt** 계산	m**ount** 오르다	dism**óunt** 내리다
surm**óunt** 극복하다				

[–ow–]

[**o**]의 기본 발음 '아'와 [**w**]의 소리 '우'를 합쳐서 [-**ow**-]는 '아우'로 발음한다.

● −아우(−ow)

b**ow** 절하다	c**ow** 젖소	h**ow** 어떻게	n**ow** 지금	v**ow** 맹세
w**ow** 와!	br**ow** 이마	pl**ow** 쟁기	av**ów** 공언하다	all**ów** 허락하다
end**ów** 재산을 증여하다				

● −아우어(−ower)

p**ówer** 힘	t**ówer** 탑	fl**ówer** 꽃	sh**ówer** 소나기	

● −아운(−own)

br**own** 갈색의	cl**own** 촌뜨기	cr**own** 왕관	dr**own** 익사하다	fr**own** 찡그린 얼굴

이중모음 제3법칙

이중모음이 아닌 각각의 어절로 나눠 발음한다.

1. [−ear]는 [e]에 강세를 주어 '에'로 발음하고, [ar]는 강세가 없어 '어'로 발음한다. 따라서 [−ear]는 '에어'로 소리가 난다.
2. [−ey]는 [e]에 강세를 주어 '에'로 발음하고, [y]는 약한 소리로 '이' 하고 발음한다. 따라서 [−ey]는 '에이'로 소리가 난다.
3. [−oar]는 [o]는 '아'에 가까운 '오'로, [ar]는 강세가 없을 때는 '어'로 발음한다. 따라서 [−oar−]는 '오어'로 발음한다.
4. [−ou−]는 [o]의 기본 발음 '아'와 [u]의 소리 '우'를 합쳐서 '아우'로 발음한다.
5. [−ow−]는 [o]의 기본 발음 '아'와 [w]의 소리 '우'를 합쳐서 '아우'로 발음한다.

이중모음 제4법칙

고유의 기본 소리와 알파벳 이름 소리와는 전혀 다른 소리가 난다.

- 우우, 우 : [-**oo**-]
- 유우 : [-**ew**], [**eu**-]

11 -oo- [우우, 우]의 소리를 찾아서

[-oo-]는 [w]의 기본 소리인 '우' 소리를 길게 '우우' 하며 발음한다. {[-oo-] 위 절반을 지우면 [u] 두 개를 붙여 놓은 모습 [uu]는 마치 [w]와 비슷한 모습}

● -우욷(-ood)

f**ood** 음식	g**ood** 좋은	h**ood** 두건	m**ood** 분위기	w**ood** 나무
br**ood** 알을 품다	st**ood** 서 있다			

● -우웊f(-oof), -우웊(-oop)

g**oof** 버릇없는 자	h**oop** 굴렁쇠	l**oop** 고리	p**oop** 바보	sn**oop** 배회하다
wh**oop** 와아 환성	dr**oop** 시들다			

● -우울(-ool)

c**ool** 시원한	f**ool** 바보	p**ool** 수영장	t**ool** 연장	w**ool** 양모
sch**ool** 학교	st**ool** 걸상			

● -우움(-oom)

b**oom** 벼락경기	d**oom** 운명	l**oom** 베틀	r**oom** 방	z**oom** 급격히 확대하다
bl**oom** 꽃이 피다	br**oom** 비	gl**oom** 어둠침침한	gr**oom** 신랑	múshr**oom** 버섯

● -우운(-oon)

b**oon** 혜택	g**oon** 얼간이	l**oon** 부랑자	m**oon** 달	n**oon** 정오
s**oon** 곧	cart**óon** 만화	sp**oon** 숟가락	sw**oon** 기절하다	mar**óon** 유배인
cr**oon** 읊조리다	plat**óon** 소대	sal**óon** 응접실	ball**óon** 풍선	

● -우울(-oot)

b**oot** 장화	h**oot** 부엉부엉 울다	l**oot** 전리품	sh**oot** 쏘다	m**oot** 의제로 삼다
r**oot** 뿌리	s**oot** 그을음	t**oot** 뚜우뚜우 울리다	sc**oot** 내닫다	

※ 단 'foot'은 짧게 '우' 하고 발음한다.

[-ook] 형태의 단어에서 [-oo-]는 '우'로 짧게 발음한다.

b**ook** 책	c**ook** 요리사	h**ook** 갈고리	l**ook** 보다	r**ook** 야바위꾼
t**ook** take의 과거	sh**ook** shake의 과거	br**ook** 참다	cr**ook** 구부리다	óutl**òok** 경치
óverl**òok** 내려다보다				

[-oo-] 형태의 단어가 '어'로 소리가 나는 극히 드문 단어

bl**oo**d	: 피	→	블**러**드
fl**oo**d	: 홍수	→	플**러**드

12 -ew, eu- [유우]의 소리를 찾아서

[-ew]

[e]는 사잇소리 [j]로, [w]의 기본 소리 '우'와 합쳐 [-ew]는 '유우'로 발음한다.

d**ew** 이슬	f**ew** 적은	h**ew** 자르다	J**ew** 유대인	m**ew** 야옹
n**ew** 새로운	ch**ew** 씹다	st**ew** 약한 불로 끓이다	vi**ew** 경치	sín**ew** 근육
ren**éw** 갱신하다	revi**ew** 다시 봄	ínterv**iew** 면접	néph**ew** 조카	

[-**lew**], [-**rew**] 형태의 [-**ew**]는 '우우'로 소리 난다.

fl**ew** 날았다	br**ew** 양조하다	cr**ew** 승무원	dr**ew** 당겼다	scr**ew** 나사
str**ew** 뿌리다				

[eu-]

[e]는 사잇소리 [j]로, [u]의 '우' 소리와 합쳐 [eu-]는 '유우'로 발음한다.

éulogy 찬사	**éu**phony 쾌음조	**Éu**rope 유럽	**Éu**clid 유클리드	

이중모음 제4법칙

고유의 기본 소리와 알파벳 이름 소리와는 전혀 다른 소리가 난다.

1. [–oo–]는 [w]의 기본 소리인 '우' 소리를 길게 '우우' 하며 발음한다.
2. [–ook] 형태의 단어에서 [–oo–]는 '우'로 짧게 발음한다.
3. [–ew]에서 [e]는 사잇소리 [j]로, [w]의 기본 소리 '우'와 합쳐 [–ew]는 '유우'로 발음한다.
4. [–lew], [–rew] 형태의 [–ew]는 '우우'로 소리 난다.
5. [eu–]에서 [e]는 사잇소리 [j]로, [u]의 '우'와 합쳐 [eu–]는 '유우'로 발음한다.

앞에서 Rhyme(운)를 이용하여 많은 단어들의 발음과 뜻을 익혔지요. 하지만 기억을 하는 데는 다소 어려움이 발생할 수 있지요. 따라서 주어진 단어들을 '연상법'처럼 Story(이야기)로 만들어 놓으면 오래 기억된다는 것을 수업시간을 통해 확인했습니다. 따라서 아래에 두 가지 방법을 예로 제시합니다. 참고로 하셔서 이 책에 나오는 많은 단어들을 쉽게 암기하기 바라요. 아래 단어 암기법은 이강석 저「컨츄리보이 영단어」와「특허받은 영단어 학습법」을 참고했습니다.

Making Imaginary Story(연상법)

말(steed)을 양육할(breed)때 잡초(weed)와 같이 풀이 아닌 고기를 먹이는(feed) 행위(deed)는 정말(indéed) 주의할(heed) 필요가 있다(need)

두 단어의 뜻을 연관시켜 암기하기

'궁전(palace)은 왕족이 사는 장소(place)이고요, 살면서 주먹(fist)이 먼저(first) 나가면 큰일이지요. 또 검은색(black)은 빛이 부족해(lack) 생기는 현상이지요. 친구(friend)는 잘못 사귀면 마귀(fiend)가 되기도 하고, 펜(pen) 뚜껑은 열어야(open) 쓰지요. 그리고 옛날에는 아침에 수탉(cock)이 시계(clock) 대신 아침을 알렸죠?' 이렇게 두 단어를 관련지어 뜻을 연상하면 쉽게 잊어버리지 않겠죠?

참고자료 FINDING ANOTHER WORDS IN A WORD

'시작하다'라는 단어 'Start'에는 star(별)와 art(예술)라는 단어가 숨어 있어요. 또 '알다'라는 단어 'know'에는 'now(지금)'라는 단어가 숨어 있고요. 우리가 알고 있는 단어에는 이와 같은 또 다른 단어가 숨어 있는 경우가 많습니다. 아래 예를 볼까요?

Example 1

1. **Palace** : ace(최고의), lace(가장자리 장식), place(장소)
2. **smother** : other(다른), mother(어머니), moth(나방), smother(질식시키다)
3. **appearance** : ear(귀), pear(배), appear(나타나다)
4. **please** : ease(안락), lease(임대)
5. **teacher** : each(각자), ache(아프다), tea(차) teach(가르치다)
6. **advice** : ad(광고), vice(악덕), ice(얼음)
7. **feel** : eel(뱀장어)
8. **believe** : be(be동사), lie(거짓말), eve(전야)
9. **battery** : bat(박쥐), batter(반죽)
10. **danger** : anger(노염, 화), dan(부표)

Example 2 : 다음 단어에는 어떤 단어가 숨어 있을까요?

1. plant(식물) : ________(계획), ________(개미)
2. wallet(지갑) : ________(벽), ________(모든), ________(시키다)
3. carrot(당근) : ________(차), ________(썩다)
4. museum(박물관) : ________(사용하다), ________(명상하다)

5. address(주소) : ________(추가하다), _______(옷)

6. plane(비행기) : ________(차로), _______(계획)

7. charm(매력) : ________(팔), _______(해를 주다)

8. example (예) : ________(시험), _______(충분한)

9. afraid(두려운) : ________(습격하다), _______(도움)

Example 3 : 다음 질문에 답해 볼까요?

1. What do your students usually pro**test** and de**test**? → ____________________

2. What bug does your **moth**er dislike? → ____________________

3. When and who do kidnappers usually **kidnap**? → ____________________

4. We can h**ear** something with this. What is it? → ____________________

ANSWER

Example 2

01 plan, ant

02 wall, all, let

03 car, rot

04 use, muse

05 add, dress

06 lane, plan

07 arm, harm

08 exam, ample

09 raid, aid

Example 3

01 test(시험)

02 moth(나방)

03 nap(낮잠), 어린아이(kid)

04 ear(귀)

접미사의 소리를 찾아서

접미사를 중심으로 3~4음절 이상, 철자 10개 이상의 긴 단어들의 소리를 학습하도록 구성하였습니다. 이 단계에서는 모음과 모음 사이의 자음의 개수에 따라 모음의 소리가 결정되거나, 겹자음의 유무가 모음의 소리를 결정한다는 것을 배우게 되며, 강세는 음의 높낮이가 아니라 모음의 소리에 영향을 준다는 것과, 접미사의 종류에 따라 강세의 위치가 바뀌며, 결국 모음의 소리가 바뀌고 단어 전체의 소리가 바뀐다는 것을 학습자들이 직접 눈으로 확인하고 학습하도록 구성되었습니다.

암기할 접미사

- [-**ful**], [-**less**], [-**ness**], [-**ment**], [-**able**], [-**ible**], [-**ìsm**], [-**ture**], [-**sure**], [-**ìze**], [-**shìp**], [-**a**(**e**)**nt**], [-**a**(**e**)**nce**]
- [-**ion**], [-**ity**], [-**ic**], [-**ical**], [-**ólogy**]
- [-**ous**], [-**fỳ**], [-**àte**], [-**al**], [-**àry**] , [-**ar**]

발성법 | 소리를 어떻게 낼까요?

01 [-**ful**]은 '**f**(프f)+**u**(어)+**l**(을)=펄f'로 소리가 나며, [**u**]는 약모음으로 약하게 흘려 발음한다.

02 [-**less**]는 '**l**(을)+**e**(이)+**ss**(쓰)=리쓰'로 소리가 나며, [**e**]는 약모음으로 약하게 흘려 발음한다.

03 [-**ness**]는 '**n**(은)+**e**(이)+**ss**(쓰)=니쓰'로 소리가 나며, [**e**]는 약모음으로 약하게 흘려 발음한다.

04 [-**ment**]는 '**m**(음)+**e**(어)+**n**(은)+**t**(트)=먼(트)'로 소리가 나며, [**e**]는 약모음으로 약하게 흘려 발음한다.

05 [-**able**], [-**ible**]은 '**a**, **i**(어)+**b**(브)+**le**(을)=어블'로 발음하며, [**a**], [**i**]는 약모음으로 흘려 발음한다.

06 [-**ìsm**]은 '**ì**(이)+**s**(즈)+**m**(음)=이즘'으로 소리가 나며, [**ì**]는 강모음으로 강하게 발음한다.

07 [-**ture**]는 '**t**(추)+**ure**(어r)=춰r'로 소리가 나며, [**t**]는 [**ch**-]와 같은 소리가 난다.

08 [-**sure**]는 '**s**(주)+**ure**(어r)=줘r'로 소리가 나며, [**s**]는 [**j**]와 같은 소리가 난다.

09 [-**ìze**]는 '**ì**(아이)+**ze**(즈)=아이즈'로 소리가 나며, [**ì**]는 강모음으로 강하게 발음

한다.

10 [-shìp]은 'sh(쉬)+ì(이)+p(프)=슆'으로 소리가 나며, [ì]는 강모음으로 강하게 발음한다.

11 [-ant]와 [-ent]는 'a, e(어)+n(은)+t(트)=언(트)'로, [a], [e]는 약모음으로 흘려 발음한다.

12 [-ance]와 [-ence]는 둘 다 'a, e(어)+n(은)+ce(쓰)=언쓰'로 약하게 흘리듯 발음 한다.

13 [-shion]과 [-ssion]은 둘 다 'sh, ss(쉬)+io(여)+n(은)=션'으로 약하게 흘리듯 발음한다.

14 [-tion]은 't(쉬)+io(여)+n(은)=션'으로 약하게 흘리듯 발음하며 앞 모음에 강세가 온다.

15 [-sion]은 's(주)+io(여)+n(은)=젼'으로 약하게 흘리듯 발음하며 앞 모음에 강세가 온다.

16 [-ity]와 [-ety]는 'i, e(어)+t(트)+y(이)=어티'로 약하게 흘리듯 발음하며 앞 모음에 강세가 온다.

17 [-ic]과 [-ical]은 'i(이)+c(크)=잌'과, 'i(이)+c(크)+a(어)+l(을)=이컬'로 약하게 흘리듯 발음한다.

18 [-ólogy]는 'ó(아)+l(을)+o(어)+g(즈)+y(이)=알러쥐'로 발음하며 [ó]는 강모음으로 강하게 발음한다.

19 [-ous]는 'o(묵음)+u(어)+s(쓰)=어쓰'로 약하게 흘려 발음하며, 2음절 앞 모음에 강세가 온다.

20 [-fỳ]는 'f(프f)+ỳ(아이)=파f이'로 강하게 발음하는 강모음으로, 2음절 앞 모음에 강세가 온다.

21 [-àte]은 'a(에이)+t(트)+e(묵음)=에잍'으로 발음하는 강모음으로, 2음절 앞 모음

에 강세가 온다.

22 [-**al**]은 '**a**(어)+**l**(을)=을(얼)'로 약하게 흘리듯 발음하며, 2음절 앞 모음에 강세가 온다.

23 [-**àry**]는 '**à**(애)+**r**(루)+**y**(이)=애뤼'로 강하게 발음하며, 2음절 앞 모음에 강세가 온다.

24 [-**ar**]는 '**a**(어)+**r**(어)=-어ʳ'로 혀를 구부리면서 약하게 흘려서 발음한다.

접미사의 소리를 찾아서

한자에 '벌레 충(虫)' 자가 있지요? 그런데, '나비 접(蝶), 뱀 사(蛇), 개구리 와(蛙), 벌 봉(蜂)'과 같이 굉장히 많은 한자에는 이 '벌레 충(虫)'이 붙어 있어요. 그리고 이 충(虫) 자가 붙어 있는 단어는 공통적으로 '벌레'나 '곤충'을 뜻하죠. 이렇게 어근(語根)에 해당되는 단어 왼쪽에 붙여 뜻을 확대시켜 주는 것을 한자에서 '변(邊)'이라고 하지요. 그럼, '칼날 인(刃), 칼 검(劍), 벨 할(割), 끊을 절(切)'이라는 한자에 공통적으로 들어간 글자체가 보이죠? '도(刂)' 자예요. '칼 도(刀)' 자의 변형인데, 어근(語根)에 해당되는 단어 오른쪽에 붙어 있죠? 이와 같이 오른쪽에 붙어 있으면 '방(防)'이라고 부릅니다.

'꽃 화(花), 풀 초(草), 차 다(茶) 잎 엽(葉)'에는 어떤 공통점이 있나요? 맞아요! 어근에 해당되는 단어 위에 '풀 초(艹)' 자를 붙여 '식물'을 뜻하는 단어를 만들었어요. 이렇게 어근 위에 붙여 쓴 글자를 '머리'라고 부릅니다. 그럼, 어근의 아래에 붙여 쓰는 경우도 있나요? 물론, 있지요. 마음을 나타내는 '심(心)' 자의 경우를 보면, '뜻 지(志), 잊을 망(忘), 충성 충(忠), 생각 념(念)'과 같이 어근(root) 아래쪽에 붙어 있는 것이 보일 거예요. 이렇게 아래쪽에 붙여 쓴 글자는 '받침'이라고 불러요.

이렇게 한자는 어근(語根)에 해당되는 단어 앞, 뒤, 위, 아래에 공통된 글자를 붙여 다양한 뜻의 글자를 만들어 냅니다. 따라서 한자를 공부할 때 '부수(部首)'를 이해하려고 노력하면 할수록 더 쉽고 빠르고 효과적으로 공부할 수 있다는 것을 명심하세요.

그런데 왜 갑자기 뚱딴지같이 한자를 이야기하는지 궁금하시죠? 그것은 우리가 지금부터 배울 'Step 5, 6'에 나오는 영어 단어들이 한자의 이런 원리와 같다는 것을 암시하려는 의도이지요. 즉, 영어 단어에도 첫째, '순수 단어(word)' 혹은 '어근(root)'으로만 순수하게 이루어진 단어와, 둘째, 순수 단어인 어근의 앞과 뒤에 어떤 것들이 첨가되어 만들어진 '복합적인 단어' 형태의 두 가지 종류가 있어요. 다만 차이점은 한자는 어근의 앞, 뒤, 위, 아래에 첨가하여 4가지 형태로 글자를 만들지만, 영어는 어근의 앞과 뒤에만 붙인다는 것이지요. 이때 어근의 앞에 붙어 있는 것은 한자의 '머리 두(頭)' 자를 써서 '접두사(prefix)'라 하고, 어근의 뒤에 붙어 있는 것은 한자의 '꼬리 미(尾)' 자를 써서 '접미사(suffix)'라고 합니다. 예를 들면 'unhappy'라는 단어는 '행복한'이라는 단어 'happy' 앞에 '아니다'라는 부정의 뜻을 담고 있는 [un-]이라는 철자가 붙어 있지요? 이 [un-]은 'happy' 앞에 붙어 있으니까 '접두사(prefix)'라고 하고, 뜻이 '행복한(happy)'에서 '불행한(unhappy)'으로 변합니다. 반면에 'happiness'라는 단어는 '행복한'이라는 단어 'happy' 뒤에 [-ness]라는 철자를 붙여 만들어진 단어이지요. 따라서 이 [-ness]는 'happy' 뒤에 붙어 있으니까 '접미사(suffix)'라고 칭하며, 이 접미사의 역할은 그 어근의 뜻을 바꿔 주는 것이 아니라 '행복한'이라는 형용사에서 '행복'이라는 명사로 그 단어의 품사를 바꿔 주는 역할을 하게 되지요. 이렇게 어근(중심 의미) 앞과 뒤에 접두사와 접미사가 주야장천 붙으면서 영어단어가 길어지고 복잡한 구조로 변하게 되는 것이고, 이런 긴 단어를 읽고 암기해야 하는 우리에게는 크나큰 고역일 수밖에 없지요. 우리가 대학을 졸업할 때까지 배워야 할 주요 영어단어 20,000개 중 1/4가량인 약 5000개 단어가 접두사를 갖고 있다고 하니 효율적인 어휘력 향상을 위해서는 결코 무시하고 넘어갈 수 없다는 것을 아시겠지요? 아래의 차트를 보세요. 여러분들의 이해를 돕고자 지금까지 설명한 것을 아래에 간단하게 도식화해 보았습니다. 이해하시겠어요?

kind	→	un 접두사	kind 어근	ness 접미사	→	**un**kind**ness**
친절한		뜻이 바뀜	중심 의미	품사가 바뀜		불친절

정리하자면, 어근의 앞에 붙여 어근(Root)의 뜻을 바꿔 주는 것을 '접두사(prefix)'라고 하고, 어근의 뒤에 붙여 어근(Root)의 품사를 바꿔 주는 것은 '접미사(suffix)'라고 칭한다.'는 것입니다. 하지만 위의 원칙은 절대적이지 않습니다. 앞으로 배우겠지만 접두사 [en-]처럼 뜻과 품사를 바꿔 주는 경우도 있습니다. 간혹 접두사, 접미사는 강세를 두고 발음하지 않는다고 생각하거나, 그렇게 가르치는 영어 교사들도 있지만 강세를 두고 읽는 접미사, 접두사도 있기 때문에 절대적인 원칙이 아님을 알아야 합니다.

그런데 우리가 이 책에서 배우려고 하는 것은 무엇이죠? 맞습니다. 단어의 뜻이나, 그 단어의 어원(語原)을 배우고자 하는 것이 아니지요? 그런 것을 설명하고 가르치는 책은 시중에서 얼마든지 구입할 수 있어요. 우리가 배우고자 하는 것은 이렇게 접두사나 접미사가 붙어서 철자가 10개 이상이 넘는 긴 영어 단어들을 사전의 발음기호에 의존하지 않고 발음하려는 것이지요. 이미 우리는 어근에 해당하는 단어들의 소리 법칙을 익혔습니다. 따라서 'Step 5'에서는 접미사의 소리를, 'Step 6'에서는 접두사의 소리를 공부하려 합니다. 다만 정확한 수치는 아니지만 영어에는 접미사, 접두사가 각각 약 200개 정도가 있다고 합니다. 이 많은 접미사, 접두사를 다 공부하려는 의도는 없습니다. 이 책에서는 '사용 빈도수가 높은 접미사', '강세 위치를 바꾸게 하는 접미사', 그리고 '지금까지 배운 것과 다른 철자의 소리를 담고 있는 접미사'를 선택의 기준으로 삼았고, 기본적인 소리 법칙만으로도 읽을 수 있는 나머지 접미사, 접두사들은 이 장의 끝에 간단하게 정리하는 정도로 구성하였습니다.

그럼, '접미사(suffix)'부터 공부할까요? 먼저 아래에 있는 접미사의 세 가지 특성을 암기하세요.

- 첫째, 접미사는 주로 품사를 바꿔 주는 역할을 한다. [명사, 동사, 형용사, 부사]
- 둘째, 접미사의 모음이 약모음인 경우, 'ㅡ'에 가까운 '어' 혹은 '이'로 흘리듯 약하게 발음한다.
- 셋째, 접미사는 어근의 강세의 위치를 바꿔 주기도 한다.
  (다음에 배울 접미사의 세 가지 법칙 중 제2법칙, 제3법칙에만 해당됩니다.)

위와 같은 특징을 갖고 있는 접미사는 강세 변화에 따라 세 가지 법칙으로 요약될 수 있습니다.

각각의 법칙에 해당되는 접미사들의 철자와 소리를 암기하는 것은 여러분들의 책임이자 의무인 것 아시죠?

◈ 접미사 제1법칙

어근의 강세의 위치에는 아무런 변화가 없다.

- -펄f : [-ful]
- -리쓰 : [-less]
- -니쓰 : [-ness]
- -먼(트) : [-ment]
- -어블 : [-able], [-ible]
- -이즘 : [-ìsm]
- -춰r : [-ture]
- -아이즈 : [-ìze]
- -쉽 : [-shìp]
- -언(트) : [-a(e)nt]
- -언쓰 : [-a(e)nce]

◈ 접미사 제2법칙

해당 접미사 바로 앞의 음절로 강세를 변동시킨다.

- -연 : [-ion]
- -어티 : [-ity]
- -읶, 이컬 : [-ic], [-ical]
- -얼 : [-al]
- -알러쥐 : [-ólogy]

◈ 접미사 제3법칙

해당 접미사 앞의 한 음절 건너서 선행하는 음절로 강세를 변동시킨다.

- -어쓰 : [-ous]
- -파f이 : [-fỳ]
- -에잍 : [-àte]
- -을 : [-al]
- -애뤼 : [-àry]
- -어r : [-ar]

-ful

[-펄f]의 소리를 찾아서

◈ 접미사 제1법칙

어근의 강세의 위치에는 아무런 변화가 없다.

- -펄f : [-ful]
- -리쓰 : [-less]
- -니쓰 : [-ness]
- -먼트 : [-ment]
- -어블 : [-able], [-ible]
- -이즘 : [-ìsm]
- -춰r : [-ture]
- -아이즈 : [-ìze]
- -슆 : [-shìp]
- -언트 : [-a(e)nt]
- -언쓰 : [-a(e)nce]

지금부터 접미사 '제1법칙'을 하나하나 배워 볼 거예요. 영어를 모르는 사람도 알아듣는 영어 소리들이 있어요. 예를 들면, '뷰뤼펄f!' '원더펄f!' 하는 소리요. 바로 이 영어의 끝소리 '-펄f'이 우리가 배우려는 [-**ful**]이라는 접미사입니다. 원래 '가득 찬'이라는 뜻을 가진 'full'이라는 단어에서 나온 접미사지요. 따라서 이 [-**ful**]이 붙은 단어들은 '-이 가득 찬, -의 성질이 있는'이라는 뜻을 담고 있어요.

그럼, 소리를 배워 볼까요? 자음 [f]와 [l]은 앞에서 배운 대로 '프f'와 '을'로 발음하면 되며, 모음 [u]는 접미사의 특징인 강세가 없는 약모음이라 '으'에 가까운 '어'로 약하게 흘려 발음하면 됩니다. 따라서 [-**ful**]은 'f(프f)+u(어)+l(을)=펄f'로 소리를 내면 되지요. 또한, [-**ful**]은 명사 뒤에 붙이는 접미사로 명사를 형용사로 전환시키는 접미사임을 잊지 마세요.

Practice 1 | -펄^{f} [–ful]

ár**ful** (기교 있는)	→	ár(*아^{r}*) · t(트) · **ful**(펄^{f})	→	*아^{r}*+트+펄^{f}	→	*아^{r}*트펄^{f}
áw**ful** (장엄한)	→	áw(오오) · **ful**(펄^{f})	→	오오+펄^{f}	→	오오펄^{f}
háte**ful** (미운)	→	há(헤이) · te(트) · **ful**(펄^{f})	→	헤이+트+펄^{f}	→	헤잍펄^{f}
hópe**ful** (희망찬)	→	hó(호우) · pe(프) · **ful**(펄^{f})	→	호우+프+펄^{f}	→	호웊펄^{f}
láw**ful** (합법적인)	→	láw(로오) · **ful**(펄^{f})	→	로오+펄^{f}	→	로오펄^{f}
páin**ful** (고통스러운)	→	pá(페) · in(인) · **ful**(펄^{f})	→	페+인+펄^{f}	→	페인펄^{f}
skíll**ful** (능숙한)	→	s(스) · kíll(낄) · **ful**(펄^{f})	→	스+낄+펄^{f}	→	스낄펄^{f}
úse**ful** (유용한)	→	ú(유) · se(쓰) · **ful**(펄^{f})	→	유+쓰+펄^{f}	→	유쓰펄^{f}

Practice 2 | -펄^{f} [–ful]

béauti**ful** 아름다운	bláme**ful** 비난받을	blíss**ful** 기쁨에 찬	cáre**ful** 신중한	chánge**ful** 변화가 많은
chéer**ful** 기분 좋은	cólor**ful** 다채로운	fáith**ful** 충실한	féar**ful** 무서운	gráte**ful** 감사하는
hárm**ful** 유해한	héalth**ful** 건강에 좋은	héed**ful** 주의 깊은	hélp**ful** 도움이 되는	jóy**ful** 기쁜
méaning**ful** 의미심장한	péace**ful** 평화로운	sháme**ful** 수치스러운	trúth**ful** 진실한	wónder**ful** 굉장한
bág**ful** 한 자루의 분량	básket**ful** 바구니 가득	cán**ful** 통 가득	cárt**ful** 한 수레 분량	cúp**ful** 컵 가득
désk**ful** 책상 가득	hánd**ful** 손 가득	móuth**ful** 한 입 가득	spóon**ful** 숟가락 가득	

요점정리

1. [–ful]은 'f(프^{f})+u(어)+l(을)=펄^{f}'로 발음하며, [u]는 약모음으로 약하게 흘려 발음한다.
2. [–ful]은 명사의 어근 뒤에 붙여 형용사로 만든다. [명사+ful ☞ 형용사]
3. [–ful]은 '–가득 찬, –이 많은, –의 성질이 있는, 하나 가득한 분량'의 뜻을 담은 접미사다.

-less

[-리쓰]의 소리를 찾아서

[-**ful**]은 '-이 가득 찬, -의 성질이 있는'이라는 뜻을 담고 있는 접미사라고 했지요? 그와 반대로 '-이 없는, -이 빠진'의 뜻이 담겨 있는 접미사가 [-**less**]입니다. 혹시 우리나라 'IMF 경제 위기' 때 실업자가 되어 역이나 공원과 같은 곳에서 먹고 자던 사람들을 언론에서 '홈리스'라고 호칭했던 것을 기억하나요? 바로 'homeless'라는 영어를 그냥 우리 식으로 표기해서 당시에 마구 사용했었지요. 'homeless'는 '집 없는' 사람을 일컫는 말로서 'without(없는)'의 의미이고, 따라서 'homeless'는 'without home'와 동일한 표현임을 잊지 마세요. 그럼, [-**less**]의 소리를 배워 볼까요? 자음 [l]과 [s]는 앞에서 배운 대로 '을'과 '쓰'로 발음하면 되며, 모음 [e]는 접미사의 특징인 강세가 없는 약모음이라 '으'에 가까운 '이'로 약하게 흘려 발음하면 됩니다. 따라서 [-**less**]는 'l(을)+e(이)+ss(쓰)=리쓰'로 소리를 내면 되지요. 명사나 동사의 어근에 붙여 형용사로 품사를 전환시켜 주는 역할을 하는 접미사이지요.

Practice | -리쓰 [-less]

árt**less** (기교 없는)	→	ár(아r) · t(트) · **less**(리쓰)	→	아r+트+**리쓰**	아r틀**리쓰**
blúsh**less** (철면피한)	→	blú(블러) · sh(쉬) · **less**(리쓰)	→	블+러+쉬+**리쓰**	블러쉬**리쓰**
bráin**less**머리가 나쁜)	→	brá(브뤠) · in(인) · **less**(리쓰)	→	브뤠+인+**리쓰**	브뤠인**리쓰**

én**less** (끝없는)	→	én(엔) · d(드) · **less**(리쓰)	→	엔+드+**리쓰**	엔들**리쓰**
háir**less** (털이 없는)	→	há(헤) · ir(어^r) · **less**(리쓰)	→	헤+어^r+**리쓰**	헤어^r**리쓰**
hóme**less** (집 없는)	→	hó(호우) · me(음) · **less**(리쓰)	→	호우+음+**리쓰**	호움**리쓰**
lúck**less** (불운한)	→	lú(러) · ck(크) · **less**(리쓰)	→	러+크+**리쓰**	럭**리쓰**
náme**less** (이름 없는)	→	ná(네이) · me(음) · **less**(리쓰)	→	네이+음+**리쓰**	네임**리쓰**

áge**less** 늙지 않은	áwe**less** 대담무쌍한	béard**less** 수염이 없는	bláme**less** 결백한	blóod**less** 창백한
bóne**less** 뼈 없는	bóund**less** 무한한	bréad**less** 빵 없는	bréath**less** 숨 찬	bréeze**less** 바람 없는
bróther**less** 형제 없는	cáre**less** 경솔한	céase**less** 끊임없는	chánge**less** 변화 없는	chéer**less** 기쁨이 없는
chíld**less** 아이가 없는	cláss**less** 계급차별이 없는	clóud**less** 구름 없는	córd**less** 무선의	cóunt**less** 셀 수 없는
cúre**less** 불치의	dáte**less** 기한이 없는	dáunt**less** 용감한	déath**less** 불후의	defénse**less** 무방비의
dóubt**less** 의심 없는	fáith**less** 신의 없는	féar**less** 대담한	frúit**less** 이익이 없는	hárm**less** 해롭지 않은
héad**less** 지도자가 없는	héart**less** 매정한	héed**less** 경솔한	hélp**less** 도움이 없는	hópe**less** 희망 없는
jób**less** 실직의	jóy**less** 슬픈	láw**less** 무법의	léaf**less** 잎이 없는	lífe**less** 생명이 없는
lóve**less** 사랑이 없는	mérci**less** 무자비한	mótion**less** 움직이지 않는	néed**less** 불필요한	nóise**less** 소음 없는
númber**less** 무수한	páin**less** 무통의	pénni**less** 무일푼의	príce**less** 매우 귀중한	réck**less** 무모한
regárd**less** 무관심한	sháme**less** 뻔뻔스러운	úse**less** 쓸모없는	wár**less** 전쟁 없는	**cóm**fort**less** 낙이 없는

요점정리

1. [−less]는 'l(을)+e(이)+ss(쓰)=리쓰'로 발음하며, [e]는 약모음으로 약하게 흘려 발음한다.
2. [−less]는 '명사+less'의 형태로 '−이 없는, −이 빠진'의 뜻의 형용사로, '동사+less'의 형태로 '할 수 없는, 하기 힘든'의 뜻의 형용사로 바꾸는 접미사다.

-ness

[-니쓰]의 소리를 찾아서

[-**ful**]과 [-**less**]는 형용사를 만드는 접미사라고 배웠지요? [-**ness**]는 반대로 형용사 어근 뒤에 붙여 명사로 만드는 역할을 하는 접미사예요. '나쁜'이라는 뜻을 담고 있는 'bad'에 [-**ness**]를 붙여 'bádness'로 바꾸면 '나쁨'이라는 명사로 바뀌며, 품사만 바뀔 뿐 어근의 본뜻은 바뀌지 않습니다. 따라서 [-**ness**]가 붙어 있는 단어들은 어근의 뜻만 알고 있으면 의미를 이해하려는 부차적인 노력이나 혼란은 없을 것이라고 확신합니다. 다만 [-**less**]와 [-**ness**]가 [l]과 [n]의 차이라 약간의 혼동은 야기할 수 있지만 오히려 발음하는 데는 더 쉽게 해 주는 장점도 있지요.

그럼, 소리를 공부해 볼까요? [-**ness**]는 [-**less**]의 'l(을)+e(이)+ss(쓰)=리쓰'의 소리 공식을 이용하여, [l(을)]을 [n(은)]의 소리와 바꾸면 간단하지 않겠어요? 따라서 [-**ness**]는 'n(은)+e(이)+ss(쓰)=니쓰'라는 소리 공식이 성립할 수 있겠네요. [-**ness**]도 접미사라 모음 [e]는 강세가 없는 약모음이며, 그러므로 '으'에 가까운 '어'로 약하게 흘려 발음하면 됩니다. 오래간만에 우리 이 [-**ness**]의 소리를 열 번만 멋지게, 그리고 영어답게 발음해 볼까요? '-니쓰! -니쓰! -니쓰! -니쓰! -니쓰! -니쓰! -니쓰! -니쓰! -니쓰! -니쓰!'

이제 여러분들의 '스스로 학습' 시간입니다. 다음 단어들을 몇 번이고 반복해서 익혀 보세요.

Practice | –니쓰 [–ness]

bád**ness** (나쁨)	→	bá(배) · d(드) · **ness**(니쓰)	→	배+드+**니쓰**	→	밴**니쓰**
bóld**ness** (뻔뻔함)	→	bó(보우) · ld(을드) · **ness**(니쓰)	→	보울+드+**니쓰**	→	보울드**니쓰**
cóol**ness** (차가움)	→	cóo(쿠우) · l(울) · **ness**(니쓰)	→	쿠우+울+**니쓰**	→	쿠울**니쓰**
frésh**ness** (새로움)	→	f(프f) · ré(뤠) · sh(쉬) · **ness**(니쓰)	→	프f+뤠+쉬+**니쓰**	→	프f뤠쉬**니쓰**
glád**ness** (기쁨)	→	g(그) · lá(을래) · d(드) · **ness**(니쓰)	→	글+래+드+**니쓰**	→	글랜**니쓰**
íll**ness** (병)	→	íll(일) · **ness**(니쓰)	→	일+**니쓰**	→	일**니쓰**
mád**ness** (광기)	→	má(매) · d(드) · **ness**(니쓰)	→	매+드+**니쓰**	→	맨**니쓰**
síck**ness** (병)	→	sí(씨) · ck(크) · **ness**(니쓰)	→	씨+크+**니쓰**	→	씩**니쓰**

아래 단어들에서 진한 글씨로 표시한 접미사 [-**ness**]를 제외하면 이미 앞에서 연습한 단어들이어서 제 생각에는 발음하는 데는 크게 어려움이 없을 것이라고 생각이 듭니다. 노파심에서 말하지만, 만약 그렇지 않다면 다시 이 책의 첫 장으로 돌아가 다시 복습 활동을 하는 것이 현명한 방법입니다.

bád**ness** 나쁨	bítter**ness** 쓴맛	bóld**ness** 대담	bríght**ness** 광도	bróad**ness** 광대함
búsi**ness** 일	cálm**ness** 평온	chílli**ness** 냉기	cléar**ness** 맑음	clóse**ness** 친밀
cóol**ness** 차가움	dárk**ness** 어둠	émpti**ness** 공허	éarnest**ness** 성실	fíne**ness** 우수성
fónd**ness** 상냥함	frésh**ness** 새로움	fúll**ness** 충만	géntle**ness** 친절	glád**ness** 기쁨
góod**ness** 선량	gréat**ness** 위대	háppi**ness** 행복	héavi**ness** 무거움	hígh**ness** 높음
ídle**ness** 나태	íll**ness** 병	kínd**ness** 친절	líght**ness** 가벼움	líke**ness** 닮음
lúcki**ness** 행운	mád**ness** 광기	sád**ness** 슬픔	síck**ness** 병	súdden**ness** 돌연
enórm**ousness** 거대	drúnk**enness** 취한 상태			

요점정리

1. [–ness]는 'n(은)+e(이)+ss(쓰)=니쓰'로 발음하며, [e]는 약모음으로 약하게 흘려 발음한다.
2. [–ness]는 '형용사+ness'의 형태로 '성질, 상태'를 나타내는 명사로 바꾸는 접미사다.

-ment

[-먼(트)]의 소리를 찾아서

오른쪽 아래 표의 단어들을 보면 알겠지만 [-**ment**]가 붙어 있는 단어들은 앞에서 배운 다른 어떤 단어들보다 길어요. 긴 영어 단어와 마주치게 되면 여러분은 항상 큰 부담을 가질 수도 있습니다만 'Practice'처럼 분리해서 보면 앞에서 배운 원칙에 벗어나는 경우는 없거든요. 따라서 주눅 들지 말고 늠름하고, 당당하게 끝까지 맞서 봅시다.

[-**ment**]는 동사의 어근 뒤에 붙여 명사로 만드는 역할을 하는 접미사로 어근의 중심 의미는 바뀌지 않지요. 가끔은 명사 뒤에 붙이기도 하지만 많지 않아요. 발음은 'm(음)+e(어)+n(은)+t(트)=먼트'라는 소리 공식이 성립되지요. 그런데 'Step 1'의 [d]와 [t]의 소리 법칙에서, 철자 [n]과 [t], 그리고 [d]는 같은 발성 구조(혀를 윗니 뒷부분의 잇몸에 붙였다 떼며 내는 것)로 소리를 내기 때문에 [-nd]와 [-nt] 형태의 단어에서 [d]와 [t]는 소리를 내지 않는다고 배웠지요? 기억나세요? 따라서 [-**ment**]를 '-먼트'보다는 '먼'으로 발음하거나 '트' 소리를 여러분 자신만 느낄 수 있을 정도로 아주 작게 발음하는 것이 더 자연스럽다는 것을 명심하세요.

이제 여러분들의 '스스로 학습' 시간입니다. 다음 단어들을 몇 번이고 반복해서 익혀 보세요.

Practice | –먼(트) [–ment]

apárt**ment** 아파트	→	a(어) · pár(파*아r*) · t(트) · **ment**(먼트)	→	어+파*아r*+트+**먼트**		어파*아r*트**먼(트)**
báse**ment** 지하실	→	bá(베이) · se(쓰) · **ment**(먼트)	→	베이+쓰+**먼트**		베이쓰**먼(트)**
páy**ment** 지불	→	pá(페) · y(이) · **ment**(먼트)	→	페+이+**먼트**		페이**먼(트)**
státe**ment** 진술	→	s(스) · tá(테이) · te(트) · **ment**(먼트)	→	스+떼이+트+**먼트**		스떼잍**먼(트)**
éle**ment** 요소	→	é(에) · le(을러) · **ment**(먼트)	→	엘+러+**먼트**		엘러**먼(트)**
óint**ment** 연고	→	ó(오) · in(인) · t(트) · **ment**(먼트)	→	오+인+트+**먼트**		오인**먼(트)**
detách**ment** 분리	→	**de**(디) · tá(태) · ch(취) · **ment**(먼트)	→	디+태+취+**먼트**		디태취**먼(트)**
depárt**ment** 부	→	**de**(디) · pár(*파r*) · t(트) · **ment**(먼트)	→	디+*파r*+트+**먼트**		디*파r*트**먼(트)**

아래의 단어 중에 앞부분에 진하게 표시된 **[ap–]**, **[de–]**, **[pre–]**, **[ex–]** 등은 접두사들로 우리가 다음 장에서 배울 것들이니까 'Step 6. 접두사' 편을 참고로 하시기 바랍니다.

achíeve**ment** 성취	amúse**ment** 기쁨	annóunce**ment** 공표	**ap**póint**ment** 약속	árgu**ment** 논쟁
árma**ment** 무기	**ar**ránge**ment** 배열	**as**séss**ment** 부과	**as**tónish**ment** 경악	**a**tóne**ment** 보상
attáin**ment** 달성	**de**vélop**ment** 발달	**em**bárrass**ment** 당황	**en**gáge**ment** 약혼	equíp**ment** 장비
excíte**ment** 흥분	fér**ment** 발효체	góvern**ment** 정부	**in**cíte**ment** 자극	ínstru**ment** 도구
invólve**ment** 관련	júdg**ment** 판단	mánage**ment** 관리	mó**ment** 순간	móve**ment** 움직임

órna**ment** 장식품	**pá**ve**ment** 지불	**plá**ce**ment** 배치	**pre**dí**ca****ment** 곤경	**pú**nish**ment** 형벌
púzzle**ment** 당황	**re**fíne**ment** 정제	**re**frésh**ment** 원기회복	**ré**gi**ment** 연대	**re**pláce**ment** 교체
reqúire**ment** 요구	**re**tíre**ment** 퇴직	**ség****ment** 구분	**sén**ti**ment** 감정	**sé**ttle**ment** 정착
tór**ment** 고문				

요점정리

1. [−ment]는 'm(음)+e(어)+n(은)+t(트)=먼(트)'로 발음하며, [e]는 약모음으로 약하게 흘려 발음한다.
2. [−ment]는 '동사+ment'의 형태로 '동작 · 상태 · 결과' 등을 나타내는 명사로 바꾸는 접미사다.

-able, -ible

[−어블]의 소리를 찾아서

조동사 'can(-할 수 있다)'의 동의어로 'be able to'라고 있다는 것을 영어 시간에 배운 적 있지요? 이 동의어 안의 'able'는 '능력 있는, -을 할 수 있는'이라는 뜻을 담고 있는 형용사입니다. 이 단어는 단어 끝의 [e] 때문에 [a]가 '에이'로 소리가 나고, 따라서 'able'는 '에이블'로 발음되지요.

하지만 [**-able**]이 접미사로 쓰이면 [a]가 약모음(강세가 없음)이라서 '에이'로 소리가 나지 않고 '어'로 소리가 나지요. [**-able**]의 변형인 [**-ible**]에서 [i]도 똑같이 약모음이어서 역시 '어'로 소리가 납니다. 따라서 접미사 [**-able**]과 [**-ible**]은 똑같이 '-어블'로 발음하면 됩니다.

이 접미사들은 주로 동사에 붙여 '-할 수 있는' '-하기에 적합한'이라는 뜻의 형용사를 만드는 접미사입니다. 예를 들면, '먹다'라는 'eat'에 [**-able**]을 붙이면 'éatable'이란 단어가 탄생하는데, 뜻이 '먹을 수 있는' 즉, '식용의'라는 단어가 됩니다. 물론 'éatable'은 '이이러블'로 발음하면 되고요.

그런데 혹시 어떤 경우에 [**-able**]과 [**-ible**]을 붙이는지 궁금하지 않나요? 저도 '그것이 알고 싶어(?)' 찾아보았어요. 그런데 딱 '이거다!'라고 명쾌하게 해답을 주는 자료가 없더라고요. 다만 한 가지 [**-able**]은 '순수 단어'와 합성하고, [**-ible**]

은 '어간(Stem)'과 합성해요. 무슨 이야기인가 하면, 'bréakable', 'chángeable', 'cléarable'과 같은 단어를 예로 들면, 이들 단어에서 [-**able**]을 빼면 'break', 'change', 'clear'라는 순수하게 쓰이는 단어가 남게 되지요? 하지만 'áudible', 'crédible', 'édible'이란 단어에서 접미사 [-**ible**]을 빼고 남은 [aud-], [cred-], [ed-]는 영어 단어로서 실제 언어 생활에 사용되지 않지요? 이것을 '어간(Stem)'이라고 해요. 차이점 이해되시나요?

이제 여러분들의 '스스로 학습' 시간입니다. 아래의 단어들을 몇 번이고 반복해서 익혀 보세요.

Practice | ㅡ어블 [-able], [-ible]

accéss**ible** 접근하기 쉬운	→	ac(억) · cé(쎄) · ss(쓰) · **ible**(어블)	억쎄**써블**
divís**ible** 나눌 수 있는	→	**di**(디) · ví(비ᵛ) · s(즈) · **ible**(어블)	디비ᵛ**져블**
incréd**ible** 믿을 수 없는	→	**in**(인) · cré(크뤠) · d(드) · **ible**(어블)	인크뤠**더블**
respóns**ible** 책임 있는	→	**re**(뤼) · s(쓰) · pón(빤) · s(쓰) · **ible**(어블)	뤼쓰빤**써블**
agrée**able** 기분 좋은	→	ag(억) · rée(뤼이) · **able**(어블)	억뤼이**어블**
colléct**able** 모을 수 있는	→	**col**(컬) · léc(렉) · t(트) · **able**(어블)	컬렉**터블**
consíder**able** 상당한	→	**con**(컨) · sí(씨) · der(더ʳ) · **able**(어블)	컨씨더**뤄블**
repáir**able** 수선할 수 있는	→	**re**(뤼) · pá(페) · ir(어ʳ) · **able**(어블)	뤼페어**뤄블**

bréak**able** 깨지기 쉬운	cáp**able** 유능한	chánge**able** 변하기 쉬운	cléar**able** 깨끗하게 할 수 있는	cróss**able** 건널 수 있는
dúr**able** 오래 견디는	éat**able** 식용의	**en**jóy**able** 즐거운	énvi**able** 부러운	lóv**able** 사랑스러운
mémor**able** 기억할 만한	pórt**able** 휴대용의	réad**able** 읽기 쉬운	válu**able** 귀중한	

áud**ible** 청취할 수 있는	créd**ible** 신뢰할 수 있는	éd**ible** 식용의	fáll**ible** 틀리기 쉬운	féas**ible** 그럴듯한
hórr**ible** 무서운	táng**ible** 실체적인	térr**ible** 무서운	vís**ible** 보이는	**de**féns**ible** 방어할 수 있는
incréd**ible** 믿을 수 없는				

요점정리

1. [−able]과 [−ible]은 'a, i(어)+b(브)+le(을)=어블'로 발음하며, [a]와 [i]는 약모음으로 약하게 흘려 발음한다.
2. [−able]과 [−ible]은 동사에 붙어서 '−할 수 있는', '−하기에 적합한', '−할 만한'의 뜻의 형용사를 만들고, 명사에 붙여 '−에 적합한', '−을 좋아하는', '−을 주는'의 뜻의 형용사를 만든다.

-ìsm

[-이즘]의 소리를 찾아서

세계사 시간에 혹시 그리스 문화를 배우면서 '헬레니즘'이라는 용어를 들어 본 적 있나요? 이 용어에서 '-이즘'이 바로 '-주의, -설(說), -교(教), -제(制), -풍'을 뜻하는 영어의 접미사 [-ìsm]의 우리 식 발음입니다. 이제는 국제적인 가수가 된 '비'가 부른 노래 '레인이즘(Rainism)'도 자신의 이름 '비'에 [-ìsm]을 붙여 인위적으로 만든 용어이지요. 굳이 우리말로 해석하면 '비의 사상(?)'이라고 할까요?

하여튼 역사 시간에 선생님들이 '고전주의, 낭만주의, 현실주의' 등 학파를 이야기할 때 이런 '-주의'에 해당하는 영어의 접미사가 [-ìsm]이며, '공산주의, 민주주의, 자본주의' 등과 같이 '사상'에 해당하는 '-주의'도 영어의 접미사 [-ìsm]입니다. 또 어떤 개인의 학설이나 논리를 나타내는 '설(說)'이나 '론(論)'도 영어에서는 접미사 [-ìsm]을 붙여 쓰면 됩니다.

[-ìsm]의 소리는 어떻게 날까요? [i]는 강세가 있는 모음 [ì]라 '이'로 소리가 나며, [s]는 'ㅈ'로, [m]은 '음'으로 발음하면 됩니다. 따라서 [-ìsm]은 'ì(이)+s(ㅈ)+m(음)=이즘'이라는 소리 공식이 성립할 수 있겠네요. 다른 대부분의 접미사에 있는 모음들은 약모음으로 약하게 흘려 발음하는 것이 원칙이지만, 몇 개의 접미사의 음은 '제2강세'가 있다는 것도 알아 두세요. [-ìsm]도 그와 같은 접미

사로 [i(이)]를 명확하게 발음하다는 것 명심하세요.

이제 여러분들의 '스스로 학습' 시간입니다. 다음 단어들을 몇 번이고 반복해서 익혀 보세요.

Practice | –이즘 [–ism]

acádem**ìsm** 형식주의	→	a(어) · cá(캐) · dem(덤) · **ìsm**(이즘)	어캐더**미**즘
áctiv**ìsm** 행동주의	→	ác(액) · ti(티) · (브ᵛ) · **ìsm**(이즘)	액티**비ᵛ**즘
clássic**ìsm** 고전주의	→	clá(클래) · ssi(씨) · c(쓰) · **ìsm**(이즘)	클래씨**씨**즘
crític**ìsm** 평론	→	crí(크뤼) · ti(티) · c(쓰) · **ìsm**(이즘)	크뤼뤼**씨**즘
égo**ìsm** 이기주의	→	é(에) · go(고우) · **ìsm**(이즘)	에고우**이**즘
húman**ìsm** 인본주의	→	hú(휴) · man(먼) · **ìsm**(이즘)	휴머**니**즘
pópul**ìsm** 대중 영합주의	→	pó(파) · pu(퓨) · l(을) · **ìsm**(이즘)	파퓰**리**즘
sád**ìsm** 가학증	→	sá(쌔) · d(드) · **ìsm**(이즘)	쌔**디**즘

álcohol**ìsm** 알코올 중독	Américan**ìsm** 친미주의	ánimal**ìsm** 수욕주의	áthe**ìsm** 무신론	átom**ìsm** 원자론
bápt**ìsm** 세례	bárbar**ìsm** 야만	Bíblic**ìsm** 성서주의	bóss**ìsm** 보스제도	cápital**ìsm** 자본주의
cósm**ìsm** 우주(진화)론	cýnic**ìsm** 냉소주의	ecónom**ìsm** 경제주의	démon**ìsm** 귀신 숭배	dévil**ìsm** 악마 숭배
égot**ìsm** 자기 중심벽	éxorc**ìsm** 액막이	fémin**ìsm** 여권주의	fútur**ìsm** 미래파	grádual**ìsm** 점진주의
héro**ìsm** 영웅적 자질	Héllen**ìsm** 그리스 문화	húman**ìsm** 인본주의	ídeal**ìsm** 이상주의	ímag**ìsm** 사상(寫像)주의
impré**ssionìsm** 인상주의	jóurnal**ìsm** 신문 잡지업	mánner**ìsm** 틀에 박힌 것	méchan**ìsm** 기계론	módern**ìsm** 근대 사상

móral**ìsm** 도덕주의	nátional**ìsm** 민족주의	nátural**ìsm** 자연주의	óptim**ìsm** 낙천주의	órgan**ìsm** 유기체
perféction**ìsm** 완벽주의	rá**cialìsm** 인종주의	rádi**calìsm** 급진주의	rátion**alìsm** 합리주의	réal**ìsm** 현실주의
román**ticìsm** 낭만주의	sátan**ìsm** 악마주의	sócial**ìsm** 사회주의	sènti**méntalìsm** 감상주의	sképtic**ìsm** 회의론
sólar**ìsm** 태양 중심설	suprémat**ìsm** 절대주의	sýmbol**ìsm** 상징주의	térror**ìsm** 폭력 행위	tóur**ìsm** 관광여행

요점정리

1. [-ìsm]은 'ì(이)+s(즈)+m(음)=이즘'으로 발음하며, [ì]는 강모음으로 강하게 발음한다.
2. [-ìsm]은 '-의 행위 · 상태 · 특성, -주의 · -설(說) · -교(敎) · -제(制), -풍, -중독'의 뜻을 담고 있는 접미사다.

알고 갑시다

명사 [–ism]의 변신

'álcoholìsm(알코올 중독)'과 같은 단어에서 접미사 [-ìsm]을 제거하면 'álcohol(알코올)'이라는 명사가 탄생합니다. 반대로 말하면, 'álcohol(알코올)'이라는 명사에 접미사 [-ìsm]을 붙이면 'álcoholìsm(알코올 중독)'과 같은 명사로 변신하다는 말이기도 하지요. 다음 쪽 'Practice 2'에 정리된 단어의 변화 형태를 보면, 위의 예와 같이 여러 가지 형용사와 명사들에 접미사 [-ìsm]을 붙이면 '-주의, -설(說), -교(敎), -제(制), -풍'의 뜻을 담은 명사로 변화됨을 알 수 있지요. 또 'álcoholìst(알코올 중독자)'와 같이 '-이스뜨[-ìst]'를 붙여 그런 '사람'이나 '학자', 또는 '-주의자'가 된다는 것도 다음 'Practice 2'를 통해 확인하세요. 이런 품사와 뜻의 변화 형태를 암기하고 있으면 단어를 읽는 능력뿐만 아니라 단어의 양을 늘리는 데 중요한 역할을 하겠지만, 이 책의 학습 초점은 단어의 소리 변화임을 늘 잊지 말아야 합니다. 그럼 아래의 'Practice 1'과 'Practice 2'를 연습하시길 바랍니다.

Practice 1 | 명사 + [–ism]

순수 단어		[–**ism**](–주의) 변화	
átom 원자	애럼	átom**ìsm** 원자론	애뤄**미즘**
boss 두목	바쓰	bóss**ìsm** 보스제도	바**씨즘**
ecónomy 경제	이카너미	ecónom**ìsm** 경제주의	이카너**미즘**
dévil 악마	데블v	dévil**ìsm** 악마 숭배	데블v**리즘**
héro 영웅	히이로우	héro**ìsm** 영웅적 자질	헤로우**이즘**
mánner 예절	매너r	mánner**ìsm** 버릇	매너어r**뤼즘**
órgan 기관	오어r건	órgan**ìsm** 유기체	오어r거**니즘**

sólar 태양의	: 쏘울러^{r}	sól**arìsm** 태양 중심설	: 쏘울러**뤼즘**

Practice 2 | 명사, 형용사 + [–ism], [–ist]

순수단어	[–**ism**](주의) 변화	[–**ist**](사람) 변화
ánimal 동물	ánimal**ìsm** 수욕주의	ánimal**ist** 수욕주의자
cápital 자본	cápital**ìsm** 자본주의	cápital**ist** 자본가
démon 악마	démon**ìsm** 귀신숭배	démon**ist** 귀신숭배자
fúture 미래	fútur**ìsm** 미래파	fútur**ist** 미래파 화가
húman 인간의	húman**ìsm** 인본주의	húman**ist** 인본주의자
idéal 이상의	idéal**ìsm** 이상주의	idéal**ist** 관념론자
módern 현대의	módern**ìsm** 근대 사상	módern**ist** 현대주의자
móral 도덕적	móral**ìsm** 도덕주의	móral**ist** 도학자
nátional 민족적인	nátional**ìsm** 민족주의	nátional**ist** 민족주의자
nátural 자연적인	nátural**ìsm** 자연주의	nátural**ist** 자연주의자
rá**cial** 인종의	rá**cialìsm** 인종주의	rá**cialist** 인종주의자
réal 현실의	réal**ìsm** 현실주의	réal**ist** 현실주의자
román**tic** 낭만적인	román**ticìsm** 낭만주의	román**ticist** 낭만주의자
sýmbol 상징	sýmbol**ìsm** 상징주의	sýmbol**ist** 기호학자
térror 공포	térror**ìsm** 폭력 행위	térror**ist** 테러리스트

-ture

[-취^r]의 소리를 찾아서

'Step 3. 모음' 편에서 [-**ure**] 형태의 단어들은 '유어^r'로 발음된다고 배웠습니다. 그래서 'cure', 'pure', 'sure'와 같은 단어들을 '큐어^r', '퓨어^r', '슈어^r'로 발음하도록 배웠습니다. 그런데 이때 [-**ure**]의 [u]는 장모음이어서 강하게 발음되는 경우여서 지금 배울 접미사 [-**ure**]와는 전혀 다르다는 것을 잊지 마세요. 자세히 설명하자면, 접미사 [-**ure**]를 원어민들은 '어^r'로만 소리를 냅니다. 다시 말하면 '유[-u-]'의 소리는 묵음이 된다는 뜻이지요. 따라서 'sure'와 같이 순수 단어에서의 [-**ure**]는 '유어^r'로, 'cúlture'와 같이 접미사로 쓰일 때 [-**ure**]는 '어^r'로 발음하면 된다는 말입니다. 이해됐지요?

그런데 앞에서 말했지만 우리의 목적은 접미사를 익히는 것이 아니지요? 긴 단어들을 발음기호 없이 철자만을 보고 읽어 보자는 것이 이 책의 의도라고 누누이 강조했습니다. 접미사 [-**ure**]가 중요한 것이 아니라 영어를 배우면서 흔히 접하는 [-**ture**]와 [-**sure**]의 소리를 공부하고자 하는 것이 저의 목적입니다. 그럼 [-**ture**]의 소리는? '터^r'일까요? 아닙니다. 다른 자음과는 달리 영어 철자 중 [t]는 지독히 소리의 변화가 심하다는 것을 '기본 발음 [t]'에서 배웠듯이 [-**ure**] 앞에 붙어 있는 [t]는 또다시 변신을 하여 철자 [ch]와 같은 소리를 냅니다. 바로 '츠' 하는 소리입니다. 따라서 [**-ture**]는 't(*추*)+ure(*어*^{r})=*춰*^{r}'로 발음하지요. [**-sure**]도 '*슈어*^{r}'가 아니라 [s]가 [j]와 비슷한 소리 '*주*'로 소리를 내지요. 따라서 [**-sure**]는 's(*주*)+ure(*어*^{r})=*줘*^{r}'로 발음하지요. 이제 [-ture]는 '*춰*^{r}'로, [-sure]는 '*줘*^{r}'로 발음된다는 것을 기억하면서, 여러분들의 '스스로 학습' 시간이니 아래의 단어들을 몇 번이고 반복해서 익혀 보세요.

Practice 1 | –*춰*^{r} [–ture]

cúl**ture** (문화)	→	cúl(컬) · **ture**(*춰*^{r})	컬**춰**^{r}
fúrni**ture** (가구)	→	fú^r(*퍼*^{r}) · ni(니) · **ture**(*춰*^{r})	*퍼*^{r} 니**춰**^{r}
píc**ture** (사진)	→	píc(픽) · **ture**(*춰*^{r})	픽**춰**^{r}
sígna**ture** (서명)	→	síg(씩) · na(너) · **ture**(*춰*^{r})	씩너**춰**^{r}
pás**ture** (목장)	→	pás(패스) · **ture**(*춰*^{r})	패스**춰**^{r}
téx**ture** (직조법)	→	téx(텍쓰) · **ture**(*춰*^{r})	텍쓰**춰**^{r}
advén**ture** (모험)	→	ad(엇) · vén(벤^v) · **ture**(*춰*^{r})	엇벤^v**춰**^{r}
depár**ture** (출발)	→	**de**(디) · pár(*파*^{r}) · **ture**(*춰*^{r})	디*파*^{r} **춰**^{r}

Practice 2 | –*춰*^{r} [–ture]

ágricùl**ture** 농업	árchitèc**ture** 건축술	cáp**ture** 포획	cóver**ture** 덮개	créa**ture** 창조물
expéndi**ture** 지출	féa**ture** 얼굴의 생김새	fíx**ture** 정착물	frác**ture** 부러짐	fú**ture** 미래
gés**ture** 몸짓	lítera**ture** 문학	mànufác**ture** 제조하다	mínia**ture** 축소형	míx**ture** 혼합물
móis**ture** 습기	ná**ture** 자연	núr**ture** 양육하다	púnc**ture** 구멍을 내다	ráp**ture** 광희
rúp**ture** 파열	scríp**ture** 성서	sculp**ture** 조각	stá**ture** 신장	tór**ture** 고문
vén**ture** 모험				

Practice 3 | −줘ʳ [−sure]

cló**sure** 마감	**en**cló**sure** 울타리 침	méa**sure** 재다	pléa**sure** 쾌락	tréa**sure** 보물
expó**sure** 노출	léi**sure** 여가			

요점정리

1. [−ture]는 't(추)+ure(어ʳ)=춰ʳ'로 발음하며, [t]는 [ch]와 같은 소리가 난다.
2. [−sure]는 's(주)+ure(어ʳ)=줘ʳ'로 발음하며, [s]는 [j]와 같은 소리가 난다.
3. [−ure]는 동사에 붙여서 '동작, 상태, 성질, 결과, 집합체'를 나타내는 명사를 만드는 접미사다.

-ìze

[-아이즈]의 소리를 찾아서

'Practice 2'에 정리된 단어들을 보면 장난이 아니게 길지요? 보통 3음절 이상의 단어들입니다. 따라서 대부분 단어의 모음에 '제1강세', '제2강세' 2개가 있어요. 또 대부분의 단어들이 '강약강'이라는 리듬을 타고 있지요. 그래서 여기에 언급된 단어들의 소리를 찾으려면 앞에서 배운 모음 5개가 강세가 있을 때의 소리(강모음)와 강세가 없을 때(약모음)의 소리 구분을 정확하게 인식할 필요가 있어서 다시 정리해 보았어요. 다시 한 번 '모음의 소리 원칙'을 상기하여 주어진 단어들의 소리를 찾아보세요.

01 [**a**]는 강모음 [**á**]일 때 '애', 약모음 [**a**]일 때 '어'로 소리를 낸다.

02 [**e**]는 강모음 [**é**]일 때 '에', 강모음 앞의 약모음 [**e**]는 '이', 강모음 뒤의 [**e**]는 '어'로 발음한다.

03 [**i**]는 강모음 [**í**]일 때 '이', 약모음 [**i**]일 때 '어' 또는 '이'로 소리를 낸다.

04 [**o**]는 강모음 [**ó**]일 때 '아', 약모음 [**o**]일 때 '어'로 소리를 낸다.

05 [**u**]는 강세와 상관없이 '-**u**+자음+자음'의 경우 '어'로, '-**u**+(자음)+모음'의 경우 '유우'로 발음한다.

[-ize]의 소리는 어떻게 날까요? [i]는 강세가 있는 모음이며, 뒤에 형태소 [e]가 있으니까 '아이'로 소리가 나며, [-ze]는 '즈'로 발음하며, 단어 맨 끝에 있는 [e]는 소리가 없는 형태소라는 것 기억하고 계시죠? 따라서 [-ize]는 'ì(아이)+ze(즈)=아이즈'라는 소리 공식이 성립할 수 있겠네요. [-ize]도 [-ìsm]과 마찬가지로 '제2강세'가 있는 몇 개 안 되는 접미사라는 것을 명심하고 발음할 때 주의하길 바랍니다. 또, [-ize]는 '-이 되다, -화하다'의 뜻의 동사를 만드는 접미사임도 잊지 마세요.
여러분들의 '스스로 학습' 시간이니 아래의 단어들을 몇 번이고 반복해서 익혀 보세요.

Practice | -아이즈 [-ize]

ádvert**ìze** 광고하다	→	ád(앧) · ver(버ᵛ어ʳ) · t(트) · **ìze**(아이즈)	앧버ᵛʳ**타이즈**
bótan**ìze** 식물채집하다	→	bó(바) · ta(터) · n(은) · **ìze**(아이즈)	바뤄**나이즈**
cólon**ìze** 식민지화하다	→	có(카) · lo(을러) · n(은) · **ìze**(아이즈)	칼러**나이즈**
drámat**ìze** 각색하다	→	drá(듀래) · ma(머) · t(트) · **ìze**(아이즈)	듀뢔머**타이즈**
ecónom**ìze** 경제적으로 쓰다	→	e(이) · có(카) · nom(넘) · **ìze**(아이즈)	이카너**마이즈**
móral**ìze** 도를 가르치다	→	mó(마) · ral(뤌) · **ìze**(아이즈)	마뤌**라이즈**
págan**ìze** 이교도화하다	→	pá(페이) · ga(거) · n(은) · **ìze**(아이즈)	페이거**나이즈**
scándal**ìze** 아연케 하다	→	s(스) · cán(캔) · dal(덜) · **ìze**(아이즈)	스캔덜**라이즈**

Practice 2 | –아이즈 [–ize]

átom**ìze** 원자화하다	autómat**ìze** 자동화하다	bápt**ìze** 세례를 베풀다	cánnibal**ìze** 식인하다	cápital**ìze** 대문자로 쓰다
céntral**ìze** 집중시키다	cívil**ìze** 개화하다	crític**ìze** 비평하다	ecónom**ìze** 경제적으로 쓰다	émphas**ìze** 강조하다
équal**ìze** 평등하게 하다	géneral**ìze** 일반화하다	hármon**ìze** 조화시키다	méchan**ìze** 기계화하다	móbil**ìze** 동원하다
nátural**ìze** 귀화시키다	nórmal**ìze** 표준화하다	órgan**ìze** 조직화하다	pénal**ìze** 벌하다	rátional**ìze** 합리화하다
réal**ìze** 깨닫다	sócial**ìze** 사회화하다	spé**cialìze** 특수화하다	stábil**ìze** 안정시키다	sýmbol**ìze** 상징화하다
térror**ìze** 위협하다				

요점정리

1. [–ìze]는 'ì(아이)+ze(즈)=아이즈'로 발음하며, [ì]는 강모음으로 강하게 발음한다.
2. [–ìze]는 '–으로 하다, –화하게 하다; –이 되다, –화하다'의 뜻의 동사를 만드는 접미사다.

알고 갑시다

동사 [ize]의 변신

'átomìze(원자화하다)'와 같은 동사에서 접미사 [-ìze]를 제거하면 'átom(원자)'이라는 명사가 탄생합니다. 반대로 말하면, 'átom'이라는 명사에 접미사 [-ìze]를 붙이면 'átomìze'와 같은 동사로 변신하다는 말이기도 하지요. 또, 'átomìze'로 되어 있는 동사에서 [e]를 뺀 [átomìz-]의 형태에 접미사 [-**ation**]을 붙이면 아래 'Practice 1'에 정리된 단어의 변화와 같이 'àtomizátion(원자화)'이라는 또 다른 명사를 얻게 됩니다. 이런 품사의 변화 형태를 암기하고 있으면 단어의 양을 늘리는 데 중요한 역할을 한다고 했지요? 특히 접미사 [-**al**]이 붙은 형용사는 위와 같은 원칙으로 접미사가 붙어 형태 변화를 가져온다는 것을 상기하면서 아래의 'Practice 1'과 'Practice 2'를 연습하시길 바랍니다.

Practice 1 | 동사에서 명사로 변화

[-**ize**](동사)		[-**ization**](명사) 변화	
átom**ìze** 원자화하다	: 애뤄**마이즈**	àtomi**zátion** 원자화	: 애뤄미**제이션**
autómat**ìze** 자동화하다	: 오타머**타이즈**	autòmati**zátion** 자동화	: 오타머티**제이션**
cánnibal**ìze** 식인하다	: 캐너벌**라이즈**	cànnibali**zátion** 식인	: 캐너벌리**제이션**
cápital**ìze** 자본화하다	: 캐피럴**라이즈**	càpitali**zátion** 자본화	: 캐피럴리**제이션**
céntral**ìze** 집중시키다	: 쎈츄뤌**라이즈**	cèntrali**zátion** 집중화	: 쎈츄뤌리**제이션**
cívil**ìze** 문명화하다	: 씨벌**라이즈**	cìvili**zátion** 문명화	: 씨벌리**제이션**
spé**cialìze** 특수화하다	: 스뻬셜**라이즈**	spè**cializátion** 특수화	: 스뻬셜리**제이션**
ecónom**ìze** 절약하다	: 이카너**마이즈**	ecònomi**zátion** 절약	: 이카너미**제이션**

équal**ize** 같게 하다	: 이퀄라**이즈**	èquali**zátion** 평등화	: 이퀄리제**이션**
géneral**ize** 일반화하다	: 줴너뤌라**이즈**	gènerali**zátion** 일반화	: 줴너뤌리제**이션**
hármon**ize** 조화시키다	: 하아ʳ머나**이즈**	hàrmoni**zátion** 조화	: 하아ʳ머니제**이션**
nórmal**ize** 표준화하다	: 노어ʳ멀라**이즈**	nòrmali**zátion** 정상화	: 노어ʳ멀리제**이션**
órgan**ize** 조직화하다	: 오어ʳ거나**이즈**	òrgani**zátion** 조직화	: 오어ʳ거니제**이션**
réal**ize** 깨닫다	: 뤼이얼라**이즈**	rèali**zátion** 현실화	: 뤼이얼리제**이션**
sócial**ize** 사회화하다	: 쏘우셜라**이즈**	sòciali**zátion** 사회화	: 쏘우셜리제**이션**

Practice 2 | 형용사에서 동사와 명사로 변화

[–**al**](형용사)	[–**ize**](동사)	[–**ization**](명사) 변화
cánnib**al** 식인의	cánnibal**ize** 식인하다	cànnibali**zátion** 식인
cápit**al** 자본의	cápital**ize** 자본화하다	càpitali**zátion** 자본화
céntr**al** 중심의	céntral**ize** 집중시키다	cèntrali**zátion** 집중화
cívil 시민의	cívil**ize** 문명화하다	cìvili**zátion** 문명화
spé**cial** 특별한	spé**cialize** 특수화하다	spè**cialization** 특수화
équ**al** 동등한	équal**ize** 같게 하다	èquali**zátion** 평등화
géner**al** 일반의	géneral**ize** 일반화하다	gènerali**zátion** 일반화
ré**al** 현실의	réal**ize** 깨닫다	rèali**zátion** 현실화
sóci**al** 사회적인	sócial**ize** 사회화하다	sòciali**zátion** 사회화
mór**al** 도덕적인	móral**ize** 도를 가르치다	mòrali**zátion** 교화

-shìp
[-쉽]의 소리를 찾아서

영어 속담에는 'A friend in need is a friend indeed.'라는 말이 있어요. '필요할 때 친구가 진정한 친구다.'라는 뜻으로, 친구가 어려움에 처했을 때 도움의 손길을 내미는 것이 진정한 친구 사이라는 말이지요. 이렇게 '친구'들 사이에는 서로 끈끈하게 이어 주는 정(情)을 '우정'이라고 하지요? 다시 말하면, '친구(friend)'란 살아도 같이 살고 죽어도 같이 죽어야 하는 '우정(friendship)'이라는 한 배(ship)를 탄 공동체적 의식을 갖고 있어야 합니다.

영어 단어 'ship'은 '배'라는 독자적인 뜻을 가지고 있는 단어이면서도 명사 뒤에 붙여 '상태, 신분, 직, 수완' 등을 나타내는 추상명사를 만드는 접미사로도 쓰이지요. 그런데 접미사 [**-shìp**]이 붙어 있는 단어들이 그렇게 많지는 않아서 다음 쪽 Practice에 있는 단어들만 열심히 익히면 '만사 오케이'지요. 하지만 수가 적다고 무시하고 얼렁뚱땅 넘어가려 하지 마세요. 중요성이나 사용도 면에서 보면 다른 어떤 접미사보다 떨어지지 않는 단어들이니까요.

그럼 [**-shìp**]의 소리는 어떻게 날까요? 다른 대부분의 접미사에 있는 모음들은 약모음으로 약하게 흘려 발음하는 것이 원칙이지만, 접미사 [**-shìp**]도 [**-ìsm**]과 [**-ìze**]처럼 모음에 '제2강세'가 있어요. 따라서 [**-shìp**]의 모음 [ì(이)]는 명확하게 발음해야 하며, [sh]는 '쉬'로, [p]는 'ㅍ'로 발음하면 됩니다. 따라서 [-**shìp**]는 'sh(쉬)+ì(이)+p(ㅍ)=쉽'이라는 소리 공식이 성립할 수 있겠네요. 어, 그럼 독립된 단어인 '배'로 쓰일 때와 소리가 같네요? 맞습니다. 'ship'이라는 단어 자체가 짧아서 발음하기 쉽지만 '운동가 정신'이라는 의미의 단어인 'spórtsmanshìp'을 읽어 보라고 하면 영어 초보자들은 처음에 당황하기 쉽지요. 그럴 때 이 단어를 'spórts'+'man'+'shìp'으로 나눠 발음해 보라고 하면 이 단어가 읽기에 어렵지 않다는 것을 인식하게 됩니다. 따라서 영어책을 읽다가 모르는 긴 단어가 나올 경우, 당황하지 말고 단어를 음절로 나눠 보거나, 혹은 접미사, 접두사를 확인해 보면서 분철(分綴)하여 읽어 보는 것을 습관화, 또는 체득화(體得化)시키려는 것이 'Practice'의 연습 목적이자 이 책의 목적임을 잊지 마세요.

이제, 여러분들의 '스스로 학습' 시간이니 아래의 단어들을 몇 번이고 반복해서 익혀 보세요.

Practice | –쉽 [–ship]

clérk**shìp** 서기의 직	→	clérk(크을*어*ʳ크) · **shìp**(쉽)	→	크을*어*ʳ크쉽	클럭ʳ**쉽**
féllow**shìp** 친교	→	fél(펠ᶠ) · low(로우) · **shìp**(쉽)	→	펠ᶠ로우쉽	펠ᶠ로우**쉽**
fóllow**shìp** 추종자	→	fól(팔ᶠ) · low(로우) · **shìp**(쉽)	→	팔ᶠ로우쉽	팔ᶠ로우**쉽**
hárd**shìp** 고난	→	hárd(하*어*ʳ드) · **shìp**(쉽)	→	하*어*ʳ드쉽	하*어*ʳ드**쉽**
schólar**shìp** 장학금	→	schó(스카) · lar(*러*ʳ) · **shìp**(쉽)	→	스카을*러*ʳ쉽	스칼*러*ʳ**쉽**
lórd**shìp** 귀족 신분	→	lórd(로*어*ʳ드) · **shìp**(쉽)	→	로*어*ʳ드쉽	로*어*ʳ드**쉽**
mémber**shìp** 회원 자격	→	mém(멤) · ber(*버*ʳ) · **shìp**(쉽)	→	멤*버*ʳ쉽	멤*버*ʳ**쉽**
pártner**shìp** 협력	→	párt(파*어*ʳ트) · ner(*너*ʳ) · **shìp**(쉽)	→	파*어*ʳ트*너*ʳ쉽	파*어*ʳ트*너*ʳ**쉽**

cítizen**shìp** 시민권	clérk**shìp** 서기의 직	féllow**shìp** 친교	fóllow**shìp** 추종자	fríend**shìp** 우정
hárd**shìp** 고난	schólar**shìp** 장학금	lády**shìp** 숙녀의 신분	lórd**shìp** 귀족 신분	mémber**shìp** 회원 자격
pártner**shìp** 협력	sóldier**shìp** 군인정신	spórtsman**shìp** 운동가 정신	wór**shìp** 예배	

요점정리

1. [−shìp]은 'sh(쉬)+i(이)+p(프)=슆'으로 발음하며, [ì]는 강모음으로 강하게 발음한다.
2. [−shìp]은 명사에 붙여 '상태, 신분, 직, 수완' 등을 나타내는 추상명사를 만드는 접미사다.

-ant, -ent

[-언(트)]의 소리를 찾아서

앞에서 접미사 [-**ment**]가 '-먼(트)'로 소리가 난다고 배웠지요? 그러면 [-**ment**]에서 [m]을 뺀 [-**ent**]는 어떻게 소리가 날까요? 맞습니다. '-언(트)'로 소리가 나겠지요?
이번에는 [-**ment**]에서 [m]을 다른 자음으로 대체해서 연습해 볼까요? [-**dent**]는 '-던(트)'로, [-**gent**]는 '-줜(트)'로, [-**nent**]는 '-넌(트)'로, [-**rent**]는 '-뤈(트)'로, [-**tent**]는 '-턴(트)' 등으로 소리 나겠지요?

그런데 [-**ent**]와 유사한 접미사가 있어요. [-**ant**]예요. 모음이 [e]에서 [a]로 바뀌었지만, 둘 다 접미사에 있는 약모음이라 소리는 똑같이 '어'로 나지요. 따라서 [-**ant**]도 '-언(트)'로 발음하면 됩니다. 다시 말하면, [-**ant**]나 [-**ent**]는 둘 다 '-언(트)'로 발음되며, 동사에 붙여 형용사로 만드는 접미사라는 공통점을 가지고 있지요.

그러면 궁금한 것이 하나 생기지요? 어떤 경우에 동사에 [-**ant**]를 붙이고, 어떤 경우에 동사에 [-**ent**]를 붙이는지 말입니다. 저도 궁금해서 각종 서적들을 뒤져 보고, 여러 원어민들에게도 자문을 구했지만 어떤 것도, 아무도 저에게 명쾌하게 해답을 주지 못하더군요. 원어민들도 'Spelling Test'할 때 항상 헛갈려하는 '악마(?)' 같은 철자 중의 하나라고 하네요. 아쉽지만 후에 누군가가 이 문제를 해결할 때까지 우리는 '외우는 노력'을 아끼지 말아야 하겠지요? 이제 또 여러분들의 '스스로 학습' 시간이네요. 다음 단어들을 몇 번이고 반복해서 익혀 보세요.

Practice 1 | -언(트) [-ant], [-ent]

árrog**ant** 오만한	→	á(애) · rrog(뤄그) · **ant**(언(트))	→	애뤄그언(트)	애뤄**건(트)**
éleg**ant** 우아한	→	é(에) · leg(러그) · **ant**(언(트))	→	엘러그언(트)	엘러**건(트)**
prégn**ant** 임신한	→	prég(프뤠그) · n**ant**(넌(트))	→	프뤠그넌(트)	프뤡**넌(트)**
impórt**ant** 중요한	→	**im**(임) · pórt(포어ʳ트) · **ant**(언(트))	→	임포어ʳ트언(트)	임포어ʳ**턴(트)**
árd**ent** 열렬한	→	árd(아ʳ드) · **ent**(언(트))	→	아ʳ드언(트)	아ʳ**던(트)**
cónfid**ent** 확신하는	→	cón(칸) · fid(퓌ᶠ드) · **ent**(언(트))	→	칸퓌ᶠ드언(트)	칸퓌ᶠ**던(트)**
despónd**ent** 낙담한	→	**des**(디스) · pónd(판드) · **ent**(언(트))	→	디스빤드언(트)	디스빤**던(트)**
persíst**ent** 고집하는	→	**per**(퍼ʳ) · síst(씨스뜨) · **ent**(언(트))	→	퍼ʳ씨스뜨언(트)	퍼ʳ씨스**떤(트)**

Practice 2 | -언(트) [-ant]

árrog**ant** 오만한	**as**síst**ant** 보조의	éleg**ant** 우아한	frágr**ant** 향기 좋은	ígnor**ant** 무식한
impórt**ant** 중요한	ínf**ant** 유아의	prégn**ant** 임신한	rádi**ant** 빛을 내는	relúct**ant** 마지못해 하는
resíst**ant** 저항하는	vác**ant** 빈			

Practice 3 | −언(트) [−ent]

abhórr**ent** 몹시 싫은	ábs**ent** 부재의	árd**ent** 열렬한	cónfid**ent** 자신만만한	cúrr**ent** 통용하고 있는
décad**ent** 퇴폐적인	**des**póndent 낙담한	díligent 근면한	díffer**ent** 다른	**ef**fíci**ent** 능률적인
éloqu**ent** 웅변의	émin**ent** 저명한	évid**ent** 분명한	éxcell**ent** 뛰어난	flú**ent** 유창한
ìndepénd**ent** 독립한	**pér**man**ent** 불변의	**per**síst**ent** 고집하는	prés**ent** 선물	présid**ent** 대통령
prómin**ent** 두드러진	prúd**ent** 신중한	síl**ent** 침묵의	úrg**ent** 긴급한	víol**ent** 난폭한

요점정리

1. [−ant]와 [−ent]는 둘 다 'a, e(어)+n(은)+t(트)=언(트)'로 약하게 흘리듯 발음한다.
2. [−ant]와 [−ent]는 동사에 붙여 형용사를 만드는 접미사다.

-ance, -ence

[-언쓰]의 소리를 찾아서

[**-ance**]와 [**-ence**]는 앞의 [**-ant**]나 [**-ent**]의 명사형 접미사예요. 무슨 뜻인지 모르겠다고요? 예를 들어 설명할게요. 앞에서 '오만한'이라는 의미의 영어 단어 'árrogant'를 배웠지요? 이 단어의 명사는 '오만'이라는 'árrogance'예요. [t]가 [ce]로 바뀌었지요? 이렇게 접미사 [**-ant**]가 붙은 형용사는 [**-ance**]로 바꾸면 명사로 변신하지요. 그러면 접미사 [**-ent**]가 붙은 형용사의 명사형은? 바로 그겁니다! [**-ent**]에서 [t]를 [ce]로 바꿔 [**-ence**]로 쓰면 명사가 됩니다. 참 쉽지요?
아래에 두 접미사의 이런 관계를 비교해 놓았으니 참고하세요.

● [–ant]/ [–ent]와 [–ance]/ [–ence] 비교

frágr**ant** 향기 좋은	⟷	frágr**ance** 향기
ígnor**ant** 무식한	⟷	ígnor**ance** 무식
ábs**ent** 부재의	⟷	ábs**ence** 부재
díffer**ent** 다른	⟷	díffer**ence** 차이

éleg**ant** 우아한	⟷	éleg**ance** 우아
defi**ant** 도전적	⟷	**de**fi**ance** 도전
dílig**ent** 근면한	⟷	dílig**ence** 근면
évid**ent** 분명한	⟷	évid**ence** 증거

그러면 [-ce]의 소리는? 맞아요. '쓰'로 난다고 배웠지요? 따라서 [**-ance**]와 [**-ence**]는 '-언쓰'로 발음하면 됩니다.

여러분들의 '스스로 학습' 시간이니 아래의 단어들을 몇 번이고 반복해서 익혀 보세요.

Practice 1 | -언쓰 [-ance], [-ence]

abúndance 과다	→	**ab**(업) · únd(언드) · **ance**(언쓰)	→	업언드언쓰	어번던쓰
accéptance 수락	→	**ac**(억) · cépt(쎕트) · **ance**(언쓰)	→	억쎕트언쓰	억쎕턴쓰
assístance 도움	→	**as**(어쓰) · síst(씨스트) · **ance**(언쓰)	→	어쓰씨스뜨언쓰	어씨스떤쓰
defíance 무시	→	**de**(디) · fí(파f이) · **ance**(언쓰)	→	디파f이언쓰	디파f이언쓰
áudi**ence** 청중	→	áu(오오) · di(디) · **ence**(언쓰)	→	오오디언쓰	오오디언쓰
coíncid**ence** 일치	→	**co**(코우) · ín(인) · cid(씨드) · **ence**(언쓰)	→	코우인씨드언쓰	코우인씨던쓰
depénd**ence** 의존	→	**de**(디) · pénd(펜드) · **ence**(언쓰)	→	디펜드언쓰	디펜던쓰
éxcell**ence** 우수	→	**éx**(엑쓰) · cell(쎌) · **ence**(언쓰)	→	엑쓰쎌언쓰	엑쎌런쓰

Practice 2 | -언쓰 [-ance]

accórd**ance** 일치	allí**ance** 동맹	allów**ance** 허용	**ap**péar**ance** 출현	**ap**plí**ance** 기구
assúr**ance** 보증	**at**ténd**ance** 출석	avóid**ance** 도피	cléar**ance** 제거	**dis**túrb**ance** 방해
endúr**ance** 인내	éntr**ance** 입장	híndr**ance** 방해	**im**pórt**ance** 중요성	**per**fórm**ance** 공연
radí**ance** 광휘	relí**ance** 의지	**re**mémbr**ance** 기억	**re**síst**ance** 저항	

Practice 3 | –언쓰 [–ence]

abhórr**ence** 혐오	ábs**ence** 부재	á**b**stin**ence** 절제	décad**ence** 퇴폐	défer**ence** 복종
díffer**ence** 차이	dílig**ence** 근면	éss**ence** 진수	**ex**íst**ence** 존재	**ex**péri**ence** 경험
intélig**ence** 지성	préfer**ence** 애호	prés**ence** 존재	prúd**ence** 분별	**pró**min**ence** 돌출
próvid**ence** 섭리	réfer**ence** 참고	**ré**sid**ence** 거주지	scí**ence** 과학	síl**ence** 침묵
víol**ence** 폭력				

요점정리

1. [–ance]와 [–ence]는 둘 다 'a, e(어)+n(은)+ce(쓰)=언쓰'로 약하게 흘리듯 발음한다.
2. [–ance]와 [–ence]는 '행동 · 상태 · 성질 · 정도' 따위의 뜻의 명사를 만드는 접미사다.

종합 복습 (Total Review)

접미사 [제1법칙]

지금까지 영어를 배우는 과정에서 우리가 가장 많이 접할 수 있는 접미사 11개의 소리를 익혀 보았어요. 접미사 '제2법칙'으로 넘어가기 전에 복습하는 의미에서 세세한 설명보다는 각 접미사의 요점 정리와 함께 그에 해당하는 단어들을 가급적이면 많이 예로 정리하였습니다. 따라서 다소 지루하겠지만 예로 나온 단어들의 소리를 스스로 찾아보고 발음해 보세요. 발음하는 과정에서 '발음 규칙'이나 방법을 잊어버렸다면 다시 해당하는 쪽을 찾아서 복습하세요. 잔소리 같지만, 발음기호나 전자사전, 혹은 남의 입을 통해 소리를 확인하려 한다면 여러분들은 영원히 영어 단어의 노예가 될 수밖에 없다는 것을 명심하시고, 힘들고 귀찮더라도 스스로 생각하고 확인하세요.
그럼 앞에서 배운 접미사의 세 가지 특성을 기억하고 있는지 확인해 볼까요?

- 첫째, 접미사는 주로 품사를 바꿔 주는 역할을 한다. [명사, 동사, 형용사, 부사]
- 둘째, 접미사의 모음이 약모음인 경우, '으'에 가까운 '어' 혹은 '이'로 흘리듯 약하게 발음한다.
- 셋째, 접미사는 어근의 강세의 위치를 바꿔 주기도 한다. [제2, 제3법칙]

그러면 지금까지 공부한 접미사 제1법칙에 해당하는 다음 접미사들을 하나하나 다시 복습해봐요.

- 펄f : [-ful]
- 리쓰 : [-less]
- 니쓰 : [-ness]

- 먼(트) : [-ment]
- 어블 : [-able], [-ible]
- 이즘 : [-ìsm]
- 춰r : [-ture]
- 아이즈 : [-ìze]
- 쉽 : [-shìp]
- 언(트) : [-a(e)nt]
- 언쓰 : [-a(e)nce]

1 -ful [-펄f]의 소리를 찾아서

1. [-ful]은 'f(프f)+u(어)+l(을)=펄f'로 발음하며, [u]는 약모음으로 약하게 흘려 발음한다.
2. [-ful]은 명사의 어근 뒤에 붙여 형용사로 만든다. [명사+ful ☞ 형용사]
3. [-ful]은 '-가득 찬, -이 많은, -의 성질이 있는, 하나 가득한 분량'의 뜻을 담고 있다.

명사 + ful | 형용사 –가득 찬, –이 많은, –의 성질이 있는

árt**ful** 기교 있는	áw**ful** 장엄한	béauti**ful** 아름다운	bláme**ful** 비난받을	blíss**ful** 더없이 행복한
cáre**full** 신중한	chánge**ful** 변화가 많은	chéer**ful** 기분 좋은	cólor**ful** 다채로운	**de**líght**ful** 유쾌한
dóubt**ful** 의심스러운	fáith**ful** 충실한	féar**ful** 무서운	fríght**ful** 무서운	gráte**ful** 감사하는
hárm**ful** 유해한	háte**ful** 미운	héalth**ful** 건강에 좋은	héed**ful** 주의 깊은	hélp**ful** 도움이 되는
hópe**ful** 희망찬	jóy**ful** 기쁜	láw**ful** 합법적인	méaning**ful** 의미심장한	páin**ful** 고통스러운
péace**ful** 평화로운	**re**spéct**ful** 공손한	sháme**ful** 수치스러운	skíll**ful** 능숙한	thóught**ful** 사려 깊은
trúth**ful** 진실한	wónder**ful** 굉장한	úse**ful** 유용한		

명사 + ful | 명사 하나 가득한 분량

bág**ful** 한 자루의 분량	básket**ful** 바구니 가득	búcket**ful** 양동이 가득	cán**ful** 통 가득	cárt**ful** 한 수레 분량

chéstful 큰 상자 그득한 양	cóachful 마차 가득한 양	cúpful 컵 가득	déskful 책상 가득	hándful 손 가득
móuthful 한 입 가득	spóonful 숟가락 가득			

2 −less [−리쓰]의 소리를 찾아서

1. [-**less**]는 '**l**(을)+**e**(이)+**ss**(쓰)=리쓰'로 발음하며, [**e**]는 약모음으로 약하게 흘려 발음한다.
2. [-**less**]는 '명사+**less**'의 형태로 '-이 없는, -이 빠진'의 뜻의 형용사로, '동사+**less**'의 형태로 '할 수 없는, 하기 힘든'의 뜻의 형용사로 바꾸는 접미사다.

áge**less** 늙지 않은	árt**less** 기교 없는	áwe**less** 대담무쌍한	béard**less** 수염이 없는	bláme**less** 결백한
blóod**less** 창백한	blúsh**less** 철면피한	bóne**less** 뼈 없는	bóund**less** 무한한	bráin**less** 머리가 나쁜
bréad**less** 빵이 없는	bréath**less** 숨이 찬	bréeze**less** 바람 없는	bróther**less** 형제 없는	cáre**less** 경솔한
céase**less** 끊임없는	chánge**less** 변화 없는	chéer**less** 기쁨이 없는	chíld**less** 아이가 없는	cláss**less** 계급차별이 없는
clóud**less** 구름 없는	clúe**less** 단서 없는	**cóm**fort**less** 낙이 없는	córd**less** 무선의	cóunt**less** 셀 수 없는
cúre**less** 불치의	dáte**less** 기한이 없는	dáunt**less** 용감한	déath**less** 불후의	defénse**less** 무방비의
dóubt**less** 의심 없는	énd**less** 끝없는	fáith**less** 신의 없는	fáther**less** 아버지가 없는	fáult**less** 결점 없는
féar**less** 대담한	flésh**less** 살이 빠진	frúit**less** 이익이 없는	háir**less** 털이 없는	hárm**less** 해롭지 않은
héad**less** 지도자가 없는	héart**less** 매정한	héed**less** 경솔한	hélp**less** 도움이 없는	hóme**less** 집 없는
hópe**less** 희망 없는	jób**less** 실직의	jóy**less** 슬픈	láw**less** 무법의	léaf**less** 잎이 없는

lífe**less** 생명이 없는	lóve**less** 사랑이 없는	lúck**less** 불운한	mérci**less** 무자비한	mótion**less** 움직이지 않는
mínd**less** 무관심한	náme**less** 이름 없는	néed**less** 불필요한	nóise**less** 소음 없는	númber**less** 무수한
páin**less** 무통의	pénni**less** 무일푼의	príce**less** 매우 귀중한	réck**less** 무모한	regárd**less** 무관심한
sháme**less** 뻔뻔스러운	thóught**less** 분별없는	úse**less** 쓸모없는	wár**less** 전쟁 없는	spót**less** 완벽한

3 –ness [–니쓰]의 소리를 찾아서

1. [-**ness**]는 '**n**(은)+**e**(이)+**ss**(쓰)=니쓰'로 발음하며, [**e**]는 약모음으로 약하게 흘려 발음한다.
2. [-**ness**]는 '형용사+**ness**'의 형태로 '성질, 상태'를 나타내는 명사로 바꾸는 접미사다.

ámple**ness** 풍부함	alért**ness** 각성도	áwful**ness** 지독함	báld**ness** 대머리	bád**ness** 나쁨
báre**ness** 나체	báse**ness** 천함	bítter**ness** 쓴맛	bóld**ness** 대담	bláck**ness** 암흑
blínd**ness** 문맹	blúe**ness** 푸름	bríght**ness** 광도	bróad**ness** 광대함	búsi**ness** 일
cálm**ness** 평온	chéap**ness** 헐값	chílli**ness** 냉기	cléar**ness** 맑음	clóse**ness** 친밀
cóld**ness** 추위	cóol**ness** 차가움	cázi**ness** 발광	cúte**ness** 귀여움	dárk**ness** 어둠
émpti**ness** 공허	éarnest**ness** 성실	exáct**ness** 정밀	fáir**ness** 공평함	fást**ness** 신속
féarful**ness** 무서움	fíne**ness** 우수성	fónd**ness** 상냥함	fránk**ness** 솔직함	frésh**ness** 새로움
fúll**ness** 충만	géntle**ness** 친절	glád**ness** 기쁨	góod**ness** 선량	gréat**ness** 위대함
háppi**ness** 행복	héavi**ness** 무거움	hígh**ness** 높음	ídle**ness** 나태	íll**ness** 병

kíndness 친절	líghtness 가벼움	líkeness 닮음	lúckiness 행운	mádness 광기
míghtiness 강대	rúdeness 무례함	sádness 슬픔	síckness 병	súddenness 돌연
alíkeness 똑같음	alíveness 살아 있음	drúnkenness 취한 상태	enórmousness 거대	fríghtfulness 무서움

4 –ment [–먼(트)]의 소리를 찾아서

1. [-**ment**]는 '**m**(음)+**e**(어)+**n**(은)+**t**(트)=먼(트)'로 발음하며, [**e**]는 약모음으로 약하게 흘려 발음한다.

2. [-**ment**]는 '동사+**ment**'의 형태로 '동작 · 상태 · 결과' 등을 나타내는 명사로 바꾸는 접미사다.

achíevement 성취	amúsement 기쁨	annóuncement 공표	apártment 아파트	appóintment 약속
árgument 논쟁	ármament 무기	arrángement 배열	asséssment 부과	assórtment 각종 구색
astónishment 경악	atónement 보상	attáinment 달성	básement 지하실	depártment 부
detáchment 분리	devélopment 발달	élement 요소	embárrassment 당황	engágement 약혼
equípment 장비	excítement 흥분	férment 발효	góvernment 정부	incítement 자극
ínstrument 도구	invólvement 관련	júdgment 판단	mánagement 관리	móment 순간
móvement 움직임	óintment 연고	órnament 장식품	pávement 지불	páyment 지불
plácement 배치	predícament 곤경	púnishment 형벌	púzzlement 당황	refínement 정제
refréshment 원기회복	régiment 연대	replácement 교체	requírement 요구	retírement 퇴직

ségment 구분	séntiment 감정	séttlement 정착	státement 진술	Téstament 성서
tórment 고문	tréatment 처우			

5 −able, −ible [−어블]의 소리를 찾아서

1. [-able]과 [-ible]은 'a, i(어)+b(브)+le(을)=어블'로 발음하며, [a]와 [i]는 약모음으로 약하게 흘려 발음한다.
2. [-able]과 [-ible]은 동사에 붙어서 '-할 수 있는, -하기에 적합한, -할 만한'의 뜻의 형용사를 만들고, 명사에 붙여 '-에 적합한, -을 좋아하는, -을 주는'의 뜻의 형용사를 만든다.

● −어블(−ible)

accéssible 접근하기 쉬운	admíssible 참가할 자격이 있는	apprehénsible 이해할 수 있는	áudible 청취할 수 있는
còmprehénsible 이해할 수 있는	convértible 바꿀 수 있는	corrúptible 부패하기 쉬운	crédible 신용할 수 있는
defénsible 방어할 수 있는	destrúctible 파괴할 수 있는	digéstible 소화할 수 있는	divísible 나눌 수 있는
édible 식용에 적합한	éligible 적격의	expánsible 팽창할 수 있는	exténsible 넓힐 수 있는
fállible 틀리기 쉬운	féasible 실행할 수 있는	hórrible 무서운	impóssible 불가능한
incrédible 믿을 수 없는	intélligible 알기 쉬운	invíncible 정복할 수 없는	négligible 무시해도 좋은
percéptible 인지할 수 있는	permíssible 허용할 수 있는	pláusible 그럴듯한	respónsible 책임 있는
tángible 만져서 알 수 있는	térrible 무서운	vísible 보이는	

● -어블(-able)

accépt**able** 받아들일 수 있는	**ad**ápt**able** 융통성 있는	adór**able** 존경할 만한	agrée**able** 기분 좋은
applíc**able** 적용할 수 있는	**a**váil**able** 입수 가능한	bréak**able** 깨지기 쉬운	cáp**able** 유능한
chánge**able** 변하기 쉬운	cléar**able** 깨끗하게 할 수 있는	**col**léct**able** 모을 수 있는	**com**ménd**able** 칭찬할 만한
consíder**able** 상당한	crédit**able** 명예로운	cróss**able** 건널 수 있는	**de**mónstr**able** 증명할 수 있는
desír**able** 바람직한	**dis**péns**able** 분배할 수 있는	éat**able** 식용의	**en**jóy**able** 즐거운
envi**able** 부러운	**ex**plíc**able** 설명할 수 있는	ímit**able** 모방할 수 있는	**im**prégn**able** 난공불락의
inflámm**able** 타기 쉬운	**ír**rit**able** 성미가 급한	láment**able** 슬퍼할	lóv**able** 사랑스러운
mémor**able** 기억할 만한	pórt**able** 휴대용의	réad**able** 읽기 쉬운	**rel**í**able** 의지가 되는
repáir**able** 수선할 수 있는	**re**spéct**able** 존경할 만한	sépar**able** 분리할 수 있는	tóler**able** 참을 수 있는
ùnforgétt**able** 잊을 수 없는	**ùn**belíev**able** 믿을 수 없는	válu**able** 귀중한	

6 −ìsm [−이즘]의 소리를 찾아서

1. [-ìsm]은 'ì(이)+s(즈)+m(음)=이즘'으로 발음하며, [ì]는 강모음으로 강하게 발음한다.
2. [-ìsm]은 '-의 행위 · 상태 · 특성, -주의 · -설(說) · -교(敎) · -제(制), -풍, -중독'의 뜻을 담고 있는 접미사다.

ábsolut**ìsm** 전제주의	**abstráctionìsm** 추상주의	**áb**surd**ìsm** 부조리주의	acádem**ìsm** 형식주의	áctiv**ìsm** 행동주의
álcohol**ìsm** 알코올 중독	Américan**ìsm** 친미주의	ánimal**ìsm** 수욕주의	áthe**ìsm** 무신론	átom**ìsm** 원자론
bápt**ìsm** 세례	bárbar**ìsm** 야만	Bíblic**ìsm** 성서주의	bóss**ìsm** 보스제도	cápital**ìsm** 자본주의
cátech**ìsm** 교리 문답	Chárt**ìsm** 차티스트 운동	clássic**ìsm** 고전주의	cósm**ìsm** 우주(진화)론	crític**ìsm** 평론
cúlt**ìsm** 극단적인 종교적 경향	cýnic**ìsm** 냉소주의	czár**ìsm** 전제정치	dáda**ìsm** 다다이즘	ecónom**ìsm** 경제주의
demócrat**ìsm** 민주주의	démon**ìsm** 귀신 숭배	dévil**ìsm** 악마 숭배	diábol**ìsm** 악마주의	égo**ìsm** 이기주의
égot**ìsm** 자기 중심벽	éxorc**ìsm** 액막이	fémin**ìsm** 여권주의	fútur**ìsm** 미래파	grádual**ìsm** 점진주의
héathen**ìsm** 이교	héro**ìsm** 영웅적 자질	Héllen**ìsm** 그리스 문화	húman**ìsm** 인본주의	ídeal**ìsm** 이상주의
ímag**ìsm** 사상(寫像)주의	**im**pré**ssionìsm** 인상주의	jóurnal**ìsm** 신문 잡지업	mánner**ìsm** 틀에 박힌 것	méchan**ìsm** 기계론
módern**ìsm** 근대 사상	móral**ìsm** 도덕주의	nátional**ìsm** 민족주의	nátural**ìsm** 자연주의	óptim**ìsm** 낙천주의
órgan**ìsm** 유기체	págon**ìsm** 이교 신봉	**per**féction**ìsm** 완벽주의	pópul**ìsm** 대중 영합주의	rácial**ìsm** 인종주의
rádi**calìsm** 급진주의	rátional**ìsm** 합리주의	réal**ìsm** 현실주의	román**ticìsm** 낭만주의	sád**ìsm** 가학증
sátan**ìsm** 악마주의	sócial**ìsm** 사회주의	sènti**méntalìsm** 감상주의	sképtic**ìsm** 회의론	sólar**ìsm** 태양 중심설
suprémat**ìsm** 절대주의	sýmbol**ìsm** 상징주의	térror**ìsm** 폭력 행위	tóur**ìsm** 관광여행	

7 –ture [–취r]의 소리를 찾아서

1. [-**ture**]는 '**t**(추)+**ure**(어r)=취r'로 발음하며, [**t**]는 [**ch**]와 같은 소리가 난다.
2. [-**sure**]는 '**s**(주)+**ure**(어r)=쥐r'로 발음하며, [**s**]는 [**j**]와 같은 소리가 난다.
3. [-**ure**]는 동사에 붙여서 '동작, 상태, 성질, 결과, 집합체'를 나타내는 명사를 만드는 접미사다.

● –취r(–ture)

advén**ture** 모험	ágricùl**ture** 농업	árchitèc**ture** 건축술	cáp**ture** 포획	cóver**ture** 덮개
créa**ture** 창조물	cúl**ture** 문화	**de**pár**ture** 출발	**ex**péndi**ture** 지출	féa**ture** 얼굴의 생김새
fíx**ture** 정착물	frác**ture** 부러짐	fúrni**ture** 가구	fú**ture** 미래	gés**ture** 몸짓
ìmma**túre** 미숙한	júnc**ture** 접합	lítera**ture** 문학	léc**ture** 강의	mànufác**ture** 제조하다
ma**túre** 성숙한	mínia**ture** 축소형	míx**ture** 혼합물	móis**ture** 습기	ná**ture** 자연
núr**ture** 양육하다	pás**ture** 목장	píc**ture** 사진	pós**ture** 자세	**prè**ma**túre** 너무 이른
púnc**ture** 구멍을 내다	ráp**ture** 광희	rúp**ture** 파열	scríp**ture** 성서	scúlp**ture** 조각
sígna**ture** 서명	stá**ture** 신장	téx**ture** 직조법	tór**ture** 고문	vén**ture** 모험

● –쥐r(–sure)

cló**sure** 마감	**en**cló**sure** 울타리 침	méa**sure** 재다	pléa**sure** 쾌락	tréa**sure** 보물
expó**sure** 노출	léi**sure** 여가			

8 −ize [−아이즈]의 소리를 찾아서

1. [-**ize**]는 'ì(아이)+**ze**(즈)=아이즈'로 발음하며, [ì]는 강모음으로 강하게 발음한다.
2. [-**ize**]는 '-로 하다, -화하게 하다, -이 되다, -화하다'의 뜻의 동사를 만드는 접미사다.

● −아이즈(−ize)

apólo**gìze** 사죄하다	cáp**size** 전복시키다	críti**cìze** 비평하다	**sým**pa**thìze** 동정하다	émphas**ize** 강조하다

● −라이즈(−lize)

brúta**lìze** 짐승처럼 되다	cána**lìze** 운하화하다	cánniba**lìze** 식인하다	cápita**lìze** 자본화하다	céntra**lìze** 집중시키다
cívi**lìze** 개화하다	crýstal**lìze** 구체화하다	**de**móra**lìze** 타락시키다	équa**lìze** 평등하게 하다	fórma**lìze** 형식화하다
génera**lìze** 일반화하다	**in**dústria**lìze** 산업화하다	lóca**lìze** 배치하다	móbi**lìze** 동원하다	móra**lìze** 도를 가르치다
nátura**lìze** 귀화시키다	nórma**lìze** 표준화하다	péna**lìze** 벌하다	rátiona**lìze** 합리화하다	réa**lìze** 깨닫다
scánda**lìze** 아연케 하다	sígna**lìze** 두드러지게 하다	sócia**lìze** 사회화하다	spécia**lìze** 특수화하다	stábi**lìze** 안정시키다
sýmbo**lìze** 상징화하다				

● −마이즈(−mize)

áto**mìze** 원자화하다	ecóno**mìze** 경제적으로 쓰다	míni**mìze** 최소화하다

● −나이즈(−nize)

ágo**nìze** 번민하다	bóta**nìze** 식물채집을 하다	cólo**nìze** 식민지로 만들다	fíctio**nìze** 각색하다
hármo**nìze** 조화시키다	mécha**nìze** 기계화하다	órga**nìze** 조직화하다	scrúti**nìze** 자세히 조사하다

sýnchro**nìze** 동시에 발생하다	pága**nìze** 이교도화하다		

● –롸이즈(–rize)

áutho**rìze** 권한을 주다	cháracte**rìze** 특성을 부여하다	**de**mílita**rìze** 비무장화하다	famíllia**rìze** 친하게 하다	míniatu**rìze** 소형화하다
térro**rìze** 위협하다				

● –타이즈(–tize)

ádver**tìze** 광고하다	autóma**tìze** 자동화하다	báp**tìze** 세례를 베풀다	cóncer**tìze** 연주회에서 연주하다
dráma**tìze** 각색하다	**éx**per**tìze** 전문적 의견을 말하다		

9 –shìp [–쉽]의 소리를 찾아서

1. [**-shìp**]은 '**sh**(쉬)+**ì**(이)+**p**(프)=쉽'으로 발음하며, [**ì**]는 강모음으로 강하게 발음한다.
2. [**-shìp**]은 명사에 붙여 '상태, 신분, 직, 수완' 등을 나타내는 추상명사를 만드는 접미사다.

cítizen**shìp** 시민권	clerk**shìp** 서기의 직	féllow**shìp** 친교	fóllow**shìp** 추종자	friend**shìp** 우정
hárd**shìp** 고난	schólar**shìp** 장학금	lády**shìp** 숙녀의 신분	lórd**shìp** 귀족 신분	mémber**shìp** 회원 자격
pártner**shìp** 협력	spórtsman**shìp** 운동가 정신	wór**shìp** 예배		

10 −ant, −ent [−언(트)]의 소리를 찾아서

1. [-**ant**]와 [-**ent**]는 둘 다 '**a**, **e**(어)+**n**(은)+**t**(트)=언(트)'로 약하게 흘리듯 발음한다.
2. [-**ant**]와 [-**ent**]는 동사에 붙여 형용사를 만드는 접미사다.

● −언(트)(−ant)

árrog**ant** 오만한	**as**sístant 보조의	cónst**ant** 부단한	díst**ant** 먼	éleg**ant** 우아한
frágr**ant** 유쾌한	ígnor**ant** 무식한	**im**pórt**ant** 중요한	ínf**ant** 유아의	prégn**ant** 임신한
rádi**ant** 빛을 내는	**re**dúnd**ant** 여분의	relúct**ant** 마지못해 하는	**re**síst**ant** 저항하는	signífic**ant** 중요한
tóler**ant** 관대한	vác**ant** 빈			

● −언(트)(−ent)

abhórr**ent** 몹시 싫은	ábs**ent** 부재의	árd**ent** 열렬한	cónfid**ent** 자신만만한	cúrr**ent** 현행의
décad**ent** 퇴폐적인	**de**spónd**ent** 낙담한	dílig**ent** 근면한	díffer**ent** 다른	**ef**fíci**ent** 능률적인
éloqu**ent** 웅변의	émin**ent** 저명한	évid**ent** 분명한	éxcell**ent** 뛰어난	flú**ent** 유창한
indepénd**ent** 독립한	néglig**ent** 태만한	páti**ent** 인내심이 강한	**pér**man**ent** 불변의	**per**síst**ent** 고집하는
prés**ent** 선물	présid**ent** 대통령	**pró**min**ent** 두드러진	prúd**ent** 신중한	résid**ent** 거주하는
síl**ent** 침묵의	**sub**síst**ent** 실재하는	úrg**ent** 긴급한	víol**ent** 난폭한	

11 –ance, –ence [–언쓰]의 소리를 찾아서

1. [-**ance**]와 [-**ence**]는 둘 다 '**a**, **e**(어)+**n**(은)+**ce**(쓰)=언쓰'로 약하게 흘리듯 발음한다.
2. [-**ance**]와 [-**ence**]는 '행동 · 상태 · 성질 · 정도' 따위의 뜻의 명사를 만드는 접미사다.

● –언쓰(–ance)

abún**dance** 과다	**ac**cép**tance** 수락	**ac**cór**dance** 일치	**al**l**í**ance 동맹	**al**lów**ance** 허용
appéar**ance** 출현	**ap**plí**ance** 기구	**ár**rog**ance** 거만	**as**sís**tance** 도움	**as**súr**ance** 보증
attén**dance** 출석	avóid**ance** 도피	cléar**ance** 제거	**de**fí**ance** 도전	**dis**túrb**ance** 방해
endúr**ance** 인내	éntr**ance** 입장	híndr**ance** 방해	**im**pórt**ance** 중요성	**per**fórm**ance** 공연
rádi**ance** 광휘	**re**dúnd**ance** 여분	relí**ance** 의지	relúct**ance** 질색	**re**mémbr**ance** 기억
resíst**ance** 저항	signífic**ance** 중요성	súbst**ance** 물질	tóler**ance** 관용	

● –언쓰(–ence)

abhórr**ence** 혐오	ábs**ence** 부재	**áb**stin**ence** 절제	áudi**ence** 청중	**co**íncid**ence** 일치
cónfer**ence** 협의회	cónfid**ence** 신임	cónsequ**ence** 결과	décad**ence** 퇴폐	défer**ence** 복종
depénd**ence** 의존	díffer**ence** 차이	dílig**ence** 근면	éloqu**ence** 웅변	émin**ence** 고위
éss**ence** 진수	évid**ence** 증거	**éx**cell**ence** 우수	**ex**íst**ence** 존재	**ex**péri**ence** 경험
intéllig**ence** 지성	néglig**ence** 태만	páti**ence** 인내	**per**síst**ence** 고집	préfer**ence** 애호
prés**ence** 존재	prúd**ence** 분별	**pró**min**ence** 돌출	**pró**vid**ence** 섭리	réfer**ence** 참고
résid**ence** 거주지	scí**ence** 과학	síl**ence** 침묵	**sub**síst**ence** 생존	víol**ence** 폭력

-shion, -ssion

[-션]의 소리를 찾아서

◈ 접미사 **제2법칙**

해당 접미사 바로 앞의 음절로 강세를 변동시킨다.

- -연 : [-**ion**]
- -어티 : [-**ity**]
- -잌, 이컬 : [-**ic**], [-**ical**]
- -얼 : [-**al**]
- -알러쥐 : [-**ólogy**]

'제1법칙'에서는 어근(Root)의 강세의 위치를 바꾸게 하지 않는 접미사들의 발음을 배웠다면, '제2법칙'에서는 본래 어근이 갖고 있던 강세의 위치를 바꾸는 접미사들의 발음을 익혀 보기로 하지요.

원래 [-**ion**]은 라틴계의 동사를 명사로 만드는 접미사예요. [-**sion**], [-**tion**], [-**ation**], [-**xion**]의 형태를 취하고 있으면서 '행위 · 상태 · 결과'의 뜻을 담고 있습니다. 접미사의 모음은 강세가 없는 약모음이라 [on]은 전치사 'on'처럼 '온'으로 소리가 나지 않고 '언'으로 발음해야 합니다. 'yes'와 'yellow'의 [y]가 '에'를 '예', '오'를 '요', '아'를 '야', '어'를 '여', '우'를 '유'로 만드는 역할을 하는 철자이고, 이런 소리를 '사잇소리'라고 배웠던 것을 기억하시죠? [on] 앞에 있는 모음 [i]가 바로 이런 '사잇소리' 역할을 합니다. 즉, [on]의 소리 '언'이 모음 [i]로 인해 '연'이 되면서, 접미사 [-ion]은 '연'으로 소리가 나게 됩니다. 또, [sh]는 '쉬'로 발음되니까 [-shion]는 'sh(쉬)+ion(연)=쉬연(션)'이라는 소리 공식이 성립할 수 있겠네요. 또 [ss]도 '쉬'로 발음됩니다. 따라서 [-ssion]도 [-shion]과 마찬가지로 'ss(쉬)+ion(연)=쉬연(션)'이라는 소리 공식이 성립하게 되지요.

그런데 [-shion] 형태의 단어는 'fáshion(유행)'과 'cúshion(방석)' 외에는 보기 드물기 때문에, 이 두 단어만 신경을 써서 외워 두면 [-ssion]으로 써야 할지 [-shion]으로 써야 할지 고민할 필요는 없겠죠?

이제 또 무슨 시간인가요? '스스로 학습' 시간이지요? 아래의 단어들을 반복해서 익혀 볼까요?

Practice | –션 [–shion], [–ssion]

fá**shion** 유행	→	fá(패ᶠ) · **shion**(션)	패ᶠ**션**
cú**shion** 방석	→	cú(쿠) · **shion**(션)	쿠**션**
emíssion 방출	→	e(이) · **mí**(미) · **ssion**(션)	이미**션**
admíssion 허가	→	**ad**(얻) · **mí**(미) · **ssion**(션)	얻미**션**
impréssion 인상	→	**im**(임) · **pré**(프뤠) · **ssion**(션)	임프뤠**션**
suppréssion 억압	→	**sup**(썹) · **pré**(프뤠) · **ssion**(션)	써프뤠**션**
confession 고백	→	**con**(컨) · **fé**(페ᶠ) · **ssion**(션)	컨페ᶠ**션**
procéssion 행렬	→	**pro**(프뤄) · c**é**(쎄) · **ssion**(션)	프뤄쎄**션**

그런데 왼쪽 단어 8개의 강세의 위치를 눈여겨보면 공통점이 보이지요? [-ssion]과 [-shion] 바로 앞의 모음에 강세가 오고, 결과적으로 '약강약'의 리듬을

타는 공통점을 갖고 있지요? 다음에 이어질 'Rule 2'의 모든 접미사들이 똑같은 강세의 법칙을 따르고 있다는 것을 꼭 기억하세요.

요점정리

1. [–shion]과 [–ssion]은 둘 다 'sh, ss(쉬)+io(여)+n(은)=션'으로 약하게 흘리듯 발음한다.
2. [–shion]과 [–ssion]은 '행위 · 상태 · 결과'의 뜻의 명사를 만드는 접미사다.

알고 갑시다

[–mit]와 [–ess]로 끝난 동사가 [–ssion]으로 변신

접미사 [-**ssion**]이 붙어 있는 단어는 일정한 형태의 동사에서 명사로 변화된 단어입니다. 예를 들면, 'emit(내다)'과 같이 [-mit]로 끝난 동사들은 [t]를 빼고 [-**ssion**]을 붙이면 'emíssion(방출)'이라는 형태의 명사로 재탄생을 합니다. 또 [-**ssive**]를 붙이면 'emíssive(발사성의)'이라는 형태의 형용사로 변신하는 형태 변화의 규칙성도 있습니다. 이와 같은 변화 형태를 취하는 아래 단어들을 보면서 실제 발음을 해 보고 익혀 봅시다. 아참! 그런데 [-**ssive**]는 어떻게 발음할까요? 그렇죠? 접미사의 일종이니까 '-씹v'에 가까운 '-씨브v'로 발음하면 되겠죠.

Practice 1 | [–mit] 동사

[–**mit**](동사)		[–**mission**](명사)		[–**missive**](형용사) 변화
emit 내다	⟷	**emíssion** 방출	⟷	**emíssive** 발사성의
admít 허용하다	⟷	**admíssion** 허가	⟷	**admíssive** 허용의

submít 복종시키다	⟷	submíssion 복종	⟷	submíssive 순종하는
transmít 보내다	⟷	transmíssion 전달	⟷	transmíssive 보내지는
omít 빠뜨리다	⟷	omíssion 생략	⟷	omíssive 빠뜨리는

또, 'proféss(주장하다)'와 같이 [-ess]로 끝난 단어들은 뒤에 [**-ion**]을 붙이면 'proféssion(전문직)'과 같이 [**-ssion**]이 붙는 명사가 됩니다. 다만 형용사는 두 가지 형태가 있어요. 아래 'Practice 2'의 경우처럼 [**-ssive**]를 붙여 'impréss(감명을 주다)'를 'impréssive(인상적인)'로 변화시키는 경우와, 오른쪽 'Practice 3'의 경우처럼 [**-al**]을 붙여 'proféssion'이 'proféssional'로 변화하는 경우가 있습니다. 아래의 단어들을 통해 형태의 변화를 확인하고 소리를 익혀 보세요.

Practice 2 | [–ess] 동사(1)

[–**ess**](동사)		[–**ession**](명사)		[–**essive**](형용사) 변화
impr**éss** 감명을 주다	⟷	impr**éssion** 감명	⟷	impr**éssive** 인상적인
compr**éss** 압축하다	⟷	**com**pr**éssion** 압축	⟷	**com**pr**éssive** 압축의
expr**éss** 표현하다	⟷	**ex**pr**éssion** 표현	⟷	**ex**pr**éssive** 표현하는
aggr**éss** 싸움을 걸다	⟷	**ag**gr**éssion** 공격	⟷	**ag**gr**éssive** 공격적인
progr**éss** 전진하다	⟷	**pro**gr**éssion** 진행	⟷	**pro**gr**éssive** 진보적인
obs**éss** 붙다	⟷	**ob**s**éssion** 집착	⟷	**ob**s**éssive** 강박관념의
poss**éss** 소유하다	⟷	poss**éssion** 소유	⟷	poss**éssive** 소유의

recéss 휴회하다	⟷	**recéssion** 후퇴	⟷	**recéssive** 퇴행(退行)의

다음 몇 개의 단어들은 [**-ssion**]에 [**-al**]을 붙여 형용사로 변신하는 경우도 있지요. [**-ssional**]은 어떻게 발음할까요? [**-al**]도 접미사의 일종이니까 '-셔늘'에 가까운 '-셔널'로 발음하면 되겠죠?

Practice 3 | [–ess] 동사(2)

[**–ess**](동사)		[**–ession**](명사)		[**–essional**](형용사) 변화
proféss 주장하다	⟷	**proféssion** 전문직	⟷	**proféssional** 직업의
procéss 행진하다	⟷	**procéssion** 행렬	⟷	**procéssional** 행렬의
conféss 고백하다	⟷	**conféssion** 고백	⟷	**conféssional** 신앙고백의

-tion

[-션]의 소리를 찾아서

요즘 자동차에 '내비게이션'을 장착하지 않고 다니는 운전사가 없지요? 이 'Navigation'에 붙은 접미사가 바로 [-**tion**]이에요. 이 명사형 접미사는 그 단어 수가 상당히 많은 편이지요.

먼저, [-**tion**]은 소리가 어떻게 날까요? [-ion]은 '연'으로 발음하면 됩니다. 다만 철자 [t]의 소리가 기본 발음 '트'로 나지 않는다는 것을 기억하세요. 'pátient'와 'pártial', 'cáutious'와 'cáution'과 같이 [ia], [ie], [io] 앞의 [t]를 원어민들은 '트'가 아니라 철자 [sh]처럼 '쉬'로 발음하고, 바로 [t] 뒤의 모음 [i]도 '이'가 아니라 '사잇소리'로 사용하기 때문에 접미사 안의 [ia], [ie], [io]는 똑같이 '여'로 발음한다는 점을 꼭 기억하셔야 해요. 따라서 'cáutious'는 '코오티어쓰'나 '코오쉬어쓰'가 아니라 '코오셔쓰'로 발음해야 합니다. 'cáution'도 '코오티언'이나 '코오쉬언'이 아니라 '코오션'으로, 'patient'도 '페이티언트'나 '페이쉬언트'가 아니라 '페이션트'로 발음해야 하며, 'pártial(일부분의)'도 '파아r티얼'나 '파아r쉬얼'이 아니라 '파아r셜'로 발음해야 하다는 것을 명심, 또 명심하시길 바랍니다.

이제 여러분들의 '스스로 학습' 시간인 것 아시죠? 다음 단어들을 반복해서 익혀 볼까요?

Practice | -션 [-tion]

carná**tion** 카네이션	→	car(카아r) · ná(네이) · **tion**(션)	카r네이션
àgitá**tion** 선동	→	à(애) · gi(줘) · tá(테이) · **tion**(션)	애줘테이션
òperá**tion** 작용	→	ò(아) · pe(퍼) · rá(뤠이) · **tion**(션)	아퍼뤠이션
gràtulá**tion** 축하	→	grà(그래) · tu(츄) · lá(레이) · **tion**(션)	그래츌레이션
èlevá**tion** 승진	→	è(에) · le(러) · vá(베v이) · **tion**(션)	엘러베v이션
cònfirmá**tion** 확정	→	**còn**(칸) · fir(퍼fr) · má(메이) · **tion**(션)	칸퍼fr메이션
ìndicá**tion** 지시	→	ìn(인) · di(디) · cá(케이) · **tion**(션)	인디케이션
àviá**tion** 비행	→	à(애) · vi(비v) · á(에이) · **tion**(션)	애비v에이션
sàtisfác**tion** 만족	→	sà(쌔) · tis(티스) · fác(팩f) · **tion**(션)	쌔뤼스팩f션
invén**tion** 발명	→	**in**(인) · vén(벤v) · **tion**(션)	인벤v션

그런데 위의 단어 10개도 [**-ssion**]과 [**-shion**]과 마찬가지로 강세의 위치에 공통점이 보이지요? [**-tion**] 바로 앞 모음에 강세가 오고, 결과적으로 '약강약'의 리듬을 타는 공통점을 갖고 있지요? 'sà · tis · fá · ction'과 같이 4음절의 어절로 되어 있는 단어들은 보통 '강약강약'의 리듬을 타고 있지요. 다음에 이어질 'Rule 2'의 모든 접미사들이 똑같은 강세의 리듬을 탄다는 것을 기억하세요.

또 [**-átion**]의 강모음 [á]가 '애'로 발음되지 않고 '에이'로 발음되는 이유는 [-átion] 형태의 명사들이 대부분 [-àte] 형태의 동사에서 파생되었기 때문이지요. 예를 들면, 'àgitátion(선동)'은 'ági**tàte**(선동하다)'에서 파생되었고, 'rotátion(순환)'은 'rótàte(순환하다)'에서 파생되었어요. 그러면 [자음+a+자음+e], 즉, [-á-e]

의 구조로 되어 있으면 단어 끝의 철자 [e] 앞에 있는 모음 [á]는 '알파벳 이름의 소리', 즉, '에이'로 난다는 것 기억하시죠? [-**àte**]에서 강모음 [á]도 모음 [e]의 영향을 받아서 '알파벳 이름 소리'인 '에이'로 발음하면 되지요. 고로, 'ágitàte' 경우에 '애쥐테일'으로 발음하면 되는데, 이 'ágitàte'가 'àgitátion'으로 형태가 변해도 강모음 [á]는 변함없이 '알파벳 이름 소리', 즉, '에이'를 유지하기 때문에 모든 [-**átion**]을 '-에이션'으로 발음한다는 것을 기억하세요.

요점정리

1. [−tion]은 't(쉬)+io(여)+n(은)=션'으로 약하게 흘리듯 발음한다.
2. [−tion]은 '행위 · 상태 · 결과'의 뜻의 명사를 만드는 접미사다.

알고 갑시다

동사의 [-tion] 변신

접미사 [-**tion**]도 접미사 [-**ssion**]의 경우처럼 일정한 형태의 동사에서 명사로 변화된 단어입니다. 예를 들면, 'illúminàte(조명하다)'과 같이 [-**àte**]으로 끝난 동사들은 [te]를 빼고 [-**tion**]을 붙이면 'illuminátion(조명)'이라는 형태의 명사로 재탄생합니다. 그리고 [-**tive**]를 붙이면 'illúminàtive(밝게 하는)'라는 형태의 형용사로 변신하는 형태 변화의 규칙성도 있습니다. 이와 같은 변화 형태를 취하는 아래 단어들을 보면서 실제 발음을 해 보고 익혀 봅시다. 아참! 그러면 [-**tive**]는 어떻게 발음할까요? 그렇죠? 접미사의 일종이니까 '-팁v'에 가까운 '-티브v'로 발음하면 되겠죠. 또, 바로 앞에서 배웠듯이 [-**àtive**] 앞의 [**à**]도 '에이'로 발음해야 한다는 것을 명심하시면서 아래의 발음을 익혀 보세요.

Practice 1 | [-àte] 동사

[-**àte**](동사)		[-**átion**](명사)		[-**àtive**](형용사) 변화
illúmin**àte** 조명하다	⟷	illumin**átion** 조명	⟷	illúmin**àtive** 밝게 하는
términ**àte** 끝내다	⟷	tèrmin**átion** 종결	⟷	términ**àtive** 종결의
ágit**àte** 동요시키다	⟷	àgit**átion** 선동	⟷	ágit**àtive** 선동적인
rot**áte** 순환하다	⟷	rot**átion** 순환	⟷	rót**àtive** 회전하는
hésit**àte** 망설이다	⟷	hèsit**átion** 망설임	⟷	hésit**àtive** 주저하는
óper**àte** 작동하다	⟷	òper**átion** 작용	⟷	óper**àtive** 작용하는
cóncentr**àte** 집중하다	⟷	**còn**centr**átion** 집중	⟷	**cón**centr**àtive** 집중적인
frústr**àte** 헛되게 하다	⟷	frustr**átion** 좌절	⟷	frústr**àtive** 좌절시키는

tránsl**àte** 번역하다	⟷	tránsl**átion** 번역	⟷	tránsl**àtive** 번역의
sépar**àte** 분리하다	⟷	sèpar**átion** 분리	⟷	sépar**àtive** 분리성의

또, 아래의 'attráction(매력)'과 같이 [**-ction**]의 형태의 단어들은 'attráct(끌다)' 처럼 [-ct]로 끝난 동사에 [-ion]을 붙인 형태라는 것을 알 수 있지요? 또 동사 'attráct(끌다)'에 [**-ive**]를 붙이면 형용사로 변신한다는 것도 알 수 있습니다. 한 가지만 더 기억할 것은 [**-ction**] 앞의 강모음 [á]는 '애'로 발음해야 합니다. 영화 촬영할 때 흔히 듣는 '액션!'의 'áction'을 'keyword'로 기억하시면 되겠죠?

Practice 2 | [-ct] 동사

[**-ct**](동사)		[**-ction**](명사)		[**-ctive**](형용사) 변화
attrá**ct** 끌다	⟷	**at**trá**ction** 매력	⟷	**at**trá**ctive** 사람의 마음을 끄는
subtrá**ct** 감하다	⟷	**sub**trá**ction** 공제	⟷	**sub**trá**ctive** 감하는
extrá**ct** 뽑아내다	⟷	**ex**trá**ction** 발췌	⟷	**ex**trá**ctive** 끌어낼 수 있는
cónfli**ct** 투쟁하다	⟷	**con**flí**ction** 싸움	⟷	**con**flí**ctive** 투쟁의
addí**ct** 에 빠지다	⟷	**ad**dí**ction** 중독	⟷	**ad**dí**ctive** 중독성인
afflí**ct** 괴롭히다	⟷	**af**flí**ction** 고통	⟷	**af**flí**ctive** 괴로운
objé**ct** 반대하다	⟷	**ob**jé**ction** 반대	⟷	**ob**jé**ctive** 객관적인
proté**ct** 보호하다	⟷	**pro**té**ction** 보호	⟷	**pro**té**ctive** 보호적인
collé**ct** 수집하다	⟷	**col**lé**ction** 수집	⟷	**col**lé**ctive** 집단의
detéc**t** 발견하다	⟷	deté**ction** 간파	⟷	deté**ctive** 탐정의

또, 아래의 'descríbe(묘사하다)'와 같이 [-íbe]의 형태의 동사들은 'descríption(묘사)'처럼 끝의 [e]가 떨어져 나가고, [b]가 [p]로 바뀌면서 [**-tion**]을 붙여서 명사로 바꿉니다. 마찬가지 방법으로 [**-tive**]를 붙이면 'descríptive(기술적인)'이라는 형용사로 변신하는 공통점도 있지요.

아래에 나열된 단어들의 뜻을 살펴보세요. 무언가 공통점을 발견하셨나요? 만약 공통점을 발견하셨다면 당신도 언어에 대한 감각이 남다르다는 자부심을 가져도 좋습니다. 모두 '쓰기', 즉, 'writing'과 관련이 있지요? 왜 그럴까요? 각 단어에 공통적으로 보이는 어근 'scrib'과 'script'가 'to write'라는 의미이거든요. 여기에 다음에 배울 [**de-**]와 [**in-**]과 같은 각종 접두사를 붙여 파생어(派生語)를 만들었지만, 근본적인 '쓰다'라는 뜻은 변하지 않은 것이죠.

영어 발음처럼 단어의 뜻도 무조건 외우는 것보다 나름대로 요령을 파악하고 공부하면 시간도 단축되고 효과도 배가된다는 것을 명심하고, 나름대로 '생각하는 공부'를 하길 바라요.

Practice 3 | [-íbe] 동사

[-**íbe**](동사)		[-**íption**](명사)		[-**íptive**](형용사) 변화
ascr**íbe** 에 돌리다	⟷	**a**scr**íption** 귀속	⟷	**a**scr**íptive** 귀속하는
descr**íbe** 묘사하다	⟷	**de**scr**íption** 묘사	⟷	descr**íptive** 기술적인
inscr**íbe** 새기다	⟷	**in**scr**íption** 명각	⟷	**in**scr**íptive** 명각(銘刻)의
prescr**íbe** 규정하다	⟷	**pre**scr**íption** 규정	⟷	**pre**scr**íptive** 규정하는
trànscr**íbe** 베끼다	⟷	**tràn**scr**íption** 필사	⟷	**tràn**scr**íptional** 필사의

접미사 [**-tion**]의 변화의 마지막 예를 설명하겠습니다. 'accláim(환호하다)'이나 'affírm(확언하다)'과 같이 [m]으로 끝난 동사들은 [**-tion**]이 아닌 [**-átion**]을 붙

여 'àcclamátion(갈채)'과 'àffirmátion(확인)'으로 명사형으로 바꾸면 됩니다. 다만 'accláim(환호하다)'과 같이 [-cláim] 형태로 되어 있는 동사는 [i]를 제거하고 [**-átion**]을 붙여야 합니다. 물론 소리도 변하겠죠? 'accláim'은 '어클레임'으로 [ái]가 '에이'로 소리가 나는 반면에, 'àcclamátion'은 '애클러메이션'으로 [a]의 약모음 '어'로 변해야 한다는 것도 잊지 마세요.

그런데 아래 단어들의 경우를 보면 물론 위의 세 경우와 같이 [**-tive**]를 붙여 형용사를 만들기도 하지만 전혀 다른 형용사 어미가 붙어 있다는 것을 알 수 있지요? 'affírmatòry'와 같이 [**-atòry**]를 붙여서 형용사를 만들었어요. [**-atòry**]의 발음은? '-어토뤼'로 하면 됩니다. 따라서 'affírmatòry'는 '어퍼fr머토뤼'로 발음하면 되겠지요? 형용사의 형태가 각각 다르니까 잘 살펴보며 익혀 보세요.

Practice 4 | [-m] 동사

[-**m**](동사)		[-**mátion**](명사)		[-**matòry**](형용사) 변화
accláim**m** 환호하다	↔	**àc**cla**mátion** 갈채	↔	**ac**clá**matòry** 갈채의
discláim 포기하다	↔	**dìs**cla**mátion** 기권	↔	**dìs**cla**matòry** 부인하는
excláim 외치다	↔	**èx**cla**mátion** 외침	↔	**ex**clá**matòry** 감탄의
procláim 포고하다	↔	**prò**cla**mátion** 포고	↔	**pro**clá**matòry** 선언의
affír**m** 확언하다	↔	**àf**fir**mátion** 확언	↔	**af**fír**matòry** / **af**fír**mative** 긍정적인
confír**m** 확인하다	↔	**còn**fir**mátion** 확정	↔	**con**fír**matòry** / **con**fír**mative** 확증적인
infór**m** 에게 알리다	↔	**ìn**for**mátion** 정보	↔	**in**fór**matòry** / **in**fór**mative** 정보의
refór**m** 개혁하다	↔	**rè**for**mátion** 개혁	↔	**re**fór**matòry** / **re**fór**mative** 개혁의
tranfór**m** 변형시키다	↔	**tràns**for**mátion** 변형	↔	**trans**fór**mative** 변화시킬 힘이 있는

-sion

[-젼]의 소리를 찾아서

일상생활에서 여러분들이 매일 쓰는 3가지 필수품이 뭐지요? 제 생각에는 '핸드폰(Cell-phone)', '컴퓨터(Computer)', 그리고 '텔레비젼(Television)'이라고 생각하는데요. 맞지요? 왜 갑자기 이런 말을 하는지 궁금하지요? 왜냐하면 이제 'television'의 접미사 [**-sion**]의 소리를 설명하려고요.

앞에서 [**-ssion**]은 '-쉬연(션)'이라고 소리가 난다고 배웠지요? 이때 접미사 [**-ion**] 앞에 [s]가 두 개인 것에 주의하라고 배웠습니다. 왜냐하면 접미사 [**-ion**] 앞의 [ss]는 [sh]처럼 '쉬'로 발음되지만, [**-ion**] 앞에 [s]가 한 개인 경우에는 [s]는 '즈'로 소리를 내야 하기 때문이죠. 따라서 [**-ssion**]은 '-쉬연(션)'으로, [**-sion**]은 '-젼'으로 소리를 내야 합니다. 물론 둘 다 접미사로 강세가 없기 때문에 약하게 흘려서 발음해야 한다는 것도 명심하세요. 이제 접미사 [**-sion**]이 붙어 있는 단어를 보면 '텔러비젼(tèlevísion)' 발음을 기억하고 있으면 [**-sion**]의 소리는 절대로 잊어버리는 일은 없겠죠?

자, 이제 여러분들의 '스스로 학습' 시간인 것 아시나요? 다음 단어들은 접미사 [**-sion**]이 붙어 있는 단어들의 일부입니다. 각 단어 앞의 진하게 표시된 철자들은 다음 장에서 배울 접두사들입니다. 접두사들도 몇 가지 경우를 제외하고는 강세가 없기 때문에 강하게 읽지 않는다는 것은 알죠? 따라서 접두사(진한 글씨)의 모음들은 약모음으로 '이'나 '어'로 약하고 빠르게 흘려서 발음해야 한다는 것을 재차 강조할게요. 그럼 각 단어들의 소리를 반복해서 익혀 볼까요? 준비됐나요?

Practice | –젼 [–sion]

evá**sion** 회피	→	e(이) · vá(베ᵛ이) · **sion**(젼)	이베ᵛ이**젼**
abr**ásion** 벗겨짐	→	**ab**(업) · r**á**(뤠이) · **sion**(젼)	업뤠이**젼**
convérsion 전환	→	**con**(컨) · **vér**(버ᵛ*어ʳ*) · **sion**(젼)	컨버ᵛ*어ʳ* **젼**
subvérsion 전복	→	**sub**(썹) · **vér**(버ᵛ*어ʳ*) · **sion**(젼)	썹버ᵛ*어ʳ* **젼**
diví**sion** 분리	→	**di**(디) · ví(비ᵛ) · **sion**(젼)	디비ᵛ**젼**
decí**sion** 결심	→	**de**(디) · cí(씨) · **sion**(젼)	디씨**젼**
collí**sion** 충돌	→	**col**(컬) · lí(리) · **sion**(젼)	컬리**젼**
allú**sion** 언급	→	al(얼) · lú(루우) · **sion**(젼)	얼루우**젼**
confú**sion** 혼동	→	**con**(컨) · fú(퓨ᶠ우) · **sion**(젼)	컨퓨ᶠ우**젼**
corró**sion** 부식	→	**co**(커) · **r**ró(로우) · **sion**(젼)	커로우**젼**

그런데 위의 단어 10개도 [–**ssion**], [–**shion**], [–**tion**]과 마찬가지로 강세의 위치에 공통점을 보이고 있어요. 위의 3음절 단어 중에 'evásion(회피)'이라는 단어를 예로 들면, [–**sion**] 바로 앞 2음절에 있는 모음 [á]에 강세가 오고, 결과적으로 '약강약'의 리듬을 타는 공통점을 갖고 있지요? 또한 'tèlevísion'과 같이 4음절의 어절로 되어 있는 단어들은 보통 '강약강약'의 리듬을 탄다는 것도 기억해 두면 단어의 소리

를 찾는 데 많은 도움이 됩니다. 강조해서 말하지만 영어의 강세(Stress)는 단순하게 소리의 높낮이를 의미하는 것이 아닙니다. 강세의 유무가 모음의 소리 차이를 나타낸다는 것을 꼭 잊지 말아야 합니다.

그럼, '접미사(suffix)'의 [-**ssion**], [-**tion**], [-**sion**]의 세 가지 공통점을 깔끔하게 정리할까요?

- 첫째, 일정한 형태의 동사를 명사로 품사를 전환시켜 주는 접미사다.
- 둘째, [-**ssion**], [-**tion**], [-**sion**]의 바로 앞 모음에 강세가 온다.
- 셋째, 강모음은 **i**(이)를 제외하고 알파벳 이름 소리[에이(**a**), 오우(**o**), 유우(**u**)]로 발음한다.

요점정리

1. [-sion]은 's(주)+io(여)+n(은)=전'으로 약하게 흘리듯 발음한다.
2. [-sion]은 '행위 · 상태 · 결과'의 뜻의 명사를 만드는 접미사다.

알고 갑시다

동사의 [-sion] 변신

접미사 [-**sion**]도 [-**tion**]의 경우처럼 일정한 형태의 동사에서 명사로 변화된 단어입니다. 예를 들면, 'illúminàte(조명하다)'과 같이 [-te]로 끝난 동사들은 [-te]를 빼고 [-**tion**]을 붙이면 'illuminátion(조명)'이라는 형태의 명사로 재탄생합니다. 그리고 [-**tive**]를 붙이면 'illúminàtive(밝게 하는)'라는 형태의 형용사로 변신하는 형태 변화의 규칙성도 있다고 했습니다. 그런데 'eváde(피하다)'과 같이 [-de]로 끝난 동사들은 [-de]를 빼고 [-**sion**]을 붙이면 'evásion(회피)'이라는 형태의 명사로 재탄생을 하고, [-**sive**]를 붙이면 'evásive(피하는)'라는 형태의 형용사로 변신하는 형태 변화의 규칙성이 있습니다. 따라서 'Practice 1'에 정리된 단어들처럼 [-de]로 끝난 동사들은 이와 같이 동일한 형태 및 품사의 변화를 한다는 것을 명심하면 단어를 보면서 그 단어의 소리를 쉽게 찾아낼 수 있을 뿐만 아니라, 여러 단어들을 쉽게 암기할 수 있다는 장점도 있으니까 꼭 익혀 주시기 바라요. 아참! [-**tive**]는 어떻게 발음한다고 배웠죠? 그렇죠? '-팁v'에 가까운 '-티브v'로 발음하면 되죠? 그럼 [-**sive**]는 어떻게 발음할까요? [s]가 '쓰' 소리가 나니까 [-**sive**]는 '-씹v'에 가까운 '-씨브v'로 발음하면 되죠? 이때 [v]발음 주의하세요!

그런데 'evásion(회피)'처럼 [-**sion**] 바로 앞 강모음 [á]가 '애'로 발음되지 않고 '에이'라는 '알파벳 이름 소리'를 내는 이유가 뭘까요? [-**ásion**] 형태의 명사들이 대부분 [-de] 형태의 동사에서 파생되었다고 했지요? 예를 들면, 'invásion(침략)'은 'inváde(침략하다)'에서 파생되었고, 'pervásion(보급)'은 'perváde(널리 퍼지다)'에서 파생되었어요. 그러면 [-a + 자음 + e] 즉 [-á-e]의 구조로 되어 있는 단어는 어떤 소리 법칙이 있다고 배웠지요? [e]의 앞에 있는 강모음 [á]는 '알파벳 이름의 소리', 즉 '에이'로 난다는 것 기억하시죠? 그럼 [-áde]에서 강모음 [á]도 모음 [e]의 영향을 받아서 '알파벳 이름 소리' '에이'로 발음하면 되겠지요? 고로, 'inváde'

경우에 '인베V읻(이드)'으로 발음하면 되는데, 이 'inváde'이 'invásion'으로 형태가 변해도 강모음 [á]는 변함없이 '알파벳 이름의 소리' '에이'를 유지하기 때문에 모든 [-**ásion**]을 '-에이젼'으로 발음한다는 것을 기억하시면 발음 공부에 효과적입니다. 'allúsion(언급)'의 강모음 [ú]는 '우우'로, 'corrósion(부식)'의 강모음 [ó]도 '알파벳 이름의 소리' '오우'로 길게(장모음) 소리를 내야 하는 것도 이런 이유입니다. 단 'divísion(분리)'과 같이 [-**ísion**] 형태에서 강모음 [í]의 경우는 'divíde(디바V이드)'에서 'divísion(디비V젼)'으로, '아이'에서 '이'로 소리가 바뀌는 예외성이 있습니다. 따라서 아래 연습을 통해 그 관계를 익혀 두는 것이 좋겠죠?

Practice 1 | [-de] 동사

[-**de**](동사)		[-**sion**](명사)		[-**sive**](형용사) 변화
evá**de** 피하다	⟷	evá**sion** 회피	⟷	evá**sive** 피하는
invá**de** 침략하다	⟷	invá**sion** 침략	⟷	invá**sive** 침략적인
pervá**de** 널리 퍼지다	⟷	**per**vá**sion** 보급	⟷	**per**vá**sive** 널리 미치는
abrá**de** 비비대어 벗기다	⟷	**ab**rá**sion** 벗겨짐	⟷	**ab**rá**sive** 닳게 하는
persuá**de** 설득하다	⟷	**per**suá**sion** 설득	⟷	**per**suá**sive** 설득력 있는
diví**de** 나누다	⟷	**di**ví**sion** 분리	⟷	**di**ví**sive** 분열을 일으키는
decí**de** 결심하다	⟷	**de**cí**sion** 결심	⟷	**de**cí**sive** 결정적인
derí**de** 비웃다	⟷	**de**rí**sion** 비웃음	⟷	**de**rí**sive** 조롱하는
allú**de** 언급하다	⟷	allú**sion** 언급	⟷	allú**sive** 암시적인
elú**de** 회피하다	⟷	elú**sion** 도피	⟷	elú**sive** 교묘히 잘 빠지는

exclú**de** 제외하다	⟷	**ex**clú**sion** 제외	⟷	**ex**clú**sive** 배타적인
inclú**de** 포함하다	⟷	**in**clú**sion** 포함	⟷	**in**clú**sive** 포함하여
seclú**de** 분리하다	⟷	**se**clú**sion** 은둔	⟷	**se**clú**sive** 은둔적인
conclú**de** 결론을 내리다	⟷	**con**clú**sion** 결론	⟷	**con**clú**sive** 결정적인

'avért(피하다)'처럼 [-vért]로 끝난 동사들도 끝 철자 [t]를 빼고 [**-sion**]을 붙이면 'avérsion(혐오)'과 같이 명사로 재탄생을 하고, [**-sive**]를 붙이면 'avérsive(기피하는)'라는 형태의 형용사로 변신하는 형태 변화의 규칙성이 있습니다.

그러면 [**-vérsion**]은 어떻게 소리가 날까요? 쉽지요? [ér]가 '*어*ʳ'로 소리가 나니까 [vér]는 '*버*ᵛʳ'로 발음하면 됩니다. 여기에 '-젼(-sion)'의 소리를 합치면 '-*버*ᵛʳ젼'으로 소리가 나겠지요? 그러면 마지막으로 'avérsion'의 소리를 찾으면 되겠네요. 약모음 '어(a)'의 소리만 합치면 되니까 '어*버*ᵛʳ젼'이라고 발음하면 되겠지요? 그럼 '동사 [**-vért**] → 명사 [**-vérsion**] → 형용사 [**-vérsive**]'의 형태의 규칙성을 기억하면 단어의 소리도 쉽게 익힐 수 있고, 또 단어 암기에 많은 도움이 되리라 믿습니다.

자 그럼, 이와 같은 요령으로 'Practice 2'에 정리된 단어들을 읽어 볼까요? 각 단어 앞의 [**sub-**], [**di-**], [**in-**], [**re-**]의 부분은 다음 장에서 배울 접두사들입니다. 접두사들도 몇 가지 경우를 제외하고는 강세가 없기 때문에 강하게 읽지 않는다는 것은 알죠? 따라서 접두사의 모음들은 약모음으로 '이'나 '어'로 약하고 빠르게 흘려서 발음해야 한다는 것을 재차 강조할게요. 그럼 각 단어들의 소리를 반복해서 익혀 볼까요?

Practice 2 | [–vert] 동사

[–**vert**](동사)		[–**version**](명사)		[–**versive**](형용사) 변화
a**vért** (피하다)	⟷	a**vérsion** (혐오)	⟷	a**vérsive** (기피하는)
subvért (뒤엎다)	⟷	**subvérsion** (전복)	⟷	**subvérsive** (전복하는)
divért (돌리다)	⟷	**divérsion** (전환)	⟷	**divérsive** (전환)
invért (거꾸로 하다)	⟷	**invérsion** (전도)	⟷	**invérsive** (전도의)
pervért (벗어나게 하다)	⟷	**pervérsion** (왜곡)	⟷	**pervérsive** (나쁜 길로 이끄는)
revért (되돌아가다)	⟷	**revérsion** (복귀)	⟷	**revérsionary** (되돌아가는)
convért (전환하다)	⟷	**convérsion** (전환)	⟷	**convérsionary** (전환의)

마지막으로 'fúse(녹이다)'처럼 [-se]로 끝난 동사들도 끝 철자 [e]를 빼고 [**-ion**]을 붙이면 'fúsion(용해)'과 같이 명사로 재탄생한다는 것도 기억하세요. 다만 아래 'Practice 3'에 정리된 단어를 제외하고 몇 개 되지 않으니까 이 기회에 그냥 외워 두는 것이 좋겠죠? 또 다른 단어와는 달리 일정한 형용사 어미가 붙지 않는다는 것도 알아 두세요.

Practice 3 | [–fuse] 동사

[–**fuse**] (동사)		[–**fusion**](명사)		[–**fusional**][–**fusive**](형용사)
f**úse** (녹이다)	⟷	f**úsion** (용해)		
infú**se** (주입하다)	⟷	**inf**ú**sion** (주입)		**inf**ú**sive** (주입력이 있는)
refú**se** (거절하다)	⟷	**ref**ú**sion** (거절)		

confúse (혼동하다)	↔	confúsion (혼동)	↔	confúsional (혼돈의)
profúse (아낌없는)	↔	profúsion (풍부)	↔	profúsive (아낌없는)

여기까지 배운 접미사 [-ion] 형태를 깔끔하게 정리해 볼까요? 그렇지 않으면 나중에 혼동을 일으킬 수 있는 여지가 충분한 접미사들이거든요.

- 첫째, [-**shion**]과 [-**ssion**]은 '-션'으로 발음하며, [-**mit**], [-**ss**]로 끝난 동사 뒤에 붙인다.
- 둘째, [-**tion**]은 '-션'으로 발음하며, [-**te**], [-**ct**], [-**ibe**], [-**m**]으로 끝난 동사 뒤에 붙인다.
- 셋째, [-**sion**]은 '-젼'으로 발음하며, [-**de**], [-**vert**], [-**se**]로 끝난 동사 뒤에 붙인다.

알고 갑시다

형용사 [-tive], [-sive]의 변신

'동사 [-**àte**] → 명사 [-**átion**] → 형용사 [-**àtive**]'와 '동사 [-**vért**] → 명사 [-**vérsion**] → 형용사 [-**vérsive**]'라는 형태의 규칙성을 앞에서 배웠습니다. 그리고 [-**tive**]는 '-팁v'에 가까운 '-티브v'로, [-**sive**]는 '-씹v'에 가까운 '-씨브v'로 발음하면 된다고 배웠습니다. 오른쪽에 이와 관련된 단어 중에서 가장 중요한 기본 어휘들을 정리하였습니다. 철자와 음가(音價)의 상관관계를 잘 생각하면서 각 단어들의 소리를 익혀 보세요.

Practice 1 | –티브ᵛ [–tive]

abstrác**tive** 추상적인	→	**ab**(업) · strác(스츄랙) · **tive**(티브ᵛ)	업스츄랙**티브ᵛ**
attrác**tive** 매력적인	→	**at**(얼) · trác(츄랙) · **tive**(티브ᵛ)	어츄랙**티브ᵛ**
creá**tive** 창조적인	→	cre(크뤼) · á(에이) · **tive**(티브ᵛ)	크뤼에이**티브ᵛ**
colléc**tive** 집합적	→	**col**(컬) · léc(렉) · **tive**(티브ᵛ)	컬렉**티브ᵛ**
dedúc**tive** 연역적인	→	**de**(디) · dúc(덕) · **tive**(티브ᵛ)	디덕**티브ᵛ**
exécu**tive** 실행의	→	**ex**(이그즈) · é(에) · cu(큐) · **tive**(티브ᵛ)	익제큐**티브ᵛ**
objéc**tive** 목적	→	**ob**(업) · jéc(줵) · **tive**(티브ᵛ)	업줵**티브ᵛ**
protéc**tive** 보호하는	→	**pro**(프뤄) · téc(텍) · **tive**(티브ᵛ)	프뤄텍**티브ᵛ**

Practice 2 | [–tive]

abstrác**tive** 추상적인	ác**tive** 활동적인	**ád**di**tive** 부가적인	**ap**préciá**tive** 감상적인	**at**tén**tive** 주의 깊은
attrác**tive** 매력적인	cáp**tive** 포로의	creá**tive** 창조적인	**col**léc**tive** 집단의	**cor**rúp**tive** 부패성의
dedúc**tive** 연역적인	**de**féc**tive** 결함이 있는	**de**strúc**tive** 파괴적인	digés**tive** 소화의	**ex**écu**tive** 실행의
invén**tive** 발명의	mó**tive** 움직이게 하는	ná**tive** 선천적인	néga**tive** 부정의	**ob**jéc**tive** 객관적인
ópera**tive** 작용하는	pósi**tive** 확신하는	prími**tive** 원시의	**pro**dúc**tive** 생산적인	**pro**téc**tive** 보호하는
respéc**tive** 각각의	sénsi**tive** 민감한			

Practice 3 | –씨브 [–sive]

abú**sive** 욕하는	→	**ab**(업) · ú(유우) · **sive**(씨브ᵛ)	어뷰우**씨브ᵛ**
convúl**sive** 발작적인	→	**con**(컨) · vúl(벌ᵛ) · **sive**(씨브ᵛ)	컨벌ᵛ**씨브ᵛ**
decí**sive** 결정적인	→	**de**(디) · cí(싸이) · **sive**(씨브ᵛ)	디싸이**씨브ᵛ**
evá**sive** 피하는	→	e(이) · vá(베ᵛ이) · **sive**(씨브ᵛ)	이베ᵛ이**씨브ᵛ**
expén**sive** 값비싼	→	**ex**(익쓰) · pén(펜) · **sive**(씨브ᵛ)	익쓰펜**씨브ᵛ**
expré**ssive** 표현의	→	**ex**(익쓰) · prés(프뤠) · **ssive**(씨브ᵛ)	익쓰프뤠**씨브ᵛ**
má**ssive** 육중한	→	má(매) · **ssive**(씨브ᵛ)	매**씨브ᵛ**
offén**sive** 불쾌한	→	o(어) · ffén(펜ᶠ) · **sive**(씨브ᵛ)	어펜ᶠ**씨브ᵛ**

Practice 4 | [–sive]

abú**sive** 욕하는	**ag**gré**ssive** 공격적인	caré**ssive** 애무하는 듯한	**co**hé**sive** 점착력이 있는	**con**vúl**sive** 발작적인
corró**sive** 부식하는	**de**cí**sive** 결정적인	**de**fén**sive** 방어의	**de**lú**sive** 기만의	**de**rí**sive** 조롱하는
evá**sive** 피하는	**ex**cé**ssive** 과도한	**ex**clú**sive** 배타적인	**ex**pén**sive** 값비싼	**ex**pló**sive** 폭발성의
expré**ssive** 표현의	**ex**tén**sive** 광대한	**im**pré**ssive** 인상적인	má**ssive** 육중한	pá**ssive** 수동의
offén**sive** 불쾌한	pén**sive** 슬픔에 잠긴	possé**ssive** 소유의	persua**sive** 설득적인	

-ity

[-어티]의 소리를 찾아서

요즘 TV를 보면 다양한 형태의 프로그램들이 많고 볼거리가 풍부해져서 시청자들로 하여금 TV 앞에서 벗어나지 못하게 만들지요. 그 다양성이 있는 프로그램을 흔히 '버라이어티 쇼'라고 우리말처럼 쓰기도 하는데, 그 '버라이어티'가 영어 단어로 'varíety'라고 합니다. 이 단어 뒤에 붙어 있는 어미(語尾) [-**ty**]는 라틴계의 형용사에 붙여 그 형용사 본래의 뜻의 '성질 · 상태'를 나타내는 추상명사로 만드는 접미사입니다. 보통 [-**ity**]와 [-**ety**]의 형태로 쓰는 경우가 많은데, 저는 그중에서 많은 단어를 형성하고 있는 [-**ity**]의 소리를 찾아보려고 합니다.

[-**ity**]와 [-**ety**]도 접미사이기 때문에 [-ty] 앞에 붙어 있는 모음 [i]와 [e]는 약모음으로 '어' 소리로 약하고 빠르게 흘려서 발음해야 합니다. 따라서 [-**ity**]와 [-**ety**]는 둘 다 '-어티'로 발음하면 되지요. [-**ity**]와 [-**ety**]의 모음 [i]와 [e]가 약모음이기 때문에 바로 앞 음절의 모음에 강세가 오게 된다는 것이 접미사 [-**ity**]와 [-**ety**]의 발음 암기 핵심임을 꼭 명심하세요. 예를 들면, 'varíety'의 형용사는 'várious'입니다. 그런데 'várious'는 1음절 [vá-]에 강세가 있어요. 뒤에 배울 접미사 [-**ious**] 때문이지요. 따라서 'várious'의 [vá-]는 '베ᵛ-'로 소리가 나고, [-**rious**]는 약모음이니까 '-어뤼어쓰'로 소리를 내야 합니다. 그럼 'várious'는 '베ᵛ어뤼어쓰'로

읽어야 하겠지요. 반면에, 'varíety'는 [-**ety**] 앞의 2음절 [-rí-]에 강세가 오게 되지요. 따라서 [va-]는 약모음이라 '베v-'가 아닌 '버v-'로 읽어야 하며, [-rí-]는 '-롸이-'로 강세를 두고 읽어야 합니다. 그럼, 'varíety'는 '버v롸이어티'로 발음하면 되겠지요? 'várious'와 'varíety' 둘 다 [vari-]로 형태가 똑같지만, 강세의 유무(有無)에 따라 '베v어뤼-'와 '버v롸이-'와 같이 모음의 소리가 달라지니 영어단어 읽기가 생각보다 쉽지 않다는 것을 충분히 느꼈으리라 믿습니다.

그럼, 여러분의 이해를 돕기 위해 하나의 예를 더 들어 볼까요? '빠른'이라는 뜻의 영어 단어 'rápid'은 '뢔핃'으로 발음하지만, 이 단어의 명사형인 'rapídity'는 강세 위치의 변화가 생겨 '뤄피더티'로 발음해야 한다는 것을 이해하셨다면, 이제 'májor(과반의)'와 'majority(과반수)', 'húmid(습기 있는)'와 'humídity(습기)'의 소리 구분이 가능하겠죠?

자, 이제 여러분들의 '스스로 학습' 시간인데, 연습 들어가기 전에 정리할까요? [-**ity**]와 [-**ety**]는 둘 다 '-어티'로 발음하며, [-**ity**]와 [-**ety**]의 모음 [i]와 [e]가 약모음이기 때문에 [-**ity**]와 [-**ety**] 바로 앞 음절의 모음에 강세가 오게 된다는 것 잊지 마세요.

Practice 1 | -어티 [-ity]

rapíd**ity** 급속	→	ra(뤄) · pí(피) · d**ity**(더티)	뤄피더티
commún**ity** 공동체	→	**co**(커) · **m**mú(뮤우) · n**ity**(너티)	커뮤우너티
càpabíl**ity** 가능성	→	cà(케이) · pa(퍼) · bí(비) · l**ity**(러티)	케이퍼빌러티
pòssibíl**ity** 가능성	→	pò(파) · ssi(써) · bí(비) · l**ity**(러티)	파써빌러티
chár**ity** 자선	→	chá(채) · r**ity**(뤄티)	채뤄티

majó**rity** 과반수	→	ma(머) · jó(좌) · **rity(뤄티)**	머좌**뤄티**
atró**city** 흉악	→	at(얼) · ró(롸) · **city(써티)**	얼롸**써티**
necés**sity** 필요	→	ne(니) · cé(쎄) · ss**ity(써티)**	니쎄**써티**
cá**vity** 구멍	→	cá(캐) · **vity(버ᵛ티)**	캐**버ᵛ티**
grá**vity** 중력	→	grá(그뢔) · **vity(버ᵛ티)**	그뢔**버ᵛ티**

Practice 2 | -어티 [-ity]

● -어티(-ity)

crúd**ity** 조잡	rapíd**ity** 급속	timíd**ity** 겁많은	ám**ity** 친목	calám**ity** 재난
commún**ity** 공동체	**de**fórm**ity** 모양이 흉함	ùnaním**ity** 만장일치	amén**ity** 쾌적함	dígn**ity** 존엄
etérn**ity** 영원	humán**ity** 인간애	òpportún**ity** 기회	humíd**ity** 습기	chást**ity** 순결
ván**ity** 허영				

● -러티(-lity)

abí**lity** 능력	càpabí**lity** 가능성	equá**lity** 동등	fidé**lity** 충성	hostí**lity** 적개심
mobí**lity** 기동성	fací**lity** 솜씨	pòssibí**lity** 가능성	**prò**babí**lity** 가망성	

● -뤄티(-rity)

celéb**rity** 명사	chá**rity** 자선	dexté**rity** 솜씨 좋음	authó**rity** 권위	assú**rity** 확신
clá**rity** 명료	intég**rity** 완전무결	majó**rity** 과반수	minó**rity** 소수	obscú**rity** 애매

pòpulá**rity** 대중성	posté**rity** 후손	**pro**spé**rity** 번영	pú**rity** 청결함	rá**rity** 희박
secú**rity** 안전				

● –써티(–city / –sity)

atró**city** 흉악	capá**city** 능력	curió**sity** 호기심	elèctrí**city** 전기	felí**city** 행복
publí**city** 공표	simplí**city** 단순	dén**sity** 밀집 상태	adver**sity** 역경	necé**ssity** 필요

● –버ᵛ티(–vity)

actí**vity** 활동	bré**vity** 간결	cá**vity** 구멍	festí**vity** 경축	grá**vity** 중력

요점정리

1. [–ity]와 [–ety]는 'i, e(어)+t(트)+y(이)=–어티'로 약하게 흘리듯 발음하며 앞 음절에 강세가 온다.
2. [–ity]와 [–ety]는 라틴계의 형용사를 '성질 · 상태'를 나타내는 명사로 만드는 접미사다.

알고 갑시다

형용사 [–ity]의 변신

'àbnormálity(변태)'와 같은 단어에 접미사 [-**ity**]를 제거하면 'abnórmal(변태의)' 이라는 형용사가 탄생합니다. 반대로 말하면, 'abnórmal(변태의)'이라는 형용사에 접미사 [-**ity**]를 붙이면 'àbnormálity(변태)'와 같은 명사로 변신한다는 말이기도 하지요. 다음 'Practice 2'에 정리된 단어의 변화 형태를 보면, 위의 예와 같이 [-**al**]

로 끝난 형용사들이 접미사 [-**ity**]를 붙여 [-**ality**] 형태의 명사로 변화됨을 알 수 있지요. 이런 품사의 변화 형태를 암기하고 있으면 단어의 양을 늘리는 데 중요한 역할을 하겠지만, 이 책의 학습 초점은 단어의 소리 변화임을 늘 잊지 말아야 합니다. 앞 페이지에서 학습했지만 접미사 [-**ity**]를 붙임으로써 강세의 위치 변화가 생기고 이로 인해 모음의 소리 변화가 생긴다는 것을 상기하면서 'Practice 1'과 'Practice 2'를 연습하시길 바랍니다.

Practice 1 | -앨러티 [-ality] 구성

àbnorm**ália** 변태	→	**àb**(앱) · nor(너ʳ) · m**ál**(맬) · **ity**(어티)	앱너ʳ맬러티
àctu**ality** 실제	→	àc(액) · tu(츄) · **ál**(앨) · **ity**(어티)	액츄앨러티
brut**ality** 잔인	→	bru(브루) · t**ál**(탤) · **ity**(어티)	브루탤러티
còrdi**ality** 진심	→	còr(코어ʳ) · di(디) · **ál**(앨) · **ity**(어티)	코어ʳ디앨러티
du**ality** 이중성	→	du(듀) · **ál**(앨) · **ity**(어티)	듀앨러티
evèntu**ality** 궁극	→	e(이) · vèn(벤ᵛ) · tu(츄) · **ál**(앨) · **ity**(어티)	이벤ᵛ츄앨러티
fat**ality** 참사	→	fa(퍼ᶠ) · t**ál**(탤) · **ity**(어티)	퍼ᶠ탤러티
vit**ality** 활기	→	vi(바ᵛ이) · t**ál**(탤) · **ity**(어티)	바ᵛ이탤러티
form**ality** 정식	→	for(퍼ᶠʳ) · m**ál**(맬) · **ity**(어티)	퍼ᶠʳ맬러티
ìndivìdu**ality** 개성	→	ìn(인) · di(디) · vì(비ᵛ) · du(쥬) · **ál**(앨) · **ity**(어티)	인디비ᵛ쥬앨러티

Practice 2 | –앨러티 [–ality] 변화

[–**al**](형용사)		[–**ality**](명사) 변화	
abnórm**al** 변태의	: 업노어^{r}**멀**	**àb**norm**álity** 변태	: 앱너^{r}맬**러티**
áctu**al** 현실의	: 액츄**얼**	àctu**álity** 실제	: 액츄앨**러티**
brút**al** 잔인한	: 브루우**틀**	brut**álity** 잔인	: 브루탤**러티**
córdi**al** 성심성의의	: 코어^{r}디**얼**	còrdi**álity** 진심	: 코어^{r}디앨**러티**
dú**al** 이중의	: 듀우**얼**	du**álity** 이중성	: 듀앨**러티**
evéntu**al** 종국의	: 이벤^{v}츄**얼**	evèntu**álity** 궁극	: 이벤^{v}츄앨**러티**
fát**al** 치명적인	: 페^{f}이**틀**	fat**álity** 참사	: 퍼^{f}탤**러티**
vít**al** 생생한	: 바^{v}이**틀**	vit**álity** 활기	: 바^{v}이탤**러티**
fórm**al** 정식의	: 포^{f}어^{r}**멀**	form**álity** 정식	: 퍼^{fr}맬**러티**
ìndivídu**al** 개인의	: 인디비^{v}쥬**얼**	ìndivìdu**álity** 개성	: 인디비^{v}쥬앨**러티**
mórt**al** 치명적인	: 모어^{r}**틀**	mort**álity** 사망률	: 머^{r}탤**러티**
orígin**al** 독창적인	: 어뤼쥐**널**	orìgin**álity** 독창성	: 어뤼쥐낼**러티**
ration**al** 이성적인	: 뢔셔**널**	ràtion**álity** 합리성	: 뢔셔낼**러티**
pérson**al** 개인의	: 퍼어^{r}쓰**널**	pèrson**álity** 개인	: 퍼어^{r}쓰낼**러티**
ré**al** 진실의	: 뤼이**얼**	re**álity** 현실	: 뤼앨**러티**

-ic, -ical

[-익], [-이컬]의 소리를 찾아서

'클래식' 좋아하지요? 저는 '클래식' 음악만 들으면 자꾸 졸음이 와서 별로 즐겨 듣는 편은 아니에요. 대학교 다닐 때 점심시간을 이용해 친구 따라 음악실에 가서 클래식을 듣다가 잠든 적도 있어요. 왜 뚱딴지같이 '클래식' 음악을 운운하는지 감 잡으셨어요? 이번에 배울 접미사가 '클래식'이라는 영어 단어 'clássic(고전의)'에 붙어 있기 때문이죠. [**-ic**]과 [**-ical**]은 '-의 성질의, -같은, -에 속하는, -으로 된'이라는 뜻의 형용사를 만드는 접미사이기 때문에 앞에 붙어 있는 약모음 [i]는 '이' 소리로, [**-ical**]에 붙어 있는 모음 [a]는 '어' 소리로 약하고 빠르게 흘려서 발음해야 합니다. 따라서 [**-ic**]은 '-익', [**-ical**]은 '-이컬'로 발음하면 되지요. 접미사 [**-ic**]과 [**-ical**]도 핵심 학습 포인트는 바로 앞 음절의 모음에 강세가 오게 된다는 것으로, 앞 장에서 우리가 이미 배운 강세의 법칙과 같다는 것을 꼭 명심하시면서 'Practice 1'과 'Practice 2'를 연습하시길 바랍니다.

Practice 1 | -익 [-ic]

cúb**ic** 입방의	→	cú(큐우) · b**ic**(**빅**)	큐우**빅**
má**gic** 마법	→	má(매) · g**ic**(**쥑**)	매**쥑**
pán**ic** 공황	→	pá(패) · n**ic**(**닉**)	패**닉**
cláss**ic** 고전의	→	clá(클래) · ss**ic**(**씩**)	클래**씩**
atóm**ic** 원자의	→	a(어) · tó(타) · m**ic**(**믹**)	어타**믹**
eléctr**ic** 전기의	→	e(이) · lèct(렉츄) · r**ic**(**뤽**)	일렉츄**뤽**
àutomát**ic** 자동의	→	àu(오오) · to(뤄) · má(매) · t**ic**(**틱**)	오오뤄매**틱** 오오뤄매**릭**
dìplomát**ic** 외교의	→	dì(디) · plo(플뤄) · má(매) · t**ic**(**틱**)	디플뤄매**틱** 디플뤄매**릭**
domést**ic** 국내의	→	do(도우) · més(메쓰) · t**ic**(**틱**)	도우메쓰**틱**
àcadém**ic** 학원의	→	à(애) · ca(커) · dé(데) · m**ic**(**믹**)	애커데**믹**

대체로 접미사 [**-ic**]과 [**-ical**]은 서로 바꾸어 쓸 수 있으나, '시의'의 뜻으로는 보통 'poetical'을, '시적인'의 뜻으로는 'poetic'을 쓰는 것처럼 뜻이 다른 경우도 있기 때문에 항상 사전을 참고하세요.

Practice 2 | -이컬 [-ical]

chém**ical** 화학의	→	ché(케) · m**ical**(미컬)	케미컬
crít**ical** 비평의	→	crí(크뤼) · t**ical**(티컬)	크뤼티컬 크뤼리컬
éth**ical** 윤리적인	→	é(에) · th**ical**(씨ᄃ컬)	에씨ᄃ컬
cláss**ical** 고전적인	→	clá(클래) · ss**ical**(씨컬)	클래씨컬
histór**ical** 역사상의	→	his(히쓰) · tó(타) · r**ical**(뤼컬)	히쓰타뤼컬
lóg**ical** 논리적인	→	ló(라) · g**ical**(쥐컬)	라쥐컬
méd**ical** 의학의	→	mé(메) · d**ical**(디컬)	메디컬 메리컬
mús**ical** 음악의	→	mú(뮤우) · s**ical**(지컬)	뮤우지컬
ópt**ical** 시력의	→	óp(압) · t**ical**(티컬)	압티컬
práct**ical** 실질적인	→	prác(프랙) · t**ical**(티컬)	프랙티컬

요점정리

1. [-ic]과 [-ical]은 'i(이)+c(크)=익'과, 'i(이)+c(크)+a(어)+l(을)=이컬'로 약하게 흘리듯 발음한다.
2. [-ic]과 [-ical]은 '-의 성질의, -같은, -에 속하는, -로 된' 뜻의 형용사를 만드는 접미사다.

-ólogy

[-알러쥐]의 소리를 찾아서

공부만 하라고 하면 몸에 '알레르기' 반응이 일어나는 사람이 있지요? '반감, 혐오'라는 뜻의 영어 'allergy'의 우리 식 발음이 바로 '알레르기'예요. 그런데 영어식 발음으로는 '앨러쥐'라고 소리가 나지요. 지금 우리가 배울 '-학(學), -론(論)' 뜻의 명사를 만드는 접미사 [-**ólogy**]의 '-알러쥐'와 소리가 비슷해서 여러분들의 기억을 돕기 위해 서두에 이런 말을 꺼낸 것이니까 양해하세요.(^.^)

그럼 접미사 [-**ólogy**]가 왜 '-알러쥐'로 소리가 나는지 아시겠어요? 먼저 모음[ó]는 강세가 있는 강모음이니까 '아'로 소리가 나고, 뒤의 자음 [l]과 연결하면 '알'로 소리가 나지요. 그리고 두 번째 모음 [o]는 강세가 없는 약모음이니까 '어'로 소리가 나고, 앞의 자음 [l]과 연결하면 '러'로 소리가 나지요. 마지막으로 자음 [g]는 앞의 '기본 발음'에서 배웠듯이 [ge(-)]와 [gi] 그리고 [gy]와 같이 [g] 뒤에 모음 [e]나 [i], 또는 [y]가 붙으면 '쥐'로 발음됩니다. 따라서 [-**ólogy**]의 소리공식은 'o(아)+l(을)+o(어)+g(즈)+y(이)=-알러쥐'가 됩니다.

[-**ólogy**]는 보통 복수 명사로 쓰이면서 '학문(學文)' 혹은 '과학(科學)'이라는 의미로 쓰입니다. 따라서 보통 초 · 중 · 고등학교에서 배우는 '수학, 과학, 영어' 같은 과목(科目)과는 다른 개념으로, 대학에서 심도 있게 배우는 전공 과목과 같은 학문

들의 용어라는 것을 이해할 필요가 있어요.

다음의 'Practice'에 나열된 단어들처럼 3음절, 또는 4음절의 단어들이라서 발음하기도 어렵고 철자 암기하기도 쉽지 않지만, 분절(分節)해서 보면 결코 읽기에 불가능하지는 않아요. 또, 'astrólogy'와 같은 3음절 단어는 보통 '약강약'의 리듬을 타고, 'àrcheólogy'와 같이 4음절의 어절로 되어 있는 단어들은 보통 '강약강약'의 리듬을 탄다는 것을 여러 번 언급 했지요? 다시 한 번 강조해서 말하지만 영어의 강세(Stress)는 단순한 소리의 높낮이를 의미하는 것이 아니라 강세의 유무가 모음의 소리 차이를 나타낸다는 것을 명심하시고 아래의 단어를 연습하세요. 그럼 연습에 들어가기에 앞서 큰 소리로 열 번만 발음해 볼까요? "알러쥐! 알러쥐! 알러쥐! 알러쥐! 알러쥐! 알러쥐! 알러쥐! 알러쥐! 알러쥐! 알러쥐!"

Practice | –알러쥐 [–ology]

àrche**ólogy** 고고학	→	àr(아어ʳ) · che(키) · **ólogy(알**러쥐)	아어ʳ키**알러쥐**
ànthrop**ólogy** 인류학	→	àn(앤) · thro(쓰ʳ뤄) · p**ólogy(팔러쥐)**	앤쓰ʳ뤄**팔러쥐**
astr**ólogy** 점성학	→	ast(어스뜨) · r**ólogy(롸**러쥐)	어스뜨**롸러쥐**
atm**ólogy** 증발학	→	at(얼) · m**ólogy(말**러쥐)	얼**말러쥐**
bi**ólogy** 생물학	→	bi(바이) · **ólogy(알**러쥐)	바이**알러쥐**
ec**ólogy** 생태학	→	e(이) · c**ólogy(칼**러쥐)	이**칼러쥐**
càrdi**ólogy** 심장학	→	càr(카어ʳ) · di(디) · **ólogy(알**러쥐)	카어ʳ디**알러쥐**
dèmon**ólogy** 귀신학	→	dè(디이) · mo(머) · n**ólogy(날**러쥐)	디이머**날러쥐**
ìde**ólogy** 관념론	→	ì(아이) · de(디) · **ólogy(알**러쥐)	아이디**알러쥐**

geólogy 지질학	→	ge(쥐) · **ólogy**(알러쥐)	쥐알러쥐

자, 이제 위의 어려운 영어 단어로 인한 '-알러쥐' 현상을 극복하셨나요? 그럼 이 단원의 요점을 정리해서 머리에 쏘~옥 암기해 볼까요?

요점정리

1. [−ólogy]는 'o(아)+l(을)+o(어)+g(즈)+y(이)=−알러쥐'로 발음한다.
2. [−ólogy]는 '−학(學), −론(論)' 뜻의 명사를 만드는 접미사다.

알고 갑시다

명사 [−ology]의 변신

또 단어 철자의 변신에 대해 공부해 볼까요? 'àrcheólogy(고고학)'와 같이 접미사 [-**ólogy**]가 붙은 단어에서 [y]를 제거하고 [-**ic**]이나 [-**ical**]을 붙이면 'àrcheológic(al)'이라는 형용사가 탄생합니다. 'Practice 1'에 정리된 단어의 변화 형태를 보면, 위의 예와 같이 [-**ólogy**]로 끝난 명사들이 접미사 [-**ic**]이나 [-**ical**]을 붙여 [-**ológic(al)**]과 같은 형태의 형용사로 변화됨을 알 수 있지요. 그런데 이 책의 학습 초점은 단어의 소리 변화임을 늘 잊지 않았죠? 앞 장에서 접미사 [-**ic**]과 [-**ical**]을 붙이면 바로 앞 음절의 모음에 강세가 오게 된다는 것을 배웠지요? 혹시 'àrcheólogy'와 'àrcheológic(al)'의 강세의 위치가 달라졌다는 것을 눈치채셨나요? [-**ólogy**]의 '알러쥐'의 소리가 [-**ológic(al)**]의 '얼라쥨'과 '얼라쥐컬'로 소리가 바뀌는 것을 알 수 있습니다. 접미사의 소리만 바뀌는 것이 아니라 'astrólogy'의 '어스뜨랄러쥐'가 'àstrológic(al)'로 바뀌면 '애스뜨뢸라쥘(컬)'로 읽어야 하는 것처럼 단어 전체의 리듬이 바뀌는 것을 알 수 있지요? 따라서 영어 단어를 읽을 때 늘 강세의 위치 변화가 생기면 이로 인해 모음의 소리도 변화가 생긴다는 것을 상기해야 합니다. 그럼 'Practice 1'을 연습하시길 바랍니다.

Practice 1 | 형용사 변화

[–**ology**](명사)		[–**ologic(al)**](형용사) 변화	
àrche**ólogy** 고고학	: 아어ʳ키**알러쥐**	àrche**ológic(al)** 고고학의	: 아어ʳ키**얼라쥘(컬)**
astr**ólogy** 점성학	: 어스뜨**뢀러쥐**	àstr**ológic(al)** 점성학의	: 애스뜨**뢸라쥘(컬)**
ànthrop**ólogy** 인류학	: 앤쓰ʳ뤄**팔러쥐**	ànthrop**ológic(al)** 인류학의	: 앤쓰ʳ뤄**펄라쥘(컬)**
atm**ólogy** 증발학	: 엍**말러쥐**	àtm**ológic(al)** 증발학의	: 앹**멀라쥘(컬)**
bi**ólogy** 생물학	: 바이**알러쥐**	bì**ológic(al)** 생물학의	: 바이**얼라쥘(컬)**
ec**ólogy** 생태학	: 이**칼러쥐**	èc**ológic(al)** 생태학의	: 에**컬라쥘(컬)**
càrdi**ólogy** 심장병학	: 카어ʳ디**알러쥐**	càrdi**ológic(al)** 심장병학의	: 카어ʳ디**얼라쥘(컬)**
zo**ólogy** 동물학	: 쪼우**알러쥐**	zò**ológic(al)** 동물학의	: 쪼우**얼라쥘(컬)**
ìde**ólogy** 관념학	: 아이디**알러쥐**	ìde**ológic(al)** 관념학의	: 아이디**얼라쥘(컬)**
ge**ólogy** 지질학	: 쥐**알러쥐**	gè**ológic(al)** 지질학의	: 쥐이**얼라쥘(컬)**

다음의 'Practice 2'는 'àrcheólogy'에서 'y'를 빼고 [-ist]를 붙이면 그 학문의 전문가를 뜻하는 단어로 변신하는 과정을 보여 줍니다. 강세의 위치도 변함이 없어서 [**-ólogist**]를 '-알러쥐스뜨'로 읽으면 되지요.

Practice 2 | 사람 변화

[−**ology**](명사)		[−**ologic**(**al**)](형용사)		[−**ologist**](사람) 변화
àrche**ólogy** 고고학	→	àrche**ológic**(**al**) 고고학의	→	àrche**ólogist** 고고학자
astr**ólogy** 점성학	→	àstr**ológic**(**al**) 점성학의	→	astr**ólogist** 점성학자
ànthrop**ólogy** 인류학	→	ànthrop**ológic**(**al**) 인류학의	→	ànthrop**ólogist** 인류학자
atm**ólogy** 증발학	→	àtm**ológic**(**al**) 증발학의	→	atm**ólogist** 증발학자
bi**ólogy** 생물학	→	bi**ológic**(**al**) 생물학의	→	bi**ólogist** 생물학자
ec**ólogy** 생태학	→	èc**ológic**(**al**) 생태학의	→	ec**ólogist** 생태학자
càrdi**ólogy** 심장병학	→	càrdi**ológic**(**al**) 심장병학의	→	càrdi**ólogist** 심장병 전문의
zo**ólogy** 동물학	→	zò**ológic**(**al**) 동물학의	→	zo**ólogist** 동물학자
ìde**ólogy** 관념학	→	ìde**ológic**(**al**) 관념학의	→	ìde**ólogist** 관념학자
ge**ólogy** 지질학	→	gè**ológic**(**al**) 지질학의	→	ge**ólogist** 지질학자

종합 복습 (Total Review)

접미사 [제2법칙]

접미사 '제2법칙'에서는 바로 앞 음절의 모음에 강세가 오는 접미사 6개의 소리를 배웠습니다. 또한 각 접미사들의 파생어의 법칙을 살펴보았고, 그에 따른 많은 단어들의 소리와 철자 관계도 익혔습니다. '제3법칙'으로 넘어가기 전에 복습하는 의미에서 세세한 설명보다는 각 접미사의 요점 정리와 함께 그에 해당하는 단어들을 가급적이면 많이 예로써 정리하고 종합적으로 복습하고자 합니다. 다소 지루하겠지만 예시로 제시된 단어들의 소리를 스스로 찾아보고 발음해 보세요. 발음하는 과정에서 '발음 규칙'이나 방법을 잊어버렸다면 다시 해당하는 쪽(page)을 찾아서 복습하세요. 잔소리 같지만, 발음기호나 전자사전, 혹은 남의 입을 통해 소리를 확인하려 한다면 여러분들은 또다시 영원히 영어 단어의 노예가 될 수밖에 없다는 것을 명심하세요.

그럼 앞에서 배운 접미사의 세 가지 특성을 기억하고 있는지 확인해 본 다음에 복습에 들어가겠습니다.

- 첫째, 접미사는 주로 품사를 바꿔 주는 역할을 한다. [명사, 동사, 형용사, 부사]
- 둘째, 접미사의 모음이 약모음인 경우, '으'에 가까운 '어' 혹은 '이'로 흘리듯 약하게 발음한다.
- 셋째, 접미사는 어근의 강세의 위치를 바꿔 주기도 한다. [제2, 제3법칙]

◈ 접미사 제2법칙

해당 접미사 바로 앞의 음절로 강세를 변동시킨다.

- 연 : [-ion]
- 어티 : [-ity]
- 익, 이컬 : [-ic], [-ical]
- 얼 : [-al]
- 알러쥐 : [-ólogy]

1 -shion, -ssion [-션]의 소리를 찾아서

1. [-shion]과 [-ssion]은 둘 다 'sh, ss(쉬)+io(여)+n(은)=션'으로 약하게 흘리듯 발음한다.
2. [-shion]과 [-ssion]은 '행위 · 상태 · 결과'의 뜻의 명사를 만드는 접미사다.

Practice 1 | -션 [-shion], [-ssion]

fá**shion** 유행	→	fá(패f) · **shion**(션)	패f**션**
cú**shion** 방석	→	cú(쿠) · **shion**(션)	쿠**션**
emíssion 방출	→	e(이) · **mí**(미) · **ssion**(션)	이미**션**
admíssion 허가	→	**ad**(얻) · **mí**(미) · **ssion**(션)	얻미**션**
impréssion 인상	→	**im**(임) · **pré**(프뤠) · **ssion**(션)	임프뤠**션**
suppréssion 억압	→	**sup**(썹) · **pré**(프뤠) · **ssion**(션)	써프뤠**션**
conféssion 고백	→	**con**(컨) · **fé**(페f) · **ssion**(션)	컨페f**션**
procéssion 행렬	→	**pro**(프뤄) · c**é**(쎄) · **ssion**(션)	프뤄쎄**션**

● -션(-shion)

fá**shion** 유행	cú**shion** 방석			

● -미션(-míssion)

míssion 임무	**emíssion** 방출	**demíssion** 퇴직	**remíssion** 용서	o**míssion** 생략
admíssion 허가	**commíssion** 위임	**intermíssion** 중지	**submíssion** 복종	**transmíssion** 전달

● -프뤠션(-préssion)

impréssion 인상	**compréssion** 압축	**depréssion** 우울	**expréssion** 표현	**oppréssion** 압박
représsion 진압	**suppréssion** 억압	**aggréssion** 공격	**con**g**réssion** 국회	**pro**g**réssion** 진행
transgréssion 위반				

● -에션(-éssion)

conf**éssion** 고백	**pro**f**éssion** 전문직	s**éssion** 개회중	**ob**s**éssion** 집착	poss**éssion** 소유
proc**éssion** 행렬	**re**c**éssion** 경기 후퇴	**se**c**éssion** 탈당	succ**éssion** 연속	pá**ssion** 열정

Practice 2 | [–mit] 동사

[–**mit**](동사)		[–**mission**](명사)		[–**missive**](형용사) 변화
emit 내다	⟷	**emíssion** 방출	⟷	**emíssive** 발사성의
admít 허용하다	⟷	**admíssion** 허가	⟷	**admíssive** 허용의
transmít 보내다	⟷	**transmíssion** 전달	⟷	**transmíssive** 보내지는
o**mít** 빠뜨리다	⟷	o**míssion** 생략	⟷	o**míssive** 빠뜨리는
submít 복종하다	⟷	**submíssion** 복종	⟷	**submíssive** 복종적인

Practice 3 | [–ess] 동사(1)

[–**ess**](동사)		[–**ession**](명사)		[–**essional**](형용사) 변화
prof**éss** 주장하다	⟷	**pro**f**éssion** 전문직	⟷	**pro**f**éssional** 직업의
proc**éss** 행진하다	⟷	**pro**c**éssion** 행렬	⟷	**pro**c**éssional** 행렬의
conf**éss** 고백하다	⟷	**con**f**éssion** 고백	⟷	**con**f**éssional** 신앙고백의

Practice 4 | [–ess] 동사(2)

[–**ess**](동사)		[–**ession**](명사)		[–**essive**] (형용사) 변화
impr**éss** 감명을 주다	⟷	impr**éssion** 감명	⟷	impr**éssive** 인상적인
compr**éss** 압축하다	⟷	**com**pr**éssion** 압축	⟷	**com**pr**éssive** 압축의
expr**éss** 표현하다	⟷	**ex**pr**éssion** 표현	⟷	**ex**pr**éssive** 표현하는
aggr**éss** 싸움을 걸다	⟷	**ag**gr**éssion** 공격	⟷	**ag**gr**éssive** 공격적인
progr**éss** 전진하다	⟷	**pro**gr**éssion** 진행	⟷	**pro**gr**éssive** 진보적인

obs**éss** 붙다	⟷	**ob**s**éssion** 집착	⟷	**ob**s**éssive** 강박관념의
poss**éss** 소유하다	⟷	poss**éssion** 소유	⟷	poss**éssive** 소유의
rec**éss** 휴회하다	⟷	**re**c**éssion** 후퇴	⟷	**re**c**éssive** 퇴행(退行)의

2 −tion [−션]의 소리를 찾아서

1. [-**tion**]은 '**t**(쉬)+**io**(여)+**n**(은)=션'으로 약하게 흘리듯 발음한다.
2. [-**tion**]은 '행위 · 상태 · 결과'의 뜻의 명사를 만드는 접미사다.

Practice 1 | −션 [−tion]

carná**tion** 카네이션	→	car(카^r) · ná(네이) · **tion**(션)	카^r 네이션
àgi**tátion** 선동	→	à(애) · gi(쥐) · tá(테이) · **tion**(션)	애줘테이션
òperá**tion** 작용	→	ò(아) · pe(퍼) · rá(뤠이) · **tion**(션)	아퍼뤠이션
gràtulá**tion** 기쁨	→	grà(그래) · tu(츄) · lá(레이) · **tion**(션)	그래츌레이션
èlevá**tion** 승진	→	è(에) · le(러) · vá(베^v이) · **tion**(션)	엘러베^v이션
cònfir**mátion** 확정	→	**còn**(칸) · fir(퍼^f^r) · má(메이) · **tion**(션)	칸퍼^f^r메이션
ìndicá**tion** 지시	→	ìn(인) · di(디) · cá(케이) · **tion**(션)	인디케이션
àvi**ation** 비행	→	à(애) · vi(비^v) · á(에이) · **tion**(션)	애비^v에이션
sàtisfác**tion** 만족	→	sà(쌔) · tis(티스) · fác(팩^f) · **tion**(션)	쌔튀스팩^f션

inv**éntion** 발명	→	**in**(인) · v**én**(벤v) · **tion**(션)	인벤v**션**

Practice 2 | [−tion]의 변신 (1)

[−**àte**](동사)		[−**átion**](명사)		[−**àtive**](형용사) 변화
illúmin**àte** 조명하다	⟷	ìllumin**átion** 조명	⟷	illúmin**àtive** 밝게 하는
términ**àte** 끝내다	⟷	tèrmin**átion** 종결	⟷	términ**àtive** 종결의
ágit**àte** 동요시키다	⟷	àgit**átion** 선동	⟷	ágit**àtive** 선동적인
rot**àte** 순환하다	⟷	rot**átion** 순환	⟷	rót**àtive** 회전하는
hésit**àte** 망설이다	⟷	hèsit**átion** 망설임	⟷	hésit**àtive** 주저하는
óper**àte** 작동하다	⟷	òper**átion** 작용	⟷	óper**àtive** 작용하는
cóncentr**àte** 집중하다	⟷	**còn**centr**átion** 집중	⟷	**cón**centr**àtive** 집중적인
frústr**àte** 헛되게 하다	⟷	frústr**átion** 좌절	⟷	frústr**àtive** 무익한
tránsl**àte** 번역하다	⟷	tránsl**átion** 번역	⟷	tránsl**àtive** 번역의
sépar**àte** 분리하다	⟷	sèpar**átion** 분리	⟷	sépar**àtive** 분리성의

Practice 3 | [−tion]의 변신 (2)

[−**íbe**](동사)		[−**íption**](명사)		[−**íptive**](형용사) 변화
ascr**íbe** 에 돌리다	⟷	**a**scr**íption** 귀속		**a**scr**íptive** 귀속하는
descr**íbe** 묘사하다	⟷	**de**scr**íption** 묘사	⟷	descr**íptive** 기술적인
inscr**íbe** 새기다	⟷	**in**scr**íption** 명각	⟷	**in**scr**íptive** 명각(銘刻)의

prescríbe 규정하다	⟷	**pre**scríp**tion** 규정	⟷	**pre**scríp**tive** 규정하는
trànscríbe 베끼다	⟷	**tràn**scríp**tion** 필사	⟷	**tràn**scríp**tional** 필사의

Practice 4 | [–tion]의 변신 (3)

[–**ct**](동사)		[–**ction**](명사)		[–**ctive**](형용사) 변화
attrá**ct** 끌다	⟷	**at**trá**ction** 매력	⟷	**at**trá**ctive** 사람의 마음을 끄는
subtrá**ct** 감하다		**sub**trá**ction** 공제		**sub**trá**ctive** 감하는
extrá**ct** 뽑아내다	⟷	extrá**ction** 발췌	⟷	**ex**trá**ctive** 끌어낼 수 있는
cónfli**ct** 투쟁하다		**con**flí**ction** 싸움		**con**flí**ctive** 투쟁의
addí**ct** 에 빠지다	⟷	**ad**dí**ction** 중독	⟷	**ad**dí**ctive** 중독성인
afflí**ct** 괴롭히다	⟷	**af**flí**ction** 고통	⟷	**af**flí**ctive** 괴로운
objé**ct** 반대하다	⟷	**ob**jé**ction** 반대	⟷	**ob**jé**ctive** 객관적인
proté**ct** 보호하다	⟷	**pro**té**ction** 보호	⟷	**pro**té**ctive** 보호적인
collé**ct** 수집하다	⟷	**col**lé**ction** 수집	⟷	**col**lé**ctive** 집단의
deté**ct** 발견하다	⟷	deté**ction** 간파	⟷	deté**ctive** 탐정의

Practice 5 | [–tion]의 변신 (4)

[–**m**](동사)		[–**mátion**](명사)		[–**matòry**](형용사) 변화
accláim 환호하다	⟷	**àc**cla**mátion** 갈채	⟷	**ac**clá**matòry** 갈채의
discláim 포기하다	⟷	**dìs**cla**mátion** 기권	⟷	**dìs**cla**matòry** 부인하는

excláim 외치다	⟷	**èx**cla**mátion** 외침	⟷	**ex**clá**matòry** 감탄의
procláim 포고하다	⟷	**prò**cla**mátion** 포고	⟷	**pro**clá**matòry** 선언의
affír**m** 확언하다	⟷	**àf**fir**mátion** 확언	⟷	**af**fír**matòry** / **af**fír**mative** 긍정적인
confír**m** 확인하다	⟷	**còn**fir**mátion** 확정	⟷	**con**fír**matòry** / **con**fír**mative** 확증적인
infór**m** 에게 알리다	⟷	**ìn**for**mátion** 정보	⟷	infór**matòry** / infór**mative** 정보의
refór**m** 개혁하다	⟷	**rè**for**mátion** 개혁	⟷	**re**fór**matòry** / **re**fór**mative** 개혁의
tranfór**m** 변형시키다	⟷	**tràns**for**mátion** 변형	⟷	**trans**fór**mative** 변화시킬 힘이 있는

Practice 6 | -션 [-tion]

● -에이션(-átion)

n**átion** 나라	car**nátion** 카네이션	ìncar**nátion** 화신	illumin**átion** 계몽	tèrmin**átion** 종결
castig**átion** 징계	nàvig**átion** 항해	rèaliz**átion** 실현	sens**átion** 평판	

● -테이션(-tátion)

àgi**tátion** 선동	ci**tátion** 인용	ìnci**tátion** 자극	rèci**tátion** 암송	dic**tátion** 받아쓰기
còmpu**tátion** 계산	**dìs**pu**tátion** 논쟁	**ìm**pu**tátion** 전가	**rè**pu**tátion** 명성	hèsi**tátion** 망설임
ìmi**tátion** 모방	ro**tátion** 순환	àttes**tátion** 입증	**dè**tes**tátion** 혐오	**còn**sul**tátion** 자문
èxpec**tátion** 기대	**èx**por**tátion** 수출	**ìm**por**tátion** 수입	**rè**presen**tátion** 대표	visi**tátion** 방문

● –뤠이션(–rátion)

rátion 정액	o**rátion** 연설	òpe**rátion** 작용	àspi**rátion** 열망	cèleb**rátion** 축하
còncent**rátion** 집중	frust**rátion** 좌절	mig**rátion** 이동	**ìl**lust**rátion** 삽화	**ìm**mig**rátion** 이주
pène t**rátion** 관통	règist**rátion** 등록	sèpa**rátion** 분리	**ac**cèle**rátion** 가속	

● –레이션(–látion)

règu**látion** 규정	gràtu**látion** 축하	**ac**cùmu**látion** 집적	re**látion** 관련	def**látion** 공기를 뺌
ìso**látion** 고립	assìmi**látion** 동화	trans**látion** 번역	**con**gràtu**látion** 축하	

● –베^{V}이션(–vátion)

àggra**vátion** 악화	cùlti**vátion** 경작	èle**vátion** 승진	**còn**ser**vátion** 보존	**òb**ser**vátion** 관찰
rèser**vátion** 비축	**prè**ser**vátion** 보전	sal**vátion** 구제	star**vátion** 기아	

● –메이션(–mátion)

àffir**mátion** 확언	**còn**fir**mátion** 확정	**àc**cla**mátion** 갈채	**dìs**cla**mátion** 기권	**èx**cla**mátion** 외침
pròcla**mátion** 포고	**ìn**for**mátion** 정보	**rè**for**mátion** 개혁	**tràns**for**mátion** 변형	

● –케이션(–cátion)

cèrtifi**cátion** 보증	justifi**cátion** 정당화	**àp**pli**cátion** 적용	**còm**pli**cátion** 응낙	**rè**pli**cátion** 회답
ìmpli**cátion** 함축	**mùlti**pli**cátion** 증가	ìndi**cátion** 지시	va**cátion** 휴가	vo**cátion** 직업
èvo**cátion** 불러냄	**ìn**vo**cátion** 기원	**prò**vo**cátion** 성나게 함	pùbli**cátion** 출판	

● –씨페이션(–cipation, –sipation)

ánti**cipátion** 예상	dis**sipátion** 소실	párti**cipátion** 참가		

● –이에이션(–iátion)

apprèc**iátion** 평가	assòc**iátion** 연상)	ràd**iátion** 방출	àv**iátion** 비행	**pro**nùnc**iátion** 발음

● –액션(–áction)

áction 행동	**reáction** 반작용	f**áction** 당파	trans**áction** 처리	sàtisf**áction** 만족
attr**áction** 매력	**sub**tr**áction** 공제	**de**tr**áction** 험담	**ex**tr**áction** 발췌	**dis**tr**áction** 산만

● –엔션(–éntion)

m**éntion** 언급하다	**in**v**éntion** 발명	**pre**v**éntion** 방해		

● –엑션(–éction)

s**éction** 분할	**de**j**éction** 실의	**in**j**éction** 주사	**ob**j**éction** 반대	**pro**j**éction** 발사
rej**éction** 거절	**sub**j**éction** 지배	sel**éction** 선발	**col**l**éction** 수집	**cor**r**éction** 정정
rèsurr**éction** 부활	aff**éction** 애정	det**éction** 간파	**pro**t**éction** 보호	**in**sp**éction** 정밀조사

● –이션(–ítion)

amb**ítion** 야망	**èx**hib**ítion** 전시	**ìn**hib**ítion** 금지	**prò**hib**ítion** 금지	aud**ítion** 음성 테스트
trad**ítion** 전통	àbol**ítion** 폐지	àmmun**ítion** 탄약	pos**ítion** 위치	**òp**pos**ítion** 반대
prèpos**ítion** 전치사	**prò**pos**ítion** 제안	**sùp**pos**ítion** 상상	**rè**quis**ítion** 요구	tans**ítion** 변이

rèpetítion 반복	sùperstítion 미신			

● -익션(-íction)

cònflíction 싸움	inflíction 형벌	addíction 중독	còntradíction 부정	afflíction 고통
predíction 예언				

● -잎션(-íption)

ascríption 탓함	descríption 묘사	inscríption 명각	prescríption 규정	trànscríption 필사
erúption 분출				

● -루션(-lútion)

pollútion 공해	solútion 해결	rèsolútion 결심	àbsolútion 면제	dissolútion 용해
èvolútion 진화	rèvolútion 혁명			

● -유션(-útion)

àttribútion 귀속	còntribútion 기부	dìstribútion 분배	èxecútion 실행	pèrsecútion 박해
pròsecútion 기소	cònstitútion 구성	ìnstitútion 설립	sùbstitútion 대리	

● -억션(-úction)

abdúction 유괴	condúction 유도	redúction 축소	dedúction 공제	constrúction 건설
instrúction 지시	obstrúction 방해	ìnterrúction 방해	disrúction 분열	abrúction 급격한 분리

3 –sion [–젼]의 소리를 찾아서

1. [-**sion**]은 '**s**(주)+**io**(여)+**n**(은)=젼'으로 약하게 흘리듯 발음한다.
2. [-**sion**]은 '행위 · 상태 · 결과'의 뜻의 명사를 만드는 접미사다.

Practice 1 | –젼 [–sion]

evá**sion** 회피	→	e(이) · vá(베ᵛ이) · **sion**(젼)	이베ᵛ이**젼**
abrá**sion** 벗겨짐	→	**ab**(업) · rá(뤠이) · **sion**(젼)	업뤠이**젼**
convérsion 전환	→	**con**(컨) · **vér**(버ᵛ어ʳ) · **sion**(젼)	컨버ᵛ어ʳ**젼**
subvérsion 전복	→	**sub**(썹) · **vér**(버ᵛ어ʳ) · **sion**(젼)	썹버ᵛ어ʳ**젼**
diví**sion** 분리	→	**di**(디) · ví(비ᵛ) · **sion**(젼)	디비ᵛ**젼**
decí**sion** 결심	→	**de**(디) · cí(씨) · **sion**(젼)	디씨**젼**
collí**sion** 충돌	→	**col**(컬) · lí(리) · **sion**(젼)	컬리**젼**
allú**sion** 언급	→	al(얼) · lú(루우) · **sion**(젼)	얼루우**젼**
confú**sion** 혼동	→	**con**(컨) · fú(퓨ᶠ우) · **sion**(젼)	컨퓨ᶠ우**젼**
corró**sion** 부식	→	**co**(커) · **r**ró(로ʳ우) · **sion**(젼)	커로ʳ우**젼**

Practice 2 | –젼 [–sion]

● –에이젼(–ásion)

ev**ásion** 회피	inv**ásion** 침략	**per**v**ásion** 보급	**ab**r**ásion** 벗겨짐	occ**ásion** 경우
pèrsu**ásion** 설득				

● –버ᵛ어ʳ젼(–vérsion)

vérsion 번역	a**vérsion** 혐오	**convérsion** 전환	**divérsion** 전환	**invérsion** 전도
pervérsion 왜곡	**revérsion** 역전	**subvérsion** 전복		

● –이젼(–ísion)

v**ísion** 시력	**di**v**ísion** 분리	**pro**v**ísion** 규정	**re**v**ísion** 교정	**tèle**v**ísion** TV
coll**ísion** 충돌	**de**c**ísion** 결심	**pre**c**ísion** 정밀	**de**r**ísion** 비웃음	

● –우우젼(–úsion)

al**lúsion** 언급	e**lúsion** 도피	**exclúsion** 제외	**in**c**lúsion** 포함	**se**c**lúsion** 격리
conc**lúsion** 결론	**pre**c**lúsion** 제외			

● –유우젼(–úsion)

prof**úsion** 풍부	**fúsion** 용해	**con**f**úsion** 혼동	**in**f**úsion** 주입	**re**f**úsion** 거절

● –오우젼(–ósion)

corr**ósion** 부식				

- 첫째, 일정한 형태의 동사를 명사로 품사를 전환시켜 주는 접미사다.
- 둘째, [-**ssion**], [-**tion**], [-**sion**]의 바로 앞 모음에 강세가 온다.
- 셋째, 강모음은 **i**(이)를 제외하고 알파벳 이름 소리[에이(**a**), 오우(**o**), 유우(**u**)]로 발음한다.

Practice 3 | [-de] 동사

[-**de**](동사)		[-**sion**](명사)		[-**sive**](형용사) 변화
evá**de** 피하다	⟷	evá**sion** 회피	⟷	evá**sive** 피하는
invá**de** 침략하다	⟷	invá**sion** 침략	⟷	invá**sive** 침략적인
pervá**de** 널리 퍼지다	⟷	**per**vá**sion** 보급	⟷	**per**vá**sive** 널리 미치는
abrá**de** 비비대어 벗기다	⟷	**ab**rá**sion** 벗겨짐	⟷	**ab**rá**sive** 닳게 하는
persuá**de** 설득하다	⟷	**per**suá**sion** 설득	⟷	**per**suá**sive** 설득력 있는
diví**de** 나누다	⟷	**di**ví**sion** 분리	⟷	**di**ví**sive** 분열을 일으키는
decí**de** 결심하다	⟷	**de**cí**sion** 결심	⟷	**de**cí**sive** 결정적인
derí**de** 비웃다	⟷	**de**rí**sion** 비웃음	⟷	**de**rí**sive** 조롱하는
allú**de** 언급하다	⟷	allú**sion** 언급	⟷	allú**sive** 암시적인
elú**de** 회피하다	⟷	elú**sion** 도피	⟷	elú**sive** 교묘히 잘 빠지는
exclú**de** 제외하다	⟷	**ex**clú**sion** 제외	⟷	**ex**clú**sive** 배타적인
inclú**de** 포함하다	⟷	**in**clú**sion** 포함	⟷	**in**clú**sive** 포함하여
seclú**de** 분리하다	⟷	**se**clú**sion** 은둔	⟷	**se**clú**sive** 은둔적인
conclú**de** 결론을 내리다	⟷	**con**clú**sion** 결론	⟷	**con**clú**sive** 결정적인
corró**de** 부식시키다	⟷	**cor**ró**sion** 부식	⟷	**cor**ró**sive** 부식성의

Practice 4 | [–vert] 동사

[–**vert**](동사)		[–**version**](명사)		[–**versive**](형용사) 변화
a**vért** 피하다	⟷	a**vérsion** 혐오	⟷	a**vérsive** 기피하다
subvért 뒤엎다	⟷	**subvérsion** 전복	⟷	**subvérsive** 전복하는
divért 돌리다	⟷	**divérsion** 전환	⟷	**divérsive** 전환
invért 거꾸로 하다	⟷	**invérsion** 전도	⟷	**invérsive** 전도의
pervért 벗어나게 하다	⟷	**pervérsion** 왜곡	⟷	**pervérsive** 나쁜 길로 이끄는
revért 되돌아가다	⟷	**revérsion** 복귀	⟷	**revérsionary** 되돌아가는
convért 전환하다	⟷	**convérsion** 전환	⟷	**convérsionary** 전환의

Practice 5 | [–fuse] 동사

[–**fuse**](동사)		[–**fusion**](명사)		
f**úse** 녹이다	⟷	f**úsion** 용해		
inf**úse** 주입하다	⟷	**in**f**úsion** 주입	⟷	**in**f**úsive** 주입력이 있는
ref**úse** 거절하다	⟷	**re**f**úsion** 거절		
conf**úse** 혼동하다	⟷	**con**f**úsion** 혼동	⟷	**con**f**úsional** 혼돈의
prof**úse** 아낌없는	⟷	**pro**f**úsion** 풍부	⟷	**pro**f**úsive** 아낌없는
tèlev**íse** 방송하다	⟷	**tèle**v**ísion** TV		

알고 갑시다

형용사 [−tive], [−sive]의 변신

Practice 1 | −티브ᵛ [−tive]

abstráс**tive** 추상적인	→	**ab**(업) · strác(스츄랙) · **tive**(티브ᵛ)	업스츄랙**티브ᵛ**
attráс**tive** 매력적인	→	**at**(얻) · trác(츄랙) · **tive**(티브ᵛ)	어츄랙**티브ᵛ**
creá**tive** 창조적인	→	cre(크뤼) · á(에이) · **tive**(티브ᵛ)	크뤼에이**티브ᵛ**
colléc**tive** 집합적	→	**col**(컬) · léc(렉) · **tive**(티브ᵛ)	컬렉**티브ᵛ**
dedúc**tive** 연역적인	→	**de**(디) · dúc(덕) · **tive**(티브ᵛ)	디덕**티브ᵛ**
exécu**tive** 실행의	→	**ex**(익즈) · é(에) · cu(큐) · **tive**(티브ᵛ)	익제큐**티브ᵛ**
objéc**tive** 목적	→	**ob**(업) · jéc(쥍) · **tive**(티브ᵛ)	업쥍**티브ᵛ**
protéc**tive** 보호하는	→	**pro**(프뤄) · téc(텍) · **tive**(티브ᵛ)	프뤄텍**티브ᵛ**

Practice 2 | [−tive]

abstráс**tive** 추상적인	ác**tive** 활동적인	**ád**di**tive** 부가적인	**ap**préciá**tive** 감상적인	**at**tén**tive** 주의 깊은
attráс**tive** 매력적인	cáp**tive** 포로의	creá**tive** 창조적인	**col**léc**tive** 집단의	**cor**rúp**tive** 부패성의
dedúc**tive** 연역적인	**de**féc**tive** 결함이 있는	**de**strúc**tive** 파괴적인	digés**tive** 소화의	**ex**écu**tive** 실행의
invén**tive** 발명의	mó**tive** 움직이게 하는	ná**tive** 선천적인	néga**tive** 부정의	**ob**jéc**tive** 객관적인
ópera**tive** 작용하는	pósi**tive** 확신하는	prími**tive** 원시의	**pro**dúc**tive** 생산적인	**pro**téc**tive** 보호하는
respéc**tive** 각각의	sénsi**tive** 민감한			

Practice 3 | –씨브v [–sive]

abú**sive** 욕하는	→	**ab**(업) · ú(유우) · **sive**(씨브v)	어뷰우**씨브v**
convúl**sive** 발작적인	→	**con**(컨) · vúl(벌v) · **sive**(씨브v)	컨벌v**씨브v**
decí**sive** 결정적인	→	**de**(디) · cí(싸이) · **sive**(씨브v)	디싸이**씨브v**
evá**sive** 피하는	→	e(이) · vá(베v이) · **sive**(씨브v)	이베v이**씨브v**
expén**sive** 값비싼	→	**ex**(익쓰) · pén(펜) · **sive**(씨브v)	익쓰펜**씨브v**
expré**ssive** 표현의	→	**ex**(익쓰) · prés(프뤠) · **ssive**(씨브v)	익쓰프뤠**씨브v**
má**ssive** 육중한	→	má(매) · **ssive**(씨브v)	매**씨브v**
offén**sive** 불쾌한	→	o(어) · ffén(펜f) · **sive**(씨브v)	어펜f**씨브v**

Practice 4 | [–sive]

abú**sive** 욕하는	**ag**grés**sive** 공격적인	carés**sive** 애무하는 듯한	**co**hé**sive** 점착력이 있는	**con**vúl**sive** 발작적인
corró**sive** 부식하는	**de**cí**sive** 결정적인	**de**fén**sive** 방어의	**de**lú**sive** 기만의	**de**rí**sive** 조롱하는
evá**sive** 피하는	**ex**cé**ssive** 과도한	**ex**clú**sive** 배타적인	**ex**pén**sive** 값비싼	**ex**pló**sive** 폭발성의
expré**ssive** 표현의	**ex**tén**sive** 광대한	**im**pré**ssive** 인상적인	má**ssive** 육중한	pá**ssive** 수동의
offén**sive** 불쾌한	pén**sive** 슬픔에 잠긴	possé**ssive** 소유의	persua**sive** 설득적인	

4 −ity [−어티]의 소리를 찾아서

1. [-**ity**]와 [-**ety**]는 '**i**, **e**(어)+**t**(트)+**y**(이)=-어티'로 약하게 흘리듯 발음하며 앞 음절에 강세가 온다.
2. [-**ity**]와 [-**ety**]는 라틴계의 형용사를 '성질 · 상태'를 나타내는 명사로 만드는 접미사다.

Practice 1 | −어티 [−ity]

rapíd**ity** 급속	→	ra(뤄) · pí(피) · d**ity**(더티)	뤄피**더티**
commún**ity** 공동체	→	**co**(커) · **m**mú(뮤우) · n**ity**(너티)	커뮤우**너티**
càpabíl**ity** 가능성	→	cà(케이) · pa(퍼) · bí(비) · l**ity**(러티)	케이퍼빌**러티**
pòssibíl**ity** 가능성	→	pò(파) · ssi(써) · bí(비) · l**ity**(러티)	파써빌**러티**
chár**ity** 자선	→	chá(채) · r**ity**(뤄티)	채**뤄티**
majór**ity** 과반수	→	ma(머) · jó(좌) · r**ity**(뤄티)	머좌**뤄티**
atróc**ity** 흉악	→	at(엍) · ró(롸) · c**ity**(써티)	엍롸**써티**
necéss**ity** 필요	→	ne(니) · cé(쎄) · ss**ity**(써티)	니쎄**써티**
cáv**ity** 구멍	→	cá(캐) · v**ity**(버ᵛ티)	캐**버ᵛ티**
gráv**ity** 중력	→	grá(그뢔) · v**ity**(버ᵛ티)	그뢔**버ᵛ티**

Practice 2 | −어티 [−ity]

● −어티(−ity)

crúd**ity** 조잡	rapíd**ity** 급속	timíd**ity** 겁많은	ám**ity** 친목	calám**ity** 재난
commún**ity** 공동체	**de**fórm**ity** 모양이 흉함	ùnaním**ity** 만장일치	amén**ity** 쾌적함	dígn**ity** 존엄

etérn**ity** 영원	humán**ity** 인간애	òpportún**ity** 기회	humíd**ity** 습기	chást**ity** 순결
ván**ity** 허영				

● –러티(–lity)

abí**lity** 능력	càpabí**lity** 가능성	equá**lity** 동등	fidé**lity** 충성	hostí**lity** 적개심
mobí**lity** 기동성	fací**lity** 솜씨	pòssibí**lity** 가능성	**prò**babí**lity** 가망성	

● –뤄티(–rity)

celéb**rity** 명사	chá**rity** 자선	dexté**rity** 솜씨 좋음	authó**rity** 권위	assú**rity** 확신
clá**rity** 명료	intég**rity** 완전무결	majó**rity** 과반수	minó**rity** 소수	obscú**rity** 애매
pòpulá**rity** 대중성	posté**rity** 후손	**pros**pé**rity** 번영	pú**rity** 청결함	rá**rity** 희박
secú**rity** 안전				

● –써티(–city / –sity)

atró**city** 흉악	capá**city** 능력	curió**sity** 호기심	elèctrí**city** 전기	felí**city** 행복
publí**city** 공표	simplí**city** 단순	dén**sity** 밀집 상태	adver**sity** 역경	necé**ssity** 필요

● –버^{v}티(–vity)

actí**vity** 활동	bré**vity** 간결	cá**vity** 구멍	festí**vity** 경축	grá**vity** 중력

Practice 3 | −앨러티 [−ality]

àbnorm**ály**ty 변태	→	**àb**(앱) · nor(너r) · m**ál**(맬) · **ity**(어티)	앱노어r**맬러티**
àctu**ality** 실제	→	àc(액) · tu(츄) · **ál**(앨) · **ity**(어티)	액츄**앨러티**
brut**ality** 잔인	→	bru(브루) · t**ál**(탤) · **ity**(어티)	브루**탤러티**
còrdi**ality** 진심	→	còr(코어r) · di(디) · **ál**(앨) · **ity**(어티)	코어r디**앨러티**
du**ality** 이중성	→	du(듀) · **ál**(앨) · **ity**(어티)	듀**앨러티**
evèntu**ality** 궁극	→	e(이) · vèn(벤v) · tu(츄) · **ál**(앨) · **ity**(어티)	이벤v츄**앨러티**
fat**ality** 참사	→	fa(퍼f) · t**ál**(탤) · **ity**(어티)	퍼f**탤러티**
vit**ality** 활기	→	vi(바v이) · t**ál**(탤) · **ity**(어티)	바v이**탤러티**
form**ality** 정식	→	for(퍼fr) · m**ál**(맬) · **ity**(어티)	퍼fr**맬러티**
ìndivìdu**ality** 개성	→	ìn(인) · di(디) · vì(비v) · du(쥬) · **ál**(앨) · **ity**(어티)	인디비v쥬**앨러티**

Practice 4 | −앨러티 [−ality]의 변신

[−**al**](형용사)		[−**ality**](명사) 변화	
abnórm**al** 변태의	: 업노어r**멀**	**àb**norm**ality** 변태	: 앱너r맬**러티**
áctu**al** 현실의	: 액츄**얼**	àctu**ality** 실제	: 액츄앨**러티**
brút**al** 잔인한	: 브루우**틀**	brut**ality** 잔인	: 브루탤**러티**
córdi**al** 성심성의의	: 코어r디**얼**	còrdi**ality** 진심	: 코어r디앨**러티**
dú**al** 이중의	: 듀우**얼**	du**ality** 이중성	: 듀앨**러티**

evéntu**al** 종국의	: 이벤ᵛ추**얼**	evèntu**ality** 궁극	: 이벤ᵛ츄앨**러티**
fát**al** 치명적인	: 페ᶠ이**를**	fat**ality** 참사	: 퍼ᶠ탤**러티**
vít**al** 생생한	: 바ᵛ이**를**	vit**ality** 활기	: 바ᵛ이탤**러티**
fórm**al** 정식의	: 포ᶠ*어ʳ***멀**	form**ality** 정식	: *퍼ᶠʳ*맬**러티**
ìndivídu**al** 개인의	: 인디비ᵛ쥬**얼**	ìndividu**ality** 개성	: 인디비ᵛ쥬앨**러티**
mórt**al** 치명적인	: 모*어ʳ***를**	mort**ality** 사망률	: *머ʳ*탤**러티**
orígin**al** 독창적인	: 어뤼쥐**널**	orìgin**ality** 독창성	: 어뤼쥐낼**러티**
rátion**al** 이성적인	: 뢔셔**널**	ràtion**ality** 합리성	: 뢔셔낼**러티**
pérson**al** 개인의	: 퍼*어ʳ*쓰**널**	pèrson**ality** 개인	: 퍼*어ʳ*쓰낼**러티**
ré**al** 진실의	: 뤼이**얼**	re**ality** 현실	: 뤼앨**러티**

Practice 5 | [−ality]

àbnorm**ality** 변태	àctu**ality** 실제	brut**ality** 잔인	còrdi**ality** 진심	du**ality** 이중성
evèntu**ality** 궁극	fat**ality** 참사	form**ality** 정식	hòspit**ality** 환대	ìndivìdu**ality** 개성
mor**ality** 도덕	mort**ality** 사망률	orìgin**ality** 독창성	nàtion**ality** 국적	ràtion**ality** 합리성
pèrson**ality** 개인	potènti**ality** 잠재력	qu**ality** 질	re**ality** 현실	vit**ality** 활기
vìrtu**ality** 실제				

5 −ic, −ical [−잌], [−이컬]의 소리를 찾아서

1. [-ic]과 [-ical]은 'i(이)+c(크)=잌'과, 'i(이)+c(크)+a(어)+l(을)=이컬'로 약하게 흘리듯 발음한다.
2. [-ic]과 [-ical]은 '-의 성질의, -같은, -에 속하는, -로 된' 뜻의 형용사를 만드는 접미사다.

Practice 1 | −잌 [−ic]

cúb**ic** 입방의	→	cú(큐우) · b**ic**(빜)	큐우**빜**
má**gic** 마법	→	má(매) · g**ic**(쥨)	매**쥨**
pán**ic** 공황	→	pá(패) · n**ic**(닠)	패**닠**
cláss**ic** 고전의	→	clá(클래) · ss**ic**(앀)	클래**앀**
atóm**ic** 원자의	→	a(어) · tó(타) · m**ic**(밐)	어타**밐**
eléctr**ic** 전기의	→	e(이) · lèct(렉츄) · r**ic**(뤽)	일렉츄**뤽**
àutomát**ic** 자동의	→	àu(오오) · to(뤄) · má(매) · t**ic**(팈)	오오뤄매**팈** 오오뤄매**릭**
dìplomát**ic** 외교의	→	dì(디) · plo(플뤄) · má(매) · t**ic**(팈)	디플뤄매**팈** 디플뤄매**릭**
domést**ic** 국내의	→	do(도우) · més(메쓰) · t**ic**(팈)	도우메쓰**팈**
àcadém**ic** 학원의	→	à(애) · ca(커) · dé(데) · m**ic**(밐)	애커데**밐**

Practice 2 | −이컬 [−ical]

chém**ical** 화학의	→	ché(케) · m**ical**(미컬)	케**미컬**
crít**ical** 비평의	→	crí(크뤼) · t**ical**(티컬)	크뤼**티컬** 크뤼**리컬**
éth**ical** 윤리적인	→	é(에) · th**ical**(씨ᄃ컬)	에**씨ᄃ컬**

clás**sical** 고전적인	→	clá(클래) · ss**ical**(씨컬)	클래**씨컬**
histó**rical** 역사상의	→	his(히쓰) · tó(타) · r**ical**(뤼컬)	히쓰타**뤼컬**
ló**gical** 논리적인	→	ló(라) · g**ical**(쥐컬)	라**쥐컬**
mé**dical** 의학의	→	mé(메) · d**ical**(디컬)	메**디컬** 메**리컬**
mú**sical** 음악의	→	mú(뮤우) · s**ical**(지컬)	뮤우**지컬**
óp**tical** 시력의	→	óp(압) · t**ical**(티컬)	압**티컬**
prác**tical** 실질적인	→	prác(프랙) · t**ical**(티컬)	프랙**티컬**

● −익[−ic]

aríthmet**ic** 산수의	àutomát**ic** 자동의	dìplomát**ic** 외교의	dramát**ic** 극적인	acóust**ic** 청각의
àpathét**ic** 냉담한	artíst**ic** 예술적인	athlét**ic** 운동의	Atlánt**ic** 대서양의	authéntic 믿을 만한
cosmétic 화장의	domést**ic** 국내의	exó**tic** 이국적인	fantást**ic** 환상적인	magné**tic** 자석의
plás**tic** 성형하는	enthúsiàst**ic** 열광적인	crít**ic** 비판적인	román**tic** 낭만적인	rús**tic** 시골의
àcadém**ic** 학원의	atóm**ic** 원자의	èconóm**ic** 경제의	bás**ic** 기초적인	cláss**ic** 고전의
foréns**ic** 법의학의	Cáthol**ic** 가톨릭교의	públ**ic** 공공의	eléctr**ic** 전기의	histór**ic** 역사적인
elèctrón**ic** 전자의	orgán**ic** 유기체의	pán**ic** 공황적인	sc**ì**entíf**ic** 과학적인	terríf**ic** 무서운
cúb**ic** 입방의	má**gic** 마법의	trág**ic** 비극의		

● -이컬[-ical]

bìochém**ical** 생화학의	chém**ical** 화학의	clássi**cal** 고전적인	críti**cal** 비평의	cýn**ical** 냉소적인
éth**ical** 윤리적인	históri**cal** 역사상의	idénti**cal** 동일한	lóg**ical** 논리적인	méd**ical** 의학의
mús**ical** 음악의	ópt**ical** 시력의	phýs**ical** 육체적인	polít**ical** 정치적인	práct**ical** 실질적인
rád**ical** 급진적인	téchn**ical** 기술적	tróp**ical** 열대의	vért**ical** 수직의	

6 –ólogy [–알러쥐]의 소리를 찾아서

1. [-**ology**]는 '**o**(아)+**l**(을)+**o**(어)+**g**(즈)+**y**(이)=-알러쥐'로 발음한다.
2. [-**ology**]는 '-학(學), -론(論)' 뜻의 명사를 만드는 접미사다.

Practice 1 | -알러쥐[-ology]

àrche**ólogy** 고고학	→	àr(아어ʳ) · che(키) · **ólogy(알러쥐)**	아어ʳ키**알러쥐**
ànthrop**ólogy** 인류학	→	àn(앤) · thro(쓰ʳ뤄) · p**ólogy(팔러쥐)**	앤쓰ʳ뤄**팔러쥐**
astr**ólogy** 점성학	→	ast(어스뜨) · r**ólogy(롸러쥐)**	어스뜨**롸러쥐**
atm**ólogy** 증발학	→	at(얻) · m**ólogy(말러쥐)**	얻**말러쥐**
bi**ólogy** 생물학	→	bi(바이) · **ólogy(알러쥐)**	바이**알러쥐**
ec**ólogy** 생태학	→	e(이) · c**ólogy(칼러쥐)**	이**칼러쥐**
càrdi**ólogy** 심장학	→	càr(카어ʳ) · di(디) · **ólogy(알러쥐)**	카어ʳ디**알러쥐**
dèmon**ólogy** 귀신학	→	dè(디이) · mo(머) · n**ólogy(날러쥐)**	디이머**날러쥐**

ìde**ólogy** 관념론	→	ì(아이) · de(디) · **ólogy(알러쥐)**	아이디**알러쥐**
ge**ólogy** 지질학	→	ge(쥐) · **ólogy(알러쥐)**	쥐**알러쥐**

Practice 2 | [-ology]의 품사 전환

[-**ology**](명사)		[-**ologic**(**al**)](형용사) 변화	
àrche**ólogy** 고고학	: 아어ʳ키**알러쥐**	àrche**ológic**(**al**) 고고학의	: 아어ʳ키얼**라쥑(컬)**
astr**ólogy** 점성학	: 어스뜨**뢀러쥐**	àstr**ológic**(**al**) 점성학의	: 애스뜨**뤌라쥑(컬)**
ànthrop**ólogy** 인류학	: 앤쓰ʳ뤄**팔러쥐**	ànthrop**ológic**(**al**) 인류학의	: 앤쓰ʳ뤄펄**라쥑(컬)**
atm**ólogy** 증발학	: 앹**말러쥐**	àtm**ológic**(**al**) 증발학의	: 앹**멀라쥑(컬)**
bi**ólogy** 생물학	: 바이**알러쥐**	bì**ológic**(**al**) 생물학의	: 바이얼**라쥑(컬)**
ec**ólogy** 생태학	: 이**칼러쥐**	èc**ológic**(**al**) 생태학의	: 에컬**라쥑(컬)**
càrdi**ólogy** 심장병학	: 카어ʳ디**알러쥐**	càrdi**ológic**(**al**) 심장병학의	: 카어ʳ디얼**라쥑(컬)**
zo**ólogy** 동물학	: 쪼우**알러쥐**	zò**ológic**(**al**) 동물학의	: 쪼우얼**라쥑(컬)**
ìde**ólogy** 관념학	: 아이디**알러쥐**	ìde**ológic**(**al**) 관념학의	: 아이디얼**라쥑(컬)**
ge**ólogy** 지질학	: 쥐**알러쥐**	gè**ológic**(**al**) 지질학의	: 쥐이얼**라쥑(컬)**

Practice 3 | [–ology]의 품사 전환

[–**ology**](명사)		[–**ologic(al)**](형용사)		[–**ologist**](사람) 변화
àrche**ólogy** 고고학	→	àrche**ológic**(**al**) 고고학의	→	àrche**ólogist** 고고학자
astr**ólogy** 점성학	→	àstr**ológic**(**al**) 점성학의	→	astr**ólogist** 점성학자
ànthrop**ólogy** 인류학	→	ànthrop**ológic**(**al**) 인류학의	→	ànthrop**ólogist** 인류학자
atm**ólogy** 증발학	→	àtm**ológic**(**al**) 증발학의	→	atm**ólogist** 증발학자
bi**ólogy** 생물학	→	bì**ológic**(**al**) 생물학의	→	bi**ólogist** 생물학자
ec**ólogy** 생태학	→	èc**ológic**(**al**) 생태학의	→	ec**ólogist** 생태학자
càrdi**ólogy** 심장병학	→	càrdi**ológic**(**al**) 심장병학의	→	càrdi**ólogist** 심장병 전문의
zo**ólogy** 동물학	→	zò**ológic**(**al**) 동물학의	→	zo**ólogist** 동물학자
ìde**ólogy** 관념학	→	ìde**ológic**(**al**) 관념학의	→	ìde**ólogist** 관념학자
ge**ólogy** 지질학	→	gè**ológic**(**al**) 지질학의	→	ge**ólogist** 지질학자

-ous

[-어쓰]의 소리를 찾아서

◈ 접미사 제3법칙

해당 접미사 앞의 한 음절 건너서 선행하는 음절로 강세를 변동시킨다.

- -어쓰 : [-**ous**]
- -파f이 : [-**fỳ**]
- -에잍 : [-**àte**]
- -을 : [-**al**]
- -애뤼 : [-**àry**]
- -어r : [-**ar**]

이제 접미사 '제1법칙'과 '제2법칙'을 마치고, 마지막 '제3법칙' 공부를 시작합니다. 음식이 맛있을 때 원어민들이 '으음, 딜리셔쓰!'라는 소리를 하지요? 바로 영어로 'Umm, delicious!'라고 쓰는데, 이 '맛있는'이라는 단어 'delícious'에 접미사 [-**ous**]가 붙어 있지요. 의외로 원어민이 자주 쓰는 단어에 이 접미사 [-**ous**]가 붙어 있는 형용사가 많습니다.

그럼 [-**ous**]의 소리는 어떻게 날까요? 모음 [ou]는 우리가 앞의 '이중모음'에서 배운 '아우' 소리가 아니라 '어'로 발음하세요. 왜냐하면 접미사에 있는 모음은 보통 몇 개를 제외하고 강세가 없으며, 원어민은 약모음을 보통 우리말의 '으'에 가까운 '어'로 발음한다고 말씀드렸죠? 그리고 자음 [s]는 '쓰'로 발음하면 되지요. 따라서 [-**ous**]는 '-ou(어)+s(쓰)=-어쓰'라는 소리 공식이 성립할 수 있겠네요. 이제, 여러분들의 '스스로 학습' 시간이니 아래의 단어들을 몇 번이고 반복해서 익혀 보세요.

Practice | -어쓰 [-ous]

análog**ous** 유사한	→	a(어) · ná(내) · log(럭) · **ous**(어쓰)	어낼러**거쓰**
anónym**ous** 익명의	→	a(어) · nó(나) · nym(넘) · **ous**(어쓰)	어나너**머쓰**
cáll**ous** 못이 박힌	→	cáll(캘) · **ous**(어쓰)	캘**러쓰**
bárbar**ous** 야만스러운	→	bár(바어ʳ) · bar(버ʳ) · **ous**(어쓰)	바어ʳ버**뤄쓰**
cávern**ous** 동굴의	→	cá(캐) · vern(버ᵛʳ) · **ous**(어쓰)	캐버ᵛʳ**너쓰**
cáuti**ous** 신중한	→	cáu(코오) · ti(쉬) · **ous**(어쓰)	코오**셔쓰**
delíci**ous** 맛있는	→	de(디) · lí(리) · ci(시) · **ous**(어쓰)	딜리**셔쓰**
cúri**ous** 호기심 있는	→	cúr(큐어ʳ) · ri(뤼) · **ous**(어쓰)	큐어뤼**어쓰**

그런데 '제2법칙'에서는 바로 앞 음절의 모음에 강세가 오는 접미사들의 발음을 익혔어요. 마찬가지로 '제3법칙'에 나오는 접미사들도 어근의 강세의 위치를 바꾸는데, 다만 차이점은 접미사 2음절 앞 모음에 강세가 온다는 것입니다. 알기 쉽게 예를 들면, '승리'라는 'víctory'는 강세가 1음절 [í]에 있어서 단어의 소리가 '빅ᵛ터뤼' 하고 읽습니다. 하지만 형용사 'victórious'는 강세가 2음절 [ó]에 있는데, 바로 접미사 [-**ous**] 때문에 어근의 강세 위치가 바뀌게 되었고, 'vic · tó · ri · ous'와 같이 4음절로 되어 있는 단어는 접미사 [-**ous**]의 2음절 앞에 있는 모음에 강세가 있는 형태가 되지요. 따라서 'vic · tó · ri · ous'는 '빅ᵛ토오뤼어쓰'라고 읽어야 합니다. '선율'이라는 영어 단어 'mélody'는 '멜러디'라고 읽지만 '선율이 아름다운'이라는 뜻의 형용사 'melódious'는 '멀로우디어쓰'로 읽어야 합니다. 몇 개 되지 않지만 'Rule 3'에 나

오는 접미사들이 모두 '2음절 앞 모음에 강세가 온다.'는 법칙에 적용되는 접미사들임을 꼭 기억하세요.

요점정리

1. [-ous]는 'o(묵음)+u(어)+s(쓰)=어쓰'로 약하게 흘려 발음하며, 2음절 앞 모음에 강세가 온다.
2. [-ous]는 '-이 많은, -성(性)의, -의 특징을 지닌, -와 비슷한; 자주 -하는, -의 버릇이 있는'이라는 뜻의 형용사를 만드는 접미사다.

알고 갑시다

형용사 [-ous]의 변신

'동굴의'라는 뜻의 영어 단어 'cávernous'에서 접미사 [-**ous**]를 제거하면 'cávern(동굴)'이라는 명사가 탄생합니다. 접미사 [-**ous**]가 붙어 있는 모든 단어들이 그렇다는 것은 아닙니다. 예를 들면, 똑같이 'treméndous'라는 단어에서 [-**ous**]를 제거하면 'treménd'라는 단어가 존재하지 않는다는 뜻입니다. 하지만 몇몇 단어들은 접미사 [-**ous**]를 제거하면 독립된 명사가 탄생하기 때문에 알아 둘 필요성은 있다고 생각되어서 다음 쪽에 정리했어요.

'Practice 1'에 정리된 단어의 변화 형태를 보면 알겠지만, '승리'라는 'víctory'는 강세가 1음절 [í]에 있기 때문에 '빅v터뤼' 하고 읽고, 형용사 'victórious'는 접미사 [-**ous**] 때문에 어근의 강세가 2음절 앞에 있는 모음 [ó]로 바뀌게 되면서 '빅v토오뤼어쓰'라고 읽어야 합니다. 접미사의 유무에 따라 강세의 위치가 바뀌고, 이로 인해 단어의 소리 변화가 있다는 것을 염두에 두면서 'Practice 1'을 연습하시길 바랍니다.

Practice 1 | [**-ous**]의 변화 (1)

형용사 [**-ous**]의 강세 및 소리 변화				
cávern 동굴	: 캐버^{vr}	→	cávern**ous** 동굴의	: 캐버^{vr}**너쓰**
mónotòne 단조로움	: 마너토운	→	monóton**ous** 단조로운	: 머나터**너쓰**
hármony 조화	: 하어^{r}머니	→	harmóni**ous** 조화된	: 하어^{r}머니**어쓰**
vágary 기발한 행동	: 베^{V}이거뤼	→	vagári**ous** 엉뚱한	: 버^{V}개어뤼**어쓰**
míracle 기적	: 미뤄클	→	mirácul**ous** 기적적인	: 미뢔**큘러쓰**
lúxury 사치	: 럭셔뤼	→	luxúri**ous** 사치스러운	: 럭셔뤼**어쓰**
víctory 승리	: 빅^{V}터뤼	→	victóri**ous** 승리를 거둔	: 빅^{V}토오뤼**어쓰**
pródigy 경이	: 프롸더쥐	→	prodígi**ous** 거대한	: 프뤄디**쥐쓰**
mélody 선율	: 멜러디	→	melódi**ous** 곡조가 좋은	: 멀로우디**어쓰**
lábor 노동	: 레이버^{r}	→	labóri**ous** 힘드는	: 러보오뤼**어쓰**

접미사 [**-ous**]에 명사형 접미사 [**-ness**]를 붙이거나, 부사형 접미사 [**-ly**]를 붙이면 많은 단어들의 철자와 소리를 쉽게 익힐 수 있습니다. 앞에서 배운 것처럼 [**-ness**]는 '-니쓰'로, [**-ly**]는 '-리'로 읽으면 되니까 'Practice 2'에 정리된 단어들은 철자는 길지만 발음하기가 어렵지 않을 것입니다.

Practice 2 | [–ous]의 변화 (2)

[–**ous**](형용사)		[–**ness**](명사)		[–**ly**](부사) 변화
treménd**ous** 엄청나게 큰	→	treménd**ousness** 엄청남	→	treménd**ously** 엄청나게
márvel**ous** 불가사의한	→	márvel**ousness** 불가사의함	→	márvel**ously** 불가사의하게
ridícu**lous** 우스운	→	ridícul**ousness** 우스움	→	ridícul**ously** 엉뚱하게
cúri**ous** 호기심 있는	→	cúri**ousness** 기묘함	→	cúri**ously** 기묘하게
séri**ous** 진지한	→	séri**ousness** 진지함	→	séri**ously** 진지하게
géner**ous** 관대한	→	géner**ousness** 관대함	→	géner**ously** 관대하게
óbvi**ous** 명백한	→	óbvi**ousness** 명백함	→	óbvi**ously** 명백하게
ambíti**ous** 야심 있는	→	ambíti**ousness** 야심 있음	→	ambíti**ously** 야심차게
cónsci**ous** 의식하고 있는	→	cónsci**ousness** 의식	→	cónsci**ously** 의식적으로
contínu**ous** 연속적인	→	contínu**ousness** 연속성	→	contínu**ously** 잇따라

-fỳ

[-파f이]의 소리를 찾아서

평소에 우리는 선의(善意)든 악의(惡意)든 하루에도 몇 번씩 거짓말을 하게 됩니다. 그리고 상대방이 진의(眞意)를 알기 위해 집요하게 질문하면 자신의 거짓말을 '정당화(正當化)'하기 위해 많은 변명을 하게 됩니다. '정당화하다', '구체화하다'와 같이 한자어 '될 화(化)'를 붙여 '-화하다'라는 우리말이 있는데, 이에 해당하는 영어의 접미사가 바로 [-**fỳ**]입니다. 즉, 영어의 접미사 [-**fỳ**]는 '-로 하다, -화하다, -이 되다'라는 뜻을 담고 있는 동사를 만드는 접미사이지요.

그런데 접미사 [-**fỳ**]는 다른 접미사와는 달리 '제2강세'가 있어서 자음 [y]가 강세가 있는 모음 소리의 역할을 한다는 특징이 있지요. 따라서 '기본 발음의 소리를 찾아서'에서 배웠듯이 [y]를 '아이'라고 발음해야 합니다. 마치 영어 단어 'my'나 'by'를 '마이'와 '바이'로 발음하듯이 말입니다.

그러면 접미사 [-**fỳ**]는 어떻게 발음할까요? '-파f이'라고 발음하면 되지요? 혹시 우리 귀에는 먹는 음식 '파이'의 'Pie'의 [p] 소리와 같아서 오해할 수 있어서 하는 말이지만, [f] 발음이기 때문에 아랫입술을 감아 윗니에 살며시 댔다가 떼면서 발음해야 한다는 것을 잊지 마세요.

더 중요한 발음 법칙은 접미사 [-**fỳ**]로 끝나는 동사는 대부분 [-**fỳ**]의 두 음절 앞에 으뜸 강세가 있다는 것입니다. 즉, 접미사 [-fỳ]의 [ỳ]는 '제2강세'가 있는 강모음이니까 바로 앞 음절의 모음은 약모음이 되고, 따라서 두 음절 앞의 모음은 강모음이 되어야 합니다. 예를 들면, 3음절 단어 'códifỳ(성문화하다)'는 'có(카)-di(더)-fỳ(파ᶠ이)'처럼 '강약강'의 리듬을 타며 '카뤄파ᶠ이'로 발음해야 하고, 4음절 단어 'solídifỳ(응고시키다)'는 'so(써)-lí(리)-di(더)-fỳ(파ᶠ이)'처럼 '약강약강'의 리듬을 타며 '썰리뤄파ᶠ이'로 발음해야 한다는 의미입니다. 앞에서 계속 강조하며 왔지만 영어는 단어이건 문장이건 항상 파도가 오르락내리락하면서 물결을 일듯이 발음해야 하는 음악적 선율과 같은 소리입니다.

'제3법칙'에 나오는 접미사들은 2음절 앞 모음에 으뜸 강세가 온다는 것을 기본 소리 법칙으로 삼고 있다는 것을 명심하면서 'Practice'에 정리된 단어들을 연습해 봅시다.

Practice | -파ᶠ이 [-fỳ]

códi**fỳ** 성문화하다	→	có(카) · di(더) · **fỳ(파ᶠ이)**	카뤄**파ᶠ이**
solídi**fỳ** 응고시키다	→	so(써) · lí(리) · di(더) · **fỳ(파ᶠ이)**	썰리뤄**파ᶠ이**
mágni**fỳ** 확대하다	→	mág(맥) · ni(너) · **fỳ(파ᶠ이)**	맥너**파ᶠ이**
sígni**fỳ** 의미하다	→	síg(씩) · ni(너) · **fỳ(파ᶠ이)**	씩너**파ᶠ이**
símpli**fỳ** 단순화하다	→	sím(씸) · pli(플러) · **fỳ(파ᶠ이)**	씸플러**파ᶠ이**
clári**fỳ** 해명하다	→	clá(클래) · ri(뤄) · **fỳ(파ᶠ이)**	클래뤄**파ᶠ이**
púri**fỳ** 정화하다	→	pú(퓨) · ri(뤄) · **fỳ(파ᶠ이)**	퓨어뤄**파ᶠ이**
clássi**fỳ** 분류하다	→	clá(클래) · ssi(써) · **fỳ(파ᶠ이)**	클래써**파ᶠ이**

spéci**fỳ** 열거하다	→	spé(스뻬) · ci(씨) · **fỳ**(파^{f}이)	스뻬씨**파^{f}이**
cérti**fỳ** 증명하다	→	cér(써어^{r}) · ti(터) · **fỳ**(파^{f}이)	써어^{r}뤄**파^{f}이**
fórti**fỳ** 요새화 하다	→	fór(포^{f}어^{r}) · ti(터) · **fỳ**(파^{f}이)	포^{f}어^{r}뤄**파^{f}이**
idénti**fỳ** 확인하다	→	i(아이) · dén(덴) · ti(터) · **fỳ**(파^{f}이)	아이덴터**파^{f}이**
jústi**fỳ** 정당화하다	→	jús(줘스) · ti(떠) · **fỳ**(파^{f}이)	줘스떠**파^{f}이**
tésti**fỳ** 증명하다	→	tés(테스) · ti(떠) · **fỳ**(파^{f}이)	테스떠**파^{f}이**

요점정리

1. [−fỳ]는 'f(프^{f})+y(아이)=파^{f}이'로 강모음으로 강하게 발음한다.
2. [−fỳ]는 '−로 하다, −화하다, −이 되다'라는 뜻의 동사를 만드는 접미사다.

알고 갑시다

동사 [−fy]의 변신

영어책을 읽고 있는데 갑자기 'còdificátion(성문화)'과 같이 10개 이상의 철자로 된 단어가 등장하면 '이걸 또 어떻게 읽고, 철자는 또 어떻게 외울까?' 하고 고민이 생길 겁니다. 하지만 다음 쪽 'Practice'에 정리된 일정한 법칙만 이해하거나 암기하고 있으면 어느 정도 고민은 사라질 것이라고 확신합니다.

'códifỳ'와 같이 접미사 [-**fỳ**]가 붙어 있는 단어에서 [y]를 [i]로 바꾼 후 [-**cátion**]을 붙이면 'còdificátion'이라는 명사가 탄생합니다. 기존에 있던 접미사 [-**fỳ**]에 앞에서 배운 또 다른 명사형 접미사 [-**tion**]이 붙어 있는 형태입니다.

'símplifỳ(단순화하다)'가 'sìmplificátion(단순화)'으로 변형되고, 'mágnifỳ(확대하다)'가 'màgnificátion(확대)'으로 변신을 거듭했습니다.

그런데 'símplifỳ'와 'sìmplificátion', 'mágnifỳ'와 'màgnificátion'의 변화된 형태를 잘 보면 강세의 위치가 또 바뀌어 있지요? 왜 그럴까요? 'Rule 2'에서 [**-ssion**], [**-shion**], [**-tion**], [**-sion**]에 붙어 있는 명사형 접미사 [**-ion**]은 바로 앞 모음에 강세가 오게 된다고 배웠던 것을 기억하시죠? 따라서 'sìmplificátion'의 접미사 [**-tion**] 앞 [cá]에 으뜸 강세가 오게 되면서 자연스럽게 [**-fỳ**]의 형태였을 때 강모음이었던 [y]가 '아이'가 아닌 '이'로 약화(弱化)되지요. 즉, 'símplifỳ'의 형태일 때 '씸플러파f이'로 나던 발음이 'sìmplificátion'의 형태에서는 '씸플러피f케이션'으로, 'mágnifỳ'의 형태일 때 '맥너파f이'로 나던 발음이 'màgnificátion'의 형태에서는 '맥너피f케이션'으로 소리와 어조의 변화가 생기게 됩니다.

다음 'Practice'에 정리된 단어의 변화 형태를 보면, 위의 예와 같이 [**-fỳ**]의 형태로 끝난 동사들이 접미사 [**-cátion**]을 붙여 [**-ficátion**] 형태의 명사로 변화됨을 알 수 있지요? 이런 품사의 변화 형태를 암기하고 있으면 단어의 양을 늘리는 데 중요한 역할을 합니다. 하지만 이 책의 학습 초점은 단어의 소리 변화, 특히 모음의 소리 변화임을 늘 잊지 말아야 합니다. 앞 페이지에서 학습했지만 접미사 [**-cátion**]을 붙임으로써 강세의 위치 변화가 생기고, 이로 인해 모음의 소리 변화가 생긴다는 것을 상기하면서 아래의 'Practice'에 정리된 단어들의 소리가 무의식적으로 튀어나올 때까지 반복, 또 반복하면서 연습하십시오. 'Practice makes perfect. (배우기보다 익혀라.)'라는 영어의 격언처럼, 반복된 연습만이 최상의 학습법입니다.

Practice 1 | [–fy] 의 변화

[–**fy**](동사)			[–**fication**](명사) 변화	
códi**fỳ** 성문화하다	: 카뤄**파**f이	→	còdi**fication** 성문화	: 카뤄피f**케**이션
solídi**fỳ** 응고시키다	: 썰리뤄**파**f이	→	sòlidi**fication** 고체화	: 쌀리뤄피f**케**이션
mágni**fỳ** 확대하다	: 맥너**파**f이	→	màgni**fication** 확대	: 맥너피f**케**이션
sígni**fỳ** 의미하다	: 씩너**파**f이	→	sìgni**fication** 의미	: 씩너피f**케**이션
símpli**fỳ** 단순화하다	: 씸플러**파**f이	→	sìmpli**fication** 단순화	: 씸플러피f**케**이션
clári**fỳ** 해명하다	: 클래뤄**파**f이	→	clàri**fication** 정화	: 클래뤄피f**케**이션
púri**fỳ** 정화하다	: 퓨어뤄**파**f이	→	pùri**fication** 세정	: 퓨어뤄피f**케**이션
clássi**fỳ** 분류하다	: 클래써**파**f이	→	clàssi**fication** 분류법	: 클래써피f**케**이션
spéci**fỳ** 열거하다	: 스뻬써**파**f이	→	spèci**fication** 열거	: 스뻬써피f**케**이션
cérti**fỳ** 증명하다	: 써*어r*뤄**파**f이	→	cèrti**fication** 증명	: 써*어r*뤄피f**케**이션
fórti**fỳ** 요새화하다	: 포f*어r*뤄**파**f이	→	fòrti**fication** 요새화	: 포f*어r*뤄피f**케**이션
idénti**fỳ** 확인하다	: 아이덴터**파**f이	→	idènti**fication** 동일시	: 아이덴터피f**케**이션
jústi**fỳ** 정당화하다	: 줘스떠**파**f이	→	jùsti**fication** 정당화	: 줘스떠피f**케**이션
tésti**fỳ** 증명하다	: 테스떠**파**f이	→	tèsti**fication** 입증	: 테스떠피f**케**이션

-àte

[-에잍]의 소리를 찾아서

요즘 기숙형 고등학교가 학생과 학부모로부터 인기가 절정에 달하고 있습니다. 아마도 사춘기에 해당하는 고등학교 시절에 '인터넷', '휴대폰', 'PMP', 'MP3 플레이어'와 같은 각종 유혹거리를 차단하고, 또한 각종 흉악 범죄로부터 자녀들의 안전을 확보하면서 오로지 대학 진학을 위한 공부에 열중할 수 있는 최적의 교육환경 조건을 갖추고 있기 때문이 아닐까요? 이렇게 기숙사 생활을 하면서 사귀게 되는 동숙인(同宿人)을 영어로 'roommate'라 하고, 한 반에서 같이 공부하는 학급 친구를 영어로 'classmate'라고 합니다. 일상적으로 '룸메이트'는 우리말처럼 친숙하게 쓰고 있는 외래어이기도 하지요. 물론, 이 두 단어에 있는 'mate'는 '친구'라는 독립된 단어로서 우리가 지금 배우려고 하는 'éducàte(교육하다)'의 [-**àte**]과 다른 성격의 단어이지요. 접미사 [-**àte**]의 소리에 대한 여러분들의 이해를 돕고자 하는 의도로 'roommate'와 'classmate'를 예로 들어 말한 것뿐입니다.

이제 접미사 [-**àte**]에 대해서 공부해 볼까요? [-**àte**]은 '-시키다, -(이 되게) 하다, -을 부여하다'라는 뜻의 동사를 만드는 접미사입니다. 접미사 [-**àte**]은 [-**fỳ**]처럼 모음 [à]에 '제2강세'가 있고, [-a+자음+e], 즉, [-á-e]의 구조로 되어 있어서 강모음 [a]는 '알파벳 이름의 소리', 즉 '에이'로 발음해야 합니다. 따라서 [-**àte**]은 '에일'이라고 발음하면 되지요? [-**àte**]에 '제2강세'가 있으니까 바로 앞 음절의 모음은 약모음이 되고, 따라서 두 음절 앞의 모음은 강모음이 되어야 하겠죠? 예를 들면, 3음절 단어 'éducàte'은 'é(에)-du(쥬)-càte(케일)'처럼 '강약강'의 리듬을 타며 '에쥬케일'으로 발음해야 하고, 4음절 단어 'congrátulàte(축하하다)'은 'con(컨)-grá(그뢔)-tu(츄)-làte(레일)'처럼 '약강약강'의 리듬을 타며 '컹그뢔츌레일'으로 발음해야 한다는 의미입니다. 다시 한 번 더 강조하지만 영어는 단어이건 문장이건 항상 파도처럼 오르락내리락하면서 물결이 일듯이 발음해야 하는 음악적 선율과 같은 소리임을 잊지 마세요. 또 'Rule 3'에 나오는 접미사들은 2음절 앞 모음에 으뜸 강세가 온다는 것을 기본 소리 법칙으로 삼고 있다는 것을 명심하면서 아래 'Practice'에 정리된 단어들을 연습해 봅시다.

Practice | -에일 [-ate]

ánim**àte** 살리다	→	á(애) · ni(너) · m**àte(메일)**	애너**메일**
éduc**àte** 교육하다	→	é(에) · du(쥬) · c**àte(케일)**	에쥬**케일**
návig**àte** 항해하다	→	ná(내) · vi(비ᵛ) · g**àte(게일)**	내비ᵛ**게일**
congrátul**àte** 축하하다	→	**con**(컨) · grá(그뢔) · tu(츄) · l**àte(레일)**	컹그뢔츌**레일**
nómin**àte** 지명하다	→	nó(나) · mi(머) · n**àte(네일)**	나머**네일**
célebr**àte** 축하하다	→	cé(쎄) · le(러) · br**àte**(브**뤠일**)	쎌러브**뤠일**
cóncentr**àte** 집중하다	→	**cón**(칸) · cen(썬) · tr**àte**(츄**뤠일**)	칸썬츄**뤠일**
démonstr**àte** 입증하다	→	dé(데) · mon(먼) · str**àte**(스뜨**뤠일**)	데먼스뜨**뤠일**
hésit**àte** 머뭇거리다	→	hé(헤) · si(지) · t**àte(테일)**	헤지**테일**

assóci**àte** 연합시키다	→	a(어) · ssó(쏘우) · ci(씨) · **àte**(에잍)	어쏘우씨에**잍**
evácu**àte** 피난시키다	→	e(이) · va(배ᵛ) · cu(큐) · **àte**(에잍)	이배ᵛ큐에**잍**
sítu**àte** 위치를 정하다	→	sí(씨) · tu(츄) · **àte**(에잍)	씨츄에**잍**
élev**àte** 올리다	→	é(에) · le(러) · v**àte**(베ᵛ잍)	엘러베ᵛ**잍**

요점정리

1. [–àte]은 'a(에이)+t(트)+e(묵음)= –에잍'으로, 강모음으로 강하게 발음한다.
2. [–àte]은 '–시키다, –(이 되게) 하다, –을 부여하다'라는 뜻의 동사를 만드는 접미사다.

알고 갑시다

동사 [–àte]의 변신

요즘 자동차에 '내비게이션'을 달지 않은 운전자들은 드뭅니다. 먼 길을 떠나거나, 혹은 낯선 곳에 여행을 떠날 때 출발지에서 도착지까지 화면과 더불어 예쁜 음성으로 길을 안내해 주는 '전자지도'의 개념이지요. 이 외래어 '내비게이션'에 해당하는 영어 단어가 '항해'라는 뜻의 'nàvigátion'입니다. 그런데 뭔가 이상하지요? 자동차에 '항해(航海)'를 달고 다닌다니 말이지요. 차라리 '자동 조종 장치'라는 'návigàtor'가 이 경우에 더 어울릴 것 같은데…. 하지만 실생활에서 우리가 아무 생각 없이 '내비게이션'이라고 쓰니까 구태여 여기서 시시비비(是是非非)를 따질 필요는 없겠죠?

본론으로 들어가면 'návigàte(항해하다)'과 같이 접미사 [–**àte**]이 붙어 있는 단어에서 [-e]를 제거하고 명사형 접미사 [-**ion**]을 붙이면 'nàvigátion'이라는 명사가 탄생합니다. [-**àte**] 형태의 동사가 [-**átion**] 형태의 명사로 변신한 것이지요.

그런데 혹시 눈치챈 분이 있으시죠? '제2법칙'의 '알고 갑시다! 접미사 [-**tion**]의 변신'에서 'illúminàte(조명하다)'과 같이 [-**àte**]으로 끝난 동사들은 [-**te**]를 빼고 [-**tion**]을 붙이면 'illuminátion(조명)'이라는 형태의 명사로 재탄생한다는 것이요. 또, [-**tive**]를 붙이면 'illúminàtive(밝게 하는)'라는 형태의 형용사로 변신하는 형태 변화의 규칙성이 있다고 배웠지요? 기억이 나지 않는 분은 다시 '제2법칙'의 접미사 [-**tion**]을 지금 복습하세요!

'Practice 1'에 정리된 단어의 변화 형태를 보면, 위의 예와 같이 [-**àte**]의 형태로 끝난 동사에 접미사 [-**ion**]을 붙여 [-**átion**] 형태의 명사로 변화됨을 알 수 있지요? 단, 'ánimàte(살리다)'과 'ànimátion(만화 영화)'의 강세의 위치를 보면 아시겠지만, 접미사 [-**ion**]을 붙여도 강세의 위치 변화가 생기지 않았지요? 따라서 단어 전체의 소리 변화가 생기지 않는다는 것쯤은 아시겠죠? 굳이 차이점이라면, 'ánimàte'의 [-**àte**]이 '제2강세'인 반면에 'ànimátion'의 [-**átion**]은 '으뜸 강세'라는 점이지만, 실제 발음할 때는 별로 큰 차이점은 없으니까 크게 걱정하지 마세요.

자, 그럼 'Practice 1'에 정리된 단어들의 소리가 무의식적으로 튀어나올 때까지 반복, 또 반복하면서 연습하십시오. 'What we need is more practice. (우리가 필요한 것은 보다 더 많은 연습뿐이다)' 제가 여러분에게 드리는 또 다른 충고입니다.

Practice 1 | [–ate]의 변화 (1)

[–**ate**](동사)			[–**ation**](명사) 변화	
ánim**àte** 살리다	: 애너**메잍**	→	ànim**átion** 만화 영화	: 애너**메이션**
éduc**àte** 교육하다	: 에쥬**케잍**	→	èduc**átion** 교육	: 에쥬**케이션**

návi**gàte** 항해하다	: 내비ᵛ**게일**	→	nàvig**átion** 항해	: 내비ᵛ**게이션**
congrátul**àte** 축하하다	: 컹그뢔춸**레일**	→	**con**gràtul**átion** 축하	: 컹그뢔춸**레이션**
nómin**àte** 지명하다	: 나머**네일**	→	nòmin**átion** 추천	: 나머**네이션**
célebr**àte** 축하하다	: 쎌러브**뤠일**	→	cèlebr**átion** 축하	: 쎌러브**뤠이션**
cóncentr**àte** 집중하다	: 칸썬츄**뤠일**	→	**còn**centr**átion** 집중	: 칸썬츄**뤠이션**
íllustr**àte** 삽화를 넣다	: 일러스뜨**뤠일**	→	ìllus**trátion** 삽화	: 일러스뜨**뤠이션**
hésit**àte** 머뭇거리다	: 헤지**테일**	→	hèsit**átion** 망설임	: 헤지**테이션**
díct**àte** 받아쓰게 하다	: 딕**테일**	→	**dic**t**átion** 받아쓰기	: 딕**테이션**
assóci**àte** 연합시키다	: 어쏘우씨**에일**	→	assòci**átion** 연합	: 어쏘우씨**에이션**
evácu**àte** 피난시키다	: 이배ᵛ큐**에일**	→	evàcu**átion** 피난	: 이배ᵛ큐**에이션**
sítu**àte** 위치를 정하다	: 씨츄**에일**	→	sìtu**átion** 위치	: 씨츄**에이션**
élev**àte** 올리다	: 엘러**베ᵛ일**	→	èlev**átion** 높이	: 엘러**베ᵛ이션**

파생어(派生語) 하나만 더 배울까요? 'návigàte(항해하다)'에 붙어 있는 끝 철자 [e]를 제거하고 [**-or**]를 붙이면 'návigàtor(항법사)'같이 '행위자, 기구(機具)'의 뜻의 명사로 탄생합니다. 접미사 [**-or**]의 모음 [o]는 약모음이라, [**-or**]는 '-*어ʳ*'로 읽으면 됩니다. 따라서 [**-tor**]를 '-*터ʳ*'로 발음하면 되지만, 미국식 영어에서는 강모음 뒤에 있는 [t]를 [r]와 같이 발음하는 경향이 있습니다. 그러므로 [**-tor**]를 '-*뤄ʳ*'로 발음하는 것이 자연스럽지요. 예를 들면 'élevàtor(승강기)'를 '엘러베ᵛ이터ʳ'보다는 '엘러베ᵛ이뤄ʳ'로 발음하는 것이 좋습니다.

Practice 2 | [–ate]의 변화 (2)

[–**ate**](동사)		[–**ation**](명사)		[–**ator**](행위자, 기구) 변화
ánim**àte** 살리다	→	ànim**átion** 만화영화	→	ánim**àtor** 만화영화 제작자
éduc**àte** 교육하다	→	èduc**átion** 교육	→	éduc**àtor** 교육자
návig**àte** 항해하다	→	nàvig**átion** 운항	→	návig**àtor** 항법사
congrátul**àte** 축하하다	→	**con**gràtul**átion** 축하	→	**con**gràtul**àtor** 경하자
nómin**àte** 지명하다	→	nòmin**átion** 추천	→	nómin**àtor** 추천자
célebr**àte** 축하하다	→	cèlebr**átion** 축하	→	célebr**àtor** 축하자
cóncentr**àte** 집중하다	→	**còn**centr**átion** 집중	→	**cón**centr**àtor** 농축기
íllustr**àte** 삽화를 넣다	→	ìllus**trátion** 삽화	→	íllus**tràtor** 삽화가
ágit**àte** 선동하다	→	àgit**átion** 선동	→	ági**tàtor** 선동자
díct**àte** 받아쓰게 하다	→	**dic**t**átion** 받아쓰기	→	**díc**t**àtor** 구수자
assóci**àte** 연합시키다	→	assòci**átion** 연합	→	assóci**àtor** 동료
evălu**àte** 평가하다	→	evàlu**átion** 평가	→	evălu**àtor** 평가자

[-àte]의 형태 단어 중에서 철자는 같은데 위와 같이 동사로도 쓰이면서 동시에 형용사나 명사로 쓰이는 영어 단어가 있습니다. 이럴 경우 접미사 [-àte] 부분의 소리를 다르게 내야 합니다. 예를 들면 'separate'은 '분리하다'라는 동사로 사용될 때는 'séparàte,' 즉 '쎄퍼뤠잍'으로 발음하지만 '갈라진'이라는 형용사로 쓰일 때는 'séparate', 즉 '쎄퍼뤹'으로 발음합니다.

정리하자면, [-ate]이 동사로 쓰일 때는 강모음으로 '-에일' 하고 발음하고, 명사·형용사일 때에는 약모음으로 보통 '-일' 하고 발음해야 한다는 뜻입니다. 그럼 'Practice 3'의 비교표를 보면서 연습할까요?

Practice 3 | [-ate]의 변화 (3)

[-**àte**](동사)			[-**ate**](형용사)의 발음 차이	
áltern**àte** 교체하다	: 올터ʳ**네일**	→	áltern**ate** 번갈아 하는	: 올터ʳ**닐**
cómpli**càte** 복잡하게 하다	: 캄플리**케일**	→	cómplic**ate** 복잡한	: 캄플리**킬**
dúplic**àte** 두 배로 하다	: 듀우플리**케일**	→	dúplic**ate** 이중의	: 듀우플리**킬**
detérmin**àte** 확인하다	: 디터어ʳ미**네일**	→	**de**términ**ate** 한정된	: 디터어ʳ머**닐**
eláboràte 정성들여 만들다	: 일래버**뤠일**	→	elábor**ate** 공들인	: 일래버**륄**
móde**ràte** 누그러지다	: 마더**뤠일**	→	móder**ate** 적당한	: 마더**륄**
ínteg**ràte** 통합하다	: 인터그**뤠일**	→	ínteg**rate** 합성된	: 인터그**륄**
íntim**àte** 암시하다	: 인터**메일**	→	íntim**ate** 친밀한	: 인터**밀**
prédi**càte** 단언하다	: 프뤠디**케일**	→	prédi**cate** 술부의	: 프뤠디**킬**
ségreg**àte** 분리하다	: 쎄그뤄**게일**	→	ségreg**ate** 분리한	: 쎄그뤄**길**
sépa**ràte** 분리하다	: 쎄퍼**뤠일**	→	sépa**rate** 갈라진	: 쎄퍼**륄**

-al

[-을]의 소리를 찾아서

앞 장 접미사 [-**ic**]과 [-**ical**]을 공부하면서 [-**al**]의 소리를 배웠지요? 이번에는 접미사 [-**al**]이 붙어 있는 갖가지 형태의 단어들의 소리를 찾아서 여행을 떠나 보려고 해요.

접미사 [-**al**]은 '-의, -같은, -의 성질의' 뜻의 형용사를 만드는 접미사입니다. 따라서 이 접미사 [-**al**]에 붙어 있는 [a]는 약모음이라서 '어'로 약하게 발음하며, [l]은 혀끝을 윗니 잇몸(치경)에 붙였다가 떼면서 '을' 하고 발음하면 됩니다. 따라서 [-**al**]은 '얼'로 발음하는 것이 원칙이지만 약하게 흘려 버리는 소리라서 거의 '을'에 가깝게 발음해야 합니다. 접미사 [-**al**]도 앞에 언급한 'Rule 3'의 접미사들처럼 2음절 앞 모음에 으뜸 강세가 온다는 것을 기본 소리 법칙으로 삼고 있습니다만, 강세의 리듬은 약간 다르기 때문에 발음을 할 때 주의해야 합니다.

예를 들면, 3음절 단어인 'cárdinal(기본적인)'은 'cár(카어r) · din(딘) · al(을)'처럼 '강약약'의 리듬을 타며 '카어r디늘'로 발음해야 하고, 4음절 단어인 'addítional(부가적인)'은 'a(어) · ddí(디) · tion(션) · al(을)'처럼 '약강약약'의 리듬을 타며 '어디셔늘'로 발음해야 합니다. 앞서 배운 접미사 [-**fỳ**], [-**àte**]은 3음절일 때는 '강약강', 4음절일 때는 '약강약강'의 리듬을 타며 발음했는데, [-**al**]과 소리를 비교하면 접미사의 모음에 강세를 두느냐, 그러지 않느냐의 차이일 뿐이라는 것을 알 수 있습니다. 따라서 접미사의 소리를 공부할 때 강세의 위치를 파악하는 것도 좋은 발성법을 익히는 지름길 중에 하나임을 잊지 마세요.

덧붙여서 말하면 [-**al**]을 공부할 때 비록 접미사는 아니지만 [-**tional**], [-**tial**], [-**cial**], [-**rial**], [-**tural**]의 소리를 덩어리로 기억하는 것이 단어를 읽거나 철자를 외울 때 꼭 필요합니다. 그러면 [-**tional**], [-**tial**], [-**cial**], [-**rial**], [-**tural**]은 각자 어떻게 소리가 날까요? [-**tional**]은 '-셔늘', [-**tial**]과 [-**cial**]은 '-셜'로, [-**rial**]은 '-뤼을', [-**tural**]은 '-춰를'로 기억하고 발음하면 되고요, 약모음들로 구성되어 있으니까 약하고 부드러우면서 빠르게 연결하여 발음해야 합니다.

아래의 'Practice'에 정리된 단어들은 위 5개의 철자들이 붙어 있는 형태로 되어 있어요. 따라서 차근차근, 그리고 철저하게 아래 단어들의 소리를 연습하고, 'Rule 3'의 접미사 부분이 끝나고 '종합 복습' 부분에 이와 관련된 많은 단어들이 따로 정리되어 있으니까 그때 아래와 같은 요령으로 나머지 단어들의 소리를 스스로 익혀 보세요.

Practice | -얼(을) [-al]

addítion**al** 부가적인	→	a(어) · ddí(디) · tion(션) · **al**(을)	어디셔늘
emótion**al** 감정의	→	e(이) · mó(모우) · tion(션) · **al**(을)	이모우셔늘
cárdin**al** 기본적인	→	cár(카어^r) · din(딘) · **al**(을)	카어^{r}디늘
cònfidénti**al** 은밀한	→	**còn**(칸) · fi(피^f) · dén(덴) · ti(쉬) · **al**(을)	칸피^{f}덴셜
memóri**al** 기념의	→	me(미) · mó(마) · ri(뤄) · **al**(을)	미마뤄을
espéci**al** 특별한	→	e(이) · spé(스뻬) · ci(씨) · **al**(을)	이스뻬셜

offíci**al** 공무상의	→	o(어) · ffí(피^f) · ci(씨) · **al**(을)	어피^{f}셜
dígit**al** 디지털 방식의	→	dí(디) · git(쥘) · **al**(을)	디쥐를
hóspit**al** 병원의	→	hós(하스) · pit(필) · **al**(을)	하스피를
àgricúltur**al** 농업의	→	à(애) · gri(그뤼) · cúl(컬) · tur(취^r) · **al**(을)	애그뤼컬춰를

요점정리

1. [-al]은 'a(이)+l(을)=을(얼)'로 약하게 흘리듯 발음한다.
2. [-al]은 '-의, -같은, -의 성질의' 뜻의 형용사를 만드는 접미사다.

알고 갑시다

형용사 [-al]의 변신

접미사 [-**al**]을 붙여 형태 및 품사를 변화시키는 단어에도 일정한 법칙이 있어요. 따라서 다음 접미사를 공부하기 전에 여러분들의 어휘력과 단어 읽기 능력을 향상시키기 위해 몇 가지 예를 소개할게요.

접미사 [-**tion**]과 [-**sion**]을 공부할 때 'ágitàtive'와 'evásive'와 같이 [-**tive**]나 [-**sive**]를 붙이거나, 'acclámatòry'와 같이 [-**tory**]를 붙여 형용사 형태로 바꾸는 방법을 공부했어요. 이번에는 'Practice 1'처럼 명사형 접미사 [-**tion**]과 [-**sion**] 뒤에 바로 형용사형 접미사 [-**al**]을 붙여 [-**tional**]과 [-**sional**]로 품사를 전환하는 방법을 배우려고 합니다. '더하다'라는 단어 'add'는 '앤'로 발음하며, '덧셈'이라는 영어 단어는 [-**tion**]을 붙여 'addítion', 즉, '어디션'으로 발음하면 됩니다. 접미사 [-**tion**]

때문에 바로 앞 음절로 강세의 위치가 바뀐 탓으로 모음의 소리가 바뀐 것이지요. 이 명사형 'addítion'에 [**-al**]을 붙이면 'addítional'로 형태가 바뀌면서 '어디셔늘'로 발음하면 됩니다. 'Practice 1'에 이와 같은 법칙으로 전환되는 단어들을 정리하였습니다. 많은 단어들에 이런 원칙이 적용되는 것은 아닙니다. 이 책을 읽고 공부하려는 분들에게 영어 단어 하나라도 더 많이, 더 쉽게 읽고 암기하게 하려는 저의 작은 배려의 하나일 뿐입니다.

Practice 1 | [-al]의 변화 (1)

[-**tion**], [-**sion**](명사)			[-**tional**], [-**sional**](형용사) 변화	
addí**tion** 덧셈	: 어디**션**	→	addí**tional** 부가적인	: 어디**셔늘**
devó**tion** 신앙심	: 디보^{V}우**션**	→	devó**tional** 믿음의	: 디보^{V}우**셔늘**
èducá**tion** 교육	: 에쥬케이**션**	→	èducá**tional** 교육상의	: 에쥬케이**셔늘**
emó**tion** 감정	: 이모우**션**	→	emó**tional** 감정의	: 이모우**셔늘**
óp**tion** 선택권	: 앞**션**	→	óp**tional** 임의의	: 앞**셔늘**
fác**tion** 도당	: 팩^{f}**션**	→	fác**tional** 당내의	: 팩^{f}**셔늘**
fíc**tion** 소설	: 픽^{f}**션**	→	fíc**tional** 소설적인	: 픽^{f}**셔늘**
expré**ssion** 표현	: 익쓰프뤠**션**	→	expré**ssional** 표정의	: 익쓰프뤠**셔늘**
impré**ssion** 인상	: 임프뤠**션**	→	impré**ssional** 인상적인	: 임프뤠**셔늘**
dimén**sion** 차원	: 디멘**션**	→	dimén**sional** 차원의	: 디멘**셔늘**

'Practice 2'에 정리된 단어들은 접미사 [**-ent**]가 붙어 있는 몇몇 형용사에 [**-ial**]을

붙이면 또 다른 형태의 형용사가 되는 원칙을 보여 주는 단어들입니다. 이렇게 변화된 [-**éntial**]을 '엔셜'과 같이 하나의 '소리 덩어리'로 기억하면 단어를 읽거나 암기하는 데 도움이 되겠지요?

Practice 2 | [-al]의 품사 전환 2

[-**ent**](형용사)			[-**ential**](형용사) 변화	
cónfid**ent** 확신하다	: 칸피f**던트**	→	**còn**fid**éntial** 은밀한	: 칸피f**덴셜**
díffer**ent** 다른	: 디퍼f**뤈트**	→	dìffer**éntial** 특이한	: 디퍼f**뤤셜**
ínflu**ent** 유입하는	: 인플f루**언트**	→	ìnflu**éntial** 유력한	: 인플f루**엔셜**
résid**ent** 거주하는	: 뤠지**던트**	→	rèsid**éntial** 주거의	: 뤠지**덴셜**
pót**ent** 유력한	: 포우**턴트**	→	pot**éntial** 잠재력 있는	: 퍼**텐셜**
présid**ent** 대통령	: 프뤠지**던트**	→	prèsid**éntial** 대통령의	: 프뤠지**덴셜**
prúd**ent** 신중한	: 프루우**던트**	→	prud**éntial** 신중한	: 프루**덴셜**

접미사 'Rule 1'에서 [-**ture**]라는 명사형 접미사의 소리를 공부했습니다. 이 접미사 [-**ture**]의 자음 [t]는 기본 발음 'ㅌ'가 아니라 복자음 [ch]와 같은 'ㅊ'로 소리를 내며, 나머지 [-ure]은 혀를 구부리며 '어r'로 발음합니다. 따라서 [-**ture**]는 '-춰r'로 소리를 내며, [-**ture**]에서 [e]를 제거하고 [-**al**]을 붙여 [-**tural**]의 형태로 만들면 형용사로 변신하게 됩니다. [-**tural**]은 약모음이라 '-춰를' 하고 흘려 발음하면 되며, 강세의 위치 변화가 없어서 전체적인 단어의 음가(音價)는 변화가 없습니다.

Practice 3 | [–al]의 품사 전환 3

[–**ture**](형용사)			[–**tural**](형용사) 변화	
àgricúl**ture** 농업	: 애그뤼컬춰^r	→	àgricúl**tural** 농업의	: 애그뤼컬춰^{r}를
àrchitéc**ture** 건축학	: 아어^{r}키텍춰^r	→	àrchitéc**tural** 건축학의	: 아어^{r}키텍춰^{r}를
cúl**ture** 문화	: 컬춰^r	→	cúl**tural** 문화의	: 컬춰^{r}를
gés**ture** 몸짓	: 줴스춰^r	→	gés**tural** 몸짓의	: 줴스춰^{r}를
mànufác**ture** 제조업	: 매뉴팩^{f}춰^r	→	mànufác**tural** 제조업의	: 매뉴팩^{f}춰^{r}를
ná**ture** 자연	: 네이춰^r	→	ná**tural** 자연의	: 내춰^{r}를
scúlp**ture** 조각	: 스껄프춰^r	→	scúlp**tural** 조각한	: 스껄프춰^{r}를
frác**ture** 골절	: 프^{f}뢕춰^r	→	frác**tural** 골절의	: 프^{f}뢕춰^{r}를

Practice 4 | [–al]

● –늘(–nal)

cárdi**nal** 기본적인	cár**nal** 육체의	crími**nal** 범죄적인	extér**nal** 외부의	

● –셔늘(–tional, -ssional, -sional)

addí**tional** 부가적인	devó**tional** 믿음의	èducá**tional** 교육상의	emó**tional** 감정의	óp**tional** 임의의
excép**tional** 예외적인	fác**tional** 당내의	frác**tional** 단편의	fíc**tional** 소설적인	fríc**tional** 마찰의
fúnc**tional** 기능의	vocá**tional** 직업의	**ex**tén**sional** 외연적인	**ex**pré**ssional** 표정의	**im**pré**ssional** 인상적인
dimén**sional** 차원의				

● -뤼얼(-rial)

áe**rial** 공기의	èditó**rial** 편집의	memó**rial** 기념의	**ìm**memó**rial** 태고의	impé**rial** 제국의
indúst**rial** 상업의	maté**rial** 물질적인	sé**rial** 연속적인		

● -셜(-cial / -tial)

cònfidén**tial** 은밀한	**cre**dén**tial** 신임하는	dìfferén**tial** 특이한	ìnfluén**tial** 유력한	iní**tial** 처음의
rèsidén**tial** 주거의	celés**tial** 하늘의	essén**tial** 필요한	már**tial** 전쟁의	pár**tial** 일부분의
impár**tial** 공평한	potén**tial** 잠재력 있는	**pre**sidén**tial** 대통령의	prudén**tial** 신중한	**sub**stán**tial** 실질적인
rá**cial** 인종의	àrtifí**cial** 인공의	bèneff**cial** 유익한	**com**mér**cial** 상업의	spé**cial** 특별한
offí**cial** 공무상의	só**cial** 사교적인	finán**cial** 재정의	judí**cial** 사법의	

● -춰를(-tural)

àgricúl**tural** 농업의	**àrchi**téc**tural** 건축학의	cúl**tural** 문화의	gés**tural** 몸짓의	mànufác**tural** 제조업의
ná**tural** 자연의	scúlp**tural** 조각한			

● -유얼(-ual)

d**úal** 이중의	ác**tual** 현실의	cás**ual** 우연한	mán**ual** 손의	mút**ual** 상호의
evént**ual** 종국의	efféct**ual** 유효한	ìntelléct**ual** 지적인	ìndivíd**ual** 개인의	ánn**ual** 일 년의
habít**ual** 습관적인	**per**pét**ual** 영구의	spírit**ual** 정신의	vírt**ual** 실질적인	vís**ual** 시각의

-àry
[-애뤼]의 소리를 찾아서

요즘 길거리에 나가 보면 방한복으로 연초록색 야전 상의를 입은 사람과 얼룩덜룩한 군복을 입고 다니는 남자들이 많습니다. 군에 있을 때는 제대 날짜를 고대하면서, 막상 사회에 나오면 군대 이야기를 마치 영웅담처럼 곱씹는 것이 남자들의 심리라지만 여자들이 군복 스타일을 입고 다니는 것은 이해가 되지 않더라고요. 왜 갑자기 군대 이야기냐고요? 보통 군복 스타일의 옷을 '밀리터리 룩'이라고 하지요? 바로 '군의'라는 영어단어가 바로 'military'입니다. 물론 '밀리태뤼'로 읽습니다. 접미사 [-**àry**]도 앞에 언급한 '제3법칙'의 접미사들처럼 2음절 앞 모음에 으뜸강세가 온다는 것을 기본 소리 법칙으로 삼고 있습니다만, [-**àry**]의 모음 [a]가 제2강세가 붙어 있는 강모음으로 '애'로 강하게 발음해야 합니다. 나머지 [ry]는 '뤼'로 약하게 흘려 버리는 끝소리고요. 따라서 [-**àry**]는 '-애뤼'로 발음하면 됩니다. 4음절일 때를 예를 들면 '약강약강'의 리듬을 타는 'Rule 3'의 다른 접미사와 달리 [-**àry**]는 '강약강약'의 음률(音律)을 타며 발음합니다.

예를 들면, 'congrátulàte(축하하다)'의 '컹그뢔츌레잍'처럼 '약강약강'의 리듬을 타는 접미사 [-**àte**]의 음률 패턴과는 달리 'cústomàry'는 '커스터매뤼'처럼 '강약강약'의 리듬을 타며 발음해야 합니다. 이와 같은 음률의 차이를 염두에 두면서 아래

'Practice'에 정리된 단어들을 연습하세요.

Practice 1 | -애뤼 [-àry]

nécess**àry** 필요한	→	né(네) · cess(써스) · **àry(애뤼)**	네써**쌔뤼**
cústom**àry** 습관적인	→	cús(커스) · tom(텀) · **àry(애뤼)**	커스터**매뤼**
contémpor**àry** 동시대의	→	con(컨) · tém(템) · por(퍼r) · **àry(애뤼)**	컨템퍼**뢔뤼**
cóntr**àry** 반대의	→	cóntr(칸츄르) · **àry(애뤼)**	칸츄**뢔뤼**
imágin**àry** 상상의	→	i(이) · má(매) · gin(쥔) · **àry(애뤼)**	이매쥐**내뤼**
límit**àry** 제한된	→	lí(리) · mit(머트) · **àry(애뤼)**	리머**태뤼**
mílit**àry** 군의	→	mí(미) · lit(러트) · **àry(애뤼)**	밀러**태뤼**
órdin**àry** 보통의	→	ór(오어r) · din(듼) · **àry(애뤼)**	오어r디**내뤼**
pénsion**àry** 연금의	→	pén(펜) · sion(션) · **àry(애뤼)**	펜셔**내뤼**
sécond**àry** 제2위의	→	sé(쎄) · cond(컨드) · **àry(애뤼)**	쎄컨**대뤼**

단, 'accéssary(보조적인), bínary(둘의), exémplary(모범적인)'과 같이 몇 개 단어에 붙어 있는 접미사 [**-ary**]는 강세 없이 '-어뤼'로 발음합니다. 왜냐고요? 실은 저도 그 이유를 찾지 못했어요.(^.^) 그냥 외워 두시는 것이 좋겠죠?

Practice 2 | [-ary]

● -어뤼(-ary)

accéss**ary** 보조적인	bín**ary** 둘의	exémpl**ary** 모범적인		

● –애뤼(–àry)

auxíli**àry** 보조의	cústom**àry** 습관적인	contémpor**àry** 동시대의	cóntr**àry** 반대의	hónor**àry** 명예의
imágin**àry** 상상의	límit**àry** 제한된	líter**àry** 문학의	lúmin**àry** 광명의	mílit**àry** 군의
móne**tàry** 금전상의	nécess**àry** 필요한	míssion**àry** 전도의	órdin**àry** 보통의	pénsion**àry** 연금의
prím**àry** 본래의	sánit**àry** 위생의	sécond**àry** 제2위의	sólid**àry** 공동의	sólit**àry** 고독한
tèmpor**àry** 일시의	vólunt**àry** 자발적인			

요점정리

1. [–àry]는 'a(애)+r(르)+y(이)=애뤼'로 강하게 발음한다.
2. [–àry]는 '–의, –에 관계 있는'의 뜻의 형용사를 만드는 접미사다.

-ar

[-어r]의 소리를 찾아서

[-**ar**]는 단어의 수는 적지만 기본 어휘로 사용도가 높은 단어들이 많아서 마지막으로 공부하려고 합니다. 대한민국 사람이라면 모두가 필수품으로 가지고 다니는 것이 뭐지요? 바로 '핸드폰'이죠? 그런데 이 용어가 Konglish인 것은 알죠? 영어로는 'céllular phone', 영어 발음으로는 '쎌률러r 포f운'이라고 읽습니다. 이 'céllular'라는 단어는 우리 몸의 가장 작은 조직인 '세포'라는 'cell'의 형용사입니다. 감옥에서 소란을 피우면 혼자 감금당하는 독방과 같이 작은 공간도 'cell'이라는 영어 단어를 사용합니다.

이 'céllular'에 붙어 있는 접미사가 [-**ar**]인데, '-의, -성질의'라는 뜻의 형용사를 만드는 접미사입니다. 이 접미사에 붙어 있는 [a]는 약모음이라서 '어'로 약하게 발음하며, [r]는 혀를 입천장에 닿지 않게 구부려 주면 됩니다. 따라서 [-**ar**]는 '자동차' 'car'에 붙어 있는 [-ar]처럼 '-아아r'로 발음해서는 안 되며, '-어r'로 약하게 발음해야 합니다. 접미사 [-**ar**]도 '제3법칙'에 나오는 모든 접미사들처럼 2음절 앞 모음에 으뜸 강세가 온다는 것을 기본 소리 법칙으로 삼고 있습니다만, 강세의 리듬은 다르기 때문에 발음을 할 때 주의해야 합니다.

예를 들면, 3음절 단어 'ángular(모난)'는 'án(앤) · gul(귤) · ar(어r)'처럼 '강약약'

의 리듬을 타며 '앵귤러r'로 발음해야 하고, 4음절 단어 'partícular(특별한)'는 'par(파r) · tí(티) · cul(큘) · ar(어r)'처럼 '약강약약'의 리듬을 타며 '파r티큘러r'로 발음해야 합니다. 앞서 배운 접미사 [-fỳ], [-àte]은 3음절일 때는 '강약강', 4음절일 때는 '약강약강'의 리듬을 타며 발음했는데, 접미사의 모음에 강세를 두느냐, 그러지 않느냐의 차이일 뿐입니다. 따라서 접미사의 소리를 공부할 때 강세의 위치를 파악하는 것도 좋은 발성법을 익히는 지름길 중에 하나임을 잊지 마세요.

Practice | –어r [–ar]

ángul**ar** 모난	→	án(앤) · gul(귤) · **ar**(어r)	앵귤러r
ánnul**ar** 고리 모양의	→	án(앤) · nul(뉼) · **ar**(어r)	애뉼러r
artícul**ar** 관절의	→	ar(어r) · tí(티) · cul(큘) · **ar**(어r)	어r티큘러r
céllul**ar** 세포로 된	→	cél(쎌) · lul(룰) · **ar**(어r)	쎌룰러r
círcul**ar** 원형의	→	cír(써어r) · cul(큘) · **ar**(어r)	써어r큘러r
partícul**ar** 특별한	→	par(파r) · tí(티) · cul(큘) · **ar**(어r)	파r티큘러r
lún**ar** 달의	→	lún(루운) · **ar**(어r)	루우너r
pecúli**ar** 독특한	→	pe(피) · cú(큐우) · li(리) · **ar**(어r)	피큐울려r
pópul**ar** 인기 있는	→	pó(파) · pul(퓰) · **ar**(어r)	파퓰러r
régul**ar** 규칙적인	→	ré(뤠) · gul(귤) · **ar**(어r)	뤠귤러r
símil**ar** 유사한	→	sí(씨) · mil(밀) · **ar**(어r)	씨밀러r
síngul**ar** 드문	→	sín(씬) · gul(귤) · **ar**(어r)	씽귤러r
sól**ar** 태양의	→	sól(쏘울) · **ar**(어r)	쏘울러r

sécul**ar** 세속의	→	sé(씨) · cul(큘) · **ar**(어ʳ)	씨큘러ʳ
vúlg**ar** 서민의	→	vúl(벌ᵛ) · g**ar**(거ʳ)	벌ᵛ거ʳ

요점정리

1. [–ar]는 'a(어)+r(어)=–어ʳ'로 혀를 구부리면서 약하게 흘려서 발음한다.
2. [–ar]는 '–의, –성질의'라는 뜻의 형용사를 만드는 접미사다.

종합 복습 (Total Review)

접미사 [제3법칙]

이제 '제3법칙'에 나오는 접미사를 종합적으로 복습하면서 '접미사의 소리를 찾아서'를 마치려 합니다. 아래 접미사 6개는 2음절 앞 모음에 강세가 온다는 원칙을 이해하는 것이 학습 요점임을 명심하면서 다음 'Step 6. 접두사'로 넘어가기 전에 철저히 접미사의 철자와 소리 관계를 익히기 바라요.

◈ 접미사 제3법칙

해당 접미사 앞의 한 음절 건너서 선행하는 음절로 강세를 변동시킨다.

- -어쓰 : [-**ous**]
- -파f이 : [-**fỳ**]
- -에잍 : [-**àte**]
- -을 : [-**al**]
- -애뤼 : [-**àry**]
- -어r : [-**ar**]

1 -ous [-어쓰]의 소리를 찾아서

1. [-**ous**]는 '**o**(묵음)+**u**(어)+**s**(쓰)=어쓰'로 약하게 흘려 발음하며, 2음절 앞 모음에 강세가 온다.
2. [-**ous**]는 '-이 많은, -성(性)의, -의 특징을 지닌, -와 비슷한; 자주 -하는, -의 버릇이 있는'이란 뜻의 형용사를 만드는 접미사다.

Practice 1 | -어쓰 [-ous]

análog**ous** 유사한	→	a(어) · ná(내) · log(럭) · **ous**(어쓰)	어낼러**거쓰**
anónym**ous** 익명의	→	a(어) · nó(나) · nym(넘) · **ous**(어쓰)	어나너**머쓰**
cáll**ous** 못이 박힌	→	cáll(캘) · **ous**(어쓰)	캘**러쓰**
bárbar**ous** 야만스러운	→	bár(바어r) · bar(버r) · **ous**(어쓰)	바어r 버**뤄쓰**
cávern**ous** 동굴의	→	cá(캐) · vern(번vr) · **ous**(어쓰)	캐버vr**너쓰**
cáuti**ous** 신중한	→	cáu(코오) · ti(쉬) · **ous**(어쓰)	코오**셔쓰**
delíci**ous** 맛있는	→	de(디) · lí(리) · ci(시) · **ous**(어쓰)	딜리**셔쓰**
cúri**ous** 호기심 있는	→	cúr(큐어r) · ri(뤄) · **ous**(어쓰)	큐어뤼**어쓰**

Practice 2 | [-ous]의 품사 전환 (1)

형용사 [-**ous**]의 강세 및 소리 변화				
cávern 동굴	: 캐번vr	→	cávern**ous** 동굴의	: 캐버vr**너쓰**
mónotòne 단조로움	: 마너토운	→	monóton**ous** 단조로운	: 머나터**너쓰**
hármony 조화	: 하어r 머니	→	harmóni**ous** 조화된	: 하r 머니**어쓰**

vágary 기발한 행동	: 베^{v}이거뤼	→	vagár**ious** 엉뚱한	: 버^{v}개어뤼**어쓰**
míracle 기적	: 미뤄클	→	mirácul**ous** 기적적인	: 미뢔큘**러쓰**
lúxury 사치	: 럭쎠뤼	→	luxúr**ious** 사치스러운	: 럭쎠뤼**어쓰**
víctory 승리	: 빅^{v}터뤼	→	victór**ious** 승리를 거둔	: 빅^{v}토오뤼**어쓰**
pródigy 경이	: 프롸더쥐	→	prodígi**ous** 거대한	: 프뤄디**쥐쓰**
mélody 선율	: 멜러디	→	melódi**ous** 곡조가 좋은	: 멀로우디**어쓰**
lábor 노동	: 레이버^{r}	→	labóri**ous** 힘드는	: 러보오뤼**어쓰**

Practice 3 | [-ous]

● -어쓰(-ous)

análog**ous** 유사한	cávern**ous** 동굴의	glútin**ous** 끈적끈적한	lúmin**ous** 빛을 내는	monóton**ous** 단조로운
stupénd**ous** 엄청난	treménd**ous** 엄청나게 큰	pómp**ous** 거만한	gríev**ous** 슬픈	górge**ous** 호화로운
híde**ous** 무시무시한	póison**ous** 유독한	nérv**ous** 신경성의		

● -러쓰(-lous)

cál**lous** 못이 박인	crédu**lous** 쉽사리 믿는	fábu**lous** 전설적인	**in**crédu**lous** 의심 많은	jéa**lous** 질투심이 많은
márve**lous** 불가사의한	mirácu**lous** 기적적인	péri**lous** 위험한	pópu**lous** 인구가 조밀한	ridícu**lous** 우스운

● —머쓰(—mous)

anóny**mous** 익명의	autóno**mous** 자치의	blásphe**mous** 불경한	enór**mous** 거대한	fá**mous** 유명한
unáni**mous** 일치한				

● —뤼어쓰(—rious)

cú**rious** 호기심 있는	**in**cú**rious** 호기심이 없는	fú**rious** 성난	luxú**rious** 사치스러운	gló**rious** 영광스러운
labó**rious** 힘드는	victó**rious** 승리를 거둔	burglá**rious** 주거 침입의	gregá**rious** 사교적인	hilá**rious** 명랑한
vagá**rious** 엉뚱한	vá**rious** 다양한	sé**rious** 진지한	delí**rious** 정신착란의	indúst**rious** 부지런한
notó**rious** 악명 높은				

● —뤄쓰(—rous)

bárba**rous** 야만스러운	bóiste**rous** 몹시 사나운	cadáve**rous** 시체와 같은	carnívo**rous** 육식성의	dánge**rous** 위험한
déxte**rous** 솜씨 좋은	géne**rous** 관대한	clámo**rous** 시끄러운	glámo**rous** 매혹적인	húmo**rous** 유머러스한
túmo**rous** 종양의	lúst**rous** 광택 있는	slánde**rous** 중상적인	spléndo**rous** 찬란한	úlce**rous** 궤양성의
vípe**rous** 독사 같은	wónd**rous** 놀랄 만한	desí**rous** 원하는	húmo**rous** 익살스러운	núme**rous** 매우 많은
pónde**rous** 무거운	**pró**spe**rous** 번창하는	vígo**rous** 정력적인		

● —이어쓰(—ious)

dúb**ious** 의심스러운	commód**ious** 넓은	melód**ious** 선율이 아름다운	stúd**ious** 학문을 좋아하는	contág**ious** 전염성의
rodíg**ious** 거대한	cèremón**ious** 예의 바른	harmón**ious** 조화된	oblív**ious** 잘 잊는	óbv**ious** 명백한

ánx**ious** 걱정스러운	p**íous** 신앙심이 깊은	óbv**ious** 명백한	**prév****ious** 이전의	ambígu**ous** 애매한
téd**ious** 지루한				

● –셔씨(–tious)

abstén**tious** 자제하는	contén**tious** 다투기 좋아하는	frác**tious** 성마른	cáu**tious** 신중한	ambí**tious** 걱정하여
pretén**tious** 자부하는	nutrí**tious** 영양이 풍부한			

● –셔씨(–cious)

auspí**cious** 길조의	cóns**cious** 의식하고 있는	delí**cious** 맛있는	feró**cious** 사나운	grá**cious** 호의적인
judí**cious** 사려 분별이 있는	tená**cious** 고집이 센	pré**cious** 귀중한	suspí**cious** 의심스러운	ví**cious** 사악한

● –유어씨(–uous)

conspíc**uous** 눈에 띄는	vác**uous** 빈	contín**uous** 연속적인	strén**uous** 정력적인	vírt**uous** 덕이 높은

2 −fy̌ [−파^{f}이]의 소리를 찾아서

1. [-fy̌]는 'f(프^f)+y(아이)=파^{f}이'로, 강모음으로 강하게 발음한다.
2. [-fy̌]는 '-로 하다, -화하다, -이 되다'라는 뜻의 동사를 만드는 접미사다.

Practice | −파^{f}이 [−fy]

códi**fy̌** 성문화하다	→	có(카) · di(더) · **fy̌(파^{f}이)**	카뤄**파^{f}이**
solídi**fy̌** 응고시키다	→	so(써) · lí(리) · di(더) · **fy̌(파^{f}이)**	썰리뤄**파^{f}이**
mágni**fy̌** 확대하다	→	mág(맥) · ni(너) · **fy̌(파^{f}이)**	맥너**파^{f}이**
sígni**fy̌** 의미하다	→	síg(씩) · ni(너) · **fy̌(파^{f}이)**	씩너**파^{f}이**
símpli**fy̌** 단순화하다	→	sím(씸) · pli(플러) · **fy̌(파^{f}이)**	씸플러**파^{f}이**
clári**fy̌** 해명하다	→	clá(클래) · ri(뤄) · **fy̌(파^{f}이)**	클래뤄**파^{f}이**
púri**fy̌** 정화하다	→	pú(퓨) · ri(뤄) · **fy̌(파^{f}이)**	퓨어뤄**파^{f}이**
clássi**fy̌** 분류하다	→	clá(클래) · ssi(써) · **fy̌(파^{f}이)**	클래써**파^{f}이**
spéci**fy̌** 열거하다	→	spé(스뻬) · ci(써) · **fy̌(파^{f}이)**	스뻬써**파^{f}이**
cérti**fy̌** 증명하다	→	cér(써어^r) · ti(터) · **fy̌(파^{f}이)**	써어^{r}뤄**파^{f}이**
fórti**fy̌** 요새화 하다	→	fór(포^{f}어^r) · ti(터) · **fy̌(파^{f}이)**	포^{f}어^{r}뤄**파^{f}이**
idénti**fy̌** 확인하다	→	i(아이) · dén(덴) · ti(터) · **fy̌(파^{f}이)**	아이덴터**파^{f}이**
jústi**fy̌** 정당화하다	→	jús(줘스) · ti(떠) · **fy̌(파^{f}이)**	줘스떠**파^{f}이**
tésti**fy̌** 증명하다	→	tés(테스) · ti(떠) · **fy̌(파^{f}이)**	테스떠**파^{f}이**

Practice | [–fy] 의 품사 전환

[–**fy**](동사)			[–**fication**](명사) 변화	
códi**fỳ** 성문화하다	: 카뤄**파**^{f}**이**	→	còdi**ficátion** 성문화	: 카뤄**피**^{f}**케이션**
solídi**fỳ** 응고시키다	: 썰리뤄**파**^{f}**이**	→	sòlidi**ficátion** 고체화	: 쌀리뤄**피**^{f}**케이션**
mágni**fỳ** 확대하다	: 맥너**파**^{f}**이**	→	màgni**ficátion** 확대	: 맥너**피**^{f}**케이션**
sígni**fỳ** 의미하다	: 씩너**파**^{f}**이**	→	sìgni**ficátion** 의미	: 씩너**피**^{f}**케이션**
símpli**fỳ** 단순화하다	: 씸플러**파**^{f}**이**	→	sìmpli**ficátion** 단순화	: 씸플러**피**^{f}**케이션**
clári**fỳ** 해명하다	: 클래뤄**파**^{f}**이**	→	clàri**ficátion** 정화	: 클래뤄**피**^{f}**케이션**
púri**fỳ** 정화하다	: 퓨어뤄**파**^{f}**이**	→	pùri**ficátion** 세정	: 퓨어뤄**피**^{f}**케이션**
clássi**fỳ** 분류하다	: 클래써**파**^{f}**이**	→	clàssi**ficátion** 분류법	: 클래써**피**^{f}**케이션**
spéci**fỳ** 열거하다	: 스뻬써**파**^{f}**이**	→	spèci**ficátion** 열거	: 스뻬써**피**^{f}**케이션**
cérti**fỳ** 증명하다	: 써어^{r}뤄**파**^{f}**이**	→	cèrti**ficátion** 증명	: 써어^{r}뤄**피**^{f}**케이션**
fórti**fỳ** 요새화하다	: 포^{f}어^{r}뤄**파**^{f}**이**	→	fòrti**ficátion** 요새화	: 포^{f}어^{r}뤄**피**^{f}**케이션**
idénti**fỳ** 확인하다	: 아이덴터**파**^{f}**이**	→	idènti**ficátion** 동일시	: 아이덴터**피**^{f}**케이션**
jústi**fỳ** 정당화하다	: 줘스떠**파**^{f}**이**	→	jùsti**ficátion** 정당화	: 줘스떠**피**^{f}**케이션**
tésti**fỳ** 증명하다	: 테스떠**파**^{f}**이**	→	tèsti**ficátion** 입증	: 테스떠**피**^{f}**케이션**

3 –àte [–에일]의 소리를 찾아서

1. [-**àte**]는 '**a**(에이)+**t**(트)+**e**(묵음)=-에일'으로 강모음으로 강하게 발음한다.
2. [-**àte**]는 '-시키다, -(이 되게) 하다, -을 부여하다'라는 뜻의 동사를 만드는 접미사다.

Practice 1 | –에일 [–ate]

ánim**àte** 살리다	→	á(애) · ni(너) · m**àte**(**메일**)	애너**메일**
éduc**àte** 교육하다	→	é(에) · du(쥬) · c**àte**(**케일**)	에쥬**케일**
návig**àte** 항해하다	→	ná(내) · vi(비v) · g**àte**(**게일**)	내비v**게일**
congrátul**àte** 축하하다	→	**con**(컨) · grá(그래) · tu(츄) · l**àte**(**레일**)	컹그래츄**레일**
nómin**àte** 지명하다	→	nó(나) · mi(머) · n**àte**(**네일**)	나머**네일**
célebr**àte** 축하하다	→	cé(쎄) · le(러) · br**àte**(브**뤠일**)	쎌러브**뤠일**
cóncentr**àte** 집중하다	→	**cón**(칸) · cen(썬) · tr**àte**(츄**뤠일**)	칸썬츄**뤠일**
démonstr**àte** 입증하다	→	dé(데) · mon(먼) · str**àte**(스뜨**뤠일**)	데먼스뜨**뤠일**
hésit**àte** 머뭇거리다	→	hé(헤) · si(지) · t**àte**(**테일**)	헤지**테일**
assóci**àte** 연합시키다	→	a(어) · ssó(쏘우) · ci(씨) · **àte**(에일)	어쏘우씨에**일**
evácu**àte** 피난시키다	→	e(이) · va(배v) · cu(큐) · **àte**(에일)	이배v큐에**일**
sítu**àte** 위치를 정하다	→	sí(씨) · tu(츄) · **àte**(에일)	씨츄에**일**
élev**àte** 올리다	→	é(에) · le(러) · v**àte**(베v일)	엘러베v**일**

Practice 2 | [–ate]의 품사 전환 (1)

[–**ate**](동사)			[–**ation**](명사) 변화	
ánim**àte** 살리다	: 애너**메일**	→	ànim**átion** 만화 영화	: 애너**메이션**
éduc**àte** 교육하다	: 에쥬**케일**	→	èduc**átion** 교육	: 에쥬**케이션**
návig**àte** 항해하다	: 내비V**게일**	→	nàvig**átion** 항해	: 내비V**게이션**
congrátul**àte** 축하하다	: 컹그뢔츄**레일**	→	**con**gràtul**átion** 축하	: 컹그뢔츄**레이션**
nómin**àte** 지명하다	: 나머**네일**	→	nòmin**átion** 추천	: 나머**네이션**
célebr**àte** 축하하다	: 쎌러브**뤠일**	→	cèlebr**átion** 축하	: 쎌러브**뤠이션**
cóncentr**àte** 집중하다	: 칸썬츄**뤠일**	→	**còn**centr**átion** 집중	: 칸썬츄**뤠이션**
íllustr**àte** 삽화를 넣다	: 일러스뜨**뤠일**	→	ìllus**trátion** 삽화	: 일러스뜨**뤠이션**
hésit**àte** 머뭇거리다	: 헤지**테일**	→	hèsit**átion** 망설임	: 헤지**테이션**
díct**àte** 받아쓰게 하다	: 딕**테일**	→	**dic**t**átion** 받아쓰기	: 딕**테이션**
assóci**àte** 연합시키다	: 어쏘우씨**에일**	→	assòci**átion** 연합	: 어쏘우씨**에이션**
evácu**àte** 피난시키다	: 이배V큐**에일**	→	evàcu**átion** 피난	: 이배V큐**에이션**
sítu**àte** 위치를 정하다	: 씨츄**에일**	→	sìtu**átion** 위치	: 씨츄**에이션**
élev**àte** 올리다	: 엘러**베V일**	→	èlev**átion** 높이	: 엘러**베V이션**

Practice 3 | [–ate]의 품사 전환 (2)

[–**ate**](동사)	→	[–**ation**](명사)	→	[–**ator**](행위자, 기구) 변화
ánim**àte** 살리다	→	ànim**átion** 만화영화	→	ánim**àtor** 만화영화 제작자
éduc**àte** 교육하다	→	èduc**átion** 교육	→	éduc**àtor** 교육자
návig**àte** 항해하다	→	nàvig**átion** 운항	→	návig**àtor** 항법사
congrátul**àte** 축하하다	→	**con**grátul**átion** 축하	→	**con**grátul**àtor** 경하자
nómin**àte** 지명하다	→	nòmin**átion** 추천	→	nómin**àtor** 추천자
célebr**àte** 축하하다	→	cèlebr**átion** 축하	→	célebr**àtor** 축하자
cóncentr**àte** 집중하다	→	**còn**centr**átion** 집중	→	**cón**centr**àtor** 농축기
íllustr**àte** 삽화를 넣다	→	ìllus**trátion** 삽화	→	íllus**tràtor** 삽화가
ágit**àte** 선동하다	→	àgit**átion** 선동	→	ági**tàtor** 선동자
assóci**àte** 연합시키다	→	assòci**átion** 연합	→	assóci**àtor** 동료
eválu**àte** 평가하다	→	evàlu**átion** 평가	→	evālu**àtor** 평가자

Practice 4 | [–ate]의 발음 비교

[–**àte**](동사)		→	[–**ate**](형용사)의 발음 차이	
áltern**àte** 교체하다	: 올*터ʳ* **네일**	→	áltern**ate** 번갈아 하는	: 올*터ʳ* **닐**
cómpli**càte** 복잡하게 하다	: 캄플리**케일**	→	cómplic**ate** 복잡한	: 캄플리**킬**
dúplic**àte** 두 배로 하다	: 듀우플리**케일**	→	dúplic**ate** 이중의	: 듀우플리**킬**
detérmin**àte** 확인하다	: 디터*어ʳ* 미**네일**	→	**de**términ**ate** 한정된	: 디터*어ʳ* 머**닐**

eláborà**te** 정성들여 만들다	: 일래버**뤠잍**	→	elábor**ate** 공들인	: 일래버**뤝**
móde**ràte** 누그러지다	: 마더**뤠잍**	→	móder**ate** 적당한	: 마더**뤝**
ínteg**ràte** 통합하다	: 인터그**뤠잍**	→	ínteg**rate** 합성된	: 인터그**뤝**
íntim**àte** 암시하다	: 인터**메잍**	→	íntim**ate** 친밀한	: 인터**밑**
prédi**càte** 단언하다	: 프뤠디**케잍**	→	prédi**cate** 술부의	: 프뤠디**킽**
ségreg**àte** 분리하다	: 쎄그뤄**게잍**	→	ségreg**ate** 분리한	: 쎄그뤄**긭**
sépa**ràte** 분리하다	: 쎄퍼**뤠잍**	→	sépa**rate** 갈라진	: 쎄퍼**뤝**

Practice 5 | 형용사 '-잍' [-ate]

ádequ**ate** 적절한	afféc**tionate** 애정 깊은	pá**ssionate** 열렬한	áltern**ate** 번갈아 하는	cómplic**ate** 복잡한
dúplic**ate** 이중의	**con**síder**ate** 동정심 많은	**de**líber**ate** 계획적인	désol**ate** 황폐한	désper**ate** 필사적인
detérmin**ate** 한정된	elábor**ate** 공들인	dissó**ciate** 분리한	immédi**ate** 즉석의	incárn**ate** 육신을 갖춘
ínteg**rate** 합성된	íntim**ate** 친밀한	móder**ate** 적당한	prédi**cate** 술부의	prív**ate** 사적인
ségreg**ate** 분리한	sépa**rate** 갈라진	últim**ate** 궁극적인		

Practice 6 | 동사 '-에잍' [-ate]

● -에잍(-àte)

accómmod**àte** 편의를 도모하다	humíli**àte** 욕보이다	**al**lévi**àte** 경감하다	rádi**àte** 방출하다	initi**àte** 시작하다
ánim**àte** 살리다	éstim**àte** 어림잡다	íntim**àte** 암시하다	**antí**cip**àte** 예상하다	**dís**sip**àte** 흩뜨리다
emáncip**àte** 해방하다	partícip**àte** 참가하다	**cóm**pens**àte** 보상하다		

● –케잍(–càte)

ádvo**càte** 옹호하다	**com**múni**càte** 전달하다	dédi**càte** 바치다	édu**càte** 교육하다	índi**càte** 가리키다
cómpli**càte** 복잡하게 하다	dúpli**càte** 두 배로 하다	ló**cate** 위치를 알아내다	prédi**càte** 단언하다	sophísti**càte** 복잡하게 하다
súffo**càte** 질식시키다	**súp**pli**càte** 탄원하다			

● –게잍(–gàte)

návi**gàte** 항해하다	cásti**gàte** 징계하다	déle**gàte** 파견하다	**dé**ro**gàte** 훼손하다	**intér**ro**gàte** 심문하다
invésti**gàte** 조사하다	**ír**ri**gàte** 물을 대다	míti**gàte** 누그러뜨리다	óbli**gàte** 의무를 지우다	**pró**pa**gàte** 번식시키다
ségreg**àte** 분리하다				

● –레잍(–làte)

accúmu**làte** 축적하다	cálcu**làte** 계산하다	círcu**làte** 순환하다	cúmu**làte** 축적하다	**con**grátu**làte** 축하하다
assími**làte** 동화시키다	éscal**àte** 상승한다	inf**láte** 부풀리다	íso**làte** 고립시키다	régu**làte** 규정하다
vío**làte** 위반하다	déso**làte** 황폐케 하다	inócu**làte** 접종하다		

● –네잍(–nàte)

désig**nàte** 지명하다	**de**térmi**nàte** 확인하다	**álternàte** 교체하다	crími**nàte** 비난하다	cúlmi**nàte** 정점에 이르다
dómi**nàte** 지배하다	nómi**nàte** 지명하다	fásci**nàte** 매혹시키다	hallúci**nàte** 환각을 일으키다	orígi**nàte** 시작하다
discrími**nàte** 구별하다	**il**lúmi**nàte** 조명하다	**in**cár**nàte** 구체화하다	térmi**nàte** 종결짓다	**pre**dómi**nàte** 뛰어나다
rúmin**nàte** 되새기다				

● –뤠잍(–ràte)

célebràte 축하하다	exásperàte 노하게 하다	óperàte 작동하다	séparàte 분리하다	décoràte 장식하다
delíberàte 숙고하다	eláboràte 정성들여 만들다	eváporàte 증발하다	mígràte 이주하다	émigràte 이민가다
exággeràte 과장하다	ímmigràte 이주해 오다	tránsmigràte 윤회하다	líberàte 해방하다	géneràte 낳다
degéneràte 퇴보하다	regéneràte 재생시키다	tóleràte 묵인하다	víbràte 흔들리다	íntegràte 통합하다
móderàte 누그러지다	víbràte 진동하다			

● –츄뤠잍(–tràte)

cóncentràte 집중하다	démonstràte 입증하다	frústràte 좌절시키다	íllustràte 삽화를 넣다	infíltràte 침투시키다
pénetràte 관통하다				

● –테잍(–tàte)

ágitàte 선동하다	dévastàte 황폐시키다	díctàte 받아쓰게 하다	hésitàte 머뭇거리다	ímitàte 모방하다
méditàte 명상하다	grávitàte 인력에 끌리다	írritàte 노하게 하다		

● –시에잍(–ciàte)

assóciàte 연합시키다	dissóciàte 분리하다	appréciàte 평가하다	depréciàte 평가 절하하다	negóciàte 협상하다

● –유에잍(–uàte)

evácuàte 피난시키다	eváluàte 평가하다	evéntuàte 일어나다	hábituàte 익히다	flúctuàte 오르내리다

grád**uàte** 축하하다	**in**fát**uàte** 얼빠지게 만들다	**in**sín**uàte** 은근히 심어 주다	**per**pét**uàte** 불멸케 하다	púnct**uàte** 구두점을 찍다
sít**uàte** 위치를 정하다				

● –베^{v}잍(–vàte)

ácti**vàte** 활동하게 하다	cápti**vàte** 넋을 빼앗다	cúlti**vàte** 경작하다	**ág**gra**vàte** 악화시키다	éle**vàte** 올리다

4 –al [–을]의 소리를 찾아서

1. [-**al**]은 '**a**(어)+**l**(을)=을(얼)'로 약하게 흘리듯 발음한다.
2. [-**al**]은 '-의, -같은, -의 성질의' 뜻의 형용사를 만드는 접미사다.

Practice 1 | –얼(을) [–al]

addítion**al** 부가적인	→	a(어) · ddí(디) · tion(션) · **al**(을)	어디셔늘
emótion**al** 감정의	→	e(이) · mó(모우) · tion(션) · **al**(을)	이모우셔늘
cárdin**al** 기본적인	→	cár(카어^r) · din(딘) · **al**(을)	카어^{r}디늘
cònfidénti**al** 은밀한	→	**còn**(칸) · fi(피^f) · dén(덴) · ti(쉬) · **al**(을)	칸피^{f}덴셜
memóri**al** 기념의	→	me(미) · mó(마) · ri(뤼) · **al**(을)	미마뤼을
espéci**al** 특별한	→	e(이) · spé(스뻬) · ci(씨) · **al**(을)	이스뻬셜
offíci**al** 공무상의	→	o(어) · ffí(피^f) · ci(씨) · **al**(을)	어피^{f}셜
dígit**al** 디지털 방식의	→	dí(디) · git(쥘) · **al**(을)	디쥐를

hósp**i**t**al** 병원의	→	hós(하스) · pit(필) · **al**(을)	하스피틀
àgricúltur**al** 농업의	→	à(애) · gri(그뤼) · cúl(컬) · tur(춰r) · **al**(을)	애그뤼컬춰를

Practice 2 | [-al]의 품사 전환 (1)

[-**tion**], [-**sion**](명사)			[-**tional**], [-**sional**](형용사) 변화	
addí**tion** 덧셈	: 어디**션**	→	addí**tional** 부가적인	: 어디**셔늘**
devó**tion** 신앙심	: 디보v우**션**	→	devó**tional** 믿음의	: 디보v우**셔늘**
èducá**tion** 교육	: 에쥬케이**션**	→	èducá**tional** 교육상의	: 에쥬케이**셔늘**
emó**tion** 감정	: 이모우**션**	→	emó**tional** 감정의	: 이모우**셔늘**
óp**tion** 선택권	: 앞**션**	→	óp**tional** 임의의	: 앞**셔늘**
fác**tion** 도당	: 팩f**션**	→	fác**tional** 당내의	: 팩f**셔늘**
fíc**tion** 소설	: 픽f**션**	→	fíc**tional** 소설적인	: 픽f**셔늘**
expré**ssion** 표현	: 익쓰프뤠**션**	→	expré**ssional** 표정의	: 익쓰프뤠**셔늘**
impré**ssion** 인상	: 임프뤠**션**	→	impré**ssional** 인상적인	: 임프뤠**셔늘**
dimén**sion** 차원	: 디멘**션**	→	dimén**sional** 차원의	: 디멘**셔늘**

Practice 3 | [-al]의 품사 전환 (2)

[-**ent**](형용사)			[-**ential**](형용사) 변화	
cónfid**ent** 확신하다	: 칸피f**던트**	→	**còn**fid**éntial** 은밀한	: 칸피f**덴셜**
díffer**ent** 다른	: 디퍼f**뤈트**	→	díffer**éntial** 특이한	: 디퍼f**뤤셜**

ínflu**ent** 유입하는	: 인플f루**언트**	→	ìnflu**éntial** 유력한	: 인플f루**엔셜**
résid**ent** 거주하는	: 뤠지**던트**	→	rèsid**éntial** 주거의	: 뤠지**덴셜**
pót**ent** 유력한	: 포우**턴트**	→	pot**éntial** 잠재력 있는	: 퍼**텐셜**
présid**ent** 대통령	: 프뤠지**던트**	→	prèsid**éntial** 대통령의	: 프뤠지**덴셜**
prúd**ent** 신중한	: 프루우**던트**	→	prud**éntial** 신중한	: 프루**덴셜**

Practice 4 | [–al]의 품사 전환 (3)

[–**ture**](형용사)			[–**tural**](형용사) 변화 ▣	
àgricúl**ture** 농업	: 애그뤼컬*춰r*	→	àgricúl**tural** 농업의	: 애그뤼컬**춰를**
àrchitéc**ture** 건축학	: 아*어r*키텍*춰r*	→	àrchitéc**tural** 건축학의	: 아*어r*키텍 **춰를**
cúl**ture** 문화	: 컬*춰r*	→	cúl**tural** 문화의	: 컬**춰를**
gés**ture** 몸짓	: 줴스*춰r*	→	gés**tural** 몸짓의	: 줴스**춰를**
mànufác**ture** 제조업	: 매뉴팩f*춰r*	→	mànufác**tural** 제조업의	: 매뉴팩f**춰를**
ná**ture** 자연	: 네이*춰r*	→	ná**tural** 자연의	: 내**춰를**
scúlp**ture** 조각	: 스껄프*춰r*	→	scúlp**tural** 조각한	: 스껄프**춰를**
frác**ture** 골절	: 프f랙*춰r*	→	frác**tural** 골절의	: 프f랙 **춰를**

Practice 5 | [–al]

● –늘(–nal)

cárdi**nal** 기본적인	cár**nal** 육체의	crími**nal** 범죄적인	extér**nal** 외부의	

● –셔늘(–tional, -ssional, -sional)

addí**tional** 부가적인	devó**tional** 믿음의	èducá**tional** 교육상의	emó**tional** 감정의	óp**tional** 임의의
excép**tional** 예외적인	fác**tional** 당내의	frác**tional** 단편의	fíc**tional** 소설적인	fríc**tional** 마찰의
fúnc**tional** 기능의	vocá**tional** 직업의	**ex**tén**sional** 외연적인	**ex**pré**ssional** 표정의	**im**pré**ssional** 인상적인
dimén**sional** 차원의				

● –뤼얼(–rial)

áe**rial** 공기의	èditó**rial** 편집의	memó**rial** 기념의	ìmmemó**rial** 태고의	impé**rial** 제국의
indúst**rial** 상업의	maté**rial** 물질적인	sé**rial** 연속적인		

● –셜(–cial / –tial)

cònfidén**tial** 은밀한	**cre**dén**tial** 신임하는	dìfferén**tial** 특이한	ìnfluén**tial** 유력한	iní**tial** 처음의
rèsidén**tial** 주거의	celés**tial** 하늘의	essén**tial** 필요한	már**tial** 전쟁의	pár**tial** 일부분의
impár**tial** 공평한	potén**tial** 잠재력 있는	presidén**tial** 대통령의	prudén**tial** 신중한	**sub**stán**tial** 실질적인
rá**cial** 인종의	àrtifí**cial** 인공의	bènefí**cial** 유익한	**com**mér**cial** 상업의	spé**cial** 특별한
offí**cial** 공무상의	só**cial** 사교적인	finán**cial** 재정의	judí**cial** 사법의	

● –춰릏(–tural)

àgricúl**tural** 농업의	àrchitéc**tural** 건축학의	cúl**tural** 문화의	gés**tural** 몸짓의	mànufác**tural** 제조업의
ná**tural** 자연의	scúlp**tural** 조각한			

● -유얼(-ual)

d**úal** 이중의	áct**ual** 현실의	cás**ual** 우연한	mán**ual** 손의	mút**ual** 상호의
evént**ual** 종국의	efféct**ual** 유효한	ìntelléct**ual** 지적인	ìndivíd**ual** 개인의	ánn**ual** 일 년의
habít**ual** 습관적인	perpét**ual** 영구의	spírit**ual** 정신의	vírt**ual** 실질적인	vís**ual** 시각의

5 -àry [-애뤼]의 소리를 찾아서

1. [-**àry**]는 '**a**(애)+**r**(르)+**y**(이)=애뤼'로 강하게 발음한다.
2. [-**àry**]는 '-의, -에 관계 있는'의 뜻의 형용사를 만드는 접미사다.

Practice 1 | -애뤼 [-ary]

nécess**àry** 필요한	→	né(네) · cess(써스) · **àry(애뤼)**	네써**쌔뤼**
cústom**àry** 습관적인	→	cús(커스) · tom(텀) · **àry(애뤼)**	커스터**매뤼**
contémpor**àry** 동시대의	→	con(컨) · tém(템) · por(퍼ʳ) · **àry(애뤼)**	컨템퍼**뢔뤼**
cóntr**àry** 반대의	→	cóntr(칸츄르) · **àry(애뤼)**	칸츄**뢔뤼**
imágin**àry** 상상의	→	i(이) · má(매) · gin(쥔) · **àry(애뤼)**	이매쥐**내뤼**
límit**àry** 제한된	→	lí(리) · mit(머트) · **àry(애뤼)**	리머**태뤼**
mílit**àry** 군의	→	mí(미) · lit(러트) · **àry(애뤼)**	밀러**태뤼**
órdin**àry** 보통의	→	ór(오어ʳ) · din(딘) · **àry(애뤼)**	오어ʳ디**내뤼**
pénsion**àry** 연금의	→	pén(펜) · sion(션) · **àry(애뤼)**	펜셔**내뤼**

sécond**àry** 제2위의	→	sé(쎄) · cond(컨드) · **àry(애뤼)**	쎄컨**대뤼**

Practice 2 | [−ary]의 품사 전환

[−**ture**](명사)		[−**ary**](형용사) 변화	
cústom 관습	: 커스텀	cústom**àry** 습관적인	: 커스터매**뤼**
imágin 상상	: 이매**쥔**	imágin**àry** 상상의	: 이매쥐내**뤼**
límit 한계	: 리밑	límit**àry** 제한된	: 리머태**뤼**
pénsion 연금	: 펜션	pénsion**àry** 연금의	: 펜셔내**뤼**
sécond 제2의	: 쎄컨	sécond**àry** 제2위의	: 쎄컨대**뤼**
hónor 명예	: 아너r	hónor**àry** 명예의	: 아너뢔**뤼**
sólid 견고한	: 쌀릳	sólid**àry** 공동의	: 쌀리대**뤼**
móney 돈	: 머니	móne**tàry** 금전상의	: 마너태**뤼**

Practice 3 | [−ary]

● −어뤼(−ary)

accéss**ary** 보조적인	bín**ary** 둘의	exémpl**ary** 모범적인		

● −애뤼(−àry)

auxíli**àry** 보조의	cústom**àry** 습관적인	contémpor**àry** 동시대의	céntr**àry** 반대의	hónor**àry** 명예의
imágin**àry** 상상의	límit**àry** 제한된	líter**àry** 문학의	lúmin**àry** 광명의	mílit**àry** 군의
móne**tàry** 금전상의	nécess**àry** 필요한	míssion**àry** 전도의	órdin**àry** 보통의	pénsion**àry** 연금의

prím**àry** 본래의	sánit**àry** 위생의	sécond**àry** 제2위의	sólid**àry** 공동의	sólit**àry** 고독한
témpor**àry** 일시의	vólunt**àry** 자발적인			

6 –ar [–$어^r$]의 소리를 찾아서

1. [-**ar**]는 '**a**(어)+**r**(어)=-$어^r$'로 혀를 구부리면서 약하게 흘려서 발음한다.
2. [-**ar**]는 '-의, -성질의'라는 뜻의 형용사를 만드는 접미사다.

Practice 1 | –$어^r$ [–ar]

ángul**ar** 모난	→	án(앤) · gul(귤) · **ar**($어^r$)	앵귤$러^r$
ánnul**ar** 고리 모양의	→	án(앤) · nul(뉼) · **ar**($어^r$)	애뉼$러^r$
artícul**ar** 관절의	→	ar($아^r$) · tí(티) · cul(큘) · **ar**($어^r$)	$아^r$티큘$러^r$
céllul**ar** 세포로 된	→	cél(쎌) · lul(률) · **ar**($어^r$)	쎌률$러^r$
círcul**ar** 원형의	→	cír(써$어^r$) · cul(큘) · **ar**($어^r$)	써$어^r$큘$러^r$
partícul**ar** 특별한	→	par($파^r$) · tí(티) · cul(큘) · **ar**($어^r$)	$파^r$티큘$러^r$
lún**ar** 달의	→	lún(루운) · **ar**($어^r$)	루우$너^r$
pecúli**ar** 독특한	→	pe(피) · cú(큐우) · li(리) · **ar**($어^r$)	피큐울$려^r$
pópul**ar** 인기 있는	→	pó(파) · pul(퓰) · **ar**($어^r$)	파퓰$러^r$
régul**ar** 규칙적인	→	ré(뤠) · gul(귤) · **ar**($어^r$)	뤠귤$러^r$
símil**ar** 유사한	→	sí(씨) · mil(밀) · **ar**($어^r$)	씨밀$러^r$

síngul**ar** 드문	→	sín(씬) · gul(귤) · **ar**(어^r)	씽귤러^r
sól**ar** 태양의	→	sól(쏘울) · **ar**(어^r)	쏘울러^r
sécul**ar** 세속의	→	sé(씨) · cul(큘) · **ar**(어^r)	씨큘러^r
vúlg**ar** 서민의	→	vúl(벌^V) · g**ar**(거^r)	벌^{V}거^r

Practice 2 | '–어^r' [–ar]

ángul**ar** 모난	ánnul**ar** 고리 모양의	artícul**ar** 관절의	céllul**ar** 세포로 된	círcul**ar** 원형의
partícul**ar** 특별한	lúnar 달의	pecúli**ar** 독특한	pópul**ar** 인기 있는	régul**ar** 규칙적인
símil**ar** 유사한	síngul**ar** 드문	sól**ar** 태양의	sécul**ar** 세속의	vúlg**ar** 서민의

'접미사(suffix)' '접두사(prefix)'의 차이점

kind	→	un 접두사	kind 어근	ness 접미사	→	**un**kind**ness**
친절한		뜻이 바뀜	중심 의미	품사가 바뀜		불친절

접두사의 소리를 찾아서

가장 많이 사용되는 17가지 접두사를 공부하고, 접두사의 3가지 특성을 파악하도록 구성하였습니다. 접두사는 뒤에 오는 어근의 첫 철자에 따라 형태가 변화하는 경우가 있으며, 접두사 모음의 소리는 강세의 유무에 따라 결정된다는 것을 배웁니다. 접두사가 발음되는 7가지 강세 원칙을 하나하나 확인하고 스스로 익힐 수 있도록 했습니다. 마지막으로 접두사는 어근의 의미를 바꿔 주기도 하지만 품사를 변화시키는 역할도 한다는 것을 공부합니다.

암기할 접두사

[ad-]	[en-]	[con-]	[in-]	[sub-]	[be-]	[de-]	[dis-]	[pre-]	[re-]
[un-]	[pro-]	[ex-]	[inter-]	[over-]	[under-]	[mis-]			

발성법 | 소리를 어떻게 낼까요?

01 [**ad**-]은 '접근, 방향, 변화, 첨가, 증가, 강조'의 뜻을 나타내 '얻-'으로 발음한다.

02 [**en**-]은 '-안에 넣다, -이 되게 하다'의 뜻의 동사로 전환시키며, '인-'으로 발음한다.

03 [**con**-]은 '함께, 완전히, 공동, 공통, 상호, 동등'의 뜻으로, '컨-' 또는 '칸-'으로 발음한다.

04 [**in**-]은 '무(無), 불(不), 안에, -로(방향)'의 뜻으로, '인-' 또는 '인-'으로 발음한다.

05 [**sub**-]은 '아래, 아(亞), 하위, 부(副), 조금, 반'의 뜻으로, '썹-' 또는 '썹-'으로 발음한다.

06 [**be**-]는 '널리, 전부에, 완전히, 떼어 내다, -로 만들다'의 뜻으로 '비-'로 발음한다.

07 [**de**-]는 '분리, 저하, 비(非)-, 반대, 완전히, 상세히'의 뜻으로 '디-'로 발음한다.

08 [**dis**-]는 '비(非)-, 불(不), 반대(反對), 분리(分離)'의 뜻으로, '디쓰-' 또는 '디쓰-'로 발음한다.

09 [**pre**-]는 '전(前), 앞, 미리(豫), 먼저(先)'의 뜻으로, '프뤼-' 또는 '프뤼-', '프뤠-'로 발음한다.

10 [**re**-]는 '다시, 새로이, 되, 뒤로, 반대'의 뜻으로, '뤼-', 또는 '뤼이-', '뤠-'로 발

음한다.

11 [un-]은 '제거, 부정, 반대'의 뜻으로 '언언-'으로 발음한다.

12 [pro-]는 '앞에(前), 공공연히, -밖으로, 대신, 대용으로'의 뜻으로, '프뤄-' 또는 '프롸-'로 발음한다.

13 [ex-]는 '밖으로, 아주, 전적으로'의 뜻으로, '익쓰-' 또는 '엑쓰-', '이그즈-'로 발음한다.

14 [ìnter-]는 '서로, 간(間), 중(中), 상호(相互)'의 뜻으로, '인터r -'로 발음한다.

15 [over-]는 '-과도히, 너무, 위로, 밖으로, 여분의'의 뜻으로, '오우버vr -'로 발음한다.

16 [ùnder-]는 '-아래의, 열등한, 보다 작게, 싸게, 불충분하게'의 뜻으로, '언더r -'로 발음한다.

17 [mis-]는 '잘못하여, 그릇된, 나쁘게, 불리하게'의 뜻으로, '미쓰-' 또는 '미쓰-'로 발음한다.

접두사의 소리를 찾아서

앞 장의 'Step 5. 접미사' 편에서 한자의 '부수(部首)'를 이용하여 영어의 접미사와 접두사를 설명했습니다. 여러분들의 이해를 돕기 위해서 간단하게 다시 예를 들어 설명하는 것으로 'Step 6. 접두사' 편을 시작하려고 합니다.

한자는 어근(語根)에 해당되는 단어의 앞, 뒤, 위, 아래에 공통된 글자를 붙여 다양한 뜻의 글자를 만들어 냅니다. 이 4가지 경우 중에서 '나비 접(蝶), 뱀 사(蛇), 개구리 와(蛙), 벌 봉(蜂)'의 어근(語根)에 해당되는 단어의 왼쪽에 붙여 뜻을 확대시켜 주는 '벌레 충(虫)'과 같은 '부수(部首)'를 '변(邊)'이라고 하지요. 영어 단어에도 '순수 단어(**word**)', 혹은 '어근(**root**)'으로만 순수하게 이루어진 단어도 있지만, 순수 단어인 어근의 앞과 뒤에 어떤 것들이 첨가되어 만들어진 '복합적인 단어' 형태도 있어요. 다만 차이점은 한자는 어근의 앞, 뒤, 위, 아래에 첨가하여 4가지 형태로 글자를 만들지만, 영어는 어근의 앞과 뒤에만 붙인다는 것이지요. 이때 어근의 앞에 붙어 있는 것은 한자의 '머리 두(頭)' 자를 써서 '접두사(**prefix**)'라 하고, 어근의 뒤에 붙어 있는 것은 한자의 '꼬리 미(尾)' 자를 써서 '접미사(**suffix**)'라고 합니다.

보통 통념적으로 어근의 앞에 붙여 어근(Root)의 뜻을 바꿔 주는 것을 '접두사(**prefix**)'라고 하고, 어근의 뒤에 붙여서 어근(Root)의 품사를 바꿔 주는 것은 '접미사(**suffix**)'라고 칭한다.'는 것이 기본 원칙으로 여겨지고 있습니다. 하지만 접미사를 공부하면서 설명했듯이 이 원칙은 절대적이지 않습니다. 앞으로 배우겠지만, 접두사 [**en**-], [**be**-], [**de**-]처럼 뜻과 품사를 바꿔 주는 접두사도 상당수 있습니다.

그러면 접두사는 어떤 특징을 가지고 있을까요?

첫째, 형태상에서 보면, 접두사는 뒤의 어근의 첫 철자에 따라 형태 변화를 하는 경우가 많습니다. [**ad**-]과 [**in**-], [**con**-] 등이 대표적인 경우로, 예를 들면, [**ad**-]은 [**ab**-], [**ac**-], [**af**-], [**ag**-], [**al**-], [**ap**-], [**ar**-], [**as**-], [**at**-] 등으로 변신하고, 접두

사 [**con**-]은 [**com**-], [**col**-], [**cor**-], [**co**-]로 형태가 바뀌기도 합니다. 이유는 이들 접속사의 뒤에 붙는 어간의 첫소리와 발성 구조상 동화를 이뤄 부드럽고 자연스러운 소리가 가능하도록 하기 위한 것이지요. 자세한 형태 변화는 각 접두사를 공부할 때 자세히 설명하도록 하겠습니다.

둘째, 발음상에서 보면 접두사들은 강세의 유무에 따라 소리가 결정됩니다. '**pre**díct'의 [-dict]와 같이 어간이 짧은 1음절 단어일 때는 접두사에 강세가 오지 않는 것이 접두사의 공통된 기본 강세 법칙입니다. 또 '**in**dífferent(무관심한), **ín**fluén**tial**(영향을 미치는)'과 같이 어떤 접미사가 붙어 있느냐에 따라 접두사의 강세의 유무가 결정되기도 하며, '**con**cert'와 같이 한 단어가 명전동후(名前動後)라 하여 품사가 동사냐 명사냐에 따라 강세 위치가 바뀌기도 합니다. 또한 '**ín**dic**àte**(가리키다), **in**véstig**àte**(조사하다)'과 같이 동일한 접미사 [-**àte**]이 붙어 있지만 음절 수에 따라 접두사의 강세 유무가 결정되기도 하고, '**ìncor**réct'와 같이 접두사가 2개가 붙어 있는 경우 첫 번째 접두사에는 강세를 두고 발음해야 합니다. 또한 [**òver**-]와 [**ùnder**-]와 같이 2음절로 되어 있는 접두사인 경우에는 1음절에 강세를 두고 발음하며, 마지막으로 '**ex**áct(정확한)'와 '**ex**pósure'와 같이 어간의 첫 철자가 모음이냐 자음이냐에 따라 접두사 [**ex**-]의 소리가 달라지기도 합니다.

각 접두사마다 위와 같은 7가지의 강세의 법칙 중에 몇 가지에 영향을 받습니다. 지금 읽어 봐도 무슨 소리인지 잘 이해가 안 되는 이 복잡한 접두사의 강세의 법칙이 왜 중요할까요? 앞에서도 설명했지만 영어의 강세는 단지 소리의 높낮이를 뜻하지도 않으며, 강하게 읽느냐 약하게 읽느냐의 척도도 아니라고 했습니다. 영어의 강세의 유무는 모음의 소리를 결정할 뿐만 아니라, 앞뒤 음절의 모음의 소리도 바꾸는 역할을 하기 때문에 한 단어의 소리 덩어리를 결정하는 중요한 역할을 합니다. 따라서 'Step 6. 접두사' 편의 목적은 단순히 [**en**-], [**be**-], [**de**-], [**in**-], [**con**-]과 같은 접두사의 소리를 찾고자 하는 것이 아닙니다. 이들 접두사가 붙어 있음으로 해서 어간의 모음의 소리가 바뀌고, 이로 인해 단어 전체의 소리가 바뀌는 것이 영어 발음의 특징이기 때문에 위에 언급한 7가지 접두사의 강세의 법칙은 여러분들이 영어 단어를 읽는 데 매우 중요한 역할을 하게 됩니다. 다음 장에 많은 예시 단어들을 통하여 각 접두사의 특징과 소리 원칙을 자세히 설명해 놓았기 때문에 지금은 이 원칙들을 억지로 이해하려고 하거나 암기하려고 하지 마세요. 지금까지 그래 왔듯이 한 장씩 넘기면서 공부하다 보면 어느새 7가지 접두사의 강세의 법칙도 복잡하지 않다는 것을 알게 될 것이라 확신합니다.

간혹 접두사, 접미사는 강세를 두고 발음하지 않는다고 생각하거나, 그렇게 가르치는 영어 교사들도 있습니다. 하지만 위와 같이 경우에 따라서 접두사는 강세를 두고 읽는 경우와 강세를 두지 않고 발음하는 경우도 있기 때문에 '접두사, 접미사는 강세가 없다.'는 것은 절대적인 원칙이 아님을 알아야 합니다. 따라서 접두사의 '발음, 강세, 의미'는 각 접두사의 개별적인 특징으로 파악하고 접근하는 것이 바람직하다는 충고를 드리고 싶네요.

마지막으로 의미상으로 보면, 접두사는 어근의 뜻을 바꿔 주는 역할을 하지만, 품사를 바꿔 주는 접두사도 있다는 것을 잊지 마세요. 예를 들면, [**en**-]은 명사, 혹은 형용사에 붙어 '-으로[하게] 하다, -이 되게 하다'의 뜻을 가진 동사로 전환시키는 역할을 하는 접두사입니다. 또 형용사 · 명사에 붙여 '-로 만들다' 따위의 뜻을 가진 타동사를 만드는 역할을 하는 접두사 [**be**-]도 있습니다. 따라서 앞에서도 언급했지만 "어근의 앞에 붙여 어근(Root)의 뜻을 바꿔 주는 것을 '접두사(**prefix**)'라고 하고, 어근의 뒤에 붙여서 어근(Root)의 품사를 바꿔 주는 것은 '접미사(**suffix**)'라고 칭한다."는 통념적인 생각을 절대불변의 철칙으로 암기하지 말라는 저의 충언에 귀를 기울여 주시고 마음으로 받아들여 머리로 이해해 주시길 바랍니다.

그럼, 여러분들의 이해를 돕기 위해 지금까지 설명한 접두사의 특징을 간략하게 정리할게요. 지금부터 우리가 만나게 될 17가지의 접두사는 다음의 세 가지 특성을 가지고 있으며, 또한 7가지 접두사의 강세의 법칙에 따라 소리가 결정됩니다. 따라서 본격적으로 '접두사(**prefix**)'의 소리를 찾아 여행을 떠나기 전에 먼저 아래에 있는 접두사의 세 가지 특성을 반드시 읽어 봐야 합니다.

접두사 세 가지 특성

- 첫째, 접두사는 뒤의 어근의 첫 철자에 따라 형태 변화를 하는 경우도 있다. {형태상}
- 둘째, 접두사의 모음의 소리는 강세의 유무에 따라 결정된다. {발음상}
  - 어간이 짧은 1음절 단어일 때는 접두사에 강세가 오지 않는 것이 공통된 기본 소리 법칙이다.
  - 어떤 접미사가 붙어 있느냐에 따라 접두사의 강세의 유무가 결정되기도 한다.
  - 명전동후(名前動後)라 하여 품사가 동사냐 명사냐에 따라 강세 위치가 바뀌기도 한다.
  - 동일한 접미사가 붙어 있지만 음절 수에 따라 접두사의 강세 유무가 결정되기도 한다.
  - 접두사가 2개가 붙어 있는 경우 첫 번째 접두사에는 강세를 두고 발음해야 한다.
  - 2음절로 되어 있는 접두사인 경우에는 1음절에 강세를 두고 발음한다.
  - 어간의 첫 철자가 모음이냐 자음이냐에 따라 접두사의 소리가 달라지기도 한다.
- 셋째, 접두사는 어근의 뜻을 바꿔 주기도 하지만 품사를 바꿔 주기도 한다. {의미상}

다음 페이지부터 배울 17가지의 접두사는 '사용 빈도수가 높은 접두사'와 위에 요약된 '7가지 접두사의 강세의 법칙에 표본이 될 수 있는 접두사'를 선택의 기준으로 삼았습니다. 따라서 이 17개의 접두사를 꼼꼼히 학습하다 보면 다른 접두사가 붙은 단어들은 읽기가 그다지 어렵지 않다는 것의 저의 오만한 확신입니다. 그럼 시작해 볼까요?

001

ad–

[얻–]의 소리를 찾아서

어근의 뒤에 붙여 어근(Root)의 품사를 바꿔 주는 것은 '접미사(**suffix**)'라고 칭하고, 어근의 앞에 붙여 어근(Root)의 의미을 바꿔 주는 것을 '접두사(**prefix**)'라고 한다고 했지요? 'Step 6'에서는 접두사의 소리를 찾는 공부를 하려고 합니다. 먼 여행을 떠날 준비가 됐나요? 그럼, 출발할까요?

'adapt, adhere, advance' 이 세 단어의 공통된 접두사가 눈에 보이나요? 그렇죠? '**ad**apt, **ad**here, **ad**vance'의 앞부분에 진하게 나타낸 부분의 [**ad**–]이 바로 우리가 처음으로 배울 접두사입니다. '광고'라는 'ad'과 '더하다'라는 'add'은 모음 [**a**]가 강모음이어서 공통적으로 '앤'로 소리가 나지만, 접두사 [**ad**–]의 기본 원칙은 강세가 없는 약모음이라 '어드–'로 발음해야 합니다. 물론 단어상에서 발성될 때에는 거의 '얻–'에 가깝게 발음하는 것이 원어민 발성과 가깝고 자연스럽게 들릴 수 있다는 것을 강조하고 싶네요. 따라서 접두사 [**ad**–]의 '얻–' 소리만 기억하고 있으면 나머지 어근의 소리는 찾기 쉽지요.

위에서 언급한 '**ad**apt, **ad**here, **ad**vance'를 예로 들어 설명하자면, '**ad**apt'에서 접두사 [**ad**–]을 빼면 [–apt]가 됩니다. 이 'apt'는 '–하기 쉬운'이라는 뜻을 담고 있는 어근이자 '순수 단어(**word**)'입니다. 그리고 각 철자의 기본 소리만 알고 있으면 읽기도 어렵지 않지요. [**a**]는 강모음이니까 '애'로, [**p**]는 'ㅍ', [**t**]는 'ㅌ'로 소리가 나니까, 합치면 '-앺ㅌ'가 되지요. 이제 접두사 [**ad**-]을 붙여 '**ad**apt'를 읽어 보면 '어댚ㅌ'가 됩니다. '**ad**here'도 [**ad**-]을 빼면 'here'가 '여기에'라는 어근이자 '순수 단어(**word**)'가 되며, '히어r'로 발음이 됩니다. 따라서 '달라붙다'라는 의미의 영어 단어 '**ad**here'는 '얻히어r'로 발음하면 되겠지요. 똑같은 방법으로 생각해 보면 '전진시키다'라는 단어 '**ad**vance'도 소리를 찾아 읽을 수가 있습니다. 그럼 '**ad**vance'의 소리를 찾아냈나요? 그렇지요? '얻밴v쓰'가 되겠지요? 잘했어요! 아래 'Practice'에 정리된 단어들을 위와 같은 요령으로 연습하면서 접두사 [**ad**-]의 소리와 이와 관련된 단어들의 소리를 연습하세요. 접두사 [**ad**-]을 붙이면 '접근, 방향, 변화, 첨가, 증가, 강조' 따위의 뜻을 포함하며, 'here'는 '여기에'라는 의미이지만 '**ad**here'가 되면 '달라붙다'라고 뜻이 바뀐다는 것도 명심하세요. 다시 한 번 더 언급하지만 '접두사(**prefix**)'의 용도는 어근의 앞에 붙여 어근(Root)의 의미를 바꿔 주는 것이라는 것을 상기하길 바랍니다.

Practice | 얻- [ad-]

1	**ad**ápt 적응시키다	→	**ad**(얻) · ápt(앺ㅌ)	→	어댚ㅌ
2	**ad**díct 빠지게 하다	→	**ad**(얻) · **d**íct(딬ㅌ)	→	어딬ㅌ
3	**ad**dréss 말을 걸다	→	**ad**(얻) · **dr**éss(드뤠쓰)	→	어듀뤠쓰
4	**ad**hére 달라붙다	→	**ad**(얻) · hére(히어r)	→	얻히어r
5	**ad**júdge 판결하다	→	**ad**(얻) · júdge(줘쥐)	→	얻줘쥐
6	**ad**júst 조정하다	→	**ad**(얻) · júst(줘스뜨)	→	얻줘스뜨
7	**ad**mínister 경영하다	→	**ad**(얻) · mí(미) · ni(니스) · ter(터r)	→	얻미니스터r

8	**ad**míre 감탄하다	→	**ad**(얻) · míre(마이어^r)	→	얻마이어^r
9	**ad**mít 수용하다	→	**ad**(얻) · mít(밑)	→	얻밑
10	**ad**mónish 훈계하다	→	**ad**(얻) · mó(마) · nish(니쉬)	→	얻마니쉬
11	**ad**óre 숭배하다	→	**ad**(얻) · óre(오어^r)	→	어**도**어^r
12	**ad**víse 충고하다	→	**ad**(얻) · víse(바^{v}이즈)	→	얻바^{v}이즈

요점정리

1. [ad−]은 'a(어)+d(드) = 얻−'으로 약하게 흘려서 발음한다.
2. [ad−]은 '접근, 방향, 변화, 첨가, 증가, 강조'의 뜻을 나타내는 접두사다.

알고 갑시다

접두사 [ad-]의 변신

영어는 우리말의 발성과는 달리 철자마다 '혀, 입술, 이의 위치와 움직임'에 따라 소리가 달라집니다. 즉, 혀를 구부리는 **[r]** 소리, 혀를 내밀어 윗니와 아랫니 사이에 가볍게 물고 내는 **[th]** 소리, 윗니의 치경(잇몸)에 혀끝을 대다가 떼면서 내는 **[d, t, l, n]** 소리, 양 입술을 붙였다가 떼면서 내는 **[b, m, p]** 소리, 그리고 아랫입술을 윗니에 가볍게 대다가 떼면서 내는 **[f]**와 **[v]** 소리 등, '혀, 입술, 이의 위치와 움직임'에 따라 다양한 소리를 냅니다. 게다가 우리말은 철자를 또박또박 읽는 분절언어(分節言語)이지만 영어는 음과 음을 부드럽고 미끄러지듯 연결하며 내는 연음(連音) 발성법이라서 철자와 철자 사이뿐만 아니라 단어와 단어 사이에도 연음에 따라 소리가 달라질 수 있지요.

접두사 **[ad-]**에서 자음 **[d]**는 '치경음'으로 윗니의 치경(잇몸)에 혀끝을 대다가 떼면서 내는 발성법의 특징이 있다고 배웠습니다. 그런데 뒤에 오는 어근의 첫 철자인 자음이 무엇이냐에 따라 형태가 바뀌게 되는데, 바로 두 철자의 발음을 연결할 때 '발성의 편안함과 부드러움'을 유지하기 위한 자연스러운 진화라고 볼 수 있어요. 예를 들면, 접두사 **[ad-]**과 '**fair**'를 붙여 발음하려고 한다면 **[d]**를 발음하기 위해 윗니의 치경(잇몸)에 혀끝을 대다가 떼는 동시에 **[f]**를 발음하기 위해 아랫입술을 감아 윗니에 가볍게 대다가 떼는 과정을 빠르고 부드럽게 연결하면서 소리를 내야 합니다. 여러분들이 직접 한번 해 보실래요? 어때요, 쉬운가요? 어렵지요? 따라서 이럴 경우에 **[ad-]**의 자음 **[d]**가 '**fair**'의 첫 철자 **[f]**와 동화(同化)되면서 **[f]**로 변신하여 접두사 **[ad-]** 자체가 **[af-]**로 바뀌게 됩니다. 따라서 '**affáir**'라는 단어의 접두사 **[af-]**는 **[ad-]**이 변형된 접두사입니다. **[af-]**는 **[ad-]**의 의미 '접근, 방향, 변화, 첨가, 증가, 강조'를 유지하며, **[af-]**의 모음 **[a]**도 약모음이라 **[af-]**는 '엎f-'으로 발음하면 됩니다.

단 영어 발성법 중에 하나는 '**affáir**'의 [**ff**]처럼 '겹자음(동일 철자의 자음이 나란히 붙어 있는 것)은 소리는 한 번만 낸다.'는 것입니다. 즉, 'summer'를 '썸머^r'로 읽지 않으며, '써머^r'로 발음해야 한다는 말입니다. 따라서 '**affáir**'도 '엎^{f}페^{f}어^r'가 아니라 '어페^{f}어^r'로 발음해야 한다는 것을 꼭 기억하세요.

아래에 [**ad**-]에서 변형된 접두사들을 알기 쉽게 정리하였습니다. 요점을 정리하면, 접두사 [**ad**-]은 [b] 앞에서는 [**ab**-]으로, [c, k, q] 앞에서는 [**ac**-]으로, [f, g, l, p, r, s, t] 앞에서는 각각 [**af**-], [**ag**-], [**al**-], [**ap**-], [**ar**-], [**as**-], [**at**-]으로 변형되며, [sc, sp, st] 앞에서는 [**a**-]만 붙습니다. 아래 각각의 형태에 해당하는 단어들을 일목요연하게 정리하였습니다. 단, 정리된 단어들과 관련된 파생어들은 지면의 한계상 생략하였습니다. 따라서 사전을 통해 나머지 부분은 개별적으로 공부하세요.

Practice 1 | [c, k, q] 앞에서는 [ac-]

accélér**àte** 가속하다	**ac**cépt 받아들이다	**ac**cláim 환호하다	**ac**cómmod**àte** 편의를 도모하다	**ac**cómpany 동행하다
accómplish 성취하다	**ac**córd 일치하다	**ac**cóunt 여기다	**ac**crédit 신임하다	**ac**cúmul**àte** 축적하다
accúse 고발하다	**ac**cústom 습관 들이다	**ac**knówledge 인정하다	**ac**quáint 알리다	**ac**quíre 얻다
acquít 방면하다	**àc**quiésce 묵인하다			

Practice 2 | [f] 앞에서는 [af-]

affáir 사건	**af**féct 영향을 주다	**af**fírm 단언하다	**af**fíx 부착시키다	**af**flíct 괴롭히다
affórd -할 여유가 있다	**af**frónt 모욕하다	**af**fili**àte** 가입시키다		

Practice 3 | [g] 앞에서는 [ag–]

agglómeràte 덩어리로 만들다	**ag**grándìze 확대하다	**ág**gravàte 악화시키다	**ág**gregàte 모이다	**ag**gréss 공세로 나오다
aggríeve 괴롭히다				

Practice 4 | [l] 앞에서는 [al–]

alláy 완화시키다	**al**lége 단언하다	**al**lót 할당하다	**al**lów 허락하다	**al**lúde 암시하다
allúre 유혹하다	**al**lévi**àte** 경감하다			

Practice 5 | [p] 앞에서는 [ap–]

appáll 오싹하게 하다	**ap**péal 애원하다	**ap**péar 출현하다	**ap**péase 달래다	**ap**pénd 달아매다
appláud 박수 갈채하다	**ap**plý 적용하다	**ap**póint 지명하다	**ap**pórt**ion** 할당하다	**ap**práise 값을 매기다
àpprehénd 염려하다	**ap**próach 접근하다	**ap**próve 시인하다	**ap**próximàte 비슷하다	

Practice 6 | [r] 앞에서는 [ar–]

arránge 정리하다	**ar**ráy 정렬하다	**ar**rést 체포하다	**ar**ríve 도착하다	

Practice 7 | [s] 앞에서는 [as–]

assáy 시금하다	**as**sáil 습격하다	**as**sémble 모으다	**as**sént 동의하다	**as**sért 단언하다
assígn 할당하다	**as**síst 도와주다	**as**sórt 분류하다	**as**suáge 경감시키다	**as**súme 가정하다
assúre 보증하다	**as**símil**ate** 동화하다	**as**sóci**àte** 연상하다		

Practice 8 | [t] 앞에서는 [at-]

attách 붙이다	**at**táck 공격하다	**at**táin 이루다	**at**témpt 시도하다	**at**ténd 출석하다
attést 증명하다	**at**tíre 차려입히다	**at**tráct 유인하다	**at**tríbute 돌리다	**at**túne 조율하다

Practice 9 | [sc], [sp], [st] 앞에서는 [a-]

ascénd 오르다	**asc**értain 확인하다	**asc**ríbe 탓으로 하다	**asp**éct 양상	**asp**érse 헐뜯다
aspíre 열망하다	**ast**ónish 놀라게하다	**ast**óund 깜짝 놀라게 하다	**ast**ríde 걸터앉아	**ast**ráy 길을 잃고

아래의 접두사 [**ab**-]은 '**abb**réviàte(축약하다)'과 같이 [b] 앞에서만 접두사 [**ab**-]의 변형이며, 나머지 단어에 붙은 접두사 [**ab**-]은 '이탈', 혹은 '벗어남'을 뜻하는 또 다른 독립된 접두사입니다. 따라서 아래의 Practice 10. '이탈'을 뜻하는 접두사 [**ab**-]이 붙어 있는 단어들과 혼동하지 않도록 하세요. 다행인 것은 기본 어휘 중에서 '**abb**réviàte(축약하다)' 외에는 [**abb**-] 형태의 단어들이 없다는 것입니다. 그러니 [**ab**-]은 [**ad**-]의 변형이 아닌 '이탈', 혹은 '벗어남'을 뜻하는 또 다른 독립된 접두사라고 기억하는 것이 좋을 겁니다.

Practice 10 | '이탈'을 뜻하는 [ab-]

abándon 버리다	**ab**áse 깎아내리다	**ab**áte 줄이다	**ab**dúct 유괴하다	**ab**hór 몹시 싫어하다
abjúre 포기하다	**ab**ólish 폐지하다	**ab**órt 낙태하다	**ab**ráde 문질러 닳리다	**ab**rídge 단축하다
abscínd 잘라 내다	**ab**sént 결석하다	**ab**sólve 용서하다	**ab**sórb 흡수하다	**ab**stáin 그만두다
abstráct 추상화하다	**ab**úse 남용하다	**ab**bréviàte 축약하다	**ab**nórm**al** 보통과 다른	

002

en–

[인–]의 소리를 찾아서

접두사 [**en**–]에 붙어 있는 모음 [**e**–]는 해당하는 단어의 첫 번째 모음으로 약모음입니다. 따라서 '어–' 소리보다는 '이–'로 발음해야 합니다. 따라서 접두사 [**en**–]은 전치사 '**in**'이나 접두사 [**in**–]과 같이 '인–'으로 발음하면 되겠지요? 그런데 공교롭게도 접두사 [**en**–]은 명사에 붙여 '–안에 넣다, –로 덮다'의 동사로 전환하는 역할도 하는 접미사입니다. 예를 들면, '**en**cage'는 'To put something **in cage**'로 '둥우리에 넣다'라는 단어입니다. 전치사 '**in**'의 뜻인 '–안에'라는 의미가 담겨 있지요? 물론 접두사 [**en**–]은 다른 의미도 담고 있어요. 다음 쪽에서 배울 거니까 지금 조목조목 언급하는 것은 피할게요.

접두사 [**en**–]에 강세가 붙는 경우는 없어요. 따라서 다른 접두사와 달리 강세가 붙어서 '엔–'으로 발음되는 경우가 없다는 것을 기억하시면 접두사 [**en**–]이 붙어 있는 어떤 단어도 발음하는 데 혼란을 일으키는 일은 없을 겁니다.

또 접두사 [**en**–]은 뜻만 바꿔 주는 것만 아니라 품사도 바꿔 주는 역할을 한다는 것을 명심하세요. 접두사 [**en**–]이 붙어 있는 모든 단어들은 '동사'라는 것이 기본 원칙입니다. '야영'이라는 'cámp'에 접두사 [**en**–]을 붙여 '**en**cámp', 즉 '주둔시키다'라는 동사로 품사가 전환되는 것이 기본적인 단어 생성 원리이지요. 이

'**en**cámp'에 명사형 접미사 [-ment]를 붙여 '**en**cámp**ment**(진을 침)'를 만드는 것은 부차적인 문제이고요. 접두사는 뜻을 바꾸고, 접미사는 품사를 바꾸는 역할을 한다는 고정관념을 갖지 마세요.

또, 누차 강조하지만 이 책의 주된 목적은 '영어 단어의 소리를 익히는 것'이고, 접미사, 접두사가 붙어 '어간'의 소리가 어떻게 바뀌고, 그것을 우리가 발음기호의 도움 없이 읽을 수 있느냐 하는 것에 있다는 것을 늘 잊지 마세요. 여기 정리된 단어들의 '의미'를 습득하는 것은 2차적인 목적이고, 다만 이왕 단어의 소리를 공부하는 김에 의미까지 익히면 우리네 속담처럼 '꿩 먹고 알 먹는' 것이 아닐까 해서 같은 '의미군'으로 분류해 놓았을 뿐입니다.

그럼 아래 'Practice'의 단어들의 소리를 익혀 볼까요? 준비됐지요?

Practice | 인– [en–]

1	**en**ámor 매혹하다	→	**en**(인) · á(애) · mor(머ʳ)	→	이내머ʳ
2	**en**cómpass 둘러싸다	→	**en**(인) · cóm(캄) · pass(퍼스)	→	인캄퍼스
3	**en**círcle 에워싸다	→	**en**(인) · cír(써어ʳ) · cle(클)	→	인써어ʳ클
4	**en**tómb 무덤에 묻다	→	**en**(인) · tómb(투움)	→	인투움
5	**en**tángle 엉클어지게 하다	→	**en**(인) · tán(탠) · gle(글)	→	인탱글
6	**en**víron 둘러싸다	→	**en**(인) · ví(바ᵛ이) · ron(뤈)	→	인바ᵛ이뤈
7	**en**cámp 주둔시키다	→	**en**(인) · cámp(캠프)	→	인캠프
8	**en**hánce 높이다	→	**en**(인) · hán(핸) · ce(쓰)	→	인핸쓰
9	**en**vélop 싸다	→	**en**(인) · vé(베ᵛ) · lop(럽)	→	인벨ᵛ럽
10	**en**sláve 노예로 하다	→	**en**(인) · slá(슬레이) · ve(브ᵛ)	→	인슬레이브ᵛ
11	**en**gráve 조각하다	→	**en**(인) · grá(그뤠이) · ve(브ᵛ)	→	인그뤠이브ᵛ
12	**en**ráp**ture** 황홀케 하다	→	**en**(인) · ráp(뢥) · **ture**(춰ʳ)	→	인뢥춰ʳ

요점정리

1. [en–]은 'e(이)+n(은)– = 인–'으로 약하게 흘려서 발음한다.
2. [en–]은 '–안에 넣다, –이 되게 하다'의 뜻의 동사로 전환시키는 접두사다.

알고 갑시다

접두사 [en–]의 변신

접두사 [**en**–]은 '의미'로는 '두 가지 범주'로 나눌 수 있어요. 첫째는 앞에서 얼핏 언급했듯이 명사에 붙여 '–안에 넣다, –으로 덮다, –을 주다'라는 의미의 동사로 바꾸는 역할을 하며, 둘째는 명사, 또는 형용사에 붙여 '–으로[하게] 하다, –이 되게 하다'의 뜻의 동사로 전환시키는 역할을 하는 접미사입니다.

그런데 [**b**, **m**, **p**, **ph**]로 시작하는 단어 앞에서는 접두사 [**en**–]이 [**em**–]으로 형태가 바뀌게 됩니다. 왜냐하면, 접두사 [**en**–]의 자음 [**n**]은 '치경음'이라 하여 '입술이 약간 벌어진 상태에서 혀끝을 윗니 뒤쪽의 잇몸(치경)에 붙였다가 떼면서' 나오는 소리이고, [**b**, **m**, **p**]는 두 입술을 붙였다가 떼면서 내는 '양순음'이라 [**n**]과 [**b**, **m**, **p**]가 연달아 붙어서 나오는 단어인 경우 발성 구조상 부드럽고 자연스러운 소리가 불가능하기 때문에 [**n**]과 [**b**, **m**, **p**]의 소리를 동화시키기 위하여 접두사 [**en**–]의 자음 [**n**]을 [**m**]으로 형태를 변화시킨 것입니다. 접두사 중에 이런 이유로 자음의 형태가 바뀌는 경우가 있습니다. 다음에 공부할 접두사 [**in**–]과 [**con**–]이 대표적인 예입니다. 거두절미(去頭截尾)하고 접두사 [**en**–]과 접두사 [**em**–]이 형태만 다른 같은 종류의 접두사라는 것만 알고 있으면 되고, 접두사 [**en**–]이 '인–'으로 소리가 나니까, 접두사 [**em**–]은 '임–'으로 발음하면 되겠지요? 접두사 [**em**–]이 붙은 단어들은 'Practice 5'와 'Practice 6'에 정리하였으니까, 그때 가서 공부하기로 하겠습니다.

그럼 먼저 아래 'Practice 1'과 'Practice 2'에는 접두사 [**en**–]이 명사에 붙어 '–안에 넣다, –로 덮다, –을 주다'라는 의미의 동사로 전환된 단어들을 공부하지요.

접두사 [**en**–]을 빼면 'cáge(새우리), dánger(위험), shríne(성당), shróud(수의)'와 같이 어간에 해당하는 단어들이 우리가 이미 배운 1음절의 읽기 쉬운 단어들임을 알 수 있지요? 따라서 읽고 쓰는 데 큰 문제가 없을 거라고 확신하는데…… 그렇지요? 아래 'Practice 1'과 'Practice 2'에 있는 단어들을 이와 같은 요령과 방법으로 학습하세요.

Practice 1 | [en–]의 변화 (1)

● 명사에 붙여 '–안에 넣다, –로 덮다, –을 주다'의 동사로 전환

1	cáge 새우리	케이쥐	→	**en**cáge 가두다	**인**케이쥐
2	dánger 위험	데인쥐r	→	**en**dánger 위태롭게 하다	**인**데인쥐r
3	shríne 성당	슈롸인	→	**en**shríne 안치하다	**인**슈롸인
4	shróud 수의	슈롸욷	→	**en**shróud 수의를 입히다	**인**슈롸욷
5	tráp 올가미	튜뢥	→	**en**tráp 올가미에 걸다	**인**튜뢥
6	tómb 무덤	투움	→	**en**tómb 무덤에 묻다	**인**투움
7	cóurage 용기	커뤼쥐	→	**en**cóurage 용기를 돋우다	**인**커뤼쥐
8	trénch 참호	튜렌취	→	**en**trénch 참호로 에워싸다	**인**튜렌취

Practice 2 | [en–] (1)

● 명사에 붙어서 '–안에 넣다, –으로 덮다, –을 주다'의 뜻을 나타내는 동사 전환

enáct 법령화하다	**en**ámor 매혹하다	**en**cáge 둥우리에 넣다	**en**cámp 주둔시키다	**en**círcle 에워싸다
encómpass 둘러싸다	**en**dánger 위태롭게 하다	**en**gáge 약혼시키다	**en**gráve 조각하다	**en**gúlf 삼켜 버리다
enlíst 병적에 편입하다	**en**pláne 비행기에 타다	**en**shríne 안치하다	**en**shróud 수의를 입히다	**en**tángle 엉클어지게 하다
enthróne 즉위시키다	**en**tíce 유혹하다	**en**tómb 무덤에 묻다	**en**tráin 열차에 올라타다	**en**tráp 올가미에 걸다

entrénch 참호로 에워싸다	**en**trúst 맡기다	**en**vélop 싸다	**en**víron 둘러싸다	**en**vísage 마음속에 그리다
encóurage 용기를 돋우다	**en**cúmber 방해하다	**en**déavor 애쓰다	**en**dów 기금을 기부하다	**en**fórce 실시하다
entítle 제목을 붙이다				

아래 'Practice 3'과 'Practice 4'에는 접두사 [**en**-]이 명사, 혹은 형용사에 붙어 '-으로[하게] 하다, -이 되게 하다'의 뜻을 가진 동사로 전환된 단어들을 정리했어요. 예를 들면, '할 수 있는'이라는 형용사 'able'에 접두사 [**en**-]을 붙이면 '**en**áble'의 형태가 되며, '가능하게 하다'라는 동사로 품사가 바뀌게 됩니다. '분노'라는 명사 'rage'도 접두사 [**en**-]을 붙이면 '**en**rage'가 되고, '노하게 하다'라는 동사로 역시 품사가 바뀌게 되지요. 이런 형태와 의미, 품사의 변화를 기억하면서 아래의 단어들의 소리를 익혀 봅시다.

Practice 3 | [en–]의 변화 (2)

● 명사, 또는 형용사에 붙여 '–으로[하게] 하다, –이 되게 하다'의 뜻의 동사로 전환

1	able 할 수 있는	에이블	→	**en**áble 가능하게 하다	**이네**이블
2	dear 사랑하는	디*어*ʳ	→	**en**déar 그립게 하다	**인**디*어*ʳ
3	féeble 연약한	피ᶠ이블	→	**en**féeble 약하게 하다	**인**피ᶠ이블
4	large 큰	라*어*ʳ쥐	→	**en**lárge 크게 하다	**인**라*어*ʳ쥐
5	nóble 고상한	노우블	→	**en**nóble 고상하게 하다	**이**노우블
6	rage 분노	뤠이쥐	→	**en**ráge 노하게 하다	**인**뤠이쥐

7	slave 노예로 하다	슬레이브^V	→	**en**sláve 노예로 하다	**인**슬레이브^V
8	rich 부유한	뤼취	→	**en**rích 부유하게 만들다	**인**뤼취

Practice 4 | [en–] (2)

● 명사 또는 형용사에 붙어 '–으로[하게] 하다, –이 되게 하다'의 뜻을 나타내는 동사 전환

enáble 가능하게 하다	**en**clóse 둘러싸다	**en**déar 그립게 하다	**en**feeble 약하게 하다	**en**hánce 높이다
enjóy 즐기다	**en**lárge 크게 하다	**en**nóble 고상하게 하다	**en**ráge 노하게 하다	**en**rích 부유하게 만들다
ensláve 노예로 하다	**en**súre 보장하다	**en**vísion 상상하다	**en**líght**en** 계몽하다	**en**lív**en** 활기를 띠게 하다
enráp**ture** 황홀케 하다				

아래 'Practice 5'와 'Practice 6'에는 앞쪽에서 잠시 언급했던 접두사 [**en**–]의 변형인 접두사 [**em**–]이 붙은 단어들을 정리했어요. [**n**]과 [**b**, **m**, **p**]의 소리를 동화시키기 위하여 접두사 [**en**–]의 자음 [**n**]을 [**m**]으로 형태로 변형되며, 따라서 [**b**, **m**, **p**, **ph**]로 시작하는 단어 앞에서는 접두사 [**en**–]이 [**em**–]으로 형태가 바뀌게 된다고 설명했습니다. [**em**–]을 '임–'으로 발음한다는 것 기억하죠?

Practice 5 | [en–]의 변화 (3)

● [en–]의 [em–]으로의 변신

1	**em**bálm 방부처리하다	→	**em**(임) · bálm(바암)	→	**임**바암
2	**em**bárgo 출항을 금지하다	→	**em**(임) · bár(바*어*^r) · go(고우)	→	**임**바*어*^r고우

3	**em**bárk 배를 타다	→	**em**(임) · bárk(바어ʳ크)	→	임바어ʳ크
4	**em**bárrass 당황하게 하다	→	**em**(임) · bá(배) · rrass(뤄쓰)	→	임배뤄쓰
5	**em**béd 끼워 넣다	→	**em**(임) · béd(베드)	→	임베드
6	**em**béllish 아름답게 하다	→	**em**(임) · bél(벨) · lish(리쉬)	→	임벨리쉬
7	**emb**ítter 더 쓰게 하다	→	**em**(임) · bí(비) · tter(뤄ʳ)	→	임비뤄ʳ
8	**emb**ódy 구체화하다	→	**em**(임) · bó(바) · dy(디)	→	임바뤄
9	**emb**ráce 껴안다	→	**em**(임) · brá(브뤠이) · ce(쓰)	→	임브뤠이쓰
10	**emb**róider 수를 놓다	→	**em**(임) · brói(브로이) · der(더ʳ)	→	임브로이더ʳ
11	**emb**róil 혼란케 하다	→	**em**(임) · bróil(브로일)	→	임브로일

Practice 6 | [en–] (3)

● [en–]의 [em–]으로의 전환

embálm 방부 처리하다	**em**bárgo 출항을 금지하다	**em**bárk 배를 타다	**em**bárrass 당황하게 하다	**em**béd 끼워 넣다
embéllish 아름답게 하다	**em**bítter 더 쓰게 하다	**em**bódy 구체화하다	**em**bráce 껴안다	**em**bróider 수를 놓다
embróil 혼란케 하다	**em**plóy 고용하다	**em**pówer 권한을 주다		

오른쪽 'Practice 7'과 'Practice 8'은 [en–]이 접두사가 아니라 [–en]이 접미사로 사용된 단어들을 정리했어요. 형용사와 명사에 붙여 동사로 전환시키며, '–하게 하다. –하게 되다.'라는 의미가 됩니다. 예를 들면, '밝은'이라는 형용사 'bright'에 접

미사 [-**en**]을 붙이면 'bright**en**'이 되며, '반짝이다, 반짝이게 하다'라는 동사가 되지요. 형용사 'bright'이나 동사 'bright**en**'이 '밝다'라는 이미지에는 변함이 없다는 것은 아시겠죠?

그런데 접두사 [**en**-]은 '인-'으로 발음하지만 접미사 [-**en**]은 우리말의 '-은'으로 발음해야 합니다. 'sev**en**'을 '쎄븐v'이라고 발음하지 '쎄번v'이나 '쎄빈v'이라고 발음하지 않죠? 다시 정리하면 접미사 [**en**-]처럼 강세가 없는 단어의 끝 철자 [-**en**]은 '-은'으로 발음해야 한다는 것 잊지 마세요.

Practice 7 | 접미사 [-en] (1)

● 형용사 · 명사에 붙여 '**-하게 하다, -이[하게] 되다**'의 뜻을 나타내는 동사 전환

1	bright 반짝이는	브롸잍	→	bríght**en** 반짝이게 하다	브롸이튼
2	dark 어두운	다어r크	→	dárk**en** 어둡게 하다	다어r큰
3	deep 깊은	디잎	→	déep**en** 깊게 하다	디이픈
4	moist 축축한	모이스뜨	→	móist**en** 축축해지다	모이쓴
5	hard 단단한	하어r드	→	hárd**en** 강하게 하다	하어r든
6	loose 풀어진	루우쓰	→	lóos**en** 풀어지다	루우쓴
7	smart 멋있는	스마어r트	→	smárt**en** 멋을 내다	스마어r튼
8	wide 넓은	와이드	→	wíd**en** 넓히다	와이든

Practice 8 | [–en] (1)

● 형용사 · 명사에 붙여 '–하게 하다, –이[하게] 되다'의 뜻을 나타내는 동사로 변신

bríght**en** 반짝이게 하다	dárk**en** 어둡게 하다	déep**en** 깊게 하다	frésh**en** 새롭게 하다	frí ght**en** 두려워하게 하다
hárd**en** 강하게 하다	héight**en** 높이다	léngth**en** 길게 하다	lóos**en** 풀어지다	móist**en** 축축해지다
quíck**en** 빠르게 하다	shárp**en** 날카롭게 하다	shórt**en** 짧게 하다	síck**en** 병들려 하다	sláck**en** 늦추다
smárt**en** 멋부리다	sóft**en** 부드럽게 하다	stíff**en** 경직시키다	stráight**en** 똑바르게 하다	stréngth**en** 강화하다
tíght**en** 팽팽하게 치다	wéak**en** 약하게 하다	wíd**en** 넓히다		

Practice 9 | 그 밖의 뜻을 담은 접미사 [–en] (5)

[1] 물질명사에 붙여 '–의로 된, 제(製)의'의 뜻을 나타내는 형용사 : wood**en**, gold**en**.

[2] 과거분사형 : fall**en**, brok**en**, chos**en**, driv**en**, eat**en**, forgótt**en**, froz**en**, giv**en**, misták**en**, ridd**en**, ris**en**, spok**en**, stol**en**, stridd**en**, swoll**en**, tak**en**, trodd**en**, wov**en**, writt**en**.

[3] 지소(指小)명사 : chick**en**, maid**en**.

[4] 복수형 : childr**en**, brethr**en**.

con-

[칸-, 컨-]의 소리를 찾아서

접두사 [**con**-]은 의미상으로는 '함께, 완전히, 공동, 공통, 상호, 동등'의 뜻을 나타내는 접두사입니다. 영어로 'with', 'together' 또는 'completely'의 뜻입니다. 우리가 일상적으로 쓰는 말 중에서 '콘서트'나, 건물을 지을 때 사용하는 '콘크리트'라는 용어가 있지요? 영어로 쓰면 '**con**cert'와 '**con**crete'인데, 이 단어에 이제 우리가 배울 접두사 [**con**-]이 붙어 있습니다. 한국인은 모음 [**o**]를 '오'로 발음하는 경향이 있어서 접두사 [**con**-]을 '콘'으로 발음합니다만, 틀린 발음인 것 아시죠? 접두사 [**con**-]은 강세가 있으면 '칸-' 하고 발음해야 하고, 강세가 없으면 '컨-' 하고 발음해야 합니다. 따라서 영어 단어 중에는 우리말의 '콘'으로 발음되는 것은 하나도 없다는 것을 잊어서는 안 됩니다.

그러면 접두사 [**con**-]을 어떤 경우에 '칸-'으로 발음하고, 어떤 경우에 '컨-'으로 발음할까요? 궁금하죠? 다음 page의 '알고 갑시다'에서 자세히 설명하겠지만, 간단하게 요약하면 접두사 [**con**-]에는 3가지 소리 법칙이 있습니다. 첫째, '**concéal**(숨기다)'과 같이 동사인 경우에는 접두사 [**con**-] 다음의 음절, 즉, 단어 전체로 보면 2음절에 강세가 옵니다. 따라서 접두사 [**con**-]은 약모음이 되므로 '컨-'으로 발음합니다. 원어민들의 보통 발음으로 들어 보면 거의 '큰-'으로 들리기 쉽습니다. 둘째, '**cón**cert(음악회)'와 같이 명사인 경우는 접두사 [**cón**-]에 강세(악센트)를 두어 발음합니다. 따라서 접두사 [**cón**-]을 '칸-'으로 발음해야 합니다. 셋째, '**cón**centr**àte**(집중하다)', '**con**grátul**àte**(축하하다)', '**con**dí**tion**(몸 상태)'과 같이 그 단어에 어떤 접미사가 붙어 있느냐에 따라 접두사 [**con**-]에 강세가 오기도 하고 그렇지 않기도 합니다. 예를 들면, '**cón**centr**àte**'과 '**con**grátul**àte**'은 똑같은 접미사 [-**àte**]이 붙어 있지만 '**cón**·cen·tr**àte**'은 3음절이라 접두사 [**con**-]에 강세가 오게 되고, '**con**·grá·tu·l**àte**'은 4음절이라 접두사 [**con**-]에 강세가 오지 않게 됩니다. 따라서 강세의 위치는 접두사보다는 접미사의 종류에 따라 결정된다는 사실을 알 수 있지요? 지금이라도 접미사와 강세의 관계에 대해 혼동이 오는 사람은 이 부분에서 잠시 접고 'Step 5. 접미사의 소리를 찾아서'로 돌아가는 것이 어떨까요?
아직도 '접두사, 접미사에는 강세가 오지 않는다.'라는 논리와, '명사냐 동사냐에 따라 강세의 유무나 위치가 결정된다.'라는 거짓된 '영어 틀'에 갇혀 있습니까? 이제 그만 미몽(迷夢)을 깨고 나와 저와 함께 아래 'Practice'에 정리된 단어를 열심히 익혀 보는 것이 어떨까요?

Practice | 컨– [con–]

1	**con**céal 숨기다	→	**con**(컨) · céal(씨일)	컨씨일
2	**con**céde 양보하다	→	**con**(컨) · céde(씨이드)	컨씨이드
3	**con**démn 비난하다	→	**con**(컨) · démn(뎀)	컨뎀
4	**con**dóle 위로하다	→	**con**(컨) · dóle(도울)	컨도울
5	**con**gést 넘치게 하다	→	**con**(컨) · gést(줴스뜨)	컨줴스뜨
6	**con**néct 연결하다	→	**con**(컨) · néct(넥트)	커넥트
7	**con**sént 동의하다	→	**con**(컨) · sént(쎈트)	컨쎈트
8	**con**síder 숙고하다	→	**con**(컨) · síder(씨더r)	컨씨더r
9	**con**súlt 상담하다	→	**con**(컨) · súlt(썰트)	컨썰트
10	**con**tríbute 기부하다	→	**con**(컨) · trí(츄뤼) · bute(븥)	컨츄뤼븥
11	**con**véne 소집하다	→	**con**(컨) · véne(비v인)	컨비v인
12	**con**véy 나르다	→	**con**(컨) · véy(베v이)	컨베v이

요점정리

1. [con–]은 'c(ㅋ)+o(어)+n(은)=컨–'으로 약하게, 또는 'c(ㅋ)+o(아)+n(은) =칸–'으로 강하게 발음한다.
2. [con–]은 '함께, 완전히, 공동, 공통, 상호, 동등'의 뜻을 나타내는 접두사다.

알고 갑시다

접두사 [con–]의 변신

접두사 [**con**-]에 3가지 소리 법칙이 있다고 했지요?

'접두사 [con–]'의 세 가지 소리 특성

- 첫째, 동사인 경우, 접두사 [**con**-] 다음 음절에 강세가 오면서 [**con**-]은 '컨-'으로 발음한다.
- 둘째, 명사인 경우, 접두사 [**cón**-]에 강세(악센트)를 두어 '칸-'으로 발음해야 한다.
- 셋째, 단어에 어떤 접미사가 붙어 있느냐에 따라 접두사 [**con**-]에 강세의 유무가 결정된다.

아래 '**Practice** 1'에 정리된 단어들은 보다시피 동사인 경우로, 접두사 [**con**-] 다음의 음절, 즉, 단어 전체로 보면 2음절에 강세가 오게 되며, 따라서 접두사 [**con**-]이 약모음이 되면서 '컨-'으로 발음하면 됩니다. 원어민들의 보통 발음으로 들어보면 거의 '큰-'으로 들리기 쉽습니다. 그만큼 약한 소리로 빠르게 발음한다는 뜻이니까 아래에 정리된 단어들 앞에 붙은 접두사 [**con**-]을 '큰-'에 가깝게 소리 내며 연습하세요.

Practice 1 | 컨– [con–]

concéal 숨기다	**con**céde 양보하다	**con**céive 마음에 품다	**con**cérn 관계하다	**con**cért 협조하다
concíse 간결한	**con**clúde 끝내다	**con**cúr 진술이 같다	**con**démn 비난하다	**con**dénse 압축하다

condóle 문상하다	**con**dúct 인도하다	**con**fér 의논하다	**con**féss 고백하다	**con**fíde 신임하다
confíne 한정하다	**con**fírm 확인하다	**con**flíct 투쟁하다	**con**fórm 적합시키다	**con**fóund 혼동하다
confrónt 직면하다	**con**fúse 혼란시키다	**con**gést 넘치게 하다	**con**júre 간청하다	**con**néct 연결하다
consént 동의하다	**con**sérve 보존하다	**con**síder 숙고하다	**con**síst –되다	**con**sóle 위로하다
conspíre 공모하다	**con**strúct 조립하다	**con**súlt 상담하다	**con**súme 소비하다	**con**táct 접촉하다
contáin 포함하다	**con**ténd 싸우다	**con**tést 경쟁하다	**con**tínue 계속되다	**con**tórt 비틀다
contráct 계약하다	**con**tríbute 기부하다	**con**tríve 고안하다	**con**véne 소집하다	**con**vérge 한 점에 모이다
convérse 대화하다	**con**vért 바꾸다	**con**véy 나르다	**con**víct 유죄를 선고하다	**con**vínce 설득하다

아래 'Practice 2'에 정리된 단어들은 '**cón**cert(음악회)'와 같이 명사인 경우로, 접두사 [**cón**-]에 강세(악센트)를 두어 발음합니다. 따라서 접두사 [**cón**-]을 '칸-'으로 발음해야 합니다. 아래의 단어들을 보면 '컨셉', '콘서트', '콘테스트'와 같이 우리가 일상적으로 우리말처럼 쓰는 단어들이 있어요. 우리말처럼 너무 자연스럽게 사용하다 보니 잘못된 발음을 고치기가 어려울 때가 많지요. 이제부터 이 단어들을 영어답게 발음하려면 '칸쎕트', '칸써ʳ트', '칸테스뜨'로 부단히 발음 연습을 해야 할 거예요.

Practice 2 | 칸- [cón-]

cóncept 발상	**cón**cord 일치	**cón**cert 음악회	**cón**crete 콘크리트	**cón**duct 행위
cónflict 투쟁	**cón**gress 회의	**cón**quest 정복	**cón**sonant 자음	**cón**tact 접촉
cóntent 내용	**cón**test 경쟁	**cón**tract 계약	**cón**trast 대조	**cón**vent 수도회

아래 'Practice 3'에 정리된 단어들은 '**cón**centr**àte**(집중하다)', '**con**grátul**àte**(축하하다)', '**condítion**(몸 상태)'과 같이 그 단어에 어떤 접미사가 붙어 있느냐에 따라 접두사 [**con**-]에 강세가 오기도 하고 그렇지 않기도 합니다. 예를 들면, '**cón**centr**àte**'과 '**con**grátul**àte**'은 똑같은 접미사 [-**àte**]이 붙어 있지만 '**cón** · cen · tr**àte**'은 3음절이라 접두사 [**cón**-]에 강세가 오게 되지만, '**con**·grá·tu·**làte**'은 4음절이라 접두사 [**con**-]에 강세가 오지 않게 됩니다. 따라서 아래 단어에 진하게 표시된 접미사 종류를 잘 파악하고 접두사 [**con**-]과 단어 전체의 소리를 공부하세요.

Practice 3 | 컨- [con-], 칸- [cón-]

conjéct**ure** 짐작	**con**dít**ion** 몸 상태	**con**júnct**ion** 접속사	**con**néct**ion** 연결	**con**vént**ion** 집회
congrátul**àte** 축하하다	**cón**centr**àte** 집중하다	**còn**stitút**ion** 헌법	**còn**versát**ion** 회화	**cón**fer**ence** 회담
cónfid**ence** 신임				

명전동후(名前動後) : 한 단어가 명사로 쓰일 경우도 있고 동사로 쓰일 경우

다음 단어들을 보면 영어는 한 단어가 철자는 같지만 명사로 쓰일 경우도 있고, 동사로 쓰일 경우가 있어요. 이런 경우 강세 위치가 달라지고, 결국 그 단어의 모음소리도 달라집니다. 이런 경우에는 일정한 강세의 법칙이 있습니다. 이 단어가 명사로 쓰일 경우는 1음절 모음, 즉 접두사에 강세(악센트)를 두어 발음해야 합니다. 따라서 접두사 [**cón**-]을 '칸-'으로 발음해야 하지요. 그런데 이 단어가 동사로 쓰일 경우에는 2음절에 강세가 오게 되고, 따라서 접두사 [**con**-]이 약모음이 되면서 '컨-'으로 발음하면 됩니다. 이렇게 '한 단어가 명사로 쓰일 경우도 있고 동사로 쓰일 경우'에 여러분들의 이해를 돕기 위해서 '명사일 때는 앞에, 동사일 경우에는 뒤'에 강세가 온다고 하여 '명전동후(名前動後)'라고 강세의 법칙을 정의해 놓았습니다. 아래에 정리된 단어의 '명전동후(名前動後)' 관계를 잘 살펴보면서 명사로 쓰일 경우와 동사로 쓰일 경우의 단어의 소리를 구분하면서 발음해 보세요.

명사

cóncord	**캉**커r드	n. 일치
cónduct	**칸**덕트	n. 행위
cónflict	**칸**플f릭트	n. 갈등
cóntest	**칸**테스뜨	n. 경쟁
cóncert	**칸**써r트	n. 음악회
cóngress	**캉**그뤠쓰	n. 회의
cóntact	**칸**택트	n. 접촉
cóntent	**칸**텐트	n. 내용
cóntract	**칸**츄뤡트	n. 계약
cóntrast	**칸**츄뢔스뜨	n. 대조
cónstruct	**칸**스뜨뤅트	n. 구조물

동사

concórd	컹코어r드	v 일치시키다.
condúct	컨덕트	v. 처신하다.
conflíct	컨플f릭트	v. 싸우다
contést	컨테스뜨	v. 논쟁하다
concért	컨써어r트	v. 협정하다
congréss	컹그뤠쓰	v. 참집(參集)하다.
contáct	컨택트	v. 접촉하다
contént	컨텐트	v. 만족시키다
contráct	컨츄뤡트	v. 계약하다
contrást	컨츄뢔스뜨	v. 대조시키다
constrúct	컨스뜨뤅트	v. 조립하다

접두사 [con-]의 변형

- 첫째, [b, m, p]로 시작하는 단어 앞에서는 [**com**-]으로 바뀐다.
- 둘째, [l]로 시작하는 단어 앞에서는 [**col**-]로 바뀐다.
- 셋째, [r]로 시작하는 단어 앞에서는 [**cor**-]로 형태가 바뀐다.
- 넷째, 모음 앞에서는 [**co**-]로 형태가 바뀐다.

접두사 [**con**-]은 '함께, 완전히, 공동, 공통, 상호, 동등'의 뜻을 나타내는 접두사라고 했지요. 그런데 접두사 [**con**-]은 앞서 배운 접두사 [**en**-]처럼 어간(Root)의 첫 철자가 무엇이냐에 따라 [**col**-], [**com**-], [**cor**-], [**co**-]와 같이 4가지 형태로 바뀝니다.

첫째, [b, m, p]로 시작하는 단어 앞에서는 [**com**-]으로 바뀌고, 두 번째, [l]로 시작하는 단어 앞에서는 [**col**-]로, [r]로 시작하는 단어 앞에서는 [**cor**-]로 형태가 바뀌며, 마지막으로 모음 앞에서는 [**co**-] 형태가 됩니다.

먼저 오른쪽 'Practice 1'부터 'Practice 3'에 정리된 단어들을 살펴보겠습니다.

접두사 [**con**-]의 자음 [n]은 '치경음'이라 하여 '입술이 약간 벌어진 상태에서 혀끝을 윗니 뒤쪽의 잇몸(치경)에 붙였다가 떼면서' 나오는 소리이고, [b, m, p]는 두 입술을 붙였다가 떼면서 내는 '양순음'입니다. 따라서 [n]과 [b, m, p]가 연달아 붙어서 나오는 단어인 경우 발성 구조상 부드럽고 자연스러운 소리가 불가능하기 때문에 [n]과 [b, m, p]의 소리를 동화시키기 위하여 접두사 [**con**-]의 자음 [n]을 [m]으로 형태를 변화시킨 것입니다. 접두사 [**con**-]과 접두사 [**com**-]이 형태는 다르지만 같은 종류의 접두사이며, 접두사 [**con**-]이 '칸-'과 '컨-'으로 소리가 나니까, 접두사 [**com**-]은 '캄-'과 '컴-'으로 발음하면 됩니다. 접두사 [**con**-]이 3가지 발음 원칙이 있듯이, 'Practice 1'에 정리된 단어들도 동사인 경우로, 접두사 [**com**-] 다음의 음절, 즉, 단어 전체로 보면 2음절에 강세가 오게 되며, 따라서 접두사 **[com-]**이 약모음이 되면서 '컴-'으로 발음하면 됩니다.

Practice 1 | 컴- [com-]

combát 싸우다	**com**bíne 결합시키다	**com**fórt 위로하다	**com**mánd 명령하다	**com**ménce 시작하다
comménd 칭찬하다	**com**mít 위임하다	**com**múne 공감하다	**com**múte 교환하다	**com**páct 빽빽이 채워 넣다
compáre 비교하다	**com**pél 억지로 시키다	**com**péte 경쟁하다	**com**píle 편집하다	**com**pláin 불평하다
compléte 완성하다	**com**pléx 복잡하게 하다	**com**ply 동의하다	**com**póse 조립하다	**com**póund 합성하다
compréss 압축하다	**com**prómise 타협하다	**com**príse 포함하다	**com**púte 계산하다	

'Practice 2'에 정리된 단어들은 '**cóm**pany(친구)'와 같이 명사인 경우로, 접두사 **[cóm-]**에 강세(악센트)를 두어 발음합니다. 따라서 접두사 **[cóm-]**을 '캄-'으로 발음해야 합니다.

Practice 2 | 캄- [cóm-]

cómmerce 상업	**cóm**mon 공통의	**cóm**pany 친구	**cóm**pass 나침반	**cóm**rade 동료
cómment 논평	**cóm**bat 전투	**cóm**plex 복합체	**cóm**press 압박붕대	**cóm**pound 합성물

다음 'Practice 3'에 정리된 단어들 뒤에 다양한 종류의 접미사들이 붙어 있지요? '**cóm**pens**àte**(보상하다)', '**com**múnic**àte**(교신하다)', '**còm**biná**tion**(결합)', '**cóm**mun**ìsm**(공산주의)'과 같이 그 단어에 어떤 접미사가 붙어 있느냐에 따라 접두사 **[com-]**에 강세가 오기도 하고 그렇지 않기도 한다고 설명을 했습니다. 따라

서 재차 강조하지만 접두사보다 접미사의 소리 원칙을 철저히 익히는 것이 더욱 중요하다는 것을 잊지 마세요.

Practice 3 | 컴- [com-], 캄- [cóm-]

cómpens**àte** 보상하다	**cóm**plic**àte** 복잡하게 하다	**com**múnic**àte** 교신하다	**còm**biná**tion** 결합	**còm**petí**tion** 경쟁
còmposí**tion** 구성	**com**pá**ssion** 동정	**com**pán**ion** 동료	**cóm**mun**ìsm** 공산주의	**com**mún**ity** 공동체
compárt**ment** 구획	**cóm**pli**ment** 칭찬	**com**mún**ion** 친교	**com**pára**tive** 비교의	**còmpre**hénd 이해하다

아래 'Practice 4'에 정리된 단어들에서 접두사 **[col-]**을 분리하면, 어간의 첫 철자가 모두 [l]로 시작한다는 공통점이 있지요. 이렇게 어간의 첫 철자가 [l]로 시작하면 접두사 **[con-]**이 **[col-]**로 형태가 바뀌게 됩니다. 즉, 접두사 **[con-]**에서 [n]이 어간의 첫 철자가 [l]과 소리를 같게 하기 위하여 **[l]**로 동화되면서 **[col-]**로 형태가 변화됩니다. 접두사 **[con-]**과 **[com-]**의 3가지 소리 법칙과 똑같이 적용되어, 강모음일 경우의 **[cól-]**은 '칼-'로, 약모음 **[col-]**일 경우는 '컬-'로 발음하면 됩니다.

Practice 4 | 컬- [col-], 칼- [cól-]

1	**col**léct 모으다	→	**col**(컬) · léct(렉트)	→	컬렉트
2	**col**lápse 붕괴하다	→	**col**(컬) · lápse(랩쓰)	→	컬랩쓰
3	**col**líde 충돌하다	→	**col**(컬) · líde(라이드)	→	컬라이드
4	**col**lábor**àte** 공동작업하다	→	**col**(컬) · lá(래) · bo(버) · r**áte**(뤠잍)	→	컬래버뤠잍
5	**col**láter**al** 평행한	→	**col**(컬) · lá(래) · te(터) · r**al**(뤌)	→	컬래터뤌

6	**cól**league 동료	→	**cól**(**칼**) · lea(**리이**) · gue(**그**)	→	**칼**리이그
7	**col**léc**tion** 수집	→	**col**(**컬**) · léc(렉) · **tion**(**션**)	→	**컬**렉**션**
8	**col**léc**tive** 집합적인	→	**col**(**컬**) · léc(렉) · **tive**(**티브**v)	→	**컬**렉**티브**v
9	**col**lú**sion** 공모	→	**col**(**컬**) · lú(루우) · **sion**(**젼**)	→	**컬**루우**젼**
10	**cól**lege 단과대학	→	**cól**(**칼**) · le(리) · ge(쥐)	→	**칼**리쥐

접두사 [**com**-], [**col**-]과 같은 이유로 어간의 첫 철자가 [-r-]로 시작하면, 아래 'Practice 5'와 같이 접두사 [**con**-]이 [**cor**-]로 형태가 바뀌며, 강모음일 경우의 [**cór**-]은 '코어r -'로, 약모음 [**cor**-]는 '커r -'로 발음하면 됩니다.

Practice 5 | 커r– [cor–] / 코어r– [cór–]

1	**cor**réct 정확한	→	**cor**(커r) · réct(뤡트)	→	커뤡트
2	**cor**rúpt 더러워진	→	**cor**(커r) · rúpt(뤕트)	→	커뤕트
3	**cor**róde 부식하다	→	**cor**(커r) · róde(로우드)	→	커로우드
4	**cór**relàte 상관하다	→	**cór**(**코**어r) · re(뤄) · làte(레잍)	→	**코**어뤌레잍
5	**còr**respónd 부합하다	→	**còr**(**코**어r) · res(뤄쓰) · pónd(판드)	→	**코**어뤄쓰빤(드)

아래와 같이 어간이 모음으로 시작되는 단어 앞에는 접두사 [con-] 대신에 [co-]를 붙입니다. 그리고 이 경우 접두사 [cò-]에는 100% 강세(악센트)가 오면서, '코우-'로 발음해야 합니다.

Practice 6 | 코우- [có-]

1	áct 행동하다	액트	→	**cò**áct 협력하다	**코우**액트
2	áuthor 저자	오오써^{rr}	→	**cò**áuthor 공저자	**코우**오오써^{rr}
3	édit 편집하다	에딭	→	**cò**édit 공동 편집하다	**코우**에딭
4	èducát**ion** 교육	에쥬케이션	→	**cò**éducàt**ion** 남녀 공학	**코우**에쥬케이션
5	exíst 존재하다	익지스뜨	→	**cò**exíst 공존하다	**코우**익지스뜨
6	**ad**júst 조절하다	어줘스뜨	→	**còad**júst 서로 조절하다	**코우**어줘스뜨
7	fóund 설립하다	파^{f}운(드)	→	**cò**fóund 공동으로 설립하다	**코우**파^{f}운(드)
8	pártn**er** 협동자	파어^{r}트너^{r}	→	**cò**pártn**er** 공동출자자	**코우**파어^{r}트너^{r}
9	óper**àte** 움직이다	아퍼뤠잍	→	**cò**óper**àte** 협력하다	**코우**아퍼뤠잍

in-

[인-, 인-]의 소리를 찾아서

'투명인간'이라는 영화를 본 적이 있어요? 온몸을 붕대로 감고, 시커먼 선글라스를 끼고 다니다가 붕대와 안경을 벗으면 형체가 흔적 없이 사라지는 공상과학 영화의 주인공이죠. 이 투명인간을 영어로 'Invisible Man'이라고 합니다. '눈에 보이는 것'이라는 'vision'이라는 단어에 '할 수 있는'이라는 접미사 [-**ible**]을 붙이고, '아니다'라는 뜻의 접두사 [**in**-]을 붙여 '눈에 보이지 않는'이라는 '**invísible**'이라는 파생어가 탄생하게 되었지요. 접두사 [**in**-]은 '-안에'라는 뜻의 전치사 'in'과 간혹 혼동을 일으켜서 의미상의 혼란을 가져오는 경우가 많습니다. 물론 접두사 [**in**-]이 '-안에', 혹은 '-로(방향)'라는 뜻으로 쓰이는 경우도 있지만 '무(無), 불(不)'이라는 '반의어'의 성격이 더 강한 접두사라는 것을 염두에 두세요.

그러면 접두사 [**in**-]은 어떻게 발음을 해야 할까요? 궁금하죠? 다음 page의 '알고 갑시다'에서 자세히 설명하겠지만, 간단하게 요약하면 접두사 [**in**-]은 3가지 소리 법칙이 있습니다. 첫째, 형용사인 경우에는 '**indífferent**(무관심한), **ínfamous**(수치스러운), **ìnfluéntial**(영향을 미치는)'과 같이 어떤 접미사가 붙어 있느냐에 따라 접두사 [**in**-]의 강세 유무가 결정되며, 또한 '**ìncorréct**(부정확한), **ìnexpénsive**(값싼), **ìneffícient**(비효율적인)'와 같이 접두사 [**ìn**-] 뒤에 [**cor**], [**ex**], [**ef**]처럼 제2접두사가 있는 경우에는 접두사 [**ìn**-]에 강세가 오면서 '인-'으로 발음해야 합니다. 둘째, '**in**clíne(마음이 기울다)'과 같이 접미사가 없는 동사인 경우, 접두사 [**in**-] 다음 음절, 즉, 단어 전체로 보면 2음절에 강세가 오면서 [**in**-]은 '인-'으로 발음합니다. 셋째, 동사인 경우에도 '**ín**dic**àte**(가리키다), **in**véstig**àte**(조사하다)'과 같이 그 단어에 어떤 접미사가 붙어 있느냐에 따라 접두사 [**in**-]에 강세가 오기도 하고 그렇지 않기도 합니다. 예를 들면, '**ín**dic**àte**'과 '**in**véstig**àte**'은 똑같은 접미사 [-**àte**]이 붙어 있지만 '**ín**·di·c**àte**'은 3음절이라 접두사 [**ín**-]에 강세가 오게 되고, '**in**·vés·ti·g**àte**'은 4음절이라 접두사 [**in**-]에 강세가 오지 않게 됩니다. 따라서 '**ín**dic**àte**'은 '인디케잍'으로 발음하고, '**in**·vés·ti·g**àte**'은 '인베v스띠게잍'으로 발음합니다. 다소 복잡한 것 같지만 다음 page의 '알고 갑시다'에 많은 단어들을 3가지 소리 형식에 따라 정리하였기 때문에 연습하다 보면 눈과 입에 익을 거예요. 미리 짐작해서 겁먹지 말고 지금까지 해 왔듯이 최선을 다해 보는 것이 어떨까요? 자, 이제 여러분의 'Self-Study' 시간이네요. 준비되셨죠?

Practice | 인– / 안– [in–]

1	**in**húman 인정 없는	→	**in**(인) · hú(휴우) · man(먼)	→	**인**휴우먼
2	**in**ác**tive** 활동치 않는	→	**in**(인) · ác(액) · **tive**(티브ᵛ)	→	**인**액티브ᵛ
3	**in**fór**mal** 비공식의	→	**in**(인) · fór(포ᶠ어ʳ) · m**al**(멀)	→	**인**포ᶠ어ʳ멀
4	**in**gén**ious** 영리한	→	**in**(인) · gé(쥐이) · n**ious**(녀스)	→	**인**쥐이녀스
5	**in**hér**ent** 고유의	→	**in**(인) · hé(헤) · r**ent**(뤈트)	→	**인**헤뤈(트)
6	**in**dígn**ant** 분개한	→	**in**(인) · díg(딕) · n**ant**(넌트)	→	**인**딕넌(트)
7	**in**défin**ate** 불명확한	→	**in**(인) · dé(데) · fi(퍼ᶠ) · n**ate**(닡)	→	**인**데퍼ᶠ닡
8	**in**vári**able** 불변의	→	**in**(인) · vá(베ᵛ) · ri(뤼) · **able**(어블)	→	**인**베ᵛ뤼어블
9	**ìndis**péns**able** 불가결의	→	**ìn**(인) · **dis**(디쓰) · pén(펜) · s**able**(써블)	→	**인**디쓰펜써블
10	**ìncom**pléte 불완전한	→	**ìn**(인) · **com**(컴) · pléte(플리잍)	→	**인**컴플리잍
11	**ín**valid 병약한	→	**ín**(인) · va(버ᵛ) · lid(리드)	→	**인**벌ᵛ리드
12	**ìncon**síst**ent** 일치하지 않는	→	**ìn**(인) · **con**(컨) · sís(씨스) · t**ent**(턴트)	→	**인**컨씨스턴(트)

요점정리

1. [in–]은 'i(이)+n(은) = 인–', 또는 'i(이)+n(은) = 안–'으로 발음한다.
2. [in–]은 '무(無), 불(不), 안에, –로(방향)'의 뜻을 나타내는 접두사다.

알고 갑시다

접두사 [in-]의 변신

접두사 [**in**-]은 3가지 소리 법칙이 있다고 했지요? 먼저 아래 요점 정리된 특성을 읽어 보세요.

'접두사 [in-]'의 세 가지 소리 특성

- 첫째, 형용사인 경우, 어떤 접미사가 붙어 있느냐에 따라 접두사 [**in**-]의 강세 유무가 결정되며, 제2접두사가 있는 경우 접두사 [**ín**-]에 강세가 오면서 '인-'으로 발음한다.
- 둘째, 접미사가 없는 동사인 경우, 접두사 [**in**-] 다음 음절에 강세가 오며, [**in**-]은 '인-'으로 발음한다.
- 셋째, 동사인 경우에도 어떤 접미사가 붙어 있느냐에 따라 접두사 [**in**-]에 강세의 유무가 결정된다.

'Practice 1'에 정리된 단어에는 [-**ent**], [-**ible**], [-**ous**]와 같은 형용사 접미사들이 붙어 있지요? 접미사에 따라 바로 앞의 모음에 강세가 오는 경우도 있고, 2음절 앞의 모음에 강세가 오는 접미사도 있다고 'Step 5. 접미사의 소리를 찾아서'에서 자세히 배웠습니다. 따라서 어떤 형용사 접미사가 붙어 있느냐에 따라 접두사 [**in**-]의 강세 유무가 결정되지요. 접두사 [**un**-]을 공부할 때 긴 영어 단어는 어떻게 읽어 보라고 했지요? 분절해서 읽어 보라고 했지요? '**in**cr**é**d**ible**'을 분절하면, '**in**(접두사) · créd(어간) · **ible**(접미사)'과 같이 3음절로 나눌 수 있고, '믿다'라는 어간 'créd' 앞과 뒤에 각각 접두사와 접미사가 붙어서 형성된 단어임을 알 수 있습니다. 따라서 '**in**cr**é**d**ible**'은 '**in**(인) · créd(크뤠드) · **ible**(어블)'이니까, 소리를 연결하면 '인크뤠뤄블'이라고 읽을 수 있겠지요? 그럼 아래의 단어들의 소리를 찾아 읽어 볼까요?

Practice 1 | 인– [in–], 인– [ìn–]

insáne 미친	**in**dífferent 무관심한	**in**víncible 정복할 수 없는	**in**vísible 눈에 보이지 않는	**in**cápable 할 수 없는
insénsible 무감각한	**in**évitable 피할 수 없는	**in**tángible 만질 수 있는	**in**tólerable 견딜 수 없는	**in**crédible 믿어지지 않는
infléxible 구부러지지 않는	**in**cúrable 불치의	**in**númerable 셀 수 없는	**in**édible 먹을 수 없는	**ín**famous 수치스러운
ìnfluéntial 영향을 미치는	**ìn**significant 무의미한	**ìn**diréct 간접적인		

'Practice 2'에는 위의 'Practice 1'처럼 다양한 접미사가 붙어 있으면서, 또 하나 눈에 띄는 특징이 있지요? 접두사 [ìn–] 뒤에는 이미 앞서 배운 또 다른 접두사가 붙어 있어요. 따라서 '**ìnescápable**(불가피한)'처럼 '(제1접두사) · (제2접두사) · (**어간**) · (접미사)'의 4음절, 혹은 '**ìncorréct**(부정확한)'처럼 '(제1접두사) · (제2접두사) · (**어간**)'의 3음절 형태로 되어 있습니다. 이렇게 어간 앞에 접두사가 2개 붙어 있으면, '제1접두사'와 '어간'에 강세를 두고 읽는 것이 강세의 법칙입니다. 따라서 'Practice 2'에 정리된 단어들을 보면 접두사 [ìn–]에 강세를 두고 '인–' 하고 발음해야 한다는 뜻이지요. 알았죠?

Practice 2 | 인– [ìn+접두사–]

1	**ìncor**réct 부정확한	→	**ìn**(인) · **co**(커) · **r**réct(뤡트)	→	**인**커뤡트
2	**ìncor**rúpt 타락하지 않은	→	**ìn**(인) · **co**(커) · **r**rúpt(뤕트)	→	**인**커뤕트
3	**ìnex**áct 부정확한	→	**ìn**(인) · **ex**(이그즈) · áct(액트)	→	**인**익잭트

4	**ìnes**cáp**able** 불가피한	→	**ìn**(인) · **es**(이쓰) · cá(케이) · p**able**(퍼블)	→	**인**이쓰케이퍼블
5	**ìndi**víd**u**a**l** 개개인의	→	**ìn**(인) · **di**(디) · ví(비ᵛ) · du**al**(쥬얼)	→	**인**디비ᵛ쥬얼
6	**ìnef**féct**ive** 무효의	→	**ìn**(인) · **e**(이) · **f**féc(펙ᶠ) · ti**ve**(티브ᵛ)	→	**인**이펙ᶠ티브ᵛ
7	**ìnex**péns**ive** 값싼	→	**ìn**(인) · **ex**(익쓰) · pén(펜) · s**ive**(씨브ᵛ)	→	**인**익쓰펜씨브ᵛ
8	**ìnef**fíci**ent** 비효율적인	→	**ìn**(인) · **e**(이) · **f**fí(피ᶠ) · ci**ent**(션트)	→	**인**이피ᶠ션(트)
9	**ìncon**véni**ent** 불편한	→	**ìn**(인) · **con**(컨) · vé(비ᵛ이) · ni**ent**(년트)	→	**인**컨비ᵛ이년(트)
10	**ìnde**pénd**ent** 독립된	→	**ìn**(인) · **de**(디) · pén(펜) · d**ent**(던트)	→	**인**디펜던(트)

위의 'Practice 1, 2'는 형용사에 접두사 [**in**-]을 붙여 '반의어'를 만든 경우입니다. 예를 들면, '**corréct**'는 '정확한'이라는 뜻이고, '**ìncorréct**'는 반대로 '부정확한'이라는 뜻이 되지요. 따라서 위의 'Practice 1, 2'에 정리된 단어에서 접두사 [**in**-]을 분리하면 모두 '무(無), 부(不), 불(不)'과 같은 반의어가 됩니다. 하지만 오른쪽 'Practice 3'에 정리된 단어에 붙은 접두사 [**in**-]은 '안에', '-로'와 같이 방향을 뜻하는 '동사'들입니다. 따라서 접두사 [**in**-]이 붙은 단어를 읽는 것도 중요하지만 의미 관계도 염두에 두면서 발음 공부를 해야 합니다. 다음 단어와 같이 접미사가 없는 동사인 경우에는 강세가 접두사 [**in**-] 다음 음절에 오면서 [**in**-]을 '인-'으로 발음하면 됩니다. 또 'Practice 1, 2'와는 달리 접두사 [**in**-]을 분리하면 남은 어간은 순수 단어가 아니어서 독립된 단어로 쓸 수 없습니다. 예를 들면, '감염시키다'라는 영어 단어 '**in**féct'에서 접두사 [**in**-]을 분리한 'fect'는 영어 단어로서 사전에 존재하지 않는다는 뜻입니다. 접두사 [**in**-]을 분리하면 대부분이 1음절의 어간(Root)으로 되어 있어서 읽기 어렵지 않을 겁니다. 그럼 단어를 읽어 볼까요?

Practice 3 | 안- [in-]

inclíne 마음이 기울다	**in**clúde 포함하다	**in**créase 늘다	**in**cúr 손해를 입다	**in**dúce 권유하다
indúlge 탐닉하다	**in**féct 감염시키다	**in**fér 추론하다	**in**fláte 부풀게 하다	**in**flíct 고통을 주다
infúse 주입하다	**in**hábit 거주하다	**in**hérit 상속하다	**in**híbit 금지하다	**in**jéct 주사하다
injúre 상처를 입히다	**in**quíre 질문하다	**in**scríbe 새기다	**in**sért 삽입하다	**in**síst 주장하다
inspéct 조사하다	**in**spíre 고무하다	**in**stáll 설치하다	**in**stíll 침투시키다	**in**strúct 지시하다
insúlt 모욕하다	**in**ténd 작정이다	**in**trúde 밀어붙이다	**in**váde 침략하다	**in**vént 발명하다
invést 투자하다	**in**víte 초대하다	**in**vóke 빌다	**in**vólve 포함하다	

'Practice 4'에 정리된 단어들은 동사이지만 다양한 접미사가 붙어 있는 형태입니다. 따라서 접미사의 종류에 따라 접두사 [**in**-]에 강세가 있고 없고가 결정되며, '**ín**timà**te**(암시하다), **in**véstigà**te**(조사하다)'처럼 음절 수에 따라 강세가 있고 없고가 결정되기도 합니다. 또 '**in**clíne(마음이 기울다)'과 '**ín**cline(경사면)'처럼 같은 단어라도 동사로 쓰일 때와 명사로 쓰일 때에 강세의 위치가 바뀝니다. 접두사 [**con**-]에서 '한 단어가 명사로 쓰일 경우도 있고 동사로 쓰일 경우'가 있는데, 이런 경우 '명사일 때는 앞에, 동사일 경우에는 뒤'에 강세가 온다고 한 강세의 법칙 '명전동후(名前動後)'는 모든 접두사에 적용이 된다는 것을 꼭 명심하세요. 그럼 'Practice 4'에 정리된 단어들을 읽어 봅시다.

Practice 4 | [ín-]

ínstit**ùte** 설치하다	**ín**dic**àte** 가리키다	**ín**tim**àte** 암시하다	**in**véstig**àte** 조사하다	**in**ténsi**fỳ** 강하게 하다

íncome 수입	**ín**cense 향	**ín**crease 증가	**ín**sult 모욕	**ín**sert 삽입물
íncline 경사면				

접두사 [in–]의 변형

- 첫째, [b, m, p]로 시작하는 단어 앞에서는 [**im**-]으로 바뀐다.
- 둘째, [l]로 시작하는 단어 앞에서는 [**il**-]로 바뀐다.
- 셋째, [r]로 시작하는 단어 앞에서는 [**ir**-]로 형태가 바뀐다.

접두사 [**in**-]도 앞서 배운 접두사 [**en**-]과 [**con**-]처럼 어간(Root)의 첫 철자가 무엇이냐에 따라 [**il**-], [**im**-], [**ir**-]와 같이 다양한 형태로 바뀝니다. [**en**-]과 [**con**-]의 경우를 잘 생각하면 접두사 [**in**-]이 어떤 경우에 어떻게 변하는지 추측할 수 있지 않을까요? 혹시 저만의 생각인가요? 모르시면 다시 한 번 간단히 설명을 해야겠네요.

접두사 [**in**-]은 3가지 형태가 있는데, 첫째, [b, m, p]로 시작하는 단어 앞에서는 [**im**-]으로 바뀌고, 두 번째, [l]로 시작하는 단어 앞에서는 [**il**-]로, [r]로 시작하는 단어 앞에서는 [**ir**-] 형태가 됩니다. 접두사 [**in**-]과 접두사 [**im**-]이 형태는 다르지만 같은 종류의 접두사이며, 접두사 [**in**-]이 '인-'과 '인-'으로 소리가 나니까, 접두사 [**im**-]은 '임-'과 '임-'으로 발음하면 됩니다. 접두사 [**in**-]이 3가지 발음 원칙이 있듯이 접두사 [**im**-]도 3가지 발음 법칙이 있습니다.

아래 'Practice 1'에 정리된 단어들은 형용사인 경우로, '**im**mórt**al**(불후의), **ìm**matéri**al**(무형의)'과 같이 어떤 형용사 접미사가 붙어 있느냐에 따라 접두사

[**im**-]의 강세 유무가 결정되지요. '**im**próper'처럼 접미사가 없는 어간에 붙이는 경우 접두사 [**im**-]은 강세가 없어서 '임-'으로 발음하면 됩니다. 또 접두사 [**im**-]을 분리하면 모두 '무(無), 부(不), 불(不)'과 같은 반의어가 되는 형용사라는 것도 동일합니다.

Practice 1 | 임- [im-], 임- [ìm-]

impróper 부적당한	**im**ménse 광대한	**im**púre 불결한	**im**módest 조심성 없는	**im**múne 면역성의
impérfect 불완전한	**im**mór**al** 부도덕한	**im**mórt**al** 불후의	**ìm**matéri**al** 무형의	**im**pérson**al** 비인격적인
immóv**able** 확고한	**im**póss**ible** 불가능한	**im**páti**ent** 조급한	**im**prúd**ent** 경솔한	**ìm**políte 무례한
imprácti**cal** 실제적이 아닌	**ìmpre**císe 부정확한	**ìm**ma**túre** 미숙한		

'Practice 2'에 정리된 단어들은 동사인 경우로, 접두사 [**im**-] 다음의 음절, 즉, 단어 전체로 보면 2음절에 강세가 오게 되며, 따라서 접두사 [**im**-]이 약모음이 되면서 '임-'으로 발음하면 됩니다. 접두사 [**in**-]처럼 [**im**-] 도 '안에, -로'와 같이 방향을 뜻하는 '동사'들입니다.

Practice 2 | 임- [im-]

immérse 담그다	**im**páir 해치다	**im**párt 나누어 주다	**im**péach 탄핵하다	**im**pél 추진하다
impéril 위태롭게 하다	**im**pénd 절박하다	**im**plánt 끼워 넣다	**im**plóre 간청하다	**im**plý 함축하다
impórt 수입하다	**im**póse 부과하다	**im**préss 감명을 주다	**im**print 날인하다	**im**príson 투옥하다
impróve 개량하다				

아래 'Practice 3'에 정리된 단어들에서 접두사 [**il**-]을 분리하면, 어간의 첫 철자가 모두 [l]로 시작한다는 공통점이 있지요. 이렇게 어간의 첫 철자가 [l]이면 접두사 [**in**-]이 [**il**-]로 형태가 바뀌게 됩니다. 접두사 [**in**-]과 [**im**-]의 3가지 소리 법칙과 똑같이 적용되어, 강모음일 경우의 [**íl**-]은 '일-'로, 약모음 [**il**-]일 경우는 '일-'로 발음하면 됩니다.

Practice 3 | 일- [il-]

illég**al** 불법한	**il**líber**al** 교양 없는	**il**lícit 불법의	**il**límit**able** 무한한	**il**líter**ate** 무식한
illóg**ic** 모순	**il**lóg**ical** 비논리적인			

접두사 어간의 첫 철자가 [r]이면, 오른쪽 'Practice 4'와 같이 접두사 [**in**-]이 [**ir**-]로 형태가 바뀌며, 강모음일 경우의 [**ír**-]은 '이-'로, 약모음 [**ir**-]는 '이-'로 발음하면 됩니다. 접두사 [**ir**-]에 붙어 있는 [r]의 소리는 앞의 모음 [i]와 연결해서 발음하지 않으며, 어간의 모음과 연결하여 발음합니다. 예를 들면, '**ir**régul**ar**'를 분절하면 '**i**(이) · rré(뤠) · gu(규) · lar(러ʳ)', 즉 '이뤠규러ʳ'로 발음해야 한다는 말입니다. 접두사 [**ir**-] 강세의 유무는 역시 접미사의 종류와 단어의 음절 수에 따라 결정되니까 유의해서 단어의 소리를 찾아 익혀야 합니다. 아시죠?

Practice | 이- [ir-], 이- [ír-]

irrá**tional** 불합리한	**ir**régul**ar** 불규칙한	**ir**rélev**ant** 부적절한	**ìr**resíst**ible** 저항할 수 없는	**ir**résolùte 결단력이 없는
ìrrespóns**ible** 무책임한	**ir**révoc**able** 취소할 수 없는	**ír**rit**able** 성미가 급한	**ir**rádi**àte** 비추다	**ír**rig**àte** 물을 대다
írrit**àte** 초조하게 하다				

sub-
[썹-, 썹-]의 소리를 찾아서

한국 사람치고 지하철이 '써브웨이'라는 것을 모르는 사람은 없을 것입니다. 영어 단어로 'subway'라고 하는데, '길'이라는 단어 'way'에 접두사 [**sub**-]을 붙여 만들어진 단어입니다. 이 접두사 [**sub**-]은 '아래, 아(亞), 하위, 부(副), 조금, 반'의 뜻을 담고 있지요. 따라서 '**sub**way'는 '길(way)'의 '아래(**sub**-)', 즉 '지하철, 지하도'라는 뜻이 되지요. 바닷속으로 다니는 배를 뭐라고 하지요? 맞아요. '잠수함'이라고 하지요? '바다의(marine)' '아래(**sub**-)'에 다니는 배라고 해서 '**sùb**maríne(잠수함)'이라고 이름을 붙여 놓았습니다. 또, 어떤 '단체(group)'에 속한 작은 '하위(**sub**-)' 단체를 '**súb**gròup(소집단)'이라고 합니다. 이제 접두사 [**sub**-]이 붙은 단어들의 소리를 찾아봐야겠지요?

접두사 [**sub**-] 발음도 강세가 있을 경우 '썹-', 강세가 없을 경우 '썹-'과 같이 2가지 소리가 있으며, '써브'로 발음하지 않도록 유의하세요. 접두사 [**sub**-]도 다른 접두사와 같이 3가지 소리 법칙이 있습니다. 첫째, 다른 접두사의 경우와 같이 접두사 [**sub**-]도 접미사의 종류에 따라 강세의 유무가 결정됩니다. 둘째, '**sub**dúe(정복하다), **sub**jéct(복종시키다)'와 같이 접미사가 없는 동사인 경우, 접두사 [**sub**-] 다음 음절의 어간, 즉, 단어 전체로 보면 2음절에 강세가 오면서 접두사 [**sub**-]은

'썹-'으로 약하게 발음합니다. 셋째, 접두사 [**sub**-]이 붙어 명사형이 되는 경우에는 '**súb**ject(주제) **súbstance**(물질)'와 같이 접두사 [**súb**-]에 강세가 오면서 '썹-'으로 발음해야 합니다. 접두사 [**sub**-]이 붙어 생성된 단어들은 그 수에 있어서 다른 접두사보다 적지만, 활용도에 있어서는 떨어지지 않기 때문에 입과 귀에 익숙하도록 많이 연습할 필요가 있습니다.

또 접두사 [**sub**-]은 앞에서 배운 접두사 [**in**-], [**con**-]과 같이 어간의 첫 철자가 무엇이냐에 따라 형태 변화를 합니다. 다음 장에서 단어들과 함께 학습하겠지만, 간단하게 정리하면, 첫째, '**succ**éed'처럼 [c]로 시작하는 단어 앞에서는 [**suc**-]으로 변하며, 둘째, '**súff**er'처럼 [f]로 시작하는 단어 앞에서는 [**suf**-]로, '**sugg**ést'처럼 [g]로 시작하는 단어 앞에서는 [**sug**-]으로 바뀝니다. 셋째, '**supp**lánt'처럼 [p]로 시작하는 단어 앞에서는 [**sup**-]으로, '**susp**énd'와 '**sust**áin'처럼 [p, t] 앞에서는 [**sus**-]로 형태가 바뀌지요. 따라서 접두사 [**suc**-], [**suf**-], [**sug**-], [**sup**-], [**sus**-]가 같은 접두사의 뿌리를 갖고 있다는 것을 인식하면서 아래의 단어들을 연습해 봅시다.

Practice | 썹– / 썹– [sub–]

1	**sub**dúe 정복하다	→	**sub**(썹) · dúe(듀우)	→	썹듀우
2	**sub**jéct 복종시키다	→	**sub**(썹) · jéct(줵트)	→	썹줵트
3	**sub**mérge 가라앉히다	→	**sub**(썹) · mérge(머어r쥐)	→	썹머어r쥐
4	**sub**mít 복종시키다	→	**sub**(썹) · mít(밑)	→	썹밑
5	**sub**scríbe 구독하다	→	**sub**(썹) · scríbe(스끄롸이브)	→	썹스끄롸이브
6	**sub**síde 가라앉다	→	**sub**(썹) · síde(싸이드)	→	썹싸이드
7	**sub**síst 살아가다	→	**sub**(썹) · síst(씨스뜨)	→	썹씨스뜨
8	**sub**tráct 빼다	→	**sub**(썹) · tráct(츄뢕트)	→	썹츄뢕트
9	**súb**sidy 보조금	→	**súb**(썹) · sidy(씨디)	→	썹씨디
10	**súb**gròup 소집단	→	**súb**(썹) · gròup(그루웊)	→	썹그루웊

요점정리

1. [sub–]은 's(쓰)+u(어)+b(브) = 썹–'으로 약하게, 또는 's(쓰)+u(어)+b(브) = 썹–'으로 강하게 발음한다.
2. [sub–]은 '아래, 아(亞), 하위, 부(副), 조금, 반'의 뜻을 나타내는 접두사다.

알고 갑시다

접두사 [sub–]의 변신

아래의 'Practice 1'과 'Practice 2'의 강세의 위치와 품사를 살펴보면 2가지 차이점을 알 수 있지요. 'Practice 1'의 단어들은 동사로 2음절에 강세가 붙어 있고, 'Practice 2'의 단어들은 명사로 1음절, 즉, 접두사 [**súb**-]에 강세가 붙어 있습니다. 명전동후(命前動後)라는 강세 법칙 기억하죠? 따라서 'Practice 1'의 단어에 붙은 [**sub**-]은 '썹-'으로, 'Practice 2'의 단어에 붙은 [**súb**-]은 '썹-'으로 발음하세요.

Practice 1 | 썹– [sub–]

subdúe 정복하다	**sub**jéct 복종시키다	**sub**mérge 가라앉히다	**sub**mít 복종시키다	**sub**scríbe 구독하다
subsíde 가라앉다	**sub**síst 살아가다	**sub**tráct 빼다		

Practice 2 | 썹– [súb–]

súbsidy 보조금	**súb**gròup 소집단	**súb**ject 주제	**súb**st**ance** 물질	**sùb**stitú**tion** 대리
sùbstrúc**ture** 하부구조	**súb**title 부제	**súb**wày 지하철	**sùb**maríne 잠수함	

접두사 [**sub**-]도 앞서 배운 접두사 [**en**-]과 [**con**-], [**in**-]처럼 어간(Root)의 첫 철자가 무엇이냐에 따라 [**suc**-], [**suf**-], [**sug**-], [**sup**-], [**sus**-]와 같이 다양한 형태로 바뀝니다. 'Practice 3'처럼 [c]로 시작하는 단어 앞에서는 [**suc**-]으로 바뀌지요. 그런데 철자 [**c**]는 'ㅋ'와 'ㅆ' 2가지가 있다고 했지요. '**suc**céed'처럼 어간 [-ceed]의 철자 [**c**]는 뒤에 모음 [**e**]가 붙으면 'ㅆ'로 소리가 난다고 배웠지요? [**suc**-]의 [c]는 'ㅋ'로 소리가 나니까 [**suc**-]은 '썩'으로 발음해야 합니다. 따라서 '**suc**céed'는 '썩씨이드'로 발음합니다. '**suc**cúmb'의 [-cúmb]처럼 '-컴' 하고 [**c**]가 'ㅋ'로 소리가 나면,

접두사 [**suc**-]은 그냥 '써'로 발음해야 하지요. 따라서 '**suc**cúmb'은 '써컴'으로 발음해야 합니다. 영어는 자음이 두 개가 연달아 있어도 한 번만 발음하는 것이 겹자음의 원칙임을 잊지 마세요.

Practice 3 | 써-, 썩- [suc-]

succéed 성공하다	**suc**céss 성공	**suc**céss**ful** 성공한	**suc**céss**ion** 연속	**suc**céss**or** 후계자
succúmb 굴복하다				

'Practice 4'처럼 [f]로 시작하는 단어 앞에서는 [**suf**-], [g]로 시작하는 단어 앞에서는 [**sug**-]으로 바뀌면서 '써-'로 발음하세요. [**ff**], [**gg**]처럼 자음 두 개가 연달아 있어도 한 번만 발음한다는 것은 불변의 소리 법칙임을 잊지 마세요.

Practice 4 | 써-, 써- [suf-], [sug-]

súffer 괴로워하다	**suf**fíce 만족시키다	**suf**fícient 충분한	**súf**focàte 질식시키다	**súf**fix 접미사
súffrage 투표	**sug**gést 암시하다	**sug**gést**ion** 암시		

'Practice 5'처럼 [p]로 시작하는 단어 앞에서는 [**sup**-]로 바뀌면서 '써-'로 발음하고, [p]나 [t]로 시작하는 단어 앞에서는 [**sus**-]로 바뀌면서 '써스-'로 발음하세요.

Practice 5 | 써-, 써- [sup-], 써스- [sus-]

supplánt 에 대신하다	**súp**ple 유순하게 하다	**sup**pórt 지탱하다	**sup**póse 가정하다	**sup**préss 억압하다
suspéct 의심하다	**sus**pénd 중지하다	**sus**píc**ion** 혐의	**sus**táin 지탱하다	

006

be-

[비-]의 소리를 찾아서

영어를 처음 배울 때 어느 경우에 '**am**, **is**, **are**'를 쓰는 것인지가 우리를 혼동시키고 괴롭히지요. 이 '**am**, **is**, **are**'를 '**be** 동사'라고 하는데 들어 본 적이 있지요? 이번에 배울 접두사가 바로 이 [**be**-]입니다. 물론 'be 동사'의 'be'가 아니라는 것을 명심하세요.

접두사 [**be**-]는 우리나라의 월드 가수 '비'를 연상하면 됩니다. 물론 강하게 '비' 하고 발음하는 것은 아닙니다. 왜냐하면, 접두사이기 때문에 모음 [e]가 약모음이고, 바로 접두사 [**be**-] 뒤에 오는 음절의 모음에 강세가 있는 강모음이 옵니다. '기본 발음 [e]'에서 배웠듯이 강모음 앞에 위치한 약모음 [e]는 약하게 '이'로 발음합니다. 따라서 [**be**-]는 '비-'로 발음해야 합니다. 이 접두사의 정리된 단어들의 소리를 찾아 읽는 데는 큰 어려움이 없을 것입니다.

'Practice 1'에 정리된 단어들에서 접두사 [**be**-]를 제거하면 '꽃'이라는 단어 'flower', '머리'라는 의미의 단어 'head', '별'이라는 단어 'star' 등 이미 우리가 앞에서 배운 영어 단어이거나 우리가 일상에서 익히 들어 본 적이 있어 귀에 익숙한 영어 단어들임을 알 수 있습니다. 따라서 '**be**flówer, **be**héad, **be**stár'와 같은 단어들을 못 읽는다면 이 책의 처음부터 다시 시작할 각오(?)를 해야겠지요?

물론 접두사 [**be**-]가 붙어 있는 **단어의 뜻은 조금 공부할 소지는** 있습니다. 왜나하면 4가지 정도의 뜻의 차이가 있어요. **다음 장의 '알고 갑시다'**에 자세히 '의미별'로 정리했습니다만, 간단하게 **언급하면, 첫째,** 동사**에 붙여** '널리, 전부에, 전혀, 완전히, 심하게, 과도하게' **따위의 뜻이 되고, 둘째,** '떼어 내다, 제거하다'의 뜻의 동사를 만들고, 셋째, 자동사에 붙여 타동사를 **만들며, 넷째,** 형용사 · 명사에 붙여 '-로 만들다' 따위의 뜻을 가진 타동사를 만드는 역할을 **합니다.**

이제 아래 'Practice'에 정리된 단어들의 소리를 익혀 보세요. 특히 자음 [r], [f], [v]의 소리를 지금까지 배운 발성법에 따라 정확하게 발음하고, 또한 [-**ea**-], [-**ou**-], [-**oa**-]와 같은 이중모음도 소리 법칙을 상기하면서 스스로 소리를 찾아 공부하세요.

Practice | 비- [be-]

1	**be**flówer 꽃으로 장식하다	→	**be**(비) · fló(플ᶠ라) · wer(워ʳ)	→	비플ᶠ라워ʳ
2	**be**práise 극구 칭찬하다	→	**be**(비) · prái(프뤠이) · se(즈)	→	비프뤠이즈
3	**be**stár 별로 꾸미다	→	**be**(비) · stár(스따어ʳ)	→	비스따어ʳ
4	**be**héad 참수하다	→	**be**(비) · héad(헤드)	→	비헤드
5	**be**réave 앗아 가다	→	**be**(비) · réave(뤼이브ᵛ)	→	비뤼이브ᵛ
6	**be**drággle 질질 끌어 적시다	→	**be**(비) · drá(듀뢔) · ggle(글)	→	비듀뢔글
7	**be**déw 이슬로 적시다	→	**be**(비) · déw(듀우)	→	비듀우
8	**be**móan 슬퍼하다	→	**be**(비) · móan(모운)	→	비모운
9	**be**móck 비웃다	→	**be**(비) · móck(막)	→	비막

10	**be**chárm 매혹하다	→	**be**(비) · chárm(챠암r)	→	비챠암r
11	**be**fóul 더럽히다	→	**be**(비) · fóul(파f울)	→	비파f울
12	**be**wítch 마법을 걸다	→	**be**(비) · wítch(윝취)	→	비윝취

요점정리

1. [be–]는 'b(브)+e(이) = 비–'로 약하게 흘려서 발음한다.
2. [be–]는 '널리, 전부에, 완전히, 떼어 내다, –로 만들다'의 뜻을 나타내는 접두사다.

알고 갑시다

접두사 [be–]의 변신

'Practice 1'에 정리된 동사들은 기존의 동사에 접두사 [**be**-]를 붙여 파생된 동사들입니다. 접두사 [**be**-]를 붙이면서 '널리, 전부에, 전혀, 완전히, 심하게, 과도하게'라는 의미만 첨가됐을 뿐입니다.

예를 들면, 'flower'는 '꽃으로 장식하다'라는 뜻인데, 접두사 [**be**-]를 붙인 '**be**flówer'는 '꽃으로 온통 흩뿌리듯 장식하다'라는 뜻이 되며, 'práise'는 단순히 '칭찬하다'라는 뜻이지만 '**be**práise'는 입에 침이 마르도록 '극구 칭찬하다'라는 뜻으로, 접두사 [**be**-]는 정도가 심(甚)하거나 완전(完全)하거나 과(過)하다는 의미를 덧붙여 주는 역할을 합니다.

Practice 1 | [be–] (1)

● 동사에 붙여 '널리, 전부에, 전혀, 완전히, 심하게, 과도하게' 따위의 뜻

bedábble 튀겨서 더럽히다	**be**dásh 온통 뿌리다	**be**dáze 현혹시키다	**be**dázzle 현혹시키다	**be**déck 화려하게 장식하다
beflág 많은 기(旗)로 장식하다	**be**flówer 꽃으로 장식하다	**be**jéwel 보석으로 장식하다	**be**láud 격찬하다	**be**pláster 회반죽을 바르다
bepówder 가루를 뿌리다	**be**práise 극구 칭찬하다	**be**sméar 잔뜩 처바르다	**be**spréad 온통 덮다	**be**sprínkle 살포하다
bestár 별로 꾸미다	**be**stréw 흩뿌리다	**be**thínk 숙고하다	**be**wáil 몹시 슬퍼하다	

'머리(**head**)'를 '떼어 내니(**be**-)' '**be**héad'는 '참수하다, 목을 베다'라는 의미겠지요? '떼어 내다'라는 의미로 접두사 [**be**-]가 붙은 동사는 오른쪽 'Practice 2'에 달랑 2개이니 참고로 외워 두세요(^.^)

Practice 2 | [be–] (2)

● '떼어 내다'의 뜻의 동사를 만듦

behéad 참수하다	**be**réave 앗아 가다			

'오다'라는 단어 'come'은 자동사이지만 'becóme'은 '-에 어울리다'라는 '타동사'이지요. 아래 'Practice 3'에 정리된 동사들은 원래 자동사에서 접두사 [**be**-]가 붙어 타동사로 전환된 동사들입니다.

Practice 3 | [be–] (3)

● 자동사에 붙여 타동사를 만듦

becóme –에 어울리다	**be**drággle 질질 끌어 적시다	**be**fáll 일어나다	**be**míre 흙탕에 빠뜨리다	**be**móan 슬퍼하다
bemóck 비웃다	**be**sét 포위하다			

'dew'와 'fog'는 각각 '이슬'과 '안개'라는 명사입니다. 이 어간에 접두사 [**be**-]를 붙이면 '-로 만들다'라는 뜻의 타동사가 되지요. 그래서 '**be**déw'는 '이슬로 적시다'로, '**be**fóg'는 '안개로 덮다'로 명사에서 동사로 의미가 전환되었다는 것을 알 수 있지요. 이런 상관관계를 염두에 두면서 아래 단어들의 소리를 공부하세요.

Practice 4 | [be–] (4)

● 형용사 · 명사에 붙여 '–로 만들다' 따위의 뜻의 타동사를 만듦

becálm 잠잠하게 하다	**be**chárm 매혹하다	**be**clóud 흐리게 하다	**be**dévil 악마에게 홀리게 하다	**be**déw 이슬로 적시다
bedím 흐리게 하다	**be**fóg 안개로 덮다	**be**fóol 놀리다	**be**líttle 축소하다	**be**fóul 더럽히다
begúile 현혹시키다	**be**méan 저하시키다	**be**númb 마비시키다	**be**scréen 덮어서 숨기다	**be**smírch 손상하다
bespót 반점을 찍다	**be**tróth 약혼시키다	**be**wítch 마법을 걸다		

de-

[디-, 디-]의 소리를 찾아서

저는 개인적으로 커피를 참 좋아해요. 아마 하루에 평균 15잔 정도 마실걸요. 그렇다고 남들처럼 밤잠을 설치거나 하는 일도 없으니 커피와 궁합이 맞는다고나 할까요? 커피를 줄이라고 성화하던 저의 처도 지금은 저의 커피 사랑(?)의 마음을 이해해 주지만 '카페인' 성분이 없는 '디카페' 커피를 마시라고 충고하지요. 하지만 개인적으로 저는 '자판기'용 커피 맛을 사랑해요.

그런데 커피에 들어 있는 이 카페인을 영어단어로 'caffeine'이라고 쓰고, 이 이 카페인 성분을 뺀 커피를 영어로 '**de**caf'라 합니다. 이 '**de**caf'를 '디카페'라 읽지 않으며, 진하게 표시한 부분 [**de**-]는 앞에서 배운 [be-]처럼 접두사이기 때문에 모음 [e]가 약모음이고, 으뜸 강세는 접두사 [**de**-] 뒤에 오는 음절의 모음에 옵니다. 따라서 '기본 발음 [e]'에서 배웠듯이 강모음 앞에 위치한 약모음 [**e**]는 약하게 '이'로 발음하며, 따라서 [**de**-]는 '디-'로 발음해야 합니다. 그럼 '**de**caf'에서 접두사 [**de**-]를 뺀 나머지 [-caf]는 '카페'가 아니라 [a]가 강모음이니까 '애'로 발음해야 하니까 '캪f'로 발음합니다. 따라서 '**de**caf'를 '디카페'가 아니라 '디캪f'로 발음합니다.

물론 접두사 [**de**-]도 여러 가지 의미를 담고 있습니다. 첫째, '지방(fat)'을 '제거(**de**-)'한다는 '**de**fát(지방질을 제거하다)'과 같이 '분리, 제거'의 뜻을 담고 있으며, 둘째, '계급(class)'을 '낮추다(**de**-)'라는 '**de**cláss(계급을 낮추다)'처럼 '저하, 감소'의 뜻이 있어요. 셋째, '암호(code)'화했던 것을 반대로 해독한다(**de**-)는 '**de**códe(암호를 해독하다)'처럼 '비(非)-, 반대'의 뜻과, 넷째, '상세히(**de**-)' '쓰다(scribe)'라는 '**de**scríbe(묘사하다)'처럼 '완전히, 상세히'의 뜻, 마지막으로, '**de**crý(비난하다)'처럼 '나쁜 의미로'의 뜻을 담고 있습니다.

이제 아래 'Practice'에 정리된 단어들을 위의 요령처럼 접두사 [**de**-]와 어근을 분절하여 음과 뜻을 상기하면서 스스로 생각해 보면 소리를 찾아 발음하는 데 크게 어려움이 없을 겁니다. 그럼 'Practice'에 정리된 단어들을 공부해 봅시다.

Practice | 디- [de-]

1	**de**dúct 공제하다	→	**de**(디) · dúct(덕트)	→	디덕트
2	**de**náture 본성을 없애다	→	**de**(디) · ná(네이) · ture(*취r*)	→	디네이*취r*
3	**de**cláss 계급을 낮추다	→	**de**(디) · cláss(클래쓰)	→	디클래쓰
4	**de**móte 강등시키다	→	**de**(디) · móte(모울)	→	디모울
5	**de**spáir 절망하다	→	**de**(디) · spá(스뻬) · ir(*어r*)	→	디스뻬*어r*
6	**de**táin 구금하다	→	**de**(디) · táin(테인)	→	디테인
7	**de**cámp 야영을 거두다	→	**de**(디) · cámp(캠프)	→	디캠프
8	**de**híre 해고하다	→	**de**(디) · híre(하이*어r*)	→	디하이*어r*
9	**de**mólish 파괴하다	→	**de**(디) · mó(마) · lish(리쉬)	→	디말리쉬
10	**de**cí**de** 결정하다	→	**de**(디) · cí**de**(싸이드)	→	디싸이드
11	**de**crý 비난하다	→	**de**(디) · crý(크롸이)	→	디크롸이

12	**de**nóunce 비난하다	→	**de**(디) · nóun(나운) · ce(쓰)	→	디나운쓰

요점정리

1. [de–]는 'd(드)+e(이) = 다–'로 약하게 흘려서, 'd(드)+e(이) = 디–'로 강하게 발음한다.
2. [de–]는 '분리, 제거, 저하, 감소, 비(非)–, 반대, 완전히, 상세히, 나쁜 의미로'의 뜻을 나타내는 접두사다.

알고 갑시다

접두사 [de–]의 변신

접두사 [**de**-]를 붙이면 몇 가지 단어를 제외하고 추방하고, 강등하고, 파괴하며, 비난하는 등 전반적으로 '부정적' 의미를 담고 있어요. 간단하게 요약하자면, '분리, 제거, 저하, 감소, 비(非)-, 반대, 완전히, 상세히, 나쁜 의미로'의 뜻을 담고 있습니다. 저 나름대로 아래와 같이 뜻에 따라 다섯 가지 범주로 단어를 정리했지만, 저 자신이 어원을 전공한 전문가가 아니라서 정확한 분류라고 자신할 수가 없네요. 이 책의 목적은 단어를 읽고 쓸 수 있는 능력을 향상시켜 주는 것이지만, 부차적으로 그 단어에 담긴 의미도 알고 가는 것이 좋겠다는 생각으로 아래와 같이 보조 자료를 만들었으니 참고로 이용하세요.

'Practice 1'과 'Practice 2'에는 접두사 [**de**-]가 '분리, 제거'의 의미를 담고 있는 단어들을 정리해 놓았습니다. 어간에 해당하는 'face, fat, húman, náture, pose, rail, port, throne'은 1~2음절로 구성되어 있는 기본 어휘로서 저와 함께 지금까지 단계별로 공부한 사람이라면 발음하기 어렵지 않을 겁니다. 그리고 이 단어들에 담긴 의미도 알고 있을 것입니다. 이 기본 어간에 접두사 [**de**-]를 붙이면 '분리, 제거'라는 의미를 담고 있습니다. 예를 들면, 'húman'은 '인간적'이지만 '**de**húmanize'는 '인간성을 빼앗다'가 되고 'náture'는 자연적 '본성'을 뜻하지만 '**de**náture'는 그 '본성을 없애다'는 의미가 되지요. '왕좌(throne)'를 빼앗기니까 '**de**thróne'은 '폐위시키다'가 되겠지요. 기차가 '철도(rail)'에서 벗어나니까 '**de**ráil'은 '탈선시키다'가 되겠습니다. 따라서 'Practice 1'과 'Practice 2'에 있는 단어들을 이와 같은 요령과 방법으로 생각하면서 과학적이고 체계적으로 학습하세요.

Practice 1 | [de–]의 의미 변화 (1)

● 명사에 붙여 '분리, 제거'의 뜻(off, away, aside)의 동사로 변화

1	face 얼굴	페ᶠ이스	→	**de**fáce 외관을 손상하다	디페ᶠ이스
2	fat 지방	팯ᶠ	→	**de**fát 지방질을 제거하다	디팯ᶠ
3	húman 인간적	휴먼	→	**de**húman**ize** 인간성을 빼앗다	디휴머나이즈
4	náture 자연	네이춰ʳ	→	**de**nát**ure** 본성을 없애다	디네이춰ʳ
5	pose 자세	포우즈	→	**de**póse 면직하다	디포우즈
6	rail 철도	뤠일	→	**de**ráil 탈선시키다	디뤠일
7	port 공항	포어ʳ트	→	**de**pórt 추방하다	디포어ʳ트
8	throne 왕좌	쓰ʳ로운	→	**de**thróne 폐위시키다	디쓰ʳ로운
9	horn 뿔	호어ʳ은	→	**de**hórn 뿔을 제거하다	디호어ʳ은

아래 'Practice 2'에 정리된 단어들 외에도 '분리, 제거'의 의미를 담고 있는 접두사 [**de**-]가 붙어 있는 많은 단어들이 있어요. 직접 사전을 뒤져 가면서 접두사 [**de**-]가 붙어 있는 단어들의 음과 뜻을 찾아보세요. 'Easy come, easy go! (얻기 쉬운 것은 잃기도 쉽다.)'는 영어 속담처럼 공부는 '손발이 고생해야' 얻는 것도 많습니다.

Practice 2 | [de-] (1)

● 명사에 붙여 '분리, 제거'의 뜻(off, away, aside)의 동사로 변화

dedúct 공제하다	**de**dúce 추론하다	**de**fáce 외관을 손상하다	**de**fát 지방질을 제거하다	**de**hórn 뿔을 제거하다
dehúman**ize** 인간성을 빼앗다	**de**nát**ure** 본성을 없애다	**de**párt 출발하다	**de**póse 면직하다	**de**pláne 비행기에서 내리다
depórt 추방하다	**de**príve 박탈하다	**de**ráil 탈선시키다	**de**spóil 약탈하다	**de**tách 떼어 내다
dethróne 폐위시키다	**de**tráin 열차에서 내리다			

'Practice 3'과 'Practice 4'에는 접두사 [**de**-]가 '저하, 감소'로 영어 단어로는 'down'의 의미를 담고 있는 단어들을 정리해 놓았습니다. 예를 들면, 'class'는 '등급, 계급'이지만 '**de**cláss'는 '계급을 낮추다'가 되고, 'válue'는 '가치'를 뜻하지만 '**de**válue'는 '가치를 떨어뜨리다'라는 의미가 되지요. 그런데 'Practice 4'에 정리된 모든 단어들이 접두사 [**de**-]를 제거하면 'válue, class, mean'과 같이 어근이 '순수 단어(**word**)'로 되어 있지는 않아요. 왜냐하면 영어의 뿌리가 라틴어에 근거를 두고 오랜 시간 동안 변형되었기 때문이죠. 예를 들면 '**de**scénd(내리다)'에서 접두사 [**de**-]를 제거하면 'scend'가 되지만, 이 'scénd'는 영어 사전에 등록된 '순수 단어(**word**)'가 아닙니다. 하지만 'ascénd(올라가다)'와 'transcénd(초월하다)'와 같이 여러 가지 접두사를 붙이면 '영어단어'로 탄생을 하지요. 따라서 나중에 여러분

들의 어휘력이 향상이 되면 많이 볼 '어간(Root)'들이니까 눈여겨보시고, 각 '어간(Root)'들의 소리 또한 익혀 두시면 나중에 후회하지 않을 겁니다.

Practice 3 | [de–]의 의미 변화 (2)

● 동사 · 명사 · 형용사에 붙여 '저하, 감소'의 뜻(down from, down to)의 동사로 변화

1	class 계급	클래쓰	→	**de**cláss 계급을 낮추다	디클래쓰
2	géneràte 낳다	제너뤠잍	→	**de**géneràte 퇴보하다	디제너뤠잍
3	grade 등급	그뤠이드	→	**de**grá**de** 강등시키다	디그뤠이드
4	mean 비열한	미인	→	**de**méan 품위를 떨어뜨리다	디미인
5	value 가치	밸ᵛ류우	→	**de**válue 가치를 떨어뜨리다	디밸ᵛ류우

Practice 4 | [de–] (2)

● '저하, 감소'의 뜻: (down from, down to)

debáse 저하시키다	**de**cáy 썩다	**de**cláss 계급을 낮추다	**de**clíne 거절하다	**de**créase 줄이다
defér 연기하다	**de**fláte 공기를 빼다	**de**fráy 지출하다	**de**généra**te** 퇴보하다	**de**grá**de** 강등시키다
dejéct 낙담시키다	**de**méan 품위를 떨어뜨리다	**de**míse 양도하다	**de**móte 강등시키다	**de**préci**àte** 평가 절하하다
depréss 우울하게 하다	**de**scénd 내리다	**de**spáir 절망하다	**de**spónd 낙담하다	**de**táin 구금하다
detráct 감소하다	**de**válue 가치를 떨어뜨리다	**de**vólve 양도하다		

'Practice 5'와 'Practice 6'에는 접두사 [**de**–]가 '비(非)–, 반대'의 뜻을 담고 있는 단어들을 정리해 놓았습니다. 예를 들면, 'camp'는 '야영을 하다'지만 '**de**cámp'는 '야영을 거두다'가 되지요. 강세의 위치도 변함이 없으니까 '소리 찾기'가 어렵지 않을 것입니다. 뜻도 같이 공부하는 것 잊지 마세요.

Practice 5 | [de–]의 의미 변화 (3)

● 동사에 붙여 '비(非)–, 반대'의 뜻으로 변화

1	áctiv**àte** 활성화시키다	액터베ᵛ잍	→	**de**áctiv**àte** 비활성화시키다	디액터베ᵛ잍
2	camp 야영하다	캠프	→	**de**cámp 야영을 거두다	디캠프
3	cípher 암호로 하다	싸이퍼ʳ	→	**de**cípher 해독하다	디싸이퍼ʳ
4	code 암호로 하다	코우드	→	**de**códe 암호를 해독하다	디코우드
5	compóse 조립하다	컴포우즈	→	**dè**compóse 분해시키다	**디**컴포우즈
6	hire 고용하다	하이어ʳ	→	**de**híre 해고하다	디하이어ʳ
7	mílitar**ìze** 무장화하다	밀리터롸이즈	→	**de**mílitar**ìze** 비무장화하다	디밀리터롸이즈
8	pollúte 오염시키다	펄루우트	→	**dè**pollúte 정화하다	**디**펄루우트

Practice 6 | [de–] (3)

● '비(非)–, 반대'의 뜻 : (un–)

deáctiv**àte** 비활성화시키다	**de**cámp 야영을 거두다	**de**cípher 해독하다	**de**códe 암호를 해독하다	**dècom**póse 분해시키다
decéntral**ìze** 분산시키다	**de**híre 해고하다	**de**mílitar**ìze** 비무장화하다	**de**móbil**ìze** 동원해제하다	**de**móral**ìze** 타락시키다

denátional**ìze** 국민으로서의 특권을 박탈하다	**dè**pollúte 정화하다			

'Practice 7'에는 접두사 [**de**-]가 '완전히, 상세히'의 뜻을 담고 있는 단어들을 정리해 놓았습니다. 따라서 아래의 단어들의 우리말 뜻을 살펴보면 '파괴하다, 고갈시키다, 황폐시키다' 등 부숴 버리되 철저하고 완벽하게 부순다는 의미가 됩니다. '**de**táil'이라는 단어도 '상세하고, 세밀하게' 설명한다는 의미이며, '**de**scríbe'도 그림을 그리듯 설명한다는 의미로 우리말의 '묘사하다'라는 뜻을 담고 있습니다. 단어의 수는 많지 않지만 영어 문장에서 많이 등장하는 단어이니만큼 확실하게 음과 뜻을 새겨야 한다는 것은 두말하면 잔소리이지요.

Practice 7 | [de-]의 의미 전환 (4)

● '완전히, 상세히'의 뜻의 동사를 만듦

debár 내쫓다	**de**cíde 결정하다	**de**cláre 선언하다	**de**féat 패배시키다	**de**mólish 파괴하다
depléte 고갈시키다	**de**stróy 파괴하다	**de**scríbe 묘사하다	**de**táil 상술하다	**de**tést 몹시 싫어하다
dévastàte 황폐시키다	**de**vóte 헌신하다	**de**vóur 먹어 치우다		

아래 'Practice 8'과 'Practice 9'에는 접두사 [**de**-]가 '나쁜 의미로'의 뜻을 담고 있는 단어들을 정리해 놓았습니다. 따라서 '명예(fame)'를 훼손하고(**de**fáme), '형태(form)'를 훼손시키기(**de**fórm)도 합니다. 아래의 단어들의 우리말 뜻을 살펴보면 '비난하다, 속이다, 조롱하다' 등 그야말로 '나쁜 의미로'의 단어들입니다. 발음도 기본 발음의 법칙만 알면 읽는 데 큰 문제는 없겠죠? 그럼 "Let's do it!"

Practice 8 | [de–]의 의미 변화 (5)

● 명사 · 동사에 붙여 '나쁜 의미로'의 뜻(in a bad sense)의 동사로 변화

1	cry 소리치다	크라이	→	**de**crý 비난하다	디크라이
2	file 다듬다	파^{f}일	→	**de**fíle 더럽히다	디파^{f}일
3	form 형성하다	포^f*엄*^{r}	→	**de**fórm 변형시키다	디포^f*엄*^{r}
4	fraud 사기	프^{f}로오드	→	**de**fráud 사취하다	디프^{f}로오드
5	fame 명성	페^{f}임	→	**de**fáme 비방하다	디페^{f}임

Practice 9 | [de–] (5)

● '나쁜 의미로'의 뜻: (in a bad sense)

decéive 속이다	**de**crý 비난하다	**de**fáme 비방하다	**de**fíle 더럽히다	**de**fórm 변형시키다
defráud 사취하다	**de**lúde 속이다	**de**nóunce 비난하다	**de**práve 악화시키다	**de**ríde 조롱하다
despíse 경멸하다				

dis-

[디스-, 디스-]의 소리를 찾아서

접두사 [**dis**-]는 '비(非)-, 무(無)-, 불(不), 반대(反對), 분리(分離)'의 뜻을 나타내는 접두사입니다. 한자어 '비(非)-, 불(不)'은 우리말 의미로 '아니다'라는 뜻이고, 한자어 '무(無)-'는 '없다'라는 뜻이지요. 언어학적으로 의미를 세밀하게 분류하며 '비(非)-, 무(無)-, 불(不), 반대(反對), 분리(分離)'의 뜻에 따라 다섯 가지 범주로 단어를 정리했지만, 편안하게 생각하면 어근인 '순수 단어(**word**)'의 반대말, 즉 반의어로 이해하면 됩니다. 예를 들면, '**ac**córd'는 '일치하다'이지만 접두사 [**dis**-]를 붙인 '**dìsac**córd'는 '불일치하다'라는 반의어가 되지요. 또 'cóver'는 '덮어 버리다', 혹은 '덮개'라는 뜻이지만 '**dis**cóver'는 '덮개(cover)'를 '제거'하니까 그 안에 있는 무언가를 '발견하다'는 개념으로 거의 반의어가 되지요. 이와 같은 개념으로 접두사 [**dis**-]가 붙어 있는 단어들의 의미를 파악하고 이해하면 됩니다.

그럼, 이제 소리를 공부할까요? 접두사 [**dis**-]는 기본 발음만 알고 있으면 충분히 읽을 수 있지요? 맞습니다. '**d**(드)+**i**(이)+**s**(스) = 디스-'로 발음하면 됩니다. 다만 '디스-'라는 소리는 변함이 없지만 접두사 [**dis**-] 안에 있는 모음 [i]에 강세가 있느냐 없느냐에 따라 소리의 높낮이가 다릅니다. 보통 영어 교사들조차도 '접두사, 접미사는 강세가 붙지 않는다.'라는 개념을 가지고 있어요. 하지만 '접두사, 접미사도 강세가 붙기도 한다.'는 생각을 가져야 합니다. 예를 들면 '**dìsac**córd'는 [**dis**-]·[-**ac**-]·[-córd]의 3음절로 되어 있는 단어인데, [**dis**-]도 접두사이지만 [-**ac**-]도 앞에서 배웠듯이 접두사입니다. 따라서 '으뜸 강세(제1강세)'는 어간인 [-córd]에 오게 되며, 영어의 자연스러운 음조에 따라 2음절의 [-**ac**-]는 약모음이 되며, 결국 접두사 [**dis**-]가 '제2강세'가 되는 발성 구조가 됩니다. 그러면 '**dìsac**córd'는 '디스·어·코어ʳ드'로 발음하게 됩니다. '불명예'라는 영어단어 '**dis**gráce'는 [**dis**-]·[-gráce]로 분절되며, 이 경우는 어간 [-gráce] 앞에 접두사는 [**dis**-]만 있으니까 [**dis**-]는 약모음이 되지요. 결론적으로 말하면 '어간 앞에 접두사가 두 개가 붙으면 첫 번째 접두사의 모음에 강세가 온다.'는 기본 강세 법칙을 알아 두세요. 아래 'Practice'에 정리된 단어에서 여러분들의 이해를 돕고자 접두사 [**dis**-] 뒤에 '제2접두사'가 있으면 진한 글씨로 표시해 놓았습니다. 참고하면서 'Practice' 접두사 [**dis**-] 부분의 소리를 공부해 봅시다.

Practice | 디스- / 디스- [dis-]

1	**dìsac**córd 일치하지 않다	→	**dìs**(디스)·**ac**(얼)·córd(코어ʳ드)	→	디써코어ʳ드
2	**dìsap**póint 실망시키다	→	**dìs**(디스)·**ap**(엎)·póint(포인트)	→	디써포인(트)
3	**dìsbe**líeve 불신하다	→	**dìs**(디스)·**be**(비)·líeve(리이브ᵛ)	→	디스빌리이브ᵛ
4	**dìscon**néct 연락을 끊다	→	**dìs**(디스)·**con**(컨)·néct(넥트)	→	디스커넥트
5	**dìs**sipáte 흩뜨리다	→	**dìs**(디스)·si(써)·páte(페일)	→	디써페일
6	**dìsin**fést 해충을 없애다	→	**dìs**(디스)·**in**(인)·fést(페ᶠ스뜨)	→	디씬페ᶠ스뜨
7	**dìsad**vántage 불이익	→	**dìs**(디스)·**ad**(얻)·ván(밴ᵛ)·tage(티쥐)	→	디스얻밴ᵛ티쥐

8	**dìscom**fórt 불쾌	→	**dìs**(디스) · **com**(컴) · fórt(포^{f}어^{r}트)	→	디스컴포^{f}어^{r}트
9	**dìscon**tínue 중지하다	→	**dìs**(디스) · **con**(컨) · tínue(티뉴)	→	디스컨티뉴
10	**dis**gráce 불명예	→	**dis**(디스) · gráce(그뤠이쓰)	→	디스그뤠이쓰
11	**dis**pénse 베풀다	→	**dis**(디스) · pén(펜) · se(쓰)	→	디스펜쓰
12	**dis**cóver 발견하다	→	**dis**(디스) · có(커) · ver(버^{vr}어^{r})	→	디스커버^{vr}어^{r}

요점정리

1. [dis–]는 'd(드)+i(이)+s(스) = 디스–'로 약하게, 'd(드)+i(이)+s(스) = 디스–'로 강하게 발음한다.
2. [dis–]는 '비(非)–, 무(無)–, 불(不), 반대(反對), 분리(分離)'의 뜻을 나타내는 접두사다.

알고 갑시다

접두사 [dis–]의 변신

접두사 [**dis**-]는 '비(非)-, 불(不)'과 같이 '아니다'와, '무(無)'와 같이 '없다'라는 어근의 반대말, 즉 반의어로 이해하면 된다고 앞에서 설명했습니다. 접두사 [**dis**-] 뿐만 아니라 그 어근에 해당하는 '순수 단어(**word**)'의 음과 뜻도 익히고 가는 것이 효과적이고 바람직하기 때문에 다음 접두사를 공부하기 전에 저 나름대로 아래와 같이 뜻에 따라 접두사 [**dis**-]를 다섯 가지 범주로 단어를 정리하였습니다. 첫째, '감동시키다(**af**féct)'라는 동사에 접두사 [**dis**-]를 붙이면, '**dìsaf**féct(반감을 품다)'와 같이 '반대'의 뜻을 담게 되며, 둘째, '무기(arm)'라는 명사에 접두사 [**dis**-]를 붙이면, '**dis**árm(무장을 해제하다)'와 같이 무기를 '빼앗다'라는 '제거'를 뜻하는 동사로 전환되고, 셋째, 아주 적은 단어이지만, '유능한(áble)'이라는 형용사에 접두사 [**dis**-]를 붙이면, '**dis**áble(무능하게 하다)'와 같이 '불(不)', '무(無)'의 뜻이 담긴 동사로 전환됩니다. 넷째로는 '신뢰(trust)'라는 명사에 접두사 [**dis**-]를 붙이면, '**dis**trúst(불신)'와 같이 '비(非)-, 불(不)', '무(無)'과 같이 반의어가 되며, 마지막으로, '넓은 지면(tract)'이라는 명사에 접두사 [**dis**-]를 붙이면, 그 지면(地面)에서 '빗나가게 하다(**dis**tráct)'는 의미로 '분리(分離)'의 뜻을 담고 있습니다.

'Practice 1, 2'에는 접두사 [**dis**-]를 동사에 붙여 '반대'의 뜻을 담게 되는 단어들을 정리해 놓았습니다. 어간에 해당하는 '**af**féct, **a**grée, **en**gáge, pláce, móunt' 등은 1~2음절로 구성되어 있는 기본 어휘로서 저와 함께 지금까지 단계별로 공부한 사람이라면 발음하기 어렵지 않겠죠? 다만 접두사 [**dis**-]가 강모음인 '디스-'로 발음해야 하는지, 약모음 '디스-'로 발음해야 하는지를 그 단어의 형태에서 찾는 습관을 가져야겠지요? 반복해서 말하지만, '어간 앞에 접두사가 두 개가 붙으면 첫 번째 접두사의 모음에 강세가 온다.'는 기본 강세 법칙에 따라서 [**dis**-] 뒤에 진하게 표시된 '제2접두사'에 주의하면서 'Practice 1'과 'Practice 2'에 있는 단어들을 이와 같은 요령과 방법으로 학습하세요.

Practice 1 | [dis–]의 의미 전환(1)

● 동사에 붙여 '반대'의 뜻으로 전환

1	**af**féct 감동시키다	어펙[f]트	→	**dìsaf**féct 반감을 품다	**디써**펙[f]트
2	**a**grée 동의하다	어그뤼이	→	**dìsa**grée 의견이 다르다	**디써**그뤼이
3	**en**gáge 속박하다	인게이줘	→	**dìsen**gáge 해방하다	**디씬**게이줘
4	place 임명하다	플레이쓰	→	**dis**pláce 추방하다	**디스**플레이쓰
5	mount 오르다	마운(트)	→	**dis**móunt 내리다	**디스**마운(트)
6	obéy 복종하다	어베이	→	**dìs**obéy 명을 어기다	**디써**베이
7	please 기쁘게하다	플리이즈	→	**dis**pléase 불쾌하게 하다	**디스**플리이즈
8	use 사용하다	유우즈	→	**dis**úse 폐지하다	**디슈**우즈

Practice 2 | [dis–] (1)

● 동사에 붙여 '반대'의 뜻으로 전환

dìsaccórd 일치하지 않다	**dìsac**crédit 의 자격을 뺏다	**dìsaf**féct 반감을 품다	**dìsaf**fírm 부인하다	**dìsa**grée 의견이 다르다
dìsallów 허가하지 않다	**dìsap**péar 사라지다	**dìsap**póint 실망시키다	**dìsap**próve 찬성하지 않다	**dìsar**ránge 어지럽히다
dìsarráy 혼란시키다	**dìsas**sémble 해체하다	**dìsbe**líeve 불신하다	**dis**búrden 짐을 내리다	**dis**chárge 짐을 내리다
dìsconnéct 연락을 끊다	**dìsen**gáge 해방하다	**dìses**téem 경시하다	**dis**héarten 낙담시키다	**dìsin**clíne 싫증나게 하다
disìntegr**áte** 분해시키다	**dis**jóin 분리시키다	**dis**líke 싫어하다	**dis**móunt 내리다	**dìs**obéy 위반하다
disórgan**ìze** 질서를 문란케 하다	**dis**pláce 추방하다	**dis**pláy 전시하다	**dis**pléase 불쾌하게 하다	**dis**próve 반증하다
dìsregárd 무시하다	**dis**sént 반대하다	**dis**úse 폐지하다		

아래 'Practice 3'과 'Practice 4'에는 접두사 [**dis**-]의 두 번째 의미 법칙인 '명사에 접두사 [**dis**-]를 붙이면 '빼앗다, 없애다, 벗기다'라는 '제거'를 뜻하는 동사로 전환'되는 단어들을 정리해 놓았습니다. 예를 들면, '무기(arm)'를 빼앗으니(**dis**-) '무장 해제하다(**dis**árm)'가 되고, '변호사 자격(bar)'을 빼앗으니(**dis**-) '변호사 자격을 박탈하다(**dis**bár)'가 되며, '나뭇가지(branch)'를 없애니(**dis**-) '가지를 치다(**dis**bránch)'가 됩니다. 접두사 [**dis**-]를 붙여서 '제거'를 뜻하는 동사로 전환된 영어단어들이 상당히 많이 있습니다. 이와 같이 접미사, 접두사를 풍부하게 알고 있으면 나중에 영어 회화나 쓰기(writing)를 할 때, 'I want to get rid of the branch.'도 좋지만, 간략하게 'I want to disbranch.'로 표현할 수도 있습니다. 그러면 아마 여러분의 풍부한 어휘력에 영어 선생님들도 깜짝 놀라시겠죠? 그럼 아래에 정리된 단어들의 음과 뜻을 공부해 볼까요?

Practice 3 | [dis-]의 의미 전환(2)

● 명사에 붙여 '없애다, 벗기다, 빼앗다'의 뜻의 동사로 전환

1	arm 무기	아암*r*	→	**dis**árm 무장 해제하다	**디싸**암*r*
2	branch 가지	브랜취	→	**dis**bránch 가지를 치다	**디스**브랜취
3	bud 싹	버드	→	**dis**búd 싹을 따내다	**디스**버드
4	cólor 색	칼러어*r*	→	**dis**cólor 탈색시키다	**디스**칼러*r*
5	crown 왕관	크롸운	→	**dis**crówn 왕관을 빼앗다	**디스**크롸운
6	gust 큰 기쁨	거스뜨	→	**dis**gúst 싫어지다	**디스**거스뜨
7	mántle 덮개	맨틀	→	**dis**mántle 덮개를 벗기다	**디스**맨틀
8	robe 의복	로우브	→	**dis**róbe 옷을 벗다	**디스**로우브

Practice 4 | [dis–] (2)

● 명사에 붙여 '없애다, 벗기다, 빼앗다'의 뜻의 동사로 전환

disárm 무장 해제하다	**dis**bár 변호사 자격을 박탈하다	**dis**bránch 가지를 치다	**dis**búd 싹을 따내다	**dis**cárd 버리다
discólor 탈색시키다	**dis**cóurage 낙담시키다	**dis**cóver 발견하다	**dis**crówn 왕관을 빼앗다	**dis**fígure 미관을 손상시키다
dismántle 덮개를 벗기다	**dis**gúst 싫어지다	**dìs**infést 해충을 없애다	**dis**ínterest 무관심하게 하다	**dis**máy 낙담하게 하다
disróbe 옷을 벗다				

'Practice 5'에는 접두사 [**dis**–]의 세 번째 의미 법칙인 '형용사에 접두사 [**dis**–]를 붙이면 '불(不)', '무(無)'의 뜻이 담긴 동사로 전환'되는 동사들을 모았어요. 그런데 달랑 3개죠? '유능한(áble)'이라는 형용사에 접두사 [**dis**–]를 붙이면, '**dis**áble(무능하게 하다)'이라는 반대의 의미를 담고 있는 동사로 전환됩니다. 또, '닫힌'이라는 단어 'close'에 접두사 [**dis**–]를 붙이면 반대로 열리는 개념이 되니까 안에 있는 무언가가 '드러나게(**dis**clóse)' 되지요. 'quíet'도 '조용한'이라는 의미인 것은 알죠? 그런데 [**dis**–]를 붙이면 '**dis**quíet', 즉 '불안하게 하다'가 됩니다.

그런데 접두사를 붙이면 의미만 바뀌는 것이 아니라 품사도 바뀌는 경우도 있다는 것을 아셨나요? 접미사도 품사만 전환시켜 주는 것이 아니라 간혹 의미를 바꾸거나 확대, 혹은 첨가시켜 주는 접미사도 있다는 것을 배웠지요?

Practice 5 | [dis–]의 의미 전환 (3)

● 형용사에 붙여 '불(不), 무(無)'의 뜻의 동사로 전환

disáble 무능하게 하다	**dis**clóse 드러나다	**dis**quíet 불안하게 하다		

아래 'Practice 6'과 'Practice 7'에는 접두사 [**dis**-]의 네 번째 의미 법칙인 명사와 형용사에 접두사 [**dis**-]를 붙이면 '불(不), 비(非), 무(無)'라는 '반의어'로 전환되는 단어들을 정리해 놓았습니다. '신뢰'라는 뜻의 'trust'에 접두사 [**dis**-]를 붙이면 '불신'이라는 '**dis**trúst'로 바뀌게 되지요. 이 경우 뜻은 반대말로 바뀌지만 '명사'와 '형용사'라는 본래의 품사는 바뀌지 않는다는 것에 유의하면서 발음하세요.

Practice 6 | [dis–]의 의미 전환 (4)

● 명사 · 형용사에 붙여 '불(不), 비(非), 무(無)'의 뜻으로 전환

1	trust 신뢰	츄뤄스뜨	→	**dis**trúst 불신	**디스**츄뤄스뜨
2	**con**tent 만족	컨텐(트)	→	**dìscon**tént 불만	**디스**컨텐(트)
3	credit 신용	크뤠딛	→	**dis**crédit 불신	**디스**크뤠딛
4	favor 호의	페^{f}이*버*^{vr}	→	**dis**fávor 냉대	**디스**페^{f}이*버*^{vr}
5	harmony 조화	하*어*^{r}머니	→	**dis**hármony 부조화	**디스**하*어*^{r}머니
6	honest 정직한	아니스뜨	→	**dis**hónest 부정직한	**디스**아니스뜨
7	loyal 성실한	로이열	→	**dis**lóyal 불충한	**디스**로이열
8	taste 기호	테이스뜨	→	**dis**táste 혐오	**디스**테이스뜨

Practice 7 | [dis–] (4)

● 명사 · 형용사에 붙여 '불(不), 비(非), 무(無)'의 뜻으로 전환

distrúst 불신	**dìsad**vántage 불이익	**dìsbe**líef 불신	**dìscom**fórt 불쾌	**dìscom**pós**ure** 마음의 동요

dìscontént 불만	**dis**crédit 믿지 않다	**dis**éase 질병	**dis**fávor 냉대	**dis**gráce 불명예
dishármony 부조화	**dis**hónest 부정직한	**dìsil**lú**sion** 각성	**dis**lóyal 불충한	**dis**órder 무질서
dìsrespéct 경시하다	**dis**sàtisfáct**ion** 불만족	**dis**símil**ar** 다른	**dis**táste 혐오	**dis**únion 분리

아래 'Practice 8'과 'Practice 9'에는 접두사 [**dis**-]의 다섯 번째 의미 법칙인 명사와 형용사에 접두사 [**dis**-]를 붙이면 '분리(分離)'의 의미로 전환되는 단어들을 정리해 놓았습니다. 주의할 것은 단순히 둘로 쪼개거나 나눈다는 의미의 '분리(分離)'가 아니라 '확 흩뜨려 놓는다'거나 '산산이 쪼개다'의 이미지라는 것을 이해하면서 소리와 뜻을 익히길 바라요.

Practice 8 | [dis-]의 품사 전환 (5)

● '분리(分離)'의 뜻으로 전환

1	tract 넓은 지면	츄뢕트	→	**dis**tráct 빗나가게 하다	디스츄뢕트
2	**con**tínue 계속하다	컨티뉴	→	**dìscon**tínue 중지하다	디스컨티뉴
3	sect 분파	쎅트	→	**dis**séct 해부하다	디스쎅트
4	miss 빗맞히다	미쓰	→	**dis**míss 해산시키다	디스미쓰

discérn 식별하다	**dìs**contínue 중지하다	**dis**cúss 토론하다	**dis**míss 해산시키다	**dis**pél 쫓아 버리다
dispénse 베풀다	**dis**pérse 흩뜨리다	**dis**póse 처리하다	**dis**séct 해부하다	**dís**sipàte 흩뜨리다
dissólve 녹이다	**dìs**suáde 설득하여 단념시키다	**dis**tíll 증류하다	**dis**tínguish 구별하다	**dis**tráct 빗가게 하다
distríbute 분배하다				

pre-

[프뤼-, 프뤼-, 프뤠-]의 소리를 찾아서

영화가 상영되기 전에 '예고편'을 보여 주거나 아니면 '시사회'를 열어 홍보하는 것이 영화계에 상례가 되었어요. 바로 이렇게 영화를 '미리 보여 주는' '예고(豫告), 시연(試演), 시사(試寫)'를 영어로 '**pre**view'라고 합니다. '보다'라는 의미의 영어 단어 'view'에 접두사 [**pre**-]를 붙인 형태이지요. 바로 이 접두사 [**pre**-]가 '전(前), 앞, 미리(豫), 먼저(先)'의 뜻을 담고 있습니다. 따라서 어떤 단어에 접두사 [**pre**-]가 붙어 있으면 그 행위를 '미리, 먼저' 하는 것을 나타낸다고 인식하면 되겠지요?

그럼 접두사 [**pre**-] 발음은 어떻게 될까요? 다음 'Practice'에 정리된 단어들을 보면, [e]에 강세가 없는 [**pre**-]와 강세가 있는 [**pré**-] 2가지 형태가 있는 것을 알 수 있지요. 어떤 경우에 [e]에 강세가 오는지 정확한 원칙은 없지만, ①부터 ⑥까지 단어에는 접두사 [**pre**-] 외에도 '[-**ac**-], [-**an**-], [-**con**-], [-**de**-]'와 같은 제2의 접두사가 붙어 있는 것을 알 수 있지요? 이런 경우 그 단어의 맨 앞에 위치하는 제1접두사 [**pre**-]에 강세가 옵니다. 반면에, ⑦번부터 ⑩번까지는 '[-**ture**], [-**ous**], [-**tion**]'과 같은 접미사가 붙어 있지요? 접미사를 배우면서 접미사마다 강세의 특징을 설명한 바 있지만, 그 원리에 따라 접두사 [**pre**-]에 강세가 올 수도 있고 오지 않을 수도 있습니다. 따라서 강세의 법칙에 숙달되지 않은 분이 있다면 다시 각 접미사에 언급된 저의 설명을 꼼꼼히 읽어 보면서 복습하길 바라요.

⑪과 ⑫의 단어에는 접두사 [**pre-**] 외에는 가외로 붙은 접미사, 접두사가 없지요? '**pre**céde, **pre**clúde, **pre**cóok, **pre**díct, **pre**fórm, **pre**júdge'와 같이 어간이 짧은 1음절 단어일 때는 접두사에 강세가 오지 않는 것이 접두사의 공통된 기본 강세 법칙입니다. 이런 이유 때문에 접두사에는 강세가 없다고 속단하며 영어를 강의하는 영어 선생님들이 간혹 있어요.

이제 간단하게 요약해 보면, 강세가 없는 [**pre-**]와 강세가 있는 [**prè-**] 2가지 형태가 모두 우리 식으로는 '프뤼-' 하고 똑같게 발음하지만, [**pre-**]는 '프뤼-' 하고, [**prè-**]는 '프뤼-' 하고 소리의 높낮이를 다르게 하며 발음해야 합니다. 아셨죠?

Practice | 프뤼-, 프뤼- [pre-]

1	**prèac**quáint 예고하다	→	**prè**(프뤼) · **ac**(엌) · quáint(퀘인트)	→	**프뤼**엌퀘인(트)
2	**prèan**nóunce 예고하다	→	**prè**(프뤼) · **a**(어) · **n**nóunce(나운쓰)	→	**프뤼**어나운쓰
3	**prècon**dí**tion** 전제조건	→	**prè**(프뤼) · **con**(컨) · dí(디) · **tion**(션)	→	**프뤼**컨디션
4	**prède**términe 미리 결정하다	→	**prè**(프뤼) · **de**(디) · tér(터어r) · mine(민)	→	**프뤼**디터어r민
5	**prèin**fórm 미리 알리다	→	**prè**(프뤼) · **in**(인) · fórm(포f엄r)	→	**프뤼**인포f엄r
6	**prèád**dict 마약 경험자	→	**prè**(프뤼) · **á**(애) · **d**dict(딬트)	→	**프뤼**애딬트
7	**prè**ma**túre** 너무 이른	→	**prè**(프뤼) · ma(머) · **túre**(츄어r)	→	**프뤼**머츄어r
8	**pré**vi**ous** 사전의	→	**pré**(프뤼) · vi(비v) · **ous**(어쓰)	→	**프뤼**벼v쓰
9	**pre**cáu**tion** 예방책	→	**pre**(프뤼) · cáu(코오) · **tion**(션)	→	**프뤼**코오션

10	**pre**món**ish** 미리 경고하다	→	**pre**(프뤼) · mó(마) · n**ish**(니쉬)	→	**프뤼**마니쉬
11	**pre**síde 주재하다	→	**pre**(프뤼) · síde(자이드)	→	**프뤼**자이드
12	**pre**céde 선행하다	→	**pre**(프뤼) · céde(씨이드)	→	**프뤼**씨이드

요점정리

1. [pre–]는 'p(프)+r(루)+e(이) = 프뤼–'로 약하게, 또는 'p(프)+r(루)+e(이) = 프뤼–'로 강하게 발음한다.
2. [pre–]는 '전(前), 앞, 미리(豫), 먼저(先)'의 뜻을 나타내는 접두사다.

알고 갑시다

접두사 [pre–]의 변신

앞에서 설명했듯이 접미사와 접두사에 강세가 있느냐 없느냐에는 일정한 법칙이 없다는 것을 알 수 있지요? 제가 이 책을 쓰면서 왜 접두사보다 접미사를 먼저 설명하는지 아세요? 접두사보다 어떤 접미사가 붙어 있느냐에 따라 그 단어의 강세의 위치가 달라지기 때문이에요. 예를 들면 '**pre** · mó · **nish**'처럼 3음절 단어들은 통상 '약강약'의 음률을 타지요. 하지만 '**pré** · vi · **ous**'처럼 접미사 [-**ous**]는 강세를 자신의 2음절 앞 모음에 오게 하는 특징을 가지고 있기 때문에 접두사 [**pré**-]에 강세가 오게 되어 '강약약'의 음률을 타며 발음하게 됩니다.
또 하나 예를 들면 '**precáution**과 **prècondítion**'은 공통적으로 명사형 접미사 [-**tion**]이 붙어 있지요. 이 접미사의 특징은 접미사 [-**ous**]와는 다르게 바로 앞 모음에 강세를 두면 발음해야 합니다. 따라서 '**pre** · cáu · **tion**'과 같이 3음절 단어는 '약강약'의 음률을 타게 되면서 접두사 [**pre**-]의 [e]가 약모음이라 '프뤼-'라고 발음하지만, 4음절 단어 '**prè** · **con** · dí · **tion**'은 '강약강약'의 음률을 타면서 접두사 [**prè**-]는 '프뤼-'로 강하게 발음하게 됩니다. 결론적으로 말하면 접두사에 강세의 유무는 '그 단어의 음절 수와 접미사의 특징'에 달려 있다는 것입니다. 아래 'Practice 1'에 정리된 단어들의 음절 수와 접미사의 종류를 눈으로 확인하면서 접두사 [**pre**-]의 소리를 익혀 보세요.

Practice 1 | 프뤼-, 프뤼- [pre-]

● 프뤼-

prèacquáint 예고하다	**prè**áddict 마약 경험자	**prèan**nóunce 예고하다	**prèar**ránge 예정하다	**prècon**dí**tion** 전제 조건
prèdetérmine 미리 결정하다	**prèe**léct 예선하다	**prèex**ámine 미리 조사하다	**prèin**fórm 미리 알리다	**pré**vi**ous** 사전의
prèma**túre** 조숙한	**pré**view 시연			

● 프뤼-

predómin**àte** 우세하다	**pre**món**ish** 미리 경고하다	**pre**ám**ble** 전문	**pre**cáu**tion** 예방책	**pre**óccupỳ 선점하다
precéde 선행하다	**pre**clúde 미리 배제하다	**pre**cóok 미리 조리하다	**pre**díct 예언하다	**pre**fér 선호하다
prefórm 미리 형성하다	**pre**júdge 미리 판단하다	**pre**páre 준비하다	**pre**páy 선불하다	**pre**scríbe 처방하다
presérve 보존한다	**pre**síde 주재하다	**pre**súme 추정하다	**pre**ténd 체하다	**pre**téxt 구실로 하다
pretréat 미리 처리하다	**pre**vént 예방하다	**pre**víse 예지하다	**pre**tést 예비 시험	**pre**séason 시즌 전
preschóol 취학 전의				

아래 'Practice 2'에 정리된 단어들은 접미사 [**pre**-]가 붙어 있는 '명사'와 '형용사'로 정리되어 있으며, 강세가 1음절인 접두사 [**pré**-]에 있습니다. 그런데 위의 'Practice 1'에 정리된 단어들의 경우와는 달리 모음 [**é**]가 '에'로 소리가 나면서 '프뤠-'로 발음하는 단어들이지요. 그래서 간혹 '동사'로 쓰일 때는 2음절에 강세가 있고, '명사'와 '형용사'로 쓰일 때는 접두사에 강세가 있다고 나름대로 강세의 법칙을 급조하여 쓰는 분도 있는데, 전적으로 그렇지 않다는 것을 강조합니다.

Practice 2 | 프뤠– [pré–]

1	**pré**face 서문	→	**pré**(프뤠) · face(피ᶠ쓰)	→	**프뤠**피ᶠ쓰
2	**pré**lude 전주곡	→	**pré**(프뤠) · lude(루운)	→	**프뤨**루운
3	**pré**judice 선입견	→	**pré**(프뤠) · judice(주디쓰)	→	**프뤠**주디쓰
4	**pré**sid**ent** 대통령	→	**pré**(프뤠) · si(지) · dent(던트)	→	**프뤠**지던(트)
5	**pré**fer**ence** 편애	→	**pré**(프뤠) · fer(퍼ᶠ어ʳ) · ence(언쓰)	→	**프뤠**퍼ᶠ뤈쓰
6	**prè**parát**ion** 준비	→	**prè**(프뤠) · par(퍼) · rát**ion**(뤠이션)	→	**프뤠**퍼뤠이션
7	**pré**gn**ant** 임신한	→	**pré**(프뤠) · gn**ant**(그넌트)	→	**프뤡**넌(트)
8	**prè**posít**ion** 전치사	→	**prè**(프뤠) · po(퍼) · sít**ion**(지션)	→	**프뤠**퍼지션
9	**pré**sent 현재의	→	**pré**(프뤠) · sent(즌트)	→	**프뤠**즌(트)

re-

[뤼-, 뤼이-, 뤠-]의 소리를 찾아서

MP3플레이어나 녹음기를 통해 방금 들었던 노래를 다시 들으려면 '다시 듣기' 버튼을 눌러야 하지요? 그 버튼을 'replay'라고 하며, '다시(**re**-) 틀다(play)'라는 형태로 되어 있습니다. 영어로 풀어서 쓰면 'To play **again**'을 뜻하며, 우리말로는 '다시', 한자로는 '재(再)'에 해당되는 영어의 접두사가 바로 [**re**-]입니다. 따라서 어떤 단어 앞에 접두사 [**re**-]가 붙어 있으면 그 행동을 반복해서 한다는 뜻으로 받아들이면 되지요. 다른 예를 하나 더 들어 볼까요? 'invést'는 '투자하다'이니까 '다시 투자하다'는 'To invest again' 하고 쓸 수도 있지만, '**rè**invèst'라고 쓰면 더 고급스럽다고 할 수 있지 않을까요?

또 'pay **back**' 하면 '돈을 갚아 주다, -에 보복하다'라는 뜻인데, '**re**páy'와 같은 뜻의 표현입니다. 그러면 '**re**páy'에 붙어 있는 접두사 [**re**-]는 의미상 '다시'라는 'again'의 뜻이 아니겠지요? 예, 맞습니다. 접두사 [**re**-]는 크게 'again'과 'back'이라는 두 가지 뜻으로 쓰이지요. 다음 page에 이 2가지 뜻에 따라 접두사 [**re**-]가 붙은 단어들을 분류하여 정리하였으니까 자세한 것은 그때 가서 공부할게요.

그럼 접두사 [**re**-]는 어떻게 발음할까요? 접두사 [**re**-]는 3가지 소리를 가지고 있습니다. 첫째, 'Practice'에 정리된 단어들 중에 ①부터 ③까지의 단어에는 접두사

[**re**-] 외에도 '[-**ap**-], [-**ar**-], [-**in**-]과 같은 제2의 접두사가 붙어 있는 데, 공통점이 [**rè**-] 다음에 모음으로 시작되는 제2의 접두사들이라는 것입니다. 이런 경우 그 단어의 맨 앞에 위치하는 제1접두사 [**re**-]를 '뤼이-' 하고 장모음으로 길게 발음해야 합니다. 둘째, ④와 ⑤의 단어들은 첫째의 경우와는 반대로 접두사 [**rè**-] 다음에 자음으로 시작하면서 악센트가 없는 음절이 오는 경우이며, 접두사 [**rè**-]에 악센트가 있으므로 '뤠-'로 발음해야 합니다. 단, [**rè**-]가 '뤠-'로 소리 나는 경우의 단어가 많지 않기 때문에 [**re**-]를 무조건 '뤼-'로 발음하도록 가르치고 있다는 것은 반성해야겠지요? 마지막으로, ⑥부터 ⑪까지 단어의 강세 위치를 자세히 보면 ①에서 ⑤까지 예시된 단어의 강세 위치와 다른 것을 볼 수 있습니다. 예를 들면 '**rebú**ke'처럼 접두사 [**re**-] 다음에 오는 음절에 악센트가 있습니다. 이런 경우에는 접두사 [**re**-]는 약모음으로 '뤼-'로 발음해야 하지요. 많은 단어들이 여기에 해당되지요. 다음 장에서 자세히 공부할게요.

그럼 아래 'Practice'의 단어를 읽어 볼까요?

Practice | 뤼이-, 뤠- [rè-] / 뤼- [re-]

1	**rèap**péar 다시 나타나다	→	**rè**(**뤼이**) · **a**(어) · **p**péar(피이어r)	→	**뤼이**어피이어r
2	**rèar**ránge 재정리하다	→	**rè**(**뤼이**) · **a**(어) · **r**ránge(뤠인쥐)	→	**뤼이**어뤠인쥐
3	**rèin**vést 재투자하다	→	**rè**(**뤼이**) · **in**(인) · vést(베v스뜨)	→	**뤼이**인베v스뜨
4	**ré**cog**nìze** 인지하다	→	**ré**(**뤠**) · cog(커그) · **nìze**(나이즈)	→	**뤠**커그나이즈
5	**rècol**léct 회상하다	→	**rè**(**뤠**) · co(커) · lléct(렉트)	→	**뤠**컬렉트
6	**re**ánim**àte** 소생시키다	→	**re**(뤼) · á(애) · ni(너) · m**àte**(메잍)	→	뤼애너메잍

7	**re**bóund 되튀다	→	**re**(뤼) · bóund(바운드)	→	**뤼**바운(드)
8	**re**cýcle 재활용하다	→	**re**(뤼) · cý(싸이) · cle(클)	→	**뤼**싸이클
9	**re**búke 비난하다	→	**re**(뤼) · búke(뷰크)	→	**뤼**뷰크
10	**re**stráin 규제하다	→	**re**(뤼) · stráin(스뜨뤠인)	→	**뤼**스뜨뤠인
11	**re**vénge 보복하다	→	**re**(뤼) · vénge(벤ᵛ쥐)	→	**뤼**벤ᵛ쥐

요점정리

1. [re–]는 'r(루)+e(이) = 뤼–'로 약하게 흘리거나, 'r(루)+e(이) = 뤼이–'로 강하게 발음한다.
2. 접두사 [rè–]에 악센트가 있고, [rè–] 다음에 자음으로 시작하면서 악센트가 없는 음절이 오는 경우에 'r(루)+e(에)=뤠–'로 강하게 발음한다.
3. [re–]는 '다시, 새로이, 되, 뒤로, 반대'의 뜻을 나타내는 접두사다.

알고 갑시다

접두사 [re–]의 변신

아래 'Practice 1'부터 'Practice 3'에 정리된 단어에 붙어 있는 접두사 [**re**–]는 공통으로 '다시, 새로이, 거듭, 원상으로'라는 'again'의 뜻을 담고 있어요. 서두에서 설명했지만 접두사 [**re**–]는 3가지 소리를 가지고 있는데, 먼저 접두사 [**re**–] 뒤에 모음으로 시작되는 단어들을 모아 놓은 'Practice 1'부터 공부해 볼까요?

'Practice 1'에 정리된 8개의 단어에서 접두사 [**rè**–]를 분리하면 두 가지 공통점이 나타나지요? '**ap**péar, **ar**ránge, **as**sémble, **in**vést, **as**súre, **e**léct, **in**fórce, **in**sért' 모두

고유의 뜻을 가지고 있는 순수 단어이며, 모두 모음으로 시작하는 또 다른 접두사가 붙어 있지요. 이와 같이 모음으로 시작되는 단어 앞에 접두사 [rè-]를 붙이면, 이 접두사 [rè-]는 악센트(강세)를 두면서 '뤼이-' 하고 장모음으로 길게 발음해야 한다는 것입니다. 보통 '강약강'의 음조로, 접두사 [rè-]의 뒤에 오는 2음절에는 이미 배운 제2의 접두사들이 붙어 있다는 것을 눈여겨보면서 아래 'Practice 1'의 단어들을 공부해 봅시다.

Practice 1 | 뤼이- [rè+모음] (1)

1	**rèap**péar 다시 나타나다	→	**rè**(뤼이) · **a**(어) · **p**péar(피이어ʳ)	→	뤼이어피이어ʳ
2	**rèar**ránge 재정리하다	→	**rè**(뤼이) · **a**(어) · **r**ránge(뤠인쥐)	→	뤼이어뤠인쥐
3	**rèas**sémble 재조립하다	→	**rè**(뤼이) · **a**(어) · **s**sémble(셈블)	→	뤼이어셈블
4	**rèin**vést 재투자하다	→	**rè**(뤼이) · **in**(인) · vést(베ᵛ스뜨)	→	뤼이인베ᵛ스뜨
5	**rèas**súre 재보증하다	→	**rè**(뤼이) · **a**(어) · **s**súre(슈어ʳ)	→	뤼이어슈어ʳ
6	**rèe**léct 재선하다	→	**rè**(뤼이) · **e**(이) · léct(렉트)	→	뤼이일렉트
7	**rèin**fórce 강화하다	→	**rè**(뤼이) · **in**(인) · fórce(포ᶠ오어ʳ쓰)	→	뤼이인포ᶠ오어ʳ쓰
8	**rèin**sért 다시 끼워 넣다	→	**rè**(뤼이) · **in**(인) · sért(써어ʳ트)	→	뤼이인써어ʳ트

rèapplý 다시 신청하다	**rèap**póint 다시 임명하다	**rèap**práise 재평가하다	**rèas**cénd 다시 오르다	**rèas**sért 거듭 주장하다
rèasséss 재평가하다	**rèas**sígn 다시 할당하다	**rèe**mérge 재출현하다	**rèes**táblish 재건하다	**rèim**póse 다시 부과하다
rèinstrúct 다시 가르치다	**rè**intérpret 재해석하다	**rèintro**dúce 재소개하다	**rèin**vént 재발명하다	**rèim**pórt 역수입하다

'Practice 2'에 정리된 단어들은 위의 'Practice 1'의 예시된 단어와 반대의 경우로, 접두사 [**rè**-]를 제거하면 [co-], [col-], [com-]과 같이 자음으로 시작하는 접두사가 붙은 단어들입니다. 이 접두사 [co-], [col-], [com-]은 악센트가 없는 음절이라는 것은 앞에서 배웠습니다. 이런 경우에는 접두사 [**rè**-]에 악센트(강세)를 두면서 '뤠-'로 발음하고, 전체적으로 '강약강'의 음조가 됩니다. 단, ⑤, ⑥의 단어에 붙은 [**rè**-]는 접두사가 아니지만 [**rè**-]가 '뤠-'로 발음되는 극소수의 단어여서 같이 묶어 정리하였습니다. 따라서 함께 발음하면서 익혀 보세요.

Practice 2 | '뤠-'[rè+자음] (2)

1	**ré**cog**nìze** 인지하다	→	**ré(뤠)** · cog(커그) · **nìze**(나이즈)	→	**뤠**커그나이즈
2	**rècol**léct 회상하다	→	**rè(뤠)** · **co**(커) · lléct(렉트)	→	**뤠**컬렉트
3	**récom**pènse 보상하다	→	**ré(뤠)** · **com**(컴) · pènse(펜쓰)	→	**뤠**컴펜쓰
4	**rè**cre**áte** 즐겁게 하다	→	**rè(뤠)** · cre(크뤼) · áte(에잍)	→	**뤠**크뤼에잍
5	**ré**gister 등록하다	→	**ré(뤠)** · gis(쥐스) · ter(터r)	→	**뤠**쥐스터r
6	**ré**medy 고치다	→	**ré(뤠)** · medy(머디)	→	**뤠**머디

'Practice 3'은 '**rebúke**'나 '**rebóund**'처럼 접두사 [**re**-] 다음에 오는 음절에 악센트가 있는 경우입니다. 이런 경우에는 접두사 [**re**-]는 약모음이 되며, '뤼-'로 짧게 발음해야 하지요. 아래에 정리된 단어들을 자세히 보시면 'Practice 1'과 'Practice 2'에 정리된 단어들과는 달리 접두사 [**re**-]를 분리하면 대부분의 단어들이 1, 2음절 형태의 짧은 순수 단어이자 동사들로, 이미 우리가 앞 단계에서 배웠던 단어임을

알 수 있을 겁니다. 따라서 'Practice 1'과 'Practice 2'에 정리된 단어들과의 이런 차별성을 생각하면서 아래의 단어들을 학습하세요.

Practice 3 | 뤼– [re+강모음] (3)

● '다시, 새로이, 거듭, 원상으로' 따위의 뜻

rebóund 되튀다	**re**búild 재건축하다	**re**chárge 재충전하다	**re**cíte 암송하다	**re**córd 기록하다
recóver 회복하다	**re**cýcle 재활용하다	**re**dáem 되찾다	**re**énter 재가입하다	**re**fórm 개혁하다
refó**re**st 재조림하다	**re**frésh 새롭게 하다	**re**gáin 되찾다	**re**gáther 다시 모으다	**re**gránt 재허가하다
regrét 후회하다	**re**gróup 재편성하다	**re**héar 다시 듣다	**re**héarse 시연하다	**re**héat 다시 가열하다
rejéct 거절하다	**re**jóin 재결합하다	**re**kíndle 다시 불붙이다	**re**láte 관계시키다	**re**léase 늦추다
relíeve 구출하다	**re**lóad 짐을 되싣다	**re**lócate 재배치하다	**re**máke 고쳐 만들다	**re**márk 알아채다
remárry 재혼시키다	**re**mátch 재시합	**re**mínd 생각나게 하다	**re**módel 개조하다	**re**móve 옮기다
renéw 갱신하다	**re**ópen 다시 열다	**re**órder 다시 질서를 잡다	**re**páir 수선하다	**re**péat 되풀이하다
repént 후회하다	**re**pláy 재연하다	**re**plý 대답하다	**re**póse 쉬다	**re**prínt 증쇄하다
requíre 요구하다	**re**sórt 잘 가다	**re**sóund 반향하다	**re**sóurce 자원	**re**súme 되찾다
retáil 소매하다	**re**tíre 은퇴하다	**re**tráce 되돌아가다	**re**tráin 재교육시키다	**re**tríeve 되찾다
retúrn 돌아가다	**re**úse 재사용하다	**re**víew 복습	**re**víse 교정하다	**re**víve 소생하다
revólve 회전하다	**re**wínd 되감다	**re**wórk 재손질하다	**re**wríte 다시 쓰다	**re**áctiv**àte** 재가동시키다
reánim**àte** 소생시키다	**re**cápt**ure** 탈환하다			

아래 'Practice 4'에 정리된 단어에 붙어 있는 접두사 [**re**-]는 '상호, 반대, 후(後), 물러남, 비밀, 떨어짐, 가 버림(去), 아래의(下), 아닌(不), 비(非)'라는 뜻을 담고 있어요. 따라서 위의 'Practice 3'에 정리된 단어들과 의미상의 차이점은 있지만 소리의 법칙은 동일하게 '뤼-'로 발음한다는 것을 염두에 두고 아래의 단어들을 학습하면 됩니다.

Practice 4 | 뤼- [re+강모음] (4)

● '상호, 반대, 후(後), 물러남, 비밀, 떨어짐, 가 버림(去), 아래의(下), 아닌(不), 비(非)' 따위의 뜻

reáct 반작용하다	**re**búff 퇴짜 놓다	**re**búke 비난하다	**re**bút 물리치다	**re**cáll 소환하다
recánt 취소하다	**re**céde 물러나다	**re**céive 받다	**re**céss 휴회하다	**re**clíne 기대다
recóil 되돌아오다	**re**cúr 되돌아가다	**re**dúce 줄이다	**re**fléct 반사하다	**re**fléx 반사시키다
refráin 끊다	**re**fúnd 반환하다	**re**fúte 반박하다	**re**gárd 간주하다	**re**láy 중계방송하다
remáin 남다	**re**mánd 돌려보내다	**re**mít 보내다	**re**páy 갚다	**re**pél 격퇴하다
repláce 되돌려 놓다	**re**pórt 보고하다	**re**préss 억압하다	**re**próach 나무라다	**re**próove 꾸짖다
reséarch 연구하다	**re**sént 분개하다	**re**sérve 떼어 두다	**re**síst 저항하다	**re**sólve 분해하다
respéct 존경하다	**re**spónd 대답하다	**re**stóre 원장소에 되돌리다	**re**stráin 규제하다	**re**stríct 제한하다
resúlt 결과로서 일어나다	**re**táin 유지하다	**re**tárd 지체시키다	**re**tórt 응수하다	**re**tráct 수축시키다
ret**ré**at 후퇴하다	**re**véal 드러내다	**re**vénge 복수하다	**re**vérse 거꾸로 하다	**re**vóke 취소하다
revólt 반란을 일으키다	**re**wárd 보상하다			

011

un-

[언-, 언-]의 소리를 찾아서

TV의 모 프로그램에서 사회자인 강호동 씨가 일반인 참가자의 믿기지 않는 재주를 보면 항상 내뱉는 영어 한 마디가 있어요. '언빌리버블!' '믿을 수 없어!'라는 이 영어 단어가 바로 '**ù**nbelíevable'입니다. 12개 철자로 되어 있는 이 긴 영어 단어도 사실 접두사와 접미사를 분리시켜 보면 읽기 어려운 단어가 아니랍니다. 한번 분리해 볼까요? '**ùn**(접두사) · **be**(접두사) · líev(어간) · **able**(접미사)'와 같이 4음절로 나눌 수 있고, 접두사 2개와 접미사 1개가 붙어 긴 단어가 되었다는 것을 알 수 있지요? 이렇게 음을 분절해서 보면 '**ùnbe**líev**able**'도 읽기 쉬운 단어라는 것을 알 수 있을 겁니다. 한번 해 볼까요? '**ùn**(언) · **be**(비) · líev(리이브^{V}) · able(어블)'이니까, 소리를 연결하면 '언빌리이버^{V}블'이라고 읽을 수 있습니다. '셀 수 없을 정도로 무수한'이라는 영어 단어 'uncóuntable'도 '**un**(접두사) · cóunt(어간) · **able**(접미사)'와 같이 3음절로 나눌 수 있고, 수를 '세다'라는 동사 'count' 앞과 뒤에 각각 접두사와 접미사가 붙어서 형성된 단어임을 알 수 있습니다. 따라서 '**un**cóunt**able**'도 '**un**(언) · cóunt(카운트) · **able**(어블)'이니까, 소리를 연결하면 '언카운터블'이라고 읽을 수 있겠지요?

접두사 [**un**-]은 앞에서 배운 다른 어떤 접두사보다 읽기 쉬운 점이 있습니다. 다름이 아니라 접두사 [**un**-]은 'afráid'와 같이 2음절에 강세가 있는 단어와 붙을 때는 '언-' 하고 강세를 두고 강하게 발음하며, 'happy'와 같이 1음절에 강세가 있는 단어와 붙을 때는 약하게 '언-'으로 발음하면 되니까요. 더 이상 질문이나 의문 사항이 있나요? 없지요?

그럼 이제 접두사 [**un**-]의 뜻만 알면 되겠지요? 다음 page의 '알고 갑시다!'에서 많은 단어와 함께 배우겠지만 잠깐 언급할게요. 첫째, 명사에 붙여서 그 명사의 성질 · 상태를 '제거'한다는 뜻의 동사를 만드는 역할을 합니다. '단추(bútton)'를 제거하니까(un-), '**un**bútton(단추를 끄르다)'이 되고, '옷(dress)'을 제거하니까(un-), '**un**dréss(옷을 벗기다)'가 되겠지요? 이해하셨죠? 둘째, 형용사(동사의 분사형을 포함) 및 부사에 붙여서 '부정(否定)'의 뜻을 나타내지요. 'háppy(행복한)'가 '**un**háppy(불행한)'가 되고, 'límit**ed**(제한된)'가 '**un**límit**ed**(무제한의)'로 반대의 의미가 되지요. 마지막으로, 동사에 붙여서 그 '반대'의 동작을 나타내기도 합니다. 예를 들면, '구부리다(bend)'가 '펴다(**un**bénd)'가 되고, '생각하다(think)'가 '생각하지 않다(**un**thínk)'로 반대의 동작을 뜻하게 됩니다. 신기하죠? 이제 아래의 'Practice'에 정리된 단어들을 신 나게 읽어 볼까요?

Practice | 언- [un-]

1	**un**árm 무장해제하다	→	**un**(언) · árm(아ʳ엄)	→	언아ʳ엄
2	**un**bálance 균형을 깨뜨리다	→	**un**(언) · bá(배) · lance(런쓰)	→	언밸런쓰
3	**un**ríddle 수수께끼를 풀다	→	**un**(언) · ríddle(뤼들)	→	언뤼들
4	**un**véil 베일을 벗기다	→	**un**(언) · véil(베ᵛ일)	→	언베ᵛ일
5	**un**bínd 풀다	→	**un**(언) · bínd(바인드)	→	언바인(드)
6	**un**clóthe 옷을 벗기다	→	**un**(언) · clóthe(클로우드ð)	→	언클로우드ð
7	**un**wráp 포장을 풀다	→	**un**(언) · wráp(뢥)	→	언뢥
8	**un**wrínkle 주름을 풀다	→	**un**(언) · wrínkle(륑클)	→	언륑클
9	**ùnbe**líev**able** 믿을 수 없는	→	**ùn(언)** · be(비) · líe(리이) · v**able**(버ᵛ블)	→	**언**빌리이버ᵛ블
10	**un**cóunt**able** 무수한	→	**un**(언) · cóun(카운) · t**able**(터블)	→	언카운터블
11	**ùn**deni**able** 부인할 수 없는	→	**ùn(언)** · de(디) · ní(나이) · **able**(어블)	→	**언**디나이어블
12	**ùn**invít**ed** 초대받지 않는	→	**ùn(언)** · in(인) · ví(바ᵛ이) · t**ed**(티드)	→	**언**인바ᵛ이티드

요점정리

1. [un-]은 'u(어)+n(은) = 언-', 'u(어)+n(은) = 언-'으로 발음한다.
2. [un-]은 '제거, 부정, 반대'의 뜻을 나타내는 접두사다.

알고 갑시다

접두사 [un-]의 변신

먼저 아래 'Practice 1'에 정리된 단어들을 볼까요? 'bolt(빗장)', 'brídle(굴레)', 'búrden(짐)', 'chain(사슬)', 'cóver(덮개)'와 같이 사물의 이름 앞에 접두사 [**un**-]을 붙이면, 그 물건을 열거나 풀고, 벗기는 행동이 되지요. 이와 같이 접두사 [**un**-]은 명사에 붙여서 그 명사의 성질 · 상태를 '제거'한다는 뜻의 동사를 만드는 역할을 합니다. 우리말은 물건에 따라 '열다, 풀다, 벗기다, 떼다' 등 다양한 형태의 동사를 쓰지만 영어에서는 접두사 [**un**-]만 붙이면 되니 더 간단하지요? 그럼 아래의 'Practice 1'과 'Practice 2'에 정리된 단어들의 소리를 익혀 볼까요?

Practice 1 | 언- [un+명사]

● 명사에 붙여서 그 명사의 성질 · 상태를 '제거'하는 뜻의 동사를 만듦

1	bolt 빗장	보울트	→	**un**bólt 빗장을 벗기다	언보울트
2	brídle 굴레	브롸이들	→	**un**brídle 굴레를 벗기다	언브롸이들
3	búrden 짐	버어ʳ든	→	**un**búrden 짐을 부리다	언버어ʳ든
4	chain 사슬	췌인	→	**un**cháin 해방하다	언췌인
5	cóver 덮개	커버ʳ	→	**un**cóver 덮개를 열다	언커버ʳ
6	glue 접착제	글루우	→	**un**glúe 접착제를 떼다	언글루우
7	lace 끈	레이쓰	→	**un**láce 끈을 풀다	언레이쓰
8	lock 자물쇠	락(크)	→	**un**lóck 자물쇠를 열다	언락
9	pack 짐	팩(크)	→	**un**páck 짐을 부리다	언팩(크)

10	root 뿌리	루웉	→	**un**róot 뿌리째 뽑다	언루웉

Practice 2 | 언– [un+명사] (2)

● 명사에 붙여서 그 명사의 성질 · 상태를 '제거'하는 뜻의 동사를 만듦

unárm 무장해제하다	**un**bálance 평형을 깨뜨리다	**un**bósom 털어놓다	**un**bútton 단추를 끄르다	**un**cáp 마개를 뽑다
uncórk 코르크를 빼다	**un**dréss 옷을 벗기다	**un**gírd 허리띠를 풀다	**un**háir 탈모시키다	**un**hóuse 집을 빼앗다
unjóint 매듭을 풀다	**un**knót 매듭을 풀다	**un**línk 고리를 벗기다	**un**lóad 짐을 내리다	**un**másk 가면을 벗기다
unplug 마개를 뽑다	**un**mán 남자다움을 잃게 하다	**un**náil 못을 빼다	**un**pín 핀을 뽑다	**un**ríddle 수수께끼를 풀다
unróof 지붕을 벗기다	**un**séat 낙마시키다	**un**stríng 현을 풀다	**un**thréad 실을 뽑다	**un**véil 베일을 벗기다
unwéight 무게를 줄이다				

'close'는 '닫다'이지요? '**un**clóse'는? 네, 맞습니다. '열다'라는 뜻입니다. 두 단어는 어떤 상관관계가 있나요? 반대의 동작을 뜻하지요? 그러면 '얼리다(freeze)'의 반대 동작은 '**un**fréeze'로 '녹이다'가 되겠지요? '어간에 해당되는 동사에 접두사 [**un**-]을 붙여서 그 동사의 원래의 뜻에 '반대'되는 동작을 나타냅니다. 이런 의미상의 관계를 생각하며 'Practice 3'에 정리된 단어의 소리를 익혀 볼까요?

Practice 3 | 언– [un+동사]

● 동사에 붙여서 그 '반대'의 동작을 나타냄

unbénd 곧게 하다	**un**bínd 풀다	**un**cúrl 펴지다	**un**clóse 열다	**un**clóthe 옷을 벗기다
uncóil 감긴 것을 풀다	**un**dó 원상태로 돌리다	**un**fást**en** 풀다	**un**fít 부적당하게 하다	**un**fóld 펼치다
unfréeze 녹이다	**un**fúrl 펼치다	**un**léarn 배운 것을 잊다	**un**máke 망치다	**un**róll 풀다
unséal 개봉하다	**un**séttle 불안하게 하다	**un**thínk 생각하지 않다	**un**tíe 풀다	**un**twíne 꼬인 것을 풀다
untwíst 꼬인 것을 풀다	**un**wínd 풀다	**un**wráp 포장을 풀다	**un**wrínkle 주름을 펴다	**un**zíp 지퍼를 열다

'Practice 4'와 'Practice 5'에 정리된 단어들은 형용사에 접두사 [**un**-]을 붙여 놓은 단어들로 '부정(否定)'의 뜻을 담고 있습니다. 처음에 단어를 통째로 보면 왠지 길어서 읽기에 주눅이 들거나 겁을 먹기 마련이지요. 하지만 접두사, 접미사를 분절해서 보면 이미 앞에서 배운 1~2음절의 어간을 갖고 있다는 것을 알 수 있습니다. 따라서 'Practice 4'의 요령처럼 음을 나눠서 소리를 살펴보는 것도 현명한 학습 방법입니다. 'Practice 5'에 정리된 단어들도 이와 같은 요령으로 소리를 찾아보세요.

Practice 4 | 언– [un+형용사] (1)

● 형용사에 붙여서 '부정(否定)'의 뜻을 나타냄

1	**ùnaf**ráid 두려워하지 않는	→	**ùn**(언) · **af**(엎[f]) · ráid(뤠이드)	→	어너프[f]뤠이드
2	**un**éasy 불안한	→	**un**(언) · éasy(이이지)	→	어니이지
3	**un**lúcky 불운한	→	**un**(언) · lúcky(럭키)	→	언럭키
4	**ùnim**pórt**ant** 중요하지 않은	→	**ùn**(언) · **im**(임) · pór(포*어r*) · **tant**(턴트)	→	어님포*어r*턴(트)

5	**ùnmis**ták**able** 틀림없는	→	**ùn**(언) · mis(미쓰) · tá(테이) · k**able**(커ᵛ블)	→	**언**미쓰테이커블
6	**ùn**forgétt**able** 잊을 수 없는	→	**ùn**(언) · for(퍼r) · gét(겔) · t**able**(터블)	→	**언**퍼r게러블
7	**un**éat**able** 먹을 수 없는	→	**un**(언) · éat(이잍) · **able**(어블)	→	어니이터블
8	**un**pléas**ant** 불쾌한	→	**un**(언) · pléa(플레) · s**ant**(즌트)	→	언플레즌(트)
9	**un**pópul**ar** 인기가 없는	→	**un**(언) · pó(파) · pu(퓨) · l**ar**(러r)	→	언파퓰러r
10	**un**grác**eful** 우아하지 않은	→	**un**(언) · gráce(그뤠이쓰) · **ful**(펄f)	→	언그뤠이쓰펄f

Practice 5 | 언- [un+형용사] (2)

● 형용사에 붙여서 '부정(否定)'의 뜻을 나타냄

unáble 할 수 없는	**ùn**awáre 알지 못하는	**un**cértain 불명확한	**un**cháste 부정한	**un**cléan 불결한
uncléar 불분명한	**un**cómmon 흔하지 않은	**ùncon**cérn 무관심	**un**dúe 지나친	**un**équal 불공평한
unfáir 불공평한	**un**háppy 불행한	**un**héalthy 건강하지 못한	**un**júst 부정한	**un**kínd 불친절한
unlíke 같지 않은	**un**sáfe 불안한	**un**lúcky 불운한	**un**réal 실재하지 않는	**un**stáble 불안정한
unwíse 지각없는	**un**wórthy 가치 없는	**un**úsual 이상한	**un**wélcome 환영받지 못하는	**un**nátur**al** 부자연스러운
unnécess**ary** 불필요한	**ùn**offí**cial** 비공식적인	**un**wíll**ing** 내키지 않는	**un**féel**ing** 느낌이 없는	**un**friend**ly** 불친절한
unsélf**ish** 이기적이 아닌	**ùn**contróll**able** 제어할 수 없는	**ùn**desír**able** 바람직하지 않은	**ùn**imágin**able** 상상할 수 없는	**ùn**relí**able** 신뢰할 수 없는
unquéstion**able** 의심할 바 없는	**un**réason**able** 비합리적인	**un**spéak**able** 이루 말할 수 없는		

다음 쪽 'Practice 6'에 정리된 단어들은 접두사 [**un**-]을 붙인 분사형의 형용사들입니다. 그런데 분사형이 무엇인지 궁금하다고요? 예를 들어 설명할게요. '요리하다'라는 동사 'cook'에 [-**ed**]를 붙이면 'cooked'가 되면서 '요리했다'라는 과거의 의미를 나타낼 뿐만 아니라, '요리된'이라는 뜻으로 형용사처럼 쓰이기도 합니다. 이렇게 [-**ed**]가 붙은 단어를 '과거분사', 혹은 '분사형'이라 합니다. 아셨죠?

Practice 6 | 언- [un+분사형]

● 동사의 분사형에 붙여서 '부정(否定)'의 뜻을 나타냄

uncóok**ed** 요리하지 않은	**ùn**deféat**ed** 진 일이 없는	**un**dóubt**ed** 의심할 여지가 없는	**un**édu**càted** 교육받지 못한	**ùn**emplóy**ed** 실직한
unfínish**ed** 미완성의	**ùn**idénti**fied** 확인되지 않은	**ùn**invít**ed** 초대받지 않은	**un**líght**ed** 불을 켜지 않은	**un**límit**ed** 무제한의
unmárri**ed** 미혼의	**un**móv**ed** 확고한	**ùn**prepár**ed** 준비가 없는	**un**séttl**ed** 변하기 쉬운	**un**tóuch**ed** 손대지 않은
unús**ed** 쓰지 않는				

pro-
[프뤄-, 프롸-, 프로우-]의 소리를 찾아서

요즘 국민들의 사랑과 관심을 받고 있는 최고의 스포츠가 '프로 축구, 프로 야구'라는 것은 두말하면 잔소리가 될 정도로 우리 일상생활에 활력소이자 희망이 되고 있지요. 프로 선수들은 연예인 못지않은 인기와 명예, 심지어 부(富)를 얻고 있습니다. 이렇게 취미로 하는 운동선수가 아니라 하나의 직업으로 운동하는 선수들을 우리는 '프로'라고 하는데, 영어의 '**pro**fessional(직업 선수)'이라는 단어의 앞부분 [**pro**-]를 우리 식으로 불러서 '프로'라고 쓰고 있는 것이지요. 하지만 영어의 접두사 [**pro**-]는 '앞에, 앞으로(前), 공공연히, -밖으로, 대신, 대용으로'이라는 뜻을 담고 있으면서, 발음도 강세가 있을 경우 '프롸-', 강세가 없을 경우 '프뤄-'와 같이 2가지 소리가 있으며, 간혹 '프로우-'로 발음되는 경우도 있지만, 우리 식으로 '프로'로 발음되는 경우는 없으니까 유의하세요.

그러면 접두사 [**pro**-]는 어떤 경우에 '프롸-'와 '프뤄-'로 발음을 해야 할까요? 간단하게 요약하면 접두사 [**pro**-]에 3가지 소리 법칙이 있습니다.

첫째, 다른 접두사의 경우와 같이 접두사 [**pro**-]도 접미사의 종류에 따라 강세의 유무가 결정됩니다. 둘째, '**pro**céed(나아가다), **pro**cúre(획득하다)'와 같이 접미사가 없는 동사인 경우, 접두사 [**pro**-] 다음 음절의 어간, 즉, 단어 전체로 보면 2음절에 강세가 오면서 [**pro**-]는 '프뤄-'로 발음합니다. 셋째, 접두사 [**pro**-]가 붙어 명사형이 되는 경우에는 '**pró**cess(진행), **pró**duce(생산고)'와 같이 접두사 [**pró**-]에 강세가 오면서 '프롸-'로 발음해야 합니다. 물론 간혹 '**pró**test(항의)'의 '프로우테스뜨'처럼 '프로우-'로 발음되는 단어도 있지만, 그 수가 많지 않기 때문에 크게 신경 쓰지 마세요.

다음 page에서 설명하겠지만 접두사 [**pro**-]도 '**pró**duce(생산고)'와 '**pro**dúce(제작하다)'처럼 같은 단어라도 동사로 쓰일 때와 명사로 쓰일 때에 강세의 위치가 바뀌는 '명전동후(名前動後)'의 강세 법칙이 적용됩니다. 여러 번 말하지만 거의 모든 접두사들이 '명전동후(名前動後)' 강세 법칙의 틀을 벗어날 수 없지요. 따라서 접미사가 없이 접두사만 붙어 있는 동사형 단어들을 보면 한 번쯤은 사전을 뒤져 그 단어가 명사형으로 쓰이지 않는지 확인해 보는 센스가 필요해요. 이런 하나하나의 노력이 여러분의 어휘력을 쉽고 빠르게 향상시킬 수 있으니까요. 그럼 이제 아래의 단어들을 통해 접두사 [**pro**-]가 붙어 있는 단어들을 공부해 볼까요?

Practice | 프뤄– [pro–]

1	**pro**céed 나아가다	→	**pro**(프뤄) ┌ céed(씨이드)	→	프뤄씨이드
2	**pro**cúre 획득하다	→	**pro**(프뤄) ┌ cúre(큐어ʳ)	→	프뤄큐어ʳ
3	**pro**fóund 깊은	→	**pro**(프뤄) ┌ fóund(파ᶠ운드)	→	프뤄파ᶠ운드
4	**pro**fúse 아낌없는	→	**pro**(프뤄) ┌ fúse(퓨ᶠ우쓰)	→	프뤄퓨ᶠ우쓰
5	**pro**móte 진전시키다	→	**pro**(프뤄) ┌ móte(모읕)	→	프뤄모읕
6	**pro**pél 추진하다	→	**pro**(프뤄) ┌ pél(펠)	→	프뤄펠
7	**pro**póse 신청하다	→	**pro**(프뤄) ┌ póse(포우즈)	→	프뤄포우즈
8	**pro**téct 보호하다	→	**pro**(프뤄) ┌ téct(텍트)	→	프뤄텍트
9	**pro**tést 항의하다	→	**pro**(프뤄) ┌ tést(테스뜨)	→	프뤄테스뜨
10	**pro**víde 공급하다	→	**pro**(프뤄) ┌ víde(바ᵛ이드)	→	프뤄바ᵛ이드
11	**pro**vóke 일으키다	→	**pro**(프뤄) ┌ vóke(보ᵛ우크)	→	프뤄보ᵛ우크
12	**pro**híbit 금지하다	→	**pro**(프뤄) ┌ hí(히) ┌ bit(빝)	→	프뤄히빝

요점정리

1. [pro–]는 'p(프)+r(루)+o(어) = 프뤄–'로 약하게, 'p(프)+r(루)+o(아) = 프롸–'로 강하게 발음한다.
2. [pro–]는 '앞에, 앞으로(前), 공공연히, –밖으로, 대신, 대용으로'의 뜻을 나타내는 접두사다.

알고 갑시다

접두사 [pro–]의 변신

아래의 'Practice 1'과 'Practice 2'에는 접두사 [**pro**–]가 '앞에, -앞으로'라는 뜻을 담고 있는 단어들로 정리되어 있습니다. 다만 'Practice 1'과 'Practice 2'의 강세의 위치와 품사를 살펴보면 2가지 차이점을 알 수 있지요. 'Practice 1'의 단어들은 동사로 2음절에 강세가 붙어 있고, 'Practice 2'의 단어들은 명사로 1음절, 즉, 접두사 [**pró**–]에 강세가 붙어 있습니다. 따라서 'Practice 1'의 단어에 붙은 [**pro**–]는 '프뤄'로, 'Practice 2'의 단어에 붙은 [**pró**]는 '프롸–' 또는 '프로우'로 발음하세요.

Practice 1 | 프뤄– [pro–]

procéed 나아가다	**pro**cúre 획득하다	**pro**dúce 제작하다	**pro**fóund 깊은	**pro**fúse 아낌없는
progréss 전진하다	**pro**jéct 계획하다	**pro**móte 진전시키다	**pro**pél 추진하다	**pro**póse 신청하다
prospéct 시굴하다	**pro**téct 보호하다	**pro**tést 항의하다	**pro**víde 공급하다	**pro**vóke 일으키다
prohíbit 금지하다	**pro**téc**tion** 보호			

Practice 2 | 프롸–, 프로우– [pró–]

prócess 진행	**pró**duce 생산고	**pró**gress 전진	**pró**ject 계획	**pró**vince 지방
prómise 약속	**pró**phet 예언자	**pró**fit 이익	**pró**spect 예상	**pró**min**ent** 현저한
próvid**ence** 섭리	**pró**test* 항의	**pró**gram* 프로그램	**pró**nòun* 대명사	

* 위의 예시 단어 중에서 [**pro**–] 발음이 다른 것이 있어요. 'Prótest', 'prógram', 'prónòun'이에요. 이유는 모르겠으나 [**pró**–]가 '프로우'로 발음이 되거든요. 많이 쓰이는 단어이니까 소리 암기하세요.

명전동후(名前動後) : 한 단어가 명사와 동사로 함께 쓰일 경우

아래의 단어들을 보면 영어는 한 단어가 철자는 같지만 명사로 쓰인 경우도 있고, 동사로 쓰인 경우가 있어요. 이런 경우 강세 위치가 달라지고, 결국 그 단어의 모음 소리도 달라진다고 했지요? 어떻게? 이 단어가 명사로 쓰일 경우는 1음절 모음, 즉 접두사에 강세(악센트)를 두어 **[pró-]**를 '프롸-'로 발음해야 하지요. 그런데 이 단어가 동사로 쓰일 경우에는 2음절에 강세가 오게 되면서 접두사 **[pro-]**가 약모음이 되면서 '프뤄-'로 발음하면 되겠지요.

명사

prógress	**프롸**그뤄쓰	n. 전진
próject	**프롸**줵트	n. 계획
próspect	**프롸**스펙트	n. 예상
prótest	**프로우**테스뜨	n. 항의
próduce	**프롸**듀우쓰	n. 생산고

동사

progréss	**프뤄**그뤠쓰	v 전진하다.
projéct	**프뤄**줵트	v. 계획하다.
prospéct	**프뤄**스펙트	v. 시굴하다
protést	**프뤄**테스뜨	v. 항의하다
prodéce	**프뤄**듀우쓰	v. 생산하다

이 외에도 접두사 **[pro-]**가 '공공연히, 밖으로', 혹은 '대신, 대용으로'라는 뜻을 담고 있는 경우도 있지요. 발음 방법은 위의 경우와 같이 명사냐, 동사냐에 따라 접두사 **[pro-]**의 소리가 달라집니다. 비록 그 수는 적지만 활용도가 높은 단어들이니까 반드시 학습하고 넘어가야 합니다.

Practice 3 | 프뤄-, 프롸- [pro-]

procláim 선언하다	**pro**féss 공언하다	**pro**nóunce 발음하다	**pro**fáne 더럽히다

ex-

[익쓰-, 엑쓰-, 이그즈-]의 소리를 찾아서

앞에서 접두사 [**in**-]을 배웠지요? 동사 앞에 붙이면 전치사 '**in**'처럼 '-안에, -안으로'의 뜻도 있지만, 형용사 앞에 붙이면 '무(無), 불(不)'이라는 반의어의 의미가 된다고 말입니다. 왜 이런 말부터 먼저 하느냐면, '밖으로'라는 접미사가 무엇일까 하고 물어보면 십중팔구 '**out**'이라고 대답할 것 같아서 서두에 접두사 [**in**-]을 언급한 것입니다. 물론, 접두사 [**out**-]은 '밖으로'라는 의미를 담고 있기는 하지만, 보통 접두사 [**out**-]은 '-보다 훌륭하여, -을 넘어서, 능가하여'라는 의미를 담고 있지요.
그럼, 접두사 [**out**-] 외에 '밖으로'라는 의미를 담고 있는 접두사는 뭘까요? 여러분, '실례합니다.'라는 영어 표현이 뭐지요? 예, 맞습니다. 'Excuse me!'이지요? 이 '**excúse**'의 [**ex**-]가 바로 '밖으로'라는 의미를 담고 있는 접두사입니다. 접두사 [**ex**-]는 '밖으로'란 뜻 외에도 '아주, 전적으로'의 의미를 담고 있지요. 따라서 전치사 'in'이 '안에'라는 뜻이니까, 접두사 [**in**-]도 '안에'이고, 전치사 '**out**'이 '밖에'란 뜻이니까 접두사 [**out**-]도 '밖으로'라는 의미겠다는 확고한 편견은 자칫 영어 독해를 하는 데 장애가 될 수 있다는 것을 명심하세요. 그럼 접두사 [**ex**-]의 소리를 찾아볼까요?
접두사 [**ex**-]는 3가지 소리가 있지요. 첫째, '**excéed**'과 '**excél**'처럼 접두사 [**ex**-] 뒤

에 자음으로 시작하면서 강모음이 붙어 오면 [ex-]는 '읙쓰-'로 소리가 나지요. 둘째, 'éxport'처럼 접두사 [ex-] 뒤에 어간이 자음으로 시작하지만 약모음인 경우에 접두사 [éx-]에 강세를 두면서 '엑쓰-'로 발음합니다. 셋째, 'exáct, exált'처럼 접두사 [ex-] 뒤의 어간이 강모음으로 시작되면 '이그즈-'로 발음해야 합니다. 조금 복잡하게 느껴지지요? 다른 접두사처럼 다음 장에 많은 단어들을 예시로 제시하면서 자세히 설명할게요. 다만 부차적으로 접두사의 강세의 유무는 세 가지 원칙을 가지고 있습니다. 첫째, 'excél(-보다 낫다)'처럼 동사로 어간이 접미사가 없는 순수 단어이면, 어간인 '2음절'에 강세가 오며, 둘째, 'éxport(수출)'처럼 명사로 어간이 접미사가 없는 순수 단어이면, 접두사인 '1음절'에 강세가 오고, 셋째, 'excéption, éxcavàte'처럼 다양한 접미사에 따라 접두사의 강세의 유무가 결정된다는 것입니다. 이런 3가지 강세의 법칙은 어떤 접두사의 경우라도 적용되는 '불변의 강세의 원칙'이라는 것을 염두에 두면서 아래 'Practice'의 소리를 찾아 여행을 떠나 보죠.

Practice | 읙쓰– [ex–]

1	**ex**céed 초과하다	→	**ex(읙쓰)** · céed(씨이드)	→	**읙**씨이드
2	**ex**cél 낫다	→	**ex(읙쓰)** · cél(쎌)	→	**읙**쎌
3	**ex**cépt –을 제외하고	→	**ex(읙쓰)** · cépt(쎞트)	→	**읙**쎞트
4	**ex**céss 과잉	→	**ex(읙쓰)** · céss(쎄쓰)	→	**읙**쎄쓰
5	**ex**cláim 외치다	→	**ex(읙쓰)** · cláim(클레임)	→	**읙쓰**클레임
6	**ex**cúse 용서하다	→	**ex(읙쓰)** · cúse(큐우즈)	→	**읙쓰**큐우즈
7	**ex**préss**ion** 표현	→	**ex(읙쓰)** · pré(프뤠) · ss**ion**(션)	→	**읙쓰**프뤠션

8	**ex**ténsi**ve** 광대한	→	**ex**(**읶쓰**) · tén(텐) · s**ive**(씨브ᵛ)	→	**읶쓰**텐씨브ᵛ
9	**ex**péri**ment** 실험	→	**ex**(**읶쓰**) · pé(페) · ri(뤄) · **ment**(먼트)	→	**읶쓰**페뤄먼(트)
10	**ex**péndi**ture** 비용	→	**ex**(**읶쓰**) · pén(펜) · di(디) · **ture**(춰ʳ)	→	**읶쓰**펜디춰ʳ
11	**ex**tíngu**ish** 끄다	→	**ex**(**읶쓰**) · tín(틴) · gu**ish**(귀쉬)	→	**읶쓰**팅귀쉬

요점정리

1. [ex–]는 'e(이)+x(크쓰) = 읶쓰–'나 'e(이)+x(그즈) = 이그즈–'로, 또는 'e(에)+x(크쓰) = 엑쓰–'로 발음한다.
2. [ex–]는 '밖으로, 아주, 전적으로'의 뜻을 나타내는 접두사다.

알고 갑시다

접두사 [ex–]의 변신

접두사 [**ex**-]는 3가지 소리 법칙이 있다고 했지요? 먼저 아래 요점 정리된 특성을 읽어 보세요.

'접두사 [ex–]'의 세 가지 소리 특성

- 첫째, 접두사 [**ex**-] 뒤에 어간이 자음으로 시작하면서 강모음이 오면 '익쓰-'로 소리가 난다
- 둘째, 접두사 [**ex**-] 뒤에 어간이 자음으로 시작하지만 약모음인 경우에 접두사 [**éx**-]에 강세를 두면서 '엑쓰-'로 발음한다.
- 셋째, 접두사 [**ex**-] 뒤에 어간이 강모음으로 시작되면 '이그즈-'로 발음한다.

접두사 [**ex**-]는 뒤의 어간의 첫 철자가 자음이 오느냐 모음이 오느냐에 따라 철자 [**x**]의 소리가 달라집니다. 어간의 첫 철자가 자음인 경우는 [**x**]가 기본 발음의 소리인 '크쓰-'로 소리가 나며, [**x**]의 앞에 붙은 모음 [**e**]가 강세가 오면 [**éx**-]를 '엑쓰-'로, 강세가 없으며 [**ex**-]를 '익쓰-'로 발음하면 됩니다. 반면에, 어간의 첫 철자가 모음인 경우에는 [**x**]는 '그즈'로 소리가 나는 특성이 있습니다. 이때 '즈'의 소리는 철자 [**z**]의 소리와 같으니까 주의해서 발음해야 합니다. 보통 이 경우에 어간의 첫 철자인 모음이 강모음이기 때문에 접두사 [**ex**-]를 '이그즈-'로 발음해야 합니다. 예를 들면, '**ex**áct(정확한)'의 경우 천천히 발음하면 '이그잭트'가 되지요. 하지만 원어민들이 강세가 없는 어절은 약하고 빠르게 발음하는 성향이 있기 때문에 실제로는 '익잭트'가 원어민 발음에 가깝다는 것을 명심하면서 접두사 [**ex**-]의 소리 공부를 시작해 봅시다.

'Practice 1'에 정리된 단어들을 한번 살펴보세요. 접두사 [**ex**-] 뒤에 어간이 1음절로 짧지요? 그리고 전부 자음으로 시작하는 어간이며, 그 어간의 모음에 강세가 온다는 것을 알 수 있습니다. 이런 경우 접두사 [**ex**-]의 [**e**]가 약모음으로 '이'로 소리가 나며, 따라서 접두사 [**ex**-]를 '읙쓰-'로 발음합니다.

Practice 1 | 읙쓰- [ex+자음] (1)

1	**ex**chánge 교환하다	→	**ex(읙쓰)** · chánge(췌인쥐)	→	**읙쓰**췌인쥐
2	**ex**clúde 제외하다	→	**ex(읙쓰)** · clúde(클루우드)	→	**읙쓰**클루우드
3	**ex**pánd 부풀리다	→	**ex(읙쓰)** · pánd(팬드)	→	**읙쓰**팬(드)
4	**ex**pánse 넓게 퍼짐	→	**ex(읙쓰)** · pánse(팬쓰)	→	**읙쓰**팬쓰
5	**ex**péct 기대하다	→	**ex(읙쓰)** · péct(펙트)	→	**읙쓰**펙트
6	**ex**pél 기대하다	→	**ex(읙쓰)** · pél(펠)	→	**읙쓰**펠
7	**ex**pénd 소비하다	→	**ex(읙쓰)** · pénd(펜드)	→	**읙쓰**펜(드)
8	**ex**píre 숨을 내쉬다	→	**ex(읙쓰)** · píre(파이어r)	→	**읙쓰**파이어r
9	**ex**pláin 설명하다	→	**ex(읙쓰)** · pláin(플레인)	→	**읙쓰**플레인
10	**ex**plóde 폭발하다	→	**ex(읙쓰)** · plóde(플로우드)	→	**읙쓰**플로우드
11	**ex**plóit 이용하다	→	**ex(읙쓰)** · plóit(플로잍)	→	**읙쓰**플로잍
12	**ex**plóre 탐험하다	→	**ex(읙쓰)** · plóre(플로오어r)	→	**읙쓰**플로오어r
13	**ex**pórt 수출하다	→	**ex(읙쓰)** · pórt(포오어r트)	→	**읙쓰**포오어r트
14	**ex**préss 표현하다	→	**ex(읙쓰)** · préss(프뤠쓰)	→	**읙쓰**프뤠쓰

15	**ex**ténd 넓히다	→	**ex**(읶쓰) · ténd(텐ㄷ)	→	읶쓰텐(ㄷ)
16	**ex**tínct 꺼진	→	**ex**(읶쓰) · tínct(팅ㅌ)	→	읶쓰팅ㅌ
17	**ex**tórt 강탈하다	→	**ex**(읶쓰) · tórt(토오어'ㅌ)	→	읶쓰토오어'ㅌ
18	**ex**tráct 뽑다	→	**ex**(읶쓰) · tráct(츄뢕ㅌ)	→	읶쓰츄뢕ㅌ
19	**ex**tréme 극단의	→	**ex**(읶쓰) · tréme(츄뤼임)	→	읶쓰츄뤼임
20	**ex**trúde 밀어내다	→	**ex**(읶쓰) · trúde(츄루우ㄷ)	→	읶쓰츄루우ㄷ

'Practice 2'에 정리된 단어도 접두사 [**ex**-] 뒤 어간에 첫 철자가 자음으로 시작합니다만, 차이점은 어간 뒤에 다양한 형태의 접미사들이 붙어 있다는 점입니다. 'Practice 3'에 정리된 단어들과 형태를 비교해 보면 '**excéption**'과 '**èxplorátion**'이 품사가 같은 명사이고, 접미사도 똑같은 [-**tion**]이 붙어 있지요. 하지만 'excéption'에 붙어 있는 접두사 [ex-]에는 강세가 없고, '**èxplorátion**'에는 강세가 있습니다. 왜 그럴까요? 두 단어를 분절하면 그 이유를 알 수 있는데, '**excéption**'은 '**ex**(접두사) · cépt(어간) · **ion**(접미사)'처럼 3음절로 되어 있으며, '약강약'의 음률(音律)을 타며 발음합니다. 반면에 '**èxplorátion**'은 '**éx**(접두사) · plo(어간) · rát(어간) · **ion**(접미사)'과 같이 4음절로 나눠지며 '강약강약'의 음률(音律)을 타며 발음하게 됩니다. 즉, 접미사의 종류는 같지만 어절 수에 따라 접두사의 강세의 유무가 결정된다는 뜻입니다. 따라서 'Practice 2'에 정리된 단어에 붙어 있는 접두사 [**ex**-]는 '읶쓰-'로 발음하며, 'Practice 3'에 정리된 단어에 붙어 있는 접두사 [**éx**-]는 '엑쓰-'로 발음하면 됩니다. 그럼 먼저 'Practice 2'에 정리된 단어들의 소리부터 익혀 볼까요?

Practice 2 | 잌쓰- [ex+자음] (2)

1	**ex**cép**tion** 예외	→	**ex**(잌쓰) · cép(쎞) · **tion**(션)	→	**잌**쎞션
2	**ex**tínc**tion** 소화	→	**ex**(잌쓰) · tínc(팅) · **tion**(션)	→	**잌쓰**팅션
3	**ex**cúr**sion** 소풍	→	**ex**(잌쓰) · cúr(커어ʳ) · **sion**(젼)	→	**잌쓰**커어ʳ젼
4	**ex**pló**sion** 폭발	→	**ex**(잌쓰) · pló(플로우) · **sion**(젼)	→	**잌쓰**플로우젼
5	**ex**tén**sion** 확장	→	**ex**(잌쓰) · tén(텐) · **sion**(션)	→	**잌쓰**텐션
6	**ex**cé**ssive** 과도한	→	**ex**(잌쓰) · cé(쎄) · ss**ive**(씨브ᵛ)	→	**잌**쎄씨브ᵛ
7	**ex**clú**sive** 배타적인	→	**ex**(잌쓰) · clú(클루우) · **sive**(씨브ᵛ)	→	**잌쓰**클루우씨브ᵛ
8	**ex**pló**sive** 폭발물	→	**ex**(잌쓰) · pló(플로우) · **sive**(씨브ᵛ)	→	**잌쓰**플로우씨브ᵛ
9	**ex**pén**sive** 값비싼	→	**ex**(잌쓰) · pén(펜) · **sive**(씨브ᵛ)	→	**잌쓰**펜씨브ᵛ
10	**ex**pédi**ent** 편의의	→	**ex**(잌쓰) · pé(피이) · di(디) · **ent**(언트)	→	**잌쓰**피이뎐(트)
11	**ex**pó**sure** 노출	→	**ex**(잌쓰) · pó(포우) · **sure**(줘ʳ)	→	**잌쓰**포우줘ʳ
12	**ex**tér**nal** 외부의	→	**ex**(잌쓰) · tér(터어ʳ) · **nal**(늘)	→	**잌쓰**터어ʳ늘
13	**ex**trávag**ant** 사치스러운	→	**ex**(잌쓰) · trá(츄뢔) · va(버ᵛ) · g**ant**(건트)	→	**잌쓰**츄뢔버ᵛ건(트)
14	**ex**péri**ence** 경험	→	**ex**(잌쓰) · pé(피) · ri(어뤼) · **ence**(언쓰)	→	**잌쓰**피어뤼언쓰

앞에서 접미사의 종류에 따라 강세 위치가 정해져 있다고 배웠지요? 'Practice 3'에 정리된 단어들은 'Practice 2'와 달리 [**ex**-]의 [**e**]에 강세를 두고 있습니다. 왜냐하면 'Practice 2'와 'Practice 3'의 단어에 붙은 접미사가 다르고, 'excéption'이나 'èxplanátion'과 같이 접미사는 같지만 음절 수의 차이로 [**ex**-]에

강세가 오거나 오지 않는 차이가 있기 때문이지요. 단어의 수는 몇 개 되지 않지만 활용면에 있어서는 중요한 단어들이니까 입과 귀에 익숙해질 때까지 반복해서 발음할 필요가 있습니다. 그럼 각 단어의 소리를 익혀 볼까요?

Practice 3 | 엑쓰– [éx+자음] (1)

1	**éx**cav**àte** 구멍을 파다	→	**éx**(**엑쓰**) · ca(커) · v**àte**(베ᵛ잍)	→	**엑쓰**커베ᵛ잍
2	**éx**cell**ence** 탁월	→	**éx**(**엑쓰**) · ce(써) · ll**ence**(런쓰)	→	**엑**썰런쓰
3	**éx**cell**ent** 우수한	→	**éx**(**엑쓰**) · ce(써) · ll**ent**(런트)	→	**엑**썰런(트)
4	**èx**plorát**ion** 탐험	→	**èx**(**엑쓰**) · plo(플러) · rá(뤠이) · t**ion**(션)	→	**엑쓰**플러뤠이션
5	**èx**planát**ion** 설명	→	**èx**(**엑쓰**) · pla(플러) · ná(네이) · tion(션)	→	**엑쓰**플러네이션
6	**èx**pectát**ion** 예상	→	**èx**(**엑쓰**) · pec(펙) · tá(테이) · t**ion**(션)	→	**엑쓰**펙테이션
7	**èx**pedít**ion** 원정	→	**èx**(**엑쓰**) · pe(퍼) · dí(디) · t**ion**(션)	→	**엑쓰**퍼디이션

아래 'Practice 4'에 정리된 단어들은 접두사 [**éx**–] 뒤 어간에 첫 철자가 자음으로 시작하는 명사와 형용사들입니다. 이런 경우 앞에서도 설명했지만 '명전동후(名前動後)'의 강세의 법칙에 따라 1음절, 즉, 접두사 [**éx**–]에 강세가 붙어 있습니다. 따라서 접두사 [**éx**–]를 '엑쓰–'로 발음하면 됩니다.

Practice 4 | 엑쓰– [éx+자음] (2)

1	**éx**pert 전문가	→	**éx**(**엑쓰**) · pert(퍼어ʳ트)	→	**엑쓰**퍼어ʳ트
2	**éx**port 수출	→	**éx**(**엑쓰**) · port(포어ʳ트)	→	**엑쓰**포어ʳ트

3	**éx**it 출구	→	**éx**(**엑**쓰) · it(잍)	→	**엑**씰
4	**éx**tra 여분의	→	**éx**(**엑**쓰) · tra(츄뤄)	→	**엑**쓰츄뤄
5	**éx**ploit 영웅적 행위	→	**éx**(**엑**쓰) · ploit(플로잍)	→	**엑**쓰플로잍
6	**éx**cess 과잉	→	**éx**(**엑**쓰) · cess(쎄쓰)	→	**엑**쎄쓰

아래의 'Practice 5'에 정리된 단어들은 어간의 첫 철자가 모음인 경우입니다. 보통 이 경우에는 어간의 첫 철자인 모음에 강세를 두고 발음합니다. 또 접두사 [ex-]의 자음 [x]는 '그즈'로 소리가 나는 특성이 있으며, 따라서 접두사 [ex-]는 '이그즈-'로 발음해야 합니다. 특히 'ㅈ'의 소리는 철자 [z]의 소리와 같으니까 주의해서 발음할 필요가 있습니다. 그럼 아래 단어들의 소리를 익혀 보세요.

Practice 5 | 이그즈- [ex+강모음]

1	**ex**áct 정확한	→	**ex**(이그즈) · áct(액트)	→	이그**잭**트 / 익**잭**트
2	**ex**ált 높이다	→	**ex**(이그즈) · ált(오올트)	→	이그**조**올트 / 익**조**올트
3	**ex**ám 시험	→	**ex**(이그즈) · ám(앰)	→	이그**잼** / 익**잼**
4	**ex**ámine 시험하다	→	**ex**(이그즈) · á(애) · mine(민)	→	이그**재**민 / 익**재**민
5	**ex**ámple 예	→	**ex**(이그즈) · ám(앰) · ple(플)	→	이그**잼**플 / 익**잼**플
6	**ex**émpt 면제하다	→	**ex**(이그즈) · émpt(엠트)	→	이그**젬**트 / 익**젬**트
7	**ex**ért 발휘하다	→	**ex**(이그즈) · ért(어어ʳ트)	→	이그**저**어ʳ트 / 익**저**어ʳ트
8	**ex**íst 존재하다	→	**ex**(이그즈) · íst(이스뜨)	→	이그**지**스뜨 / 익**지**스뜨

9	**ex**úde 스며 나오다	→	**ex**(이그즈) · úde(유우드)	→	이그주우드 / 익주우드
10	**ex**últ 기뻐 날뛰다	→	**ex**(이그즈) · últ(절트)	→	이그절트 / 익절트
11	**ex**ót**ic** 외래의	→	**ex**(이그즈) · ót(앝) · **ic**(잌)	→	이그자팈 / 익자팈
12	**ex**ágerà**te** 과장하다	→	**ex**(이그즈) · á(애) · ge(줘) · r**àte**(뤠잍)	→	익재줘뤠잍
13	**ex**ásperà**te** 격분시키다	→	**ex**(이그즈) · ás(애스) · pe(퍼) · r**àte**(뤠잍)	→	익재스뻐뤠잍
14	**ex**écu**tive** 행정상의	→	**ex**(이그즈) · é(에) · cu(큐) · **tive**(티브ᵛ)	→	익제큐티브ᵛ

아래 'Practice 6'에 정리된 단어에는 접두사 [éx-] 뒤에 모음 [e]와 [o]가 붙어 있지요? 원칙이라면 접두사 [éx-]를 '에그즈'로 발음해야 하지만, [éxe-]와 /[éxo-] 형태인 경우에는 접두사 [éx-]가 '엑쓰-'로 발음되는 경우도 있습니다. 따라서 아래의 단어들을 주의해서 보면서 각자의 소리를 익혀 보세요.

Practice 6 | 엑쓰- [éxe-], [éxo-]

1	**éx**ecùte 처형하다	→	**éx**(엑쓰) · e(이) · cùte(큐웉)	→	엑씨큐웉
2	**èx**ecútion 처형	→	**éx**(엑쓰) · e(이) · cù(큐) · tion(션)	→	엑씨큐우션
3	**éx**ercìse 운동	→	**éx**(엑쓰) · er(어ʳ) · cìse(싸이즈)	→	엑써ʳ싸이즈
4	**éx**orcist 무당	→	**éx**(엑쓰) · or(어ʳ) · cist(씨스뜨)	→	엑써ʳ씨스뜨
5	**éx**odus 대탈출	→	**éx**(엑쓰) · o(어) · dus(더쓰)	→	엑써더쓰

inter-

[인터ʳ]의 소리를 찾아서

요즘 가정에 '컴퓨터'로 '인터넷'을 사용하지 않는 집이 없고, 아파트에 살면서 '인터폰'을 사용하지 않는 집은 없을 겁니다. 알다시피 '폰'은 '전화'를 뜻하는 영어 'phone'을 의미하며, '넷'은 '그물'과 '망(網)'을 뜻하는 영어 'net'인 것은 여러분 모두가 잘 알고 있을 것입니다. 각자의 집에 있는 '전화(phone)'를 '서로(**inter**)' 연결해서 사용하는 것을 '인터폰(interphone)'이라 하고, 컴퓨터를 '그물(net)'처럼 '서로(**inter**)' 연결해서 사용한다고 해서 '인터넷(internet)'이라 하는 것이지요.

잘 아시겠지만, 과학이 빠른 속도로 발달하면서 교통 및 정보 수단 또한 발전하게 됐고, 이로 인해서 세상이 점점 좁아지고 가까워지고 있습니다. 이젠 독불장군처럼 혼자 잘났다고 떠들면서 살아갈 수 없는 세상이 되었습니다. 혹시 '나비효과'라는 말 아십니까? '북경에서 나비가 날갯짓을 했다. 그 때문에 미국 뉴욕에 돌풍이 불었다.' 다시 말하면, 아무런 이유도 없이 미국에 돌풍이 불지는 않았을 것이란 말입니다. 물론 북경의 나비의 날갯짓과 그로 인해 발생한 작은 바람이 어떤 다른 요인들에 의해 증폭이 되고 결국은 허리케인이 되어 뉴욕에 왔다는 것이 진짜라고 하더라도 정말 그런지 알 방법이야 없겠지만, 그만큼 지구 상의 모든 것들이 상호작용(**inter**áction)의 관계를 유지하며 살아간다는 뜻 아니겠습니까? 이제 배울 접두사 [**inter**-]는 우리말로 '서로, 사이'라는 뜻을 담고 있으며, '간(間), 상호(相互)'라는 한자어로도 번역할 수 있지요. '**ìnter**bánk'는 '은행(bank)'들 '사이(inter)'를 뜻하며, '**ìnter**chánge(교환한다)'는 '서로(inter)' 무언가를 '바꾸는(change)' 행위를 나타내는 말입니다. 그럼 접두사 [**inter**-]의 소리를 찾아볼까요?

접두사 [**inter**-]는 '**in·ter**-'와 같이 2개의 음절로 되어 있기 때문에 어느 한 곳에 강세(Stress)를 두고 발음해야 하지요. 이미 아시겠지만 [-**er**]는 보통 원어민들이 강세를 두고 발음하지 않는 소리의 특성을 갖고 있다는 것을 기억해 두세요. 따라서 접두사 [**inter**-]는 '인터ʳ-'로 발음하면 됩니다. 이상 접두사 [**inter**-]의 발음 설명은 끝마치겠습니다. 정말 간단하죠? 이제 접두사 [**inter**-]가 붙은 단어들을 발음하는 일만 남았군요. 그럼 아래 'Practice'의 단어부터 공부해 볼까요? 준비됐나요?

Practice | 인터ʳ– [inter–]

1	**ìnter**áct 상호 작용하다	→	**ìn**(인) · **ter**(터ʳ) · áct(액트)	→	**인터ʳ**액트
2	**ìnter**bánk 은행 간의	→	**ìn**(인) · **ter**(터ʳ) · bánk(뱅크)	→	**인터ʳ**뱅크
3	**ìnter**cépt 가로채다	→	**ìn**(인) · **ter**(터ʳ) · cépt(쎕트)	→	**인터ʳ**쎕트
4	**ìnter**chánge 교환하다	→	**ìn**(인) · **ter**(터ʳ) · chánge(췌인쥐)	→	**인터ʳ**췌인쥐
5	**ìnter**cláss 학급 간의	→	**ìn**(인) · **ter**(터ʳ) · cláss(클래쓰)	→	**인터ʳ**클래쓰
6	**ínter**còm 통화장치	→	**ín**(인) · **ter**(터ʳ) · còm(캄)	→	**인터ʳ**캄
7	**ìntercon**néct 서로 연결하다	→	**ìn**(인) · **ter**(터ʳ) · **con**(컨) · néct(넥트)	→	**인터ʳ**컨넥트
8	**ínter**èst 관심 갖다	→	**ín**(인) · **ter**(터ʳ) · rèst(뤠스뜨)	→	**인터ʳ**뤠스뜨
9	**ìnter**lóck 연결하다	→	**ìn**(인) · **ter**(터ʳ) · lóck(랔)	→	**인터ʳ**랔

10	**inter**míngle 혼합하다	→	**ìn**(인) · **ter**(*터r*) · m**ín**gle(밍글)	→	**인*터r*** 밍글
11	**inter**mít 중지하다	→	**ìn**(인) · **ter**(*터r*) · mít(밑)	→	**인*터r*** 밑
12	**ínter**nèt 인터넷	→	**ín**(인) · **ter**(*터r*) · nèt(넬)	→	**인*터r*** 넬

요점정리

1. [inter–]는 'i(이)+n(은)+t(트)+e(어)+r(*어r*) = 인*터r*–'로 발음한다.
2. [inter–]는 '서로, 간(間), 중(中), 상호(相互)'의 뜻을 나타내는 접두사다.

알고 갑시다

접두사 [inter–]의 변신

접두사 [ìnter–]는 발음하기에 크게 어려운 점이 없지요? 우리말로 '서로, 사이'라는 뜻과, 한자어로는 '간(間), 상호(相互)'라는 의미를 담고 있다는 것만 알고 있으면 되고, '인*터r*–'로 발음하면 된다는 정도이지요. 그런데 미국인 원어민 중에 단어에 [n]과 [t]가 나란히 붙으면 [t] 발음을 하지 않는 경향이 있어서 간혹 [ìnter–]를 '인*터r*–'가 아닌 '이*너r*–'로 발음하는 경우도 많습니다. 예를 들면 'center'도 '쎈*터r*'라 발음하지 않고 '쎄*너r*'로 발음하는 미국식 영어의 특징 중에 하나입니다. 다만 두 가지 발음 중 어느 것도 의사소통하는 데 아무 문제가 없다는 사실도 알아 두세요. 이제 아래 'Practice 1'에서 접두사 [ìnter–]와 어간 사이에 어떤 의미상의 상호관계가 있는지 살펴보고 가볍게 단어들을 읽어 보세요. 준비되었죠?

Practice 1 | 인터r– [inter–]

1	act 행동하다	액트	→	**ìnter**áct 상호 작용하다	**인터r**액트
2	bank 은행	뱅크	→	**ìnter**bánk 은행 간의	**인터r**뱅크
3	class 학급	클래쓰	→	**ìnter**cláss 학급 간의	**인터r**클래쓰
4	course 진행	코어r쓰	→	**ìnter**cóurse 교재	**인터r**코어r쓰
5	net 망, 그물	넽	→	**ínter**nèt 인터넷	**인터r**넽
6	phone 폰	포f운	→	**ínter**phòne 인터폰	**인터r**포f운
7	state 주(州)	스떼잍	→	**ìnter**státe 주(州) 사이의	**인터r**스떼잍
8	twist 뒤얽히다	트위스뜨	→	**ìnter**twíst 서로 뒤얽히다	**인터r**트위스뜨
9	séct**ion** 분할	쎅션	→	**ìnter**séct**ion** 교차로	**인터r**쎅션
10	nát**ional** 국가의	내셔늘	→	**ìnter**nát**ional** 국제 간	**인터r**내셔늘

이제 여러분들이 아래에 정리된 단어들만 보고 스스로 읽어 보세요. 발음기호나 누구의 도움 없이도 영어 단어를 읽을 수 있다는 것은 얼마나 짜릿하고 행복한 일인지 스스로 느껴 보면서요.

Practice 2 | 인터r– [inter–]

ìnterbánk 은행 간의	**ìnter**cláss 학급 간의	**ínter**còm 통화장치	**ìnter**cóurse 교재	**ínter**nèt 인터넷
ínterphòne 인터폰	**ìnter**státe 주 사이의	**ínter**vìew 면접	**ìnter**áct 상호 작용하다	**ìnter**chánge 교환하다
ìnterlóck 연결하다	**ìnter**míngle 혼합하다	**ìnter**póse 끼워 넣다	**ìnter**twíst 서로 뒤얽히다	**ìnter**connéct 서로 연결하다

ìnterséction 교차로	ìnternátional 국제간			

접두사 [ìnter-]는 위처럼 서로 연결하는 의미뿐만 아니라 '사이에 끼니까' 방해하고, 막고, 간섭하는 의미를 주기도 합니다. 아래의 단어들이 이런 의미의 단어이니 참고하면서 단어의 소리를 익히세요.

Practice 3 | 인터ʳ- [inter-]

1	**ínter**val 간격	→	**ín**(인) · **ter**(터ʳ) · val(블ᵛ)	→	**인터ʳ**블ᵛ
2	**ìnter**fére 방해하다	→	**ìn**(인) · **ter**(터ʳ) · fére(피ᶠ어ʳ)	→	**인터ʳ**피ᶠ어ʳ
3	**ìnter**mít 중지하다	→	**ìn**(인) · **ter**(터ʳ) · mít(밑)	→	**인터ʳ**밑
4	**ìnter**rúpt 가로막다	→	**ìn**(인) · **ter**(터ʳ) · rúpt(뤞ㅌ)	→	**인터ʳ**뤞ㅌ
5	**ínter**èst 관심 갖다	→	**ìn**(인) · **te**(터ʳ) · rèst(뤠스뜨)	→	**인터ʳ**뤠스뜨
6	**ìnter**véne 끼어들다	→	**ìn**(인) · **ter**(터ʳ) · véne(비ᵛ인)	→	**인터ʳ**비ᵛ인
7	**ìnter**míss**ion** 중지	→	**ìn**(인) · **ter**(터ʳ) · mín(미) · ss**ion**(션)	→	**인터ʳ**미션
8	**ìnter**jéc**tion** 감탄사	→	**ìn**(인) · **ter**(터ʳ) · jéc(쥌) · t**ion**(션)	→	**인터ʳ**쥌션

over−

[오우버^{VT}−]의 소리를 찾아서

요즘 현대인들의 일상을 보면 참 바쁘고 힘들게 하루하루 살고 있다는 것을 알 수 있습니다. 아침부터 직장에 지각하지 않기 위해 '과속(**over**speed)'해야 하고, 남들보다 앞서 나가기 위해서 '과로(**over**work)'해야 하며, 일과 후 쌓인 스트레스를 해소하기 위해 동료들과 '과음(**over**drink)'하거나 '과식(**over**eat)'도 하고, 그러다 보니 '초과된 체중(**over**weight)'을 줄인다고 운동하러 다니며, 주말에는 다음 주 일상 업무로 돌아가기 위해 쌓인 피로를 해소한답시고 '늦잠(**over**sleep)'을 자야 하지요. 누군가가 옆에서 평소보다 지나치게 행동하면 '오버'하지 말라고 충고하지만, 사실 우리 스스로는 이렇게 매일 많은 과(過)한 일들을 하고 살고 있습니다. 이제 한자의 '지나칠 과(過)' 자가 영어의 접두사 [**over**−]에 해당된다는 것을 눈치채셨죠?

전치사 'over'가 '-위에'라는 뜻이 있듯이 접두사 [**over**−]도 '-위로'의 의미도 있으며, 조금 의미를 확대해서 보면 어떤 물체의 위에 있으니 '외부로, 밖으로'의 의미로 확장되고, 그 확장된 부분은 '여분의' 혹은 '과도한, 지나친' 부분이 되겠지요. 이렇게 언어는 처음에 가지고 있던 의미가 세월이 흐르면서 축소되거나 확대되어 쓰이기도 하는 생명력을 갖고 있습니다. 따라서 '이 단어는 이 의미만을 가지고 있다.'는 고정된 관념을 갖고 있으면 곤란합니다. 언어를 공부하는 데 고정관념이나 편견은 자칫 학습의 장애가 될 소지가 크기 때문이지요. 정리하면 접두사 [**over**-]는 '-위로, 외부로, 밖으로, 여분의, 혹은 '과도한, 지나친'의 의미를 담고 있습니다. 외우셨죠? 그럼 접두사 [**over**-]의 소리는 어떻게 날까요?

접두사 [**òver**-]도 '**ò** · **ver**-'와 같이 2개의 음절로 되어 있기 때문에 어느 한 곳에 강세(stress)를 두고 발음해야 합니다. 바로 앞 장에서 설명한 접두사 [**ìnter**-]처럼 [-**er**]는 보통 원어민들이 강세를 두고 발음하지 않는 소리의 특성을 갖고 있다는 것을 다시 한 번 기억해 두면 어렵지 않겠죠? 따라서 접두사 [**òver**-]는 '오우버^{vr} -'로 발음하면 됩니다. 한국 사람들이 발성하기 제일 어려워하는 [**r**] 발음과 [**v**] 발음이 있으니까 눈으로 보고 넘어가지 말고 이 기회에 혀와 입술의 움직임이 자연스럽도록 많이 반복해서 발음하세요. 이제 누군가가 옆에서 평소보다 지나치게 행동하면 '오버' 대신에 멋있게 '오우버^{vr} 하지 마!'하고 충고하세요. 그럼 아래 'Practice'의 단어부터 공부해 볼까요? 준비됐나요?

Practice | 오우버^{vr}– [òver–]

1	**òver**áct 지나치게 하다	→	**òver**(오우버^{vr}) · áct(액트)	→	오우버^{vr}액트
2	**òver**wéight 초과중량	→	**òver**(오우버^{vr}) · wéight(웨잍)	→	오우버^{vr}웨잍
3	**òver**wórk 과로하다	→	**òver**(오우버^{vr}) · wórk(워어^{r}크)	→	오우버^{vr}워어^{r}크
4	**òver**drínk 과음하다	→	**òver**(오우버^{vr}) · drínk(듀링크)	→	오우버^{vr}듀링크
5	**òver**éat 과식하다	→	**òver**(오우버^{vr}) · éat(이잍)	→	오우버^{vr}이잍
6	**òver**crówded 초만원의	→	**òver**(오우버^{vr}) · crów(크롸우) · ded(디드)	→	오우버^{vr}크롸우딛
7	**òver**sléep 늦잠 자다	→	**òver**(오우버^{vr}) · sléep(슬리잎)	→	오우버^{vr}슬리잎
8	**òver**héar 도청하다	→	**òver**(오우버^{vr}) · héar(히이어^{r})	→	오우버^{vr}히이어^{r}
9	**òver**cóat 외투	→	**òver**(오우버^{vr}) · cóat(코웉)	→	오우버^{vr}코웉
10	**òver**bóard 배 밖으로	→	**òver**(오우버^{vr}) · bóard(보어^{r}드)	→	오우버^{vr}보어^{r}드
11	**òver**grów 만연하다	→	**òver**(오우버^{vr}) · grów(그로우)	→	오우버^{vr}그로우
12	**òver**táke 따라잡다	→	**òver**(오우버^{vr}) · táke(테잌)	→	오우버^{vr}테잌

요점정리

1. [òver–]는 'ò(오우)+v(브^{v})+e(어)+r(어^{r}) = 오우버^{vr}–'로 발음한다.
2. [òver–]는 '–과도히, 너무, 위로, 밖으로, 여분의'의 뜻을 나타내는 접두사다.

알고 갑시다

접두사 [over–]의 변신

접두사 [**òver**–]는 발음하기에 크게 어려운 점이 없지요? 우리말로 '–위로, 외부로, 밖으로, 여분의' 혹은 '과도한, 지나친'의 의미를 담고 있다는 것만 알고 있으면 되고, '오우버vr –'로 발음하면 된다는 정도이지요. 이제 아래 'Practice 1'에는 접두사 [**òver**–]와 어간 사이에 '과도한, 지나친'의 의미상의 상호관계가 있다는 것을 상기하면서 가볍게 단어들을 읽어 보세요. 준비되었죠?

Practice 1 | 오우버vr– [òver–] (1)

● '–과도한, 지나친' 따위의 뜻

1	act 행동하다	액트	→	**òver**áct 지나치게 하다	**오우버vr**액트
2	búrden 짐	버어r든	→	**òver**búrden 과중한 짐	**오우버vr**버어r든
3	charge 짐지우다	차아r쥐	→	**òver**chárge 부당한 값을 요구하다	**오우버vr**차아r쥐
4	work 일하다	워어r크	→	**òver**wórk 과로하다	**오우버vr**워어r크
5	cúnning 교활한	커닝	→	**òver**cúnning 지나치게 교활한	**오우버vr**커닝
6	do 행하다	두우	→	**òver**dó 도를 지나치다	**오우버vr**두우
7	drink 마시다	듀링크	→	**òver**drínk 과음하다	**오우버vr**듀링크
8	eat 먹다	이잍	→	**òver**éat 과식하다	**오우버vr**이잍
9	weight 중량	웨잍	→	**òver**wéight 초과중량	**오우버vr**웨잍
10	run 달리다	뤈	→	**òver**rún 전반에 걸쳐 퍼지다	**오우버vr**뤈

11	sleep 잠자다	슬리잎	→	**òver**sléep 늦잠 자다	**오우버^{vr}**슬리잎

아래 'Practice 2'에는 접두사 [**òver**-]와 어간 사이에 '-위로, 외부로, 밖으로, 여분의'의 의미상의 상호관계가 있다는 것을 생각하면서 단어들의 소리를 익혀 보세요. 준비됐지요?

Practice 2 | 오우버^{vr}– [òver–] (2)

● '–위로, 외부로, 밖으로, 여분의' 따위의 뜻

1	coat 상의	코웉	→	**òver**cóat 외투	**오우버^{vr}**코웉
2	board 뱃전	보어^{r}드	→	**òver**bóard 배 밖으로	**오우버^{vr}**보어^{r}드
3	come 오다	컴	→	**òver**cóme 극복하다	**오우버^{vr}**컴
4	flow 흐르다	플^{f}로우	→	**òver**flów 넘쳐흐르다	**오우버^{vr}**플^{f}로우
5	grow 자라다	그로우	→	**òver**grów 만연하다	**오우버^{vr}**그로우
6	hang 걸리다	행	→	**òver**háng 위에 걸리다	**오우버^{vr}**행
7	head 머리	헤드	→	**òver**héad 머리 위의	**오우버^{vr}**헤드
8	hear 듣다	히이어^{r}	→	**òver**héar 도청하다	**오우버^{vr}**히이어^{r}
9	lay 놓다	레이	→	**òver**láy 씌우다	**오우버^{vr}**레이
10	look 보다	룩	→	**òver**lóok 내려다보다	**오우버^{vr}**룩
11	pass 통로	패쓰	→	**òver**páss 육교	**오우버^{vr}**패쓰

이제 여러분들 스스로 발음기호나 누구의 도움 없이 영어 단어를 읽는 짜릿하고 행복한 시간입니다. 준비되었습니까? 이제 접두사 [**òver-**]를 끝냅시다.

Practice 3 | 오우버r– [òver–] (3)

òvercóat 외투	**òver**bóard 배 밖으로	**òver**flów 넘쳐흐르다	**òver**grów 만연하다	**òver**háng 위에 걸리다
òverhéad 머리 위의	**òver**héar 도청하다	**òver**láp 겹치다	**òver**láy 씌우다	**òver**lóok 내려다보다
òvermáster 압도하다	**òver**páss 육교	**òver**pláy 과장되게 연기하다	**òver**shóot 빗나가다	**òver**bál**ance** 보다도 무겁다
òvertáke 을 따라잡다	**òver**thrów 뒤집어엎다	**òver**túrn 전복시키다	**òver**tíme 초과근무의	**òver**whélm 압도하다

under-

[언더^{r}]의 소리를 찾아서

앞 장의 접두사 [**over**-]가 '과한 것'을 뜻하니까, 이번에는 '덜한 것'에 관한 접두사를 배워야겠지요? 영어를 어느 정도 배웠으면 대충 짐작했겠지만, 전치사에서도 '위'를 나타내는 'over'의 반의어가 'under'였으니까 접두사 [**over**-]의 반의어도 [**under**-]라고 유추하면 딱 맞습니다.

전치사 'under'가 '-아래에'라는 뜻이 있듯이 접두사 [**under**-]도 '-아래의'라는 뜻도 있으며, 조금 의미를 확대해서 보면 어떤 물체의 아래에 있으니 '열등하다'는 의미도 될 수 있고, 가격이나, 크기, 질적인 면에서 '보다 조금 작게', '싸게', 그리고 '불충분하게'라는 의미까지 끌어낼 수 있겠지요? 예를 들면, '아래에(**under**)' '선(line)'을 그으니까 '밑줄 긋다(**ùnder**líne)'가 될 것이고, '바지(pants)'의 '아래에(**under**)'에 입으니까 '속바지(**ùnder**pánts)'라는 단어가 되겠지요. '덜(**under**)' '요리(cook)'했으니까 '설익다(**ùnder**cóok)'가 되기도 하지요. 이렇게 접두사는 알면 알수록 쉽고 무궁무진하게 많은 단어들을 만들어 낼 수 있는 도구가 됩니다. 따라서 이 책의 일차적인 목적이 단어를 읽는 능력을 쌓는 것이지만, 각 단어의 의미도 알고 간다면 그야말로 'To kill two birds with one stone.(一石二鳥)'이 아닐까요? 그럼 접두사 [**under**-]의 소리는 어떻게 날까요?

접두사 [ùnder-]도 'ùn · der-'와 같이 2개의 음절로 되어 있기 때문에 어느 한 곳에 강세(stress)를 두고 발음해야 합니다. 접두사 [ùnder-]도 앞에서 배운 접두사 [ìnter-]와 [òver-]와 같이 2음절에 [-er-]가 붙어 있습니다. 그럼 접두사 [ùnder-]는 어떻게 읽어야 할까요? 그렇지요? '언더ʳ -'로 발음하면 되겠네요.

아래 'Practice'에 정리된 단어가 몇 개 되지 않지요? 이 책이 처음 의도한 대로 너무 전문적이고 학술적인 용어들을 빼고 나면 접두사 [ùnder-]가 붙어 있는 영어단어는 그리 많지 않습니다. 따라서 가볍고 편안한 마음으로 연습하세요. 그럼 열 번씩 멋지게 발음해 볼까요? 준비됐나요?

Practice 1 | 언더ʳ- [ùnder-]

1	**ùnder**cóok 설익다	→	**ùnder(언더ʳ)** · cóok(쿡)	→	**언더ʳ**쿡
2	**ùnder**cóver 비밀로 한	→	**ùnder(언더ʳ)** · cóver(커버ᵛʳ)	→	**언더ʳ**커버ᵛʳ
3	**ùnder**gó 경험하다	→	**ùnder(언더ʳ)** · gó(고우)	→	**언더ʳ**고우
4	**ùnder**gróund 지하의	→	**ùnder(언더ʳ)** · gróund(그롸운드)	→	**언더ʳ**그롸운(드)
5	**ùnder**hánd 아래로 던지는	→	**ùnder(언더ʳ)** · hánd(핸드)	→	**언더ʳ**핸(드)
6	**ùnder**líne 밑줄 긋다	→	**ùnder(언더ʳ)** · líne(라인)	→	**언더ʳ**라인
7	**ùnder**míne 밑을 파다	→	**ùnder(언더ʳ)** · míne(마인)	→	**언더ʳ**마인
8	**ùnder**néath 밑에	→	**ùnder(언더ʳ)** · néath(니이쓰ᶠ)	→	**언더ʳ**니이쓰ᶠ
9	**ùnder**pánts 속바지	→	**ùnder(언더ʳ)** · pánts(팬츠)	→	**언더ʳ**팬츠
10	**ùnder**páss 지하도	→	**ùnder(언더ʳ)** · páss(패쓰)	→	**언더ʳ**패쓰
11	**ùnder**tóne 저음	→	**ùnder(언더ʳ)** · tóne(토운)	→	**언더ʳ**토운

12	**ùnder**wáter 수면 아래의	→	**ùnder**(**언더^r**) · wáter(워터^r)	→	**언더^r** 워러^r
13	**ùnder**wéar 내의	→	**ùnder**(**언더^r**) · wéar(웨어^r)	→	**언더^r** 웨어^r
14	**ùnder**wríte 서명하다	→	**ùnder**(**언더^r**) · wríte(롸잍)	→	**언더^r** 롸잍

Practice 2 | 언더^r– [ùnder–]

ùndercóok 설익다	**ùnder**cóver 비밀로 한	**ùnder**gó 경험하다	**ùnder**gróund 지하의	**ùnder**hánd 밑으로 던지는
ùnderlíne 밑줄 긋다	**ùnder**míne 밑을 파다	**ùnder**néath 밑에	**ùnder**pánts 속옷	**ùnder**páss 지하도
ùndertóne 저음	**ùnder**wáter 수면 밑의	**ùnder**wéar 내의	**ùnder**wríte 서명하다	

요점정리

1. [ùnder–]는 'u(어)+n(은)+d(드)+e(에)+r(어^r) = 언더^r–'로 발음한다.
2. [ùnder–]는 '–아래의, 열등한, 보다 조금 작게, 싸게, 불충분하게'의 뜻을 나타내는 접두사다.

mis-

[미쓰-, 미쓰-]의 소리를 찾아서

이제 길고 긴 접두사의 마지막 소리 여행을 떠나 보려고 해요. 준비됐나요? 자, 그럼 추~울 바~알!

어렸을 때 축구나 야구와 같은 운동 경기를 보다 보면, 가끔 공을 놓친 선수들이 동료 선수들에게 '마이 미쓰!' 하고 소리치는 것을 볼 수 있었지요. 처음에는 무슨 뜻인가 했더니 '내 실수!'라는 뜻의 'My mistake!'나 혹은 'My miss!'라는 영어더군요. 저는 미혼의 여자를 '미쓰'라고 부르는 것으로만 알고 있었는데 운동선수들이 갑자기 운동하다 말고 '내 여자!' 하니까 황당했지요. 그래서 배워야 하고 알아야 한다니까요. 이제 배울 접두사 [**mis**-]의 소리가 바로 '미쓰'라서 서두에 이렇게 주절거렸다는 것을 아시겠죠? 본론으로 들어갈게요. 접두사 [**mis**-]는 순수 단어인 어간에 붙여 그 행위를 '잘못되게, 그릇되게, 나쁘게, 불리하게'로 만드는 접두사입니다. 한자로는 '악할 악(惡)'이나 '그릇될 오(誤)'를 붙여 뜻을 표기하면 됩니다. 영어로는 'wrong'의 의미라고 보면 되지요. 예를 들면 '인도하다(lead)'에 접두사 [**mis**-]를 붙이면 '오도(誤導)하다'라는 '**mis**lead'의 단어가 탄생하며, '행위'를 나타내는 'deed'에 접두사 [**mis**-]를 붙이면 '악행(惡行)'이라는 '**mis**deed'라는 단어가 탄생하게 됩니다. 그럼 접두사 [**mis**-]의 소리는 어떻게 날까요?

앞에서 언급했지만 접두사 [**mis**-]는 '미쓰-'로 발음하면 되지요. 다만 강세를 두고 읽는 경우와 그렇지 않은 경우가 있는데, 앞에서 다른 접두사의 경우와 강세의 법칙은 같습니다. 첫째, '**mis**cárry(잘못 배달하다), **mis**júdge(오판하다)'와 같이 접미사가 없는 1음절 어간에 붙는 경우, 접두사 [**mis**-] 다음에 오는 음절의 어간, 즉, 단어 전체로 보면 2음절에 강세가 오면서 접두사 [**mis**-]를 '미쓰-'로 발음합니다. 둘째, '**mìsapply**(악용하다), **mìsin**fórm(잘못 전하다)'과 같이 또 다른 접두사가 있거나, 혹은 '**mìs**cálcul**àte**(계산을 잘못하다) **mìs**éstim**àte**(평가를 그르치다)'과 같이 접미사의 종류에 따라 강세의 유무가 결정됩니다. 따라서 접두사 [**mis**-]에 강세가 오면 '미쓰-'로 발음하면 되지요.

이제 아래 'Practice'에 정리된 단어를 보면서 접두사 [**mis**-]와 관련된 단어들의 소리를 익혀 보세요. 어간에 해당하는 단어들은 실제로 활용도가 높은 순수 단어인 만큼 분절해서 같이 연습하는 것도 여러분의 어휘력을 한 단계 높이는 지름길임을 잊지 마세요. 자 그럼, 마지막 소리 여행을 떠나 볼까요?

Practice | 미쓰-, 미쓰- [mis-]

1	**mis**réad 잘못 읽다	→	**mis**(미쓰) · réad(뤼이드)	→	미쓰뤼이드
2	**mis**cárry 잘못 배달하다	→	**mis**(미쓰) · cárry(캐뤼)	→	미쓰캐뤼
3	**mis**chíef 해악	→	**mis**(미쓰) · chíef(취잎[f])	→	미쓰취잎[f]
4	**mis**cóunt 잘못 세다	→	**mis**(미쓰) · cóunt(카운트)	→	미쓰카운(트)
5	**mis**déed 악행	→	**mis**(미쓰) · déed(디이드)	→	미쓰디이드
6	**mis**háp 재난	→	**mis**(미쓰) · háp(햎)	→	미쓰햎
7	**mis**prínt 오식하다	→	**mis**(미쓰) · prínt(프륀트)	→	미쓰프륀(트)

8	**mis**júdge 오판하다	→	**mis**(미쓰) · júdge(줘쥐)	→	미쓰줘쥐
9	**mis**léad 그릇 인도하다	→	**mis**(미쓰) · léad(리이드)	→	미쓰리이드
10	**mis**pláy 실수하다	→	**mis**(미쓰) · pláy(플레이)	→	미쓰플레이
11	**mìsap**plý 악용하다	→	**mìs**(미쓰) · **ap**(엎) · plý(플라이)	→	미써플라이
12	**mìsin**fórm 잘못 전하다	→	**mìs**(미쓰) · **in**(인) · fórm(포ᶠ오엄ʳ)	→	미씬포ᶠ오엄ʳ

요점정리

1. [mis–]는 'm(음)+i(이)+s(쓰) = 미쓰–'로 약하게, 또는 'm(음)+i(이)+s(쓰) = 미쓰–'로 강하게 발음한다.
2. [mis–]는 '잘못하여, 그릇된, 나쁘게, 불리하게'의 뜻을 나타내는 접두사다.

알고 갑시다

접두사 [mis–]의 변신

접두사 [**mis**-]에 담긴 뜻이 뭐지요? 순수 단어인 어간에 붙여 그 행위를 '잘못되게, 그릇되게, 나쁘게, 불리하게'로 만드는 접두사라고 했지요? 발음은 우리말로 표기하면 같겠지만 강세의 유무에 따라 2가지 형태가 있다고 했습니다. 아래 'Practice 1'에 정리된 단어처럼 접미사가 없는 1음절 어간에 붙는 경우, 접두사 [**mis**-] 다음에 오는 음절의 어간, 즉, 단어 전체로 보면 2음절에 강세가 오면서 접두사 [**mis**-]를 '미쓰-'로 발음한다고 했습니다. 앞 장에서 충분히 연습했을 것이라 믿고 더 이상 설명은 하지 않겠습니다. 아래의 단어들을 멋있게 읽어 보세요. 또 하나 잊지 말아야 할 것은 접두사 [**mis**-]를 분리한 어간이 순수 단어인 만큼 분절해서 같이 소리를 익혀 두세요.

Practice 1 | 미쓰– [mis–]

miscárry 잘못 배달되다	**mis**chánce 불운	**mis**cást 배역을 그르치다	**mis**cóunt 잘못 세다	**mis**déed 악행
mìsdiréct 그릇 지시하다	**mis**fíre 총이 불발하다	**mis**fórtune 불운	**mis**gíve 걱정을 일으키다	**mis**háp 재난
mishándle 서투르게 다루다	**mis**gúide 잘못 지도하다	**mis**júdge 오판하다	**mis**láy 잘못 두다	**mis**mánage 잘못 관리하다
mismátch 짝을 잘못 짓다	**mis**pláy 실수하다	**mis**prínt 오식하다	**mis**príze 경멸하다	**mis**réad 틀리게 읽다
missénd 잘못 보내다	**mis**spéll 철자를 잘못 쓰다	**mis**táke 실수하다	**mis**téach 잘못 가르치다	**mis**tréat 학대하다
mistrúst 의심하다	**mis**úse 오용하다	**mis**válue 평가를 그르치다	**mis**wórd 표현을 그르치다	**mis**chíef 해악

오른쪽 'Practice 2, 3'에 정리된 단어들은 접두사 [**mis**-] 외에 [**ar**-, **de**-, **be**-, **re**-]와 같이 또 다른 접두사들이 붙어 있습니다. 이런 경우 접두사 [**mis**-]의 모음 [i]

가 강모음이 되면서 접두사 [**mìs**-]를 '미쓰-'로 발음해야 합니다. 여러 번 언급했지만 '**mìsunder**stánd'와 같이 긴 단어를 보면 어떻게 읽을까 걱정하지 말고 접두사와 접미사를 분절해서 살펴보면 읽지 못할 단어가 많지 않다는 것을 알 수 있습니다. '**mìs**(미쓰) · **under**(언더^r) · stánd(스땐드)'로 분절해서 보면 '**mìsunder**stánd'는 '미쓰언더^{r}스땐드'로 발음하면 되겠지요. 일상생활에 필요한 의사소통의 도구로 사람이 만든 문자인데 설마 암호처럼 읽지조차 못하도록 만들지는 않았겠지요? 어렵다는 선입감보다 이제는 읽을 수 있다는 자신감부터 갖고 모든 영어 단어의 소리에 도전해 보세요. "You can make it!"

Practice 2 | 미쓰- [mis-] (1)

1	**ar**ránge 정렬하다	어뤠인쥐	→	**mìsar**ránge 배열을 잘못하다	**미써**뤠인쥐
2	**de**scríbe 묘사하다	디스끄롸이브	→	**mìsde**scríbe 잘못 묘사하다	**미쓰**디스끄롸이브
3	**be**líeve 믿다	빌리이브^v	→	**mìsbe**líeve 그릇 믿다	**미쓰**빌리이브^v
4	**ùnder**stánd 이해하다	언더^{r}스땐(드)	→	**mìsunder**stánd 오해하다	**미쓰**언더^{r}스땐(드)
5	**re**mémber 기억하다	뤼멤버^r	→	**mìsre**mémber 잘못 기억하다	**미쓰**뤼멤버^r
6	**re**pórt 보고하다	뤼포어^{r}트	→	**mìsre**pórt 잘못 보고하다	**미쓰**뤼포어^{r}트

Practice 3 | 미쓰- [mis-] (2)

mìsapplý 악용하다	**mìsar**ránge 배열을 잘못하다	**mìsbe**cóme 어울리지 않다	**mìsbe**háve 무례한 행동을 하다	**mìsde**scríbe 잘못 묘사하다
mìsbelíeve 그릇 믿다	**mìscon**céive 오해하다	**mìscon**dúct 조처를 그르치다	**mìsunder**stánd 오해하다	**mìsre**mémber 잘못 기억하다
mìsrepórt 잘못 보고하다	**mìsin**fórm 잘못 전하다	**mìs**cálcul**àte** 계산을 잘못하다	**mìs**éstim**àte** 평가를 그르치다	

종합 복습 (Total Review)

접두사

이제 접두사를 종합적으로 복습하면서 '접두사의 소리를 찾아서'를 마치려 합니다. 먼저 아래 접두사 3개의 원리를 먼저 복습하고 상기해보세요. 그리고 난 후 앞에서 배운 17개 접두사에 해당하는 단어들을 철자와 소리관계를 생각하면서 스스로 발음해 보세요.

- 첫째, 접두사는 뒤의 어근의 첫 철자에 따라 형태 변화를 하는 경우도 있다. {형태상}
- 둘째, 접두사의 모음의 소리는 강세의 유무에 따라 결정된다. {발음상}
  - 어간이 짧은 1음절 단어일 때는 접두사에 강세가 오지 않는 것이 공통된 기본 소리 법칙이다.
  - 어떤 접미사가 붙어 있느냐에 따라 접두사의 강세의 유무가 결정되기도 한다.
  - 명전동후(名前動後)라 하여 품사가 동사냐 명사냐에 따라 강세 위치가 바뀌기도 한다.
  - 동일한 접미사가 붙어 있지만 음절 수에 따라 접두사의 강세 유무가 결정되기도 한다.
  - 접두사가 2개가 붙어 있는 경우 첫 번째 접두사에는 강세를 두고 발음해야 한다.
  - 2음절로 되어 있는 접두사인 경우에는 1음절에 강세를 두고 발음한다.
  - 어간의 첫 철자가 모음이냐 자음이냐에 따라 접두사의 소리가 달라지기도 한다.
- 셋째, 접두사는 어근의 뜻을 바꿔 주기도 하지만 품사를 바꿔 주기도 한다. {의미상}

발성법 | 소리를 어떻게 낼까요?

01 [ad-]은 '접근, 방향, 변화, 첨가, 증가, 강조'의 뜻을 나타내 '얻-'으로 발음한다.

02 [en-]은 '-안에 넣다, -이 되게 하다'의 뜻의 동사로 전환시키며, '인-'으로 발음한다.

03 [con-]은 '함께, 완전히, 공동, 공통, 상호, 동등'의 뜻으로, '컨-' 또는 '칸-'으로 발음한다.

04 [in-]은 '무(無), 불(不), 안에, -로(방향)'의 뜻으로, '인-' 또는 '인-'으로 발음한다.

05 [sub-]은 '아래, 아(亞), 하위, 부(副), 조금, 반'의 뜻으로, '썹-' 또는 '썹-'으로 발음한다.

06 [be-]는 '널리, 전부에, 완전히, 떼어 내다, -로 만들다'의 뜻으로 '비-'로 발음한다.

07 [de-]는 '분리, 저하, 비(非)-, 반대, 완전히, 상세히, 나쁜 의미로'의 뜻으로 '디-'로 발음한다.

08 [dis-]는 '비(非)-, 불(不), 반대(反對), 분리(分離)'의 뜻으로, '디쓰-' 또는 '디쓰-'로 발음한다.

09 [pre-]는 '전(前), 앞, 미리(豫), 먼저(先)'의 뜻으로, '프뤼-' 또는 '프뤼-', '프뤠-'로 발음한다.

10 [re-]는 '다시, 새로이, 되, 뒤로, 반대'의 뜻으로, '뤼-', 또는 '뤼이-', '뤠-'로 발음한다.

11 [un-]은 '제거, 부정, 반대'의 뜻으로 '언언-'으로 발음한다.

12 [pro-]는 '앞에(前), 공공연히, -밖으로, 대신, 대용으로'의 뜻으로, '프뤄-' 또는 '프롸-'로 발음한다.

13 [ex-]는 '밖으로, 아주, 전적으로'의 뜻으로, '익쓰-' 또는 '엑쓰-', '이그즈-'로 발

음한다.

14 [ìnter-]는 '서로, 간(間), 중(中), 상호(相互)'의 뜻으로, '인터^r -'로 발음한다.

15 [óver-]는 '-과도히, 너무, 위로, 밖으로, 여분의'의 뜻으로, '오우버$^{v\,r}$ -'로 발음한다.

16 [ùnder-]는 '-아래의, 열등한, 보다 작게, 싸게, 불충분하게'의 뜻으로, '언더^r -'로 발음한다.

17 [mis-]는 '잘못하여, 그릇된, 나쁘게, 불리하게'의 뜻으로, '미쓰-' 또는 '미쓰-'로 발음한다.

1 ad- [얻-]의 소리를 찾아서

요점정리

1. [ad-]은 'a(어)+d(드) = 얻-'으로 약하게 흘려서 발음한다.
2. [ad-]은 '접근, 방향, 변화, 첨가, 증가, 강조'의 뜻을 나타내는 접두사다.

Practice | 얻- [ad-]

1	**ad**ápt 적응시키다	→	**ad**(얻) · ápt(앺트)	→	어**댚**트
2	**ad**díct 빠지게 하다	→	**ad**(얻) · **d**íct(딬트)	→	어**딬**트
3	**ad**dréss 말을 걸다	→	**ad**(얻) · **dr**éss(드뤠쓰)	→	어듀뤠쓰
4	**ad**hére 달라붙다	→	**ad**(얻) · hére(히어^r)	→	얻히어^r

5	**ad**júdge 판결하다	→	**ad**(얻) · júdge(줘쥐)	→	얻줘쥐
6	**ad**júst 조정하다	→	**ad**(얻) · júst(줘스뜨)	→	얻줘스뜨
7	**ad**mínister 경영하다	→	**ad**(얻) · mí(미) · ni(니스) · ter(터^r)	→	얻미니스터^r
8	**ad**míre 감탄하다	→	**ad**(얻) · míre(마이어^r)	→	얻마이어^r
9	**ad**mít 수용하다	→	**ad**(얻) · mít(밑)	→	얻밑
10	**ad**mónish 훈계하다	→	**ad**(얻) · mó(마) · nish(니쉬)	→	얻마니쉬
11	**ad**óre 숭배하다	→	**ad**(얻) · óre(오어^r)	→	어도어^r
12	**ad**víse 충고하다	→	**ad**(얻) · víse(바^{v}이즈)	→	얻바^{v}이즈

Practice 1 | [c, k, q] 앞에서는 [ac–]

accépt 받아들이다	**ac**cláim 환호하다	**ac**cómpany 동행하다	**ac**córd 일치하다	**ac**cóunt 여기다
accrédit 신임하다	**ac**cúse 고발하다	**ac**cústom 습관 들이다	**ac**knówledge 인정하다	**ac**quáint 알리다
acquíre 얻다	**ac**quít 방면하다	**àc**quiésce 묵인하다	**ac**cómpl**ish** 성취하다	**ac**célér**àte** 가속하다
accómmod**àte** 편의를 도모하다	**ac**cúmul**àte** 축적하다			

Practice 2 | [f] 앞에서는 [af–]

affáir 사건	**af**féct 영향을 주다	**af**fírm 단언하다	**af**fíx 부착시키다	**af**flíct 괴롭히다
affrónt 모욕하다	**af**fórd –할 여유가 있다	**af**fíli**àte** 가입시키다		

Practice 3 | [g] 앞에서는 [ag-]

agglómer**àte** 덩어리로 만들다	ággrav**àte** 악화시키다	ággreg**àte** 모이다	**ag**gréss 공세로 나오다	**ag**gríeve 괴롭히다
aggránd**ìze** 확대하다				

Practice 4 | [l] 앞에서는 [al-]

alláy 완화시키다	**al**lége 단언하다	**al**lót 할당하다	**al**lów 허락하다	**al**lúde 암시하다
allúre 유혹하다	**al**lévi**àte** 경감하다			

Practice 5 | [p] 앞에서는 [ap-]

appáll 오싹하게 하다	**ap**péal 애원하다	**ap**péar 출현하다	**ap**péase 달래다	**ap**pénd 달아매다
appláud 박수 갈채하다	**ap**plý 적용하다	**ap**póint 지명하다	**ap**pórtion 할당하다	**ap**práise 값을 매기다
apprehénd 염려하다	**ap**próach 접근하다	**ap**próve 시인하다	**ap**próxim**àte** –와 비슷하다	

Practice 6 | [r] 앞에서는 [ar-]

arránge 정리하다	**ar**ráy 정렬하다	**ar**rést 체포하다	**ar**ríve 도착하다	

Practice 7 | [s] 앞에서는 [as-]

assáy 평가하다	**as**sáil 습격하다	**as**sémble 모으다	**as**sént 동의하다	**as**sírt 단언하다
assígn 할당하다	**as**síst 도와주다	**as**sórt 분류하다	**as**suáge 경감시키다	**as**súme 가정하다
assúre 보증하다	**as**símal**àte** 동화하다	**as**sóci**àte** 연상하다		

Practice 8 | [t] 앞에서는 [at–]

attách 붙이다	**at**táck 공격하다	**at**táin 이루다	**at**témpt 시도하다	**at**ténd 출석하다
attést 증명하다	**at**tíre 차려입히다	**at**tráct 유인하다	**at**tríbute 돌리다	**at**túne 조율하다
assuáge 경감시키다	**as**súme 가정하다	**as**súre 보증하다		

Practice 9 | [sc], [sp], [st] 앞에서는 [a–]

ascénd 오르다	**asc**értain 확인하다	**asc**ríbe 탓으로 하다	**asp**éct 양상	**asp**érse 헐뜯다
aspíre 열망하다	**ast**ónish 놀라게 하다	**ast**óund 깜짝 놀라게 하다	**ast**ríde 걸터앉아	**ast**ráy 길을 잃고

Practice 10 | '이탈'을 뜻하는 [ab–]

abbrévi**àte** 축약하다	**ab**ándon 버리다	**ab**áse 깎아내리다	**ab**áte 줄이다	**ab**dúct 유괴하다
abhór 몹시 싫어하다	**ab**júre 맹세하고 버리다	**ab**nórm**al** 보통과 다른	**ab**ólish 폐지하다	**ab**órt 낙태하다
abráde 문질러 닳리다	**ab**rídge 단축하다	**ab**scínd 잘라 내다	**ab**sént 결석하다	**ab**sólve 용서하다
absórb 흡수하다	**ab**stáin 그만두다	**ab**strác t 추상화하다	**ab**úse 남용하다	

2 en– [인–]의 소리를 찾아서

요점정리

1. [en–]은 'e(이)+n(은)– = 인–'으로 약하게 흘려서 발음한다.
2. [en–]은 '–안에 넣다, –이 되게 하다'의 뜻의 동사로 전환시키는 접두사다.

Practice | 인– [en–]

1	**en**ámor 매혹하다	→	**en**(인) · á(애) · mor(머^r)	→	이내머^r
2	**en**cómpass 둘러싸다	→	**en**(인) · cóm(캄) · pass(퍼스)	→	인캄퍼스
3	**en**círcle 에워싸다	→	**en**(인) · cír(써어^r) · cle(클)	→	인써어^{r}클
4	**en**tómb 무덤에 묻다	→	**en**(인) · tómb(투움)	→	인투움
5	**en**tángle 엉클어지게 하다	→	**en**(인) · tán(탠) · gle(글)	→	인탱글
6	**en**víron 둘러싸다	→	**en**(인) · ví(바^{v}이) · ron(뤈)	→	인바^{v}이뤈
7	**en**cámp 주둔시키다	→	**en**(인) · cámp(캠프)	→	인캠프
8	**en**hánce 높이다	→	**en**(인) · hán(핸) · ce(쓰)	→	인핸쓰
9	**en**vélop 싸다	→	**en**(인) · vé(베^v) · lop(렆)	→	인벨^{v}렆
10	**en**sláve 노예로 하다	→	**en**(인) · slá(슬레이) · ve(브^v)	→	인슬레이브^v
11	**en**gráve 조각하다	→	**en**(인) · grá(그뤠이) · ve(브^v)	→	인그뤠이브^v
12	**en**ráp**ture** 황홀케 하다	→	**en**(인) · ráp(뢥) · **ture**(춰^r)	→	인뢥춰^r

알고 갑시다

접두사 [en–]의 변신

Practice 1 | [en–]의 전환 (1)

● 명사에 붙여 '–안에 넣다, –로 덮다, –을 주다'의 동사로 전환

1	cage 새우리	케이쥐	→	**en**cáge 가두다	인케이쥐

2	dánger 위험	댄줘r	→	**en**dánger 위태롭게 하다	인댄줘r
3	shrine 성당	슈롸인	→	**en**shríne 안치하다	인슈롸인
4	shroud 수의	슈롸웃	→	**en**shróud 수의를 입히다	인슈롸웃
5	trap 올가미	튜뢥	→	**en**tráp 올가미에 걸다	인튜뢥
6	tomb 무덤	투움	→	**en**tómb 무덤에 묻다	인투움
7	córage 용기	커뤼쥐	→	**en**córage 용기를 돋우다	인커뤼쥐
8	trench 참호	튜뤤취	→	**en**trénch 참호로 에워싸다	인튜뤤취

Practice 2 | [en-] (1)

● 명사에 붙여 '-안에 넣다, -으로 덮다, -을 주다'의 뜻을 나타내는 동사 전환

enáct 법령화하다	**en**ámor 매혹하다	**en**cáge 둥우리에 넣다	**en**cámp 주둔시키다	**en**círcle 에워싸다
encómpass 둘러싸다	**en**dánger 위태롭게 하다	**en**gáge 약혼시키다	**en**gráve 조각하다	**en**gúlf 삼켜 버리다
enlist 병적에 편입하다	**en**plane 비행기에 타다	**en**shríne 안치하다	**en**shróud 수의를 입히다	**en**tángle 엉클어지게 하다
enthróne 즉위시키다	**en**tíce 유혹하다	**en**tómb 무덤에 묻다	**en**tráin 열차에 올라타다	**en**tráp 올가미에 걸다
entrénch 참호로 에워싸다	**en**trúst 맡기다	**en**vélop 싸다	**en**víron 둘러싸다	**en**vísage 마음속에 그리다
encórage 용기를 돋우다	**en**cúmber 방해하다	**en**déavor 애쓰다	**en**dów 기금을 기부하다	**en**fórce 실시하다
entítle 제목을 붙이다				

Practice 3 | [en–]의 전환 (2)

● 명사, 또는 형용사에 붙여 '–으로[하게] 하다, –이 되게 하다'의 뜻의 동사로 전환

1	able 할 수 있는	에이블	→	**en**áble 가능하게 하다	**이네**이블
2	dear 사랑하는	디어ʳ	→	**en**déar 그립게 하다	**인**디어ʳ
3	féeble 연약한	피ᶠ이블	→	**en**féeble 약하게 하다	**인**피ᶠ이블
4	large 큰	라어ʳ쥐	→	**en**lárge 크게 하다	**인**라어ʳ쥐
5	nóble 고상한	노우블	→	**en**nóble 고상하게 하다	**이**노우블
6	rage 분노	뤠이쥐	→	**en**ráge 노하게 하다	**인**뤠이쥐
7	slave 노예로 하다	슬레이브ᵛ	→	**en**sláve 노예로 하다	**인**슬레이브ᵛ
8	rich 부유한	뤼취	→	**en**rích 부유하게 만들다	**인**뤼취

Practice 4 | [en–] (2)

● 명사 또는 형용사에 붙여 '–으로[하게] 하다, –이 되게 하다'의 뜻을 나타내는 동사 전환

enáble 가능하게 하다	**en**clóse 둘러싸다	**en**déar 애정을 느끼게 하다	**en**féeble 약하게 하다	**en**hánce 높이다
enjóy 즐기다	**en**lárge 크게 하다	**en**nóble 고상하게 하다	**en**ráge 노하게 하다	**en**rích 부유하게 만들다
ensláve 노예로 하다	**en**súre 보장하다	**en**vísion 상상하다	**en**ráp**ture** 황홀케 하다	**en**líght**en** 계몽하다
enlív**en** 활기를 띠게 하다				

Practice 5 | [em–]의 변화 (3)

● [en–]의 [em–]으로의 변신

1	**em**bálm 방부처리하다	→	**em**(임) · bálm(바암)	→	**임**바암

2	**em**bárgo 출항을 금지하다	→	**em**(임) · bár(바어r) · go(고우)	→	임바어r고우
3	**em**bárk 배를 타다	→	**em**(임) · bárk(바어r크)	→	임바어r크
4	**em**bárrass 당황하게 하다	→	**em**(임) · bá(배) · rrass(뤄쓰)	→	임배뤄쓰
5	**em**béd 끼워 넣다	→	**em**(임) · béd(베드)	→	임베드
6	**em**béllish 아름답게 하다	→	**em**(임) · bél(벨) · lish(리쉬)	→	임벨리쉬
7	**em**bítter 더 쓰게 하다	→	**em**(임) · bí(비) · tter(뤄r)	→	임비뤄r
8	**em**bódy 구체화하다	→	**em**(임) · bó(바) · dy(디)	→	임바뤼
9	**em**bráce 껴안다	→	**em**(임) · brá(브뤠이) · ce(쓰)	→	임브뤠이쓰
10	**em**bróider 수를 놓다	→	**em**(임) · brói(브로이) · der(더r)	→	임브로이더r
11	**em**bróil 혼란케 하다	→	**em**(임) · bróil(브로일)	→	임브로일

Practice 6 | [en–] (3)

● [en–]의 [em–]으로 변신

embálm 방부 처리하다	**em**bárgo 출항을 금지하다	**em**bárk 배를 타다	**em**bárrass 당황하게 하다	**em**béd 끼워 넣다
embéllish 아름답게 하다	**em**bítter 더 쓰게 하다	**em**bódy 구체화하다	**em**bráce 껴안다	**em**bróider 수를 놓다
embróil 혼란케 하다	**em**plóy 고용하다	**em**pówer 권한을 주다		

Practice 7 | 접미사 [–en]

● 형용사 · 명사에 붙여 **'–하게 하다, –이[하게] 되다'**의 뜻을 나타내는 동사 전환

1	bright 반짝이는	브롸잍	→	bright**en** 반짝이게 하다	브롸이튼

2	dark 어두운	다어ʳ크	→	dárk**en** 어둡게 하다	다어ʳ큰
3	deep 깊은	디잎	→	déep**en** 깊게 하다	디이픈
4	moist 축축한	모이스뜨	→	móist**en** 축축해지다	모이쓴
5	hard 단단한	하어ʳ드	→	hárd**en** 강하게 하다	하어ʳ든
6	loose 풀어진	루우쓰	→	lóos**en** 풀어지다	루우쓴
7	smart 멋있는	스마어ʳ트	→	smárt**en** 멋을 내다	스마어ʳ튼
8	wide 넓은	와이드	→	wíd**en** 넓히다	와이든

Practice 8 | 접미사 [–en]

● 형용사 · 명사에 붙여」 '–하게 하다, –이[하게] 되다'의 뜻을 나타내는 동사로 변신

brígh**ten** 반짝이게 하다	dárk**en** 어둡게 하다	déep**en** 깊게 하다	frésh**en** 새롭게 하다	frígh**ten** 두려워하게 하다
hárd**en** 강하게 하다	héigh**ten** 높이다	léngth**en** 길게 하다	lóos**en** 풀어지다	móist**en** 축축해지다
quíck**en** 빠르게 하다	shárp**en** 날카롭게 하다	shórt**en** 짧게 하다	síck**en** 병들려 하다	sláck**en** 늦추다
smárt**en** 멋부리다	sóft**en** 부드럽게 하다	stíff**en** 경직시키다	stráigh**ten** 똑바르게 하다	strényth**en** 강화하다
tígh**ten** 팽팽하게 치다	wéak**en** 약하게 하다	wíd**en** 넓히다		

Practice 9 | 그 밖의 뜻을 담은 접미사 [–en]

[1] 물질명사에 붙여 '–의로 된, 제(製)의'의 뜻을 나타내는 형용사 : wood**en**, gold**en**.

[2] 과거분사형 : fall**en**, brok**en**, chos**en**, driv**en**, eat**en**, forgott**en**, froz**en**, giv**en**, mistak**en**, ridd**en**, ris**en**, spok**en**, stol**en**, stridd**en**, swoll**en**, tak**en**, trodd**en**, wov**en**, writt**en**.

[3] 지소(指小)명사 : chick**en**, maid**en**.

[4] 복수형 : childr**en**, brethr**en**.

3 con– [칸–, 컨–]의 소리를 찾아서

요점정리

1. [con–]은 'c(ㅋ)+o(어)+n(은) = 컨–'으로 약하게, 또는 'c(ㅋ)+o(아)+n(은) =칸–'으로 강하게 발음한다.
2. [con–]은 '함께, 완전히, 공동, 공통, 상호, 동등'의 뜻을 나타내는 접두사다.

Practice | 컨– [con–]

1	**con**céal 숨기다	→	**con**(컨) · céal(씨일)	→	컨씨일
2	**con**céde 양보하다	→	**con**(컨) · céde(씨이드)	→	컨씨이드
3	**con**démn 비난하다	→	**con**(컨) · démn(뎀)	→	컨뎀
4	**con**dóle 위로하다	→	**con**(컨) · dóle(도울)	→	컨도울
5	**con**gést 넘치게 하다	→	**con**(컨) · gést(줴스뜨)	→	컨줴스뜨
6	**con**néct 연결하다	→	**con**(컨) · néct(넥트)	→	커넥트
7	**con**sént 동의하다	→	**con**(컨) · sént(센트)	→	컨센트
8	**con**síder 숙고하다	→	**con**(컨) · síder(씨더ʳ)	→	컨씨더ʳ
9	**con**súlt 상담하다	→	**con**(컨) · súlt(썰트)	→	컨썰트
10	**con**tríbute 기부하다	→	**con**(컨) · trí(츄뤼) · bute(븉)	→	컨츄뤼븉
11	**con**véne 소집하다	→	**con**(컨) · véne(비ᵛ인)	→	컨비ᵛ인
12	**con**véy 나르다	→	**con**(컨) · véy(베ᵛ이)	→	컨베ᵛ이

알고 갑시다

접두사 [con-]의 변신

'접두사 [con-]'의 세 가지 소리 특성

- 첫째, 동사인 경우, 접두사 [con-] 다음 음절에 강세가 오면서 [con-]은 '컨-'으로 발음한다.
- 둘째, 명사인 경우, 접두사 [cón-]에 강세(악센트)를 두어 '칸-'으로 발음해야 한다.
- 셋째, 단어에 어떤 접미사가 붙어 있느냐에 따라 접두사 [con-]에 강세의 유무가 결정된다.

접두사 [con-]의 변형

- 첫째, [b, m, p]로 시작하는 단어 앞에서는 [com-]으로 바뀐다.
- 둘째, [l]로 시작하는 단어 앞에서는 [col-]로 바뀐다.
- 셋째, [r]로 시작하는 단어 앞에서는 [cor-]로 형태가 바뀐다.
- 넷째, 모음 앞에서는 [co-]로 형태가 바뀐다.

Practice 1 | 컨- [con-]

concéal 숨기다	**con**céde 양보하다	**con**céive 마음에 품다	**con**cérn 관계하다	**con**cért 협조하다
concíse 간결한	**con**clúde 끝내다	**con**cúr 진술이 같다	**con**démn 비난하다	**con**dénse 압축하다
condóle 문상하다	**con**dúct 인도하다	**con**fér 의논하다	**con**féss 고백하다	**con**fíde 신임하다
confíne 한정하다	**con**fírm 확인하다	**con**flíct 투쟁하다	**con**fórm 적합시키다	**con**fóund 혼동하다

confrónt 직면하다	**con**fúse 혼란시키다	**con**gést 넘치게 하다	**con**júre 간청하다	**con**néct 연결하다
consént 동의하다	**con**sérve 보존하다	**con**síder 숙고하다	**con**síst –되다	**con**sóle 위로하다
conspíre 공모하다	**con**strúct 조립하다	**con**súlt 상담하다	**con**súme 소비하다	**con**táct 접촉하다
contáin 포함하다	**con**ténd 싸우다	**con**tést 경쟁하다	**con**tínue 계속되다	**con**tórt 비틀다
contráct 계약하다	**con**tríbute 기부하다	**con**tríve 고안하다	**con**véne 소집하다	**con**vérge 한 점에 모이다
convérse 대화하다	**con**vért 바꾸다	**con**véy 나르다	**con**víct 유죄를 선고하다	**con**vínce 설득하다

Practice 2 | 칸– [cón–]

cóncept 발상	**cón**cord 일치	**cón**cert 음악회	**cón**crete 콘크리트	**cón**duct 행위
cónflict 투쟁	**cón**gress 회의	**cón**quest 정복	**cón**sonant 자음	**cón**tact 접촉
cóntent 내용	**cón**test 경쟁	**cón**tract 계약	**cón**trast 대조	**cón**vent 수도회

Practice 3 | 컨– [con–], 칸– [cón–]

conjécture 짐작	**con**dít**ion** 몸 상태	**con**júnc**tion** 접속사	**con**néc**tion** 연결	**con**vént**ion** 집회
congrátul**àte** 축하하다	**cón**centr**àte** 집중하다	**còn**stitú**tion** 헌법	**còn**versá**tion** 회화	**cón**fer**ence** 회담
cónfid**ence** 신임				

명전동후(名前動後) : 한 단어가 명사로 쓰일 경우도 있고 동사로 쓰일 경우

명사

cóncord	**캉**커'드	n. 일치
cónduct	**칸**덕트	n. 행위
cónflict	**칸**플f릭트	n. 갈등
cóntest	**칸**테스뜨	n. 경쟁
cóncert	**칸**써'트	n. 음악회
cóngress	**캉**그뤠쓰	n. 회의
cóntact	**칸**택트	n. 접촉
cóntent	**칸**텐트	n. 내용
cóntract	**칸**츄뢕트	n. 계약
cóntrast	**칸**츄뢔스뜨	n. 대조
cónstruct	**칸**스뜨뤅트	n. 구조물

동사

concórd	**컹**코어'드	v 일치시키다.
condúct	**컨**덕트	v. 처신하다.
conflíct	**컨**플f릭트	v. 싸우다
contést	**컨**테스뜨	v. 논쟁하다
concért	**컨**써어'트	v. 협정하다
congréss	**컹**그뤠쓰	v. 참집(參集)하다.
contáct	**컨**택트	v. 접촉하다
contént	**컨**텐트	v. 만족시키다
contráct	**컨**츄뢕트	v. 계약하다
contrást	**컨**츄뢔스뜨	v. 대조시키다
constrúct	**컨**스뜨뤅트	v. 조립하다

Practice 1 | 컴– [com–]

combát 싸우다	**com**bíne 결합시키다	**com**fórt 위로하다	**com**mánd 명령하다	**com**ménce 시작하다
comménd 칭찬하다	**com**mít 위임하다	**com**míttee 위원회	**com**múne 공감하다	**com**múte 교환하다
compáct 빽빽이 채워 넣다	**com**páre 비교하다	**com**pátriot 동포	**com**pél 억지로 시키다	**com**péte 경쟁하다
compíle 편집하다	**com**pláin 불평하다	**com**pláint 불평	**com**pléte 완전한	**com**pléx 복잡한
comply 동의하다	**com**pónent 부품	**com**póse 조립하다	**com**póund 합성하다	**com**préss 압축하다
comprómise 타협하다	**com**príse 포함하다	**com**púte 계산하다		

Practice 2 | 캄- [cóm-]

cómmerce 상업	**cóm**mon 공통의	**cóm**pany 친구	**cóm**pass 나침반	**cóm**rade 동료
cómment 논평	**cóm**bat 전투	**cóm**plex 복합체	**cóm**press 압박붕대	**cóm**pound 합성물

Practice 3 | 컴- [com-], 캄- [cóm-]

cómpens**àte** 보상하다	**cóm**plic**àte** 복잡하게 하다	**com**múnic**àte** 교신하다	**còm**biná**tion** 결합	**còm**petí**tion** 경쟁
còmposí**tion** 구성	**com**pá**ssion** 동정	**com**pán**ion** 동료	**cóm**mun**ism** 공산주의	**com**mún**ity** 공동체
compár**tment** 구획	**cóm**pli**ment** 칭찬	**com**mún**ion** 친교	**com**pár**ative** 비교의	**còmpre**hénd 이해하다

Practice 4 | 컬- [col-], 칼- [cól-]

1	**col**léct 모으다	→	**col**(컬) · léct(렉트)	→	컬렉트
2	**col**lápse 붕괴하다	→	**col**(컬) · lápse(랩쓰)	→	컬랩쓰
3	**col**líde 충돌하다	→	**col**(컬) · líde(라이드)	→	컬라이드
4	**col**lábor**àte** 공동작업하다	→	**col**(컬) · lá(래) · bo(버) · r**áte**(뤠잍)	→	컬래버뤠잍
5	**col**láter**al** 평행한	→	**col**(컬) · lá(래) · te(터) · r**al**(뤌)	→	컬래터뤌
6	**cól**league 동료	→	**cól**(칼) · lea(리이) · gue(그)	→	칼리이그
7	**col**léc**tion** 수집	→	**col**(컬) · léc(렉) · **tion**(션)	→	컬렉션
8	**col**léc**tive** 집합적인	→	**col**(컬) · léc(렉) · **tive**(티브ᵛ)	→	컬렉티브ᵛ
9	**col**lú**sion** 공모	→	**col**(컬) · lú(루우) · **sion**(젼)	→	컬루우젼
10	**cól**lege 단과대학	→	**cól**(칼) · le(리) · ge(쥐)	→	칼리쥐

Practice 5 | 커– [cor–] / 코어r– [cór–]

1	**cor**réct 정확한	→	**cor**(커) · réct(뤡트)	→	커뤡트
2	**cor**rúpt 더러워진	→	**cor**(커) · rúpt(뤕트)	→	커뤕트
3	**cor**róde 부식하다	→	**cor**(커) · róde(로우드)	→	커로우드
4	**cór**relàte 상관하다	→	**cór**(코어r) · re(뤼) · làte(레잍)	→	코어r뤨레잍
5	**còr**respónd 부합하다	→	**còr**(코어r) · res(뤼쓰) · pónd(판드)	→	코어r뤼쓰빤(드)

Practice 6 | 코우– [có–]

1	act 행동하다	액트	→	**cò**áct 협력하다	코우액트
2	áuthor 저자	오오써r r	→	**cò**áuthor 공저자	코우오오써r r
3	édit 편집하다	에딭	→	**cò**édit 공동 편집하다	코우에딭
4	éducà**tion** 교육	에쥬케이션	→	**cò**éducá**tion** 남녀 공학	코우에쥬케이션
5	exíst 존재하다	익지스뜨	→	**cò**exíst 공존하다	코우익지스뜨
6	**ad**júst 조절하다	어줘스뜨	→	**còad**júst 서로 조절하다	코우어줘스뜨
7	fóund 설립하다	파f운(드)	→	**cò**fóund 공동으로 설립하다	코우파f운(드)
8	párt**ner** 협동자	파어r트너r	→	**cò**párt**ner** 공동출자자	코우파어r트너r
9	óper**àte** 움직이다	아퍼뤠잍	→	**cò**óper**àte** 협력하다	코우아퍼뤠잍

4 in– [인–, 인–]의 소리를 찾아서

요점정리

1. [in–]은 'i(이)+n(은) = 인–', 또는 'i(이)+n(은) = 인–'으로 발음한다.
2. [in–]은 '무(無), 불(不), 안에, –로(방향)'의 뜻을 나타내는 접두사다.

Practice | 인– / 인– [in–]

1	**in**húman 인정 없는	→	**in**(인) · hú(휴우) · man(먼)	→	**인**휴우먼
2	**in**ác**tive** 활동치 않는	→	**in**(인) · ác(액) · **tive**(티브ᵛ)	→	**인**액티브ᵛ
3	**in**fórm**al** 비공식의	→	**in**(인) · fór(포ᶠ어ʳ) · m**al**(멀)	→	**인**포ᶠ어ʳ멀
4	**in**gén**ious** 영리한	→	**in**(인) · gé(쥐이) · n**ious**(녀스)	→	**인**쥐이녀스
5	**in**hé**rent** 고유의	→	**in**(인) · hé(헤) · **rent**(뤈트)	→	**인**헤뤈(트)
6	**in**díg**nant** 분개한	→	**in**(인) · díg(딕) · n**ant**(넌트)	→	**인**딕넌(트)
7	**in**défin**ate** 불명확한	→	**in**(인) · dé(데) · fi(퍼ᶠ) · n**ate**(닡)	→	**인**데퍼ᶠ닡
8	**in**vári**able** 불변의	→	**in**(인) · vá(베ᵛ) · ri(뤼) · **able**(어블)	→	**인**베ᵛ뤼어블
9	**ìndis**péns**able** 불가결의	→	**ìn**(인) · **dis**(디쓰) · pén(펜) · s**able**(써블)	→	**인**디쓰펜써블
10	**ìncom**pléte 불완전한	→	**ìn**(인) · **com**(컴) · pléte(플리잍)	→	**인**컴플리잍
11	**ín**valid 병약한	→	**ín**(인) · va(버ᵛ) · lid(리드)	→	**인**벌ᵛ리드
12	**ìncon**síst**ent** 일치하지 않는	→	**ìn**(인) · **con**(컨) · sís(씨스) · t**ent**(텐트)	→	**인**컨씨스턴(트)

알고 갑시다

접두사 [in–]의 변신

'접두사 [in–]'의 세 가지 소리 특성

- 첫째, 형용사인 경우, 어떤 접미사가 붙어 있느냐에 따라 접두사 [in-]의 강세 유무가 결정되며, 제2접두사가 있는 경우 접두사 [ìn-]에 강세가 오면서 '인-'으로 발음한다.
- 둘째, 접미사가 없는 동사인 경우, 접두사 [in-] 다음 음절에 강세가 오며, [in-]는 '인-'으로 발음한다.
- 셋째, 동사인 경우에도 어떤 접미사가 붙어 있느냐에 따라 접두사 [in-]에 강세의 유무가 결정된다.

Practice 1 | 안– [in–], 인– [in–]

insáne 미친	**in**dífferent 무관심한	**in**vín**cible** 정복할 수 없는	**in**vísi**ble** 눈에 보이지 않는	**in**cáp**able** 할 수 없는
inséns**ible** 무감각한	**in**évit**able** 피할 수 없는	**in**táng**ible** 만질 수 있는	**in**tóler**able** 견딜 수 없는	**in**créd**ible** 믿어지지 않는
infléx**ible** 구부러지지 않는	**in**cúr**able** 불치의	**in**númer**able** 셀 수 없는	**in**éd**ible** 먹을 수 없는	**ín**fam**ous** 수치스러운
ìnfluén**tial** 영향을 미치는	**ìn**signífic**ant** 무의미한	**ìn**diréct 간접적인		

Practice 2 | 인– [in–]

inclí**n**e 마음이 기울다	**in**clúde 포함하다	**in**créase 늘다	**in**cúr 손해를 입다	**in**dúce 권유하다
indúlge 탐닉하다	**in**féct 감염시키다	**in**fér 추론하다	**in**fláte 부풀게 하다	**in**flíct 고통을 주다
infúse 주입하다	**in**hábit 거주하다	**in**hérit 상속하다	**in**híbit 금지하다	**in**jéct 주사하다

injúre 상처 입히다	**in**quíre 질문하다	**in**scríbe 새기다	**in**sért 삽입하다	**in**síst 주장하다
inspéct 조사하다	**in**spíre 고무하다	**in**stáll 설치하다	**in**stíll 침투시키다	**in**strúct 지시하다
insúlt 모욕하다	**in**ténd 작정이다	**in**trúde 밀어붙이다	**in**váde 침략하다	**in**vént 발명하다
invést 투자하다	**in**víte 초대하다	**in**vóke 빌다		

Practice 3 | [in–]

ínstit**ùte** 설치하다	**ín**dic**àte** 가리키다	**ín**tim**àte** 암시하다	**in**véstig**àte** 조사하다	**in**ténsi**fỳ** 강하게 하다
íncome 수입	**ín**cense 향	**ín**crease 증가	**ín**sult 모욕	**ín**sert 삽입물
íncline 경사면				

접두사 [in–]의 변형

- 첫째, [b, m, p]로 시작하는 단어 앞에서는 **[im-]**으로 바뀐다.
- 둘째, [l]로 시작하는 단어 앞에서는 **[il-]**로 바뀐다.
- 셋째, [r]로 시작하는 단어 앞에서는 **[ir-]**로 형태가 바뀐다.

Practice 1 | 임– [im–], 임– [ìm–]

impróper 부적당한	**im**ménse 광대한	**im**púre 불결한	**im**módest 조심성 없는	**im**múne 면역성의
impérfect 불완전한	**im**mór**al** 부도덕한	**im**mórt**al** 불후의	**ìm**matéri**al** 무형의	**im**pérson**al** 비인격적인
immóv**able** 확고한	**im**póss**ible** 불가능한	**im**páti**ent** 조급한	**im**prúd**ent** 경솔한	**ìm**políte 무례한

impráct**ical** 실제적이 아닌	**ìmpre**císe 부정확한	**ìm**ma**túre** 미숙한		

Practice 2 | 임– [im–]

immérse 담그다	**im**páir 해치다	**im**párt 나누어 주다	**im**péach 탄핵하다	**im**pél 추진하다
impéril 위태롭게하다	**im**pénd 절박하다	**im**plánt 끼워 넣다	**im**plóre 간청하다	**im**plý 함축하다
impórt 수입하다	**im**póse 부과하다	**im**préss 감명을 주다	**im**print 날인하다	**im**príson 투옥하다
impróve 개량하다				

Practice 3 | 일– [il–]

illég**al** 불법한	**il**líber**al** 교양 없는	**il**lícit 불법의	**il**límit**able** 무한한	**il**líter**ate** 무식한
illóg**ic** 모순	**il**lóg**ical** 비논리적인			

Practice 4 | 이– [ir–], 이– [ir–]

irrát**ional** 불합리한	**ir**régul**ar** 불규칙한	**ir**rélev**ant** 부적절한	**ìr**resíst**ible** 저항할 수 없는	**ir**résolùte 결단력이 없는
ìrrespóns**ible** 무책임한	**ir**révoc**able** 취소할 수 없는	**ír**rit**able** 성미가 급한	**ir**rádi**àte** 비추다	**ír**rig**àte** 물을 대다
írrit**àte** 초조하게 하다				

5 sub– [썹–, 썹–]의 소리를 찾아서

요점정리

1. [sub–]은 's(쓰)+u(어)+b(브) = 썹–'으로 약하게, 또는 's(쓰)+u(어)+b(브) = 썹–'으로 강하게 발음한다.
2. [sub–]은 '아래, 아(亞), 하위, 부(副), 조금, 반'의 뜻을 나타내는 접두사다.

Practice | 썹– [sub–]

1	**sub**dúe 정복하다	→	**sub**(썹) · dúe(듀우)	→	썹듀우
2	**sub**jéct 복종시키다	→	**sub**(썹) · jéct(쥅트)	→	썹쥅트
3	**sub**mérge 가라앉히다	→	**sub**(썹) · mérge(머어r쥐)	→	썹머어r쥐
4	**sub**mít 복종시키다	→	**sub**(썹) · mít(밑)	→	썹밑
5	**sub**scríbe 구독하다	→	**sub**(썹) · scríbe(스끄롸이브)	→	썹스끄롸이브
6	**sub**síde 가라앉다	→	**sub**(썹) · síde(싸이드)	→	썹싸이드
7	**sub**síst 살아가다	→	**sub**(썹) · síst(씨스뜨)	→	썹씨스뜨
8	**sub**tráct 빼다	→	**sub**(썹) · tráct(츄뢕트)	→	썹츄뢕트
9	**súb**sidy 보조금	→	**súb**(썹) · sidy(씨디)	→	썹씨디
10	**súb**gròup 소집단	→	**súb**(썹) · gròup(그루읖)	→	썹그루읖

Practice 1 | 썹– [sub–]

subdúe 정복하다	**sub**jéct 복종시키다	**sub**mérge 가라앉히다	**sub**mít 복종시키다	**sub**scríbe 구독하다
subsíde 가라앉다	**sub**síst 살아가다	**sub**tráct 빼다		

Practice 2 | 썹– [súb–]

súbsidy 보조금	**súb**gròup 소집단	**súb**ject 주제	**súb**st**ance** 물질	**sùb**stitú**tion** 대리
sùbstrúc**ture** 하부구조	**súb**tìtle 부제	**súb**wày 지하철	**sùb**maríne 잠수함	

Practice 3 | 써–, 썩– [suc–]

succéed 성공하다	**suc**céss 성공	**suc**céss**ful** 성공한	**suc**cés**sion** 연속	**suc**céss**or** 후계자
succúmb 굴복하다				

Practice 4 | 써–, 써– [suf–], [sug–]

súffer 괴로워하다	**suf**fíce 만족시키다	**suf**fíci**ent** 충분한	**súf**foc**àte** 질식시키다	**súf**fix 접미사
súffrage 투표	**sug**gést 암시하다	**sug**gés**tion** 암시		

Practice 5 | 써–, 써– [sup–], 써스– [sus–]

supplánt 대신하다	**súp**ple 유순하게 하다	**sup**pórt 지탱하다	**sup**póse 가정하다	**sup**préss 억압하다
suspéct 의심하다	**sus**pénd 중지하다	**sus**píci**on** 혐의	**sus**táin 지탱하다	

6 be– [비–]의 소리를 찾아서

요점정리

1. [be–]는 'b(브)+e(이) = 비–'로 약하게 흘려서 발음한다.
2. [be–]는 '널리, 전부에, 완전히, 떼어 내다, –로 만들다'의 뜻을 나타내는 접두사다.

Practice | 비– [be–]

1	**be**flówer 꽃으로 장식하다	→	**be**(비) · fló(플^{f}라) · wer(워^{r})	→	비플^{f}라워^{r}
2	**be**práise 극구 칭찬하다	→	**be**(비) · prái(프뤠이) · se(즈)	→	비프뤠이즈
3	**be**stár 별로 꾸미다	→	**be**(비) · stár(스따어^{r})	→	비스따어^{r}
4	**be**héad 참수하다	→	**be**(비) · héad(헤드)	→	비헤드
5	**be**réave 앗아 가다	→	**be**(비) · réave(뤼이브^{V})	→	비뤼이브^{V}
6	**be**drággle 질질 끌어 적시다	→	**be**(비) · drá(듀뢔) · ggle(글)	→	비듀뢔글
7	**be**déw 이슬로 적시다	→	**be**(비) · déw(듀우)	→	비듀우
8	**be**móan 슬퍼하다	→	**be**(비) · móan(모운)	→	비모운
9	**be**móck 비웃다	→	**be**(비) · móck(막)	→	비막
10	**be**chárm 매혹하다	→	**be**(비) · chárm(챠암^{r})	→	비챠암^{r}
11	**be**fóul 더럽히다	→	**be**(비) · fóul(파^{f}울)	→	비파^{f}울
12	**be**wítch 마법을 걸다	→	**be**(비) · wítch(윝취)	→	비윝취

Practice 1 | [be–] (1)

● 동사에 붙여 '널리, 전부에, 전혀, 완전히, 심하게, 과도하게' 따위의 뜻

bedábble 튀겨서 더럽히다	**be**dásh 온통 뿌리다	**be**dáze 현혹시키다	**be**dázzle 현혹시키다	**be**déck 화려하게 장식하다
beflág 많은 기(旗)로 장식하다	**be**flówer 꽃으로 장식하다	**be**jéwel 보석으로 장식하다	**be**láud 격찬하다	**be**pláster 회반죽을 바르다
bepówder 가루를 뿌리다	**be**práise 극구 칭찬하다	**be**sméar 잔뜩 처바르다	**be**spréad 온통 덮다	**be**sprínkle 살포하다
bestár 별로 꾸미다	**be**stréw 흩뿌리다	**be**thínk 숙고하다	**be**wáil 몹시 슬퍼하다	

Practice 2 | [be–] (2)

● '떼어 내다'의 뜻의 동사를 만듦

behéad 참수하다	**be**réave 앗아 가다			

Practice 3 | [be–] (3)

● 자동사에 붙여 타동사를 만듦

becóme –에 어울리다	**be**drággle 질질 끌어 적시다	**be**fáll 일어나다	**be**míre 흙탕에 빠뜨리다	**be**móan 슬퍼하다
bemóck 비웃다	**be**sét 포위하다			

Practice 4 | [be–] (4)

● 형용사 · 명사에 붙여 '–로 만들다' 따위의 뜻의 타동사를 만듦

becálm 잠잠하게 하다	**be**chárm 매혹하다	**be**clóud 흐리게 하다	**be**dévil 악마에게 홀리게 하다	**be**déw 이슬로 적시다
bedím 흐리게 하다	**be**fóg 안개로 덮다	**be**fóol 놀리다	**be**líttle 축소하다	**be**fóul 더럽히다
begúile 현혹시키다	**be**méan 저하시키다	**be**númb 마비시키다	**be**scréen 덮어서 숨기다	**be**smírch 손상하다
bespót 반점을 찍다	**be**tróth 약혼시키다	**be**wítch 마법을 걸다		

7 de– [디–, 디–]의 소리를 찾아서

요점정리

1. [de–]는 'd(드)+e(이) = 디–'로 약하게 흘려서, 'd(드)+e(이) = 디–'로 강하게 발음한다.
2. [de–]는 '분리, 제거, 저하, 감소, 비(非)–, 반대, 완전히, 상세히'의 뜻을 나타내는 접두사다.

Practice 1 | [de–]의 의미 전환 (1)

● 명사에 붙여 '분리, 제거'의 뜻의 동사로 전환

1	face 얼굴	페f이스	→	**de**fáce 외관을 손상하다	디페f이스
2	fat 지방	퍁f	→	**de**fát 지방질을 제거하다	디퍁f
3	húman 인간적	휴먼	→	**de**húman**ize** 인간성을 빼앗다	디휴머나이즈
4	náture 자연	네이춰r	→	**de**nát**ure** 본성을 없애다	디네이춰r
5	pose 자세	포우즈	→	**de**póse 면직하다	디포우즈
6	rail 철도	뤠일	→	**de**ráil 탈선시키다	디뤠일
7	port 공항	포어r트	→	**de**pórt 추방하다	디포어r트
8	throne 왕좌	쓰ᒥ로운	→	**de**thróne 폐위시키다	디쓰ᒥ로운
9	horn 뿔	호어r은	→	**de**hórn 뿔을 제거하다	디호어r은

Practice 2 | [de–] (1)

● 명사에 붙여 '분리, 제거'의 뜻의 동사로 전환 (off, away, aside)

dedúct 공제하다	**de**dúce 추론하다	**de**fáce 외관을 손상하다	**de**fát 지방질을 제거하다	**de**hórn 뿔을 제거하다
dehúmanì**ze** 인간성을 빼앗다	**de**nát**ure** 본성을 없애다	**de**párt 출발하다	**de**póse 면직하다	**de**pláne 비행기에서 내리다
depórt 추방하다	**de**príve 박탈하다	**de**ráil 탈선시키다	**de**spóil 약탈하다	**de**tách 떼어 내다
dethróne 폐위시키다	**de**tráin 열차에서 내리다			

Practice 3 | [de–]의 의미 전환 (2)

● 동사 · 명사 · 형용사에 붙여 '저하, 감소'의 뜻의 동사로 전환

1	class 계급	클래쓰	→	**de**cláss 계급을 낮추다	디클래쓰
2	génerate 낳다	제너뤠잍	→	**de**géner**àte** 퇴보하다	디제너뤠잍
3	grade 등급	그뤠이드	→	**de**gráde 강등시키다	디그뤠이드
4	mean 비열한	미인	→	**de**méan 품위를 떨어뜨리다	디미인
5	value 가치	밸v류우	→	**de**válue 가치를 떨어뜨리다	디밸v류우

Practice 4 | [de–] (2)

● '저하, 감소'의 뜻: (down from, down to)

debáse 저하시키다	**de**cáy 썩다	**de**cláss 계급을 낮추다	**de**clíne 거절하다	**de**créase 줄이다
defér 연기하다	**de**fláte 공기를 빼다	**de**fráy 지출하다	**de**génerá**te** 퇴보하다	**de**grá**de** 강등시키다
dejéct 낙담시키다	**de**méan 품위를 떨어뜨리다	**de**míse 양도하다	**de**móte 강등시키다	**de**préci**àte** 평가 절하하다
depréss 우울하게 하다	**de**scénd 내리다	**de**spáir 절망하다	**de**spónd 낙담하다	**de**táin 구금하다

detráct 감소하다	**de**válue 가치를 떨어뜨리다	**de**vólve 양도하다		

Practice 5 | [de–]의 의미 전환 (3)

● 동사에 붙여 '비(非)–, 반대'의 뜻으로 전환

1	áctiv**àte** 편성하다	액터베ᵛ일	→	**de**áctiv**àte** 비활성화시키다	디액터베ᵛ일
2	camp 야영하다	캠프	→	**de**cámp 야영을 거두다	디캠프
3	cípher 암호로 하다	싸이퍼ʳ	→	**de**cípher 해독하다	디싸이퍼ʳ
4	code 암호로 하다	코우드	→	**de**códe 암호를 해독하다	디코우드
5	compóse 조립하다	컴포우즈	→	**dè**compóse 분해시키다	디컴포우즈
6	hire 고용하다	하이어ʳ	→	**de**híre 해고하다	디하이어ʳ
7	mílitar**ìze** 무장화하다	밀리터롸이즈	→	**de**mílitar**ìze** 비무장화하다	디밀리터롸이즈
8	pollúte 오염시키다	펄루우트	→	**dè**pollúte 정화하다	디펄루우트

Practice 6 | [de–] (3)

● '비(非)–, 반대'의 뜻 : (un–)

deáctiv**àte** 비활성화시키다	**de**cámp 야영을 거두다	**de**cípher 해독하다	**de**códe 암호를 해독하다	**dècom**póse 분해시키다
decéntral**ìze** 분산시키다	**de**híre 해고하다	**de**mílitar**ìze** 비무장화하다	**de**móbil**ìze** 동원해제하다	**de**móral**ìze** 타락시키다
denátional**ìze** 국민으로서의 특권을 박탈하다	**dè**pollúte 정화하다			

Practice 7 | [de–]의 의미 전환 (4)

● '완전히, 상세히'의 뜻의 동사를 만듦

debár 내쫓다	**de**cíde 결정하다	**de**cláre 선언하다	**de**féat 패배시키다	**de**mólish 파괴하다
depléte 고갈시키다	**de**stróy 파괴하다	**de**scríbe 묘사하다	**de**táil 상술하다	**de**tést 몹시 싫어하다
dévast**àte** 황폐시키다	**de**vóte 헌신하다	**de**vóur 먹어 치우다		

Practice 8 | [de–]의 의미 전환(5)

● 명사 동사에 붙여 '나쁜 의미로'의 뜻의 동사로 전환

1	cry 소리치다	크롸이	→	**de**crý 비난하다	디크롸이
2	file 다듬다	파ᶠ일	→	**de**fíle 더럽히다	디파ᶠ일
3	form 형성하다	포ᶠ엄ʳ	→	**de**fórm 변형시키다	디포ᶠ엄ʳ
4	fraud 사기	프ᶠ로오드	→	**de**fráud 사취하다	디프ᶠ로오드
5	fame 명성	페ᶠ임	→	**de**fáme 비방하다	디페ᶠ임

Practice 9 | [de–] (5)

● '나쁜 의미로'의 뜻: (in a bad sense)

decéive 속이다	**de**crý 비난하다	**de**fáme 비방하다	**de**fíle 더럽히다	**de**fórm 변형시키다
defráud 사취하다	**de**lúde 속이다	**de**nóunce 비난하다	**de**práve 악화시키다	**de**ríde 조롱하다
despíse 경멸하다				

8 dis- [디스-, 디스-]의 소리를 찾아서

요점정리

1. [dis-]는 'd(드)+i(이)+s(스) = 디스-'로 약하게, 'd(드)+i(이)+s(스) = 디스-'로 강하게 발음한다.
2. [dis-]는 '비(非)-, 무(無)-, 불(不), 반대(反對), 분리(分離)'의 뜻을 나타내는 접두사다.

Practice 1 | [dis-]의 의미 전환(1)

● 동사에 붙여 '반대'의 뜻으로 전환

1	**af**féct 감동시키다	어펙ᶠ트	→	**dìsaf**féct 반감을 품다	**디써**펙ᶠ트
2	**a**grée 동의하다	어그뤼이	→	**dìsa**grée 의견이 다르다	**디써**그뤼이
3	**en**gáge 속박하다	인게이쥐	→	**dìsen**gáge 해방하다	**디씬**게이쥐
4	place 임명하다	플레이쓰	→	**dis**pláce 추방하다	**디스**플레이쓰
5	mount 오르다	마운(트)	→	**dis**móunt 내리다	**디스**마운(트)
6	obéy 복종하다	어베이	→	**dìs**obéy 명을 어기다	**디써**베이
7	please 기쁘게하다	플리이즈	→	**dis**pléase 불쾌하게 하다	**디스**플리이즈
8	use 사용하다	유우즈	→	**dis**úse 폐지하다	**디슈**우즈

Practice 2 | [dis–] (1)

● 동사에 붙여 '반대'의 뜻으로 전환

dìsaccórd 일치하지 않다	**dìsac**crédit 의 자격을 뺏다	**dìsaf**féct 반감을 품다	**dìsaf**fírm 부인하다	**dìsa**grée 의견이 다르다
dìsallów 허가하지 않다	**dìsap**péar 사라지다	**dìsap**póint 실망시키다	**dìsap**próve 찬성하지 않다	**dìsar**ránge 어지럽히다
dìsarráy 혼란시키다	**dìsas**sémble 해체하다	**dìsbe**líeve 불신하다	**dis**búrden 짐을 내리다	**dis**chárge 짐을 내리다
dìsconnéct 연락을 끊다	**dìsen**gáge 해방하다	**dìses**téem 경시하다	**dis**héarten 낙담시키다	**dìsin**clíne 싫증나게 하다
disìntegr**áte** 분해시키다	**dis**jóin 분리시키다	**dis**líke 싫어하다	**dis**móunt 내리다	**dìs**obéy 위반하다
disórgan**ìze** 질서를 문란케 하다	**dis**pláce 추방하다	**dis**pláy 전시하다	**dis**pléase 불쾌하게 하다	**dis**próve 반증하다
dìsregárd 무시하다	**dis**sént 반대하다	**dis**úse 폐지하다		

Practice 3 | [dis–]의 의미 전환(2)

● 명사에 붙여 '없애다, 벗기다, 빼앗다'의 뜻의 동사로 전환

1	arm 무기	아*암r*	→	**dis**árm 무장 해제하다	**디싸***암r*
2	branch 가지	브랜취	→	**dis**bránch 가지를 치다	**디스**브랜취
3	bud 싹	버드	→	**dis**búd 싹을 따내다	**디스**버드
4	cólor 색	칼러*어r*	→	**dis**cólor 탈색시키다	**디스**칼러*어r*
5	crown 왕관	크롸운	→	**dis**crówn 왕관을 빼앗다	**디스**크롸운
6	gust 큰 기쁨	거스뜨	→	**dis**gúst 싫어지다	**디스**거스뜨
7	mántle 덮개	맨틀	→	**dis**mántle 덮개를 벗기다	**디스**맨틀
8	robe 의복	로우브	→	**dis**róbe 옷을 벗다	**디스**로우브

Practice 4 | [dis–] (2)

● 명사에 붙여 '없애다, 벗기다, 빼앗다'의 뜻의 동사로 전환

disárm 무장 해제하다	**dis**bár 변호사 자격을 박탈하다	**dis**bránch 가지를 치다	**dis**búd 싹을 따내다	**dis**cárd 버리다
discólor 탈색시키다	**dis**cóurage 낙담시키다	**dis**cóver 발견하다	**dis**crówn 왕관을 빼앗다	**dis**fígure 미관을 손상시키다
dismántle 덮개를 벗기다	**dis**gúst 싫어지다	**dís**infést 해충을 없애다	**dis**ínterest 무관심하게 하다	**dis**máy 낙담하게 하다
disróbe 옷을 벗다				

Practice 5 | [dis–]의 의미 전환 (3)

● 명사 · 형용사에 붙여 '불(不), 비(非), 무(無)'의 뜻으로 전환

1	trust 신뢰	츄뤄스뜨	→	**dis**trúst 불신	디스츄뤄스뜨
2	**con**tént 만족	컨텐(트)	→	**dìscon**tént 불만	디스컨텐(트)
3	crédit 신용	크뤠딭	→	**dis**crédit 불신	디스크뤠딭
4	fávor 호의	페[f]이버[vr]	→	**dis**fávor 냉대	디스페[f]이버[vr]
5	hármony 조화	하어[r]머니	→	**dis**hármony 부조화	디스하어[r]머니
6	hónest 정직한	아니스뜨	→	**dis**hónest 부정직한	디스아니스뜨
7	lóyal 성실한	로이열	→	**dis**lóyal 불충한	디스로이열
8	taste 기호	테이스뜨	→	**dis**táste 혐오	디스테이스뜨

Practice 6 | [dis–] (3)

● 명사 · 형용사에 붙여 '불(不), 비(非), 무(無)'의 뜻으로 전환

distrúst 불신	**dìsad**vántage 불이익	**dìsbe**líef 불신	**dìscom**fórt 불쾌	**dìscom**pósure 마음의 동요
dìscontént 불만	**dis**crédit 믿지 않다	**dis**éase 질병	**dis**fávor 냉대	**dis**gráce 불명예
dishármony 부조화	**dis**hónest 부정직한	**dìsil**lúsion 각성	**dis**lóyal 불충한	**dis**órder 무질서
dìsrespéct 경시하다	**dis**sàtisfáction 불만족	**dis**símilar 다른	**dis**táste 혐오	**dis**únion 분리

Practice 7 | [dis–]의 품사 전환 (4)

● '분리(分離)'의 뜻으로 전환

1	tract 넓은 지면	츄랙트	→	**dis**tráct 빗나가게 하다	디스츄랙트
2	**con**tínue 계속하다	컨티뉴	→	**dìscon**tínue 중지하다	디스컨티뉴
3	sect 분파	쎅트	→	**dis**séct 해부하다	디스쎅트
4	miss 빗맞히다	미쓰	→	**dis**míss 해산시키다	디스미쓰

Practice 8 | [dis–] (4)

● '분리(分離)'의 뜻으로 전환

discérn 식별하다	**dìs**contínue 중지하다	**dis**cúss 토론하다	**dis**míss 해산시키다	**dis**pél 쫓아 버리다
dispénse 베풀다	**dis**pérse 흩뜨리다	**dis**póse 처리하다	**dis**séct 해부하다	**dís**sipàte 흩뜨리다
dissólve 녹이다	**dìs**suáde 설득하여 단념시키다	**dis**tíll 증류하다	**dis**tínguish 구별하다	**dis**tráct 빗가게 하다
distríbute 분배하다				

9 pre– [프뤼–, 프뤼–, 프뤠–]의 소리를 찾아서

요점정리

1. [pre–]는 'p(프)+r(루)+e(이) = 프뤼–'로 약하게, 또는 'p(프)+r(루)+e(이) = 프뤼–'로 강하게 발음한다.
2. [pre–]는 '전(前), 앞, 미리(豫), 먼저(先)'의 뜻을 나타내는 접두사다.

Practice | 프뤼–, 프뤼– [pre–]

1	**prèac**quáint 예고하다	→	**prè**(프뤼) · **ac**(엌) · quáint(퀘인트)	→	**프뤼**엌퀘인(트)
2	**prèan**nóunce 예고하다	→	**prè**(프뤼) · **a**(어) · **n**nóunce(나운쓰)	→	**프뤼**어나운쓰
3	**prècon**dí**tion** 전제조건	→	**prè**(프뤼) · **con**(컨) · dí(디) · **tion**(션)	→	**프뤼**컨디션
4	**prède**términe 미리 결정하다	→	**prè**(프뤼) · **de**(디) · tér(터어ʳ) · mine(민)	→	**프뤼**디터어ʳ민
5	**prèin**fórm 미리 알리다	→	**prè**(프뤼) · **in**(인) · fórm(포ᶠ엄ʳ)	→	**프뤼**인포ᶠ엄ʳ
6	**prèád**dict 마약 경험자	→	**prè**(프뤼) · **á**(애) · **d**dict(딬트)	→	**프뤼**애딬트
7	**prè**ma**túre** 너무 이른	→	**prè**(프뤼) · ma(머) · **túre**(추어ʳ)	→	**프뤼**머추어ʳ
8	**prè**v**ious** 사전의	→	**prè**(프뤼) · vi(비ᵛ) · **ous**(어쓰)	→	**프뤼**벼ᵛ쓰
9	**pre**cáu**tion** 예방책	→	**pre**(프뤼) · cáu(코오) · **tion**(션)	→	**프뤼**코오션
10	**pre**món**ish** 미리 경고하다	→	**pre**(프뤼) · mó(마) · n**ish**(니쉬)	→	**프뤼**마니쉬
11	**pre**síde 주재하다	→	**pre**(프뤼) · síde(자이드)	→	**프뤼**자이드
12	**pre**céde 선행하다	→	**pre**(프뤼) · céde(씨이드)	→	**프뤼**씨이드

Practice 1 | 프뤼-, 프뤼- [pre-]

● 프뤼-

prèacquáint 예고하다	**prè**áddict 마약 경험자	**prèan**nóunce 예고하다	**prèar**ránge 예정하다	**prècon**dítion 전제 조건
prèdetérmine 미리 결정하다	**prèe**léct 예선하다	**prèex**ámine 미리 조사하다	**prèin**fórm 미리 알리다	**pré**vious 사전의
prèmatúre 조숙한	**pré**view 시연			

● 프뤼-

predóminàte 우세하다	**pre**mónish 미리 경고하다	**pre**ámble 전문	**pre**cáution 예방책	**pre**óccupỳ 선점하다
precéde 선행하다	**pre**clúde 미리 배제하다	**pre**cóok 미리 조리하다	**pre**díct 예언하다	**pre**fér 을 좋아하다
prefórm 미리 형성하다	**pre**júdge 미리 판단하다	**pre**páre 준비하다	**pre**páy 선불하다	**pre**scríbe 처방하다
presérve 보존한다	**pre**síde 주재하다	**pre**súme 추정하다	**pre**ténd 체하다	**pre**téxt 구실로 하다
pretréat 미리 처리하다	**pre**vént 예방하다	**pre**víse 예지하다	**pre**tést 예비 시험	**pre**séason 시즌 전
preschóol 취학 전의				

Practice 2 | 프뤠- [pré-]

1	**pré**face 서문	→	**pré**(프뤠) · face(피[f]쓰)	→	**프뤠**피[f]쓰
2	**pré**lude 전주곡	→	**pré**(프뤠) · lude(루운)	→	**프뤨**루운
3	**pré**judice 선입견	→	**pré**(프뤠) · judice(주디쓰)	→	**프뤠**주디쓰
4	**pré**sident 대통령	→	**pré**(프뤠) · si(지) · dent(던트)	→	**프뤠**지던(트)

5	**pré**fer**ence** 편애	→	**pré**(프뤠) · fer(퍼f어r) · ence(언쓰)	→	프뤠퍼f뤈쓰
6	**prè**parát**ion** 준비	→	**prè**(프뤠) · par(퍼) · rát**ion**(뤠이션)	→	프뤠퍼뤠이션
7	**pré**gn**ant** 임신한	→	**pré**(프뤠) · gn**ant**(그넌트)	→	프뤡넌(트)
8	**prè**posít**ion** 전치사	→	**prè**(프뤠) · po(퍼) · sít**ion**(지션)	→	프뤠퍼지션
9	**pré**sent 현재의	→	**pré**(프뤠) · sent(즌트)	→	프뤠즌(트)

10 re– [뤼–, 뤼이–, 뤠–]의 소리를 찾아서

요점정리

1. [re–]는 'r(루)+e(이) = 뤼–'로 약하게 흘리거나, 'r(루)+e(이) = 뤼이–'로 강하게 발음한다.
2. 접두사 [rè–]에 악센트가 있고, [rè–] 다음에 자음으로 시작하면서 악센트가 없는 음절이 오는 경우에 'r(루)+e(에)=뤠–'로 강하게 발음한다.
3. [re–]는 '다시, 새로이, 되, 뒤로, 반대'의 뜻을 나타내는 접두사다.

Practice | 뤼이–, 뤠– [rè–] / 뤼– [re–]

1	**rèap**péar 다시 나타나다	→	**rè**(뤼이) · **a**(어) · **p**péar(피이어r)	→	뤼이어피이어r
2	**rèar**ránge 재정리하다	→	**rè**(뤼이) · **a**(어) · **r**ránge(뤠인쥐)	→	뤼이어뤠인쥐
3	**rèin**vést 재투자하다	→	**rè**(뤼이) · **in**(인) · vést(베v스뜨)	→	뤼이인베v스뜨
4	**ré**cog**nìze** 인지하다	→	**ré**(뤠) · cog(커그) · **nìze**(나이즈)	→	뤠커그나이즈

5	**ràcol**léct 회상하다	→	**rè**(뤠) · co(커) · lléct(렉트)	→	**뤠**컬렉트
6	**re**ánim**àte** 소생시키다	→	**re**(뤼) · á(애) · ni(너) · m**àte**(메잍)	→	뤼애너메잍
7	**re**bóund 되튀다	→	**re**(뤼) · bóund(바운드)	→	뤼바운(드)
8	**re**cýcle 재활용하다	→	**re**(뤼) · cý(싸이) · cle(클)	→	뤼싸이클
9	**re**búke 비난하다	→	**re**(뤼) · búke(뷰크)	→	뤼뷰크
10	**re**stráin 규제하다	→	**re**(뤼) · stráin(스뜨뤠인)	→	뤼스뜨뤠인
11	**re**vénge 보복하다	→	**re**(뤼) · vénge(벤ᵛ쥐)	→	뤼벤ᵛ쥐

Practice 1 | 뤼어– [rè+모음] (1)

1	**rèap**péar 다시 나타나다	→	**rè**(뤼이) · **a**(어) · **p**péar(피이어ʳ)	→	**뤼이**어피이어ʳ
2	**rèar**r**ánge** 재정리하다	→	**rè**(뤼이) · **a**(어) · **r**r**ánge**(뤠인쥐)	→	**뤼이**어뤠인쥐
3	**rèas**sémble 재조립하다	→	**rè**(뤼이) · **a**(어) · **s**sémble(셈블)	→	**뤼이**어셈블
4	**rèin**vést 재투자하다	→	**rè**(뤼이) · **in**(인) · vést(베ᵛ스뜨)	→	**뤼이**인베ᵛ스뜨
5	**rèas**súre 재보증하다	→	**rè**(뤼이) · **a**(어) · **s**súre(슈어ʳ)	→	**뤼이**어슈어ʳ
6	**rèe**léct 재선하다	→	**rè**(뤼이) · **e**(이) · léct(렉트)	→	**뤼이**일렉트
7	**rèin**fórce 강화하다	→	**rè**(뤼이) · **in**(인) · fórce(포ᶠ오어ʳ쓰)	→	**뤼이**인포ᶠ오어ʳ쓰
8	**rèin**sért 다시 끼워 넣다	→	**rè**(뤼이) · **in**(인) · sèrt(써어ʳ트)	→	**뤼이**인써어ʳ트

rèapplý 다시 신청하다	**rèap**póint 다시 임명하다	**rèap**práise 재평가하다	**rèas**cénd 다시 오르다	**rèas**sért 거듭 주장하다
rèasséss 재평가하다	**rèas**sígn 다시 할당하다	**rè**emérge 재출현하다	**rèes**táblish 재건하다	**rèim**póse 다시 부과하다
rèinstrúct 다시 가르치다	**rè**intérpret 재해석하다	**rèintro**dúce 재소개하다	**rèin**vént 재발명하다	**rèim**pórt 역수입하다

Practice 2 | 뤠– [rè+자음] (2)

1	**récognìze** 인지하다	→	**ré**(뤠) · cog(커그) · **nìze**(나이즈)	→	**뤠**커그나이즈
2	**rècol**léct 회상하다	→	**rè**(뤠) · **co**(커) · lléct(렉트)	→	**뤠**컬렉트
3	**récom**pènse 보상하다	→	**ré**(뤠) · **com**(컴) · pènse(펜쓰)	→	**뤠**컴펜쓰
4	**ré**cre**àte** 즐겁게 하다	→	**ré**(뤠) · cre(크뤼) · **àte**(에잍)	→	**뤠**크뤼에잍
5	**ré**gister 등록하다	→	**ré**(뤠) · gis(쥐스) · ter(*터*ʳ)	→	**뤠**쥐스*터*ʳ
6	**ré**medy 고치다	→	**ré**(뤠) · medy(머디)	→	**뤠**머디

Practice 3 | 뤼– [re+강모음] (3)

● '다시, 새로이, 거듭, 원상으로' 따위의 뜻

rebóund 되튀다	**re**búild 재건축하다	**re**chárge 재충전하다	**re**cíte 암송하다	**re**córd 기록하다
recóver 회복하다	**re**cýcle 재활용하다	**re**dáem 되찾다	**re**énter 재가입하다	**re**fórm 개혁하다
refó**re**st 재조림하다	**re**frésh 새롭게 하다	**re**gáin 되찾다	**re**gáther 다시 모으다	**re**gránt 재허가하다
regrét 후회하다	**re**gróup 재편성하다	**re**héar 다시 듣다	**re**héarse 시연하다	**re**héat 다시 가열하다
rejéct 거절하다	**re**jóin 재결합하다	**re**kíndle 다시 불붙이다	**re**láte 관계시키다	**re**léase 늦추다

relíeve 구출하다	**re**lóad 짐을 되싣다	**re**lócate 재배치하다	**re**máke 고쳐 만들다	**re**márk 알아채다
remárry 재혼시키다	**re**mátch 재시합	**re**mínd 생각나게 하다	**re**módel 개조하다	**re**móve 옮기다
renéw 갱신하다	**re**ópen 다시 열다	**re**órder 다시 질서를 잡다	**re**páir 수선하다	**re**péat 되풀이하다
repént 후회하다	**re**pláy 재연하다	**re**plý 대답하다	**re**póse 쉬다	**re**prínt 증쇄하다
requíre 요구하다	**re**sórt 잘 가다	**re**sóund 반향하다	**re**sóurce 자원	**re**súme 되찾다
retáil 소매하다	**re**tíre 은퇴하다	**re**tráce 되돌아가다	**re**tráin 재교육시키다	**re**trí?eve 되찾다
retúrn 돌아가다	**re**úse 재사용하다	**re**víew 복습	**re**víse 교정하다	**re**víve 소생하다
revólve 회전하다	**re**wínd 되감다	**re**wórk 재손질하다	**re**wríte 다시 쓰다	**re**áctiv**àte** 재가동시키다
reánim**àte** 소생시키다	**re**cáp**ture** 탈환하다			

Practice 4 | 뤼– [re+강모음] (4)

● '상호, 반대, 후(後), 물러남, 비밀, 떨어짐, 가 버림(去), 아래의(下), 아닌(不), 비(非)' 따위의 뜻

reáct 반작용하다	**re**búff 퇴짜 놓다	**re**búke 비난하다	**re**bút 물리치다	**re**cáll 소환하다
recánt 취소하다	**re**céde 물러나다	**re**céive 받다	**re**céss 휴회하다	**re**clíne 기대다
recóil 되돌아오다	**re**cúr 되돌아가다	**re**dúce 줄이다	**re**fléct 반사하다	**re**fléx 반사시키다
refráin 끊다	**re**fúnd 반환하다	**re**fúte 반박하다	**re**gárd 간주하다	**re**láy 중계방송하다
remáin 남다	**re**mánd 돌려보내다	**re**mít 보내다	**re**páy 갚다	**re**pél 격퇴하다
repláce 되돌려놓다	**re**pórt 보고하다	**re**préss 억압하다	**re**próach 나무라다	**re**próove 꾸짖다
reséarch 연구하다	**re**sént 분개하다	**re**sérve 떼어두다	**re**síst 저항하다	**re**sólve 분해하다

respéct 존경하다	**re**spónd 대답하다	**re**stóre 원장소에 되돌리다	**re**stráin 규제하다	**re**stríct 제한하다
resúlt 결과로서 일어나다	**re**táin 유지하다	**re**tárd 지체시키다	**re**tórt 응수하다	**re**tráct 수축시키다
retréat 후퇴하다	**re**véal 드러내다	**re**vénge 복수하다	**re**vérse 거꾸로 하다	**re**vóke 취소하다
revólt 반란을 일으키다	**re**wárd 보상하다			

11 un– [언–, 언–]의 소리를 찾아서

요점정리

1. [un–]은 'u(어)+n(은) = 언–', 'u(어)+n(은) = 언–'으로 발음한다.
2. [un–]은 '제거, 부정, 반대'의 뜻을 나타내는 접두사다.

Practice 1 | 언– [un+명사] (1)

● 명사에 붙여서 그 명사의 성질 · 상태를 '제거'하는 뜻의 동사를 만듦

1	bolt 빗장	보울트	→	**un**bólt 빗장을 벗기다	언보울트
2	brídle 굴레	브롸이들	→	**un**brídle 굴레를 벗기다	언브롸이들
3	búrden 짐	버어r든	→	**un**búrden 짐을 부리다	언버어r든
4	chain 사슬	췌인	→	**un**cháin 해방하다	언췌인
5	cóver 덮개	커버r	→	**un**cóver 덮개를 열다	언커버r

6	glue 접착제	글루우	→	**un**glúe 접착제를 떼다	언글루우
7	lace 끈	레이쓰	→	**un**láce 끈을 풀다	언레이쓰
8	lock 자물쇠	락(크)	→	**un**lóck 자물쇠를 열다	언락
9	pack 짐	팩(크)	→	**un**páck 짐을 부리다	언팩(크)
10	root 뿌리	루웉	→	**un**róot 뿌리째 뽑다	언루웉

Practice 2 | 언– [un+명사] (2)

● 명사에 붙여서 그 명사의 성질 · 상태를 '제거'하는 뜻의 동사를 만듦

unárm 무장해제하다	**un**bálance 평형을 깨뜨리다	**un**bósom 털어놓다	**un**bútton 단추를 끄르다	**un**cáp 마개를 뽑다
uncórk 코르크를 빼다	**un**dréss 옷을 벗기다	**un**gírd 허리띠를 풀다	**un**háir 탈모시키다	**un**hóuse 집을 빼앗다
unjóint 매듭을 풀다	**un**knót 매듭을 풀다	**un**línk 고리를 벗기다	**un**lóad 짐을 내리다	**un**másk 가면을 벗기다
unplug 마개를 뽑다	**un**mán 남자다움을 잃게 하다	**un**náil 못을 빼다	**un**pín 핀을 뽑다	**un**ríddle 수수께끼를 풀다
unróof 지붕을 벗기다	**un**séat 낙마시키다	**un**stríng 현을 풀다	**un**thréad 실을 뽑다	**un**véil 베일을 벗기다
unwéight 무게를 줄이다				

Practice 3 | 언– [un—+동사]

● 동사에 붙여서 그 '반대'의 동작을 나타냄

unbénd 곧게 하다	**un**bínd 풀다	**un**cúrl 펴지다	**un**clóse 열다	**un**clóthe 옷을 벗기다

uncóil 감긴 것을 풀다	**un**dó 원상태로 돌리다	**un**fást**en** 풀다	**un**fít 부적당하게 하다	**un**fóld 펼치다
unfréeze 녹이다	**un**fúrl 펼치다	**un**léarn 배운 것을 잊다	**un**máke 망치다	**un**róll 풀다
unséal 개봉하다	**un**séttle 불안하게 하다	**un**thínk 생각하지 않다	**un**tíe 풀다	**un**twíne 꼬인 것을 풀다
untwíst 꼬인 것을 풀다	**un**wínd 풀다	**un**wráp 포장을 풀다	**un**wrínkle 주름을 펴다	**un**zíp 지퍼를 열다

Practice 4 | 언- [un+형용사] (1)

● 형용사에 붙여서 '부정(否定)'의 뜻을 나타냄

1	**ùnaf**ráid 두려워하지 않는	→	**ùn**(언) · **af**(엎f) · ráid(뤠이드)	→	**어**너프f뤠이드
2	**un**éasy 불안한	→	**un**(언) · éasy(이이지)	→	**어**니이지
3	**un**lúcky 불운한	→	**un**(언) · lúcky(럭키)	→	**언**럭키
4	**ùnim**pórt**ant** 중요하지 않은	→	**ùn**(언) · **im**(임) · pór(포어r) · **tant**(턴트)	→	**어**님포어r턴(트)
5	**ùnmis**ták**able** 틀림없는	→	**ùn**(언) · mis(미쓰) · tá(테이) · k**able**(커v블)	→	**언**미쓰테이커블
6	**ùn**forgétt**able** 잊을 수 없는	→	**ùn**(언) · for(퍼f/r) · gét(겔) · t**able**(터블)	→	**언**퍼f/r게러블
7	**un**éat**able** 먹을 수 없는	→	**un**(언) · éat(이잍) · **able**(어블)	→	**어**니이터블
8	**un**pléas**ant** 불쾌한	→	**un**(언) · pléa(플레) · s**ant**(즌트)	→	**언**플레즌(트)
9	**un**pópul**ar** 인기가 없는	→	**un**(언) · pó(파) · pu(퓨) · l**ar**(러r)	→	**언**파퓰러r
10	**un**gráce**ful** 우아하지 않은	→	**un**(언) · gráce(그뤠이쓰) · **ful**(펄f)	→	**언**그뤠이쓰펄f

Practice 5 | 언– [un+형용사] (2)

● 형용사에 붙여서 '부정(否定)'의 뜻을 나타냄

unáble 할 수 없는	**ùn**awáre 알지 못하는	**un**cértain 불명확한	**un**cháste 부정한	**un**cléan 불결한
uncléar 불분명한	**un**cómmon 흔하지 않은	**ùncon**cérn 무관심	**un**dúe 지나친	**un**équal 불공평한
unfáir 불공평한	**un**háppy 불행한	**un**héalthy 건강하지 못한	**un**júst 부정한	**un**kínd 불친절한
unlíke 같지 않은	**un**sáfe 불안한	**un**lúcky 불운한	**un**réal 실재하지 않는	**un**stáble 불안정한
unwíse 지각없는	**un**wórthy 가치 없는	**un**úsual 이상한	**un**wélcome 환영받지 못하는	**un**nátur**al** 부자연스러운
unnécess**ary** 불필요한	**ùn**offí**cial** 비공식적인	**un**wíll**ing** 내키지 않는	**un**fée**ling** 느낌이 없는	**un**fríend**ly** 불친절한
unsélf**ish** 이기적이 아닌	**ùn**contróll**able** 제어할 수 없는	**ùn**desír**able** 바람직하지 않은	**ùn**imágin**able** 상상할 수 없는	**ùn**relí**able** 신뢰할 수 없는
unquéstion**able** 의심할 바 없는	**un**réason**able** 비합리적인	**un**spéak**able** 이루 말할 수 없는		

Practice 6 | 언– [un+분사형]

● 동사의 분사형에 붙여서 '부정(否定)'의 뜻을 나타냄

uncóok**ed** 요리하지 않은	**ùn**deféat**ed** 진 일이 없는	**un**dóubt**ed** 의심할 여지가 없는	**un**édu**càted** 교육받지 못한	**ùn**emplóy**ed** 실직한
unfínish**ed** 미완성의	**ùn**idénti**fied** 확인되지 않은	**ùn**invít**ed** 초대받지 않은	**un**lígh**ted** 불을 켜지 않은	**un**límit**ed** 무제한의
unmárri**ed** 미혼의	**un**móv**ed** 확고한	**ùn**prepár**ed** 준비가 없는	**un**séttl**ed** 변하기 쉬운	**un**tóuch**ed** 손대지 않은
unús**ed** 쓰지 않는				

12 pro– [프뤄–, 프롸–, 프로우–]의 소리를 찾아서

요점정리

1. [pro–]는 'p(프)+r(루)+o(어) = 프뤄–'로 약하게, 'p(프)+r(루)+o(아) = 프롸–'로 강하게 발음한다.
2. [pro–]는 '앞에, 앞으로(前), 공공연히, –밖으로, 대신, 대용으로'의 뜻을 나타내는 접두사다.

Practice 1 | 프뤄– [pro–]

1	**pro**céed 나아가다	→	**pro**(프뤄) ┌ céed(씨이드)	→	프뤄씨이드
2	**pro**cúre 획득하다	→	**pro**(프뤄) ┌ cúre(큐어^r)	→	프뤄큐어^r
3	**pro**fóund 깊은	→	**pro**(프뤄) ┌ fóund(파^{f}운드)	→	프뤄파^{f}운드
4	**pro**fúse 아낌없는	→	**pro**(프뤄) ┌ fúse(퓨^{f}우쓰)	→	프뤄퓨^{f}우쓰
5	**pro**móte 진전시키다	→	**pro**(프뤄) ┌ móte(모울)	→	프뤄모울
6	**pro**pél 추진하다	→	**pro**(프뤄) ┌ pél(펠)	→	프뤄펠
7	**pro**póse 신청하다	→	**pro**(프뤄) ┌ póse(포우즈)	→	프뤄포우즈
8	**pro**téct 보호하다	→	**pro**(프뤄) ┌ téct(텍트)	→	프뤄텍트
9	**pro**tést 항의하다	→	**pro**(프뤄) ┌ tést(테스뜨)	→	프뤄테스뜨
10	**pro**víde 공급하다	→	**pro**(프뤄) ┌ víde(바^{v}이드)	→	프뤄바^{v}이드
11	**pro**vóke 일으키다	→	**pro**(프뤄) ┌ vóke(보^{v}우크)	→	프뤄보^{v}우크
12	**pro**híbit 금지하다	→	**pro**(프뤄) ┌ hí(히) ┌ bit(빝)	→	프뤄히빝

Practice 2 | 프뤄– [pro–]

procéed 나아가다	**pro**cúre 획득하다	**pro**dúce 제작하다	**pro**fóund 깊은	**pro**fúse 아낌없는
progréss 전진하다	**pro**jéct 계획하다	**pro**móte 진전시키다	**pro**pél 추진하다	**pro**póse 신청하다
prospéct 시굴하다	**pro**téct 보호하다	**pro**tést 항의하다	**pro**víde 공급하다	**pro**vóke 일으키다
prohîbit 금지하다	**pro**téc**tion** 보호			

Practice 3 | 프롸, 프로우 [pró–]

prócess 진행	**pró**duce 생산고	**pró**gress 전진	**pró**ject 계획	**pró**vince 지방
prómise 약속	**pró**phet 예언자	**pró**fit 이익	**pró**spect 예상	**pró**min**ent** 현저한
próvid**ence** 섭리	* **pró**test 항의			

Practice 4 | 프뤄–, 프롸– [pró–]

procláim 선언하다	**pro**féss 공언하다	**pro**nóunce 발음하다	**pró**gram 프로그램
profáne 더럽히다	**pró**nòun 대명사		

13 ex– [읶쓰–, 엑쓰–, 이그즈–]의 소리를 찾아서

요점정리

1. [ex–]는 'e(이)+x(크쓰) = 읶쓰–'나 'e(이)+x(그즈) = 이그즈–'로, 또는 'e(에)+x(크쓰) = 엑쓰–'로 발음한다.
2. [ex–]는 '밖으로, 아주, 전적으로'의 뜻을 나타내는 접두사다.

Practice | 읶쓰– [ex–]

1	**ex**céed 초과하다	→	**ex**(읶쓰) · céed(씨이드)	→	읶씨이드
2	**ex**cél 낫다	→	**ex**(읶쓰) · cél(쎌)	→	읶쎌
3	**ex**cépt –을 제외하고	→	**ex**(읶쓰) · cépt(쎞트)	→	읶쎞트
4	**ex**céss 과잉	→	**ex**(읶쓰) · céss(쎄쓰)	→	읶쎄쓰
5	**ex**cláim 외치다	→	**ex**(읶쓰) · cláim(클레임)	→	읶쓰클레임
6	**ex**cúse 용서하다	→	**ex**(읶쓰) · cúse(큐우즈)	→	읶쓰큐우즈
7	**ex**préss**ion** 표현	→	**ex**(읶쓰) · pré(프뤠) · ss**ion**(션)	→	읶쓰프뤠션
8	**ex**téns**ive** 광대한	→	**ex**(읶쓰) · tén(텐) · s**ive**(씨브ᵛ)	→	읶쓰텐씨브ᵛ
9	**ex**péri**ment** 실험	→	**ex**(읶쓰) · pé(페) · ri(뤄) · **ment**(먼트)	→	읶쓰페뤄먼(트)
10	**ex**péndi**ture** 비용	→	**ex**(읶쓰) · pén(펜) · di(디) · **ture**(춰ʳ)	→	읶쓰펜디춰ʳ
11	**ex**tíngu**ish** 끄다	→	**ex**(읶쓰) · tín(틴) · gu**ish**(귀쉬)	→	읶쓰팅귀쉬

'접두사 [ex–]'의 세 가지 소리 특성

- 첫째, 접두사 [ex-] 뒤에 어간이 자음으로 시작하면서 강모음이 오면 '잌쓰-'로 소리가 난다
- 둘째, 접두사 [ex-] 뒤에 어간이 자음으로 시작하지만 약모음인 경우에 접두사 [éx-]에 강세를 두면서 '엨쓰-'로 발음한다.
- 셋째, 접두사 [ex-] 뒤에 어간이 강모음으로 시작되면 '이그즈-'로 발음한다.

Practice 1 | 잌쓰– [ex+자음] (1)

1	**ex**chánge 교환하다	→	**ex(잌쓰)** · chánge(췌인쥐)	→	**잌쓰**췌인쥐
2	**ex**clúde 제외하다	→	**ex(잌쓰)** · clúde(클루우드)	→	**잌쓰**클루우드
3	**ex**pánd 부풀리다	→	**ex(잌쓰)** · pánd(팬드)	→	**잌쓰**팬(드)
4	**ex**pánse 넓게 퍼짐	→	**ex(잌쓰)** · pánse(팬쓰)	→	**잌쓰**팬쓰
5	**ex**péct 기대하다	→	**ex(잌쓰)** · péct(펰트)	→	**잌쓰**펰트
6	**ex**pél 기대하다	→	**ex(잌쓰)** · pél(펠)	→	**잌쓰**펠
7	**ex**pénd 소비하다	→	**ex(잌쓰)** · pénd(펜드)	→	**잌쓰**펜(드)
8	**ex**píre 숨을 내쉬다	→	**ex(잌쓰)** · píre(파이어ʳ)	→	**잌쓰**파이어ʳ
9	**ex**pláin 설명하다	→	**ex(잌쓰)** · pláin(플레인)	→	**잌쓰**플레인
10	**ex**plóde 폭발하다	→	**ex(잌쓰)** · plóde(플로우드)	→	**잌쓰**플로우드
11	**ex**plóit 이용하다	→	**ex(잌쓰)** · plóit(플로잍)	→	**잌쓰**플로잍

12	**ex**plóre 탐험하다	→	**ex(잌쓰)** · plóre(플로오어r)	→	**잌쓰**플로오어r
13	**ex**pórt 수출하다	→	**ex(잌쓰)** · pórt(포오어r트)	→	**잌쓰**포오어r트
14	**ex**préss 표현하다	→	**ex(잌쓰)** · préss(프뤠쓰)	→	**잌쓰**프뤠쓰
15	**ex**ténd 넓히다	→	**ex(잌쓰)** · ténd(텐ㄷ)	→	**잌쓰**텐(ㄷ)
16	**ex**tínct 꺼진	→	**ex(잌쓰)** · tínct(팅트)	→	**잌쓰**팅트
17	**ex**tórt 강탈하다	→	**ex(잌쓰)** · tórt(토오어r트)	→	**잌쓰**토오어r트
18	**ex**tráct 뽑다	→	**ex(잌쓰)** · tráct(츄뢕트)	→	**잌쓰**츄뢕트
19	**ex**tréme 극단의	→	**ex(잌쓰)** · tréme(츄뤼임)	→	**잌쓰**츄뤼임
20	**ex**trúde 밀어내다	→	**ex(잌쓰)** · trúde(츄루우드)	→	**잌쓰**츄루우드

Practice 2 | 잌쓰- [ex+자음] (2)

exchánge 교환하다	**ex**clúde 제외하다	**ex**pánd 부풀리다	**ex**pánse 넓게 퍼짐	**ex**péct 기대하다
expél 기대하다	**ex**pénd 소비하다	**ex**píre 숨을 내쉬다	**ex**pláin 설명하다	**ex**plóde 폭발하다
explóit 이용하다	**ex**plóre 탐험하다	**ex**pórt 수출하다	**ex**préss 표현하다	**ex**ténd 넓히다
extínct 꺼진	**ex**tórt 강탈하다	**ex**tráct 뽑다	**ex**tréme 극단의	**ex**trúde 밀어내다

Practice 3 | 잌쓰- [ex+자음] (3)

1	**ex**cép**tion** 예외	→	**ex(잌쓰)** · cép(쎕) · **tion**(션)	→	**잌**쎕션
2	**ex**tínc**tion** 소화	→	**ex(잌쓰)** · tínc(팅) · **tion**(션)	→	**잌쓰**팅션

3	**ex**cúr**sion** 소풍	→	**ex**(익쓰) · cúr(커어^r) · s**ion**(젼)	→	**익쓰**커어^{r}젼
4	**ex**pló**sion** 폭발	→	**ex**(익쓰) · pló(플로우) · s**ion**(젼)	→	**익쓰**플로우젼
5	**ex**tén**sion** 확장	→	**ex**(익쓰) · tén(텐) · s**ion**(션)	→	**익쓰**텐션
6	**ex**cés**sive** 과도한	→	**ex**(익쓰) · cé(쎄) · ss**ive**(씨브^V)	→	**익**쎄씨브^V
7	**ex**clú**sive** 배타적인	→	**ex**(익쓰) · clú(클루우) · s**ive**(씨브^V)	→	**익쓰**클루우씨브^V
8	**ex**pló**sive** 폭발물	→	**ex**(익쓰) · pló(플로우) · s**ive**(씨브^V)	→	**익쓰**플로우씨브^V
9	**ex**pén**sive** 값비싼	→	**ex**(익쓰) · pén(펜) · **sive**(씨브^V)	→	**익쓰**펜씨브^V
10	**ex**pédi**ent** 편의의	→	**ex**(익쓰) · pé(피이) · di(디) · **ent**(언트)	→	**익쓰**피이뎐(트)
11	**ex**pó**sure** 노출	→	**ex**(익쓰) · pó(포우) · s**ure**(줘^r)	→	**익쓰**포우줘^r
12	**ex**tér**nal** 외부의	→	**ex**(익쓰) · tér(터어^r) · n**al**(늘)	→	**익쓰**터어^{r}늘
13	**ex**tráva**gant** 사치스러운	→	**ex**(익쓰) · trá(츄뢔) · va(버^V) · g**ant**(건트)	→	**익쓰**츄뢔버^{V}건(트)
14	**ex**péri**ence** 경험	→	**ex**(익쓰) · pé(피) · ri(어뤼) · **ence**(언쓰)	→	**익쓰**피어뤼언쓰

Practice 4 | 익쓰– [ex+자음] (4)

excép**tion** 예외	**ex**tínc**tion** 소화	**ex**cúr**sion** 소풍	**ex**pló**sion** 폭발	**ex**tén**sion** 확장
excés**sive** 과도한	**ex**clú**sive** 배타적인	**ex**pló**sive** 폭발물	**ex**pén**sive** 값비싼	**ex**pédi**ent** 편의의
expó**sure** 노출	**ex**tér**nal** 외부의	**ex**tráva**gant** 사치스러운	**ex**péri**ence** 경험	

Practice 5 | 엑쓰– [éx+자음] (1)

1	**éx**cav**àte** 구멍을 파다	→	**éx**(엑쓰) · ca(커) · v**àte**(베ᵛ잍)	→	**엑쓰**커베ᵛ잍
2	**éx**ce**llence** 탁월	→	**éx**(엑쓰) · ce(써) · **llence**(런쓰)	→	**엑**썰런쓰
3	**éx**ce**llent** 우수한	→	**éx**(엑쓰) · ce(써) · **llent**(런트)	→	**엑**썰런(트)
4	**èx**plorá**tion** 탐험	→	**èx**(엑쓰) · plo(플러) · rá(뤠이) · **tion**(션)	→	**엑쓰**플러뤠이션
5	**èx**planá**tion** 설명	→	**èx**(엑쓰) · pla(플러) · ná(네이) · tion(션)	→	**엑쓰**플러네이션
6	**èx**pectá**tion** 예상	→	**èx**(엑쓰) · pec(펙) · tá(테이) · **tion**(션)	→	**엑쓰**펙테이션
7	**èx**pedí**tion** 원정	→	**èx**(엑쓰) · pe(퍼) · dí(디) · **tion**(션)	→	**엑쓰**퍼디이션

Practice 6 | 엑쓰– [éx+자음] (2)

1	**éx**pert 전문가	→	**éx**(엑쓰) · pert(퍼어ʳ트)	→	**엑쓰**퍼어ʳ트
2	**éx**port 수출	→	**éx**(엑쓰) · port(포어ʳ트)	→	**엑쓰**포어ʳ트
3	**éx**it 출구	→	**éx**(엑쓰) · it(잍)	→	**엑앁**
4	**éx**tra 여분의	→	**éx**(엑쓰) · tra(츄뤄)	→	**엑쓰**츄뤄
5	**éx**ploit 영웅적 행위	→	**éx**(엑쓰) · ploit(플로잍)	→	**엑쓰**플로잍
6	**éx**cess 과잉	→	**éx**(엑쓰) · cess(쎄쓰)	→	**엑**쎄쓰

Practice 7 | 이그즈- [ex+강모음] (1)

1	**ex**áct 정확한	→	**ex**(이그즈) · áct(액트)	→	이그**잭**트 / 익**잭**트
2	**ex**ált 높이다	→	**ex**(이그즈) · ált(오올트)	→	이그**조**올트 / 익**조**올트
3	**ex**ám 시험	→	**ex**(이그즈) · ám(앰)	→	이그**잼** / 익**잼**
4	**ex**ámine 시험하다	→	**ex**(이그즈) · á(애) · mine(민)	→	이그**재**민 / 익**재**민
5	**ex**ámple 예	→	**ex**(이그즈) · ám(앰) · ple(플)	→	이그**잼**플 / 익**잼**플
6	**ex**émpt 면제하다	→	**ex**(이그즈) · émpt(엠트)	→	이그**젬**트 / 익**젬**트
7	**ex**ért 발휘하다	→	**ex**(이그즈) · ért(어어^{r}트)	→	이그**저**어^{r}트 / 익**저**어^{r}트
8	**ex**íst 존재하다	→	**ex**(이그즈) · íst(이스뜨)	→	이그**지**스뜨 / 익**지**스뜨
9	**ex**úde 스며 나오다	→	**ex**(이그즈) · úde(유우드)	→	이그**주**우드 / 익**주**우드
10	**ex**últ 기뻐 날뛰다	→	**ex**(이그즈) · últ(절트)	→	이그**절**트 / 익**절**트
11	**ex**ót**ic** 외래의	→	**ex**(이그즈) · ót(앝) · **ic**(익)	→	이그**자**틱 / 익**자**틱
12	**ex**áger**àte** 과장하다	→	**ex**(이그즈) · á(애) · ge(줘) · r**àte**(뤠잍)	→	익**재**줘뤠잍
13	**ex**ásper**àte** 격분시키다	→	**ex**(이그즈) · ás(애스) · pe(퍼) · r**àte**(뤠잍)	→	익**재**스뻐뤠잍
14	**ex**écu**tive** 행정상의	→	**ex**(이그즈) · é(에) · cu(큐) · t**ive**(티브^v)	→	익**제**큐티브^v

Practice 8 | 이그즈– [ex+강모음] (2)

exáct 정확한	**ex**ált 높이다	**ex**ám 시험	**ex**ámine 시험하다	**ex**ámple 예
exémpt 면제하다	**ex**ért 발휘하다	**ex**íst 존재하다	**ex**úde 스며 나오다	**ex**últ 기뻐 날뛰다
exót**ic** 외래의	**ex**áger**àte** 과장하다	**ex**ásper**àte** 격분시키다	**ex**écu**tive** 행정상의	

Practice 9 | 엑쓰– [éxe–], [éxo–]

1	**éx**ecùte 처형하다	→	**éx**(엑쓰) · e(이) · cùte(큐울)	→	**엑**씨큐울
2	**èx**ecútion 처형	→	**éx**(엑쓰) · e(이) · cù(큐) · tion(션)	→	**엑**씨큐우션
3	**éx**ercìse 운동	→	**éx**(엑쓰) · er(어r) · cìse(싸이즈)	→	**엑**써r싸이즈
4	**éx**orcist 무당	→	**éx**(엑쓰) · or(어r) · cist(씨스뜨)	→	**엑**써r씨스뜨
5	**éx**odus 대탈출	→	**éx**(엑쓰) · o(어) · dus(더쓰)	→	**엑**써더쓰

14 inter– [인터r]의 소리를 찾아서

요점정리

1. [inter–]는 'i(이)+n(은)+t(트)+e(어)+r(어r) = 인터r–'로 발음한다.
2. [inter–]는 '서로, 간(間), 중(中), 상호(相互)'의 뜻을 나타내는 접두사다.

Practice 1 | 인터r– [inter–] (1)

1	act 행동하다	액트	→	**ìnter**áct 상호 작용하다	**인터r**액트
2	bank 은행	뱅크	→	**ìnter**bánk 은행 간의	**인터r**뱅크
3	class 학급	클래쓰	→	**ìnter**cláss 학급 간의	**인터r**클래쓰
4	course 진행	코어r쓰	→	**ìnter**cóurse 교재	**인터r**코어r쓰
5	net 망, 그물	넽	→	**ínter**nèt 인터넷	**인터r**넽
6	phone 폰	포f운	→	**ínter**phóne 인터폰	**인터r**포f운
7	state 주(州)	스떼잍	→	**ìnter**státe 주(州) 사이의	**인터r**스떼잍
8	twist 뒤얽히다	트위스뜨	→	**ìnter**twíst 서로 뒤얽히다	**인터r**트위스뜨
9	séct**ion** 분할	쎅션	→	**ìnter**séct**ion** 교차로	**인터r**쎅션
10	nát**ional** 국가의	내셔늘	→	**ìnter**nát**ional** 국제 간	**인터r**내셔늘

Practice 2 | 인터r– [inter–] (2)

ìnterbánk 은행 간의	**ìnter**cláss 학급 간의	**ínter**còm 통화장치	**ìnter**cóurse 교재	**ínter**nèt 인터넷
ínterphòne 인터폰	**ìnter**státe 주 사이의	**ínter**view 면접	**ìnter**áct 상호 작용하다	**ìnter**chánge 교환하다
ìnterlóck 연결하다	**ìnter**míngle 혼합하다	**ìnter**póse 끼워 넣다	**ìnter**twíst 서로 뒤얽히다	**ìnter**connéct 서로 연결하다
ìnterséct**ion** 교차로	**ìnter**nát**ional** 국제간			

Practice 3 | 인터r– [inter–] (3)

1	**ínter**val 간격	→	**ín**(**인**) · **ter**(터r) · val(블v)	→	**인터r**블v

2	**ìnter**fére 방해하다	→	**ìn**(인) · **ter**(터r) · fére(피f어r)	→	인터r피f어r
3	**ìnter**mít 중지하다	→	**ìn**(인) · **ter**(터r) · mít(밑)	→	인터r밑
4	**ìnter**rúpt 가로막다	→	**ìn**(인) · **ter**(터r) · rúpt(뤞트)	→	인터뤞트
5	**ìnter**ést 관심 갖다	→	**ìn**(인) · **te**(터r) · rést(뤠스뜨)	→	인터뤠스뜨
6	**ìnter**véne 끼어들다	→	**ìn**(인) · **ter**(터r) · véne(비v인)	→	인터r비v인
7	**ìnter**míss**ion** 중지	→	**ìn**(인) · **ter**(터r) · mín(미) · ss**ion**(션)	→	인터r미션
8	**ìnter**jéct**ion** 감탄사	→	**ìn**(인) · **ter**(터r) · jéc(쥌) · t**ion**(션)	→	인터r쥌션

Practice 4 | 인터– [inter–] (4)

ínterval 간격	**ìnter**fére 방해하다	**ìnter**mít 중지하다	**ìnter**rúpt 가로막다	**ìnter**jéct**ion** 감탄사
ìnterést 관심 갖다	**ìnter**véne 끼어들다	**ìnter**míss**ion** 중지		

15 over– [오우버vr–]의 소리를 찾아서

요점정리

1. [òver–]는 'ò(오우)+v(브v)+e(어)+r(어r) = 오우버vr–'로 약하게 흘려서 발음한다.
2. [òver–]는 '–과도히, 너무, 위로, 밖으로, 여분의'의 뜻을 나타내는 접두사다.

Practice 1 | 오우버^{vr}– [òver–] (1)

● '과도히, 너무' 따위의 뜻

òveráct 지나치게 하다	**òver**búrden 과중한 짐	**òver**chárge 바가지를 씌우다	**òver**wórk 과로하다	**òver**cúnning 지나치게 교활한
òverdó 도를 지나치다	**òver**drink 과음하다	**òver**éat 과식하다	**òver**wéight 초과중량	**òver**rún 전반에 걸쳐 퍼지다
òversléep 늦잠 자다				

Practice 2 | 오우버^{vr}– [òver–] (2)

● '–위로, 외부로, 밖으로, 여분의' 따위의 뜻

1	coat 상의	코웉	→	**òver**cóat 외투	**오우버^{vr}**코웉
2	board 짐	보어^{r}드	→	**òver**bóard 배 밖으로	**오우버^{vr}**보오어^{r}드
3	come 오다	컴	→	**òver**cóme 극복하다	**오우버^{vr}**컴
4	flow 흐르다	플^{f}로우	→	**òver**flów 넘쳐흐르다	**오우버^{vr}**플^{f}로우
5	grow 자라다	그로우	→	**òver**grów 만연하다	**오우버^{vr}**그로우
6	hang 걸리다	행	→	**òver**háng 위에 걸리다	**오우버^{vr}**행
7	head 머리	헤드	→	**òver**héad 머리위의	**오우버^{vr}**헤드
8	hear 듣다	히이어^{r}	→	**òver**héar 도청하다	**오우버^{vr}**히이어^{r}
9	lay 놓다	레이	→	**òver**láy 씌우다	**오우버^{vr}**레이
10	look 보다	룩	→	**òver**lóok 내려다보다	**오우버^{vr}**룩
11	pass 통로	패쓰	→	**òver**páss 육교	**오우버^{vr}**패쓰

Practice 3 | 오우버vr– [òver–] (3)

òvercóat 외투	**òver**bóard 배 밖으로	**òver**flów 넘쳐흐르다	**òver**grów 만연하다	**òver**háng 위에 걸리다
òverhéad 머리위의	**òver**héar 도청하다	**òver**láp 겹치다	**òver**láy 씌우다	**òver**lóok 내려다보다
òvermáster 압도하다	**òver**páss 육교	**òver**pláy 과장되게 연기하다	**òver**shóot 빗나가다	**òver**bál**ance** 보다도 무겁다
òvertáke 을 따라잡다	**òver**thrów 뒤집어 엎다	**òver**túrn 전복시키다	**òver**tíme 초과근무의	**òver**whélm 압도하다

16 under– [언더r]의 소리를 찾아서

요점정리

1. [ùnder–]는 'u(어)+n(은)+d(드)+e(어)+r(어r) = 언더r–'로 발음한다.
2. [ùnder–]는 '–아래의, 열등한, 보다 조금 작게, 싸게, 불충분하게'의 뜻을 나타내는 접두사다.

Practice 1 | 언더r– [ùnder–]

1	**ùnder**cóok 설익다	→	**ùnder**(언더r) · cóok(쿡)	→	언더r쿡
2	**ùnder**cóver 비밀로 한	→	**ùnder**(언더r) · cóver(커버vr)	→	언더r커버vr
3	**ùnder**gó 경험하다	→	**ùnder**(언더r) · gó(고우)	→	언더r고우
4	**ùnder**gróund 지하의	→	**ùnder**(언더r) · gróund(그롸운드)	→	언더r그롸운(드)
5	**ùnder**hánd 아래로 던지는	→	**ùnder**(언더r) · hánd(핸드)	→	언더r핸(드)

6	**ùnder**líne 밑줄 긋다	→	**ùnder(언더r)** · líne(라인)	→	**언더r**라인
7	**ùnder**míne 밑을 파다	→	**ùnder(언더r)** · míne(마인)	→	**언더r**마인
8	**ùnder**néath 밑에	→	**ùnder(언더r)** · néath(니이쓰)	→	**언더r**니이쓰
9	**ùnder**pánts 속바지	→	**ùnder(언더r)** · pánts(팬츠)	→	**언더r**팬츠
10	**ùnder**páss 지하도	→	**ùnder(언더r)** · páss(패쓰)	→	**언더r**패쓰
11	**ùnder**tóne 저음	→	**ùnder(언더r)** · tóne(토운)	→	**언더r**토운
12	**ùnder**wáter 수면 아래의	→	**ùnder(언더r)** · wáter(워터r)	→	**언더r**워러r
13	**ùnder**wéar 내의	→	**ùnder(언더r)** · wéar(웨어r)	→	**언더r**웨어r
14	**ùnder**wríte 서명하다	→	**ùnder(언더r)** · wríte(롸잍)	→	**언더r**롸잍

Practice 2 | 언더r– [ùnder–]

ùndercóok 설익다	**ùnder**cóver 비밀로 한	**ùnder**gó 경험하다	**ùnder**gróund 지하의	**ùnder**hánd 밑으로 던지는
ùnderlíne 밑줄 긋다	**ùnder**míne 밑을 파다	**ùnder**néath 밑에	**ùnder**pánts 속옷	**ùnder**páss 지하도
ùndertóne 저음	**ùnder**wáter 수면 밑의	**ùnder**wéar 내의	**ùnder**wríte 서명하다	

17 mis– [미쓰–, 미쓰–]의 소리를 찾아서

요점정리

1. [mis–]는 'm(음)+i(이)+s(쓰) = 미쓰–'로 약하게, 또는 'm(음)+i(이)+s(쓰) = 미쓰–'로 강하게 발음한다.
2. [mis–]는 '잘못하여, 그릇된, 나쁘게, 불리하게'의 뜻을 나타내는 접두사다.

Practice 1 | 미쓰–, 미쓰– [mis–]

1	**mis**réad 잘못 읽다	→	**mis**(미쓰) · réad(뤼이드)	→	미쓰뤼이드
2	**mis**cárry 잘못 배달하다	→	**mis**(미쓰) · cárry(캐뤼)	→	미쓰캐뤼
3	**mis**chíef 해악	→	**mis**(미쓰) · chíef(취잎f)	→	미쓰취잎f
4	**mis**cóunt 잘못 세다	→	**mis**(미쓰) · cóunt(카운트)	→	미쓰카운(트)
5	**mis**déed 악행	→	**mis**(미쓰) · déed(디이드)	→	미쓰디이드
6	**mis**háp 재난	→	**mis**(미쓰) · háp(햅)	→	미쓰햅
7	**mis**prínt 오식하다	→	**mis**(미쓰) · prínt(프륀트)	→	미쓰프륀(트)
8	**mis**júdge 오판하다	→	**mis**(미쓰) · júdge(줘쥐)	→	미쓰줘쥐
9	**mis**léad 그릇 인도하다	→	**mis**(미쓰) · léad(리이드)	→	미쓰리이드
10	**mis**pláy 실수하다	→	**mis**(미쓰) · pláy(플레이)	→	미쓰플레이
11	**mìsap**plý 악용하다	→	**mìs**(미쓰) · **ap**(엎) · plý(플라이)	→	미써플라이
12	**mìsin**fórm 잘못 전하다	→	**mìs**(미쓰) · **in**(인) · fórm(포f오엄r)	→	미씬포f오엄r

Practice 2 | 미쓰- [mis-]

miscárry 잘못 배달되다	**mis**chánce 불운	**mis**cást 배역을 그르치다	**mis**cóunt 잘못 세다	**mis**déed 악행
mìsdiréct 그릇 지시하다	**mis**fíre 총이 불발하다	**mis**fórtune 불운	**mis**gíve 걱정을 일으키다	**mis**háp 재난
mishándle 서투르게 다루다	**mis**gúide 잘못 지도하다	**mis**júdge 오판하다	**mis**láy 잘못 두다	**mis**mánage 잘못 관리하다
mismátch 짝을 잘못 짓다	**mis**pláy 실수하다	**mis**prínt 오식하다	**mis**príze 경멸하다	**mis**réad 틀리게 읽다
missénd 잘못 보내다	**mis**spéll 철자를 잘못 쓰다	**mis**táke 실수하다	**mis**téach 잘못 가르치다	**mis**tréat 학대하다
mistrúst 의심하다	**mis**úse 오용하다	**mis**válue 평가를 그르치다	**mis**wórd 표현을 그르치다	**mis**chíef 해악

Practice 3 | 미쓰- [mis-] (1)

1	**ar**ránge 정렬하다	어뤠인쥐	→	**mìsar**ránge 배열을 잘못하다	**미쓰**뤠인쥐
2	**de**scríbe 묘사하다	디스크롸이브	→	**mìsde**scríbe 잘못 묘사하다	**미쓰**디스크롸이브
3	**be**líeve 믿다	빌리이브ᵛ	→	**mìsbe**líeve 그릇 믿다	**미쓰**빌리이브ᵛ
4	**ùnder**stánd 이해하다	언더ʳ스땐(드)	→	**mìsunder**stánd 오해하다	**미쓰**언더ʳ스땐(드)
5	**re**mémber 기억하다	뤼멤버ʳ	→	**mìsre**mémber 잘못 기억하다	**미쓰**뤼멤버ʳ
6	**re**pórt 보고하다	뤼포어ʳ트	→	**mìsre**pórt 잘못 보고하다	**미쓰**뤼포어ʳ트

Practice 4 | 미쓰- [mis-] (2)

mìsapplý 악용하다	**mìsar**ránge 배열을 잘못하다	**mìsbe**cóme 어울리지 않다	**mìsbe**háve 무례한 행동을 하다	**mìsde**scríbe 잘못 묘사하다
mìsbelíeve 그릇 믿다	**mìscon**céive 오해하다	**mìscon**dúct 조처를 그르치다	**mìsunder**stánd 오해하다	**mìsre**mémber 잘못 기억하다
mìsrepórt 잘못 보고하다	**mìsin**fórm 잘못 전하다	**mìs**cálcul**àte** 계산을 잘못하다	**mìs**éstim**àte** 평가를 그르치다	

기타 철자의 소리를 찾아서

드디어 마지막 단계입니다. 여기서는 영어에서 많이 활용되는 11가지 철자들이 어떻게 발음되는지 공부하게 됩니다. 철자와 소리의 관계를 생각하면서 스스로 발음 공부를 해 보세요. 끊임없는 연습을 통해 입과 귀에 붙어야 자기 것이 됩니다. 마무리 학습으로 우리가 일상생활에서 많이 쓰는 외래어의 바른 발음 방법을 공부할 수 있도록 구성했습니다. 이제까지 정말 수고 많으셨습니다.

암기할 철자

[-ge]	[-dge]	[-et]	[-ble]	[-bble]	[-cle]	[-kle]	[-ckle]	[-dle]	[-ddle]
[-fle]	[-ffle]	[-gle]	[-ggle]	[-ple]	[-pple]	[-tle]	[-ttle]	[-tal]	[-tel]
[-zzle]	[-stle]								

발성법 | 소리를 어떻게 낼까요?

01 [**-ge**], [**-dge**]는 들릴 듯 말 듯 '-쥐'로 발음한다.

02 [**-et**]은 들릴 듯 말 듯 '-읻'으로 발음한다.

03 [**-ble**], [**-bble**]은 들릴 듯 말 듯 '-블'로 발음한다.

04 [**-cle**], [**-kle**] ,[**-ckle**]은 들릴 듯 말 듯 '-클'로 발음한다.

05 [**-dle**], [**-ddle**]은 들릴 듯 말 듯 '-들' 또는 '-를'로 발음한다.

06 [**-fle**], [**-ffle**]은 들릴 듯 말 듯 '-플f'로 발음한다.

07 [**-gle**], [**-ggle**]은 들릴 듯 말 듯 '-글'로 발음한다.

08 [**-ple**], [**-pple**]은 들릴 듯 말 듯 '-플'로 발음한다.

09 [**-tle**], [**-ttle**], [**-tel**], [**-tal**]은 들릴 듯 말 듯 '-틀' 또는 '-를'로 발음한다.

10 [**-zzle**]은 들릴 듯 말 듯 '-쯜'로 발음한다.

11 [**-stle**]은 들릴 듯 말 듯 '-쓸'로 발음한다.

001

-ge, dge

[-쥐]의 소리를 찾아서

'물고기'라는 영어 단어 'fish'의 끝소리 [-sh]를 '-쉬'라고 발음하지 않습니다. [-sh]는 모음이 없기 때문에 하나의 어절로 취급하지 않는 것이 영어 발음의 특징이지요. 따라서 원어민들은 '피f쉬' 하고 [-sh]의 소리를 상대방에게 들릴 듯 말 듯 약하게 흘려서 발음합니다. 만약 '피f쉬' 하고 명확하게 발음했다면 '의심스러운'이라는 단어 'fishy'를 뜻하게 되지요. 기본 발음에서 배웠듯이 자음 뒤에 붙은 [y]는 하나의 모음으로 취급되어 강모음 [ý]는 '아이', 약모음 [y]는 '이'라는 모음의 음가를 갖게 되기 때문입니다. [-**ge**]와 [-**dge**]의 발음도 이와 같은 요령으로 해야 합니다. [-**ge**]와 [-**dge**]에는 모음 [e]가 붙어 있지만 음가(音價)가 없는 형태소(形態素)이기 때문에 우리말 '-쥐'처럼 하나의 어절로 취급해서 정확하고 명확하게 발음해서는 안 되지요. 따라서 [-sh]를 '-쉬'로 발음하듯이 [-**ge**]와 [-**dge**]도 들릴 듯 말 듯 '-쥐'로 발음해야 합니다. 만약 우리말 '-쥐'처럼 발음하려면 [-gy]라는 형태를 가져야 합니다.

또 '휘장'이라는 영어 단어 'badge'를 우리는 그냥 우리말처럼 '배지', 심지어는 '빼지'라고 사용하고 있는데 엄밀하게 말하면 [-**ge**]와 [-**dge**]는 이처럼 '-지'라는 소리가 아니라 입술이 다소 내민 모양의 '-쥐'로 발음해야 합니다. 따라서 '배지'가 아니라 '배쥐'라 발음해야 맞습니다.

이와 같은 요령으로 아래 'Practice 1, 2'에 정리된 단어들의 소리를 익혀보세요.

Practice 1 | –쥐 [–ge]

1	bar**ge** (유람선)	→	bar(바어r) • **ge**(쥐)	→	바어r쥐
2	lar**ge** (큰)	→	lar(라어r) • **ge**(쥐)	→	라어r쥐
3	char**ge** (과하다)	→	char(촤어r) • **ge**(쥐)	→	촤어r쥐
4	barrá**ge** (질문공세)	→	ba(버) • rrár(롸어r) • **ge**(쥐)	→	버롸어r쥐
5	hin**ge** (경첩)	→	hin(힌) • **ge**(쥐)	→	힌쥐
6	crin**ge** (아첨)	→	crin(크륀) • **ge**(쥐)	→	크륀쥐
7	infrín**ge** (어기다)	→	in(인) • frín(프륀) • **ge**(쥐)	→	인프륀쥐
8	pur**ge** (정화하다)	→	pur(퍼어r) • **ge**(쥐)	→	퍼어r쥐
9	délu**ge** (대홍수)	→	dé(데) • lu(루우) • **ge**(쥐)	→	델루우쥐
10	avén**ge** (원수를 갚다)	→	a(어) • vén(벤V) • **ge**(쥐)	→	어벤V쥐

Practice 2 | –쥐 [–dge]

1	ba**dge** (배지)	→	ba(배) • **dge**(쥐)	→	배쥐
2	e**dge** (가장자리)	→	e(에) • **dge**(쥐)	→	에쥐
3	we**dge** (쐐기)	→	we(웨) • **dge**(쥐)	→	웨쥐
4	ri**dge** (산등성이)	→	ri(뤼) • **dge**(쥐)	→	뤼쥐
5	do**dge** (피하다)	→	do(다) • **dge**(쥐)	→	다쥐
6	ju**dge** (판사)	→	ju(줘) • **dge**(쥐)	→	줘쥐
7	gru**dge** (악의)	→	gru(그뤄) • **dge**(쥐)	→	그뤄쥐
8	cártri**dge** (탄약통)	→	cár(카아r) • tri(츄뤼) • **dge**(쥐)	→	카아r츄뤼쥐

요점정리

1. [–ge]와 [–dge]는 'd(ㅈ)+g(즈)+e(이) = –쥐'로 들릴 듯 말 듯 흘려서 발음한다.

알고 갑시다

[-ge]와 [-dge] 앞의 모음 소리

그런데 [-**ge**]와 [-**dge**]를 '-쥐'로 발음해야 한다는 것도 중요한 부분이지만, 더욱 중요한 것은 [-**ge**]와 [-**dge**]의 앞에 위치한 모음을 어떻게 발음해야 하는가입니다. 이 책의 목적이 발음기호 없이 단어의 형태로 단어의 소리를 찾아낼 수 있는 것이니까요.

다음 쪽 'Practice 1, 2'에 정리된 단어들을 살펴보죠. [-**ge**]와 [-**dge**]는 공통적으로 단어 끝에 모음 [e]가 붙어 있음에도 불구하고 [-**ge**]와 [-**dge**] 앞의 모음들은 기본 발음의 단모음(單母音) 소리, 즉 [e]는 '에', [i]는 '이', [o]는 '아', [u]는 '어'의 소리를 내야 합니다. 왜 뒤의 형태소 [e]의 영향을 받지 않을까요? 앞에서 배웠지만 형태소 [e]의 영향에 따라 각 모음이 '알파벳 이름' 소리가 나려면 'tie'처럼 모음과 형태소 [e] 사이에 자음이 없거나, 또는 'cake', 'cage'처럼 자음이 1개가 있어야 합니다. 그런데 다음 'Practice 1, 2'에 정리된 단어들은 'hinge'와 'badge'처럼 모음과 형태소 [e] 사이에 자음이 2개가 있는 것을 볼 수 있지요. 이런 경우 각 모음들은 기본 발음의 단모음(單母音) 소리로 발음해야 합니다. 간단하게 요약해서 정리할까요?

- **[-강모음+자음 2개 이상+e]의 형태의 단어에서 강모음 [a]는 '애', [e]는 '에', [i]는 '이', [o]는 '아', [u]는 '어'의 소리를 낸다.**

그 밖에 'large'의 [-ar-]나 'besiege'의 [-ie-]는 앞에서 배운 원칙에 따라 '아어r'와 '이이'로 발음하면 되니까 큰 문제는 없으리라고 봅니다.

Practice 1 | -쥐 [-ge]

bar**ge** 유람선	lar**ge** 받아들이다	char**ge** 과하다	dischár**ge** 짐을 내리다	barrá**ge** 질문공세
bin**ge** 법석대는 술잔치	hin**ge** 경첩	sin**ge** 조금 태우다	tin**ge** 옅은 색조	crin**ge** 아첨
frin**ge** 가장자리	infrín**ge** 어기다	pur**ge** 정화하다	bul**ge** 부풀다	délu**ge** 대홍수
avén**ge** 원수를 갚다	besíe**ge** 포위 공격하다			

그런데 궁금한 것이 있지 않나요? 읽는 경우에는 [-**ge**]와 [-**dge**]가 같은 소리이니까 큰 문제가 없지만, 나중에 단어나 문장을 쓸 경우 [-**ge**]로 써야 할지 [-**dge**]로 써야 할지 어떻게 구분해야 할까요? 단어 하나하나를 외우는 방법도 있지만, 'Practice 1'과 'Practice 2'에 정리된 단어들을 서로 비교하면 하나의 원칙을 찾아낼 수 있겠지요? 'badge, edge, ridge, lodge, fudge'와 같이 [-**dge**] 앞에는 다른 자음이 없이 바로 모음 [a, e, i, o, u]가 붙어 있지만, 'barge, binge, purge, avénge'와 같이 [-ge]는 모음과의 사이에 자음이 끼어 있는 형태입니다. 이와 같은 철자의 차이점을 인식하면서 단어의 소리를 익힌다면 [-**ge**]로 써야 할지 [-**dge**]로 써야 할지 혼란스러움을 다소나마 해소할 수 있지 않을까요?

[-**ge**]나 [-**dge**]의 차이점을 더욱 알기 쉽고 깔끔하게 정리하여 공식화할게요.

> **'-모음+자음+ge' / '-모음+dge'**

이제 'Practice 1'과 '2'에 정리된 단어들을 보면서 소리를 익혀 보세요.

Practice 2 | –쥐 [–dge]

ba**dge** 배지	e**dge** 가장자리	he**dge** 생울타리	le**dge** 돌출부	we**dge** 쐐기
ri**dge** 산등성이	bri**dge** 다리	do**dge** 날쌔게 피하다	lo**dge** 하숙하다	fu**dge** 날조
ju**dge** 판사	nu**dge** 팔꿈치로 찌르다	dru**dge** 열심히 하다	gru**dge** 악의	tru**dge** 터벅터벅 걷다
cártri**dge** 탄약통				

'Practice 1, 2'와는 달리 아래 'Practice 3'에 정리된 단어들의 형태를 보면 공통적으로 모음 [a]와 형태소 [e] 사이에 'cage'처럼 자음(g)이 1개가 있는 것을 알 수 있습니다. 따라서 모음 [a]는 당연히 단어 끝의 형태소 [e]의 영향을 받아 '알파벳 이름'인 '에이'로 발음해야 하고, [-ge]는 '-쥐'로 소리가 나니까 'cage'는 'ca(케이)+ge(쥐) = 케이쥐'로 발음해야겠지요?

Practice 3 | –에이쥐 [–áge]

a**ge** 나이	ca**ge** 새장	ga**ge** 저당물	pa**ge** 페이지	ra**ge** 격노
sa**ge** 슬기로운	wa**ge** 임금	sta**ge** 단계	engá**ge** 약속하다	enrá**ge** 화나게 하다

그런데 이 책을 쓰면서 몇 개의 예외적인 단어들 때문에 항상 고민에 빠지곤 하는데, 이번에도 예외는 아니네요. 다음의 3개의 단어들은 모음 [a]와 형태소 [e] 사이에 [-ng-]처럼 자음이 2개가 있음에도 불구하고 모음 [a]가 '알파벳 이름'인 '에이'로 소리가 나지요. 극히 적은 예외적인 현상이니까 고민하지 말고 외우세요.

change(바꾸다) **exchange**(교환하다) **strange**(이상한)

그럼 'dámage'라는 단어의 끝에 붙어 있는 [**-age**]도 똑같이 '에이쥐'라고 읽어야 할까요? 아니죠? 'dámage'에 붙은 [**-age**]의 [a]는 강세가 없는 약모음이라 [e]라는 형태소의 영향을 받지 않아 '-이쥐'로 발음합니다. 'dámage'는 1음절 [dá-]에 강세가 오기 때문에 'dá(대)+ma(미)+ge(쥐)= dámage(대미쥐)'라는 소리 형태가 이뤄지게 됩니다. 따라서 'Practice 4, 5'와 같이 2음절 이상의 단어에 붙은 [**-age**]의 모음 [a]는 강세가 없는 약모음으로 '-이쥐'로 발음한다는 생각으로 아래의 단어들을 익히세요.

Practice 4 | -이쥐 [-age] (1)

1	áver**age** (평균)	→	á(애) • ve(버) • r**age**(뤼쥐)	→	애버뤼쥐
2	stór**age** (저장)	→	stó(스또오) • r**age**(뤼쥐)	→	스또뤼쥐
3	cább**age** (양배추)	→	cá(캐) • bb**age**(비쥐)	→	캐비쥐
4	bónd**age** (속박)	→	bón(반) • d**age**(디쥐)	→	반디쥐
5	cárt**age** (짐수레)	→	cár(카어r) • t**age**(티쥐)	→	카어r티쥐
6	cóur**age** (용기)	→	cóu(커) • r**age**(뤼쥐)	→	커뤼쥐
7	rúmm**age** (샅샅이 찾다)	→	rú(뤄) • mm**age**(미쥐)	→	뤄미쥐
8	sálv**age** (해난구조)	→	sál(쌜) • v**age**(비v쥐)	→	쌜비v쥐
9	lángu**age** (언어)	→	lán(랜) • gu(구) • **age**(이쥐)	→	랭귀이쥐
10	advánt**age** (유리)	→	ad(얻) • ván(밴V) • t**age**(티쥐)	→	얻밴V티쥐

Practice 5 | -이쥐 [-age] (2)

béver**age** 음료수	cóver**age** 적용 범위	fór**age** 마초	óutr**age** 불법	bréak**age** 파손
gárb**age** 쓰레기	bánd**age** 붕대	bágg**age** 수화물	cárn**age** 살육	lúgg**age** 수화물
ím**age** 인상	dám**age** 손해	mán**age** 다루다	méss**age** 메시지	hóst**age** 인질
vínt**age** 포도 수확	vánt**age** 우월	cótt**age** 시골집	vís**age** 용모	ráv**age** 황폐
sáv**age** 야만적인	sálv**age** 해난 구조	vóy**age** 항해	cárri**age** 탈것	súffr**age** 투표권
advánt**age** 유리	encóur**age** 격려하다	discóur**age** 낙담시키다		

-et

[-잍]의 소리를 찾아서

테니스를 치려면 기본적으로 필요한 도구가 뭐지요? '라켓'이지요? 컴퓨터를 켜려면 '소켓'에 전기선을 꽂아야 하고요. 물건을 사고 돈을 지불하려면 '포켓'에서 지갑을 꺼내야 되겠죠? 사실 우리 생활에서 사용하는 말 중에서 외래어가 차지하는 비중이 갈수록 많아지고 있어서 씁쓸할 때가 많지요. 특히 그 외래어의 발음이 본토 발음과 다를 때는 더욱 그렇습니다.

예를 더 들어 볼까요? '시장'이라는 영어 단어 'market'도 '마켓'으로 사용하고, 계란을 얹어 먹는 음식 중에는 '오믈렛'도 있지요. 아침에 신문을 집어 들면 각종 '팸플릿'이 쏟아지고, 회사에서는 각종 서류를 '캐비닛'에 보관하며, 연말연시 각종 시상식에 연예인들이 환한 웃음을 지으며 '레드 카펫'을 밟고 지나가고, 하늘에는 우주를 향해서 많은 '로켓'들이 날아갑니다. 이렇게 외래어가 우리 일상생활에서 자연스럽게 쓰이다 보니 '소책자'나 '양탄자'와 같은 우리말의 사용 횟수가 줄어들고, 사용해도 오히려 어색하게 느껴지기도 합니다. 심지어 '라켓'이나 '오믈렛'과 같은 단어들은 우리말로 대체할 수 있는 용어조차 존재하지 않으니까 대부분의 한국인이 사용하는 외래어를 그대로 사용할 수밖에 없겠지요.

이런 외래어의 우리 식 발음으로 인한 또 하나의 장애가 있습니다. 영어를 배우다가 'racket'이라는 단어를 접하게 되었다고 가정해 보죠. 이 단어가 '테니스 채'라고 인식하는 순간 여러분들은 그동안 입과 귀에 익숙해진 '라켓'이라는 소리로 발음을 하려고 할 것이고, '뢔킬'이라는 소리가 부담스럽게 느껴지게 될 것입니다. 왜 우리는 이렇게 영어식 발음과 다른 발음을 할까요? 2가지 이유가 있지요. 국가에서 정한 표준 발음 표기법에 의해 모음 [a]는 '애'가 아닌 '아'로, 모음 [o]는 '아'가 아닌 '오'로 발음해야 하기 때문에 국어사전에 'rócket'은 '로켓'으로, 'racket'은 '라켓'으로 표기되어 있습니다. 그러니 우리 식 발음, 따로 영어식 발음 따로 사용할 수밖에 없겠죠?

또 하나, 우리말에는 강세라는 것이 존재하지 않기 때문에 우리 식 표기법으로는 모음 [e]는 강세의 유무에 상관없이 그저 '에' 소리뿐이지요. 하지만 아래 'Practice'에 붙어 있는 [-**et**]의 모음 [e]는 강세가 없는 약모음으로 원어민들은 약하게 '-이' 하고 흘려 버리는 소리입니다. 따라서 [-**et**]은 '-엩'이 아니라 '-잍' 하고 발음해야 하지요. 따라서 'rócket'은 국어사전에서 '로켓'으로 존재하지만 영어로는 '롸킬'으로, 'racket'은 '뢔킬'으로 발음해야 합니다. [-**et**]이 붙어 있는 단어들을 잘못된 발음으로 우리가 사용하고 있기 때문에 따로 '기타 발음'의 한 부분으로 정리하였습니다. 따라서 이 기회에 여러분들의 잘못된 발음을 고쳐 보세요.

Practice | -잍 [-et]

1	márk**et** (시장)	→	már(마어r) • k**et**(킬)	→	마어r킬
2	ráck**et** (라켓)	→	rá(뢔) • ck**et**(킬)	→	뢔킬
3	póck**et** (호주머니)	→	pó(파) • ck**et**(킬)	→	파킬
4	sóck**et** (꽂는 구멍)	→	só(싸) • ck**et**(킬)	→	싸킬
5	brácel**et** (팔찌)	→	brá(브뤠이) • ce(쓰) • l**et**(릴)	→	브뤠이쓸릴
6	pámphl**et** (팸플릿)	→	pámph(팸프f) • l**et**(릴)	→	팸플f릴
7	ómel**et** (오믈렛)	→	ó(아) • me(머) • l**et**(릴)	→	아멀릴

8	óutl**et** (배출구)	→	óut(아울) • l**et**(릳)	→	아울**릳**
9	cábin**et** (캐비닛)	→	cá(캐) • bi(버) • n**et**(닏)	→	캐버**닏**
10	cárp**et** (양탄자)	→	cár(카어r) • p**et**(핃)	→	카어r**핃**

요점정리

1. [−et]은 'e(이)+t(트) = −읻'으로 들릴 듯 말 듯 흘려서 발음한다.

알고 갑시다

[−et] 소리 교정

오른쪽 'Practice 1'에 정리된 단어들은 [-et]이 붙어 있는 단어 중 우리가 많이 사용하는 외래어입니다. 앞에서도 언급했지만 이미 우리말처럼 무감각하게 사용해 왔고, 앞으로도 아무런 대안 없이 사용할 것이라고 개인적으로 믿어 의심치 않습니다. 그렇다고 한국 사람들끼리 일상적으로 대화하는데 "우리 '2002 아울릳'에 가서 '쾌킽'을 사고 점심으로 '아멀릳'을 먹자."고 말한다면 이것도 눈꼴사나운 일이지요. 국어학자들이 각 단어를 대체할 수 있는 우리말을 만들지 않는 한 우리말을 할 때는 한국식 발음으로, 영어를 할 때는 영어식 발음으로 소리를 내야겠지요. 그만큼 여러분들이 할 일이 늘어났다는 의미이기도 하니 한글이 국제어가 될 때까지 최선의 노력을 다하는 수밖에요. 그럼 다음 열 개의 단어의 소리를 찾아 읽어 보세요. 가급적이면 오른쪽에 제가 써 놓은 영어식 발음을 그대로 보고 외우듯이 읽지 말고, 영어 자체를 보고 스스로 각 단어의 소리를 찾아보도록 하세요. 제가 써 놓은 영어식 발음은 최종적으로 확인하고 도움을 주고자 하는 차원에서 써 놓은 것이니까 전적으로 의지하지 않기를 진심으로 빕니다. 아셨죠?

Practice 1 | -잍 [-et]

	[-et]	→	한국식 발음	→	영어식 발음
1	mark**et** (시장)	→	마켓	→	마어r**킽**
2	ráck**et** (라켓)	→	라켓	→	뢔**킽**
3	póck**et** (호주머니)	→	포켓	→	파**킽**
4	sóck**et** (꽂는 구멍)	→	소켓	→	싸**킽**
5	róck**et** (로켓)	→	로켓	→	롸**킽**
6	pámphl**et** (팸플릿)	→	팸플릿	→	팸플f**맅**
7	ómel**et** (오믈렛)	→	오믈렛	→	아멀**맅**
8	óutl**et** (배출구)	→	아울렛	→	아웉**맅**
9	cábin**et** (캐비닛)	→	캐비닛	→	캐버**닡**
10	cárp**et** (양탄자)	→	카펫	→	카어r**핕**

'cask'는 큰 통을 뜻하며, 'cásket'은 보석함과 같은 '작은 상자'를 뜻합니다. 'book'은 책을 뜻하며, 'bóoklet'은 쪽수가 적은 '소책자'를 뜻합니다. 'circle'은 알다시피 '원'을 뜻하며, 'círclet'은 '작은 원'을 뜻합니다. 왜 이렇게 의미가 바뀔까요? 바로 [**-et**]이 명사에 붙어 '작은'의 뜻을 나타내며, 접미사 [-let]도 '작은 것, 몸에 착용하는 것'을 뜻하는 축소사(縮小辭)이기 때문에 이런 의미 변화가 생긴 것입니다. 이제 다음 장에서 'Practice 2'에 정리된 단어들을 보면서 각 단어들의 정확한 소리뿐만 아니라 단어의 의미도 생각하면서 공부하세요. 이제 더 이상 '포켓 몬스터(Pocket Monster)'는 없습니다. '파킽 만스떠r'만 있을 뿐입니다. 물론 영어를 할 때만요(^!^)!

Practice 2 | –잍 [–et]

márk**et** 시장	básk**et** 바구니	blánk**et** 담요	bráck**et** 까치발	cásk**et** 작은 상자
ráck**et** 라켓	póck**et** 호주머니	róck**et** 로켓	sóck**et** 꽂는 구멍	críck**et** 귀뚜라미
búck**et** 양동이	bóokl**et** 소책자	brácel**et** 팔찌	búll**et** 탄알	círcl**et** 작은 원
cróssl**et** 소(小)십자	cútl**et** 커틀릿	pámphl**et** 팸플릿	néckl**et** 목걸이	léafl**et** 작은 잎
ómel**et** 오믈렛	óutl**et** 배출구	stréaml**et** 실개천	ríngl**et** 작은 고리	wrístl**et** 팔찌
cábin**et** 캐비닛	cóv**et** 몹시 탐내다	clós**et** 벽장	plán**et** 행성	cárp**et** 양탄자

003

-ble, -bble

[-블]의 소리를 찾아서

앞에서 귀가 따갑도록 [-á-e], [-é-e], [-ó-e], [-í-e], [-ú-e]의 구조로 되어 있는 단어에 있는 모음의 소리를 설명했지요? 이런 구조에서 [e]의 앞에 있는 모음들은 알파벳 이름으로 소리를 내야 한다고 배웠습니다. 여러분들의 이해를 구하기 위해서 다시 설명을 하면, [-á-e]는 '에이', [-é-e]는 '이이', [-ó-e]는 '오우', [-í-e]는 '아이', [-ú-e]는 '유우'로 소리가 나지요. 그러면서 몇 가지 원칙이 있다고 했습니다. 기억하나요? 첫째, 반드시 모음은 강세가 있는 강모음(强母音)이어야 하고, 둘째, [-á-e]를 예로 들면, [á]와 [e] 사이에 자음이 2개 이하가 되어야 한다는 원칙이 있다고 했습니다. 이것이 [-á-e], [-é-e], [-ó-e], [-í-e], [-ú-e]의 구조로 되어 있는 단어들의 기본적인 소리 원칙이라고 배웠습니다. 그런데 지금부터 배울 단어들은 조금은 달라요. 예를 들어 설명할게요.

'박공'이라는 단어 'gáble'과 '빨리 지껄이다'라는 단어 'gábble'의 소리를 비교해 볼까요? 먼저 두 단어의 강세의 위치가 똑같은 [a]에 있지요? 그리고 뒤에 [e]로 끝난 [-á-e] 형태의 단어이고요. 그러면 두 단어 모두 단어 끝소리 [e]의 영향을 받아서 [a]가 알파벳 이름의 '에이'로 나니까 'gáble'도 '게이블', 'gábble'도 '게이블'로 소리가 같은가요? 아니죠? [a]와 [e] 사이에 있는 자음의 개수에 따라 모음이 알파벳 이름으로 소리가 나느냐, 기본 발음의 소리가 나느냐로 달라진다고 했지요? 그럼 'áble'은 [a]와 [le] 사이에 자음이 몇 개가 있나요? 예, 맞아요. [b] 1개가 있지요? 그런데 'gábble'이라는 단어에는 자음이 [bb], 즉, 2개가 있지요? 또 'gábble'의 경우 [a]와 [-le] 사이에 겹자음 [bb]가 붙어 있는 것도 보이죠? 정리하자면 'áble' 'cáble' 'fáble'처럼 [a]와 [-le] 사이에 자음이 1개 이하이면 강모음 [-a-]는 끝 철자 [-le]의 영향을 받아서 알파벳 이름 소리인 '에이'로 발음되고, 'bábble' 'dábble', 'gábble'처럼 [a]와 [-le] 사이에 자음이 2개 이상이거나 겹자음이 오면 강모음 [a]는 끝 철자 [-le]의 영향을 받지 않고 기본 소리 '애'로 소리가 나지요. 그럼 'gáble'과 'gábble'은 각각 어떤 소리가 날까요? 이런 소리 공식이 성립되겠죠? 'gá(게이)+ble(블) = gáble(게이블)', gá(개)+bble(블) = gábble(개블)'. 정리하자면 겹자음(똑같은 자음이 나란히 붙어 있는 것)은 두 번 발음하는 경우는 없기 때문에 [-**ble**]과 [-**bble**]은 소리의 차이가 없이 둘 다 '블'로 발음합니다. 그런데 한 번만 발음할 것을 굳이 똑같은 자음을 두 번 쓰는 이유는 뭘까요? 바로 앞의 모음에 영향을 주기 위해서입니다. 겹자음 앞의 모음은 단모음(기본 발음)의 소리를 내야 하는 것이 기본 원칙입니다. 이런 영어의 소리 원칙은 뒤에서 배울 [-**cle**], [-**kle**], [-**dle**], [-**ddle**], [-**dal**], [-**fle**], [-**ffle**], [-**gle**], [-**ggle**], [-**ple**], [-**pple**], [-**tle**], [-**ttle**], [-**tal**], [-**tel**], [-**zzle**], [-**scle**], [-**stle**]에도 똑같이 적용된다는 것을 잊지 마세요. 그럼 다음 단어들의 소리를 익혀 볼까요?

Practice | –블 [–ble], [–bble]

1	á**ble** (유능한)	→	á(에이) · **ble**(블)	→	에이블
2	cá**ble** (전선)	→	cá(케이) · **ble**(블)	→	케이블
3	nó**ble** (고귀한)	→	nó(노우) · **ble**(블)	→	노우블
4	bá**bble** (종알거리다)	→	bá(배) · **bble**(블)	→	배블
5	pé**bble** (조약돌)	→	pé(페) · **bble**(블)	→	페블
6	scrí**bble** (갈겨쓰다)	→	scrí(스끄뤼) · **bble**(블)	→	스끄뤼블
7	gám**ble** (도박하다)	→	gám(갬) · **ble**(블)	→	갬블
8	múm**ble** (중얼거리다)	→	múm(멈) · **ble**(블)	→	멈블

요점정리

1. [–ble]과 [–bble]은 'bb(브)+l(을)+e(x) = –블'로 들릴 듯 말 듯 흘려서 발음한다.

알고 갑시다

[–ble]과 [–bble] 앞의 모음 소리

자, 그럼 구체적으로 많은 단어들을 예로 들면서 [-**ble**]과 [-**bble**] 앞에 붙은 모음의 소리를 간단하게 요약해서 정리할까요?

- **[–강모음+자음 1개 이하+le] 형태의 단어에서 강모음[a, e, i, o, u]는 알파벳 이름 '에이', '이이', '아이', '오우', '유우'로 소리가 나고,**
- **[–강모음+자음 2개, 혹은 겹자음+le] 형태의 단어에서 강모음 [a]는 '애', [e]는 '에', [i]는 '이', [o]는 '아', [u]는 '어'와 같이 기본 발음 소리가 난다.**

위에 정리된 모음 규칙은 뒤에 나올 모든 단어에 적용되는 만큼 지금 확실하게 머리에 암기해 두는 것이 좋아요. 아직도 외우지 못했다면 다시 한 번 눈길을 위로 옮기세요.

그럼 [-강모음+자음 1개 이하+le]의 형태의 단어에서 강모음 [a, e, i, o, u]는 알파벳 이름 '에이', '이이', '아이', '오우', '유우'로 소리가 나는 경우를 아래의 'Practice 1'에 예시된 단어들을 통해서 소리를 익혀 보세요.

Practice 1 | [–강모음+자음 1개 이하+le]의 형태

1	**áble** (유능한)	→	**á**(에이) • b**le**(블)	→	**에이블**
2	c**á**b**le** (전선)	→	c**á**(케이) • b**le**(블)	→	**케이블**
3	f**á**b**le** (우화)	→	f**á**(풰^f^이) • b**le**(블)	→	**풰^f^이블**
4	g**á**b**le** (박공)	→	g**á**(게이) • b**le**(블)	→	**게이블**
5	s**á**b**le** (담비)	→	s**á**(쎄이) • b**le**(블)	→	**쎄이블**
6	t**á**b**le** (탁자)	→	t**á**(테이) • b**le**(블)	→	**테이블**
7	st**á**b**le** (안정된)	→	st**á**(스떼이) • b**le**(블)	→	**스떼이블**
8	n**ó**b**le** (고귀한)	→	n**ó**(노우) • b**le**(블)	→	**노우블**
9	B**í**b**le** (성경)	→	B**í**(바이) • b**le**(블)	→	**바이블**

오른쪽 'Practice 2'에 예시된 단어들은 [-강모음+겹자음+le]의 형태의 단어에서 강모음 [a]는 '애', [e]는 '에', [i]는 '이', [o]는 '아', [u]는 '어'와 같이 기본 발음 소리가 나는 경우입니다. 쉽다고 눈길만 한 번 주고 넘어가는 일이 없도록 하세요. 언어는 입에서 튀어나오는 횟수가 많을수록 더욱 완벽해지고 자연스러워지는 법이니까요. 입과 귀에 자연스럽게 묻어 나올 때까지 반복하고, 또 반복하세요.

Practice 2 | [-강모음+겹자음+le]의 형태 (1)

1	b**á**bb**le** (종알거리다)	→	b**á**(배) · bb**le**(블)	→	**배블**
2	d**á**bb**le** (철버덕거리다)	→	d**á**(대) · bb**le**(블)	→	**대블**
3	g**á**bb**le** (지껄이다)	→	g**á**(개) · bb**le**(블)	→	**개블**
4	r**á**bb**le** (오합지졸)	→	r**á**(뢔) · bb**le**(블)	→	**뢔블**
5	n**í**bb**le** (조금씩 먹다)	→	n**í**(니) · bb**le**(블)	→	**니블**
6	c**ó**bb**le** (조약돌)	→	c**ó**(카) · bb**le**(블)	→	**카블**
7	h**ó**bb**le** (다리를 절다)	→	h**ó**(하) · bb**le**(블)	→	**하블**
8	b**ú**bb**le** (거품)	→	b**ú**(버) · bb**le**(블)	→	**버블**
9	st**ú**bb**le** (그루터기)	→	st**ú**(스떠) · bb**le**(블)	→	**스떠블**

'bábble'처럼 [-le] 앞에 [bb]뿐만 아니라 많은 종류의 겹자음이 붙어 있는 단어들이 의외로 많습니다. 아래의 'Practice 3'에 있는 이런 형태의 단어들을 여러분의 능력으로 읽어 보세요. 준비됐죠?

Practice 3 | [-강모음+겹자음+le]의 형태 (2)

b**á**bb**le** 더듬거리며 말하다	dr**á**bb**le** 흙탕물에 젖다	d**á**bb**le** 철버덕거리다	g**á**bb**le** 빨리 지껄이다	r**á**bb**le** 오합지졸
scr**á**bb**le** 휘젓다	squ**á**bb**le** 시시한 언쟁	p**é**bb**le** 조약돌	n**í**bb**le** 조금씩 먹다	scr**í**bb**le** 갈겨쓰다
b**ó**bb**le** 놓치다	c**ó**bb**le** 조약돌	g**ó**bb**le** 게걸스레 먹다	h**ó**bb**le** 다리를 절다	n**ó**bb**le** 매수하다
w**ó**bb**le** 비틀비틀하다	b**ú**bb**le** 거품	r**ú**bb**le** 벽돌 깨진 조각	st**ú**bb**le** 그루터기	

다음 'Practice 4'에 예시된 단어들은 겹자음이 아니지만 'gámble'의 [-mb-]처럼 [-le] 앞에 자음이 2개 붙어 있는 형태입니다. 이렇게 [-강모음+자음 2개+le] 형태

의 단어에서도 강모음 [a]는 '애', [e]는 '에', [i]는 '이', [o]는 '아', [u]는 '어'와 같이 기본 발음 소리를 내면 됩니다. 각 단어의 모음의 소리에 주의하면서 천천히 읽어 보세요.

Practice 4 | [-강모음+자음 2개+le]의 형태 (1)

1	g**á**mb**le** (도박하다)	→	g**á**m(갬) • b**le**(블)	→	**갬**블
2	br**á**mb**le** (가시나무)	→	br**á**m(브**램**) • b**le**(블)	→	브**램**블
3	ass**é**mb**le** (모으다)	→	a(어) • ss**é**m(**셈**) • b**le**(블)	→	어**셈**블
4	tr**é**mb**le** (떨다)	→	tr**é**m(츄**렘**) • b**le**(블)	→	츄**렘**블
5	h**ú**mb**le** (떨다)	→	h**ú**m(험) • b**le**(블)	→	**험**블
6	cr**ú**mb**le** (산산이 부수다)	→	cr**ú**m(크**럼**) • b**le**(블)	→	크**럼**블
7	gr**ú**mb**le** (투덜거리다)	→	gr**ú**m(그**럼**) • b**le**(블)	→	그**럼**블
8	st**ú**mb**le** (걸려 넘어지다)	→	st**ú**m(스**떰**) • b**le**(블)	→	스**떰**블
9	scr**á**mb**le** (기어오르다)	→	scr**á**m(스끄**램**) • b**le**(블)	→	스끄**램**블

오른쪽 'Practice 5'는 저의 도움 없이 [-강모음+자음 2개+le] 형태의 단어들을 여러분 스스로가 읽어 보는 활동 부분입니다. 위의 'Practice 4'의 형태보다 더 중요하지요. 가끔 스스로 단어를 읽어 보면서 '이렇게 발음하는 것이 맞을까?' 하고 의심하는 마음이 들 때가 많지요? 저의 생각으로는 이제 여기까지 충실하게 공부해 왔다면 여러분의 능력을 믿고 확신해도 됩니다. 만약 그래도 주저하게 된다면 다시 앞 장부터 천천히 읽어 보세요. 절대 포기하지는 마세요. 왜 이런 말이 있지요? '하지 않는 사람이 노력하는 사람을 이길 수 없다. 하지만 노력하는 사람도 즐기는 사람을 절대 이길 수 없다.' 이제 여러분 앞에 펼쳐진 영어 단어들의 철자에 얽힌 소리의 비밀을 찾는 재미를 느껴야 할 때가 온 것 같은데…….

Practice 5 | [-강모음+자음 2개+le]의 형태 (2)

g**á**mb**le** 도박하다	r**á**mb**le** 어슬렁거리다	br**á**mb**le** 가시나무	sh**á**mb**le** 비틀비틀 걷다	scr**á**mb**le** 기어오르다
ass**é**mb**le** 모으다	tr**é**mb**le** 떨다	n**í**mb**le** 민활한	f**ú**mb**le** 손으로 더듬다	h**ú**mb**le** 비천한
j**ú**mb**le** 뒤범벅으로 만들다	m**ú**mb**le** 중얼거리다	r**ú**mb**le** 우르르 소리 나다	cr**ú**mb**le** 산산이 부수다	gr**ú**mb**le** 투덜거리다
st**ú**mb**le** 걸려 넘어지다				

-cle, -kle, -ckle

[-클]의 소리를 찾아서

이번에는 끝소리가 '-클'로 소리가 나는 단어들을 공부하려고 해요. 영어 26개 철자 중에 '-ㅋ'로 소리가 나는 철자는 [c]와 [k]가 있지요? [c]와 [k] 뒤에 앞에서 배운 [-le]를 붙이면 [-**cle**]과 [-**kle**]의 형태가 되고 '-클'로 소리 나게 됩니다. 또 'back'이라는 단어처럼 [c]와 [k]가 붙어서 [-ck] 형태가 되는 경우도 있습니다. 이 [-ck]도 철자는 달라도 소리가 같기 때문에 '-ㅋ'로 한 번만 발음을 해야 합니다. 그러면 끝소리가 '-클'로 소리가 나는 철자의 형태는 [-**cle**], [-**kle**]과 [-**ckle**]의 3가지가 있게 됩니다. 앞에서 배운 [-**bble**]처럼 겹자음 [-ccle]나 [-kkle] 형태의 단어는 없다는 것에 주의하세요.

[-**cle**], [-**kle**]과 [-**ckle**]이 '-클'로 똑같이 소리가 난다는 것은 지금까지 이 책을 공부한 사람이라면 어려운 문제는 아니지요. 하지만 해결해야 할 문제가 몇 개가 있지요. 단어를 읽는 경우에는 [-**cle**], [-**kle**]과 [-**ckle**]을 똑같이 '-클'로 읽으면 되니까 큰 문제가 없지요. 하지만 나중에 단어나 문장을 쓸 경우 [-**cle**], [-**kle**]과 [-**ckle**] 중에 어떤 철자로 써야 할지 판단하기 쉽지 않겠죠? 오른쪽 'Practice'에 정리된 단어들을 서로 비교하면 답을 찾아낼 수 있지요.

첫째, [-**cle**]이 붙어 있는 ①~③까지의 단어와 그 외의 단어를 비교하면 어떤 차이점이 있나요? 'bí · cy · cle'과 같이 3음절인 경우에 '-클'로 소리가 나면 [-**cle**]을 붙이면 됩니다. 둘째, ④~⑥의 'crankle', 'darkle'과 같이 '-클' 앞에 [n]과 [r]와 같은 자음이 있고, 우리말 소리로 '-클' 앞소리에 받침이 있으면 [-**kle**]로 쓰는 반면, 셋째, ⑦~⑩과 같이 '-클' 앞에 자음이 없고 모음이 바로 오면 [-**ckle**]로 표기하면 됩니다. 조금 복잡한 것 같지만 다음 장에서 이런 세 가지 형태의 많은 단어들을 눈으로 비교하면서 공부할 거예요. 따라서 위의 [-**cle**], [-**kle**]과 [-**ckle**]의 차이점을 아래 'Practice'에 정리된 단어들을 비교하면서 편한 마음으로 읽어 보세요.

[a]와 [e] 사이에 자음의 개수에 따라 모음이 알파벳 이름으로 소리가 나느냐, 기본 발음의 소리가 나느냐로 달라진다고 했지요? 그런데 'twinkle'과 'cockle'처럼 [-**kle**]과 [-**ckle**] 형태의 단어들은 모두 [-강모음+자음 2개+le] 형태라 강모음 [a]는 '애', [e]는 '에', [i]는 '이', [o]는 '아', [u]는 '어'와 같이 기본 발음 소리를 내면 되고, 알파벳 이름 소리로 나는 경우는 없습니다. 또한 [-**cle**]의 경우에는 [-**cle**] 앞의 모음이 약모음이라 약하게 '-이' 또는 '-어'로 발음하면 됩니다. 단, 철자 [n]이 철자 [c]와 [k]를 만나 [-nc-]와 [-nk-] 형태가 되면 '-은크'가 아니라 '-응크'로 발음한다는 것을 앞에서 익혔지요? 마치 [-ngk-]처럼 말입니다. 그럼 아래의 단어들의 소리를 익혀 볼까요? 준비되셨죠?

Practice | -클 [-cle], [-kle], [-ckle]

1	bícy**cle** (자전거)	→	bí(바이) · cy(씨) · **cle**(클)	→	바이씨클
2	óbsta**cle** (장애)	→	óbs(압스) · ta(터) · **cle**(클)	→	압스터클
3	véhi**cle** (탈것)	→	vé(비이) · hi(히) · **cle**(클)	→	비이히클
4	crán**kle** (구부러지다)	→	crán(크랜) · **kle**(클)	→	크랭클
5	twín**kle** (반짝이다)	→	twín(트윈) · **kle**(클)	→	트윙클
6	dár**kle** (어둠 속에 잠기다)	→	dár(다아) · **kle**(클)	→	다아클
7	tá**ckle** (맞붙다)	→	tá(태) · **ckle**(클)	→	태클

8	píckle (오이 절임)	→	pí(피) · ckle(클)	→	피클
9	cóckle (새조개)	→	có(카) · ckle(클)	→	카클
10	chúckle (낄낄 웃다)	→	chú(춰) · ckle(클)	→	춰클

요점정리

1. [-cle], [-kle]과 [-ckle]은 'c, k, ck(ㅋ)+l(을)+e(x) = -클'로 들릴 듯 말 듯 흘려서 발음한다.

알고 갑시다

앞 모음에 따른 [-cle], [-kle], [-ckle] 형태

자, 그럼 영어의 끝소리 '-클'의 세 가지 형태를 간단하게 요약할까요?

- 3음절의 단어인 경우에 '-클'로 소리가 나면 [-cle]을 붙인다.
- '-클' 앞에 영어로 자음이 있고, 우리말 소리로 '-클' 앞소리가 받침 있는 발음이면 [-kle]로 쓴다.
- '-클' 소리 앞에 자음이 없고 모음이 바로 오면 [-ckle]로 표기한다.

오른쪽 'Practice 1'에 정리된 단어들 중에 'círcle(원)'과 'cýcle(순환)'의 소리를 먼저 찾아보죠. [-**cle**]은 기본적으로 모음 [e]가 소리가 없는 형태소인 만큼 약하게 흘려 발음해야 하니까 'círcle'에서는 [-ir-]가 강모음이 되어 '-어어r'로, 'cýcle'에서는 [y]가 강모음이 되어 '-아이-'로 발음하게 됩니다. 따라서 'círcle'은 '써어r클', 'cýcle'은 '싸이클'이 됩니다. 이 두 단어를 제외하면 나머지 단어들은 'bí(비)·nna(너)·cle(클)'처럼 [-**cle**]을 한 음절로 간주하면 모두 3음절의 단어들입니다. 이렇게 3음절이면서 끝소리가 '-클' 하고 소리가 나면 [-**cle**] 형태로 쓰면 됩니다.

Practice 1 | -클 [-cle]

1	cír**cle** (원)	→	cír(써어r) • **cle**(클)	→	써어r클
2	cý**cle** (순환)	→	cý(싸이) • **cle**(클)	→	싸이클
3	bícy**cle** (자전거)	→	bí(바이) • cy(씨) • **cle**(클)	→	바이씨클
4	bínna**cle** (나침함)	→	bí(비) • nna(너) • **cle**(클)	→	비너클
5	míra**cle** (기적)	→	mí(미) • ra(뤄) • **cle**(클)	→	미뤄클
6	óbsta**cle** (장애)	→	óbs(압스) • ta(터) • **cle**(클)	→	압스터클
7	óra**cle** (신탁)	→	ó(아) • ra(뤄) • **cle**(클)	→	아뤄클
8	pínna**cle** (뾰족한 봉우리)	→	pí(피) • nna(너) • **cle**(클)	→	피너클
9	párti**cle** (입자)	→	pár(파어r) • ti(티) • **cle**(클)	→	파어r뤄클
10	véhi**cle** (탈것)	→	vé(비이) • hi(히) • **cle**(클)	→	비이히클

아래의 'Practice 2'에 정리된 단어들은 'ránkle'처럼 끝소리 '-클' 앞에 [n]이나, 'dárkle'처럼 [-ar-] 형태로 되어 있지요? 이런 경우 끝소리 '-클'은 [-**kle**]의 형태가 됩니다.

위의 'Practice 1'에 정리된 단어와는 음절에서 차이가 보이고, 'táckle'과 같이 끝소리 '-클' 앞에 바로 모음 [a, i, o, u]가 붙어 있는 다음 쪽 'Practice 3'에 정리된 단어와 차이점이 보이지 않나요? '아! 보인다!' 하며 무릎을 '탁' 치면 당신은 이제 영어 소리의 달인이 되었습니다.

Practice 2 | -클 [-kle]

1	rán**kle** (곪다)	→	rán(랜) • **kle**(클)	→	랭클
2	crán**kle** (구부러지다)	→	crán(크랜) • **kle**(클)	→	크랭클
3	crín**kle** (주름)	→	crín(크륀) • **kle**(클)	→	크륑클
4	trín**kle** (딸랑딸랑 울리다)	→	trín(츄륀) • **kle**(클)	→	츄륑클
5	twín**kle** (반짝이다)	→	twín(트윈) • **kle**(클)	→	트윙클
6	sprín**kle** (흩뿌리다)	→	sprín(스쁘륀) • **kle**(클)	→	스쁘륑클

7	wrín**kle** (주름)	→	wrín(륀) • k**le**(클)	→	륑클
8	dár**kle** (어둠 속에 잠기다)	→	dár(다아r) • k**le**(클)	→	다아r클
9	spár**kle** (불꽃을 튀기다)	→	spár(스빠아r) • k**le**(클)	→	스빠아r클

'Practice 3'에 정리된 단어들은 공통적으로 '-클' 소리 앞에 자음이 없고 모음 [a, i, o, u]가 붙어 있어요. 이런 소리 형태의 경우 '-클'을 [-ckle]로 표기하면 됩니다. 아래의 단어들을 보면 우리가 일상생활에서 자연스럽게 쓰는 외래어가 있습니다. 예를 들면, 자신이 하는 일에 남이 간섭할 경우, '너 왜 사사건건 내가 하는 일에 태클 걸어?' 하고 항변하면서 쓰는 'táckle'이 있고, 피자를 먹으면 자연스럽게 따라오는 서양식 오이 절임인 피클(píckle)이 있지요. 또, 허리띠의 쇠뭉치 부분을 '버클'이라고 하지요. 지금까지도 그래 왔겠지만 단어의 소리를 공부할 때 우리의 귀와 입에 익은 'Keyword(실마리 어)'를 정해서, 그것을 잡아당기면 나머지 단어들이 포도송이처럼 줄줄 엮여서 나올 수 있도록 하는 것도 효과적인 학습 방법이지요.

Practice 3 | -클 [-ckle]

1	tá**ckle** (맞붙다)	→	tá(태) • **ckle**(클)	→	태클
2	crá**ckle** (딱딱 소리를 내다)	→	crá(크뢔) • **ckle**(클)	→	크뢔클
3	shá**ckle** (수갑)	→	shá(쉐) • **ckle**(클)	→	쉐클
4	mí**ckle** (많은)	→	mí(미) • **ckle**(클)	→	미클
5	pí**ckle** (오이 절임)	→	pí(피) • **ckle**(클)	→	피클
6	prí**ckle** (가시)	→	prí(프뤼) • **ckle**(클)	→	프뤼클
7	sí**ckle** (낫)	→	sí(씨) • **ckle**(클)	→	씨클
8	tí**ckle** (간질이다)	→	tí(티) • **ckle**(클)	→	티클
9	trí**ckle** (똑똑 떨어지다)	→	trí(츄뤼) • **ckle**(클)	→	츄뤼클
10	có**ckle** (새조개)	→	có(카) • **ckle**(클)	→	카클
11	bú**ckle** (혁대쇠)	→	bú(버) • **ckle**(클)	→	버클

12	rú**ckle** (그르렁거리다)	→	ru(뤄) • ck**le**(클)	→	뤄클
13	chú**ckle** (낄낄 웃다)	→	chu(춰) • ck**le**(클)	→	춰클
14	knú**ckle** (손가락 관절)	→	knu(너) • ck**le**(클)	→	너클

지금까지 배운 '-클' 소리의 3가지 형태인 [-cle], [-kle]과 [-ckle]의 단어들을 정리했습니다. 여러분들 스스로가 각 단어들을 스스로 읽어 보고, 어떤 경우에 어떤 형태의 철자를 써야 하는지 눈과 머리로 익혀 보세요. 할 수 있겠죠? 한 번으로는 안 된다는 것을 잘 알죠? 몸에 익숙할 때까지 반복하세요.

Practice 4 | -클 [-cle], [-kle], [-ckle]

● **3음절의 단어인 경우에 '-클'로 소리가 나면 [-cle]을 붙인다.**

bícy**cle** 자전거	bíno**cle** 쌍안경	cir**cle** 원	cy**cle** 순환	míra**cle** 기적	óbsta**cle** 장애
párti**cle** 소량	véhi**cle** 탈것	óra**cle** 신탁	pína**cle** 뾰족한 봉우리	bínna**cle** 나침함	

● **'-클' 앞에 자음이 있고, 소리로 '-클' 앞소리가 받침 있는 발음이면 [-kle]로 쓴다.**

rán**kle** 곪다	crán**kle** 구부러지다	crín**kle** 주름	tín**kle** 딸랑딸랑 울리다	twín**kle** 반짝이다
sprín**kle** 흩뿌리다	wrín**kle** 주름	dár**kle** 어둠 속에 잠기다	spár**kle** 불꽃을 튀기다	

● **'-클' 앞에 자음이 없고 모음이 바로 오면 [-ckle]로 표기한다.**

tá**ckle** 맞붙다	crá**ckle** 바삭바삭 소리를 내다	shá**ckle** 수갑	mí**ckle** 많은	pí**ckle** 오이 절임
prí**ckle** 가시	sí**ckle** 낫	tí**ckle** 간질이다	trí**ckle** 똑똑 떨어지다	có**ckle** 새조개
bú**ckle** 혁대쇠	rú**ckle** 그르렁거리다	chú**ckle** 낄낄 웃다	knú**ckle** 손가락 관절	

005

-dle, -ddle

[-들, -를]의 소리를 찾아서

[-**dle**]과 [-**ddle**]도 [-**ble**]과 [-**bble**]처럼 3가지 형태가 있습니다. 첫째, 'ladle'이라는 단어처럼 [-강모음+dle]의 형태입니다. [a]와 [-le] 사이에 자음이 몇 개가 있나요? [b] 1개가 있지요? 이런 경우 모음 [a]를 알파벳 이름 '에이'로 발음하면 되겠지요? 그럼 'ladle'을 어떻게 발음할까요? '레이들' 하고 발음하면 되겠네요. 그런데 미국식 영어 발음에서 철자 [d]는 '드'뿐만 아니라 '루'로도 발음되는 경우가 있다고 배운 것을 기억하나요? 다시 설명할게요. 'rádish(뢔뤼쉬)'와 같이 강모음과 약모음 사이에 끼어 있거나 'bórder(보어'뤄)'와 같이 [강모음+rd+약모음]형태에서 [d], 'néedle(니이를)'과 'saddle(쌔를)'처럼 [-**dle**], [-**ddle**]로 끝나는 단어에서의 [d], 그리고 'ride a bike(롸이뤄 바잌)'처럼 [d]나 [de]로 끝난 단어가 모음으로 시작하는 다른 단어를 만나면 [d]는 '루'로 발음됩니다. 따라서 [-**dle**]과 [-**ddle**]은 '-들'로 발음해도 의사소통에 문제는 없지만 미국식 영어 발음에서는 '-를'로 발음하는 것이 바람직합니다. 그러면 'ladle'은 '레이들' 혹은 '레이를'로 발음하면 되겠지요? 둘째, 'paddle'과 같이 겹자음 [dd]가 붙은 [-**ddle**]의 형태의 단어에서 강모음 [a]는 '애', [e]는 '에', [i]는 '이', [o]는 '아', [u]는 '어'와 같이 기본 발음 소리가 납니다. 따라서 'paddle'은 '패들' 혹은 '패를'로 발음합니다. 세째, 'candle'과 같이 겹자음은 아니

지만 [-le] 앞에 자음이 2개 붙어 있는 형태입니다. 이렇게 [-강모음+자음 2개+le] 형태의 단어에서도 강모음 [a]는 '애', [e]는 '에', [i]는 '이', [o]는 '아', [u]는 '어'와 같이 기본 발음 소리를 내지요. 따라서 'candle'은 '캔들'로 발음하면 됩니다. 이 경우에는 [-**dle**]을 '-를'로 발음하지 않습니다.

그럼 단어를 읽는 경우에는 '-들' 혹은 '-를'로 읽으면 되지만, 단어의 철자를 쓰는 경우 [-**dle**]과 [-**ddle**] 중 어떤 형태를 쓸지 고민해야겠지요. 제 생각에는 [-**dle**]과 [-**ddle**]의 경우는 '-들' 혹은 '-를' 앞의 모음 소리만 정확하게 낸다면 홑자음 [d]를 써야 할지 겹자음 [dd]를 써야 할지 판단하는 것은 그리 어렵지 않다고 봅니다. 한 번만 발음할 자음을 굳이 두 번 쓰는 이유는 겹자음 앞의 모음은 단모음(기본 발음)의 소리를 내야 하는 것이 기본 원칙이기 때문이라고 했습니다.

그럼 'Practice'에 정리된 [-**dle**] 3가지 형태의 단어들을 'Warming-up'으로 먼저 익혀 볼까요? 홑자음이냐 겹자음이냐 여부, 그리고 모음과 [-le] 사이에 자음이 몇 개인가의 여부를 살펴보면서 발음하는 것이 학습 요점입니다. 물론 [-**dle**]과 [-**ddle**]을 '-들'로 발음하느냐 '-를'로 발음하느냐를 판단하고 결정하는 것도 중요하고요. 그럼 시작해 볼까요?

Practice | -들 / -를 [-dle], [-ddle]

1	lá**dle** (국자)	→	lá(레이) · **dle**(들/를)	→	레이들 / 레이를
2	crá**dle** (요람)	→	crá(크뤠이) · **dle**(들/를)	→	크뤠이들 / 크뤠이를
3	pá**ddle** (노)	→	pá(패) · **ddle**(들/를)	→	패들 / 패를
4	fí**ddle** (현악기)	→	fí(피[f]) · **ddle**(들/를)	→	피[f]들 / 피[f]를
5	mé**ddle** (간섭하다)	→	mé(메) · **ddle**(들/를)	→	메들 / 메를
6	có**ddle** (애지중지하다)	→	có(카) · **ddle**(들/를)	→	카들 / 카를
7	hú**ddle** (뒤죽박죽 주워 모으다)	→	hú(허) · **ddle**(들/를)	→	허들 / 허를
8	cán**dle** (양초)	→	cán(캔) · **dle**(들)	→	캔들

9	gírdle (띠)	→	gír(거어r) • dle(들/를)	→	거어r를 / 거어r를
10	swíndle (사기 치다)	→	swín(스윈) • dle(들)	→	스윈들

요점정리

1. [-dle]과 [-ddle]은 'dd(드)+l(을)+e(x) = -들'로 들릴 듯 말 듯 흘려서 발음한다.

알고 갑시다

[-dle], [-ddle] 앞의 모음 소리

아래의 [-**dle**]과 [-**ddle**] 앞 모음 소리의 원칙은 [-**ble**]와 [-**bble**]에서 익혔던 원칙과 동일합니다.

- **[-강모음+자음 1개 이하+le]의 형태의 단어에서 강모음[a, e, i, o, u]는 알파벳 이름 '에이', '이이', '아이', '오우', '유우'로 소리가 나고,**
- **[-강모음+자음 2개, 혹은 겹자음+le]의 형태의 단어에서 강모음 [a]는 '애', [e]는 '에', [i]는 '이', [o]는 '아', [u]는 '어'와 같이 기본 발음 소리가 난다.**

그럼 위의 모음 소리의 원칙대로라면 [-강모음+dle] 형태의 단어에서 모음[a, e, i, o, u]은 알파벳 이름 '에이', '이이', '아이', '오우', '유우'로 발음하면 되겠지요? 단 이들 강모음과 [-le] 사이에 있는 [d]를 미국식 발음으로는 '드'가 아니라 철자 [r]의 소리인 '루'로 발음합니다. 따라서 [-**dle**]은 '-들'로 발음해도 의사소통에 문제는 없지만 '-를'로 발음하는 것이 바람직합니다. 다음 'Practice 1'에 예시된 단어들을 통해서 소리를 익혀 보세요.

Practice 1 | [–강모음+dle]의 형태

1	l**á**d**le** (국자)	→	l**á**(레이) • d**le**(들/를)	→	**레**이들 / **레**이를
2	cr**á**d**le** (요람)	→	cr**á**(크뤠이) • d**le**(들/를)	→	크**뤠**이들 / 크**뤠**이를
3	**í**d**le** (태만한)	→	**í**(아이) • d**le**(들/를)	→	**아**이들 / **아**이를
4	s**í**d**le** (옆걸음질하다)	→	s**í**(싸이) • d**le**(들/를)	→	**싸**이들 / **싸**이를
5	br**í**d**le** (굴레)	→	br**í**(브라이) • d**le**(들/를)	→	브**라**이들 / 브**라**이를

아래의 'Practice 2'에 예시된 단어들은 겹자음 [dd]가 붙은 [-**ddle**]의 형태의 단어에서 강모음 [a]는 '애', [e]는 '에', [i]는 '이', [o]는 '아', [u]는 '어'와 같이 기본발음 소리가 나는 경우입니다. 이 경우에도 [-**ddle**]은 '-들'보다는 '-를'로 발음하는 것이 미국식 영어 발음에 가깝다는 것을 잊지 마세요. 입과 귀에 자연스럽게 묻어나올 때까지 반복하고, 또 반복하세요.

Practice 2 | [–강모음+ddle]의 형태

1	p**á**dd**le** (노)	→	p**á**(패) • dd**le**(들/를)	→	**패**들 / **패**를
2	s**á**dd**le** (안장)	→	s**á**(쌔) • dd**le**(들/를)	→	**쌔**들 / **쌔**를
3	str**á**dd**le** (걸터앉다)	→	str**á**(스뜨뢔) • dd**le**(들/를)	→	스뜨**뢔**들 / 스뜨**뢔**를
4	m**é**dd**le** (간섭하다)	→	m**é**(메) • dd**le**(들/를)	→	**메**들 / **메**를
5	d**í**dd**le** (속이다)	→	d**í**(디) • dd**le**(들/를)	→	**디**들 / **디**를
6	f**í**dd**le** (현악기)	→	f**í**(피^{f}) • dd**le**(들/를)	→	**피**^{f}들 / **피**^{f}를
7	m**í**dd**le** (중앙)	→	m**í**(미) • dd**le**(들/를)	→	**미**들 / **미**를
8	r**í**dd**le** (수수께끼)	→	r**í**(뤼) • dd**le**(들/를)	→	**뤼**들 / **뤼**를
9	c**ó**dd**le** (응석부리게 하다)	→	c**ó**(카) • dd**le**(들/를)	→	**카**들 / **카**를
10	t**ó**dd**le** (아장아장 걷다)	→	t**ó**(타) • dd**le**(들/를)	→	**타**들 / **타**를
11	c**ú**dd**le** (꼭 껴안다)	→	c**ú**(커) • dd**le**(들/를)	→	**커**들 / **커**를
12	f**ú**dd**le** (취하게 하다)	→	f**ú**(퍼^{f}) • dd**le**(들/를)	→	**퍼**^{f}들 / **퍼**^{f}를
13	h**ú**dd**le** (뒤죽박죽 주워 모으다)	→	h**ú**(허) • dd**le**(들/를)	→	**허**들 / **허**를

14	múddle (혼합하다)	→	mú(머) • ddle(들/를)	→	머들 / 머를
15	púddle (웅덩이)	→	pú(퍼) • ddle(들/를)	→	퍼들 / 퍼를

아래의 'Practice 3'에 예시된 단어들은 겹자음이 아니지만 'cándle'처럼 [-le] 앞에 자음이 2개 붙어 있는 형태입니다. 이렇게 [-강모음+자음 2개+le] 형태의 단어에서도 강모음 [a]는 '애', [e]는 '에', [i]는 '이', [o]는 '아', [u]는 '어'와 같이 기본 발음 소리를 내면 됩니다. [-aw-]는 '오오'로, 이중모음 [-ee-]는 '이이'로, [-ir-]나 [-ur-]는 '어어r'로 소리가 난다는 것은 각 장에서 배웠기 때문에 각 단어의 모음의 소리에 주의하면서 천천히 읽어 보세요.

Practice 3 | [-강모음+자음 2개+le]의 형태

1	cándle (양초)	→	cán(캔) • dle(들)	→	캔들
2	dándle (귀여워하다)	→	dán(댄) • dle(들)	→	댄들
3	hándle (손잡이)	→	hán(핸) • dle(들)	→	핸들
4	kíndle (불을 붙이다)	→	kín(킨) • dle(들)	→	킨들
5	bríndle (얼룩빛)	→	brín(브린) • dle(들)	→	브린들
6	swíndle (사기 치다)	→	swín(스윈) • dle(들)	→	스윈들
7	búndle (다발)	→	bún(번) • dle(들)	→	번들
8	dáwdle (빈둥거리다)	→	dáw(도오) • dle(들/를)	→	도오들 / 도오를
9	néedle (바늘)	→	née(니이) • dle(들/를)	→	니이들 / 니이를
10	gírdle (띠)	→	gír(거어r) • dle(들/를)	→	거어r들 / 거어r를
11	bóodle (패거리)	→	bóo(부우) • dle(들/를)	→	부우들 / 부우를
12	húrdle (장애물)	→	húr(허어r) • dle(들)	→	허어r들

오른쪽 'Practice 4'는 저의 도움 없이 [**-dle**]과 [**-ddle**] 형태의 단어들을 여러분 스스로가 읽어 보는 활동 부분입니다. 위의 'Practice 1, 2, 3'보다 더 중요하다고 했

죠? 여러분도 느끼겠지만 한번 남의 도움을 받게 되면 다음에도 자기 확신을 갖기가 매우 힘들죠. 스스로 답을 찾았음에도 불구하고 다른 사람을 통해 확인받으려고 하고, 자기가 찾은 답은 틀린 것 같은 불안 심리가 작용하게 됩니다. 학교와 학원에서 교사나 강사들의 강의를 듣는 학습에 익숙하도록 여러분들은 길들여져 왔기 때문에 우리의 교육 현실이 이런 심리를 더욱 부추기고 있는 것도 사실입니다. 이 책을 끝까지 한 번 학습한 것으로 여러분들이 영어 읽기에 달인이 됐다고 확신할 수 없습니다. 다시 복습하는 과정에서는 이 책에 부분 부분 정리되어 있는 아래의 'Practice 4'와 같은 형태의 학습 활동을 통해 단어를 보면 소리가 '파~악' 들리게 되면, 여러분은 영어에 대한 확신을 가져도 좋습니다.

Practice 4 | -ㄹ [-dle], [-ddle]

● **[-강모음+dle]의 형태의 단어에서 강모음이 알파벳 이름으로 소리가 나는 경우**

lád**le** 국자	cr**á**d**le** 요람	**í**d**le** 태만한	s**í**d**le** 옆걸음질하다	br**í**d**le** 굴레

● **겹자음 [dd]가 붙은 [-ddle]의 형태의 단어에서 강모음이 기본 발음 소리가 나는 경우**

p**à**dd**le** 노	s**à**dd**le** 안장	str**à**dd**le** 걸터앉다	m**é**dd**le** 간섭하다	d**í**dd**le** 속이다	f**í**dd**le** 현악기
m**í**dd**le** 중앙	r**í**dd**le** 수수께끼	c**ó**dd**le** 응석부리게 하다	t**ó**dd**le** 아장아장 걷다	c**ú**dd**le** 껴안다	f**ú**dd**le** 취하게 하다
h**ú**dd**le** 뒤죽박죽 주워 모으다	m**ú**dd**le** 혼합하다	p**ú**dd**le** 웅덩이			

● **[-강모음+자음 2개+le] 형태의 단어에서도 강모음이 기본 발음 소리가 나는 경우**

c**á**nd**le** 양초	d**á**nd**le** 귀여워하다	h**á**nd**le** 손잡이	k**í**nd**le** 불을 붙이다	br**í**nd**le** 얼룩빛	sw**í**nd**le** 사기 치다
b**ú**nd**le** 다발	d**á**wd**le** 빈둥거리다	n**ée**d**le** 바늘	g**í**rd**le** 띠	b**óo**d**le** 패거리	h**ú**rd**le** 장애물

006

-fle, -ffle

[–플[f]]의 소리를 찾아서

겨울철에 '머플러' 하나만 목에 두르면 추위쯤이야 거뜬하지요. '목도리'라는 순수한 우리말이 있음에도 불구하고 'múffler'라는 영어 외래어를 즐겨 쓰지요. 이 múffler는 '몸을 감싸다'라는 'múffle'이라는 동사에서 파생된 단어입니다. 영어의 끝소리 '-플[f]'도 [-**fle**]과 [-**ffle**] 두 가지 형태가 있지요. 모음과 [-le] 사이에 홑자음 [f]를 붙이느냐 겹자음 [ff]를 붙이느냐는 앞서 배운 [-**ble**]과 [-**dle**]의 경우와 원칙적으로 같습니다. 'rífle'이라는 단어처럼 [-강모음+fle]의 형태인 경우 모음 [i]를 알파벳 이름 '아이'로 발음하면 되며, 따라서 'rífle'을 '롸이플[f]' 하고 발음하면 됩니다. 또, 'báffle'과 같이 겹자음 [ff]가 붙은 [-**ffle**]의 형태의 단어에서 강모음 [a]는 '애'로 발음하며, 따라서 'báffle'은 '배플[f]'로 발음합니다.

다음 'Practice 1, 2'에 정리된 단어를 보면 알겠지만 [-**fle**]과 [-**ffle**] 형태의 단어들이 많지 않습니다. 따라서 다른 경우처럼 '알고 갑시다'라는 코너를 따로 만들지 않았습니다. 하지만 단어 수의 많고 적음이 그 단어의 사용도나 비중에 정비례한다고 착각하지 말고 충실히 연습하세요. 특히 철자 [f]의 발음은 한국 사람으로서는 넘기 힘든 발성법이니만큼 자연스러워질 때까지 부단한 노력이 필요함은 두말하면 잔소리이지요. 또 'whíffle'에서 [h]가 묵음인 것, 'scúffle'에서 [sc-]는 [sk-]와 같이 '스ㄲ-'로 발음해야 한다는 것에도 주의하면서 아래의 단어들을 읽어 보세요.

Practice 1 | -플ᶠ [-fle], [-ffle]

1	rí**fle** (소총)	→	rí(롸이) • **fle**(플ᶠ)	→	롸이플ᶠ
2	stí**fle** (숨 막히게 하다)	→	stí(스따이) • **fle**(플ᶠ)	→	스따이플ᶠ
3	trí**fle** (사소한 일)	→	trí(츄롸이) • **fle**(플ᶠ)	→	츄롸이플ᶠ
4	bá**ffle** (좌절시키다)	→	bá(배) • **ffle**(플ᶠ)	→	배플ᶠ
5	rá**ffle** (추첨식 판매법)	→	rá(뢔) • **ffle**(플ᶠ)	→	뢔플ᶠ
6	wá**ffle** (와플)	→	wá(와) • **ffle**(플ᶠ)	→	와플ᶠ
7	sní**ffle** (코를 훌쩍이다)	→	sní(스니) • **ffle**(플ᶠ)	→	스니플ᶠ
8	whí**ffle**(가볍게 불다)	→	whí(위) • **ffle**(플ᶠ)	→	위플ᶠ
9	mú**ffle** (몸을 감싸다)	→	mú(머) • **ffle**(플ᶠ)	→	머플ᶠ
10	rú**ffle** (난폭한)	→	rú(뤄) • **ffle**(플ᶠ)	→	뤄플ᶠ
11	scú**ffle** (격투하다)	→	scú(스꺼) • **ffle**(플ᶠ)	→	스꺼플ᶠ
12	snú**ffle** (코를 킁킁거리다)	→	snú(스너) • **ffle**(플ᶠ)	→	스너플ᶠ

Practice 2 | -플ᶠ [-fle], [-ffle]

● **[-강모음+fle] 형태의 단어에서 강모음이 알파벳 이름으로 소리가 나는 경우**

r**ífle** 소총	st**ífle** 숨 막히게 하다	tr**ífle** 사소한 일

● **겹자음 [ff]가 붙은 [-ffle] 형태의 단어에서 강모음이 기본 발음 소리가 나는 경우**

b**áffle** 좌절시키다	r**áffle** 추첨식 판매법	w**áffle** 와플	sn**íffle** 코를 훌쩍이다	wh**íffle** 가볍게 불다
m**úffle** 몸을 감싸다	r**úffle** 난폭한	sc**úffle** 격투하다	sn**úffle** 코를 킁킁거리다	

요점정리

1. [-fle]과 [-ffle]은 'ff(프ᶠ)+l(을)+e(x) = -플ᶠ'로 들릴 듯 말 듯 흘려서 발음한다.

007

-gle, -ggle

[-글]의 소리를 찾아서

몇 가지 퀴즈를 낼까요? 타잔과 치타가 살고 있는 곳은? '정글'입니다. 그럼 크리스마스가 다가오면 가장 많이 울리는 노래는? '징글벨'이지요. 결혼하지 않고 혼자 사는 남녀는? '씽글'이라고 부르지요? 스키를 탈 때 눈을 보호하기 위해 쓰는 안경을 '고글'이라고 부르지요. 왜 이런 썰렁한 퀴즈를 냈는지 눈치챘죠? 이번에는 '-글'로 소리 나는 [-**gle**]이나 [-**ggle**] 형태의 단어들을 공부하려고요.

영어의 끝소리 '-글'도 [-**gle**]이나 [-**ggle**]로 두 가지 형태가 있지요. 모음과 [-le] 사이에 홑자음 [g]를 붙이느냐 겹자음 [gg]를 붙이느냐는 앞서 배운 [-le]와 원칙적으로 같습니다. 'búgle'이나 'fúgle'처럼 [-강모음+gle] 형태인 경우 모음 [u]를 알파벳 이름 '유우'로 발음하면 되며, 따라서 'búgle'을 '뷰우글', 'fúgle'을 '퓨우글' 하고 발음하면 됩니다. 그런데 사전을 수십 번 뒤적거렸지만 'búgle'과 'fúgle' 같은 형태의 단어를 더 이상 찾아내지 못했습니다. 또, 'hággle'과 같이 겹자음 [gg]가 붙은 [-**ggle**]의 형태의 단어에서 강모음 [a]는 '애'로 발음하면 됩니다. 물론 [e]는 '에', [i]는 '이', [o]는 '아', [u]는 '어'로 발음해야 하고요. 따라서 'hággle'은 '해글'로 발음합니다. 그럼 우리가 '고글'이라고 쓰는 영어 단어 'góggle'은 '가글'이라고 발음해야 하겠지요? 또 'dángle'이나 'gárgle'처럼 겹자음 [gg]는 아니지만 모음과

[-gle] 사이에 또 다른 자음 [n]과 [r]가 있어서 [-ng-]와 [-rg-]처럼 자음이 2개가 있는 형태가 되어도 강모음 [a]는 '애', [e]는 '에', [i]는 '이', [o]는 '아', [u]는 '어'로 발음해야 한다는 것도 잊지 않았겠죠?

주의할 것은 'dángle'과 'míngle'에서 [-ng]는 앞에서 배운 대로 '은그'가 아니라 우리말 받침 'ㅇ'이 되면서 '댄글'이나 '민글' 아니라 '댕글'과 '밍글'로 각각 발음해야 하다는 것도 주의하세요. 또 '정글'이나 '징글벨'이 아니라 '줭글', '쥥글벨'로 발음해야 합니다. 철자 [j]는 우리말의 'ㅈ'보다는 '주'에 가깝거든요. 또 'góggle'의 '가글'과 'gárgle'의 '가어r글'이 우리 귀에 비슷하게 들릴 수 있습니다. [r] 발음, 즉 혀의 움직임의 차이니만큼 충분한 연습이 필요함은 두말하면 잔소리이지요.

마지막으로 'búgle', 'búrgle', 'búngle'에 있는 모음 [u]의 소리가 구분되나요? 각각 '뷰우글', '버어r글', '벙글'로 발음한다는 것 잊지 마세요.

그럼 아래의 단어들의 소리를 익혀 볼까요?

Practice | -글 [-gle], [-ggle]

1	bú**gle** (군대나팔)	→	bú(뷰우) • **gle**(글)	→	뷰우글
2	há**ggle** (옥신각신하다)	→	há(해) • **ggle**(글)	→	해글
3	gí**ggle** (벗어나다)	→	gí(기) • **ggle**(글)	→	기글
4	gó**ggle** (보호 안경)	→	gó(가) • **ggle**(글)	→	가글
5	jú**ggle** (요술을 부리다)	→	jú(줘) • **ggle**(글)	→	줘글
6	snú**ggle** (기분 좋게 눕다)	→	snú(스너) • **ggle**(글)	→	스너글
7	dán**gle** (매달리다)	→	dán(댄) • **gle**(글)	→	댕글
8	gár**gle** (양치질하다)	→	gár(가어r) • **gle**(글)	→	가어r글
9	jín**gle** (딸랑딸랑 울리다)	→	jín(쥔) • **gle**(글)	→	쥥글
10	jún**gle** (밀림)	→	jún(줜) • **gle**(글)	→	줭글
11	búr**gle** (도둑질을 하다)	→	búr(버어r) • **gle**(글)	→	버어r글
12	strán**gle** (목을 졸라 죽이다)	→	strán(스뜨랭) • **gle**(글)	→	스뜨랭글

요점정리

1. [−gle]과 [−ggle]은 'gg(그)+l(을)+e(x) = −글'로 들릴 듯 말 듯 흘려서 발음한다.

알고 갑시다

[−gle], [−ggle] 앞의 모음 소리

아래의 'Practice 1'에는 겹자음 [gg]가 붙은 [-**ggle**] 형태의 단어들로 정리되어 있고, 오른쪽 'Practice 2'에는 [-강모음+자음+gle] 형태의 단어들로 정리되어 있습니다. 강모음이 각각 [a]는 '애', [e]는 '에', [i]는 '이', [o]는 '아', [u]는 '어'로 소리를 낸다는 것을 생각하면서 연습하세요.

Practice 1 | [−강모음+ggle] 형태

1	dr**á**gg**le** (질질 끌다)	→	dr**á**(쥬뢔) • gg**le**(글)	→	쥬**뢔**글
2	str**á**gg**le** (벗어나다)	→	str**á**(스뜨뢔) • gg**le**(글)	→	스뜨**뢔**글
3	j**í**gg**le** (가볍게 흔들다)	→	j**í**(기) • gg**le**(글)	→	**쥐**글
4	n**í**gg**le** (작은 일에 신경 쓴다)	→	n**í**(니) • gg**le**(글)	→	**니**글
5	sn**í**gg**le** (구멍낚시하다)	→	sn**í**(스니) • gg**le**(글)	→	스**니**글
6	w**í**gg**le** (꿈틀꿈틀 움직이다)	→	w**í**(위) • gg**le**(글)	→	**위**글
7	wr**í**gg**le** (꿈틀거리다)	→	wr**í**(뤼) • gg**le**(글)	→	**뤼**글
8	b**ó**gg**le** (멈칫하다)	→	b**ó**(바) • gg**le**(글)	→	**바**글
9	j**ó**gg**le** (가볍게 흔들다)	→	j**ó**(좌) • gg**le**(글)	→	**좌**글
10	t**ó**gg**le** (토글)	→	t**ó**(타) • gg**le**(글)	→	**타**글
11	m**ú**gg**le** (마리화나 담배)	→	m**ú**(머) • gg**le**(글)	→	**머**글

Practice 2 | [–강모음+자음+gle]의 형태

1	**á**ng**le** (각도)	→	**á**n(앤) · g**le**(글)	→	앵글
2	m**á**ng**le** (마구 베다)	→	m**á**n(맨) · g**le**(글)	→	맹글
3	t**á**ng**le** (얽히게 하다)	→	t**á**n(탠) · g**le**(글)	→	탱글
4	wr**á**ng**le** (말다툼하다)	→	wr**áa**n(뢩) · g**le**(글)	→	뢩글
5	s**í**ng**le** (오직 하나의)	→	s**í**n(씬) · g**le**(글)	→	씽글
6	t**í**ng**le** (얼얼하다)	→	t**í**n(틴) · g**le**(글)	→	팅글
7	sh**í**ng**le** (지붕널)	→	sh**í**n(쉰) · g**le**(글)	→	쉥글
8	g**u**rg**le** (꿀꺽 마시다)	→	g**u**r(거어r) · g**le**(글)	→	거어r글

Practice 3 | –글 [–gle], [–ggle]

● **[–강모음+ggle]**

h**á**gg**le** 옥신각신하다	dr**á**gg**le** 질질 끌다	str**á**gg**le** 흩어지다	g**í**gg**le** 킥킥 웃다	j**í**gg**le** 가볍게 흔들다	n**í**gg**le** 작은 일에 신경 쓴다
sn**í**gg**le** 구멍낚시하다	w**í**gg**le** 꿈틀꿈틀 움직이다	wr**í**gg**le** 꿈틀거리다	b**ó**gg**le** 멈칫하다	g**ó**gg**le** 보호 안경	j**ó**gg**le** 가볍게 흔들다
t**ó**gg**le** 토글	j**ú**gg**le** 요술을 부리다	m**ú**gg**le** 마리화나 담배	sm**ú**gg**le** 밀수입하다	sn**ú**gg**le** 기분 좋게 눕다	str**ú**gg**le** 다투다

● **[–강모음+gle]**

áng**le** 각도	d**á**ng**le** 매달리다	m**á**ng**le** 마구 베다	t**á**ng**le** 얽히게 하다	str**á**ng**le** 교살하다	wr**á**ng**le** 말다툼하다
g**á**rg**le** 양치질하다	j**í**ng**le** 딸랑딸랑 울리다	m**í**ng**le** 섞다	s**í**ng**le** 하나의	t**í**ng**le** 얼얼하다	sh**í**ng**le** 지붕널
b**ú**ng**le** 실수를 하다	j**ú**ng**le** 밀림	b**ú**rg**le** 도둑질을 하다	g**ú**rg**le** 꿀꺽 마시다	sp**á**ng**le** 번쩍이게 하다	

008

-ple, -pple

[-플]의 소리를 찾아서

'사과'라는 영어 단어를 'aple'로 쓰면 영어를 공부한 사람이라면 즉시 "철자가 틀렸어요."라고 말할 거예요. [p]를 하나 더 붙여서 'apple'이라고 써야 한다고 말할 거고요. 그렇다면 왜 'apple'에 자음 [p]가 2개가 있어야 하죠? 만약 'aple' 형태면 '사과'라는 과일의 영어 소리는 더 이상 '애플'이 아니라 '에이플'이 되어야 하지요. 그러면 이 세상에는 '애플파이'는 없고 '에이플파이'가 있으며, '애플주스'를 마시는 대신에 우리는 '에이플주스'를 마시게 되겠죠?

이와 같이 다른 소리처럼 영어의 끝소리 '-플'도 [-**ple**]과 [-**pple**]로 두 가지 형태가 있고, 모음과 와 [-le] 사이에 홑자음 [p]를 붙이느냐 겹자음 [pp]를 붙이느냐도 앞서 배운 [-le]와 원칙적으로 같습니다. 'máple'이라는 단어처럼 [-강모음+ple]의 형태인 경우 모음 [a]를 알파벳 이름 '에이'로 발음하면 되며, 따라서 'máple'을 '메이플' 하고 발음하면 됩니다. 'scrúple'은 모음 [u]를 알파벳 이름 '유우'로 발음하면서 '스끄루우플'로 발음하면 되고요. 다음 쪽의 'Practice 1'에 정리된 단어를 보면 이와 같이 [-강모음+자음+gle] 형태의 단어가 많지 않습니다. 하지만 원칙은 원칙이니까 알고는 가야지요.

또, 'dápple'과 'rípple'과 같이 겹자음 [pp]가 붙은 [-**pple**] 형태의 단어에서 강모음

[a]는 '애', [e]는 '에', [i]는 '이', [o]는 '아', [u]는 '어'로 발음해야 하고요. 따라서 'dápple'은 '대플'로, 'ripple'은 '뤼플'로 발음해야지요.

마지막으로 'ámple'이나 'púrple'처럼 겹자음 [pp]는 아니지만 모음과 [-**ple**] 사이에 또 다른 자음 [m]과 [r]가 있어서 [mp]와 [rp]처럼 자음이 2개가 있는 형태가 되어도 강모음 [a]는 '애', [e]는 '에', [i]는 '이', [o]는 '아', [u]는 '어'로 발음해야 한다는 것도 잊지 않았겠죠? 그러면 'ámple'이나 'púrple'은 어떻게 발음하죠? '앰플'과 '퍼어r플'로 발음해야죠?

'stáple'의 [**st**-], 'scrúple'의 [**sc**-], 그리고 'trample'의 [**tr**-]의 소리도 주의해서 발음하세요. [**st**-]는 '스뜨-', [**sc**-]는 '스끄-', [**tr**-]는 '츄루-'로 발음해야 하지요. 따라서 'stáple'은 '스테이플'이 아니라 '스떼이플', 'scrúple'은 '스크루우플'이 아니라 '스끄루우플', 'trámple'은 '트램플'이 아니라 '츄램플'로 발음하세요.

[-**ple**]과 [-**pple**]을 배운다고 너무 초점을 '-플'의 소리에만 맞추지 말고 각 단어에 있는 독특한 철자의 발음에도 정확한 발성을 하려고 애써야 합니다.

Practice | -플 [-ple], [-pple]

1	má**ple** (단풍나무)	→	má(메이) · **ple**(플)	→	메이플
2	dá**pple** (얼룩무늬)	→	dá(대) · **pple**(플)	→	대플
3	grá**pple** (붙잡다)	→	grá(그뢔) · **pple**(플)	→	그뢔플
4	rí**pple** (잔물결)	→	rí(뤼) · **pple**(플)	→	뤼플
5	stí**pple** (점묘 작품)	→	stí(스띠) · **pple**(플)	→	스띠플
6	pó**pple** (거품이 일다)	→	pó(파) · **pple**(플)	→	파플
7	ám**ple** (광대한)	→	ám(앰) · **ple**(플)	→	앰플
8	wím**ple** (두건)	→	wím(윔) · **ple**(플)	→	윔플
9	rúm**ple** (옷을 구기다)	→	rúm(뤔) · **ple**(플)	→	뤔플
10	trám**ple** (짓밟다)	→	trám(츄램) · **ple**(플)	→	츄램플

요점정리

1. [-ple]과 [-pple]은 'pp(프)+l(을)+e(x) = -플'로 들릴 듯 말 듯 흘려서 발음한다.

알고 갑시다

[-ple], [-pple] 앞의 모음 소리

아래의 [-**ple**]과 [-**pple**] 앞 모음 소리의 원칙을 다시 읽어 보세요.

- **[-강모음+ple] 형태의 단어에서 강모음 [a, e, i, o, u]는 알파벳 이름 '에이', '이이', '아이', '오우', '유우'로 소리가 난다.**
- **[-강모음+pple] 형태의 단어에서 강모음 [a]는 '애', [e]는 '에', [i]는 '이', [o]는 '아', [u]는 '어'와 같이 기본 발음 소리가 난다.**
- **[-강모음+자음+ple] 형태의 단어에서 강모음 [a]는 '애', [e]는 '에', [i]는 '이', [o]는 '아', [u]는 '어'와 같이 기본 발음 소리가 난다.**

오른쪽 'Practice 1'은 'maple'이라는 단어처럼 [-강모음+ple]의 형태인 경우 모음 [a]를 알파벳 이름 '에이'로 발음하면 되며, 강모음 [a, e, i, o, u]은 각각 알파벳 이름 '에이', '이이', '오우', '아이', '유우'로 소리로 발음하세요. 따라서 'maple'을 '메이플' 하고 발음하면 됩니다. 이런 형태의 단어가 3개밖에 없지요. 그럴수록 더욱 확실히 익혀야 한다는 것 아시죠?

Practice 1 | [-강모음+ple]의 형태

1	máple (단풍나무)	→	má(메이) • ple(플)	→	메이플
2	stáple (주요 산물)	→	stá(스떼이) • ple(플)	→	스떼이플
3	scrúple (양심의 가책)	→	scrú(스끄루우) • ple(플)	→	스끄루우플

아래의 'Practice 2'에는 겹자음 [pp]가 붙은 [-**pple**] 형태의 단어들로 정리되어 있습니다. 이런 경우 [-**pple**] 앞에 있는 강모음을 각각 [a]는 '애', [e]는 '에', [i]는 '이', [o]는 '아', [u]는 '어'로 소리를 내서 발음하세요.

이제 겹자음의 존재의 이유는 파악되었죠? 그런데 아래의 단어들은 읽을 수 있지만, 막상 [-**pple**] 형태의 단어 몇 개를 예로 들려면 바로 떠올리기 쉽지 않아요. 그래서 제가 선택한 효과적인 방법은 가장 귀에 익은 단어나 외래어를 'Keyword'로 암기해 두는 것입니다. 예를 들면 아래의 경우에서 'ápple(사과)'이 'Keyword'로 안성맞춤이지요. 사람마다 지금까지의 영어 학습 정도에 따라 귀에 익숙한 단어에 차이가 있는 만큼 키워드를 정하는 것은 여러분 몫입니다.

Practice 2 | [-강모음+pple]의 형태

1	ápple (사과)	→	á(애) • pple(플)	→	애플
2	dápple (얼룩무늬)	→	dá(대) • pple(플)	→	대플
3	grápple (붙잡다)	→	grá(그래) • pple(플)	→	그래플
4	rípple (잔물결)	→	rí(뤼) • pple(플)	→	뤼플
5	crípple (절뚝발이)	→	crí(크뤼) • pple(플)	→	크뤼플
6	típple (독한 술)	→	tí(티) • pple(플)	→	티플
7	stípple (점묘 작품)	→	srí(스띠) • pple(플)	→	스띠플
8	pópple (거품이 일다)	→	pó(파) • ple(플)	→	파플
9	tópple (무너지다)	→	tó(타) • pple(플)	→	타플
10	súpple (나긋나긋한)	→	sú(써) • pple(플)	→	써플

아래의 'Practice 3'에는 [-강모음+자음+ple] 형태의 단어들로 정리되어 있습니다. 겹자음은 아니지만 'trámple'처럼 [p] 앞에 다른 자음 [m]이 붙어서 결국 [-le] 앞에 자음이 2개(m과 p)가 붙어 있는 형태가 되죠? 이런 경우 'Practice 2'의 경우처럼 강모음이 각각 [a]는 '애', [e]는 '에', [i]는 '이', [o]는 '아', [u]는 '어'로 소리를 낸다는 것은 여러 번 설명하고 공부했으니까 더 이상의 설명은 필요 없겠죠? 아래의 경우 키워드로 적당한 단어가 뭘까요? 제 생각에는 'sámple'이나 'símple'이 어떨까요? 우리가 일상생활에서 많이 사용하는 단어이니까 [-강모음+자음+ple] 형태의 다른 단어들을 끄집어내는 데는 가장 적당한 단어 같은데요. 자, 그럼 이런 구조로 되어 있는 단어들의 소리를 익혀 볼까요?

Practice 3 | [-강모음+자음+ple]의 형태

1	**á**mp**le** (광대한)	→	**á**m(앰) · p**le**(플)	→	**앰**플
2	s**á**mp**le** (견본)	→	s**á**m(쌤) · p**le**(플)	→	**쌤**플
3	ex**á**mp**le** (보기)	→	ex**á**m(익잼) · p**le**(플)	→	익**잼**플
4	tr**á**mp**le** (짓밟다)	→	tr**á**m(츄램) · p**le**(플)	→	츄**램**플
5	cr**í**mp**le** (주름)	→	cr**í**m(크림) · p**le**(플)	→	크**림**플
6	s**í**mp**le** (간단한)	→	s**í**m(씸) · p**le**(플)	→	**씸**플
7	w**í**mp**le** (두건)	→	w**í**m(윔) · p**le**(플)	→	**윔**플
8	r**ú**mp**le** (옷을 구기다)	→	r**ú**m(뤔) · p**le**(플)	→	**뤔**플
9	cr**ú**mp**le** (구기다)	→	cr**ú**m(크뤔) · p**le**(플)	→	크**뤔**플
10	p**ú**rp**le** (자색)	→	p**ú**r(퍼어r) · p**le**(플)	→	**퍼**어r플
11	t**é**mp**le** (신전)	→	t**é**m(템) · p**le**(플)	→	**템**플

다음 'Practice 4'는 저의 도움 없이 [**-ple**]와 [**-pple**] 형태의 단어들을 여러분 스스로가 읽어 보는 활동 부분입니다. 이제 이 책의 끝자락에 와 있습니다. 여러분들이 이 책의 마지막 장을 덮는 순간 남에게는 왜 이 단어는 이렇게 읽어야 하는지 명쾌

하게 설명은 할 수 없을지라도 영어 선생님이나 발음기호, 혹은 전자사전의 음성을 통해 도움을 받지 않고 읽을 수 있는 '감(感)'이 체득화(體得化)되었다면 이 책의 가치는 충분하다고 봅니다. 그러려면 이 책을 한 번 읽어서는 안 된다는 것을 아시죠? 하여튼 여기까지 저와 함께한 여러분의 부단한 노력에 경외(敬畏)와 더불어 찬사(讚辭)를 보냅니다.

Practice 4 | –플 [–ple], [–pple]

● **[–강모음+ple] 형태의 단어에서 강모음이 알파벳 이름으로 소리가 나는 경우**

m**á**p**le** 단풍나무	st**á**p**le** 주요 산물	scr**ú**p**le** 양심의 가책

● **겹자음 [–pp]가 붙은 [–pple] 형태의 단어에서 강모음이 기본 발음 소리가 나는 경우**

ápp**le** 사과	d**á**pp**le** 얼룩무늬	gr**á**pp**le** 붙잡다	r**í**pp**le** 잔물결	cr**í**pp**le** 절뚝발이
t**í**pp**le** 독한 술	st**í**pp**le** 점묘 작품	p**ó**pp**le** 거품이 일다	t**ó**pp**le** 무너지다	s**ú**pp**le** 나긋나긋한

● **[–강모음+자음 2개+le] 형태의 단어에서도 강모음이 기본 발음 소리가 나는 경우**

ámp**le** 광대한	s**á**mp**le** 견본	ex**á**mp**le** 보기	tr**á**mp**le** 짓밟다	t**é**mp**le** 신전	cr**í**mp**le** 주름
s**í**mp**le** 간단한	w**í**mp**le** 두건	r**ú**mp**le** 옷을 구기다	cr**ú**mp**le** 구기다	p**ú**rp**le** 자색	

009

-tle, -ttle, -tel, -tal

[-틀, -를]의 소리를 찾아서

[-**tle**]과 [-**ttle**]도 [-**dle**]과 [-**ddle**]과 같이 3가지 형태가 있습니다.

첫째, 'títle'이라는 단어처럼 [-강모음+tle]의 형태입니다. [i]와 [-le] 사이에 자음이 몇 개가 있나요? [t] 1개가 있지요? 이런 경우 모음 [i]를 알파벳 이름 '아이'로 발음하면 되겠지요? 그럼 'títle'을 어떻게 발음할까요? '타이틀' 하고 발음하면 되겠네요. 그런데 미국식 영어 발음에서 철자 [d]처럼 철자 [t]가 '트'뿐만 아니라 '루'로도 발음되는 경우가 있다고 배운 것을 기억하나요? 다시 설명할게요. 'bétter'와 같이 강모음과 약모음 사이에 끼어 있거나 'párty', 'fórty', 또 'thírty'와 같이 [강모음+rt+y] 형태에서 [t], 'títle'과 'báttle'처럼 [-**tle**]과 [-**ttle**]로 끝나는 단어에서의 [t], 그리고 'Not at all.(나퉤롤)'처럼 [-t]나 [-te]로 끝난 단어가 모음으로 시작하는 다른 단어를 만나면 [t]는 '루'로 발음합니다. 따라서 [-**tle**]과 [-**ttle**]은 '-틀'로 발음해도 의사소통에 문제는 없지만 미국식 영어 발음에서는 '-를'로 발음하는 것이 바람직합니다. 그러면 'títle'은 '타이틀' 혹은 '타이를'로 발음하면 되겠지요?

둘째, 'cáttle, kéttle, líttle, bóttle, shúttle'과 같이 겹자음 [tt]가 붙은 [-**ttle**]의 형태의 단어에서 강모음 [a]는 '애', [e]는 '에', [i]는 '이', [o]는 '아', [u]는 '어'와 같이 기본 발음 소리가 납니다. 따라서 'cáttle, kéttle, líttle, bóttle, shúttle'은 각각 '캐를, 케를,

리를, 바를, 셔를'로 발음하면 됩니다.

세째, 'húrtle, géntle, súbtle'과 같이 겹자음은 아니지만 [-le] 앞에 자음이 2개 붙어 있는 경우에는 [-강모음+자음+tle] 형태의 단어에서도 강모음 [a]는 '애', [e]는 '에', [i]는 '이', [o]는 '아', [u]는 '어'와 같이 기본 발음 소리를 내지요. 따라서 'húrtle, géntle'은 각각 '허어ʳ틀, 쥔틀'로 발음하면 됩니다. 그런데 'géntle'의 경우 철자 [t]는 앞에 다른 자음이 있기 때문에 이런 형태에서 [t]는 'ㅌ'로 발음해야 하지만, 단 'húrtle'은 [t] 앞에 있는 자음 [r]가 '루'가 아니라 '어ʳ'로 발성되기 때문에 모음이라 간주하여 [t]를 'ㅌ'가 아닌 'ㄹ'로 발음해야 합니다. 따라서 'húrtle'은 '허어ʳ틀'이 아니라 '허어ʳ를'이라고 발음하는 것이 미국식 영어 발성법입니다.

저의 복잡한 설명을 암기하려고 애쓰기보다는 아래 'Practice'와 다음 장의 '알고 갑시다'에 정리된 단어들을 직접 보면서 스스로 터득하는 것이 빠릅니다. 맞지요? 그럼 아래의 'Practice'에 정리된 단어부터 시작해 볼까요?

Practice | -틀 / -를 [-tle], [-ttle]

1	tí**tle** (제목)	→	tí(타이) • **tle**(틀/를)	→	타이틀 / 타이를
2	cá**ttle** (가축)	→	cá(캐) • **ttle**(틀/를)	→	캐틀 / 캐를
3	ké**ttle** (주전자)	→	ké(케) • **ttle**(틀/를)	→	케틀 / 케를
4	lí**ttle** (작은)	→	lí(리) • **ttle**(틀/를)	→	리틀 / 리를
5	bó**ttle** (병)	→	bó(바) • **ttle**(틀/를)	→	바틀 / 바를
6	shú**ttle** (왕복열차)	→	shú(셔) • **ttle**(틀/를)	→	셔틀 / 셔를
7	bée**tle** (풍뎅이)	→	bée(비이) • **ttle**(틀/를)	→	비이틀 / 비이를
8	húr**tle** (돌진하다)	→	húr(허어ʳ) • **ttle**(틀/를)	→	허어ʳ틀 / 허어ʳ를
9	gén**tle** (부드러운)	→	gén(쥔) • **ttle**(틀)	→	쥔틀
10	súb**tle** (미묘한)	→	súb(써) • **ttle**(틀)	→	써틀

요점정리

1. [−tle]과 [−ttle]은 'tt(트)+l(을)+e(x) = −틀 / −를'로 들릴 듯 말듯 흘려서 발음한다.

알고 갑시다

[−tle], [−ttle] 앞의 모음 소리

아래의 [-**tle**]와 [-**ttle**] 앞 모음 소리의 원칙을 다시 읽어 보세요.

- [−강모음+tle] 형태의 단어에서 강모음[a, e, i, o, u]는 알파벳 이름 '에이', '이이', '아이', '오우', '유우'로 소리가 난다.
- [−강모음+ttle] 형태의 단어에서 강모음 [a]는 '애', [e]는 '에', [i]는 '이', [o]는 '아', [u]는 '어'와 같이 기본 발음 소리가 난다.
- [−강모음+자음+tle] 형태의 단어에서 강모음 [a]는 '애', [e]는 '에', [i]는 '이', [o]는 '아', [u]는 '어'와 같이 기본 발음 소리가 난다.

아래의 'Practice 1'에 보이는 것처럼 [-강모음+tle]의 형태의 단어가 'títle' 1개밖에 없네요. 제가 못 찾은 걸까요? 호기심 많은 여러분들이 더 찾아보시겠어요? 하여튼 'títle'의 모음 [i]를 알파벳 이름 '아이'로 발음한다는 것 잊지 마세요.

Practice 1 | [−강모음+tle]의 형태

1	t**í**t**le** (제목)	→	t**í**(타이) · t**le**(틀/를)	→	타이틀 / 타이를

오른쪽 'Practice 2'는 겹자음 [tt]가 붙은 [-**ttle**] 형태의 단어들로 정리되어 있습니

다. 이런 경우 [-**ttle**] 앞에 있는 강모음을 각각 [a]는 '애', [e]는 '에', [i]는 '이', [o]는 '아', [u]는 '어'로 소리를 내서 발음하세요.

'Keyword'는 정하셨나요? 'báttle'은 어떨까요? 왜냐하면 요즘 신세대라면 알고 있을 것 같아서요. 춤꾼들이 편을 나눠서 서로 싸우듯이 춤을 추고, 승자를 가리는 대회를 '댄스 배틀'이라고 하잖아요? 그 '배틀'이 '전투'라는 영어 단어 'báttle'이거든요. 아니면 공항을 왕복하는 '셔틀 버스'의 'shúttle'은 어떨까요? 아니면 '작은'이라는 'líttle'은요? 알아서 하겠다고요? 알겠습니다. 키워드를 정하는 것은 여러분 몫으로 남겨 두죠. 그럼 아래의 [-**ttle**] 형태의 단어들을 읽어 보세요.

Practice 2 | [-강모음+ttle]의 형태

1	b**á**tt**le** (전투)	→	b**á**(배) • tt**le**(틀/를)	→	**배**틀 / **배**를
2	r**á**tt**le** (덜걱덜걱)	→	r**á**(뢔) • tt**le**(틀/를)	→	**뢔**틀 / **뢔**를
3	t**á**tt**le** (수다를 떨다)	→	t**á**(태) • tt**le**(틀/를)	→	**태**틀 / **태**를
4	br**á**tt**le** (덜컹덜컹 소리)	→	br**á**(브뢔) • tt**le**(틀/를)	→	브**뢔**틀 / 브**뢔**를
5	pr**á**tt**le** (재잘거리다)	→	pr**á**(프뢔) • tt**le**(틀/를)	→	프**뢔**틀 / 프**뢔**를
6	m**é**tt**le** (성미)	→	m**é**(메) • tt**le**(틀/를)	→	**메**틀 / **메**를
7	s**é**tt**le** (정착하다)	→	s**é**(쎄) • tt**le**(틀/를)	→	**쎄**틀 / **쎄**를
8	br**í**tt**le** (깨어지기 쉬운)	→	br**í**(브뤼) • tt**le**(틀/를)	→	브**뤼**틀 / 브**뤼**를
9	wh**í**tt**le** (깎다)	→	wh**í**(위) • tt**le**(틀/를)	→	**위**틀 / **위**를
10	thr**ó**tt**le** (연료 흡입)	→	thr**ó**(쓰「롸) • tt**le**(틀/를)	→	쓰「**롸**틀 / 쓰「**롸**를
11	sc**ú**tt**le** (석탄통)	→	sc**ú**(스스) • tt**le**(틀/를)	→	스**꺼**틀 / 스**꺼**를

다음 'Practice 3'에는 [-강모음+자음+tle] 형태의 단어들이 정리되어 있습니다. 겹자음은 아니지만 'mántle'처럼 [t] 앞에 다른 자음 [n]이 붙어서 결국 [-le] 앞에 자음이 2개(n과 t)가 붙어 있는 형태가 되죠? 이런 경우 'Practice 2'의 경우처럼 강모음이 각각 [a]는 '애', [e]는 '에', [i]는 '이', [o]는 '아', [u]는 '어'로 소리를 낸다

는 것은 여러 번 설명하고 공부했으니까 더 이상의 설명은 필요 없겠죠? 아래의 경우 키워드로 적당한 단어가 뭘까요? '신사'를 영어로 '젠틀맨'이라고 한다는 것쯤은 들어 보셨겠죠? 그럼 'géntle'은 어떨까요? 우리가 일상생활에서 많이 사용하는 단어니까 [-강모음+자음+tle] 형태의 다른 단어들을 끄집어내는 데는 가장 적당한 단어 같은데요. 자, 그럼 이런 구조로 되어 있는 단어들의 소리를 익혀볼까요?

Practice 3 | [-강모음+자음+tle]의 형태

1	m**á**nt**le** (망토)	→	m**á**n(맨) • t**le**(틀)	→	**맨틀**
2	t**ú**rt**le** (거북이)	→	t**ú**r(터어r) • t**le**(틀/를)	→	**터어r틀 / 터어r를**
3	d**á**rt**le** (연달아 쏘다)	→	d**á**r(다어r) • t**le**(틀/를)	→	**다어r틀 / 다어r를**
4	st**á**rt**le** (깜짝 놀라게 하다)	→	st**á**r(스따어r) • t**le**(틀/를)	→	**스따어r틀 / 스따어r를**
5	ch**ó**rt**le** (크게 웃다)	→	ch**ó**r(초어r) • t**le**(틀/를)	→	**초어r틀 / 초어r를**

오른쪽 'Practice 4'를 공부하기 전에 '-틀'로 발음되는 [**-tel**] 형태의 단어 'pastel'을 잠깐 소개할게요. 보통 미술 시간에 사용하는 '색분필'을 그냥 우리가 일상적으로 '파스텔'로 사용하고 있는데, 바로 이 단어가 'pastel'이지요. 그런데 '파스텔' 역시 우리 식 발음인 것은 아시죠? [-강모음+자음+tel]의 형태에서도 [a]는 '애'로 발음해야 하지요. [**-tel**]도 '-텔'이 아니라 '-틀'로 발음해야 하니까, 'pastel'은 '패스틀'로 발음해야 합니다.

또 '접미사의 소리를 찾아서'에서 배웠듯이 'fátal'과 'vítal'처럼 형용사의 어미로 쓰이는 '-틀'이 있었습니다. 바로 [**-tal**] 형태이지요. [-강모음+tal]의 형태여서 모음 [a]는 '에이'로, 모음 [i]는 '아이'로 발음해야 하며, 따라서 'fátal'과 'vítal'은 각각 '페f이를'과 '바v이를'로 발음합니다. 강모음과 약모음 사이에 있는 자음 [t]를 'ㅌ'가 아닌 'ㄹ'로 발음해야 하는 것도 주의해야 합니다. 그럼 영어의 끝소리 '-틀'은 [**-tle**], [**-ttle**], [**-tel**], [**-tal**]의 4가지 형태가 있겠네요.

자, 이제 여러분이 마무리할 시간입니다. 준비됐죠?

Practice 4 | –틀 / –를 [–tle], [–ttle]

● [–강모음+tle] 형태의 단어에서 강모음이 알파벳 이름으로 소리가 나는 경우

t**í**t**le** 제목				

● 겹자음 [–tt]가 붙은 [–ttle] 형태의 단어에서 강모음이 기본 발음 소리가 나는 경우

b**á**tt**le** 전투	c**á**tt**le** 가축	r**á**tt**le** 덜걱덜걱	t**á**tt**le** 수다를 떨다	br**á**tt**le** 덜컹덜컹 소리	pr**á**tt**le** 재잘거리다
k**é**tt**le** 주전자	m**é**tt**le** 성미	s**é**tt**le** 정착하다	l**í**tt**le** 작은	br**í**tt**le** 깨어지기 쉬운	wh**í**tt**le** 깎다
b**ó**tt**le** 병	thr**ó**tt**le** 연료흡입	sc**ú**tt**le** 석탄통	sh**ú**tt**le** 왕복열차		

● [–강모음+자음 2개+le] 형태의 단어에서도 강모음이 기본 발음 소리가 나는 경우

m**á**nt**le** 망토	g**é**nt**le** 부드러운	s**ú**bt**le** 미묘한	d**á**rt**le** 연달아 쏘다	st**á**rt**le** 깜짝 놀라게 하다
ch**ó**rt**le** 크게 웃다	h**ú**rt**le** 돌진하다	t**ú**rt**le** 거북이		

-zzle

[-쯜]의 소리를 찾아서

[z]의 소리는 우리말로 'ㅈ'로 표기하지만, 실제 발음상에서는 'ㅈ'와는 다른 소리라고 배웠지요? 사실 제 개인적으로도 [f]나 [r]보다는 이 [z] 발음이 더 어렵습니다. 지금도 원어민 앞에서 [z] 발음에 관한 한 항상 작아집니다. 따라서 여러분들도 저와 같은 어려움을 겪지 않으려면 부단한 연습이 필요하다는 말입니다.

그럼 [z]는 어떻게 발음해야 한다고 했지요? 앞에서 배웠지만 [s]와 발성 구조는 같다고 했습니다. 이가 보일 정도로 입 모양을 옆으로 벌리고 위 아랫니가 거의 닿을 정도로 한 후, 혀끝이 윗잇몸에 거의 닿도록 하여 강한 바람을 내보내면서 내는 소리입니다. 단 [s]와 다른 것은 [z]는 유성음이므로 성대를 울려야 하지요. 흔히 우리말에 'ㅈ' 발음이 있는데 영어의 [z]는 우리말의 'ㅈ'과 확연히 다른 발음이며, 발성법이 [s]와 같기 때문에 차라리 우리말의 'ㅅ'와 더 유사하다고 볼 수 있지요.

그럼 원어민에 가깝게 발음하려면 어떻게 발음 연습을 하는 것이 효과적일까요? 위 아랫니가 거의 닿을 정도로 한 후, 혀끝이 윗잇몸에 거의 닿도록 한 상태에서 유성음으로 'ㅅ' 하고 발음하면 됩니다. 간단히 말하면 'ㅅㅅㅅ'를 발음하다가 손가락들을 성대에 대고 성대를 떨면서 'ㅇ' 소리를 내보거나, 이런 방법도 잘 안 되면 먼저 'ㅇㅇㅇ' 하고 성대를 떤 후 'ㅅ' 하고 발음해 보세요. 이때 'ㅇㅅ'에서 'ㅇ'를 약하게 발음하면 쉽게 연습할 수 있습니다.

그런데 'púzzle'과 같이 겹자음 [zz]가 붙은 [**-zzle**] 형태의 단어에서 [zz]는 위의 [z]와는 다른 소리입니다. 'pízza'를 예로 들면, '피자'가 아니라 '피짜'에 가깝습니다. [zz]의 '쯔'를 발음할 때 [s]의 발성법과 같이 위 아랫니가 거의 닿을 정도로 약간 벌린 후, 혀의 중간 부분이 윗잇몸에 거의 닿도록 내밀면서 '쯔' 하고 발음해야 합니다. 따라서 [**-zzle**]은 '-즐'이 아니라 '-쯜' 하고 발음하면 됩니다.

'수수께끼'나 '퀴즈'를 의미하는 'púzzle'은 '퍼즐'이 아니라 '퍼쯜' 하고 발음하며, '수도관의 주둥이'를 뜻하는 'nózzle'은 더 이상 '노즐'이 아니라 '나쯜' 하고 발음해야 합니다.

아래의 'Practice'에 정리된 단어를 보면 알겠지만 영어 단어 끝소리 '-쯜'은 [**-zle**] 형태의 단어는 극히 희박하고, 'púzzle'과 'nózzle'과 같이 겹자음 [zz]가 붙은 [**-zzle**] 형태의 단어만 보입니다. 따라서 [**-zzle**]의 모음은 [a]는 '애', [e]는 '에', [i]는 '이', [o]는 '아', [u]는 '어'로 소리를 내서 발음하면 됩니다. 그럼 철자 [zz]의 발음에 주의하면서 [**-zzle**]의 '-쯜' 소리를 익혀 볼까요?

Practice | -쯜 [-zzle]

1	dá**zzle** (눈을 부시게 하다)	→	dá(대) • **zzle**(쯜)	→	대쯜
2	rá**zzle** (야단법석)	→	rá(래) • **zzle**(쯜)	→	래쯜
3	frá**zzle** (닳아 떨어지다)	→	frá(프래) • **zzle**(쯜)	→	프래쯜
4	frí**zzle** (지지다)	→	frí(프뤼) • **zzle**(쯜)	→	프뤼쯜
5	grí**zzle** (회색이 되다)	→	grí(그뤼) • **zzle**(쯜)	→	그뤼쯜
6	sí**zzle** (지글지글 소리 나다)	→	sí(씨) • **zzle**(쯜)	→	씨쯜
7	nó**zzle** (수도관 주둥이)	→	nó(나) • **zzle**(쯜)	→	나쯜
8	gú**zzle** (폭음하다)	→	gú(거) • **zzle**(쯜)	→	거쯜
9	mú**zzle** (재갈)	→	mú(머) • **zzle**(쯜)	→	머쯜
10	nú**zzle** (코로 비비다)	→	nú(너) • **zzle**(쯜)	→	너쯜

11	pú**zzle** (당황하게 하다)	→	pú(퍼) · **zzle**(쯜)	→	퍼쯜

Practice 2 | '–쯜' [–zzle]

dá**zzle** 눈을 부시게 하다	rá**zzle** 야단법석	frá**zzle** 닳아 떨어지다	frí**zzle** 지지다	grí**zzle** 회색이 되다
sí**zzle** 지글지글 소리나다	nó**zzle** 수도관 주둥이	gú**zzle** 폭음하다	mú**zzle** 재갈	nú**zzle** 코로 비비다
pú**zzle** 당황하게 하다				

요점정리

1. [–zzle]은 'zz(쯔)+l(을)+e(x) = –쯜'로 들릴 듯 말 듯 흘려서 발음한다.

011

-stle

[-쓸]의 소리를 찾아서

'박치기 왕 김일'선수를 아시나요? 지금은 야구와 축구가 스포츠의 대세이지만 70년대에는 '권투'와 '레슬링'이 국민 스포츠로 각광받았죠. 많은 레슬링 선수 중에서 유독 우리 국민의 자랑이자 자부심이었던 선수가 '김일'이었습니다. 특히 일본 선수의 변칙과 반칙 속에 온몸이 피투성이가 되어 거의 패배의 직전에서 상대방의 이마에 방아를 찧듯 박치기를 퍼부어 온 국민을 열광의 도가니에 빠트렸던 영웅이었지요.

이 '레슬링' (wrestling)의 'wrestle'에 우리가 배울 '-쓸'이 있습니다. 바로 [-**stle**]이지요. 그런데 '-쓸'이 [-**sle**]이나 [-**ssle**]의 형태가 아니지요? 물론 'measles'라는 단어가 있긴 하지만 이 [-**sle**]은 '-쓸'이 아니라 [s]가 [z] 발음으로 '-즐'로 발음되지요. '홍역'이라는 'measles'는 '미이즐즈'로 발음해야 합니다. 이 [-**sle**]과 소리의 차별화를 두기 위해 '-쓸'을 [-**stle**]로 표기한 것 같아요. [-**stle**]에서 자음 [t]는 묵음이 되겠지요? 또 앞 장에서 설명했듯이 '-쓸'을 발음할 때 [s]와 발성법에 주의해야 합니다. 이가 보일 정도로 입 모양을 옆으로 벌리고 위 아랫니가 거의 닿을 정도로 한 후, 혀끝이 윗잇몸에 거의 닿도록 하여 강한 바람을 내보내면서 '-쓸' 하고 발음해야 합니다.

'wrestle' 외에 [-**stle**]의 형태로 우리가 익히 알고 있는 단어가 있지요. 운동 경기에서 주심이 부는 '호각'이나 '휘파람'을 뜻하는 'whistle'이라는 단어 말입니다. 보통 '휘슬'이라고도 사용하는데, 여러분들이 잘 알다시피 [wh-] 형태의 단어에서 [h]가 묵음이 되기 때문에 정확한 발음은 '위쓸'이 맞는 소리입니다. 'wrestle'은 [wr-] 형태의 단어에서 [w]가 묵음이 되기 때문에 '뤠쓸'이라고 발음합니다.

그럼 [-**stle**] 앞에 위치한 모음의 소리는 어떻게 날까요? 비록 [-**stle**]에 있는 자음 [t]가 묵음이라 소리는 없지만 [s]와 더불어 [-st-]의 형태가 되면서 자음이 2개가 붙어 있는 형태입니다. 이렇게 [-강모음+stle] 형태의 단어에서도 각각의 모음 [a]는 '애', [e]는 '에', [i]는 '이', [o]는 '아', [u]는 '어'와 같이 기본 발음 소리를 내야겠지요.

이제 이 책의 마지막 'Practice'활동입니다. 여기까지 저와 함께하면서 지루하지만 많은 효과를 보았으리라 믿습니다. 이 페이지를 넘기는 순간 책장에 꽂아 두지 말고 몇 번이고 반복학습을 하세요.

그럼 시작해 볼까요?

Practice | –쓸 [–stle]

1	apó**stle** (사도)	→	a(어) • pó(파) • **stle**(쓸)	→	어파**쓸**
2	cá**stle** (성)	→	cá(캐) • **stle**(쓸)	→	캐**쓸**
3	né**stle** (기분 좋게 눕다)	→	né(네) • **stle**(쓸)	→	네**쓸**
4	wré**stle** (맞붙어 싸우다)	→	wré(뤠) • **stle**(쓸)	→	뤠**쓸**
5	brí**stle** (강모)	→	brí(브뤼) • **stle**(쓸)	→	브뤼**쓸**
6	whí**stle** (휘파람)	→	whí(위) • **stle**(쓸)	→	위**쓸**
7	epí**stle** (서한)	→	e(이) • pí(피) • **stle**(쓸)	→	이피**쓸**
8	jó**stle** (팔꿈치로 밀다)	→	jó(좌) • **stle**(쓸)	→	좌**쓸**
9	bú**stle** (부산하게 움직이다)	→	bú(버) • **stle**(쓸)	→	버**쓸**
10	hú**stle** (밀어젖히고 나가다)	→	hú(허) • **stle**(쓸)	→	허**쓸**
11	rú**stle** (바스락거리다)	→	rú(뤄) • **stle**(쓸)	→	뤄**쓸**

Practice 2 | –쓸 [–stle]

apó**stle** 사도	cá**stle** 성	né**stle** 기분 좋게 눕다	wré**stle** 맞붙어 싸우다	brí**stle** 강모
whí**stle** 휘파람	epí**stle** 서한	jó**stle** 팔꿈치로 밀다	bú**stle** 부산떨다	hú**stle** 거칠게 밀다
rú**stle** 바스락거리다				

요점정리

1. [–**stle**]은 's(쓰)+t(x)+l(을)+e(x) = –쓸'로 들릴 듯 말 듯 흘려서 발음한다.

종합 복습 (Total Review)

기타 철자

수고하셨습니다. 이제 '기타 철자 발음'을 종합적으로 복습하면서 이 책을 마무리하려 합니다. 철자와 소리 관계를 생각하면서 스스로 발음해 보세요.

발성법 | 소리를 어떻게 낼까요?

01 [-ge], [-dge]는 들릴 듯 말 듯 '-쥐'로 발음한다.

02 [-et]은 들릴 듯 말 듯 '-잍'으로 발음한다.

03 [-ble], [-bble]은 들릴 듯 말 듯 '-블'로 발음한다.

04 [-cle], [-kle] ,[-ckle]은 들릴 듯 말 듯 '-클'로 발음한다.

05 [-dle], [-ddle]은 들릴 듯 말 듯 '-들' 또는 '-를'로 발음한다.

06 [-fle], [-ffle]은 들릴 듯 말 듯 '-풀f'로 발음한다.

07 [-gle], [-ggle]은 들릴 듯 말 듯 '-글'로 발음한다.

08 [-ple], [-pple]은 들릴 듯 말 듯 '-플'로 발음한다.

09 [-tle], [-ttle], [-tel], [-tal]은 들릴 듯 말 듯 '-틀' 또는 '-를'로 발음한다.

10 [-zzle]은 들릴 듯 말 듯 '-즐'로 발음한다.

11 [-stle]은 들릴 듯 말 듯 '-쓸'로 발음한다.

1 –ge, dge [–쥐]의 소리를 찾아서

요점정리

1. [–ge]와 [–dge]는 'd(ㅈ)+g(즈)+e(이) = –쥐'로 들릴 듯 말 듯 흘려서 발음한다.
2. '–모음+자음+ge' / '–모음+dge'

Practice 1 | –쥐 [–ge] (1)

1	bar**ge** (유람선)	→	bar(바어r) • **ge**(쥐)	→	바어r쥐
2	lar**ge** (큰)	→	lar(라어r) • **ge**(쥐)	→	라어r쥐
3	char**ge** (과하다)	→	char(촤어r) • **ge**(쥐)	→	촤어r쥐
4	barrá**ge** (질문공세)	→	ba(버) • rrár(롸어r) • **ge**(쥐)	→	버롸어r쥐
5	hin**ge** (경첩)	→	hin(힌) • **ge**(쥐)	→	힌쥐
6	crin**ge** (아첨)	→	crin(크륀) • **ge**(쥐)	→	크륀쥐
7	infrín**ge** (어기다)	→	in(인) • frín(프륀) • **ge**(쥐)	→	인프륀쥐
8	pur**ge** (정화하다)	→	pur(퍼어r) • **ge**(쥐)	→	퍼어r쥐
9	délu**ge** (대홍수)	→	dé(데) • lu(루우) • **ge**(쥐)	→	델루우쥐
10	avén**ge** (원수를 갚다)	→	a(어) • vén(벤v) • **ge**(쥐)	→	어벤v쥐

Practice 2 | –쥐 [–ge] (2)

bar**ge** 유람선	lar**ge** 받아들이다	char**ge** 과하다	dischár**ge** 짐을 내리다	barrá**ge** 질문공세
bin**ge** 법석대는 술잔치	hin**ge** 경첩	sin**ge** 조금 태우다	tin**ge** 엷은 색조	crin**ge** 아첨
frin**ge** 가장자리	infrín**ge** 어기다	pur**ge** 정화하다	bul**ge** 부풀다	délu**ge** 대홍수
avén**ge** 원수를 갚다	besíe**ge** 포위 공격하다			

Practice 3 | –쥐 [–dge] (1)

1	ba**dge** (배지)	→	ba(배) • **dge**(쥐)	→	배**쥐**
2	e**dge** (가장자리)	→	e(에) • **dge**(쥐)	→	에**쥐**
3	we**dge** (쐐기)	→	we(웨) • **dge**(쥐)	→	웨**쥐**
4	ri**dge** (산등성이)	→	ri(뤼) • **dge**(쥐)	→	뤼**쥐**
5	do**dge** (피하다)	→	do(다) • **dge**(쥐)	→	다**쥐**
6	ju**dge** (판사)	→	ju(줘) • **dge**(쥐)	→	줘**쥐**
7	gru**dge** (악의)	→	gru(그뤄) • **dge**(쥐)	→	그뤄**쥐**
8	cártri**dge** (탄약통)	→	cár(카아) • tri(츄뤼) • **dge**(쥐)	→	카아츄뤼**쥐**

Practice 4 | –쥐 [–dge] (2)

ba**dge** 배지	e**dge** 가장자리	he**dge** 생울타리	le**dge** 돌출부	we**dge** 쐐기
ri**dge** 산등성이	bri**dge** 다리	do**dge** 날쌔게 피하다	lo**dge** 하숙하다	fu**dge** 날조
ju**dge** 판사	nu**dge** 팔꿈치로 찌르다	dru**dge** 열심히 하다	gru**dge** 악의	tru**dge** 터벅터벅 걷다
cártri**dge** 탄약통				

Practice 5 | –에이쥐 [–áge]

age 나이	c**age** 새장	g**age** 저당물	p**age** 페이지	r**age** 격노
s**age** 슬기로운	w**age** 임금	st**age** 단계	eng**áge** 약속하다	enr**áge** 화나게 하다

Practice 6 | –에인쥐 [–ánge]

chan**ge** 바꾸다	exchan**ge** 교환하다	stran**ge** 이상한

Practice 7 | –이쥐 [–age]

áver**age** 평균	stór**age** 저장	cább**age** 양배추	bónd**age** 속박	cárt**age** 짐수레	cóur**age** 용기
rúmm**age** 샅샅이 찾다	língu**age** 언어	béver**age** 음료수	cóver**age** 적용범위	fór**age** 마초	óutr**age** 불법
bréak**age** 파손	gárb**age** 쓰레기	bánd**age** 붕대	bágg**age** 수화물	cárn**age** 살육	lúgg**age** 수화물
ím**age** 인상	dám**age** 손해	mán**age** 다루다	méss**age** 메시지	hóst**age** 인질	vínt**age** 포도수확
vánt**age** 우월	cótt**age** 시골집	vís**age** 용모	ráv**age** 황폐	sáv**age** 야만적인	sálv**age** 해난구조
vóy**age** 항해	cárri**age** 탈것	súffr**age** 투표권	advánt**age** 유리	encóur**age** 격려하다	discóur**age** 낙담시키다

2 –et [–잍]의 소리를 찾아서

요점정리

1. [–et]는 'e(이)+t(ㅌ) = –잍'으로 들릴 듯 말 듯 흘려서 발음한다.

Practice 1 | –잍 [–et]

1	márk**et** (시장)	→	már(마어r) • k**et**(킽)	→	마어r**킽**
2	ráck**et** (라켓)	→	rá(뢔) • ck**et**(킽)	→	뢔**킽**
3	póck**et** (호주머니)	→	pó(파) • ck**et**(킽)	→	파**킽**
4	sóck**et** (꽂는 구멍)	→	só(싸) • ck**et**(킽)	→	싸**킽**
5	brácel**et** (팔찌)	→	brá(브뤠이) • ce(쓰) • l**et**(맅)	→	브뤠이쓸**맅**
6	pámphl**et** (팸플릿)	→	pámph(팸프f) • l**et**(맅)	→	팸플f**맅**
7	ómel**et** (오믈렛)	→	ó(아) • me(머) • l**et**(맅)	→	아멀**맅**
8	óutl**et** (배출구)	→	óut(아웉) • l**et**(맅)	→	아웉**맅**

9	cábin**et** (캐비닛)	→	cá(캐) • bi(버) • n**et**(닡)	→	캐버**닡**
10	cárp**et** (양탄자)	→	cár(카어^{r}) • p**et**(핕)	→	카어^{r}**핕**

Practice 2 | –잍 [–et]

	[–et]	→	한국식 발음	→	영어식 발음
1	mark**et** (시장)	→	마켓	→	마어^{r}**킽**
2	ráck**et** (라켓)	→	라켓	→	뢔**킽**
3	póck**et** (호주머니)	→	포켓	→	파**킽**
4	sóck**et** (꽂는 구멍)	→	소켓	→	싸**킽**
5	róck**et** (로켓)	→	로켓	→	롸**킽**
6	pámphl**et** (팸플릿)	→	팸플릿	→	팸플^{f}**맅**
7	ómel**et** (오믈렛)	→	오믈렛	→	아멀**맅**
8	óutl**et** (배출구)	→	아울렛	→	아웉**맅**
9	cábin**et** (캐비닛)	→	캐비닛	→	캐버**닡**
10	cárp**et** (양탄자)	→	카펫	→	카어^{r}**핕**

Practice 3 | –잍 [–et]

márk**et** 시장	básk**et** 바구니	blánk**et** 담요	bráck**et** 까치발	cásk**et** 작은 상자
ráck**et** 라켓	póck**et** 호주머니	róck**et** 로켓	sóck**et** 꽂는 구멍	críck**et** 귀뚜라미
búck**et** 양동이	bóokl**et** 소책자	brácel**et** 팔찌	búll**et** 탄알	círcl**et** 작은 원
cróssl**et** 소(小)십자	cútl**et** 커틀릿	pámphl**et** 팸플릿	néckl**et** 목걸이	léafl**et** 작은 잎
ómel**et** 오믈렛	óutl**et** 배출구	stréaml**et** 실개천	ríngl**et** 작은 고리	wrístl**et** 팔찌
cábin**et** 캐비닛	cóv**et** 몹시 탐내다	clós**et** 벽장	plán**et** 행성	cárp**et** 양탄자

3 −ble, −bble [−블]의 소리를 찾아서

요점정리

1. [−ble]과 [−bble]은 'bb(ㅂ)+l(을)+e(x) = −블'로 들릴 듯 말 듯 흘려서 발음한다.

Practice | −블 [−ble], [−bble]

1	á**ble** (유능한)	→	á(에이) · **ble**(블)	→	에이블
2	cá**ble** (전선)	→	cá(케이) · **ble**(블)	→	케이블
3	nó**ble** (고귀한)	→	nó(노우) · **ble**(블)	→	노우블
4	bá**bble** (종알거리다)	→	bá(배) · **bble**(블)	→	배블
5	pé**bble** (조약돌)	→	pé(페) · **bble**(블)	→	페블
6	scrí**bble** (갈겨쓰다)	→	scrí(스끄뤼) · **bble**(블)	→	스끄뤼블
7	gám**ble** (도박하다)	→	gám(갬) · **ble**(블)	→	갬블
8	múm**ble** (중얼거리다)	→	múm(멈) · **ble**(블)	→	멈블

알고 갑시다

[−ble]과 [−bble] 앞의 모음 소리

- [−강모음+자음 1개 이하+le] 형태의 단어에서 강모음[a, e, i, o, u]는 알파벳 이름 '에이', '이이', '아이', '오우', '유우'로 소리가 나고,
- [−강모음+자음 2개, 혹은 겹자음+le] 형태의 단어에서 강모음 [a]는 '애', [e]는 '에', [i]는 '이', [o]는 '아', [u]는 '어'와 같이 기본 발음 소리가 난다.

Practice 1 | [-강모음+자음 1개이하+le]의 형태

1	áble (유능한)	→	á(에이) • ble(블)	→	에이블
2	cáble (전선)	→	cá(케이) • ble(블)	→	케이블
3	fáble (우화)	→	fá(풰^{f}이) • ble(블)	→	풰^{f}이블
4	gáble (박공)	→	gá(게이) • ble(블)	→	게이블
5	sáble (담비)	→	sá(쎄이) • ble(블)	→	쎄이블
6	táble (탁자)	→	tá(테이) • ble(블)	→	테이블
7	stáble (안정된)	→	stá(스떼이) • ble(블)	→	스떼이블
8	nóble (고귀한)	→	nó(노우) • ble(블)	→	노우블
9	Bíble (성경)	→	Bí(바이) • ble(블)	→	바이블

Practice 2 | [-강모음+겹자음+le]의 형태 (1)

1	bábble (종알거리다)	→	bá(배) • bble(블)	→	배블
2	dábble (철버덕거리다)	→	dá(대) • bble(블)	→	대블
3	gábble (지껄이다)	→	gá(개) • bble(블)	→	개블
4	rábble (오합지졸)	→	rá(뢔) • bble(블)	→	뢔블
5	níbble (조금씩 먹다)	→	ní(니) • bble(블)	→	니블
6	cóbble (조약돌)	→	có(카) • bble(블)	→	카블
7	hóbble (다리를 절다)	→	hó(하) • bble(블)	→	하블
8	búbble (거품)	→	bú(버) • bble(블)	→	버블
9	stúbble (그루터기)	→	stú(스떠) • bble(블)	→	스떠블

Practice 3 | [-강모음+겹자음+le]의 형태 (2)

bábble 더듬거리며 말하다	drábble 흙탕물에 젖다	dábble 철버덕거리다	gábble 빨리 지껄이다	rábble 오합지졸
scrábble 휘젓다	squábble 시시한 언쟁	pébble 조약돌	níbble 조금씩 먹다	scríbble 갈겨쓰다
bóbble 놓치다	cóbble 조약돌	góbble 게걸스레 먹다	hóbble 다리를 절다	nóbble 매수하다

wóbble 비틀비틀하다	búbble 거품	rúbble 벽돌 깨진 조각	stúbble 그루터기	

Practice 4 | [-강모음+자음2개+le]의 형태 (1)

1	gámble (도박하다)	→	gám(갬) • ble(블)	→	갬블
2	brámble (가시나무)	→	brám(브뢤) • ble(블)	→	브뢤블
3	assémble (모으다)	→	a(어) • ssém(쎔) • ble(블)	→	어쎔블
4	trémble (떨다)	→	trém(츄뤰) • ble(블)	→	츄뤰블
5	húmble (떨다)	→	húm(험) • ble(블)	→	험블
6	crúmble (산산이 부수다)	→	crúm(크뤔) • ble(블)	→	크뤔블
7	grúmble (투덜거리다)	→	grúm(그뤔) • ble(블)	→	그뤔블
8	stúmble (걸려 넘어지다)	→	stúm(스떰) • ble(블)	→	스떰블
9	scrámble (기어오르다)	→	scrám(스끄뢤) • ble(블)	→	스끄뢤블

Practice 5 | [-강모음+자음 2개+le]의 형태 (2)

gámble 도박하다	rámble 어슬렁거리다	brámble 가시나무	shámble 비틀비틀 걷다	scrámble 기어오르다
assémble 모으다	trémble 떨다	nímble 민활한	fúmble 손으로 더듬다	húmble 비천한
júmble 뒤범벅으로 만들다	múmble 중얼거리다	rúmble 우르르 소리 나다	crúmble 산산이 부수다	grúmble 투덜거리다
stúmble 걸려 넘어지다				

4 −cle, −kle, −ckle [−클]의 소리를 찾아서

요점정리

1. [−cle], [−kle]과 [−ckle]은 'c, k, ck(ㅋ)+l(을)+e(x) = −클'로 들릴 듯 말 듯 흘려서 발음한다.

Practice | −클 [−cle], [−kle], [−ckle]

1	bícy**cle** (자전거)	→	bí(바이) • cy(씨) • **cle**(클)	→	바이씨클
2	óbsta**cle** (장애)	→	óbs(압스) • ta(터) • **cle**(클)	→	압스터클
3	véhi**cle** (탈것)	→	vé(비이) • hi(히) • **cle**(클)	→	비이히클
4	crán**kle** (구부러지다)	→	crán(크랜) • **kle**(클)	→	크랭클
5	twín**kle** (반짝이다)	→	twín(트윈) • **kle**(클)	→	트윙클
6	dár**kle** (어둠 속에 잠기다)	→	dár(다아) • **kle**(클)	→	다아클
7	tá**ckle** (맞붙다)	→	tá(태) • **ckle**(클)	→	태클
8	pí**ckle** (오이 절임)	→	pí(피) • **ckle**(클)	→	피클
9	có**ckle** (새조개)	→	có(카) • **ckle**(클)	→	카클
10	chú**ckle** (낄낄 웃다)	→	chú(춰) • **ckle**(클)	→	춰클

알고 갑시다

앞 모음에 따른 [−cle], [−kle], [−ckle] 형태

- 3음절의 단어인 경우에 '−클'로 소리가 나면 [−cle]을 붙인다.
- '−클' 앞에 영어로 자음이 있고, 우리말 소리로 '−클' 앞소리가 받침 있는 발음이면 [−kle]로 쓴다.
- '−클' 소리 앞에 자음이 없고 모음이 바로 오면 [−ckle]로 표기한다.

Practice | -클 [-cle], [-kle], [-ckle]

● 3음절의 단어인 경우에 '-클'로 소리가 나면 [-cle]을 붙인다.

bícy**cle** 자전거	bíno**cle** 쌍안경	cir**cle** 원	cy**cle** 순환	míra**cle** 기적	óbsta**cle** 장애
párti**cle** 소량	véhi**cle** 탈것	óra**cle** 신탁	pína**cle** 뾰족한 봉우리	bínna**cle** 나침함	

● '-클' 앞에 자음이 있고, 소리로 '-클' 앞소리가 받침 있는 발음이면 [-kle]로 쓴다.

rán**kle** 곪다	crán**kle** 구부러지다	crín**kle** 주름	tín**kle** 딸랑딸랑 울리다	twín**kle** 반짝이다
sprín**kle** 흩뿌리다	wrín**kle** 주름	dár**kle** 어둠 속에 잠기다	spár**kle** 불꽃을 튀기다	

● '-클' 앞에 자음이 없고 모음이 바로 오면 [-ckle]로 표기한다.

tá**ckle** 맞붙다	crá**ckle** 바삭바삭 소리를 내다	shá**ckle** 수갑	mí**ckle** 많은	pí**ckle** 오이 절임
prí**ckle** 가시	sí**ckle** 낫	tí**ckle** 간질이다	trí**ckle** 똑똑 떨어지다	có**ckle** 새조개
bú**ckle** 혁대쇠	rú**ckle** 그르렁거리다	chú**ckle** 낄낄 웃다	knú**ckle** 손가락 관절	

5 -dle, -ddle [-들, -를]의 소리를 찾아서

요점정리

1. [-dle]과 [-ddle]은 'dd(드)+l(을)+e(x) = -를'로 들릴 듯 말 듯 흘려서 발음한다.

Practice | –들 / –를 [–dle], [–ddle]

1	lá**dle** (국자)	→	lá(레이) · **dle**(들/를)	→	레이들 / 레이를
2	crá**dle** (요람)	→	crá(크뤠이) · **dle**(들/를)	→	크뤠이들 / 크뤠이를
3	pá**ddle** (노)	→	pá(패) · **ddle**(들/를)	→	패들 / 패를
4	fí**ddle** (현악기)	→	fí(피ᶠ) · **ddle**(들/를)	→	피ᶠ들 / 피ᶠ를
5	mé**ddle** (간섭하다)	→	mé(메) · **ddle**(들/를)	→	메들 / 메를
6	có**ddle** (애지중지하다)	→	có(카) · **ddle**(들/를)	→	카들 / 카를
7	hú**ddle** (뒤죽박죽 주워 모으다)	→	hú(허) · **ddle**(들/를)	→	허들 / 허를
8	cán**dle** (양초)	→	cán(캔) · **dle**(들)	→	캔들
9	gír**dle** (띠)	→	gír(거어ʳ) · **dle**(들/를)	→	거어ʳ들 / 거어ʳ를
10	swín**dle** (사기 치다)	→	swín(스윈) · **dle**(들)	→	스윈들

알고 갑시다

[–dle], [–ddle] 앞의 모음 소리

● [–강모음+자음 1개 이하+le]의 형태의 단어에서 강모음[a, e, i, o, u]는 알파벳 이름 '에이', '이이', '아이', '오우', '유우'로 소리가 나고,

● [–강모음+자음 2개, 혹은 겹자음+le]의 형태의 단어에서 강모음 [a]는 '애', [e]는 '에', [i]는 '이', [o]는 '아', [u]는 '어'와 같이 기본 발음 소리가 난다.

Practice | –들, 를 [–dle], [–ddle]

● [–강모음+dle] 형태의 단어에서 강모음이 알파벳 이름으로 소리가 나는 경우

l**á**d**le** 국자	cr**á**d**le** 요람	**í**d**le** 태만한	s**í**d**le** 옆걸음질하다	br**í**d**le** 굴레

● 겹자음 [dd]가 붙은 [–ddle] 형태의 단어에서 강모음이 기본 발음 소리가 나는 경우

p**à**dd**le** 노	s**à**dd**le** 안장	str**à**dd**le** 걸터앉다	m**é**dd**le** 간섭하다	d**í**dd**le** 속이다	f**í**dd**le** 현악기

míddle 중앙	ríddle 수수께끼	códdle 응석부리게 하다	tóddle 아장아장 걷다	cúddle 껴안다	fúddle 취하게 하다
húddle 뒤죽박죽 주워 모으다	múddle 혼합하다	púddle 웅덩이			

● [-강모음+자음 2개+le] 형태의 단어에서도 강모음이 기본 발음 소리가 나는 경우

cándle 양초	dándle 귀여워하다	hándle 손잡이	kíndle 불을 붙이다	bríndle 얼룩빛	swíndle 사기 치다
búndle 다발	dáwdle 빈둥거리다	néedle 바늘	gírdle 띠	bóodle 패거리	húrdle 장애물

6 –fle, –ffle [–플^f]의 소리를 찾아서

요점정리

1. [–fle]과 [–ffle]은 'ff(프^f)+l(을)+e(x) = –플^f'로 들릴 듯 말 듯 흘려서 발음한다.

Practice | –플^f [–fle], [–ffle]

1	rífle (소총)	→	rí(롸이) · fle(플^f)	→	롸이플^f
2	stífle (숨 막히게 하다)	→	stí(스따이) · fle(플^f)	→	스따이플^f
3	trífle (사소한 일)	→	trí(츄롸이) · fle(플^f)	→	츄롸이플^f
4	báffle (좌절시키다)	→	bá(배) · ffle(플^f)	→	배플^f
5	ráffle (추첨식 판매법)	→	rá(뢔) · ffle(플^f)	→	뢔플^f
6	wáffle (와플)	→	wá(와) · ffle(플^f)	→	와플^f
7	sníffle (코를 훌쩍이다)	→	sní(스니) · ffle(플^f)	→	스니플^f
8	whíffle(가볍게 불다)	→	whí(위) · fle(플^f)	→	위플^f
9	múffle (몸을 감싸다)	→	mú(머) · fle(플^f)	→	머플^f

10	rúffle (난폭한)	→	rú(뤄) · fle(플[f])	→	뤄플[f]
11	scúffle (격투하다)	→	scú(스꺼) · fle(플[f])	→	스꺼플[f]
12	snúffle (코를 킁킁거리다)	→	snú(스너) · fle(플[f])	→	스너플[f]

알고 갑시다

[–fle], [–ffle] 앞의 모음 소리

- [–강모음+자음 1개 이하+le]의 형태의 단어에서 강모음[a, e, i, o, u]는 알파벳 이름 '에이', '이이', '아이', '오우', '유우'로 소리가 나고,
- [–강모음+자음 2개, 혹은 겹자음+le]의 형태의 단어에서 강모음 [a]는 '애', [e]는 '에', [i]는 '이', [o]는 '아', [u]는 '어'와 같이 기본 발음 소리가 난다.

Practice | –플[f] [–fle], [–ffle]

- [–강모음+fle] 형태의 단어에서 강모음이 알파벳 이름으로 소리가 나는 경우

rífle 소총	stífle 숨 막히게 하다	trífle 사소한 일

- 겹자음 [ff]가 붙은 [–ffle] 형태의 단어에서 강모음이 기본 발음 소리가 나는 경우

báffle 좌절시키다	ráffle 추첨식 판매법	wáffle 와플	sníffle 코를 훌쩍이다	whíffle 가볍게 불다
múffle 몸을 감싸다	rúffle 난폭한	scúffle 격투하다	snúffle 코를 킁킁거리다	

7 −gle, −ggle [−글]의 소리를 찾아서

요점정리

1. [−gle]과 [−ggle]은 'gg(ㄱ)+l(을)+e(x) = −글'로 들릴 듯 말 듯 흘려서 발음한다.

Practice 1 | [−강모음+ggle]의 형태

1	dr**á**gg**le** (질질 끌다)	→	dr**á**(쥬뢔) • gg**le**(글)	→	쥬**뢔**글
2	str**á**gg**le** (벗어나다)	→	str**á**(스뜨뢔) • gg**le**(글)	→	스뜨**뢔**글
3	j**í**gg**le** (가볍게 흔들다)	→	j**í**(기) • gg**le**(글)	→	**쥐**글
4	n**í**gg**le** (작은 일에 신경 쓴다)	→	n**í**(니) • gg**le**(글)	→	**니**글
5	sn**í**gg**le** (구멍낚시하다)	→	sn**í**(스니) • gg**le**(글)	→	스**니**글
6	w**í**gg**le** (꿈틀꿈틀 움직이다)	→	w**í**(위) • gg**le**(글)	→	**위**글
7	wr**í**gg**le** (꿈틀거리다)	→	wr**í**(뤼) • gg**le**(글)	→	**뤼**글
8	b**ó**gg**le** (멈칫하다)	→	b**ó**(바) • gg**le**(글)	→	**바**글
9	j**ó**gg**le** (가볍게 흔들다)	→	j**ó**(좌) • gg**le**(글)	→	**좌**글
10	t**ó**gg**le** (토글)	→	t**ó**(타) • gg**le**(글)	→	**타**글
11	m**ú**gg**le** (마리화나 담배)	→	m**ú**(머) • gg**le**(글)	→	**머**글

Practice 2 | [−강모음+자음+gle]의 형태

1	**á**ng**le** (각도)	→	**á**n(앤) • g**le**(글)	→	**앵**글
2	m**á**ng**le** (마구 베다)	→	m**á**n(맨) • g**le**(글)	→	**맹**글
3	t**á**ng**le** (얽히게 하다)	→	t**á**n(탠) • g**le**(글)	→	**탱**글
4	wr**á**ng**le** (말다툼하다)	→	wr**áa**n(뢩) • g**le**(글)	→	**뢩**글
5	s**í**ng**le** (오직 하나의)	→	s**í**n(씬) • g**le**(글)	→	**씽**글
6	t**í**ng**le** (얼얼하다)	→	t**í**n(틴) • g**le**(글)	→	**팅**글
7	sh**í**ng**le** (지붕널)	→	sh**í**n(쉰) • g**le**(글)	→	**쉥**글
8	g**u**rg**le** (꿀꺽 마시다)	→	g**u**r(거어r) • g**le**(글)	→	**거어r**글

Practice 3 | -글 [-gle], [-ggle]

● [-강모음+ggle]

h**á**gg**le** 옥신각신하다	dr**á**gg**le** 질질 끌다	str**á**gg**le** 흩어지다	g**í**gg**le** 킥킥 웃다	j**í**gg**le** 가볍게 흔들다	n**í**gg**le** 작은 일에 신경 쓴다
sn**í**gg**le** 구멍낚시하다	w**í**gg**le** 꿈틀꿈틀 움직이다	wr**í**gg**le** 꿈틀거리다	b**ó**gg**le** 멈칫하다	g**ó**gg**le** 보호 안경	j**ó**gg**le** 가볍게 흔들다
t**ó**gg**le** 토글	j**ú**gg**le** 요술을 부리다	m**ú**gg**le** 마리화나 담배	sm**ú**gg**le** 밀수입하다	sn**ú**gg**le** 기분 좋게 눕다	str**ú**gg**le** 다투다

● [-강모음+자음+gle]

án**gle** 각도	d**á**n**gle** 매달리다	m**á**n**gle** 마구 베다	t**á**n**gle** 얽히게 하다	str**á**n**gle** 교살하다	wr**á**n**gle** 말다툼하다
g**á**r**gle** 양치질하다	j**í**n**gle** 딸랑딸랑 울리다	m**í**n**gle** 섞다	s**í**n**gle** 하나의	t**í**n**gle** 얼얼하다	sh**í**n**gle** 지붕널
b**ú**n**gle** 실수를 하다	j**ú**n**gle** 밀림	b**ú**r**gle** 도둑질을 하다	g**ú**r**gle** 꿀꺽 마시다	sp**á**n**gle** 번쩍이게 하다	

8 -ple, -pple [-플]의 소리를 찾아서

요점정리

1. [-ple]과 [-pple]은 'pp(프)+l(을)+e(x) = -플'로 들릴 듯 말 듯 흘려서 발음한다.

Practice 1 | [-강모음+ple]의 형태

1	m**á**p**le** (단풍나무)	→	m**á**(메이) • p**le**(플)	→	**메**이플
2	st**á**p**le** (주요 산물)	→	st**á**(스떼이) • p**le**(플)	→	스**떼**이플
3	scr**ú**p**le** (양심의 가책)	→	scr**ú**(스끄루우) • p**le**(플)	→	스끄**루**우플

Practice 2 | [–강모음+pple]의 형태

1	**á**pp**le** (사과)	→	**á**(애) • pp**le**(플)	→	**애플**
2	d**á**pp**le** (얼룩무늬)	→	d**á**(대) • pp**le**(플)	→	**대플**
3	gr**á**pp**le** (붙잡다)	→	gr**á**(그뢔) • pp**le**(플)	→	그**뢔플**
4	r**í**pp**le** (잔물결)	→	r**í**(뤼) • pp**le**(플)	→	**뤼플**
5	cr**í**pp**le** (절뚝발이)	→	cr**í**(크뤼) • pp**le**(플)	→	크**뤼플**
6	t**í**pp**le** (독한 술)	→	t**í**(티) • pp**le**(플)	→	**티플**

Practice 3 | [–강모음+자음+ple]의 형태

1	**á**mp**le** (광대한)	→	**á**m(앰) • p**le**(플)	→	**앰플**
2	s**á**mp**le** (견본)	→	s**á**m(쌤) • p**le**(플)	→	**쌤플**
3	ex**á**mp**le** (보기)	→	ex**á**m(익잼) • p**le**(플)	→	익**잼플**
4	tr**á**mp**le** (짓밟다)	→	tr**á**m(츄뢤) • p**le**(플)	→	츄**뢤플**
5	cr**í**mp**le** (주름)	→	cr**í**m(크륌) • p**le**(플)	→	크**륌플**
6	s**í**mp**le** (간단한)	→	s**í**m(씸) • p**le**(플)	→	**씸플**

Practice 4 | '–플' [–ple], [–pple]

● [–강모음+ple] 형태의 단어에서 강모음이 알파벳 이름으로 소리가 나는 경우

m**á**p**le** 단풍나무	st**á**p**le** 주요 산물	scr**ú**p**le** 양심의 가책

● 겹자음 [–pp]가 붙은 [–pple] 형태의 단어에서 강모음이 기본 발음 소리가 나는 경우

ápp**le** 사과	d**á**pp**le** 얼룩무늬	gr**á**pp**le** 붙잡다	r**í**pp**le** 잔물결	cr**í**pp**le** 절뚝발이
t**í**pp**le** 독한 술	st**í**pp**le** 점묘 작품	p**ó**pp**le** 거품이 일다	t**ó**pp**le** 무너지다	s**ú**pp**le** 나긋나긋한

● [–강모음+자음 2개+le] 형태의 단어에서도 강모음이 기본 발음 소리가 나는 경우

ámp**le** 광대한	s**á**mp**le** 견본	ex**á**mp**le** 보기	tr**á**mp**le** 짓밟다	t**é**mp**le** 신전	cr**í**mp**le** 주름

símple 간단한	wímple 두건	rúmple 옷을 구기다	crúmple 구기다	púrple 자색	

9 –tle, –ttle, –tel, –tal [–틀, –를]의 소리를 찾아서

요점정리

1. [–tle]과 [–ttle]은 'tt(트)+l(을)+e(x) = –틀 / –를'로 들릴 듯 말 듯 흘려서 발음한다.

Practice 1 | [–강모음+tle]의 형태

1	tí**tle** (제목)	→	tí(타이) • **tle**(틀/를)	→	'타이틀 / 타이를'

Practice 2 | [–강모음+ttle]의 형태

1	b**á**ttle (전투)	→	b**á**(배) • tt**le**(틀/를)	→	배틀 / 배를
2	r**á**ttle (덜걱덜걱)	→	r**á**(뢔) • tt**le**(틀/를)	→	뢔틀 / 뢔를
3	t**á**ttle (수다를 떨다)	→	t**á**(태) • tt**le**(틀/를)	→	태틀 / 태를
4	br**á**ttle (덜컹덜컹 소리)	→	br**á**(브뢔) • tt**le**(틀/를)	→	브뢔틀 / 브뢔를
5	pr**á**ttle (재잘거리다)	→	pr**á**(프뢔) • tt**le**(틀/를)	→	프뢔틀 / 프뢔를
6	m**é**ttle (성미)	→	m**é**(메) • tt**le**(틀/를)	→	메틀 / 메를

Practice 3 | [–강모음+자음+tle]의 형태

1	m**á**nt**le** (망토)	→	m**á**n(맨) • t**le**(틀)	→	맨틀
2	t**ú**rt**le** (거북이)	→	t**ú**r(터어r) • t**le**(틀/를)	→	터어r틀 / 터어r를
3	d**á**rt**le** (연달아 쏘다)	→	d**á**r(다어r) • t**le**(틀/를)	→	다어r틀 / 다어r를
4	st**á**rt**le** (깜짝 놀라게 하다)	→	st**á**r(스따어r) • t**le**(틀/를)	→	스따어r틀 / 스따어r를
5	ch**ó**rt**le** (크게 웃다)	→	ch**ó**r(초어r) • t**le**(틀/를)	→	초어r틀 / 초어r를

Practice 4 | -틀 / -를 [-tle], [-ttle]

● [-강모음+tle] 형태의 단어에서 강모음이 알파벳 이름으로 소리가 나는 경우

title 제목				

● 겹자음 [-tt]가 붙은 [-ttle] 형태의 단어에서 강모음이 기본 발음 소리가 나는 경우

battle 전투	cattle 가축	rattle 덜걱덜걱	tattle 수다를 떨다	brattle 덜컹덜컹 소리
prattle 재잘거리다	kettle 주전자	mettle 성미	settle 정착하다	little 작은
brittle 깨어지기 쉬운	whittle 깎다	bottle 병	throttle 연료 흡입	scuttle 석탄통
shuttle 왕복열차				

● [-강모음+자음 2개+le] 형태의 단어에서도 강모음이 기본 발음 소리가 나는 경우

mántle 망토	géntle 부드러운	súbtle 미묘한	dártle 연달아 쏘다	stártle 깜짝 놀라게 하다
chórtle 크게 웃다	húrtle 돌진하다	túrtle 거북이		

10 −zzle [−쯜]의 소리를 찾아서

요점정리

1. [−zzle]은 'zz(즈)+l(을)+e(x) = −쯜'로 들릴 듯 말 듯 흘려서 발음한다.

Practice 1 | −쯜 [−zzle]

1	d**á**zz**le** (눈을 부시게 하다)	→	d**á**(대) • zz**le**(쯜)	→	**대쯜**
2	r**á**zz**le** (야단법석)	→	r**á**(뢔) • zz**le**(쯜)	→	**뢔쯜**
3	fr**á**zz**le** (닳아 떨어지다)	→	fr**á**(프뢔) • zz**le**(쯜)	→	**프뢔쯜**
4	fr**í**zz**le** (지지다)	→	fr**í**(프뤼) • zz**le**(쯜)	→	**프뤼쯜**
5	gr**í**zz**le** (회색이 되다)	→	gr**í**(그뤼) • zz**le**(쯜)	→	**그뤼쯜**
6	s**í**zz**le** (지글지글 소리 나다)	→	s**í**(씨) • zz**le**(쯜)	→	**씨쯜**
7	n**ó**zz**le** (수도관 주둥이)	→	n**ó**(나) • zz**le**(쯜)	→	**나쯜**
8	g**ú**zz**le** (폭음하다)	→	g**ú**(거) • zz**le**(쯜)	→	**거쯜**
9	m**ú**zz**le** (재갈)	→	m**ú**(머) • zz**le**(쯜)	→	**머쯜**
10	n**ú**zz**le** (코로 비비다)	→	n**ú**(너) • zz**le**(쯜)	→	**너쯜**
11	p**ú**zz**le** (당황하게 하다)	→	p**ú**(퍼) • zz**le**(쯜)	→	**퍼쯜**

Practice 2 | −쯜 [−zzle]

dázz**le** 눈을 부시게 하다	rázz**le** 야단법석	frázz**le** 닳아 떨어지다	frízz**le** 지지다	grízz**le** 회색이 되다
sízz**le** 지글지글 소리나다	nózz**le** 수도관 주둥이	gúzz**le** 폭음하다	múzz**le** 재갈	núzz**le** 코로 비비다
púzz**le** 당황하게 하다				

11 –stle [–쓸]의 소리를 찾아서

요점정리

1. [–stle]은 's(쓰)+t(x)+l(을)+e(x) = –쓸'로 들릴 듯 말 듯 흘려서 발음한다.

Practice 1 | –쓸 [–stle]

1	ap**ó**st**le** (사도)	→	a(어) • p**ó**(파) • st**le**(쓸)	→	어**파쓸**
2	c**á**st**le** (성)	→	c**á**(캐) • st**le**(쓸)	→	**캐쓸**
3	n**é**st**le** (기분 좋게 눕다)	→	n**é**(네) • st**le**(쓸)	→	**네쓸**
4	wr**é**st**le** (맞붙어 싸우다)	→	wr**é**(뤠) • st**le**(쓸)	→	**뤠쓸**
5	br**í**st**le** (강모)	→	br**í**(브뤼) • st**le**(쓸)	→	브**뤼쓸**
6	wh**í**st**le** (휘파람)	→	wh**í**(위) • st**le**(쓸)	→	**위쓸**
7	ep**í**st**le** (서한)	→	e(이) • p**í**(피) • st**le**(쓸)	→	이**피쓸**
8	j**ó**st**le** (팔꿈치로 밀다)	→	j**ó**(좌) • st**le**(쓸)	→	**좌쓸**
9	b**ú**st**le** (부산하게 움직이다)	→	b**ú**(버) • st**le**(쓸)	→	**버쓸**
10	h**ú**st**le** (밀어젖히고 나가다)	→	h**ú**(허) • st**le**(쓸)	→	**허쓸**
11	r**ú**st**le** (바스락거리다)	→	r**ú**(뤄) • st**le**(쓸)	→	**뤄쓸**

Practice 2 | –쓸 [–stle]

ap**ó**st**le** 사도	c**á**st**le** 성	n**é**st**le** 기분 좋게 눕다	wr**é**st**le** 맞붙어 싸우다	br**í**st**le** 강모
wh**í**st**le** 휘파람	ep**í**st**le** 서한	j**ó**st**le** 팔꿈치로 밀다	b**ú**st**le** 부산떨다	h**ú**st**le** 거칠게 밀다
r**ú**st**le** 바스락 거리다				

Review 외래어의 바른 발음

다음 외래어를 영어식으로 정확하게 발음해 보세요. 그리고 각 외래어가 몇 개의 소리 덩어리로 이루어져 있는지, 또 강세는 어디에 있는지도 알아보세요.

한국식 발음	→	영어 철자	→	영어식 발음
아시아		Asia		
콘서트		concert		
라디오		radio		
오페라		opera		
칼로리		calorie		
코미디		comedy		
바나나		banana		
밧데리		battery		
볼링		bowling		
브라질		Brazil		
버터		butter		
찬스		chance		
초콜렛		chocolate		
코치		coach		
코코아		cocoa		
다이아몬드		diamond		
고릴라		gorilla		
하모니		harmony		
헬리콥터		helicopter		
헬맷		helmet		
호텔		hotel		
마카로니		macaroni		
마담		madam		

말라리아		malaria		
마라톤		marathon		
마가린		mask		
마켓		market		
멜로디		melody		
모델		model		
모니터		monitor		
피아노		piano		
플라스틱		plastic		
라켓		racket		
로켓		rocket		
샴푸		shampoo		
쇼핑		shopping		
쇼		show		
스폰서		sponsor		
스타일		style		
테마		theme		
토마토		tomato		
바닐라		vanilla		
제로		zero		
제우스		Zeus		
아나운서		announcer		
오렌지		orange		
마스터		master		
드라마		drama		
라벨		label		
비타민		vitamin		

트럼펫		trumpet		
카메라		camera		
카레		curry		
카세트		cassette		
카탈로그		catalog		
아스피린		aspirin		
파라솔		parasol		
레벨		level		
마네킹		manikin		
콜레라		cholera		

ANSWER

한국식 발음	→	영어 철자	→	음절별 발음	→	영어식 발음
아시아		Asia		Á(에이) • sia(줘)		에이줘
콘서트		concert		Acón(칸) • cert(써어'트)		칸써어'트
라디오		radio		rá(뤠이) • dio(디오우)		뤠이디오우
오페라		opera		ó(아) • pe(퍼) • ra(뤄')		아퍼뤄'
칼로리		calorie		cá(캐) • la(러) • rie(뤼)		캘러뤼
코미디		comedy		có(카) • me(머) • dy(디)		카머디
바나나		banana		ba(버) • ná(내) • na(너)		버내너
밧데리		battery		bá(배) • tte(터) • ry(뤼)		배러뤼
볼링		bowling		bów(보우) • ling(링)		보울링
브라질		Brazil		Bra(브뤄) • zíl(질)		브뤄질
버터		butter		bu(버) • tter(터')		버뤄'

찬스	chance	chán(챈) • ce(쓰)		챈쓰
초콜렛	chocolate	chó(촤) • co(커) • late(릳)		촤컬릳
코치	coach	côach(코우취)		코우취
코코아	cocoa	có(코우) • coa(코우)		코우코우
다이아몬드	diamond	dí(다이) • a(어) • mond(먼)		다이어먼
고릴라	gorilla	go(거) • ríll(륄) • a(어)		거륄러
하모니	harmony	hár(하어r) • mo(머) • ny(니)		하어r머니
헬리콥터	helicopter	hé(헤)• li(리)• còp(캎) • ter(터r)		헬리캎터r
헬맷	helmet	hél(헬) • met(믿)		헬믿
호텔	hotel	ho(호우) • hél(텔)		호우텔
마카로니	macaroni	má(매)• ca(커)• rò(로우) • ni(니)		매커로우니
마담	madam	má(매) • dam(덤)		매덤
말라리아	malaria	ma(머) • lá(래) • ria(뤼어)		멀래뤼어
마라톤	marathon	má(매) • ra(뤄) • thon(썬r)		매뤄썬r
마가린	mask	másk(매스끄)		매스끄
마켓	market	már(마어r) • ket(킫)		마어r킫
멜로디	melody	mé(메) • lo(러) • dy(디)		멜러디
모델	model	mó(마) • del(들)		마들
모니터	monitor	mó(마) • ni(니) • ter(터r)		마니터r
피아노	piano	pi(피) • á(애) • no(노우)		피애노우
플라스틱	plastic	plá(플래) • stic(스띡)		플래스띡
라켓	racket	rá(뢔) • ket(킫)		뢔킫
로켓	rocket	ró(롸) • ket(킫)		롸킫
샴푸	shampoo	sham(쉠) • póo(푸우)		쉠푸우
쇼핑	shopping	shó(샤) • pping(핑)		샤핑
쇼	show	shów(쇼우)		쇼우
스폰서	sponsor	spón(스빤) • sor(써r)		스빤써r

스타일	style	stýle(스따일)	스따일
테마	theme	théme(씨r임)	씨r임
토마토	tomato	to(터) • má(메이) • to(토우)	터메이로우
바닐라	vanilla	va(버v) • níll(닐) • a(어)	버v닐러
제로	zero	zé(지이) • ro(어r로우)	지이어r로우
제로	zero	zé(지이) • ro(어r로우)	지이어r로우
제우스	Zeus	Zéus(쥬우스)	쥬우스
아나운서	announcer	a(어) • nnoun(나운) • cer(써r)	어나운써r
오렌지	orange	ó(아) • ran(륀) • ge(쥐)	아륀쥐
마스터	master	má(매) • ster(스떠r)	매스떠r
드라마	drama	drá(듀뢔) • ma(머)	듀뢔머
라벨	label	lá(레이) • bel(블)	레이벌
비타민	vitamin	ví(바v이) • ta(터) • min(민)	바v이뤄민
트럼펫	trumpet	trúm(츄뤔) • pet(핕)	츄뤔핕
카메라	camera	cá(캐) • me(머) • ra(뤄r)	캐머뤄r
카레	curry	cú(커) • rry(뤼)	커뤼
카세트	cassette	ca(커) • ssétte(쎝)	커쎝
카탈로그	catalog	cá(캐) • ta(터) • lòg(락)	캐뤄락
아스피린	aspirin	ás(애스) • pi(퍼) • rin(륀)	애스뻐륀
파라솔	parasol	pá(패) • ra(뤄) • sòl(쌀)	패뤄쌀
레벨	level	lé(레) • vel(블v)	레블v
마네킹	manikin	má(매) • ni(너) • kìn(킨)	매너킨
콜레라	cholera	chó(카) • le(러) • ra(뤄r)	칼러뤄r